NomosLehrbuch

Prof. Dr. Heribert Ostendorf,
Universität Kiel, Generalstaatsanwalt a.D.

Prof. Dr. Kirstin Drenkhahn,
Freie Universität Berlin

Jugendstrafrecht

9. Auflage

Die Deutsche Nationalbibliothek verzeichnet diese Publikation in
der Deutschen Nationalbibliografie; detaillierte bibliografische
Daten sind im Internet über http://dnb.d-nb.de abrufbar.

ISBN 978-3-8487-3490-0 (Print)
ISBN 978-3-8452-7849-0 (ePDF)

9., völlig überarbeitete Auflage 2017
© Nomos Verlagsgesellschaft, Baden-Baden 2017. Gedruckt in Deutschland..Alle Rechte,
auch die des Nachdrucks von Auszügen, der fotomechanischen Wiedergabe und der
Übersetzung, vorbehalten.

Vorwort

Jugendstrafrecht ist immer auch Ausdruck einer Rechtskultur. Die Aufnahme von Flüchtlingen aus Krisen- und Kriegsgebieten führt in der Jugendstrafrechtspraxis zu neuen Herausforderungen, dies gilt insbesondere für so genannte unbegleitete minderjährige Flüchtlinge. In der neuen, der 9. Auflage des Lehrbuchs werden diese Probleme aufgegriffen. Die Richtlinie (EU) 2016/800 des Europäischen Parlaments und des Rates vom 11.5.2016 über Verfahrensgarantien in Strafverfahren für Kinder, die Verdächtige oder beschuldigte Personen in Strafverfahren sind, wurde ebenso berücksichtigt. Neue Rechtsprechung und Literatur sowie Kriminalitäts- und Justizdaten wurden bis März 2017 eingearbeitet.

Das Ziel des Lehrbuchs, das materielle und prozessuale Jugendstrafrecht in einem Guss darzustellen und sowohl für die Ausbildung im juristischen Studium als auch für die Anleitung und Fortbildung in der Praxis das notwendige Rüstzeug für den strafjustiziellen Umgang mit Jugendkriminalität zu vermitteln, bleibt bestehen. Insbesondere werden die Studenten angesprochen, die Jugendstrafrecht als Teilgebiet in der juristischen Schwerpunktausbildung oder in der sozialpädagogischen sowie psychologischen Fachrichtung gewählt haben. Dem dient eine systematische Darstellung mit vielen Schaubildern, um sich so das Jugendstrafrechtssystem leichter einzuprägen. Ergänzt wurde ein Repetitorium, mit dem ein Wissens-Check durchgeführt werden kann. In dieser Formulierung von Prüfungsfragen schlägt sich die Erfahrung der Autoren als langjährige Prüfer im früheren Wahlfach „Jugendstrafrecht" sowie im heutigen Schwerpunktbereich nieder. Weiterhin wird eine Check-Liste für den Sitzungsvertreter in der jugendstrafjustiziellen Hauptverhandlung angehängt.

Ebenfalls bleibt die Praxisorientierung beibehalten, d. h. es werden Hinweise auf aktuelle Praxisprojekte gegeben und die Praxisbelange bei der Lösung strittiger Rechtsprobleme berücksichtigt. Dementsprechend wird die Justizpraxis an Hand von Tabellen ausführlich dargestellt. Dies schließt eine kritische Bewertung des geltenden Rechts nicht aus, begründet sie vielmehr häufig und mündet in kriminalpolitische Forderungen ein. Kriminalpolitische „Wunschvorstellungen" gilt es jedoch strikt von der Anwendung des geltenden Rechts zu trennen. Allerdings eröffnet das geltende Recht auch vielfach Handlungsfreiräume. Es gilt auch in Zukunft, die Möglichkeiten des Jugendstrafrechts auszuschöpfen, um im Sinne des § 2 Abs. 1 JGG Jugendliche und Heranwachsende von neuen Straftaten abzuhalten und dies möglichst mit helfenden-erzieherischen Maßnahmen. Aber auch ein so genanntes Erziehungsstrafrecht bleibt Strafrecht, d. h. die rechtsstaatlichen Bedingungen einer strafrechtlichen Sozialkontrolle müssen eingehalten werden.

Für die 9. Auflage zeichnet Prof. Dr. Kirstin Drenkhahn mitverantwortlich. Ihrer studentischen Hilfskraft Inga Petras und ihrem wissenschaftlichen Mitarbeiter Manuel Mika schulden wir Dank für die redaktionelle Unterstützung.

Kiel und Berlin, im April 2017 *Heribert Ostendorf* und *Kirstin Drenkhahn*

Inhalt

Vorwort	5
Abkürzungsverzeichnis	15
Einleitung	17
Zum Umfang und zu Erscheinungsformen der Jugendkriminalität	17
Zu Erklärungsansätzen von Jugendkriminalität	30
I. Die geschichtliche Entwicklung des Jugendstrafrechts in Deutschland	35
II. Grundlagen des Jugendstrafrechts	43
1. Der Begriff „Jugendstrafrecht"	43
2. Anwendungsbereich (§§ 1, 2)	43
2.1 Persönlicher Anwendungsbereich	43
2.2 Sachlicher Anwendungsbereich	46
3. Die Voraussetzungen einer jugendstrafrechtlichen Ahndung	46
3.1 Nachweis einer Straftat	46
3.2 Die bedingte Strafverantwortung (§ 3)	48
3.2.1 Systematische Einordnung	48
3.2.2 Voraussetzungen	49
3.2.2.1 Die Einsichtsfähigkeit	49
3.2.2.2 Die Handlungsfähigkeit	51
3.2.2.3 Zeitpunkt der Tat	51
3.2.2.4 In dubio pro reo	51
3.2.3 Entscheidungsform	52
3.3 Justizpraxis	52
3.4 Einwand fehlender Willensfreiheit	53
3.5 Kriminalpolitische Forderungen	55
4. Die Zielsetzung des Jugendstrafrechts	57
4.1 Die Verortung im Rahmen der Straftheorien	57
4.2 Erziehungsstrafrecht versus Präventionsstrafrecht	58
4.2.1 Pro Erziehungsstrafrecht	59
4.2.2 Contra Erziehungsstrafrecht	59
4.2.3 Conclusio: Jugendadäquates Präventionsstrafrecht	60
4.2.4 Konsequenz: Einheitliches Ziel für jugendstrafrechtliche Sanktionen und Maßregeln der Besserung und Sicherung	63
5. Prinzipien des Jugendstrafrechts	63
5.1 Prinzip der Individualisierung	63
5.2 Prinzip der Flexibilität	65
5.3 Prinzip der Subsidiarität	66
5.4 Prinzip der Nichtschlechterstellung	66
5.5 Prinzip der Beschleunigung	67
III. Die Verfahrensbeteiligten	73
1. Polizei	73
2. Jugendstaatsanwaltschaft	73

- 3. Jugendgerichte — 74
  - 3.1 Persönlicher Anwendungsbereich — 74
  - 3.2 Sachliche Zuständigkeit — 75
  - 3.3 Örtliche Zuständigkeit — 76
  - 3.4 Aufgabenbereich — 78
  - 3.5 Besetzung — 78
  - 3.6 Jugendschöffen — 79
  - 3.7 Qualifikation — 79
- 4. Strafverteidiger — 80
- 5. Jugendgerichtshilfe — 82
  - 5.1 Rollenkonflikt — 82
  - 5.2 Träger — 82
  - 5.3 Rechte und Pflichten — 83
    - 5.3.1 Im Überblick — 83
    - 5.3.2 Anwesenheits- und Berichtspflicht — 83
    - 5.3.3 Datenerhebung und Datenweitergabe — 85
    - 5.3.4 Belehrungspflicht — 86
    - 5.3.5 Zeugnisverweigerungsrecht — 86
    - 5.3.6 Sanktionsüberwachung — 87
  - 5.4 Organisation — 89
  - 5.5 Rechtsfolgen — 90
- 6. Gesetzliche Vertreter — 90
- 7. Beistand — 92
- 8. Sachverständige — 93
- 9. Nebenkläger — 93

IV. Besonderheiten des Jugendstrafverfahrens — 94
- 1. Diversion — 94
  - 1.1 Begriff — 94
  - 1.2 Gesetzesziel — 94
  - 1.3 Spezialpräventive Effizienz — 95
  - 1.4 Diversionsarten — 95
    - 1.4.1 Einstellung wegen Geringfügigkeit (§ 45 Abs. 1) — 95
    - 1.4.2 Einstellung wegen Durchführung einer erzieherischen Maßnahme (§ 45 Abs. 2) — 96
    - 1.4.3 Absehen von der Verfolgung mit Einschaltung des Richters (§ 45 Abs. 3) — 97
    - 1.4.4 Einstellung nach Anklageerhebung durch den Richter (§ 47 Abs. 1) — 98
    - 1.4.5 Verfahrenseinstellungen außerhalb des JGG — 99
      - 1.4.5.1 Einstellungen gem. § 170 Abs. 2 StPO — 99
      - 1.4.5.2 Einstellungen gem. § 153 StPO — 100
      - 1.4.5.3 Einstellungen gem. § 153a StPO — 100
      - 1.4.5.4 Einstellungen gem. den §§ 153b Abs. 1; 153c Abs. 1, 2, 4; 153d; 153e Abs. 1; 154 Abs. 1; 154a Abs. 1; 154b; 154c StPO — 100

Inhalt

	1.4.5.5 Einstellung gem. § 31a BtMG und Absehen von der Verfolgung gem. den §§ 38 Abs. 2, 37 Abs. 1 S. 1 und 2 BtMG	100
	1.4.6 Polizeidiversion	101
	1.4.7 Teen Courts	102
1.5	Justizpraxis	103
1.6	Kriminalpolitische Forderungen	105
2.	Untersuchungshaft	106
2.1	Gesetzesziel	106
2.2	Gesetzliche Voraussetzungen	106
2.3	Justizpraxis	107
2.4	U-Haft-Vermeidung	109
	2.4.1 Haftentscheidungshilfe (§ 72a)	109
	2.4.2 Vorläufige Erziehungsmaßnahmen (§ 71 Abs. 1)	110
	2.4.3 Unterbringung in einem Heim der Jugendhilfe (§ 71 Abs. 2, § 72 Abs. 4)	110
	2.4.4 U-Haft-Verschonung in einer Arrestanstalt	111
2.5	Vollzug der Untersuchungshaft	112
	2.5.1 Neue Gesetzeslage	112
	2.5.2 Erziehung in der U-Haft	113
	2.5.3 Arbeitsangebot bzw. Arbeitszwang, Arbeitsentgelt	114
	2.5.4 Unterbringung	114
2.6	Kriminalpolitische Forderungen	115
3.	Unterbringung zur Beobachtung (§ 73)	115
4.	Vereinfachtes Jugendverfahren (§§ 76–78)	116
4.1	Gesetzesziel	116
4.2	Gesetzliche Voraussetzungen	116
	4.2.1 Antrag der Staatsanwaltschaft	116
	4.2.2 Jugendrichterliche Zustimmung	117
4.3	Rechtsfolgen	118
4.4	Verfahren	119
4.5	Justizpraxis	120
4.6	Kriminalpolitische Forderungen	120
5.	Strafbefehl und Beschleunigtes Verfahren (§ 79)	121
5.1	Anwendungsbereich	121
5.2	Justizpraxis	121
5.3	Kriminalpolitische Forderungen	122
6.	Privat- und Nebenklage (§ 80)	122
6.1	Gesetzesziel	122
6.2	Anwendungsbereich	123
	6.2.1 Bei Jugendlichen	123
	6.2.2 Bei Heranwachsenden	124
	6.2.3 Bei verbundenen Verfahren	124
6.3	Kriminalpolitische Forderungen	125
7.	Nichtöffentlichkeit der Verhandlung (§ 48)	125
8.	Gang der Hauptverhandlung (§ 243 StPO, §§ 38, 67)	126
9.	Rechtsmittel (§ 55)	127
9.1	Gesetzesziel	127

9.2	Anfechtungsberechtigung	128
9.3	Inhaltliche Rechtsmittelbeschränkung (§ 55 Abs. 1)	128
9.4	Instanzliche Rechtsmittelbeschränkung (§ 55 Abs. 2)	129
9.5	Instanzenweg	131
9.6	Justizpraxis	131
9.7	Kriminalpolitische Forderungen	132
10.	Erziehungs- und Zentralregistereintragungen	136

V. Die jugendstrafrechtlichen Sanktionen — 138

1. Überblick über die Sanktionsarten — 138
2. Überblick über die Sanktionspraxis — 140
3. Erziehungsmaßregeln — 141
   - 3.1 Begriff — 141
   - 3.2 Gesetzesziel — 142
   - 3.3 Anwendungsvoraussetzungen — 142
   - 3.4 Grundrechtskonformität — 142
   - 3.5 Gesetzessystematische Bindungen — 143
   - 3.6 Verhältnismäßigkeit/Zumutbarkeit — 143
   - 3.7 Die speziellen Weisungen gem. § 10 Abs. 1 S. 3 — 144
     - 3.7.1 Weisungen zu befolgen, die sich auf den Aufenthaltsort beziehen — 144
     - 3.7.2 Bei einer Familie oder in einem Heim zu wohnen — 144
     - 3.7.3 Eine Ausbildungs- oder Arbeitsstelle anzunehmen — 145
     - 3.7.4 Arbeitsleistungen zu erbringen — 145
     - 3.7.5 Sich der Betreuung und Aufsicht einer bestimmten Person (Betreuungshelfer) zu unterstellen — 147
     - 3.7.6 An einem sozialen Trainingskurs teilzunehmen — 148
     - 3.7.7 Sich zu bemühen, einen Ausgleich mit dem Verletzten zu erreichen (Täter-Opfer-Ausgleich) — 148
     - 3.7.8 Den Verkehr mit bestimmten Personen oder den Besuch von Gast- oder Vergnügungsstätten zu unterlassen — 149
     - 3.7.9 An einem Verkehrsunterricht teilzunehmen — 150
   - 3.8 Weisungen gem. § 10 Abs. 2 — 150
   - 3.9 Hilfen zur Erziehung gem. § 12 — 151
   - 3.10 Justizpraxis — 151
   - 3.11 Kriminalpolitische Forderungen — 153
4. Zuchtmittel — 154
   - 4.1 Begriff — 154
   - 4.2 Gesetzesziel — 154
   - 4.3 Anwendungsvoraussetzungen — 154
   - 4.4 Die Verwarnung (§ 14) — 155
   - 4.5 Auflagen (§ 15) — 155
     - 4.5.1 Schadenswiedergutmachung — 155
     - 4.5.2 Entschuldigung — 157
     - 4.5.3 Arbeitsleistung — 157
     - 4.5.4 Geldbuße — 158
   - 4.6 Arrest — 159
     - 4.6.1 Sanktionsziel — 159

Inhalt

	4.6.2	Sanktionsgeeignetheit	160
	4.6.3	Die Arrestformen	161
		4.6.3.1 Der Freizeitarrest	161
		4.6.3.2 Der Kurzarrest	161
		4.6.3.3 Der Dauerarrest	162
	4.6.4	"Warnschussarrest"	162
		4.6.4.1 Anwendungsvoraussetzungen	162
		4.6.4.2 Gesetzliche Widersprüche und das Bestimmtheitsgebot gem. Art. 103 Abs. 2 GG	164
	4.6.5	Justizpraxis	166
	4.6.6	Kriminalpolitische Forderungen	169
5.	Bewährung vor der Jugendstrafe (§ 27)		170
	5.1	Begriff	170
	5.2	Gesetzesziel	170
	5.3	Anwendungsvoraussetzungen	171
	5.4	Sanktionsfolgen	171
	5.5	Abschließende Entscheidung	172
	5.6	Justizpraxis	173
	5.7	Kriminalpolitische Forderungen	174
6.	Die unbedingte Jugendstrafe		175
	6.1	Begriff	175
	6.2	Gesetzesziel	175
	6.3	Anwendungsvoraussetzungen	177
		6.3.1 Schädliche Neigungen	177
		6.3.2 Schwere der Schuld	178
		6.3.3 Sanktionsprognose	182
		6.3.3.1 Geeignetheit	182
		6.3.3.2 Notwendigkeit	183
		6.3.3.3 Angemessenheit	183
	6.4	Justizpraxis	191
	6.5	Kriminalpolitische Forderungen	192
7.	Die Jugendstrafe zur Bewährung		193
	7.1	Begriff	193
	7.2	Gesetzesziel	193
	7.3	Anwendungsvoraussetzungen	193
		7.3.1 Verurteilung zu einer Jugendstrafe nicht über zwei Jahre	193
		7.3.2 Günstige Legalprognose	194
		7.3.3 Wahrscheinlichkeitsgrad	195
	7.4	Folgen	196
		7.4.1 Bewährungszeit	196
		7.4.2 Weisungen und Auflagen	196
		7.4.3 Bewährungshilfe	197
		7.4.3.1 Einsetzung	197
		7.4.3.2 Auswahl	197
		7.4.3.3 Aufgabenstellung	198
		7.4.3.4 Rechte und Pflichten	199
		7.4.4 Widerruf der Strafaussetzung	201
		7.4.5 Erlass der Jugendstrafe	203

	7.5	„Vorbewährung"	203
	7.6	Justizpraxis	205
	7.7	Kriminalpolitische Forderungen	209
8.	Maßregeln der Besserung und Sicherung		209
	8.1	Begriff	209
	8.2	Gesetzesziel	210
	8.3	Allgemeine Anwendungsvoraussetzungen	210
	8.4	Unterbringung in einem psychiatrischen Krankenhaus	211
	8.5	Unterbringung in einer Entziehungsanstalt	213
	8.6	Führungsaufsicht	214
	8.7	Entziehung der Fahrerlaubnis	215
	8.8	Sicherungsverwahrung	216

8.8.1 Gesetzesentwicklung und ihre Bewertung 216
8.8.2 Anwendungsvoraussetzungen und Anordnungsfolgen einer vorbehaltenen Sicherungsverwahrung nach Verurteilung zu einer Jugendstrafe (§ 7 Abs. 2) 221
    8.8.2.1 Anlasstat 221
    8.8.2.2 Besondere Opferbetroffenheit 221
    8.8.2.3 Gefährlichkeitsprognose 221
    8.8.2.4 Ermessensentscheidung 222
    8.8.2.5 Entscheidung über den Vorbehalt 222
    8.8.2.6 Vollzug der Jugendstrafe in einer sozialtherapeutischen Einrichtung (§ 7 Abs. 3) 222
8.8.3 Anwendungsvoraussetzungen einer nachträglichen Sicherungsverwahrung nach Unterbringung in einem psychiatrischen Krankenhaus (§ 7 Abs. 4) 222
8.8.4 Überprüfungsfrist 224

9. Sanktionsmaßstäbe 224
  9.1 Notwendigkeit einer Sanktionierung – Rückfallprognose 224
  9.2 Eignung der Sanktion – Sanktionsprognose 227
  9.3 Angemessenheit der Sanktion 229

VI. Die strafrechtliche Behandlung Heranwachsender 232
1. Begriff 232
2. Gesetzesziel 232
3. Voraussetzung für die Anwendung des Jugendstrafrechts 233
  3.1 Gleichstellung mit einem Jugendlichen (§ 105 Abs. 1 Nr. 1) 233
  3.2 Jugendverfehlung (§ 105 Abs. 1 Nr. 2) 234
  3.3 Verfahren 235
  3.4 Rechtsfolgen 236
4. Rechtsfolgen bei Anwendung des Erwachsenenstrafrechts (§ 106) 236
  4.1 Sanktionsmilderungen 236
  4.2 Verbot einer Sicherungsverwahrung im erkennenden Urteil 237
  4.3 Vorbehaltene Sicherungsverwahrung (§ 106 Abs. 3 S. 2, 3, Abs. 4) 237
    4.3.1 Anordnungsvoraussetzungen 237
    4.3.2 Anordnungsfolgen 239
  4.4 Nachträgliche Sicherungsverwahrung 240
  4.5 Verfahren 240

	5.	Justizpraxis	241
	6.	Kriminalpolitische Forderungen	243
VII.	**Besonderheiten der jugendstrafrechtlichen Sanktionierung**		**245**
	1.	Verbindung von Sanktionen (§ 8)	245
	2.	„Einheitsstrafe" (§ 31)	246
	3.	Straftaten in verschiedenen Altersstufen (§ 32)	247
		3.1 Gleichzeitige Aburteilung	247
		3.2 Nachfolgende Aburteilung	247
	4.	Anrechnung der U-Haft (§§ 52, 52a)	249
		4.1 Grundsatz der Anrechnung	249
		4.2 Untersuchungshaft oder andere erlittene Freiheitsentziehung	249
	5.	Kosten (§ 74)	250
	6.	Korrektur der Sanktionierung und „Ungehorsamsarrest" (§ 11 Abs. 2, 3, § 15 Abs. 3)	251
VIII.	**Vollstreckung**		**255**
	1.	Zuständigkeiten	255
	2.	Ziel	255
	3.	Durchführung	255
		3.1 Ambulante Sanktionen	255
		3.2 Arrest	255
		3.3 Jugendstrafe	256
		3.4 Unterbringung in einem psychiatrischen Krankenhaus bzw. einer Entziehungsanstalt	258
		3.5 Rechtsmittel	258
IX.	**Vollzug der Jugendstrafe**		**259**
	1.	Neue Landesgesetze	259
	2.	Internationale Vorgaben	260
	3.	Verfassungsrechtliche Vorgaben	261
	4.	Essentialia der Ländergesetze	262
		4.1 Selbstständige Anstalten	262
		4.2 Vollzugsziel und Aufgaben des Vollzugs	263
		4.3 Mitwirkungspflicht	264
		4.4 Elternbeteiligung	265
		4.5 Offener bzw. geschlossener Vollzug und Vollzugslockerungen	265
		4.6 Wohngruppenvollzug und Einzelunterbringung	266
		4.7 Besuchsregelung und Paketempfang	267
		4.8 Institutionalisierung erzieherischer Maßnahmen	267
		4.9 Entlassungsvorbereitung	268
	5.	Vollzugspraxis	268
		5.1 Gefangenenzahlen und Altersstruktur	268
		5.2 Geschlecht, Personenstand, Ausländeranteil	269
		5.3 Gefangene im offenen Vollzug	270
		5.4 Rückfälligkeit nach geschlossenem und offenem Vollzug	270
	6.	Rechtsmittel	271
	7.	Nachhaltigkeitsforderung des BVerfG	272

Inhalt

Anhang 1:	Definitionen	275
Anhang 2:	Repetitorium	277
Anhang 3:	Anleitung für Sitzungsvertreter der Staatsanwaltschaft in der Hauptverhandlung vor dem Jugendgericht	283
Literaturverzeichnis		301
Stichwortverzeichnis		339

Abkürzungsverzeichnis

abl.	ablehnend
a. A.	andere Ansicht
a. a. O.	am angegebenen Ort
a. F.	alte Fassung
a. M.	anderer Meinung
Anm.	Anmerkung
BayObLG	Bayrisches Oberstes Landesgericht
BewH	Bewährungshilfe
BGB	Bürgerliches Gesetzbuch
BGBl.	Bundesgesetzblatt
BGH	Bundesgerichtshof
BGHSt	Entscheidungen des Bundesgerichtshofs in Strafsachen (zitiert nach Band und Seite)
BMJ	Bundesministerium der Justiz
BMJV	Bundesministerium der Justiz und für Verbraucherschutz
BT-Drucks.	Bundestagsdrucksache
BtMG	Betäubungsmittelgesetz
BVerfG	Bundesverfassungsgericht
BVerfGE	Entscheidungen des Bundesverfassungsgerichts (zitiert nach Band und Seite)
BZRG	Bundeszentralregistergesetz
ders.	Derselbe
DVJJ	Deutsche Vereinigung für Jugendgerichte und Jugendgerichtshilfen
DRiZ	Deutsche Richterzeitung
EGGVG	Einführungsgesetz zum Gerichtsverfassungsgesetz
EGMR	Europäischer Gerichtshof für Menschenrechte
EMRK	Europäische Konvention zum Schutz der Menschenrechte und Grundfreiheiten vom 04.11.1950
Fn.	Fußnote
FPR	Familie/Partnerschaft/Recht
FS	Festschrift
GA	Goltdammer's Archiv
GG	Grundgesetz
GS	Gedächnisschrift
GVG	Gerichtsverfassungsgesetz
HK	Handkommentar
h. M.	herrschende Meinung
HRRS	Onlinezeitschrift für Höchstrichterliche Rechtsprechung zum Strafrecht
Hrsg.	Herausgeber
i. S.	im Sinne
i. S. d.	im Sinne des
i. V. m.	in Verbindung mit
Jamt	Jugendamt
JGG	Jugendgerichtsgesetz
JGH	Jugendgerichtshilfe
JMBl.	Justizministerialblatt
JR	Juristische Rundschau
KJHG	Kinder- und Jugendhilfegesetz
KrimJ	Kriminologisches Journal

LG	Landgericht
MDR	Monatsschrift für Deutsches Recht
MschrKrim.	Monatsschrift für Kriminologie und Strafrechtsreform
m. w. N.	mit weiteren Nachweisen
Nds. Rpfl.	Niedersächsische Rechtspflege
n. F.	neue Fassung
NJ	Neue Justiz
NK	Neue Kriminalpolitik
NJW	Neue Juristische Wochenschrift
NStZ	Neue Zeitschrift für Strafrecht
NW	Nordrhein-Westfalen
PDV	Polizeiliche Dienstvorschrift
PKS	Polizeiliche Kriminalstatistik
RdJB	Recht der Jugend und des Bildungswesens
Rn.	Randnummer
S.	Seite
SchlHA	Schleswig-Holsteinische Anzeigen
SGB	Sozialgesetzbuch
StA	Staatsanwaltschaft
StGB	Strafgesetzbuch
StPO	Strafprozessordnung
StrRG	Strafrechtsreformgesetz
StraFo	Strafverteidiger Forum
StV	Strafverteidiger
StVG	Straßenverkehrsgesetz
TOA	Täter-Opfer-Ausgleich
umstr.	umstritten
w. N.	weitere Nachweise
Zbl.	Zentralblatt für Jugendrecht und Jugendwohlfahrt
ZfJ	Zentralblatt für Jugendrecht
ZIS	Zeitschrift für Internationale Strafrechtsdogmatik (www.zis-online.de; zitiert nach Jahr und Seite)
ZJJ	Zeitschrift für Jugendkriminalrecht und Jugendhilfe
ZKJ	Zeitschrift für Kindschaftsrecht und Jugendhilfe
zust.	zustimmend
ZStW	Zeitschrift für die gesamte Strafrechtswissenschaft (zitiert nach Band (Jahr) und Seite)

Einleitung

Das Jugendstrafverfahren hat Jugendkriminalität zum Gegenstand. Auch wenn in den Verfahren jeweils über Einzelfälle entschieden wird und das Gericht dem einzelnen Angeklagten gerecht werden muss, geschieht dies doch vor dem Hintergrund der Gesamtjugendkriminalität. Die Einschätzung der Sicherheitslage im Allgemeinen und der Jugendkriminalität im Besonderen beeinflusst auch das Jugendstrafverfahren. Die Ursachenanalyse von Jugendkriminalität im Allgemeinen bestimmt auch die Ursachenanalyse des Einzelfalls, die wiederum Grundlage für die Sanktionsentscheidung ist. Von daher erscheint es einleitend notwendig, das derzeitige Lagebild von Jugendkriminalität mit Einschluss einer Ursachenanalyse zu skizzieren. 1

Zum Umfang und zu Erscheinungsformen der Jugendkriminalität

Zunächst zur Entwicklung der Fallzahlen in der Gesamtkriminalität nach der Polizeilichen Kriminalstatistik. 2

Entwicklung der Bevölkerungszahl, Gesamtzahl der registrierten Straftaten insgesamt, Häufigkeitszahl

	Jahr	*) Einwohner am 01.01.	Veränderung gegenüber dem Vorjahr in %	Fälle	Veränderung gegenüber dem Vorjahr in %	Häufigkeitszahl **)	Veränderung gegenüber dem Vorjahr in %	Aufklärung in %
	2001	82.259.500	0,1	6.363.865	1,6	7.736	1,5	53,1
	2002	82.440.300	0,2	6.507.394	2,3	7.893	2,0	52,6
	2003	82.536.700	0,1	6.572.135	1,0	7.963	0,9	53,1
	2004	82.531.700	0,0	6.633.156	0,9	8.037	0,9	54,2
	2005	82.501.000	0,0	6.391.715	-3,6	7.747	-3,6	55,0
	2006	82.438.000	-0,1	6.304.223	-1,4	7.647	-1,3	55,4
	2007	82.314.900	-0,1	6.284.661	-0,3	7.635	-0,2	55,0
***)	2008	82.217.800	-0,1	6.114.128	-2,7	7.436	-2,6	54,8
***)	2009	82.002.400	-0,3	6.054.330	-1,0	7.383	-0,7	55,6
	2010	81.802.300	-0,2	5.933.278	-2,0	7.253	-1,8	56,0
	2011	81.751.602	-0,1	5.990.679	1,0	7.328	1,0	54,7
	2012	81.843.743	0,1	5.997.040	0,1	7.327	0,0	54,4
****)	2013	80.523.746	(x)	5.961.662	-0,6	7.404	(x)	54,5
	2014	80.767.463	0,3	6.082.064	2,0	7.530	1,7	54,9
	2015	81.197.537	0,5	6.330.649	4,1	7.797	3,5	56,3
	2016	82.175.684	1,2	6.372.526	0,7	7.755	-0,5	56,2

*) Quelle: Statistisches Bundesamt, Wiesbaden, 2016.
**) Häufigkeitszahl: Fälle pro 100.000 Einwohner.
***) 2008   7.335 Fälle für Bayern konnten aus programmtechnischen Gründen nicht in die Bundesdaten übernommen werden.
    2009   Die Berliner Daten weisen aufgrund einer technischen Anpassung des Zählzeitpunktes eine einmalige Überhöhung um 9.372 Fälle auf.
****) Aufgrund geänderter Datenbasis bei den Bevölkerungszahlen (Zensus 2011) ist ein Vergleich mit den Vorjahren nicht möglich
(x) Berechnung nicht möglich aufgrund geänderter Datenbasis.

(Quelle: PKS 2016, S. 24 (IMK Kurzbericht); zu früheren Jahren siehe 7. Aufl. S. 18)

Die Gesamthäufigkeitszahl, d. h. die Straftaten berechnet auf 100.000 Einwohner als letztlich maßgeblicher Indikator für ein realistisches Lagebild, hat dementsprechend nach der Einbeziehung der neuen Bundesländer ab dem Jahre 1993 bis 2010 deutlich abgenommen, auch wenn zwischenzeitlich Schwankungen zu verzeichnen waren. Seit einigen Jahren steigt sie jedoch wieder an. Insb. der Anstieg von 2014 auf 2015 ist darauf zurückzuführen, dass während des großen Zustroms vor allem von Flüchtlingen 2015 eine hohe Zahl an ausländerrechtlichen Verstößen (z. B. unerlaubte Einreise und unerlaubter Aufenthalt) registriert wurde. Ohne ausländerrechtliche Verstöße wurden 2015 5.927.908 Straftaten registriert (2014: 5.925.668). Die Häufigkeitszahl beträgt dann 7.301 Fälle pro 100.000 Einwohner und liegt ein wenig unter der für 2014 (7.337) (PKS 2015, S. 14). 2016 ist diese Häufigkeitszahl auf 7.161 gesunken (5.884.815 Fälle ohne ausländerrechtliche Verstöße, PKS 2016, S. 8, IMK Kurzbericht).

3

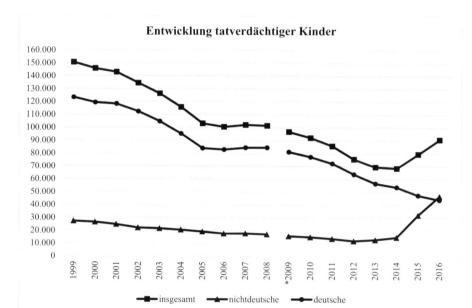

*Aufgrund der Einführung der „echten Tatverdächtigenzählung auf Bundesebene" im Jahr 2009 ist ein Vergleich mit den Vorjahren nicht möglich

(Quelle: PKS 2015, S. 75; für 2016: PKS 2016, Tab. 20, 50)

Der steile Anstieg der Fallzahlen ab 1993 ist zunächst auf die Miterfassung der neuen Bundesländer zurückzuführen. Die ebenso deutliche Abnahme seit 1998 signalisiert eine **„Entdramatisierung"**, wobei darauf hinzuweisen ist, dass es sich um Tatverdächtigenzahlen handelt und dass diese Zahlen im Hellfeld maßgeblich vom Anzeigeverhalten in der Bevölkerung bestimmt werden. Der Anstieg der Zahl nichtdeutscher tatverdächtiger Kinder seit ungefähr 2013 ist auf die Registrierung vieler geflüchteter Kinder wegen ausländerrechtlicher Verstöße zurückzuführen: Bezieht man diese Daten mit ein wie in der vorstehenden Abbildung, hat sich die Zahl nichtdeutscher tatverdächtiger Kinder von 2014 auf 2015 mehr als verdoppelt und von 2014 auf 2016 verdreifacht (2014:14.468; 2015: 32.016; 2016: 46.709). Bei den Straftaten ohne ausländerrechtliche Verstöße gab es einen Zuwachs an nichtdeutschen tatverdächtigen Kindern von ca. 35 % (2014: 9.126, 2016: 12.337), insgesamt dominiert hier als Straftat Ladendiebstahl mit 44 % der registrierten Tatverdächtigen (PKS 2015, S. 75 f.; PKS 2016, S. 48 ff., IMK Kurzbericht).

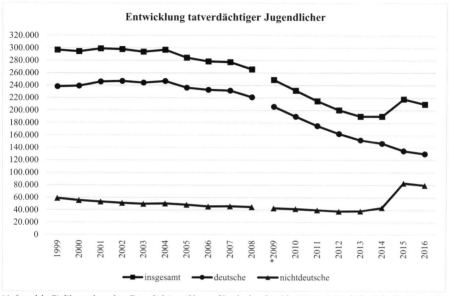

*Aufgrund der Einführung der „echten Tatverdächtigenzählung auf Bundesebene" im Jahr 2009 ist ein Vergleich mit den Vorjahren nicht möglich

(Quelle: PKS 2015, S. 76; für 2016: PKS 2016, Tab. 20, 50)

Wie bei den Kindern zeigt sich auch bei den Jugendlichen nach der Wiedervereinigung – zwangsläufig – ein deutlicher Anstieg der Jugendkriminalität in absoluten Zahlen. Seit 1998 scheint dieser Anstieg gestoppt, bis 2013 ist die Zahl tatverdächtiger Jugendlicher gesunken. Seitdem hat es wie bei den tatverdächtigen Kindern aus denselben Gründen eine Zunahme gegeben (siehe Rn. 3). Hier dominieren bei den nichtdeutschen Tatverdächtigen Ladendiebstahl, es gibt aber auch einen hohen Anteil an Registrierungen wegen Körperverletzung (PKS 2015, S. 77; PKS 2016, Tab. 20, 50).

5
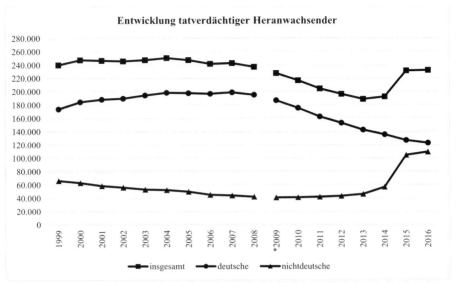

*Aufgrund der Einführung der „echten Tatverdächtigenzählung auf Bundesebene" im Jahr 2009 ist ein Vergleich mit den Vorjahren nicht möglich

(Quelle: PKS 2015, S. 78; für 2016: PKS 2016, Tab. 40, 50)

Auch bei den Heranwachsenden war der Anstieg der Tatverdächtigenzahlen – hier seit 2000 – gestoppt. Bemerkenswert ist hier, dass der vormalige Anstieg allein „auf das Konto der deutschen Heranwachsenden geht", während die Zahlen bei den nichtdeutschen Heranwachsenden bereits seit 1993 sanken. Seit 2013 gibt es auch hier eine Zunahme der Zahl der Tatverdächtigen, die wie bei Kindern und Jugendlichen auf einer vor allem auf einer deutlich häufigeren Registrierung nichtdeutscher Heranwachsender wegen ausländerrechtlicher Verstöße beruht (Zunahme von 2014 auf 2015 um 84,3 %), jedoch auch ohne ausländerrechtliche Verstöße 23,1 % betrug. Bei den nichtdeutschen tatverdächtigen Heranwachsenden wird ähnlich wie bei den Kindern und Jugendlichen ein erheblicher Anteil wegen Ladendiebstahls registriert, hier gibt es allerdings auch einen hohen Anteil an Registrierungen wegen Körperverletzung (PKS 2015, S. 79; PKS 2016, Tab. 40, 50).

Zum Umfang und zu Erscheinungsformen der Jugendkriminalität

Im Überblick stellt sich die Situation bei den bis unter 21-jährigen Tatverdächtigen 2016 wie folgt dar:

Ausgewählte Straftaten	Kinder		Jugendliche		Heranwachsende	
	Deutsch	Nicht-deutsch	Deutsch	Nicht-deutsch	Deutsch	Nicht-deutsch
insgesamt	43.901	46.709	130.152	79.656	122.832	109.250
Ohne ausländerrechtliche Verstöße, davon: (%)	43.903	12.337	130.149	43.257	122.809	61.283
Körperverletzung	26,2	24,5	22,0	30,5	23,9	25,7
Diebstahl unter erschwerenden Umständen	4,5	5,8	7,4	7,9	5,4	7,9
Ladendiebstahl	30,3	44,2	19,3	24,9	6,8	19,2
Sachbeschädigung	18,5	9,0	14,0	6,8	9,8	4,6
Btm-Delikte	2,3	0,7	17,6	7,2	22,7	11,8
Darunter Cannabis + Zubereitungen	1,9	0,6	14,9	6,3	17,9	10,0

(Quelle: PKS 2016, Tab. 40, 50)

Aussagekräftiger als die absoluten Zahlen der Tatverdächtigen ist die Entwicklung der Tatverdächtigenbelastungsziffer (TVBZ), da damit demographische Veränderungen berücksichtigt werden. Diese Ziffer wird in der PKS jedoch nur für deutsche Tatverdächtige mitgeteilt, da in der Einwohnerstatistik Ausländer fehlen, die amtlich nicht gemeldet sind und die die Zahlen der Bevölkerungsfortschreibung für die amtlich gemeldete nichtdeutsche Wohnbevölkerung unzuverlässig ist (PKS 2016, S. 27, IMK-Kurzbericht). Damit ergibt sich für die TVBZ folgendes Bild:

Einleitung

Entwicklung der Tatverdächtigenbelastungszahlen deutscher Tatverdächtiger in den einzelnen Altersgruppen

Jahr	insgesamt			Kinder (8 < 14 Jahre)			Jugendliche (14 < 18 Jahre)			Heranwachsende (18 < 21 Jahre)		
	absolut ab 8 Jahre	TVBZ*) ab 8 Jahre	Veränderung in %	absolut	TVBZ*)	Veränderung in %	absolut	TVBZ*)	Veränderung in %	absolut	TVBZ*)	Veränderung in %
2001	1.712.228	2.461	0,7	118.276	2.292	0,8	245.746	7.416	2,2	188.227	7.440	-0,5
2002	1.759.231	2.525	2,6	112.406	2.227	-2,8	246.643	7.332	-1,1	189.622	7.506	0,9
2003	1.801.411	2.584	2,3	104.757	2.147	-3,6	244.098	7.102	-3,1	194.350	7.717	2,8
2004	1.837.283	2.634	1,9	95.232	2.000	-6,9	246.679	7.094	-0,1	198.265	7.921	2,6
2005	1.793.547	2.570	-2,4	83.978	1.815	-9,3	236.042	6.744	-4,9	197.651	7.795	-1,6
2006	1.780.091	2.551	-0,8	82.931	1.819	0,2	232.736	6.799	0,8	196.710	7.618	-2,3
2007	1.804.605	2.586	1,4	84.361	1.861	2,3	231.419	7.029	3,4	198.778	7.519	1,3
2008	1.784.627	2.560	-1,0	84.391	1.879	0,9	220.914	6.973	-0,8	195.040	7.362	-2,1
**) 2009	1.721.124	2.477	(-)	77.375	1.801	(-)	205.775	6.853	(-)	186.896	7.042	(-)
2010	1.677.541	2.417	-2,4	73.720	1.716	-4,7	189.907	6.511	-5,0	175.488	6.866	-2,5
2011	1.628.314	2.344	-3,0	72.039	1.612	-6,0	175.002	6.058	-6,9	162.447	6.625	-3,5
2012	1.588.895	2.295	-2,1	60.785	1.448	-10,2	162.471	5.616	-7,3	152.989	6.597	-0,4
***) 2013	1.553.066	2.260	(-)	53.844	1.283	(-)	152.054	5.211	(-)	142.590	6.413	(-)
2014	1.529.566	2.230	-1,3	51.101	1.232	-4,0	146.777	5.010	-3,9	135.565	6.239	-2,7
2015	1.454.761	2.125	-4,7	44.944	1.108	-10,1	134.782	4.604	-8,1	126.897	5.797	-7,1
2016	1.407.062	2.057	-3,2	43.901	1.040	-6,1	130.152	4.503	-2,2	122.832	5.528	-4,5

*) Tatverdächtigenbelastungszahl (TVBZ): Tatverdächtige je Altersgruppe bezogen auf 100.000 Einwohner derselben Altersgruppe.
**) Aufgrund der Einführung der "echten Tatverdächtigenzählung auf Bundesebene" im Jahr 2009 ist ein Vergleich mit dem Vorjahr nicht möglich.
***) Aufgrund der geänderten Datenbasis bei den Bevölkerungszahlen (Zensus 2011) ist ein Vergleich der TVBZ ab 2013 mit den Vorjahren nicht möglich.

(Quelle: PKS 2015, S. 147; für 2016: PKS 2016, Tab. 40)

Zum Umfang und zu Erscheinungsformen der Jugendkriminalität

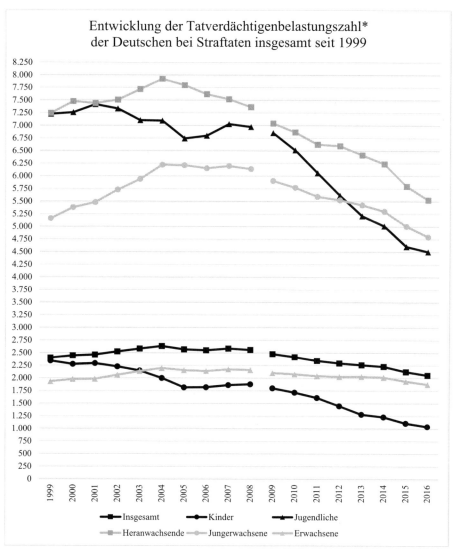

Entwicklung der Tatverdächtigenbelastungszahl* der Deutschen bei Straftaten insgesamt seit 1999

*) Tatverdächtigenbelastungszahl (TVBZ): Tatverdächtige je Altersgruppe bezogen auf 100.000 Einwohner derselben Altersgruppe.

Hinweis: Aufgrund der Einführung der "echten Tatverdächtigenzählung auf Bundesebene" im Jahr 2009 ist ein Vergleich mit den Vorjahren nicht möglich.

(Quelle: PKS 2015, S. 149; für 2016: PKS 2016, Tab. 40)

Der polizeistatistische Anstieg der Jugendkriminalität in den 1990er Jahren ist nicht nur gebremst, sondern wieder rückläufig. Dies trifft auch für die Kinderdelinquenz zu.

Zu relativieren ist dieser polizeistatistische Anstieg allerdings aufgrund der Verurteiltenzahlen.

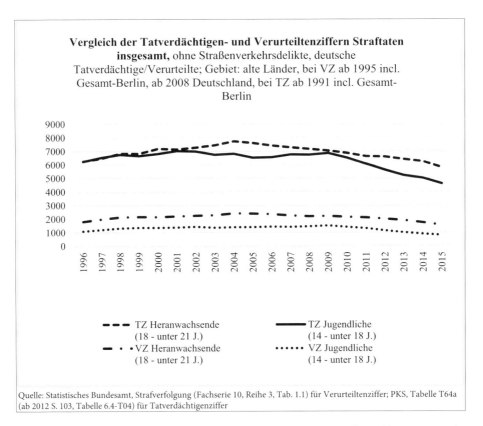

Quelle: Statistisches Bundesamt, Strafverfolgung (Fachserie 10, Reihe 3, Tab. 1.1) für Verurteiltenziffer; PKS, Tabelle T64a (ab 2012 S. 103, Tabelle 6.4-T04) für Tatverdächtigenziffer

Bei dem Vergleich der Tatverdächtigenziffern und der Verurteiltenziffern zeigt sich, dass die Verurteiltenziffern nur geringfügig angestiegen sind und die Schere zwischen den polizeilichen Tatverdächtigenziffern und den gerichtlichen Verurteiltenziffern immer größer geworden ist. Der Hinweis auf vermehrte Verfahrenseinstellungen durch Staatsanwaltschaft und Gericht erklärt diese zunehmende Differenz zumindest nicht allein, da auch bei den schweren Straftaten sich ähnliche Entwicklungen zeigen, bei denen die Justiz in der Regel die Verfahren nicht einstellt.[1] Man spricht in diesem Zusammenhang von einem „Täterschwund", korrekter ausgedrückt „**Tatverdächtigenschwund**":

---

1 Siehe *Walter/Neubacher* 2011, Rn. 520.

Zum Umfang und zu Erscheinungsformen der Jugendkriminalität

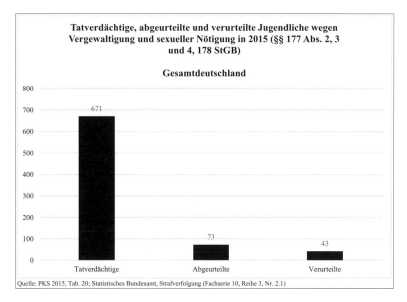

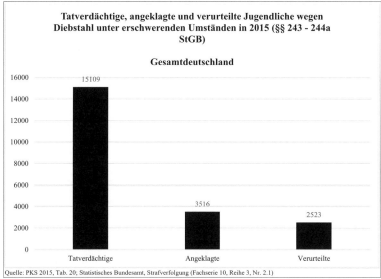

Hinsichtlich der Deliktsstruktur dominieren abgesehen von Straftaten gegen das Aufenthalts-, das Asylverfahrens- und das Freizügigkeitsgesetz/EU der **Diebstahl ohne erschwerende Umstände** – vor allem der Ladendiebstahl – und die **Sachbeschädigung** im Jahre 2016 bei Kindern mit 35,8 % und bei Jugendlichen mit 34,0 %.

8

Einleitung

Aufgliederung der tatverdächtigen Kinder und Jugendlichen nach ausgewählten Straftaten/-gruppen

Schlüssel	ausgewählte Straftaten/-gruppen	Kinder (0 < 14 Jahre)				Jugendliche (14 < 18 Jahre)			
		männlich		weiblich		männlich		weiblich	
		Anzahl	in %	Anzahl	in %	Anzahl	in %	Anzahl	in %
	Straftaten insgesamt	**58.848**	**100,0**	**31.762**	**100,0**	**155.136**	**100,0**	**54.672**	**100,0**
892500	Mord und Totschlag	10	0,0	0	0,0	119	0,1	13	0,0
111000	Vergewaltigung und sexuelle Nötigung §§ 177 Abs. 2, 3 und 4, 178 StGB	59	0,1	1	0,0	709	0,5	5	0,0
210000	Raubdelikte	572	1,0	91	0,3	4.572	2,9	504	0,9
222000	Gefährliche und schwere Körperverletzung, Verstümmelung weiblicher Genitalien	4.778	8,1	924	2,9	15.302	9,9	2.854	5,2
224000	(Vorsätzliche einfache) Körperverletzung	7.522	12,8	1.619	5,1	20.554	13,2	6.049	11,1
230000	Straftaten gegen die persönliche Freiheit	2.082	3,5	598	1,9	7.992	5,2	1.926	3,5
3***00	Diebstahl ohne erschwerende Umstände	13.979	23,8	8.932	28,1	31.493	20,3	18.841	34,5
4***00	Diebstahl unter erschwerenden Umständen	2.129	3,6	550	1,7	11.286	7,3	1.774	3,2
510000	Betrug	1.040	1,8	649	2,0	15.984	10,3	8.232	15,1
520000	Veruntreuungen	6	0,0	4	0,0	16	0,0	38	0,1
530000	Unterschlagung	348	0,6	135	0,4	2.892	1,9	905	1,7
540000	Urkundenfälschung	124	0,2	87	0,3	2.091	1,3	781	1,4
620000	Widerstand gegen die Staatsgewalt und Straftaten gegen die öffentliche Ordnung	2.016	3,4	696	2,2	9.718	6,3	2.791	5,1
630000	Begünstigung, Strafvereitelung (ohne Strafvereitelung im Amt), Hehlerei und Geldwäsche	134	0,2	35	0,1	1.546	1,0	347	0,6
640000	Brandstiftung und Herbeiführen einer Brandgefahr	720	1,2	104	0,3	901	0,6	148	0,3
650000	Wettbewerbs-, Korruptions- und Amtsdelikte	0	0,0	0	0,0	0	0,0	1	0,0
671000	Verletzung der Unterhaltspflicht	0	0,0	0	0,0	3	0,0	0	0,0
673000	Beleidigung	2.437	4,1	1.250	3,9	9.170	5,9	4.510	8,2
674000	Sachbeschädigung	7.716	13,1	1.521	4,8	18.363	11,8	2.715	5,0
676000	Straftaten gegen die Umwelt	33	0,1	5	0,0	66	0,0	9	0,0
710000	Straftaten gegen strafrechtliche Nebengesetze auf dem Wirtschaftssektor	93	0,2	77	0,2	482	0,3	258	0,5
725000	Straftaten gegen das Aufenthalts-, das Asylverfahrens- und das Freizügigkeitsgesetz/EU	19.001	32,3	15.839	49,9	34.464	22,2	7.430	13,6
726000	Straftaten gegen das Sprengstoff-, das Waffen- und das Kriegswaffenkontrollgesetz	474	0,8	23	0,1	3.887	2,5	220	0,4
730000	Rauschgiftdelikte (BtMG)	817	1,4	412	1,3	25.121	16,2	5.540	10,1

Hinweis: Die Addition der Anzahl der Tatverdächtigen bei den einzelnen Schlüsseln zu einer Gesamtzahl ist nicht zulässig.

Zum Umfang und zu Erscheinungsformen der Jugendkriminalität

Aufgliederung der tatverdächtigen Heranwachsenden und Erwachsenen nach ausgewählten Straftaten/-gruppen

Schlüssel	ausgewählte Straftaten/-gruppen	Heranwachsende (18 < 21)				Erwachsene (ab 21)			
		männlich		weiblich		männlich		weiblich	
		Anzahl	in %	Anzahl	in %	Anzahl	in %	Anzahl	in %
	Straftaten insgesamt	184.192	100,0	47.890	100,0	1.369.563	100,0	458.743	100,0
892500	Mord und Totschlag	283	0,2	19	0,0	2.027	0,1	304	0,1
111000	Vergewaltigung und sexuelle Nötigung §§ 177 Abs. 2, 3 und 4, 178 StGB	788	0,4	14	0,0	4.837	0,4	63	0,0
210000	Raubdelikte	4.218	2,3	314	0,7	16.047	1,2	1.802	0,4
222000	Gefährliche und schwere Körperverletzung, Verstümmelung weiblicher Genitalien	17.008	9,2	2.069	4,3	90.063	6,6	16.569	3,6
224000	(Vorsätzliche einfache) Körperverletzung	23.860	13,0	5.011	10,5	224.747	16,4	50.738	11,1
230000	Straftaten gegen die persönliche Freiheit	8.943	4,9	1.519	3,2	122.319	8,9	20.750	4,5
3***00	Diebstahl ohne erschwerende Umstände	24.607	13,4	8.582	17,9	192.643	14,1	84.179	18,3
4***00	Diebstahl unter erschwerenden Umständen	10.174	5,5	1.264	2,6	60.867	4,4	8.789	1,9
510000	Betrug	30.221	16,4	12.475	26,0	255.625	18,6	111.502	24,3
520000	Veruntreuungen	160	0,1	93	0,2	10.363	0,8	3.949	0,9
530000	Unterschlagung	2.757	1,5	1.103	2,3	32.806	2,4	13.639	3,0
540000	Urkundenfälschung	2.909	1,6	684	1,4	38.431	2,8	8.193	1,8
620000	Widerstand gegen die Staatsgewalt und Straftaten gegen die öffentliche Ordnung	10.267	5,6	2.081	4,3	73.678	5,4	17.249	3,8
630000	Begünstigung, Strafvereitelung (ohne Strafvereitelung im Amt), Hehlerei und Geldwäsche	2.213	1,2	546	1,1	20.540	1,5	5.571	1,2
640000	Brandstiftung und Herbeiführen einer Brandgefahr	564	0,3	104	0,2	5.504	0,4	1.760	0,4
650000	Wettbewerbs-, Korruptions- und Amtsdelikte	14	0,0	6	0,0	3.351	0,2	590	0,1
671000	Verletzung der Unterhaltspflicht	33	0,0	2	0,0	6.081	0,4	324	0,1
673000	Beleidigung	9.906	5,4	3.377	7,1	116.952	8,5	48.204	10,5
674000	Sachbeschädigung	13.486	7,3	1.438	3,0	72.216	5,3	13.791	3,0
676000	Straftaten gegen die Umwelt	169	0,1	17	0,0	7.406	0,5	939	0,2
710000	Straftaten gegen strafrechtliche Nebengesetze auf dem Wirtschaftssektor	489	0,3	145	0,3	16.475	1,2	3.637	0,8
725000	Straftaten gegen das Aufenthalts-, das Asylverfahrens- und das Freizügigkeitsgesetz/EU	45.479	24,7	9.950	20,8	180.221	13,2	68.912	15,0
726000	Straftaten gegen das Sprengstoff-, das Waffen- und das Kriegswaffenkontrollgesetz	4.333	2,4	246	0,5	25.621	1,9	2.445	0,5
730000	Rauschgiftdelikte (BtMG)	38.740	21,0	4.568	9,5	150.459	11,0	20.074	4,4

Hinweis: Die Addition der Anzahl der Tatverdächtigen bei den einzelnen Schlüsseln zu einer Gesamtzahl ist nicht zulässig.

(Quelle: 2016: PKS 2016, Tab. 20)

Dementsprechend stellt sich die Jugendkriminalität nach wie vor ganz überwiegend als **Bagatellkriminalität** dar. Auch die polizeistatistisch seit 1994 deutlich angestiegene Jugendkriminalität und hier speziell die gefährliche und schwere Körperverletzung ist seit 2007/2008 zurückgegangen. Entsprechend dem „zeitlichen Hinterherhinken" zeigt sich dieser Rückgang auch bei den Verurteilungszahlen.

EINLEITUNG

Übersicht über die Tatverdächtigenbelastungszahlen der deutschen tatverdächtigen Jugendlichen nach Alter von 1987 bis 2016 – Gefährliche und schwere Körperverletzung (Schlüssel 222000)

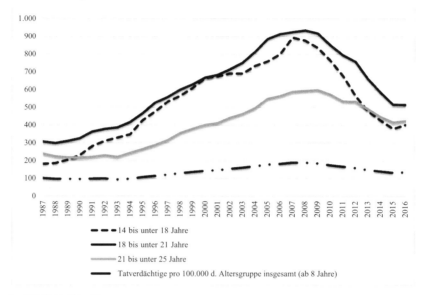

(Quelle: PKS 2016, Tab. 40)

Verurteilte deutsche Jugendliche je 100.000 Personen der strafmündigen Wohnbevölkerung im früheren Bundesgebiet einschließlich Berlin-West (seit 1995 einschl. Gesamt-Berlin) – Schwere und gefährliche Körperverletzung

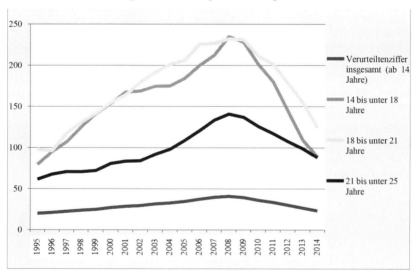

(Quelle: DJI Arbeitsstelle Kinder- und Jugendkriminalitätsprävention, Zahlen, Daten, Fakten zu Jugendgewalt, Stand: März 2017, S. 8)

Damit stimmen Dunkelfelduntersuchungen überein. Die Untersuchung des kriminologischen Forschungsinstituts Niedersachsen aus den Jahren 2007 und 2008 – befragt wurden 44.610 Schüler aus den 9. Klassen – hatte zum Ergebnis, dass die Jugendlichen in den letzten 12 Monaten am häufigsten Sachbeschädigungen (14,6%) und Ladendiebstähle (13,3%) begangen haben. An dritter Stelle folgten die leichten Körperverletzungen (11,7 %). Schwere Delikte, wie die schwere Körperverletzung (mehrere Täter bzw. Einsatz einer Waffe) oder Raubtaten, wurden von 2,9% bzw. 2,5% nach eigenen Angaben verübt. Von 33,9% wurde insgesamt mindestens ein Delikt begangen, 13,5% gaben an, mindestens ein Gewaltdelikt verübt zu haben. Hierbei ist das Verständnis der Jugendlichen von einem Gewaltdelikt zu hinterfragen, zumal sexuelle Gewalt mit sexueller Belästigung gleichgesetzt wurde.[2]

Die aktuellste internationale Dunkelfeldstudie (Zeitraum November 2005 bis Februar 2007) mit einer schriftlichen Befragung von 12- bis 15-jährigen Schülern aller Schulformen hatte für Deutschland (n=3.478) zum Ergebnis, dass 30,9% der Befragten angaben, im letzten Jahr irgendein Delikt begangen zu haben. Weniger als 5% gaben an, ein schweres Delikt verübt zu haben – nach Einstufung der Studie: Fahrrad-, Mofa- oder Mopeddiebstahl; Diebstahl aus einem Auto; Einbruch in ein Gebäude; ernste Körperverletzung; Raub; Erpressung. Die Einstufung des Fahrraddiebstahls als schweres Delikt, insbesondere des Diebstahls eines nichtabgeschlossenen Fahrrads, erscheint sowohl aus kriminologischer als auch allgemein-sprachumgänglicher Sicht problematisch. Im internationalen Vergleich weist die Bundesrepublik Deutschland nach dieser nach denselben Standards durchgeführten zweiten ISRD (International Self-Report Delinquency) Studie eine überdurchschnittliche Kriminalitätsbelastung auf; den Spitzenplatz nimmt Deutschland bei schweren Gewaltdelikten ein.[3] Im Gegensatz hierzu stehen teilweise die Ergebnisse der Befragung zu Viktimisierungserfahrungen. Dass die Ergebnisse solcher Befragungen selbst hinterfragt und interpretiert werden müssen, macht insbesondere folgendes Ergebnis deutlich. Nach der Befragung selbst berichteter Delinquenz weisen die ehemals sozialistischen Länder des Ostblocks besonders niedrige Quoten auf, während die Viktimisierungsquoten deutlich höher im Vergleich ausfallen. Noch extremer fallen selbst ausgeübte und erfahrene Kriminalität für Portugal auseinander. Während selbst berichtet sich eine niedrige Prävalenzrate bei schweren Gewaltdelikten ergab, hatte die Viktimisierungsquote das höchste Ergebnis. Ganz offensichtlich fällt die Ehrlichkeit je nach Befragungsart unterschiedlich aus. Hinzukommen unterschiedliche subjektive Wahrnehmungen von Kriminalität je nach gesellschaftspolitischem Umgang mit Kriminalität.

Unter Einbeziehung von Dunkelfeldstudien heißt es im Zweiten Periodischen Sicherheitsbericht der Bundesregierung:[4]

> „In der Gesamtschau ergibt sich somit ein konsistentes Bild: Dunkelfeldstudien an verschiedenen Orten sowie bezogen auf verschiedene Zeiträume bieten für die These eines Anstiegs der Jugendkriminalität keine empirische Abstützung. Die verfügbaren Befunde deuten eher in die Richtung, dass es zu Rückgängen der Jugenddelinquenz sowohl bei Eigentums- als auch bei Gewalttaten gekommen ist, bei Letzteren nicht nur beim Raub, sondern auch bei den Körperverletzungsdelikten. Dies ist verbunden mit einem Anstieg der Anzeigebereitschaft sowie der Wahrscheinlichkeit offizieller Registrierungen. In Kombination mit Feststellungen dazu, dass für einen wichtigen Risikofaktor, die Verbreitung

---

2 Siehe zu den Ergebnissen *Baier u. a.* 2009, 112 ff.
3 *Enzmann/Junger-Tas* 2009, 119 ff.
4 Zweiter Periodischer Sicherheitsbericht, 2006, 398.

innerfamiliärer Gewalt gegen Kinder und Jugendliche, ebenfalls Rückgänge festzustellen sind, erscheint eine solche Tendenz abnehmender Delinquenz Jugendlicher sowohl theoretisch plausibel als auch empirisch abgesichert."

10 Unter Einbeziehung von Dunkelfelduntersuchungen ist Jugendkriminalität weiterhin als **ubiquitär** zu charakterisieren. Untere Schichten in der Bevölkerung sind zwar besonders belastet, soziale Randständigkeit begünstigt (Jugend-)Kriminalität, das „Elternhaus" ist nach wie vor bestimmend.[5] Aber bagatellhafte Straftaten werden nach Befragungen so gut wie von allen Jugendlichen begangen.[6]

> „Delinquentes Verhalten bei jungen Menschen ist, nach gesicherten Erkenntnissen nationaler wie auch internationaler jugendkriminologischer Forschung, weit überwiegend als episodenhaftes, d.h. auf einen bestimmten Entwicklungsabschnitt beschränktes, ubiquitäres, d.h. in allen sozialen Schichten vorkommendes, und zudem im statistischen Sinne normales, d.h. bei der weit überwiegenden Mehrzahl junger Menschen auftretendes Phänomen zu bezeichnen. Fast 90% der männlichen Jungerwachsenen haben irgendwann einmal im Kindes- und Jugendalter gegen strafrechtliche Vorschriften verstoßen.
>
> Jugendliche Delinquenz ist insofern nicht per se Indikator einer dahinterliegenden Störung oder eines Erziehungsdefizits. Im Prozess des Normlernens ist eine zeitweilige Normabweichung in Form von strafbaren Verhaltensweisen zu erwarten. Dies hängt mit zentralen Entwicklungsaufgaben des Jugendalters, nämlich der Herstellung sozialer Autonomie, sozialer Integration und Identitätsbildung, zusammen. Damit ist Normübertretung ein notwendiges Begleitphänomen im Prozess der Entwicklung einer individuellen und sozialen Identität. Es ist von einem Kontinuum auszugehen, an dessen einem Ende die massenhafte und gelegentliche Begehung von Straftaten durch junge Menschen steht, quasi der Pol der Normalität, und an dessen anderem Ende sich die nur selten auftretende, länger andauernde und gehäufte Begehung schwerer Straftaten befindet."[7]

Zu Erklärungsansätzen von Jugendkriminalität

11 Es ist hier nicht der Ort, die kriminologischen Erklärungsansätze für Jugendkriminalität im Einzelnen darzustellen. Ganz überwiegend werden heute mehrere Faktoren zusammen für Jugendkriminalität benannt: **Mehrfaktorenansatz**. Wichtig ist hierbei, dass von vornherein differenziert wird zwischen einer entwicklungsbedingten, vorübergehenden Jugendkriminalität und einer sich verfestigenden, in eine kriminelle Karriere einmündende Jugendkriminalität. Hinsichtlich der Bagatellkriminalität bis hin zur mittelschweren Jugendkriminalität wird heute ganz einhellig von einem **passageren Verhalten** ausgegangen, das sich in der Regel mit zunehmendem Alter verliert. Zitat aus der Gesetzesbegründung der Bundesregierung zum 1. Änderungsgesetz des Jugendgerichtsgesetzes aus dem Jahre 1989:

> „Neuere kriminologische Forschungen haben erwiesen, dass Kriminalität im Jugendalter meist nicht Indiz für ein erzieherisches Defizit ist, sondern überwiegend als entwicklungsbedingte Auffälligkeit mit dem Eintritt in das Erwachsenenalter abklingt und sich nicht wiederholt. Eine förmliche Verurteilung Jugendlicher ist daher in weitaus weniger Fällen geboten, als es der Gesetzgeber von 1953 noch für erforderlich erachtete.
>
> Untersuchungen zu der Frage, inwieweit der Verzicht auf eine formelle Sanktion zugunsten einer informellen Erledigung kriminalpolitisch von Bedeutung ist, haben – jedenfalls für den Bereich der leichten und mittleren Jugenddelinquenz – zu der Erkenntnis geführt,

---

5 Siehe hierzu *Meier* 2016, § 6 Rn. 32 ff.
6 *Walter/Neubacher* 2011, Rn. 444; siehe auch die Ergebnisse der Schülerbefragungen des Kriminologischen Forschungsinstituts Niedersachsen, z. B. *Baier u. a.* 2009; *Bergmann/Baier* 2015.
7 Zweiter Periodischer Sicherheitsbericht, 2006, S. 357, 358.

Zu Erklärungsansätzen von Jugendkriminalität

dass informellen Erledigungen als kostengünstigeren, schnelleren und humaneren Möglichkeiten der Bewältigung von Jugenddelinquenz auch kriminalpolitisch im Hinblick auf Prävention und Rückfallvermeidung höhere Effizienz zukommt.

Es hat sich weiterhin gezeigt, dass die in der Praxis vielfältig erprobten neuen ambulanten Maßnahmen (Betreuungsweisung, sozialer Trainingskurs, Täter-Opfer-Ausgleich) die traditionellen Sanktionen (Geldbuße, Jugendarrest, Jugendstrafe) weitgehend ersetzen können, ohne dass sich damit die Rückfallgefahr erhöht." (BR-Drucks. 464/89)

Dass Kinderdelinquenz und Jugendkriminalität altersbedingt sind, wird auch an der folgenden Altersstruktur deutlich.

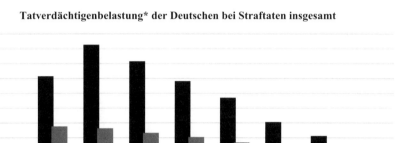

*Tatverdächtigenbelastungszahl (TVBZ): Tatverdächtige je Altersgruppe bezogen auf 100.000 Einwohner derselben Altersgruppe

(Quelle: PKS 2016, Tab. 40)

Aus diesem Schaubild ergibt sich dreierlei:
1. Die Jungen- und Männerkriminalität dominiert im Vergleich zur Mädchen- und Frauenkriminalität.
2. Die kriminelle Höchstbelastung liegt bei Männern im Alter von 18–21 Jahren deutlich später als bei Mädchen im Alter von 14–16 Jahren.
3. Nach einer solchen Höchstbelastung „verliert" sich Kriminalität, wird deutlich weniger, da nur ein geringer Teil erwischt wird, ohne Zutun der Justiz.

Episodenhaftigkeit und **Spontanremission** sind Kennzeichen der Jugendkriminalität.[8] Die **Trias der Jugendkriminalität** lautet somit: **bagatellhaft, ubiquitär, passager.**

Anders sieht es für **Wiederholungs- und Intensivtäter** aus. Diese werden als die eigentliche Problemgruppe angesehen, auch wenn die Begriffe nicht eindeutig definiert sind und konsensual verwendet werden. Als Mehrfach- oder Intensivtäter werden überwiegend Täter bewertet, die innerhalb eines Jahres 3–5 Straftaten begangen haben. Eine einheitliche Definition gibt es nicht.[9] Nach einer Auswertung für das Land Nordrhein-Westfalen ergaben sich folgende Prozentsätze für Mehrfachtäter.

---

8 Schwind 2016, § 3 Rn. 28; Boers u.a. 2014, 138.
9 Siehe Antwort der Bundesregierung vom 26.5.2009, BT-Drucks. 16/13142, S. 9.

Erfassungshäufigkeit der Tatverdächtigen innerhalb eines Jahres
(bezogen auf die eigene Altersgruppe)

In Erscheinung getreten in 2001	Tatverdächtige insgesamt in %	Kinder < 14 J. in %	Jugendliche > = 14 < 18 J. in %
Einmal	81,2	86,3	77,2
Zweimal	11,9	9,3	13,7
Dreimal	3,4	2,4	4,3
Viermal	1,4	1,0	1,0
Fünfmal	0,7	0,3	1,0
Sechsmal	0,4	0,2	0,6
Siebenmal	0,3	0,2	0,4
Achtmal	0,2	0,1	0,2
Neunmal	0,1	0,1	0,2
zehnmal und mehr	0,4	0,2	0,5

(Siehe Walter, ZJJ 2003, S. 161)

Obwohl somit nur ein ganz kleiner Teil als Mehrfach- oder Intensivtäter einzustufen ist, werden dieser Tätergruppe bis zu 40 % aller jugendlichen Straftaten zugerechnet. Deren kriminelles Verhalten „wächst sich nicht von allein aus", droht zu einer Lebensform zu werden.[10] Hier sind eine enge Kooperation der Verfahrensbeteiligten und eine Abkürzung der Verfahrensabläufe (Rn. 62 ff.) geboten.

Intensivtäter sind allerdings nicht erst eine Erscheinung in heutiger Zeit. **Max und Moritz** sind Prototypen von Intensivtätern.[11] Mit der Schadensfreude über ihr schreckliches Ende

- „Her damit" Und in den Trichter

Schüttelt er die Bösewichter -

Rickeracke! Rickeracke!

Geht die Mühle mit Geknacke.

Hier kann man sie noch erblicken

Fein geschroten und in Stücken

Doch sogleich verzehrt sie

Meister Müllers Federvieh -

---

10 Siehe auch *Lösel/Bliesener* 2003, 179; *Steffen* 2003, 7 ff.; *Drenkhahn* 2007, 24; zur Problemgruppe der Spätaussiedler siehe *Ostendorf* 2007a.
11 In ihren sieben Streichen begehen Max und Moritz nicht nur Sachbeschädigungen, sondern auch Diebstähle, z.T. im besonders schweren Fall (§ 243 Abs. 1 S. 2 Nr. 1 StGB), Beleidigung, Körperverletzungen (§ 224 Abs. 1 Nr. 4 StGB), im vierten Streich – Explosion der Pfeife von Lehrer Lämpel – auch eine gefährliche Körperverletzung gem. § 224 Abs. 1 Nr. 2 und 5 StGB. Ausführlicher *Ostendorf* 2017, 579 ff. Nach der Untersuchung von *Khostevan* 2008, 238, sind auch heute Langeweile, Spaß und Adrenalinschub die Hauptmotive für Straftatbegehung.

demaskiert Wilhelm Busch zugleich die kleinbürgerliche Moral zum Umgang mit Bösewichtern damaliger wie heutiger Zeit.

Als Hauptbegründungen für diese Mehrfach- oder Intensivtäter werden heute nach empirischen Studien benannt:[12]

- Broken-home-Situationen, vielfach verknüpft mit unterschiedlichen, ja gegensätzlichen Erziehungsstilen, mit emotionaler Vernachlässigung und familiärer Gewalterfahrung;
- dauerhafte negative Erfolgserlebnisse in Schule und Ausbildung (Klassenwiederholungen, Nichterreichen des Schulabschlusses, keine Ausbildungsstelle), mit Perspektivlosigkeit für die Zukunft und der Ableitung eines Looser-Selbstbildnisses;
- Zugehörigkeit zu kriminogenen Cliquen, auch rechtsradikalen Gruppierungen, in denen vermehrte Gelegenheiten/Verführungen zur Kriminalität geboten werden sowie im Sinne der Neutralisationstechnik[13] Eigenverantwortlichkeit geleugnet und Schuld für das Versagen nur bei anderen gesucht wird;
- Alkohol- und Rauschgiftabhängigkeiten, die z. T. unmittelbar kriminalitätsauslösend sind, die z. T. mittelbar zur Beschaffungskriminalität führen;
- Abstempelung (Stigmatisierung) durch die Instanzen sozialer Kontrolle mit den Erscheinungsformen des Hospitalismus und Heimkarrieren sowie Übernahme eines kriminellen Selbstbildnisses.[14]

Zitat aus dem Zweiten Periodischen Sicherheitsbericht der Bundesregierung[15]:

> Zahlreiche kriminologische Längsschnittstudien belegen die Existenz einer recht kleinen Gruppe junger Menschen, die über viele Jahre – teilweise bis in das mittlere und späte Erwachsenenalter hinein – kriminelle Delikte begeht. Mittlerweile lassen sich gewisse Regularitäten jener Entwicklungsverläufe benennen, die zu massiver, länger dauernder Delinquenz führen. Wenn sich auch die Forschung in der Frage der genauen Anzahl von möglichen Verläufen und der relativen Bedeutsamkeit von Risikofaktoren nicht einig ist, so kann doch als gesichert gelten, dass die Kumulation von Risikofaktoren die Wahrscheinlichkeit späterer massiver und längerfristiger, d. h. bis ins Erwachsenenalter reichender Delinquenz, substanziell erhöht. Einflüsse, die hier relevant sind, beziehen sich sowohl auf Persönlichkeitsmerkmale und Temperamentsfaktoren auf der individuellen Ebene als auch die familiäre Sozialisation, hier insbesondere die Eltern-Kind-Bindung sowie Gewalterfahrungen im familiären Nahraum, die einer der relevantesten Prädiktoren der Entwicklung von Aggression und Delinquenz zu sein scheinen. Von hoher Bedeutung sind dabei die Entwicklung sozialer Informationsverarbeitung, die Entwicklung von Empathiefähigkeit und die Herausbildung von Fähigkeiten zur Affekt- und Selbstkontrolle.

Auch bei dieser Tätergruppe gilt es, Ausstiegsmöglichkeiten (turning points) zu beachten und nicht in einen Strafverschärfungsautomatismus (siehe Rn. 241, 300) zu verfallen.[16]

Voraussetzung für die Unterbrechung der kriminellen Karriere sind ein rechtzeitiger Informationsaustausch der beteiligten Institutionen und eine personenbezogene institu-

---

12 Siehe z. B. *Meier* 2016, § 6 Rn. 65 ff.; *Walter/Neubacher* 2011, Rn. 465 ff.
13 Siehe *Sykes/Matza* 1968, 365 ff.
14 Das Dt. Jugendinstitut fordert deshalb, Kinder noch nicht als Intensiv- oder Schwellentäter zu bezeichnen, siehe *Holthusen* 2011, 30; kritisch zur „Jugendstrafverfahrensrechtlichen Sonderbehandlung" *Goeckenjan* 2015, 26.
15 Zweiter Periodischer Sicherheitsbericht, 2006, S. 358.
16 Zweiter Periodischer Sicherheitsbericht, 2006, S. 358, 359; *Boers* in: Fördern, Fordern, Fallenlassen, hrsg. von der DVJJ, Bd. 41, 2008, S. 367 ff.

tionenübergreifende Kooperation. Allerdings müssen hierbei normative und fachliche Kompetenzzuweisungen beachtet werden. So kann und darf die sog. polizeiliche Gefährderansprache, d.h. das Aufsuchen des Jugendlichen und seiner Erziehungsberechtigten Zuhause sowie des Ermahnungsgesprächs durch die Polizei, nur ein ernstes Alarmzeichen und ein anschließender „Türöffner" für Jugendhilfemaßnahmen nach dem SGB VIII sein. Deshalb ist eine Absprache von Polizei und Jugendhilfe geboten.[17]

---

17 Siehe hierzu die kritische Evaluation von vier Mehrfach- und Intensivtäterprogrammen, insbesondere der polizeilichen Gefährderansprache von *Riesner/Bliesener/Thomas* 2012, 40 ff.

I. Die geschichtliche Entwicklung des Jugendstrafrechts in Deutschland[1]

Die geschichtliche Entwicklung des Jugendstrafrechts in Deutschland wird durch die Entwicklung des Jugendgerichtsgesetzes geprägt. Die wesentlichen Stadien dieser Entwicklung sollen kurz dargestellt werden.
Das **1. JGG** ist datiert **vom 16.2.1923** (RGBl. I, 135); den Entwurf hatte der damalige Reichsjustizminister Radbruch durchgesetzt.[2] Im § 2 wurde der Anwendungsbereich auf die Jugendlichen von 14 bis 18 Jahren festgelegt und damit die bislang geltende Strafbarkeit von 12 Jahren (§ 55 StGB a.F.) angehoben. Als neue Sanktion wurden die Erziehungsmaßregeln eingeführt, die Vorrang hatten gegenüber der Freiheitsstrafe (§ 6). Die Staatsanwaltschaft konnte mit richterlicher Zustimmung von der Verfolgung absehen (§ 32). Die Freiheitsstrafe konnte erstmalig zur Bewährung ausgesetzt werden (§ 10). Es wurden spezielle Jugendgerichte eingeführt, die schon vorher in der Praxis erprobt worden waren. Das erste deutsche Jugendgericht wurde im Jahre 1907 in Frankfurt eingerichtet, im Jahre 1912 wurden bereits 556 Jugendgerichte gezählt.[3] Die Jugendgerichtshilfe war am Verfahren zu beteiligen (§ 22) und ein spezieller Jugendstrafvollzug wurde eingeführt (§ 16). Nach damaligen Maßstäben nicht nur ein fortschrittliches, sondern auch ein revolutionäres Gesetz, auch wenn Radbruch selbst das Gesetz zwar als „hocherfreulichen Fortschritt" aber nicht mehr als „kühnen Wurf" ansah.[4]

Die Nationalsozialisten haben vieles zurückgenommen. Mit dem **RJGG vom 6.11.1943** (RGBl. I, 637) wurde die strafrechtliche Verantwortlichkeit wiederum auf 12 Jahre gesenkt „wenn der Schutz des Volkes wegen der Schwere der Verfehlung eine strafrechtliche Ahndung fordert" (§ 3 Abs. 2 S. 2). Das allgemeine Strafrecht war auf Jugendliche anzuwenden, die in ihrer Entwicklung über 18 Jahre alten Tätern gleichgestellt werden können, „wenn das gesunde Volksempfinden es wegen der besonders verwerflichen Gesinnung des Täters und wegen der Schwere der Tat fordert" (§ 20 Abs. 1); Vorläufer war insoweit die Verordnung zum Schutz gegen jugendliche Schwerverbrecher vom 4.10.1939 (RGBl. I, 2000). Mit der Anwendung des Erwachsenenstrafrechts konnte auch die Todesstrafe ausgesprochen werden. Nach Wolff[5] wurden allein in der Zeit von 1939 bis Mitte 1943 **61 Todesstrafen** gegen Jugendliche verhängt. Es wurden als neue Sanktionsart die Zuchtmittel eingeführt und als schwerstes Zuchtmittel der Jugendarrest deklariert (§ 7). Die Strafaussetzung zur Bewährung wurde wieder abgeschafft.

Der Arrest war allerdings bereits im Jahre 1940 als nationalsozialistische Neuschöpfung[6] durch Verordnung zur Ergänzung des Jugendstrafrechts (RGBl. I, 1336) eingeführt worden. Nach Freisler, damals noch Staatssekretär im Reichsjustizministerium, soll der Jugendarrest „den ehrliebenden, rassisch an sich gesunden jugendlichen Rechtsbrecher zwecksentsprechend treffen."[7] Entsprechende rechtspolitische Forderun-

---
1 Siehe hierzu umfassend *Stolp* 2015.
2 Siehe *Sieverts* 1969, 130.
3 Siehe Anlagen zu den stenographischen Berichten des Reichstages 1912/13, S. 1820.
4 *Radbruch* 1923, 250.
5 *Wolff*, 1992, 271.
6 *Sieverts* 1961, 150; siehe aber *Schaffstein* 1939, 129, der sich auf schweizerische Vorbilder beruft, und seine „Rechtfertigung", Schaffstein 1986a, 393 ff.
7 1939, 209 ff.; = DVJJ-Journal 1994, 75.

gen waren schon vorher erhoben worden.[8] Er wurde als das „modernste nationalsozialistische Erziehungsmittel,"[9] als das „Kernstück des deutschen Jugendstrafrechts"[10] bezeichnet.[11] Auch die Polizei war ermächtigt, Jugendarrest zu verhängen (§ 52 JGG 1943).[12] Obwohl die Zuchtmittel bereits damals nicht die Rechtswirkungen einer Strafe haben sollten (§ 7 Abs. 3 JGG 1943), wurde dem Arrest schon früh ein Strafcharakter i. S. einer Erziehungs-, Ehren-, Schockstrafe zugesprochen.[13] Er sollte die erzieherische Funktion erfüllen, „die im Leben außerhalb der rechtlichen Sphäre bei einem Jungen eine kräftige Tracht Prügel haben kann."[14] Dem entspricht die Verbalisierung „züchtigen". Von der Praxis wurde die Sanktion „begeistert aufgenommen."[15] So lauteten bereits 1942 72 % der Verurteilungen auf Jugendarrest,[16] wobei hinsichtlich der Härte davon ausgegangen wurde, „dass ein Monat Jugendarrest an Empfindlichkeit hinter drei Monaten Jugendgefängnis nicht zurücksteht."[17]

Die nationalsozialistische Bestrafungsideologie zeigte sich insbesondere in der Einrichtung von „polizeilichen Jugendschutzlagern", in die u.a. Gefangene nach der Entlassung aus dem Strafvollzug überwiesen werden konnten (§ 60 JGG 1943) – Vorläufer einer Sicherungsverwahrung im Jugendstrafrecht.[18] Eine eigenständige Bedeutung für die „Bekämpfung von Straftaten" erhielt die Hitlerjugend (HJ) mit ihrem internen Disziplinarrecht sowie ihrer Beteiligung am Jugendstrafverfahren (§§ 25 Abs. 1, 35, 44, 68 Abs. 3, 72 Abs. 3 JGG 1943) sowie der Möglichkeit, die Schutzaufsicht als Erziehungsmaßregel von der HJ durchzuführen. Mit zunehmender Kriegsdauer wurden auch junge Gefangene zur „Frontbewährung" herangezogen.[19]

Die These vom „Versagen" des JGG 1923 bei der Eindämmung der Jugendkriminalität und dementsprechend notwendigen gesetzlichen Verschärfungen lässt sich nach einer Untersuchung der Praxis des Jugendstrafrechts in der Weimarer Republik nicht halten. Mängel zeigten sich vor allem in der praktischen Umsetzung des Gesetzes durch die Jugendgerichte, die häufig, insbesondere in den ersten Jahren nach Inkraftsetzung ein traditionelles Strafdenken nach dem Erwachsenenstrafrecht an den Tag legten.[20] Entgegen anders lautender Bewertungen ist das RJGG 1943 nach seiner Konzeption und in weiten Teilen seiner Ausgestaltung Ausdruck der NS-Ideologie.[21]

18 Die dritte Station in der Entwicklung des Jugendstrafrechts ist das Jahr 1953. Vorweg ist anzumerken, dass in der **DDR** ein **Jugendstrafrecht** im Jahre 1952 eingeführt wurde, das, obwohl sozialistisch geprägt, durchaus moderne Ansätze hatte.[22] Es wurde al-

---

8 Siehe *Förster* 1968, 31 ff.; *van Dühren* 1925, 82; siehe auch *Eisenhardt* 1980, 9 ff.; aufklärend zur Entstehungsgeschichte und zu Kontinuitäten *Meyer-Höger* 1998, 149 ff.
9 Reichsjugendführer Artur *Axmann* 1940, 277.
10 *Kümmerlein* 1943, 535.
11 Siehe auch *Böhm* 1985b, 162: „Rückblickend war die Entwicklung jedenfalls ein Fortschritt"; eine positive Einschätzung findet sich auch bei *Bindzus/Musset* 1999, 281.
12 Zu sonstigen freiheitsentziehenden Zugriffsmöglichkeiten gegenüber Jugendlichen im NS-Staat siehe *Huvalé* 1984, 61 ff.
13 Siehe *Schaffstein* 1936, 66.
14 *Schaffstein* 1939, 129.
15 Siehe *Dörner* 1991, 214.
16 Siehe *Meyer-Höger* 1998, 90.
17 RG DJ 1942, 139; zum Alltag des damaligen Arrestes siehe auch *Hinrichs* 1997, 313 ff.
18 Siehe hierzu *Neugebauer* 1997.
19 *Dörner* 1991, 275 ff.
20 *Schady* 2003, 192.
21 Siehe *Kleimann* 2013, 397 ff.; siehe auch *Stolp* 2015, 89 ff.
22 Siehe *Plath* 2005.

I. Die geschichtliche Entwicklung des Jugendstrafrechts in Deutschland

lerdings 1968 wieder abgeschafft und durch Sonderregelungen in das Erwachsenenstrafrecht ersetzt wie in den Skandinavischen Staaten. Mit dem **JGG 1953** (BGBl. I, 751) wurde in der Bundesrepublik das Jugendstrafrecht vom nationalsozialistischen Gedankengut befreit. Die Strafbarkeitsgrenze wurde wieder auf 14 Jahre angehoben, die Jugendstrafe zur Bewährung jetzt mit Unterstützung der Bewährungshilfe wieder eingeführt und für die damalige Zeit mehr als bemerkenswert wurden die Heranwachsenden in das Jugendstrafrecht einbezogen, d. h. alle Heranwachsenden wurden bei einem Jugendgericht angeklagt, das darüber zu entscheiden hatte, ob Jugendstrafrecht oder Erwachsenenstrafrecht zur Anwendung kommt (zu Ausnahmen siehe § 103). Diese Bestimmungen gelten noch heute.

Eine weitere Stufe in der Entwicklung des deutschen Jugendstrafrechts datiert aus dem Jahre 1990. Mit dem **Ersten Gesetz zur Änderung des Jugendgerichtsgesetzes (1. JGGÄndG) vom 30.8.1990** (BGBl. I, 1853) wurden die damals sogenannten neuen ambulanten Maßnahmen, d. h. Täter-Opfer-Ausgleich, sozialer Trainingskurs, Betreuungsweisung eingeführt (§ 10 Abs. 1 S. 3 Nr. 5, 6, 7); die Jugendstrafe bis zu 2 Jahren soll regelmäßig zur Bewährung ausgesetzt werden (§ 21 Abs. 2); die Möglichkeiten für Staatsanwaltschaft und Gericht, das Verfahren einzustellen, wurden erweitert (§§ 45, 47); für die Anordnung der Untersuchungshaft wurden insbesondere für 14- und 15-Jährige die Hürden erhöht (§ 72 Abs. 1, 2), begleitend wurde die sofortige Pflichtverteidigung im Fall der Untersuchungshaft von Jugendlichen vorgeschrieben (§ 68 Nr. 4).

Mit dem **Zweiten Justizmodernisierungsgesetz vom 30.12.2006** (BGBl. I, 3416) wurden die Zuständigkeit der Jugendkammer aus Opferschutzgründen eingeführt (§ 41 Abs. 1 Nr. 4), weiterhin das Anwesenheitsrecht der Erziehungsberechtigten und gesetzlichen Vertreter des Verletzten in der Hauptverhandlung (§ 48 Abs. 2 S. 1), wurde der Ausschluss der Erziehungsberechtigten und gesetzlichen Vertreter von der Verhandlung neu geregelt (§§ 51 Abs. 2–5, 68 Nr. 3), wurden die Vorführung im vereinfachten Jugendverfahren ermöglicht (§ 78 Abs. 3 S. 3), eine begrenzte Nebenklage gegen Jugendliche eingeführt (§ 80 Abs. 3) und das Adhäsionsverfahren gegen Heranwachsende auch bei Anwendung des Jugendstrafrechts ermöglicht (§ 109 Abs. 2 S. 1).

Mit dem **Zweiten Gesetz zur Änderung des Jugendgerichtsgesetzes und anderer Gesetze vom 13.12.2007** (BGBl. I, 2894) wurde erstmalig das Ziel des Jugendstrafrechts definiert (§ 2 Abs. 1) und es wurden die Rechtsbehelfe im Vollzug freiheitsentziehender Sanktion neu geregelt (§ 92). Die bisherigen Regelungen zum Jugendstrafvollzug (§§ 91, 92) wurden gestrichen und mittlerweile durch die neuen Ländergesetze zum Jugendstrafvollzug ersetzt (siehe hierzu Rn. 340 ff.).

Mit dem **Gesetz zur Einführung der nachträglichen Sicherungsverwahrung bei Verurteilungen nach Jugendstrafrecht vom 8.7.2008** (BGBl. I, 1212) wurde die nachträgliche Sicherungsverwahrung unter besonderen Voraussetzungen auch bei Jugendlichen sowie bei Heranwachsenden, die nach Jugendstrafrecht verurteilt wurden, ermöglicht (§ 7 Abs. 2–4).

Mit dem **Zweiten Opferrechtsreformgesetz vom 29.7.2009** (BGBl. I, 2280) wurde die Schutzaltersgrenze im Strafprozess von 16 auf 18 Jahre angehoben (§§ 58a, 241a, 255a StPO, § 172 GVG) mit der Folge, dass die Vernehmung von Zeugen unter 18 Jahren allein von dem Vorsitzenden des Gerichts durchzuführen ist (§ 241a StPO).

Mit dem **Gesetz zur Änderung des Untersuchungshaftrechts vom 29.7.2009** (BGBl. I, 2274) ist nunmehr auch bei Heranwachsenden wie bei Erwachsenen gem. § 140 Abs. 1

Nr. 4 StPO „unverzüglich" ab Vollstreckung der U-Haft ein Pflichtverteidiger zu bestellen. Wie bereits zum alten Recht vertreten[23] hat der Gesetzgeber ausdrücklich im § 109 Abs. 1 S. 1 klargestellt, dass die Haftentscheidungshilfe auch bei Heranwachsenden anzubieten ist. Der Verkehr des U-Gefangenen mit Vertretern der JGH, dem Betreuungshelfer und dem Erziehungsbeistand wurde in § 72b – bislang § 93 Abs. 3 – neu geregelt.[24]

Mit dem **Gesetz zur Erweiterung der jugendgerichtlichen Handlungsmöglichkeiten** vom 4.9.2012 (BGBl. I, 1854) wurden der „Warnschussarrest" eingeführt, die sog. Vorbewährung gesetzlich geregelt und bei Heranwachsenden die Höchststrafe auf 15 Jahre Jugendstrafe bei besonders schweren Mordtaten angehoben.

Mit dem **Gesetz zur bundesrechtlichen Umsetzung des Abstandsgebotes im Recht der Sicherungsverwahrung** vom 5.12.2012 (BGBl. I, 2425) wurden die nachträgliche Sicherungsverwahrung mit Ausnahme nach Erledigungserklärung einer Unterbringung in einem psychiatrischen Krankenhaus aufgehoben und die vorbehaltene Sicherungsverwahrung neu geregelt.

20 Seit der Reformphase, die im Wesentlichen mit dem 1. JGG ÄndG aus dem Jahr 1990 abschloss, hat es vielfache Versuche gegeben, das Rad der Geschichte des deutschen Jugendstrafrechts wieder zurückzudrehen.[25] Die Bestrebungen gipfeln in der Forderung nach Abschaffung des Jugendstrafrechts und Ersetzung durch ein – milderes – Erwachsenenstrafrecht.[26] Einzelforderungen betreffen die Herabsetzung des Strafbarkeitsalters von 14 auf 12 Jahre,[27] die Herausnahme der Heranwachsenden aus dem Jugendstrafrecht,[28] die Einführung eines „Einstiegs- oder Warnschussarrestes",[29] die Heraufsetzung der Höchststrafe (10 Jahre Jugendstrafe)[30] sowie die – zwischenzeitlich erfolgte – Einführung der Sicherungsverwahrung im Jugendstrafrecht.[31] Diesen parlamentarisch-politischen Initiativen steht die weitgehend einhellige Fachwelt gegenüber. So haben sich im Jahre 1998 54 Professoren aus den Bereichen Jugendstrafrecht und Kriminologie unter der Überschrift „Gegenreform im Jugendstrafrecht? Wider die repressive Hilflosigkeit!" gegen eine Verschärfung des Jugendstrafrechts ausgesprochen: „Das geltende Jugendstrafrecht hat dem Erwachsenenstrafrecht vor allem zweierlei voraus: Vielfalt des möglichen Reagierens und Flexibilität der Prozeduren. Mit beidem steht ein Instrumentarium zur Verfügung, das es erlaubt, den Verhältnissen, Bedürfnissen und „Lagen" der 14- bis 21-Jährigen, die strafrechtlich auffallen, mit einem hohen Grad an Individualisierung (im Wortsinn:) gerecht zu werden."[32] Allerdings sind dieser Flexibilität rechtsstaatliche Grenzen gesetzt, die von der Justizpraxis nicht immer beachtet werden.[33] Gegen die Forderung nach Verschärfung des Jugendstrafrechts von Roland Koch im hessischen Landtagswahlkampf Anfang 2009 wurde von 1150 Fach-

---

23 Siehe Ostendorf/*Sommerfeld* § 72a Rn. 1.
24 Zu weiteren Neuregelungen zum Vollzug der U-Haft sowie zu den Untersuchungshaftvollzugsgesetzen der Länder siehe Rn. 134-140.
25 Siehe hierzu *Gebauer* 2010, 196 ff.
26 Siehe *Kusch* 2006, 65; hiergegen *Ostendorf* 2006c, 320 m.w.N.
27 Siehe dagegen *Heitlinger*, 2004, 315 ff.; *Hillenkamp* 2009, 111.
28 Siehe dagegen *Pruin* 2007, 265 ff.; siehe auch Rn. 317.
29 Siehe dagegen *Werner-Eschenbach* 2005, 68 ff.; siehe auch Rn. 221.
30 Siehe dagegen *Schulz* 2000, 217 ff.; siehe auch Rn. 243.
31 Siehe dagegen *Ostendorf/Bochmann* 2007, 146 ff.; siehe auch Rn. 285-290.
32 Abgedruckt bei *Ostendorf* 2000, 194 sowie in ZRP 1998, 446; siehe hierzu auch *Asholt* 2007/2008, 343 ff.
33 Siehe hierzu *Ostendorf* 2006d, 515 ff.

I. Die geschichtliche Entwicklung des Jugendstrafrechts in Deutschland

leuten aus Praxis und Wissenschaft eine Gegenresolution unterschrieben.[34] Anstelle einer Abkehr von dem im geschichtlichen Prozess Erreichten gilt es, das Jugendstrafrecht weiter zu reformieren.[35] Hierbei sind **völkerrechtliche Vorgaben** und **internationale Standards** einmal für die Fortentwicklung auf nationaler Ebene,[36] zum anderen für die Vereinheitlichung des Jugendstrafrechts auf europäischer Ebene entscheidend zu berücksichtigen. Folgende internationale und europäische Regeln bzw. Empfehlungen sind zu beachten:[37]

- Die „Mindestgrundsätze der Vereinten Nationen für die Jugendgerichtsbarkeit" („Beijing-Rules") (1985) i. V. m. dem"(UN-)Model Law on Juvenile Justice" (1998).[38]
- Die „Mindestgrundsätze der Vereinten Nationen für nicht-freiheitsentziehende Maßnahmen" („Tokyo-Rules") (1990).[39]
- Die „Regeln der Vereinten Nationen zum Schutz von Jugendlichen unter Freiheitsentzug" („Havana-Rules") (1990).[40]
- Die „Richtlinien der Vereinten Nationen für die Prävention von Jugendkriminalität" („Riyadh-Guidelines") (1990).[41]
- Die UN-Kinderrechtskonvention (1989) i. V. m. den (UN-) „Richtlinien für Maßnahmen gegenüber Kindern im Strafrechtssystem – Jugendgerichtsbarkeit" (1997) und dem Generalkommentar des UN-Kinderrechtskomitees zu Kinderrechten in der Jugendgerichtsbarkeit (2007).[42]
- Die Empfehlungen Rec. No. (1987) 20 „über die gesellschaftlichen Reaktionen auf Jugendkriminalität" und Rec. No. (1988) 6 „über die gesellschaftlichen Reaktionen auf Kriminalität unter Jugendlichen aus Gastarbeiterfamilien".[43]
- Die Empfehlungen Rec. No. (1992) 16 und Rec. No. (2000) 22 über die Europäischen Grundsätze zu ambulanten Sanktionen und Maßnahmen, die Empfehlung Rec. No. (2000) 20 „über die Rolle des frühzeitigen psychosozialen Einschreitens zur Verhütung kriminellen Verhaltens" sowie Rec. Nr. (1999) 19 über Mediation in Strafsachen.[44]

---

34 Veröffentlicht in ZJJ 2008, 87.
35 Siehe Zweite Jugendstrafrechtsreform-Kommission der DVJJ, DVJJ-Extra Nr. 5, 2002; sowie die Beschlüsse auf dem 64. Deutschen Juristentag, 2002 C III.
36 So explizit BVerfGE 116, 69 = BVerfG NJW 2006, 2097 für die rechtliche Ausgestaltung des Jugendstrafvollzugs.
37 Siehe auch *Bochmann* 2008; zu den internationalen und europäischen Vorgaben für den Jugendstrafvollzug siehe Rn. 341. Die UN-Instrumente sind auf [http://www.ohchr.org/EN/ProfessionalInterest/Pages/UniversalHumanRightsInstruments.aspx] zu finden, die Europarats-Empfehlungen über [http://search.coe.int/cm], Rechtstexte der EU über [http://eur-lex.europa.eu/homepage.html].
38 „United Nations Standard Minimum Rules for the Administration of Juvenile Justice", abgedruckt (auf Deutsch) in *Höynck/Neubacher/Schüler-Springorum* 2001, 74–84.
39 „United Nations Standard Minimum Rules for Non-custodial Measures", abgedruckt (auf Deutsch) in *Höynck/Neubacher/Schüler-Springorum* 2001, 132–141.
40 „United Nations Rules for the Protection of Juveniles Deprived of their Liberty", abgedruckt (auf Deutsch) in *Höynck/Neubacher/Schüler-Springorum* 2001, 94–108.
41 „United Nations Guidelines for the Prevention of Juvenile Delinquency", abgedruckt (auf Deutsch) in *BMJ* 2001, 85–93.
42 „United Nations Convention of the Rights of the Child", abgedruckt (auf Deutsch) in *Höynck/Neubacher/Schüler-Springorum* 2001, 38–59.
43 „Rec. No. R (1987) 20 on Social Reactions to Juvenile Delinquency", abgedruckt (auf Deutsch) in *Höynck/Neubacher/Schüler-Springorum* 2001, 197–201.
44 „Rec. No. R (1992) 16 on the European Rules on Community Sanctions and Measures", abgedruckt (auf Deutsch) in *Höynck/Neubacher/Schüler-Springorum* 2001, 206–222.

- Die Empfehlung Rec. No. (2003) 20 „zu neuen Wegen im Umgang mit Jugenddelinquenz und der Rolle der Jugendgerichtsbarkeit".[45]
- Die Empfehlung Rec. No. (2008) 11 „Europäische Regeln für Sanktionen und Maßnahmen bei jugendlichen Straftätern".[46]
- Leitlinien des Ministerkomitees des Europarates für eine kindgerechte Justiz vom 17.11.2010.[47]
- Richtlinie (EU) 2016/800 des Europäischen Parlaments und des Rates vom 11.5.2016 über Verfahrensgarantien in Strafverfahren für Kinder, die Verdächtige oder beschuldigte Personen in Strafverfahren sind.[48]

21 Übersicht über die Entwicklung des Jugendstrafrechts
(entsprechend den bedeutsamsten Änderungen)

Rechtslage vor 1923: nur wenige Sondervorschriften im StGB	Rechtslage nach dem Jugendgerichtsgesetz von 1923
Strafbarkeitsgrenze: 12 Jahre	Strafbarkeitsgrenze: 14 Jahre
Strafmilderungen bei unter 18-jährigen, keine Todesstrafe	„Erziehungsmaßregeln" als vorrangige Sanktion gegenüber Strafe; von Strafe kann abgesehen werden (bereits im Urteil); die StA kann mit richterlicher Zustimmung von Verfolgung absehen
Strafaussetzungen nur gnadenweise möglich	Strafaussetzung im Urteil möglich
Jugendliche werden vor den allgemeinen Gerichten nach den allgemeinen Verfahrensvorschriften abgeurteilt	Jugendgerichte werden eingerichtet mit speziellen Verfahrensregeln (z.B. Ausschluss der Öffentlichkeit)
kein gesonderter Jugendstrafvollzug	Jugendstrafvollzug in speziellen Jugendstrafanstalten

---

45 „Rec. No. (2003) 20 on New Ways of Dealing with Juvenile Delinquency and the Role of Juvenile Justice", abrufbar (auf Deutsch) unter [http://www.dvjj.de/materialservice/download].
46 „European Rules for Juvenile Offenders Subject to Sanctions an Measures", siehe hierzu *Dünkel* 2008, 55 ff. sowie 2011, 140 ff. Zur Vereinbarkeit der gesetzlichen Regelungen des Jugendstrafvollzugs mit dieser Empfehlung *Kühl* 2012.
47 Deutsche Fassung auf [http://www.coe.int/en/web/children/ger]
48 Abgedruckt in ZJJ 2016, 193 ff.; die Umsetzung der Richtlinie in den Mitgliedstaaten hat bis zum 11.6.2019 zu erfolgen (Art. 24 Abs. 1); siehe dazu *Drenkhahn* 2015b; *Sommerfeld* 2017. Siehe auch Rn. 58, 67, 81, 97.

I. Die geschichtliche Entwicklung des Jugendstrafrechts in Deutschland

Rechtslage nach dem Jugendgerichtsgesetz vom 6.11.1943
Strafbarkeitsgrenze: 12 Jahre („Wenn der Schutz des Volkes wegen der Schwere der Verfehlung eine strafrechtliche Ahndung fordert")
Anwendung des Erwachsenenstrafrechts auf Jugendliche, „wenn es das gesunde Volksempfinden wegen der besonders verwerflichen Gesinnung des Täters und wegen der Schwere der Tat fordert"
Neue Sanktionsart der Zuchtmittel mit dem Arrest als kurzfristigem Freiheitsentzug
Sanktion „Jugendstrafe von unbestimmter Dauer"
Maßregel der Unterbringung in einer Heil- und Pflegeanstalt
Abschaffung der Strafaussetzung zur Bewährung im Urteil
Einführung der Strafrestaussetzung zur Bewährung

Rechtslage nach dem Jugendgerichtsgesetz vom 4.8.1953
Strafbarkeitsgrenze: 14 Jahre
Jugendstrafe zur Bewährung mit Einsatz des Bewährungshelfers
Einführung der Aussetzung der Verhängung einer Jugendstrafe (§ 27)
Maßregel „Entziehung der Fahrerlaubnis"
Potenzielle Anwendung des Jugendstrafrechts auf Heranwachsende

Rechtslage nach dem 1. Änderungsgesetz zum JGG vom 30.8.1990
Erweiterung der Weisungen um die sogenannten neuen ambulanten Maßnahmen: Täter-Opfer-Ausgleich, Sozialer Trainingskurs, Betreuungsweisung
Abschaffung der unbestimmten Jugendstrafe
Regelmäßige Strafaussetzung zur Bewährung bis zu einer Jugendstrafe von 2 Jahren
Ausweitung der Diversion durch die Staatsanwaltschaft
Engere Voraussetzungen für die Verhängung von Untersuchungshaft, insbesondere bei 14- und 15-Jährigen
Pflichtverteidigung im Falle einer Untersuchungshaft

Rechtslage nach dem 2. Justizmodernisierungsgesetz vom 30.12.2006
Erweiterte Zuständigkeit der Jugendkammer aus Opferschutzgründen
Anwesenheitsrecht der Erziehungsberechtigten des Verletzten in der Hauptverhandlung
Neuregelung des Ausschlusses der Erziehungsberechtigten von der Hauptverhandlung
Vorführung im vereinfachten Jugendverfahren
Nebenklage gegen Jugendliche
Generelle Zulassung des Adhäsionsverfahrens gegen Heranwachsende

Rechtslage nach dem 2. Änderungsgesetz zum JGG vom 13.12.2007 und den Ländergesetzen zum Jugendstrafvollzug
Zielbestimmung des Jugendstrafrechts Neue Rechtsbehelfe im Vollzug freiheitsentziehender Sanktionen Detaillierte Regelung des Jugendstrafvollzugs

Rechtslage nach dem Gesetz zur nachträglichen Sicherungsverwahrung bei Verurteilungen nach Jugendstrafrecht vom 8.7.2008
Einführung der nachträglichen Sicherungsverwahrung bei Jugendlichen und Heranwachsenden, die nach Jugendstrafrecht verurteilt wurden

Rechtslage nach dem Gesetz zur Änderung des Untersuchungshaftrechts vom 29.7.2009
Unverzügliche Pflichtverteidigerbestellung auch bei Heranwachsenden (wie Erwachsenen) Haftentscheidungshilfe auch bei Heranwachsenden

Rechtslage nach dem Gesetz zur Erweiterung der jugendgerichtlichen Handlungsmöglichkeiten vom 4.9.2012
Einführung des „Warnschussarrestes" Legalisierung der „Vorbewährung" Anhebung der Höchststrafe bei Heranwachsenden in besonders schweren Fällen von Mord

Rechtslage nach dem Gesetz zur bundesrechtlichen Umsetzung des Abstandsgebotes im Recht der Sicherungsverwahrung vom 5.12.2012
Aufhebung der nachträglichen Sicherungsverwahrung mit Ausnahme nach Erledigungserklärung einer Unterbringung in einem psychiatrischen Krankenhaus und Neuregelung der vorbehaltenen Sicherungsverwahrung

II. Grundlagen des Jugendstrafrechts

1. Der Begriff „Jugendstrafrecht"

Jugendstrafrecht beinhaltet die gesetzlichen Regeln, nach denen die Jugendstrafjustiz (Staatsanwaltschaften und Gerichte) auf Straftaten Jugendlicher/Heranwachsender reagiert. Diese Regeln befinden sich im Jugendgerichtsgesetz, wobei der Titel des Gesetzes seinen Inhalt nur verkürzt wiedergibt. Der Begriff „Jugendstrafrecht" macht zunächst deutlich, dass wie im Erwachsenenstrafrecht an Straftaten angeknüpft wird, d. h. an Straftatbestände, mit denen für vom Gesetzgeber als sozialschädlich eingestufte Verhaltensweisen Strafe angedroht wird. Mit dem Begriff „Jugendkriminalrecht" wird diese Anknüpfung noch deutlicher. Jugendstrafrecht ist damit **Teil des Strafrechtssystems**, nicht Teil eines Sozialrechtssystems, wie das Jugendhilferecht in Form des Kinder- und Jugendhilfegesetzes = Sozialgesetzbuch VIII, das fördern und helfen will (§ 1 Abs. 3 SGB VIII). Allerdings decken sich einige Erziehungsmaßregeln, namentlich gem. § 10 Abs. 1 S. 3 Nr. 5 und 6 inhaltlich mit Hilfen zur Erziehung gem. den §§ 29, 30 SGB VIII. Hilfen zur Erziehung in Form der Erziehungsbeistandschaft gem. § 30 SGB VIII und die Unterbringung gem. § 34 SGB VIII können auch vom Jugendgericht angeordnet werden. Überschneidungen gibt es auch durch den Einsatz des Familienrichters gem. § 53 sowie durch die Übertragung der Kompetenzen des Familienrichters gem. § 3 S. 2. Schließlich kann das Jugendgericht im Verfahren bis zur Rechtskraft des Urteils vorläufige Anordnungen über die Erziehung des Jugendlichen treffen oder die Gewährung von Leistungen nach dem SGB VIII anregen (§ 71 Abs. 1) sowie die einstweilige Unterbringung in einem Jugendhilfeheim anordnen, um den Jugendlichen vor einer weiteren Gefährdung seiner Entwicklung, insbesondere vor der Begehung neuer Straftaten, zu bewahren (§ 71 Abs. 2). Zusätzlich hat die Jugendhilfe in Gestalt des Jugendamtes die Aufgabe, im Jugendstrafverfahren mitzuwirken (§ 52 Abs. 1 SGB VIII). Hierbei hat die Jugendgerichtshilfe neben anderen Verpflichtungen auch eine Betreuungsfunktion (§ 52 Abs. 3 SGB VIII; ebenso gem. § 38 Abs. 2 S. 1: „fürsorgerische Gesichtspunkte" zur Geltung bringen). Das Jugendstrafrecht ist so mit dem Jugendhilferecht verzahnt.

Jugendstrafrecht bedeutet aber nicht, dass immer Strafen auszusprechen sind. Schon im Erwachsenenstrafrecht können statt einer Strafe sowie zusätzlich zu einer Strafe Maßregeln der Besserung und Sicherung (§ 61 StGB) angeordnet werden, teilweise wird gänzlich auf Strafe verzichtet (§§ 46 a, 60 StGB, §§ 153 ff. StPO). Die Ersetzung der Strafe durch Maßregeln hat der Jugendstrafgesetzgeber mit § 5 Abs. 3 ausgeweitet, ebenso den Strafverzicht mit den §§ 45, 47. Im Jugendstrafrecht ist darüber hinaus der Begriff der Strafe auf die Jugendstrafe als Freiheitsstrafe reduziert (§ 17 Abs. 1). Insoweit erfasst der Begriff „Jugendstrafrecht" nicht die „Sanktionspalette" des JGG.

2. Anwendungsbereich (§§ 1, 2)

2.1 Persönlicher Anwendungsbereich

Das Jugendstrafrecht in Form des **JGG gilt für Jugendliche und Heranwachsende**, wenn sie eine strafbare Handlung oder Unterlassung begehen (§ 1 Abs. 1). Der Gesetzgeber spricht hier von Verfehlung, gemeint sind alle nach dem StGB und nach den strafrechtlichen Nebengesetzen (siehe insb. BtMG und StVG) Vergehen und Verbrechen i. S. d. § 12 StGB. Für Ordnungswidrigkeiten hat der Gesetzgeber im OWiG eigenständige Regelungen für Jugendliche und Heranwachsende getroffen (§§ 12 Abs. 1, 46 Abs. 1, Abs. 4, 68 Abs. 2, 78 Abs. 3, 91, 97, 98 Abs. 1, Abs. 2, 104, 105 OWiG). Eine Verknüpfung von Ordnungswidrigkeiten und JGG ergibt sich aus § 98 Abs. 2 OWiG, wenn anstelle einer Geldbuße wegen einer Ordnungswidrigkeit Weisungen und Auflagen gem. § 98 Abs. 1 OWiG angeordnet werden. Dann kann bei schuldhafter Nichterfüllung Jugendarrest gem. § 16 verhängt werden. In der Praxis geschieht dies häufiger wegen Verstoßes gegen die Schulpflicht („Schulschwänzen"). Der „Ungehorsamsarrest" ist aber in der Regel gegen Schulabsentismus untauglich.[1] In den neuen Bundesländern ist dementsprechend nach dem Einigungsvertrag vom 31.8.1990[2] der Begriff „Verfehlung" durch „rechtswidrige Tat" ersetzt. Grund war, dass nach dem Strafrecht der DDR es neben Verbrechen und Vergehen eine dritte Deliktskategorie „Verfehlung" gab, was zu Missverständnissen hätte führen können.

Die heute selbstverständliche Geltung des Gesetzes für alle in Deutschland lebenden Jugendlichen und Heranwachsenden (§ 3 StGB) war im „Dritten Reich" durchbrochen. In den Richtlinien zum Reichsjugendgerichtsgesetz vom 15.1.1944 hieß es zu § 1 Abs. 2:

> „Behandlung fremdvölkischer Jugendlicher
>
> 1. Straftaten von Juden werden nach § 1 Abs. 1 der Dreizehnten VO. zum Reichsbürgergesetz vom 1.7.1943 (RGBl. I S. 372) von der Polizei geahndet. Auf sie wird daher das Reichsjugendgerichtsgesetz nicht angewendet.
>
> 2. Auf Polen, die der VO. über die Strafrechtspflege gegen Polen in den eingegliederten Ostgebieten vom 4.12.1941 (RGBl. I S. 759) unterliegen, wird das Reichsjugendgerichtsgesetz nicht angewendet. Für sie enthält, auch soweit sie Straftaten zur Vollendung des achtzehnten Lebensjahres begangen haben, die Ziff. III der PolenstrafrechtsVO. eine ausschließliche Regelung.
>
> 3. Auf Zigeuner und Zigeunermischlinge wird ausschließlich das allgemeine Strafrecht angewendet, da die rassische Eigenart der Zigeuner die Anwendung des deutschen Jugendstrafrechts, das von dem Erziehungsgedanken beherrscht wird, ausschließt."

25 **Jugendlicher** ist gem. § 1 Abs. 2 (siehe auch § 7 Abs. 1 Nr. 2 SGB VIII), wer z. Zt. der Tat 14, aber noch nicht 18 Jahre alt ist, **Heranwachsender** ist, wer z. Zt. der Tat 18, aber noch nicht 21 Jahre alt ist. Für Heranwachsende bedeutet das aber nur, dass sich das Verfahren nach dem JGG richtet, die Entscheidung über die Sanktionierung, ob Jugendstrafrecht oder Erwachsenenstrafrecht zur Anwendung kommt, wird gem. § 105 getroffen. Entscheidend ist das Alter „z. Zt. der Tat". Abgestellt wird auf den Zeitpunkt der Tathandlung (siehe § 8 StGB), nicht auf den Zeitpunkt des Taterfolges, bzw. bei Unterlassungsdelikten auf den Zeitpunkt der unterlassenen Handlung. Bei Dauerdelikten, die zu einer juristischen Tateinheit zusammengefasst werden, scheiden die Handlungen aus, die vor dem 14. Lebensjahr liegen; juristische Konstruktionen haben die absolute Straffreiheitsgrenze zu beachten.[3] Zur Überschneidung anderer Altersstufen siehe Rn. 322 ff.

26 Problematisch kann die Altersfeststellung bei Ausländern werden, wenn keine verlässlichen Papiere vorliegen. Für den Bereich des Jugendhilferechts regelt jetzt § 42f

---

1 Ebenso Arbeitskreis 5 des 29. Dt. Jugendgerichtstags ZJJ 2013, 432; siehe auch Rn. 54.
2 BGBl. II, 957, Kap. III, Sachgebiet C, Abschn. III, Nr. 3 b.
3 Wie hier *Brunner/Dölling* § 1 Rn. 8; *Eisenberg* § 1 Rn. 9.

2. Anwendungsbereich

SGB VIII[4] das Vorgehen bei der Klärung der Frage, ob eine junge ausländische Person, die unbegleitet eingereist ist und in Obhut genommen wurde, noch minderjährig ist. Im JGG gibt es keine entsprechende Vorschrift, zudem soll eine Altersfeststellung nach § 42f SGB VIII auch nicht für andere als das Jugendamt verbindlich sein.[5] Zumindest kann diese Norm aber Anhaltspunkte für ein Vorgehen im Strafverfahren geben: Vorgesehen ist ein gestuftes Vorgehen mit Einsichtnahme in Ausweispapiere (die aber typischerweise gerade nicht vorhanden sind), qualifizierter Inaugenscheinnahme (§ 42f Abs. 1 SGB VIII) und „in Zweifelsfällen" einer ärztlichen Untersuchung (§ 42f Abs. 2 SGB VIII). Empfehlungen für das Vorgehen bei einer ärztlichen Untersuchung zur Altersfeststellung gibt Arbeitsgemeinschaft für Forensische Altersdiagnostik.[6] Als Methoden genannt werden:

- die körperliche Untersuchung mit Erfassung anthropometrischer Maße (Körperhöhe und -gewicht, Körperbautyp), der sexuellen Reifezeichen sowie möglicher alterungsrelevanter Entwicklungsstörungen,
- die Röntgenuntersuchung der linken Hand,
- die zahnärztliche Untersuchung mit Erhebung des Zahnstatus und Röntgenuntersuchung des Gebisses,
- bei abgeschlossener Handskelettentwicklung eine zusätzliche Untersuchung der Schlüsselbeine, zurzeit bevorzugt mittels konventioneller Röntgendiagnostik bzw. Computertomographie

Nach den „Empfehlung für Altersschätzungen bei Lebenden im Strafverfahren"[7] sollten diese Methoden kombiniert eingesetzt werden, um die Aussagesicherheit zu erhöhen. Soweit es sich um radiologische Untersuchungen handelt, besteht grundsätzlich eine mögliche Gefährdung durch die Strahlenbelastung. Zudem erscheint eine Untersuchung, die sich auf alle genannten Methoden stützt, als unverhältnismäßig in Hinblick auf einen Tatvorwurf „Ladendiebstahl", der fast die Hälfte der registrierten Fälle für tatverdächtige nichtdeutsche Kinder ausmacht (siehe Rn. 5). Hier sollten zunächst weniger eingriffsintensive Methoden wie die zahnärztliche Untersuchung ohne Röntgenuntersuchung unternommen werden.[8] In jedem Fall muss das Alterbestimmungsgutachten aber dem wissenschaftlichen Erkenntnisstand entsprechen und entsprechend begründet werden.[9]

Das Jugendstrafrecht in Form des JGG gilt **nicht für Kinder**, d. h. für Personen bis unter 14 Jahren. Dies folgt als Umkehrschluss aus § 1 Abs. 1. Darüber hinaus sind Kinder **gem. § 19 StGB schuldunfähig**, d. h. es fehlt für eine Bestrafung an der Schuldvoraussetzung. Damit ist auch ein Ermittlungsverfahren, sind insbesondere strafprozessuale Zwangsmaßnahmen (§§ 81a, 81b, 102, 112, 127 StPO) gegen Kinder untersagt.[10] § 19 StGB bedeutet auch ein **Strafverfolgungshindernis**. Lediglich als Zeugen dürfen Kinder vernommen werden, und zwar nur als Zeugen für fremde, nicht für eigene Taten. Bei einer Zeugenvernehmung vor Gericht ist § 241a StPO zu beachten. Soweit die Verneh-

27

---

4 Gesetz zur Verbesserung der Unterbringung, Versorgung und Betreuung ausländischer Kinder und Jugendlicher v. 28.10.2015, in Kraft getreten am 1.11.2015, BGBl. I S. 1802.
5 Schellhorn/Fischer/Mann/Kern-*Mann* § 42f Rn. 2.
6 Siehe die Website der Arbeitsgemeinschaft [http://www.agfad.uni-muenster.de].
7 Siehe [https://campus.uni-muenster.de/agfad/empfehlungen/].
8 Siehe hierzu auch *Friedrich/Ulbricht/von Maydel* 2003, 74.
9 OLG Hamburg StV 2005, 206. Zu den Methoden und dem Risiko von Fehleinschätzungen siehe *Jung* 2013, 51 ff.
10 Siehe hierzu im Einzelnen Ostendorf/*Ostendorf* § 1 Rn. 2 ff.

mung durchgeführt wird, um eine Verletzung der Fürsorge- und Erziehungspflicht gem. § 171 StGB oder andere Straftaten der Eltern aufzuklären, ist in verständlicher Weise auf das **Zeugnisverweigerungsrecht** gem. § 52 Abs. 1 Nr. 3 StPO hinzuweisen. Grundsätzlich kann ein Kind allein darüber entscheiden, ob es von seinem Zeugnisverweigerungsrecht Gebrauch macht.[11] Auch bei Vorliegen der Voraussetzungen gem. § 52 Abs. 2 StPO ist der Minderjährige zu belehren.[12] Darüber hinaus ist ein (mit-)tatverdächtiges Kind in der Zeugenrolle darauf hinzuweisen, dass es nicht verpflichtet ist, sich selbst zu belasten, auch wenn § 55 StPO insoweit nicht unmittelbar zur Anwendung kommt; insoweit gilt der Grundsatz der Selbstbelastungsfreiheit (nemo tenetur se ipsum accusare).[13] Bei unberechtigter Zeugnisverweigerung dürfen gegen Kinder keine Zwangs- und Ordnungsmaßnahmen ergriffen werden. Dem stehen das Verhältnismäßigkeitsprinzip sowie der Schuldgrundsatz entgegen.[14] Wenn ein Ermittlungsverfahren gegen Kinder geführt wurde, z. B. weil bei Anzeigeerstattung die Beschuldigten noch unbekannt waren oder ihr Alter noch nicht feststand, ist dieses gem. § 170 Abs. 2 StPO einzustellen (in späteren Verfahrensstadien gem. § 206a bzw. gem. § 260 Abs. 3 StPO). Zweifel über das Alter wirken sich zugunsten des Beschuldigten/Angeklagten aus.

Anderes kann aber in Fällen internationaler Rechtshilfe gelten, wenn ein Staat mit einer niedrigeren Strafmündigkeitsgrenze die Bundesrepublik Deutschland um die Auslieferung eines verdächtigen Kindes ersucht. Die Einzelheiten richten sich nach der Rechtsgrundlage, die die Rechtshilfe zwischen Deutschland und dem ersuchenden Staat regelt (Gesetz über die internationale Rechtshilfe in Strafsachen – IRG, bilaterales oder multilaterales Abkommen).[15]

2.2 Sachlicher Anwendungsbereich

28 Das JGG hat Vorrang vor den allgemeinen Vorschriften, diese sind subsidiär (§ 2). Im Hinblick auf den Inhalt des JGG besteht dieser Vorrang insbesondere für das Strafverfahren, die Sanktionierung und die Vollstreckung. Da im JGG keine jugendspezifischen Straftatbestände formuliert sind,[16] gilt insoweit das allgemeine Strafrecht, d. h. es kommen alle Straftatbestände auch für Jugendliche und Heranwachsende in Betracht, soweit hierin nicht ausnahmsweise Altersbegrenzungen vorgesehen sind (siehe §§ 174 Abs. 1 Nr. 3, 176a Abs. 2 Nr. 1, 182 Abs. 1, Abs. 2 StGB).

3. Die Voraussetzungen einer jugendstrafrechtlichen Ahndung

3.1 Nachweis einer Straftat

29 Voraussetzung für eine jugendstrafrechtliche Ahndung ist der Nachweis einer Straftat. Insoweit ist das Jugendstrafrecht auch Tatstrafrecht.[17] Hinsichtlich einer Verurteilung muss die **Unschuldsvermutung** (Art. 6 Abs. 2 EMRK) zur Überzeugung des Gerichts

---

11 *Laubenthal/Nevermann-Jaskolla* 2005, 296.
12 BGH NStZ 1991, 338; *Meier* 1991, 641 m. w. N.
13 Siehe Ostendorf/*Ostendorf* § 1 Rn. 5; ebenso „Richtlinie für Verfahren mit Kindern als Tatverdächtige (strafunmündige Kinder)", veröffentlicht im Niedersächsischen Praktikerrundbrief der DVJJ Nr. 18, 2008, S. 19; *Steiger* 2014, 41.
14 Siehe *Brunner/Dölling* § 1 Rn. 4; *Meier* 1991, 640.
15 Siehe dazu *Steiger* 2014, 66 ff.
16 Zu Überlegungen de lege ferenda siehe z. B. *Ostendorf* 1989, 332 ff.; Zweite Jugendstrafrechtsreform-Kommission der DVJJ, 2002, S. 23; *Brehm* 2009, S. 200 ff.
17 Zum Tat-Täter-Strafrecht siehe Rn. 56.

widerlegt werden (§ 261 StPO). Für eine Einstellung aus Opportunitätsgründen gem. § 45 JGG genügt ein begründeter Tatverdacht, für eine Einstellung in der Hauptverhandlung gem. § 47 JGG genügt ein hinreichender Tatverdacht (§ 203 StPO).

Hinsichtlich der Straftatvoraussetzungen im Einzelnen müssen der objektive und subjektive Tatbestand bejaht werden, dürfen keine Rechtfertigungsgründe vorliegen, müssen die Schuldvoraussetzungen erfüllt sein. Zusätzlich müssen die Strafverfolgungsvoraussetzungen, z. B. bei absoluten Antragsdelikten ein Strafantrag, vorliegen, dürfen keine Prozesshindernisse bestehen. Insoweit darf auch keine Strafverfolgungsverjährung eingetreten sein (§§ 78 ff. StGB).[18]

Soweit die Strafbarkeit anknüpft an die rechtliche Einordnung der Tat, ob ein Verbrechen oder Vergehen vorliegt, richtet sich diese nach den Vorschriften des allgemeinen Strafrechts (§ 4).

Diese allgemeinen Straftatbestände sind aber jugendadäquat auszulegen.[19] In der Rechtsprechung wird z. B. der Einsatz einer Spielzeugpistole als eine Raub-Qualifikation i. S. des § 250 Abs. 1 Nr. 2 StGB a.F. – führt der Täter eine Waffe bei sich – gewertet,[20] ebenso als Qualifikation für den Diebstahl mit Waffen gem. § 244 Abs. 1 Nr. 2 StGB a.F.[21] Der Gesetzgeber ist mit dem 6. StrRG der Auffassung gefolgt, dass auch sog. Scheinwaffen für die Qualifikation ausreichen: § 244 Abs. 1 Nr. 1b, § 250 Abs. 1 Nr. 1b StGB.[22] Zumindest für Jugendliche, die gerade dem Kindesalter entwachsen sind, ist die Benutzung eines solchen Spielgerätes nicht strafschärfend zu bewerten. Die in der Rechtslehre gegen diese Rechtsprechung ansonsten vorgetragenen Argumente[23] verstärken sich gerade bei Jugendlichen, die lediglich die vielfache Spielübung aus Kindestagen fortsetzen. Ebenso problematisch wie praxisrelevant ist der sog. Handtaschenraub. Hier wertet ein Teil der Rechtsprechung[24] eine jugendtypische sportliche Begehungsweise als Gewalt und macht aus dem Diebstahl einen Verbrechenstatbestand.[25] Während der Gesetzgeber im Erwachsenenstrafrecht über den Begriff der Bande tatbestandliche Strafverschärfungen vorsieht, besteht im Jugendstrafrecht eher Anlass, über Strafmilderungen nachzudenken. Die Sozialisation junger Menschen erfolgt typischerweise über Jugendgruppen; ein Zusammenschluss, aus dem heraus auch Straftaten begangen werden, ist damit zumindest nicht allein als Gefährlichkeitsindiz zu werten. So ist auch die Anwendung des § 244a StGB als eine Antwort des Gesetzgebers auf die besonderen Erscheinungsformen der Organisierten Kriminalität auf Jugendbanden problematisch.[26] Großmäulige, prahlerische Redensarten stellen keine Bedrohung gem. § 241 Abs. 1 StGB dar.[27]

Die Forderung nach einer **jugendadäquaten Gesetzesauslegung** gilt insbesondere auch für eine rechtfertigende Einwilligung in Körperverletzungen durch einen Jugendli-

---

18 Zur Vollstreckungsverjährung siehe Ostendorf/*Ostendorf* § 4 Rn. 4–6; siehe auch Rn. 334.
19 Siehe Ostendorf/*Ostendorf* § 1 Rn. 10; *Lüderssen* 2003, 289 ff.; *Nothacker* 2001, 14; Zweite Jugendstrafrechtsreform-Kommission der DVJJ, 2002, DVJJ-Extra, Nr. 5, S. 23; OLG Schleswig StV 2009, 86; a.M. *Laubenthal/Baier/Nestler* 2010, Rn. 64; siehe aber auch *Laubenthal* 2002a, 813; Meier/Rössner/Schöch-*Rössner* § 6 Rn. 2.
20 BGH NJW 1976, 248; BGH NStZ 1981, 436; BGH StV 1986, 19; einschränkend BGHSt 38, 116.
21 BGHSt 24, 339.
22 Kritisch hierzu *Wessels/Hillenkamp* 2016, Rn. 266, 371; *Kindhäuser* 2015, § 244 Rn. 26, § 250 Rn. 23 m.w.N.
23 Siehe LK/*Vogel* § 250 Rn. 11, 12.
24 Siehe BGHSt 18, 329; abl. *Fischer* § 249 StGB Rn. 4b m. w. N.; siehe auch *Ruß* 1988, 61.
25 Siehe bereits *Ostendorf* 1989, 332.
26 Siehe auch *Glandien* 1998, 197; kritisch NK-StGB-*Kindhäuser* § 244a Rn. 2; a. M. BGH NStZ-RR 2000, 344.
27 AG Saalfeld ZJJ 2004, 206.

chen[28] sowie für die subjektiven Zurechnungsvoraussetzungen (Vorsatz oder Fahrlässigkeit sowie evtl. zusätzliche subjektive Tatbestandsmerkmale), d. h., die Reduzierung der psychischen Komplexität im Erwachsenenstrafverfahren[29] kann im Jugendstrafverfahren nicht gelten, auch wenn mit denselben Schablonen gearbeitet wird.[30] Wenn im Erwachsenenstrafrecht als – umstrittene – Beweisregel für den Eventualvorsatz einer Verletzung formuliert wird, dass „der Täter sein Verhalten trotz äußerster Gefährlichkeit durchführt, ohne auf einen glücklichen Ausgang vertrauen zu können, und wenn er es dem Zufall überlässt, ob sich die von ihm erkannte Gefahr verwirklicht oder nicht",[31] so ist zumindest bei Jugendlichen die Möglichkeit zu bedenken, dass sie den Ernst der Situation verkennen oder auf den – unrealistischen – Eintritt glücklicher Umstände „bauen" Es genügt nicht, auf die Irrtumsvorschriften der §§ 16, 17 StGB zu verweisen.[32]

32 Eine jugendadäquate Gesetzesauslegung ist auch bei der Anwendung des Prozessrechts, insbesondere bei strafprozessualen Eingriffen gefordert.[33]

3.2 Die bedingte Strafverantwortung (§ 3)
3.2.1 Systematische Einordnung

33 § 3 stellt im JGG die einzige Bestimmung dar, mit der die Straftatvoraussetzungen abweichend vom Erwachsenenstrafrecht geregelt werden, wenn man die Konkurrenzregeln der §§ 31 und 32 dem Sanktionenrecht zuordnet. Abweichend von § 20 StGB ist hier die Schuldvoraussetzung positiv festzustellen, während gem. § 20 StGB nur eine eventuelle Schuldunfähigkeit geprüft wird. Man spricht von einer relativen oder **bedingten Strafmündigkeit**, während die Strafmündigkeit mit 18 Jahren unabhängig von dem Entwicklungsstand begründet wird, insoweit absolut ist. Allerdings ist der Begriff der Strafmündigkeit irritierend: Der junge Mensch wird nicht mündig, um bestraft zu werden. Mit § 3 wird die strafrechtlich-organisierte Sozialkontrolle bei Jugendlichen hinterfragt, die erst in die Verantwortung für normiertes Unrecht hineinwachsen.

34 Im Verhältnis zu § 20 StGB stellt § 3 die speziellere Norm insoweit dar, als hier Verantwortlichkeit von der Reifeentwicklung abhängig gemacht wird, während im § 20 StGB eine schwere „seelische Abartigkeit", d. h. im psychiatrisch-psychologischen Sinn eine Störung, die nicht eine Krankheit im engeren Sinne darstellen muss, Voraussetzung ist, die unabhängig von der Entwicklungsreife auftreten kann. D. h., dass bei Vorliegen einer der juristisch formulierten allgemeinen Merkmale von **Schuldunfähigkeit gem. § 20 StGB** die Verantwortlichkeit auch für einen Jugendlichen zu verneinen ist, bei Verneinung aber § 3 zusätzlich zu prüfen ist. § 20 StGB und § 3 stehen somit hinsichtlich der Schuldvoraussetzungen nebeneinander, auch wenn sie in der fallbezogenen Prüfung schwer voneinander zu trennen sind. Ein Rangverhältnis wird erst für die Rechtsfolgenentscheidung gem. § 3 S. 2 getroffen. Im Hinblick auf den unterschiedlichen Schweregrad von familienrichterlichen Maßnahmen einerseits und der Unterbrin-

---

28 Siehe hierzu BayObLG NJW 1999, 372 m. Anm. von *Amelung* 1999, 458.
29 Siehe schon *Opp* 1973, 92 ff.; *Krauß* 1975, 417.
30 Ebenso *Eisenberg* § 1 Rn. 26; *Lüderssen* 2003, 290 ff.
31 BGH JZ 1981, 35 mit krit. Anm. von *Köhler*.
32 So *Laubenthal/Baier/Nestler* Rn. 64.
33 Siehe BVerfG StV 2009, 80 sowie StV 2014, 578 zur Anordnung der Körperzellenentnahme und moleklargenetischen Untersuchung gem. § 81g StPO; OLG Schleswig StV 2009, 86 zur Pflichtverteidigung gem. § 140 Abs. 2 StPO.

gung in einem psychiatrischen Krankenhaus oder in einer Entziehungsanstalt (§§ 63, 64 StGB i.V.m. § 7) andererseits ist unter Beachtung des Verhältnismäßigkeitsprinzips den familienrichterlichen Maßnahmen gem. § 3 S. 2 Vorrang einzuräumen.[34] Erst wenn die familienrichterlichen Handlungsmöglichkeiten ausgeschöpft sind, d. h. feststeht, dass sie gegenüber einer diagnostizierten Gefährlichkeit für erhebliche Straftaten keine Abhilfe versprechen, darf auf die Maßregeln der §§ 63, 64 StGB zurückgegriffen werden. Aus der hier vertretenen Position folgt, dass bei Zweifeln, ob die Schuldunfähigkeit auf eine mangelnde Entwicklungsreife gem. § 3 oder auf einen Defekt im Sinne des § 20 StGB zurückzuführen ist, nach dem Grundsatz „in dubio pro reo" von einer Schuldunfähigkeit gem. § 3 auszugehen ist.

Zu § 21 StGB ergibt sich schon systematisch keine Beziehung: § 3 ist im Rahmen der Straftatvoraussetzungen zu prüfen, **§ 21 StGB im Rahmen der Strafzumessung.** Das heißt, wenn die Verantwortlichkeit gem. § 3 verneint wird, kommt es gar nicht zu Strafzumessungsüberlegungen gem. § 21 StGB i. V. m. § 49 StGB.[35] Zwar hat der Gesetzgeber die verminderte Schuldfähigkeit für die Einweisung in ein psychiatrisches Krankenhaus (§ 63 StGB) der Schuldunfähigkeit gleichgestellt, im Jugendstrafrecht hat er aber mit § 3 und der in S. 2 für den Fall der fehlenden Verantwortlichkeit vorgesehenen Maßnahmen eine Sonderregelung getroffen. Es gilt, den jugendrechtlichen Vorgang (siehe § 2) auch in der Norminterpretation durchzuhalten. Notwendig erachtete Maßnahmen dürfen dann nur gem. § 3 S. 2 ergriffen werden. Zusätzlich kommen u. U. Maßnahmen nach den Unterbringungsgesetzen der Länder in Betracht.[36] Umgekehrt ist bei Bejahung der altersbedingten Schuldfähigkeit gem. § 3 zusätzlich § 21 StGB im Rahmen der Sanktionierung zu prüfen,[37] auch wenn die Strafrahmen für das Jugendstrafrecht nur als Obergrenze gelten. Die Strafmilderungen für Erwachsene müssen sich auch auf die Sanktionierung von Jugendlichen auswirken, da die Tatverantwortlichkeit im Rahmen der Verhältnismäßigkeitsprüfung auch hier wesentlicher Maßstab ist.[38] Zusätzlich kommt unter der Voraussetzung des § 21 StGB – subsidiär – die Maßregel des § 63 StGB in Betracht (§ 7).

3.2.2 Voraussetzungen

3.2.2.1 Die Einsichtsfähigkeit

Erste Voraussetzung für die strafrechtliche Verantwortlichkeit eines Jugendlichen ist, dass er zur Zeit der Tat reif genug ist, das Unrecht der Tat einzusehen. Dieses ist nach der sittlichen und geistigen Entwicklungsreife zu entscheiden. Sittliche Reife bedeutet, dass die Entwicklungsreife im Wertebewusstsein abgesichert sein muss, d. h., die Unterscheidung von Recht und Unrecht muss auch in der Gefühlswelt verankert sein. Umgekehrt heißt geistige Entwicklungsreife, dass diese Unterscheidung rational getrof-

---

34 So die h. M. in der jugendstrafrechtlichen Literatur, siehe P.-A. Albrecht 2000, § 11 V. 2.; *Böhm/Feuerhelm* § 6 4.; *Eisenberg* § 3 Rn. 39; *Laubenthal/Baier/Nestler* Rn. 80; *Zieger* 2008, Rn. 39; für eine Wahlmöglichkeit BGHSt 26, 67 ff.; Meier/Rössner/Schöch-Meier § 5 Rn. 18; *Schaffstein/Beulke/Swoboda* Rn. 185; *Streng* Rn. 60; a. M. *Gabber* 2007, 172.
35 A. M. BGHSt 26, 67 mit zust. Anm. von *Brunner* 1976a, 116; D/S/S-Diemer § 3 Rn. 28; Sch/Sch/Perron/Weißer § 21 StGB Rn. 27; *Dallinger/Lackner* § 3 Rn. 34; *Gabber* 2007, 173; für eine begriffliche Unvereinbarkeit *Schaffstein/Beulke/Swoboda* Rn. 186; unbest. *Eisenberg* § 3 Rn. 34, wie hier 1986, 2409.
36 Siehe *Böhm/Feuerhelm* § 6 4.; siehe auch *Schaffstein/Beulke/Swoboda* Rn. 185.
37 BGHSt 5, 367; BGH GA 1954, 303; BGH bei *Böhm* 1985c, 447; siehe auch LG Passau DVJJ-Journal 1997, 89; einschränkend für Persönlichkeitsstörungen auf neurotischer Grundlage *Bernsmann* 1992, 213.
38 Siehe BGH NJW 1972, 693; BGH MDR 1977, 107; BGH StV 1982, 473; BGH StV 1984, 254.

fen werden kann. Hierbei werden Jugendliche – wie auch die Mehrzahl der Erwachsenen – in der Regel die strafrechtlichen Unrechtspostulate, wenn überhaupt, mehr gefühlsmäßig aufgrund des ansonsten anerkannten Wertekatalogs ahnen als in einer verstandesmäßigen Übung gelernt haben. Etwas anderes ist es, dass der Nachvollzug häufiger an der willentlichen Schwäche als an der Unrechtseinsicht scheitert. Während sich diese Frage später stellt, ist hier auf die doppelte Fundierung der Entwicklungsreife zu achten: Die allein gefühlsmäßige Orientierung an einem Wertesystem, wie sie bei 14-, 15-Jährigen noch häufiger anzutreffen ist, reicht nicht, da damit das verstandesmäßige Hemmungsvermögen unbeachtet bleiben würde. Umgekehrt darf nicht nahtlos von einer geistigen Entwicklungsreife, die man auch als kognitiven Entwicklungszustand im Sinne von Intelligenz, Denken und Problemlösefähigkeiten beschreiben kann und die in der Praxis leichter feststellbar ist,[39] auf die sittliche Entwicklungsreife geschlossen werden.[40] Dementsprechend kann das Fehlen der Verantwortungsreife sowohl auf einer intellektuellen als auch auf einer sittlichen „**Retardierung**" beruhen, wofür Sozialisationsdefizite im Vergleich zu dem Sozialisationsgrad eines 18-Jährigen festzustellen sind. Insoweit können sozialisationstheoretische Ansätze zur Erklärung kriminellen Verhaltens mit Nutzen herangezogen werden, d. h., es sind Erziehungsmängel subjektiver Art (falsche Erziehungsmethoden und Erziehungsziele, negative Vorbilder) wie objektiver Art (häufiger Wechsel der Bezugspersonen, erziehungshinderndes Milieu und stigmatisierende Auswirkungen bei geschlossener Heimerziehung) zu prüfen. Erst recht können körperliche/psychische Misshandlungen sowie sexueller Missbrauch zu sittlichen Retardierungen führen.[41] Maßstäbe für die erforderliche moralische Urteilskompetenz des Jugendlichen sind hierbei einerseits die erlangte Autonomie, gerade auch in der Ablösung vom Elternhaus, und andererseits die Fähigkeit zu einer verantwortlichen Beziehung.[42] Eine Orientierung an die Entwicklungsstufen der Moral nach Kohlberg[43] kann Hilfestellung bieten. Tendenziell wird die Entwicklungsreife eines 16- oder 17-Jährigen, der näher an der „positiven" Altersgrenze steht, eher anzunehmen sein als die eines 14- oder 15-Jährigen.[44]

37 Die **Entwicklungsreife** muss zunächst für die Unrechtseinsicht bestehen, d. h. für die Einsicht in das staatliche Verbotensein der Tat. Der Beschuldigte muss in der Lage sein, die rechtliche Bewertung nachzuvollziehen. Es genügt nicht, wenn das Verhalten nur als unmoralisch, anstößig betrachtet wird, was insbesondere und nach wie vor für Sexualdelikte Bedeutung hat.[45] Umgekehrt muss nicht die Strafnorm selbst bekannt sein. Im Einzelnen kommt es darauf an, ob die Unrechtstaten in der Lebenswelt des Jugendlichen beheimatet sind oder sich für ihn lebensfremd darstellen. Da eine gesellschaftliche Orientierung über den engeren Lebensraum hinaus regelmäßig noch fehlt, wird bei Taten gegen gesellschaftliche Rechtsgüter häufig der Unrechtscharakter nicht erkannt. So wird mit dem Auswechseln des Kettenritzels bei einem Mofa oder Kleinkraftrad zur Geschwindigkeitserhöhung das Verständnis allenfalls für den Deliktcharakter als Ver-

---

39 Siehe *Drenkhahn/Schwan* 2014, 34 m. w. N.
40 Siehe zu Beobachtungen aus den 1980er Jahren *Heim* 1988, 321.
41 Siehe *Lösel/Bliesener* 1997, 393.
42 *Heim* 1988, 322.
43 So *Schütze/Schmitz* 2003, 149 ff.; *Lemm* 2000, 151, 161. Für *Nix* ist in Anlehnung an Erikson die Identitätsbildung in den unterschiedlichen Lebenszyklen entscheidend, 2011, 418. Überblick über Testverfahren zur Untersuchung der sittlichen Reife auch *Drenkhahn/Schwan* 2014, 33 f m. w. N.
44 Ebenso *Eisenberg* § 3 Rn. 22.
45 Siehe bereits *Peters* 1967, 264.

stoß gegen die Führerscheinpflicht gem. § 21 StVG, wohl aber kaum als Verstoß gegen das Pflichtversicherungsgesetz (§ 6) und die Abgabenordnung (§ 370) bestehen.

3.2.2.2 Die Handlungsfähigkeit

Nach der Bejahung der Einsichtsfähigkeit muss für eine strafrechtliche Verantwortlichkeit Jugendlicher zusätzlich die Handlungsfähigkeit bejaht werden. Auch dies entscheidet sich nach der Entwicklungsreife. Das richtige Erkennen und das richtige Tun sind gerade bei Jugendlichen zweierlei, deren Handlungen häufig auf einer emotionalen Spontaneität beruhen. Verführungen durch eine aggressive Werbung, durch eine Kameraderie, durch eine ideologisch ausgeprägte Gruppe sind hier vorstellbar. Bei Sexualdelikten gilt es, die Pubertätsphase zu beachten, in der Sexualität als ein plötzlicher Drang erfahren werden kann, der keine Reflexion ermöglicht.[46]

3.2.2.3 Zeitpunkt der Tat

Die Einsichts- und die Handlungsfähigkeit entsprechend der Entwicklungsreife sind für den Zeitpunkt der Tat festzustellen, d. h., es ist in einer Retrospektive die strafrechtliche Verantwortlichkeit zu prüfen. Ist die Beurteilung zum Jetzt-Zeitpunkt schon schwierig, so ist sie für die Vergangenheit noch schwieriger.[47] Der häufig entscheidende persönliche Eindruck in der Hauptverhandlung muss zeitlich versetzt korrigiert werden. Das Strafverfahren bis zur Hauptverhandlung wird regelmäßig bei den Angeklagten, die zum Zeitpunkt der Tat noch keine Unrechtseinsicht hatten, zur jetzigen Unrechtseinsicht geführt haben.

3.2.2.4 In dubio pro reo

In Fällen, in denen Anzeichen für eine fehlende Verantwortlichkeit vorliegen[48] und die Richter nicht die erforderliche Sachkompetenz zur Entscheidung haben, ist unter Beachtung des Verhältnismäßigkeitsprinzips ein Gutachter, in der Regel ein Entwicklungspsychologe, heranzuziehen, soweit es sich nicht um eine geistig-psychische Erkrankung/Störung handelt.

Soweit – auch nach Erstattung eines Gutachtens – Zweifel an der Verantwortlichkeit bestehen bleiben, greift der Grundsatz „in dubio pro reo" ein, d. h., es ist von einem Fehlen der Verantwortlichkeit auszugehen. Mit Rücksicht auf die Folgewirkungen ist die Anwendung dieser Beweisregel aber erst nach Bejahung der sonstigen Straftatvoraussetzungen zulässig.[49] Auch wenn Maßnahmen nach dem KJHG = SGB VIII sich als eingriffsintensiver darstellen können als Sanktionen nach dem JGG, bleibt die gesetzgeberische Anweisung maßgebend.[50]

---

46 Siehe *Dallinger/Lackner* § 3 Rn. 11; *Eisenberg* § 3 Rn. 25; *Böhm/Feuerhelm* § 6 I. b).
47 Siehe *Karle* 2003, 285.
48 Allerdings werden in der Praxis derartige Anzeichen äußerst selten wahrgenommen, da auch nicht nach ihnen gesucht wird, siehe *Köhnken u.a.* 2012, 509.
49 Siehe auch *Brunner/Dölling* § 3 Rn. 7; *Eisenberg* § 3 Rn. 55.
50 Siehe aber *P.-A. Albrecht* 2000, § 11 III. 2. b, wonach im Zweifel die Verantwortlichkeit mit dem Einsatz einer entkriminalisierenden bzw. repressionsarmen Sanktion zu bejahen ist.

3.2.3 Entscheidungsform

41 In der Hauptverhandlung ist bei Verneinung der strafrechtlichen Verantwortlichkeit freizusprechen oder gem. § 47 Abs. 1 S. 1 Nr. 4 das Verfahren einzustellen. Vor der Hauptverhandlung ist nach Eröffnung des Hauptverfahrens ebenfalls gem. § 47 Abs. 1 S. 1 Nr. 4 einzustellen, ansonsten ist die Eröffnung des Hauptverfahrens gem. § 203 StPO abzulehnen. Dass die Verfahrenseinstellung gem. § 47 Abs. 1 S. 1 Nr. 4 aus erzieherischen Gründen vorzuziehen ist,[51] erscheint im Hinblick auf die stigmatisierende Eintragung in das Erziehungsregister (§ 60 Abs. 1 Nr. 6 BZRG) mehr als zweifelhaft.[52] Das straffreie Ergebnis ist dem Jugendlichen wichtig, nicht die Entscheidungsform. Diese Überlegung spricht auch gegen eine Einstellung gem. § 47 Abs. 1 S. 1 Nr. 4 vor Eröffnung des Hauptverfahrens. Diese Überlegungen schließen erst recht eine Einstellung durch die Staatsanwaltschaft gem. § 45 aus; sie hat gem. § 170 Abs. 2 StPO zu verfahren.

3.3 Justizpraxis

42 In der Justizpraxis wird § 3 nur eine geringe Bedeutung zugemessen. Ganz überwiegend wird mit Lehrformeln die strafrechtliche Verantwortlichkeit bejaht. Nach einer Analyse von 100 Strafverfahrensakten des Jahrgangs 1992 wurde die Verantwortungsreife „durchgängig nur in formelhaften Sätzen" geprüft.[53] Nach einer Analyse aller Höchststrafenurteile (10 Jahre Jugendstrafe) aus den Jahren 1987 bis 1996 (23 verurteilte jugendliche Täter) wurde nur für 2 Verurteilte eine umfassende Prüfung des § 3 durchgeführt.[54] Der Vorwurf der Nichtbeachtung trifft bereits die Jugendgerichtshilfe.[55]

Als Gründe für die Nichtbeachtung des § 3 kommen in Betracht:
- Schwierigkeit der Normanwendung, wobei Voraussetzungen außerhalb der Rechtssphäre zu prüfen sind,
- verfahrensökonomische Überlegungen, um mit einer Arbeitsüberlast „fertig zu werden",
- wechselseitige Verantwortungsabgabe zwischen JGH, Staatsanwaltschaft und Gericht bzw. wechselseitige Bestätigung,
- kriminalpolitisches Vorverständnis: Strafe ist eine unverzichtbare Reaktion auf Fehlverhaltensweisen junger Menschen.[56]

Allerdings ist den Praktikabilitätseinwänden gegenüber einzuräumen, dass bislang für die praktische Handhabung wenige Hilfestellungen angeboten wurden im Sinne von Standards, die im Einzelfall zu prüfen wären.

---

51 So *Brunner/Dölling* § 3 Rn. 7, § 47 Rn. 10; *Maurach/Zipf* 1992, S. 510
52 Ebenso *Eisenberg* § 47 Rn. 12.
53 *Lemm* 2000, 46.
54 *Schulz* 2000, 119; weitere empirische Nachweise bei Ostendorf/*Ostendorf* Grdl. z. § 3 Rn. 4.
55 Siehe bereits *Keller* 1974, 16 f.; *Lemm* 2000, 45; nach *Momberg* 1982, 73, fehlte in den Jugendgerichtshilfeberichten in 33,7 % der Fälle eine Stellungnahme zu § 3.
56 Siehe hierzu *Köhnken u. a.* 2012, 505; sowie *Barnikol* 2012, 242 f.

3. Die Voraussetzungen einer jugendstrafrechtlichen Ahndung

3.4 Einwand fehlender Willensfreiheit

Dem grundsätzlichen Angriff auf die Grundvoraussetzung der Schuldfähigkeit, auf die Willensfreiheit durch die Neurowissenschaften[57] begegnet die traditionelle Rechtswissenschaft mit dem Hinweis auf die normative Bekenntnisfreiheit unserer Staatsverfassung: Die Garantie der freien Entfaltung der Persönlichkeit gem. Art. 2 Abs. 1 GG setzt die Möglichkeit voraus, dies auch zu tun.[58] Diese von außen, durch den Gesetzgeber, durch die von ihm verabschiedeten Gesetze den Menschen zugeschriebene Freiheit, wird ergänzt durch eine von innen, durch unser Gewissen formulierte Verantwortung für unser Tun und Unterlassen, sei es durch moralische Erziehung erworben oder philosophisch begründet, wie durch *Kant* mit seinen „Kathegorischen Imperativ"[59] aus der praktischen Vernunft „geboren" oder durch *Schopenhauer* mit dem unmittelbaren Bewusstsein, das die „wahre menschliche Freiheit" vermittelt.[60] Daneben können die praktische Erfahrungsfreiheit und die Funktionsfreiheit geltend gemacht werden.[61] Die praktische Erfahrungsfreiheit meint, dass Menschen Freiheit als reale Entscheidungsmöglichkeit erfahren. Wie selbstverständlich gehen wir davon aus, über unser Freizeitverhalten autonom zu entscheiden – abgesehen von Witterungseinflüssen. Wie selbstverständlich gehen wir davon aus, beim Einkauf autonom zwischen den Angeboten zu entscheiden. Bei Fehlverhalten drückt uns „das schlechte Gewissen", was die Entscheidungsmöglichkeit voraussetzt. Dies kann angelernt, die praktische Erfahrungsfreiheit eine Scheinfreiheit sein, nur spricht die alltägliche Erfahrung, das Selbstverständnis des Menschen dagegen. Funktionsfreiheit meint darüberhinausgehend, dass ohne Zuschreiben von Verantwortlichkeit eine freiheitliche Gesellschaft nicht funktionieren kann. Das vorherrschende Leistungsprinzip setzt das Können voraus, durch persönlichen Einsatz mehr als eine durchschnittliche Leistung zu erbringen. Dem Belohnungssystem steht das Entlohnungssystem, im schlimmsten Fall das Bestrafungssystem zur Seite. Ohne Anreize zu positivem Entscheidungsverhalten würde das Gesellschaftssystem nicht funktionieren. Allerdings sind dies nur unterstützende Argumente, der seinswissenschaftliche Nachweis von Willensfreiheit kann wohl nicht erbracht werden. **Schuld wird strafjustiziell „zuerkannt".** So fragt das Gesetz (§ 20 StGB) im Erwachsenenstrafrecht auch nur nach der Aufhebung von Freiheit, während hier im Jugendstrafrecht an sich der Beweis positiv erbracht werden müsste. Wenn tatsächlich die menschlichen Entscheidungen allein (!) durch Gehirntätigkeiten vorweg in Gang gesetzt werden sollten, so hindert uns niemand daran, den Zeitpunkt der freien Willensentscheidung nach hinten zu verlagern. Später kann dieser Prozess gehemmt und gelenkt werden im Sinne einer Hemmnisfreiheit: Posterior actio libera in causa. Dass auch bei dieser späteren Entscheidung unbewusste neurologische Determinanten einwirken, spricht nicht gegen die Willensfreiheit, die immer in Konkurrenz zu personalen sowie sozialen Vorgegebenheiten und damit Einflüssen steht.

---

57 *Roth* 2003, 43 ff.; *Singer* 2005, 529 ff. sowie FAZ vom 8.1.2004, S. 33.
58 *Hillenkamp* 2005, 313 ff.; *Mosbacher* 2005, 61 f.; *Burkhardt* 2006, 5; a. M. *Spielgies* 2007, 155 ff.; ausführlich NK-StGB-*Schild* § 20 Rn. 5-13
59 „Handle so, dass die Maxime deines Willens jederzeit zugleich als Prinzip der allgemeinen Gesetzgebung gelten könnte", *Kant* 1788, § 7.
60 *Schopenhauer* 1986, Bd. III, S. 618.
61 *Bockelmann/Volk* 1987, 110; *Hassemer* 1990, 230; siehe auch bereits *Ostendorf* 1983a, 181 ff; grundlegend *Engisch* 1963.

44 ▶ **FALLBEISPIEL 1: ZUM VERHÄLTNIS VON § 3 UND VORSATZ (BGH ZJJ 2005, 205)**

Aus den Gründen:

Das Landgericht hat den Angeklagten neben tateinheitlicher Beleidigung nur der „einfachen" Körperverletzung für schuldig befunden, weil es die strafrechtliche Verantwortlichkeit des Angeklagten nach § 3 S. 1 JGG für eine Verurteilung wegen Körperverletzung mit Todesfolge (§ 227 StGB), aber auch für eine Verurteilung „nur" wegen gefährlicher Körperverletzung in der Tatbestandsalternative der lebensgefährdenden Behandlung (§ 224 Abs. 1 Nr. 5 StGB) hinsichtlich der qualifizierenden Umstände verneint hat. Es hat – hierin der gehörten psychiatrischen Sachverständigen folgend – die Überzeugung gewonnen, „dass der damals gerade 15jährige Angeklagte aufgrund seiner zur Tatzeit gegebenen Persönlichkeitsstruktur nicht erkennen konnte, dass er durch die Misshandlung des Opfers mit bloßen Händen dessen Tod herbeiführen könnte". Dies beanstandet die Beschwerdeführerin im Ergebnis ohne Erfolg.

Die Jugendkammer hat sich eingehend mit der persönlichen Entwicklung des Angeklagten, seiner Persönlichkeit zur Tatzeit und den die Tatbegehung am 21. Februar 2003 begleitenden Umständen auseinandergesetzt. Im Ergebnis hat danach die Jugendkammer mit noch nachvollziehbarer Begründung die Verantwortung des Angeklagten für die qualifizierenden Umstände verneint. Diese Beweiswürdigung hat das Revisionsgericht hinzunehmen, auch wenn eine andere Bewertung möglich gewesen wäre oder sogar näher gelegen hätte. Im Übrigen wäre bei verbleibenden Zweifeln an der Verantwortungsreife deren Fehlen zugunsten des Angeklagten anzunehmen (Eisenberg JGG, 10. Aufl., § 3 Rn. 4). Dass die Jugendkammer für den Angeklagten die Voraussehbarkeit des erst zwei Monate nach der Tat eingetretenen tödlichen Erfolges verneint hat, begegnet darüber hinaus schon mit Blick auf die erhebliche Alkoholisierung des Angeklagten bei der Tat und den atypischen Verlauf der ärztlichen Behandlung der Verletzungsfolgen beim Geschädigten keinen rechtlichen Bedenken. ◀

Anmerkung:[62] Die strafrechtliche Verantwortlichkeit des Angeklagten für eine Körperverletzung mit Todesfolge (§ 227 StGB), aber auch für eine gefährliche Körperverletzung in Form der lebensgefährdenden Behandlung (§ 224 Abs. 1 Nr. 5 StGB) hat die Jugendkammer unter Hinweis auf § 3 S. 1 verneint. Es ist dies eine der ganz seltenen Entscheidungen, in denen § 3 mit dem Ergebnis einer Verneinung der strafrechtlichen Verantwortlichkeit angewendet wird.

Von daher weicht die Entscheidung der Jugendkammer positiv von einer offensichtlich unzulänglichen Praxis ab. Allerdings überzeugt die Begründung nicht. Es erscheint schon fraglich, ob es vorstellbar ist, dass ein Jugendlicher zwar das Unrecht einer „einfachen" Körperverletzung begreift – und in der Lage ist, entsprechend dieser seiner Einsicht zu handeln –, aber nicht das Unrecht einer Körperverletzung mit Todesfolge bzw. einer gefährlichen Körperverletzung. Weil dies kaum vorstellbar ist, lautet denn auch die Begründung, wie sie vom BGH wiedergegeben wird, anders. Die Jugendkammer hat danach der psychiatrischen Sachverständigen folgend die Überzeugung gewonnen, „dass der damals noch gerade 15-Jährige Angeklagte aufgrund seiner zur Tatzeit gegebenen Persönlichkeitsstruktur nicht erkennen konnte, dass er durch die Misshandlung des Opfers mit bloßen Händen dessen Tod herbeiführen könnte". Anzumerken ist, dass das Opfer erst zwei Monate nach der Tat verstorben ist, dass hierfür ein atypischer Verlauf der ärztlichen Behandlung (mit-)ursächlich war und dass der Täter zur

---

62 Siehe *Ostendorf* 2005, 205.

Tatzeit erheblich alkoholisiert war. Der letzte situative Umstand kann zwar auch die Unrechtseinsicht negativ beeinflussen, aber im § 3 wird im Unterschied zu § 20 StGB nicht nach der geistig-psychischen Einsicht- und Handlungsfähigkeit gefragt, sondern nach der sittlichen und geistigen Entwicklungsreife. Deshalb ist auch bei Bejahung dieser sittlichen und geistigen Entwicklungsreife für die Unrechtseinsicht und die entsprechende Handlungskompetenz § 20 StGB zusätzlich zu prüfen. Zwar ist es richtig, dass die Prüfung des § 3 sich auf die konkrete Tat bezieht, d. h., die Unrechtseinsicht und die entsprechende Handlungskompetenz müssen für die angeklagte Tat positiv festgestellt werden. Im Rahmen des § 227 StGB ist der Tod der verletzten Person das besondere Erfolgsunrecht, im Rahmen des § 224 Abs. 1 Nr. 5 StGB ist die lebensgefährdende Behandlung das besondere Handlungsunrecht. Auch ist es richtig, dass ein Schuldausschließungsgrund gem. § 20 StGB wie z. B. die Geistesschwäche oder eine schwere Persönlichkeitsstörung im Sinne einer schweren seelischen Abartigkeit auch für die Prüfung des § 3 JGG Bedeutung gewinnen kann, wenn aufgrund dessen die geistige bzw. sittliche Entwicklung retardiert ist. Die Schuldprüfung sowohl gem. § 20 StGB als auch gem. § 3 steckt aber nur die Voraussetzungen der Schuld, die Schuldfähigkeit bzw. Verantwortlichkeit ab. Der Täter muss überhaupt schuldhaft handeln können. Dies scheint hier, da die Verantwortlichkeit für die „einfache" Körperverletzung bejaht wurde, nicht in Frage zu stehen. Vorsatz und Fahrlässigkeit müssen sich dem gegenüber auf die einzelnen Tatbestandsmerkmale beziehen. Tatsächlich hat die Sachverständige nicht die sittliche und geistige Entwicklungsreife des Angeklagten verneint, sondern seine Einsichtsfähigkeit – nochmals –, „dass er durch die Misshandlung des Opfers mit bloßen Händen dessen Tod herbeiführen könnte". Die aufgrund der ärztlichen Behandlung atypische Tatfolge hat er aufgrund seiner zum Tatzeitpunkt gegebenen Persönlichkeitsstruktur nicht vorausgesehen. Damit wird in Wirklichkeit die subjektive Voraussehbarkeit im Rahmen der Fahrlässigkeit des Todeserfolges gem. § 227 StGB verneint. Bei diesem sogenannten erfolgsqualifizierten Delikt muss neben der vorsätzlichen Körperverletzung der Todeserfolg – zumindest – fahrlässig verursacht worden sein (§ 18 StGB). Soweit damit gleichzeitig das Vorsatzdelikt der gefährlichen Körperverletzung mittels einer das Leben gefährdenden Behandlung (§ 224 Abs. 1 Nr. 5 StGB) verneint wird, deutet die Formulierung darauf hin, dass das Wissenselement hinsichtlich der lebensgefährdenden Behandlung verneint wird. Da hier von einem atypischen Verursachungsverlauf ausgegangen wird, könnte die fehlende Voraussehbarkeit auch im Wege der objektiven Zurechnung berücksichtigt werden. Ein Fall des § 3 ist das zumindest nicht. So ist auch diese Entscheidung kein Beleg dafür, dass § 3 von der Justizpraxis korrekt angewendet wird.

3.5 Kriminalpolitische Forderungen

Eine Folgerung auf die weitgehende Nichtbefolgung des Normbefehls gem. § 3 in der Praxis könnte die Abschaffung des § 3 sein oder eine Reformulierung als Ausnahmebestimmung.[63] Damit würde das Jugendstrafrecht aber der Lebenssituation junger Menschen nicht gerecht, allein mit der Prüfung des § 20 StGB würde dem Schuldprinzip nicht entsprochen. Deshalb gilt es einmal, die Ausbildung der Jugendrichter und Ju-

---

63 So *H.-J. Albrecht* 2002, 90; in diesem Sinne auch *Schöch* 2001, 138, der an Stelle einer individuellen Verantwortungsprüfung ein „typisierendes Vorgehen" vorgeschlagen hat; siehe auch die Diskussion auf dem 64. Deutschen Juristentag, 2002, C III. 4. mit einer knapp abl. Positionierung; dagegen auch die Zweite Jugendstrafrechtsreformkommission der DVJJ, 2002, DVJJ-Extra, Nr. 5, S. 21; siehe auch Ostendorf/*Ostendorf* Grdl. z. § 3 Rn. 6.

gendstaatsanwälte im Hinblick auf die Prüfung des § 3 JGG zu vertiefen,⁶⁴ zum anderen ist der Gesetzgeber gefordert, die Voraussetzungen zu konkretisieren. Eine Begründungspflicht für die staatsanwaltschaftliche Anklage könnte zu einer ernsthafteren Prüfung beitragen.⁶⁵ Auch ist bei der Auswahl der Sachverständigen darauf zu achten, dass sie ein spezielles Fachwissen auf dem Gebiet der Jugendpsychologie vorweisen können.⁶⁶

46

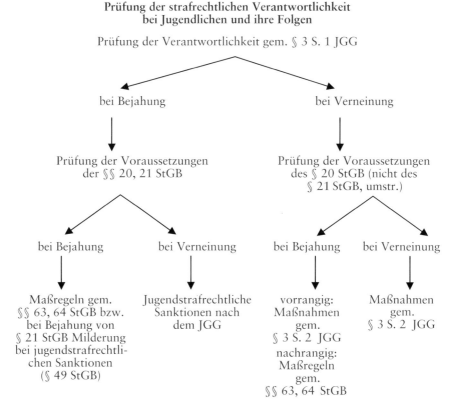

---

64 Siehe auch *Nix* 2011, 421.
65 So auch die Zweite Jugendstrafrechtsreformkommission der DVJJ, 2002, DVJJ-Extra, Nr. 5, S. 23 mit einem Formulierungsvorschlag. Dagegen *Streng* 2014, 438.
66 In der Praxis wird dem vielfach nicht entsprochen, siehe *Schöttle* 2013, 158.

4. Die Zielsetzung des Jugendstrafrechts

	Strafrechtliche Verantwortlichkeit	Sachliche Zuständigkeit	Rechtsfolgen
Kinder (unter 14 Jahre)	nicht verantwortlich (§ 19 StGB)	■ Jugendamt ■ Familiengericht ■ daneben die Polizei als Gefahrenabwehrbehörde	■ Hilfe bzw. Maßnahmen nach SGB VIII ■ Schutzmaßnahmen nach dem BGB (§§ 1631 Abs. 3, 1631 b, 1666) ■ keine strafrechtlichen und strafprozessualen Maßnahmen
Jugendliche (14 bis unter 18 Jahre)	bedingt strafrechtlich verantwortlich gem. § 3 JGG; zusätzlich ist § 20 StGB zu prüfen	■ Jugendstaatsanwaltschaft* ■ Jugendgericht (Ausnahmen: §§ 102, 103 Abs. 2 S. 2 JGG)	Sanktionen nach dem JGG und bestimmte Maßregeln der Besserung und Sicherung gem. § 7 JGG
Heranwachsende (18 bis unter 21 Jahre)	generell strafrechtlich verantwortlich (Ausnahme: § 20 StGB)	■ Jugendstaatsanwaltschaft* ■ Jugendgericht (Ausnahmen: §§ 102, 103 Abs. 2 S. 2 JGG i. V m. § 112 S. 1 JGG)	Entscheidung über die Anwendung der Sanktionen aus dem Jugend- oder Erwachsenenstrafrecht gem. § 105 JGG; bei Anwendung des Erwachsenenstrafrechts Abweichungen gem. § 106 JGG
Erwachsene (21 Jahre und älter)	generell strafrechtlich verantwortlich (Ausnahme: § 20 StGB)	■ Erwachsenenstaatsanwaltschaft* ■ Erwachsenengericht (Ausnahme: § 103 Abs. 2 S. 1 JGG)	Sanktionen und Maßregeln nach dem StGB

* daneben die Polizei als Ermittlungsbehörde

4. Die Zielsetzung des Jugendstrafrechts

4.1 Die Verortung im Rahmen der Straftheorien

Da das Jugendstrafrecht Teil des allgemeinen Strafrechtssystems ist, muss die Zielbestimmung im Rahmen der hierzu entwickelten **Straftheorien** verortet werden.[67] Hiernach wird zwischen absoluten und relativen Straftheorien unterschieden. Die absolute Straftheorie[68] leugnet die Legitimation besonderer Zweckverfolgungen mit Strafe. Strafe findet hiernach allein rückwärts betrachtet ihre Legitimation. Sie hat zweckfrei, losgelöst von einem Strafzweck zu sein (lat.: absolvere = ablösen). Die relativen Straftheorien verfolgen dagegen konkrete Zwecke, sie sind bezogen auf konkrete Strafziele (lat.: referre = sich auf etwas beziehen). Wie schon aus der Entstehungsgeschichte ersichtlich sollte das Jugendstrafrecht von dem damals vorherrschenden Vergeltungs-

---

67 Zusammenfassend zu den Straftheorien siehe *Naucke* 2002, Rn. 122 ff.
68 *Kant* 1797; *Hegel* 1821.

strafrecht abgegrenzt werden. Die Erziehung des straffällig gewordenen Jugendlichen stand im Vordergrund. Auch heute ist das Jugendstrafrecht zukunftsorientiert und damit im Rahmen der relativen Straftheorien anzusiedeln. Die Schuld im Sinne des § 46 Abs. 1 S. 1 StGB hat nur eine Limitierungsfunktion.[69]

49 Innerhalb der relativen Straftheorien wird zwischen **Individual- bzw. Spezialprävention** und **Generalprävention** unterschieden. Generalpräventive Zwecke werden nach einhelliger Meinung nicht mit dem Jugendstrafrecht verfolgt.[70] Ob Abschreckung anderer potenzieller Täter überhaupt funktioniert, wird nach der empirischen Forschung bezweifelt;[71] dies gilt erst recht für junge Menschen, die noch weniger vernunftmäßig Vorteil und mögliche Einbußen durch Strafen abwägen. Zudem würde eine Abschreckungsfunktion des Jugendstrafrechts nicht mit Art. 1 Abs. 1 GG zu vereinbaren sein, da dann der junge Straftäter funktionalisiert würde zur Aufrechterhaltung der Rechtsordnung.[72] Soweit das Rechtsvertrauen durch die Straftat junger Menschen enttäuscht wird, genügt regelmäßig die Erfahrung der Strafverfolgung als Ausgleich. Die strafjustizielle Reaktion als solche ist bei jungen Straffälligen ausreichend generalpräventiv.[73] Damit ist die Straftheorie der Individual- oder Spezialprävention auch für das Jugendstrafrecht tragend. Innerhalb dieser Individualprävention wird wiederum zwischen positiver und negativer Prävention unterschieden, wobei die positive Individualprävention auf die Besserung des Täters gerichtet ist, die negative auf die Abschreckung des Täters vor einer neuen Straftat und auf die zeitweilige Sicherung der Gesellschaft vor dem Täter. Hier ist der Standort des Jugendstrafrechts zu konkretisieren.

4.2 Erziehungsstrafrecht versus Präventionsstrafrecht

50 Schon seit den Anfängen des Jugendstrafrechts wird dieses als Erziehungsstrafrecht apostrophiert. Insbesondere im Hinblick auf die Perversion des Erziehungsgedankens in der Zeit des Nationalsozialismus, im Hinblick auf empirische Untersuchungen zur Strafausweitung unter Rückgriff auf den Erziehungsgedanken sowie im Hinblick auf eine inhaltliche Neuorientierung der öffentlichen Jugendhilfe[74] wird diese Charakterisierung des Jugendstrafrechts zunehmend in Frage gestellt und das Legalverhalten als zentrales Anliegen definiert. Nachfolgend sollen Pro und Kontra sowie in einer Konklusion das Ergebnis dieser Zieldiskussion dargestellt werden.

---

69 Näher Ostendorf/*Ostendorf* § 5 Rn. 2 ff.; ebenso: D/S/S-*Diemer* § 5 Rn. 4; *Brunner/Dölling* Einführung II. Rn. 10; *Synowiec* 1998, 459; a.M. BGH StV 1981, 27 und BGH NStZ-RR 1997, 21, wonach Sühne der Schuld und Vergeltung für begangenes Unrecht angemessen auch für die Höhe der Strafe zu berücksichtigen sind; bei „einem deutlichen Missverhältnis zur Tatschuld" ebenso *Dölling* 2003, 62.
70 Siehe BGH StV 1990, 505 m. w. N. Nach der Untersuchung von *Buckolt* 2009, 310 ff., 324, fließen generalpräventive Gesichtspunkte sowohl positiver wie negativer Art aber sehr wohl in die jugendrichterliche Praxis ein.
71 Siehe *Meier* 2016, § 9 Rn. 85 m. w. N.; Zweiter Periodischer Sicherheitsbericht, 2006, S. 685.
72 Siehe *Bringewat* 2008, Rn. 70.
73 Zur Ausnahme bei Verhängung einer Jugendstrafe wegen schwerer Schuld siehe Rn. 226.
74 Gem. § 1 Abs. 3 SGB VIII soll die Jugendhilfe insbesondere „junge Menschen in ihrer individuellen und sozialen Entwicklung fördern und dazu beitragen, Benachteiligungen zu vermeiden oder abzubauen".

4. Die Zielsetzung des Jugendstrafrechts

4.2.1 Pro Erziehungsstrafrecht

- Für ein Erziehungsstrafrecht spricht die Entstehungsgeschichte des JGG, die mit den Schlagwörtern „Erziehung statt Strafe" und „Erziehung durch Strafe" gekennzeichnet ist.[75]
- Im JGG finden sich vielfältige Hinweise auf ein Erziehungsstrafrecht, neben § 2 Abs. 1 S. 2 weisen insbesondere hierauf die Erziehungsmaßregeln (§ 9), der Bemessungsmaßstab für Jugendstrafe (§ 18 Abs. 2), die fachlichen Anforderungen an Jugendrichter und Jugendstaatsanwälte (§ 37) sowie die Anforderungen an den Vollzug des Jugendarrestes (§ 90 Abs. 1 S. 2) hin. Auch die Jugendstrafvollzugsgesetze der Länder stellen die Erziehung in den Mittelpunkt (s. Rn. 327).
- Die erleichterten Einstellungsmöglichkeiten, die Sanktionspalette sowie die Begrenzung der Jugendstrafe bedeuten eine Abkehr vom Tatstrafrecht hin zum Täterstrafrecht. Diese Individualisierung bei der Reaktion auf Straftaten junger Menschen geht mit einem erzieherischen Ansatz konform.
- Die Aussicht auf Legalbewährung wird bei einer durch Erziehung verinnerlichten Rechtstreue vergrößert.
- In der kriminalpolitischen Diskussion ist der Begriff des Erziehungsstrafrechts ein Bollwerk gegen Strafverschärfungstendenzen, die sich an das Erwachsenenstrafrecht anlehnen.[76]

4.2.2 Contra Erziehungsstrafrecht

- Die Einlösbarkeit eines Erziehungsstrafrechts steht in Frage. Die Geldbuße ist schon von ihrer Natur her eine repressive Sanktion, der nur auf Umwegen ein erzieherischer Charakter zugesprochen werden kann. In der Praxis sowohl ambulanter wie auch stationärer Sanktionen überwiegen die repressiven Elemente. Die Hauptverhandlung ist nur sehr begrenzt ein Veranstaltungsort von Erziehung.
- Die Notwendigkeit von Erziehung im Jugendstrafverfahren ist dann nicht gegeben, wenn die Straftaten, wie die Kriminologie lehrt,[77] vielfach auf die Entwicklungssituation, auf situative Anreize zurückzuführen sind und nicht auf Erziehungsdefizite.
- Empirische Untersuchungen haben bestätigt, dass das Erziehungsstrafrecht keineswegs immer sich strafmildernd auswirkt, dass mit dem Topos „Erziehung" Straferhöhungen begründet werden.[78]
- Verfassungsrechtliche Bedenken können im Hinblick auf die Respektierung der Menschenwürde entwickelt werden, die es untersagt, eine Besserung im Sinne innerer Umkehr mit staatlichem Zwang erreichen zu wollen.[79] Bei Heranwachsenden ist selbst das elterliche Erziehungsrecht „erloschen". Dementsprechend kommt nach Auffassung des 3. Strafsenats des BGH dem Erziehungsgedanken bei der Bestim-

---

75 Siehe hierzu *Schady* 2003.
76 Siehe *Pieplow* 1989, 5 ff.; siehe auch *Streng* 1994, 88, der für einen multifunktionalen Systembegriff plädiert.
77 Siehe *Walter/Neubacher* 2011, Rn. 159 ff., 239.
78 Siehe *Ostendorf* 1998a, 300 ff.; *Weber* 1990, 182 ff.; *D. Meier* 1994, 96; *Buckolt* 2009, 278 f.
79 Siehe Ostendorf/*Ostendorf* Grdl. z. §§ 1–2 Rn. 4. Siehe bereits *Schopenhauer*: „den Staat kümmern Wille und Gesinnung, bloß als solche ganz und gar nicht, sondern allein um die Tat. [...] Der Staat hat auch keineswegs den törichten Plan, die Neigung zum Unrechttun, die böse Gesinnung zu vertilgen; sondern bloß jedem möglichen Motiv zur Ausübung eines Unrechts immer ein überwiegendes Motiv zur Unterlassung desselben in der unausbleiblichen Strafe an die Seite zu stellen", *Schopenhauer* 1986, Bd. I, 470.

mung von Art und Dauer der Sanktion für die Tat eines zum Zeitpunkt der Urteilsverkündung bereits erwachsenen Angeklagten „allenfalls ein geringes Gewicht" zu.[80]

4.2.3 Conclusio: Jugendadäquates Präventionsstrafrecht

53 Es gilt die Vorteile eines Jugendstrafrechts aufrechtzuerhalten und die Nachteile zu unterbinden. Die Vorteile sind insbesondere die erzieherischen/helfenden Sanktionen, ist die größere Nachsicht u.a. im Wege der Diversion, ist ein auf Verständnis und Akzeptanz ausgerichtetes Jugendstrafverfahren. Jugendstrafrecht muss jugendadäquat gestaltet sein. Die Nachteile sind die Überforderung und Erhöhung des Jugendstrafrechts zu einem Erziehungssystem. Eine Bescheidung auf die Verhinderung neuer Straftaten, auf ein Präventionsstrafrecht tut Not: **Jugendadäquates Präventionsstrafrecht**, bei dem die positive Individualprävention (erzieherisch/helfende Sanktionen) Vorrang hat vor der negativen Individualprävention (individuelle Abschreckung und Sicherung).[81] Das Ziel ist das Legalverhalten, die Mittel sollten möglichst erzieherisch ausgestaltet sein. Im Erwachsenenstrafrecht heißt dies traditionell Resozialisierung[82], wobei die erzieherischen Maßnahmen durch fördernde/therapeutische Maßnahmen ersetzt werden. Andere[83] halten aus erzieherischen Gründen oder auch, um in der kriminalpolitischen Auseinandersetzung damit argumentieren zu können, am Erziehungsstrafrecht als Leitbild fest mit dem Zusatz „Erziehung zum Legalverhalten". Dies ist angesichts der nur begrenzten erzieherischen Möglichkeiten und des begrenzten erzieherischen Bedarfs nicht konsequent, weist aber in die richtige Richtung.

54 Diese Richtung hat der Gesetzgeber mit dem Zweiten Gesetz zur Änderung des Jugendgerichtsgesetzes und anderer Gesetze vom 13.12.2007 (BGBl I, 2894) in § 2 Abs. 1 eindeutig im Sinne einer Individualprävention vorgegeben. **Das vorrangige Ziel des Jugendstrafrechts ist die Rückfallvermeidung und zwar die Vermeidung des Rückfalls des jeweiligen von der Jugendstrafjustiz belangten jugendlichen oder heranwachsenden Straftäters.**

Offen bleibt nach der Gesetzesformulierung, welche Nebenziele mit dem Jugendstrafrecht angestrebt werden dürfen oder sollen. Derartige Nebenziele werden mit der Formulierung erlaubt, dass die Anwendung des Jugendstrafrechts „vor allem" erneuten Straftaten eines Jugendlichen oder Heranwachsenden entgegen wirken soll. In der Gesetzesbegründung (BT-Drucks. 16/6293 S. 9, 10) wird zunächst darauf verwiesen, dass nicht immer erzieherisch ausgerichtete Sanktionen in Betracht kommen, dass der Einsatz von Zuchtmitteln auch normverdeutlichenden Charakter hat. Dieser Hinweis betrifft aber die Umsetzung des jugendstrafrechtlichen Ziels der Rückfallvermeidung, eröffnet kein eigenes Nebenziel. Normverdeutlichende Sanktionen dienen dem Ziel der Rückfallvermeidung.

---

80 BGH StV 2016, 698 und 2016, 696; abl. *Sonnen* 2016, 77; siehe auch Rn. 302. Zur verbleibenden/restriktiven Bedeutung gem. § 18 Abs. 2 siehe Rn. 229.
81 Ebenso *P.-A. Albrecht* 2000, § 9 II. 2.; *Schöch* 2001, 128; Zweite Jugendstrafrechtsreformkommission der DVJJ, 2002, S. 5; 64. Deutscher Juristentag, 2002, C II. 1., 2; *Stolp* 2015, 215.
82 Zur Bedeutung der Resozialisierung in der deutschen Strafrechtsreform siehe *Drenkhahn* 2015b; zu den 6 Strafrechtsreformgesetzen siehe *Busch* 2005.
83 Siehe *Nothacker* 2001, 78 ff.; *Eisenberg* § 5 Rn. 3; *Schlüchter* 1986, 414; Meier/Rössner/Schöch-*Rössner* § 1 Rn. 17: „Verinnerlichung von Strafrechtsnormen"; *M. Walter* 1989, 59 ff.; *Heinz* 1989, 13 ff.; zur „Reformulierung des Erziehungsgedankens" *Grunewald* 2003, 262.

4. Die Zielsetzung des Jugendstrafrechts

Überzeugender ist der Hinweis auf das Nebenziel des Schuldausgleichs. Dieser wird explizit mit der Verhängung der Jugendstrafe wegen Schwere der Schuld angestrebt, wobei letztlich der positiven Generalprävention gedient wird (siehe Rn. 213). Dieses Nebenziel „Schuldausgleich im Dienste positiver Generalprävention" ist aber auf die Verhängung einer Jugendstrafe gem § 17 Abs. 2, 2. Alternative zu begrenzen. Weder die Erziehungsmaßregeln noch die Zuchtmittel lassen im Hinblick auf die gesetzliche Zieldefinition noch inhaltlich das Nebenziel eines Schuldausgleichs zu. Weisungen i. S. d. § 10 sowie Hilfen zur Erziehung i. S. des § 12 sind ausschließlich auf die erzieherische Förderung bzw. Hilfe ausgerichtet. Mit Zuchtmitteln soll dem jungen Straftäter das Unrecht der Tat vor Augen geführt, soll seine Verantwortlichkeit geweckt bzw. gefördert werden. Das ist aber kein Selbstzweck, sondern dient der Indivualprävention. Repressiver Mitteleinsatz ist zu unterscheiden von der indivualpräventiven Zielsetzung. Das Mittel der Geldbuße, des Arrestes hat repressive Züge, wird aber nicht um der Repression willen, um der Sühne oder des Schuldausgleichs willen verhängt, sondern um den Straftäter **damit** von einer Wiederholung abzuhalten. Dass damit auch Schuldausgleich bewirkt wird, auch einem Sühneverlangen entsprochen wird, ist **Nebeneffekt**, aber nicht Nebenziel. Wenn in diesem Zusammenhang in der Gesetzesbegründung auf die Funktion des Schuldprinzips hingewiesen wird, schuldunangemessene Sanktionen auszuschließen, so ist dies eben eine Begrenzungsfunktion, keine Zieldefinition (siehe auch Rn. 291). Eine Begrenzung setzt ein Ziel voraus. Im Übrigen bedeutet jede „Verurteilung" eine Verantwortungszuschreibung und Inpflichtnahme, was gerade bei jungen Straftätern Gewicht hat, die nicht selten „sich herausreden", Verantwortung auf andere i. S. d. Neutralisationstechnik abschieben.[84]

Uneingeschränkt zuzustimmen ist dem letzten Hinweis in der Gesetzesbegründung auf potenzielle Nebenziele: Ein Nebenziel der Abschreckung anderer potenzieller Straftäter ist im Jugendstrafrecht, wie einhellig in Rechtslehre und höchstrichterlicher Rechtsprechung vertreten wird, nicht zulässig, ganz abgesehen davon, dass eine solche Abschreckung gerade bei jungen Menschen nicht funktioniert. Abschreckung i. S. einer negativen Generalprävention mag bei nüchtern kalkulierenden Straftätern funktionieren, Straftaten von jungen Menschen werden regelmäßig nicht nüchtern kalkulierend begangen. Auch die positive Generalprävention ist kein ausdrückliches Ziel des Jugendstrafrechts. Insoweit genügt, dass jeder Verurteilung eine Reflexwirkung auf das Rechtsbewusstsein anderer zukommt. Mit jeder jugendstrafrechtlichen Verfolgung eines Normbruchs wird die Rechtsordnung gestärkt.

Mit der Bestimmung als jugendadäquates Präventionsstrafrecht ist das Jugendstrafrecht als tertiäre Kriminalprävention einzuordnen:[85]

---

84 Siehe *Sykes/Matza* 1968, 365 ff.
85 Allgemein zur Kriminalprävention Erster Periodischer Sicherheitsbericht, 2001, S. 457 ff. sowie Zweiter Periodischer Sicherheitsbericht, 2006, S. 665 ff.; zur Jugendkriminalprävention siehe „Position der DVJJ zur Jugendkriminalprävention", ZJJ 2006, 331; zu Chancen und Risiken von Kriminalprävention siehe *Ostendorf* 2001, 151; speziell zur Risiken siehe *Breymann* 2006, 216; zur Effizienz siehe *Ostendorf* 2004a.

Struktur der Kriminalprävention

Primäre Kriminalprävention	Sekundäre Kriminalprävention	Tertiäre Kriminalprävention
Ziele		
Rechtsbewusstsein fördern und positive Rahmenbedingungen für die Erhaltung der Rechtsordnung schaffen	Persönliche und soziale Defizite als mögliche Kriminalitätsursachen beseitigen und Tatgelegenheiten verringern	Mit staatlichen Kontroll- und Eingriffsmaßnahmen Straftaten entgegenwirken und Kriminalitätsauffällige resozialisieren
Maßnahmen		
▪ Förderung der Erziehung ▪ Angebote in der Jugendarbeit ▪ Sozialhilfemaßnahmen ▪ Städte- und Bauplanung i. S. eines integrativen Wohnens ▪ Aufklärung über Kriminalitätsrisiken (z. B. Drogen) und Eigenvorsorge	▪ Erziehungshilfen ▪ spezielle Jugendhilfemaßnahmen (z. B. mit Streetworkern oder in Form von schulischer Unterstützung) ▪ Integrationsmaßnahmen in den Arbeitsprozess (z. B. über das Jugendaufbauwerk) und spezielle sozialfördernde Maßnahmen (z. B. Schuldnerberatung) ▪ Reduzierung von Tatgelegenheiten (z. B. technische Prävention durch elektronische Pkw-Sicherung) und Erhöhung des Entdeckungsrisikos (z. B. durch eine bürgernahe Polizei)	▪ Familienrichterliche Maßnahmen ▪ Heimerziehung/intensive sozialpädagogische Einzelbetreuung ▪ Schuldenbereinigung im Rahmen einer Insolvenz/drogentherapeutische Maßnahmen ▪ polizeiliche Kontrollen und strafgerichtliche Maßnahmen (mit Unterstützung der Straffälligen- und Bewährungshilfe) und Opferhilfe
Zielgruppen		
Potenzielle Täter und Opfer (Allgemeinheit)	Gefährdete Personen als Täter und Opfer	Aufgefallene Täter und tatsächliche Opfer

Kriminalprävention bei Kindern und Jugendlichen muss in der Regel bei den Sozialisationsinstanzen Eltern/Familie und Schule anfangen. Dies zeigt sich in besonderer Weise bei „Schulschwänzern". Schulabsentismus ist häufig verbunden mit Straftaten, abgesehen von den hiervon ausgehenden beruflich-sozialen Benachteiligungen. Hier muss der traditionelle Weg – Bußgeldbescheid gegen Schüler ab 14 Jahren wegen Verstoßes gegen die Schulpflicht – vergebliche Vollstreckung – Umwandlung der Geldbuße gem. § 98 Abs. 1 S. 1 Nr. 1 OWiG in eine Arbeitsleistung – Nichtableistung – Jugendarrest gem. § 98 Abs. 2 OWiG – verlassen werden mit besonderen integrativen Schulmaßnahmen und mit einer frühzeitigen Einschaltung des Jugendamtes sowie des Familienrichters, erforderlichenfalls mit der Einleitung eines Sorgerechtsverfahrens, um mit Jugend- und Familienhilfemaßnahmen und richterlicher Autorität einen Ausweg aus der beginnenden kriminellen Karriere zu finden.[86]

4.2.4 Konsequenz: Einheitliches Ziel für jugendstrafrechtliche Sanktionen und Maßregeln der Besserung und Sicherung

Wenn jugendstrafrechtliche Sanktionen Rückfälligkeit verhindern sollen, die Gesellschaft damit vor neuen Straftaten geschützt werden soll, deckt sich dieses Sanktionsziel mit dem Ziel der Maßregeln der Besserung und Sicherung, ist das für das Erwachsenenstrafrecht geltende sogenannte **zweispurige System** von Strafen und Maßregeln aufzugeben.[87] Mit dem Vikarisierungssystem – abgeleitet von Vikar = Stellvertreter – des § 67 Abs. 4 StGB, wonach der vorweggenommene Vollzug der freiheitsentziehenden Maßregeln gem. den §§ 63 und 64 StGB bis zu zwei Drittel auf die Freiheitsstrafe stellvertretend angerechnet wird, ist die Zweispurigkeit bereits hier stark relativiert.[88] Im Jugendstrafrecht hat der Gesetzgeber mit § 5 Abs. 3 darüber hinaus einen Vorrang dieser Maßregeln vor freiheitsentziehenden Sanktionen aufgestellt, was eine einheitliche Zielsetzung voraussetzt. Dementsprechend spricht der BGH von der „Einspurigkeit freiheitsentziehender Maßnahmen im Jugendstrafrecht."[89] § 2 Abs. 1 erfasst sowohl vom Wortlaut her als auch von der Systematik – die Sanktionen werden im Anschluss in den §§ 5–8 bestimmt – die Maßregeln der Besserung und Sicherung.

55

5. Prinzipien des Jugendstrafrechts

5.1 Prinzip der Individualisierung

Aus dem Ziel des Jugendstrafrechts als Individualprävention folgt, dass die jugendstrafrechtliche Reaktion allein auf die Person des Beschuldigten/Angeklagten ausgerichtet sein muss, insoweit ist das Jugendstrafrecht Täterstrafrecht. Auswirkungen auf andere im Sinne einer Generalprävention sind untersagt. Auch wenn ausnahmsweise bei der Schwere der Schuld generalpräventive Überlegungen eine Jugendstrafe begründen, so muss das Maß wiederum individualisiert werden (siehe auch § 18 Abs. 2). Weil aber die Tat Ausgangspunkt und gleichzeitig eine Bestrafungsgrenze (siehe Rn. 237, 291) darstellt, ist das Jugendstrafrecht **Tat-Täter-Strafrecht** (siehe Rn. 298). Darüber hinaus ist insbesondere im Rahmen der Diversion sowie bei der Anordnung von Erziehungsmaßregeln eine **kooperative Sanktionierung** anzusteuern. Ein aufoktruierter Täter-Opfer-Ausgleich oder sozialer Trainingskurs ist wenig erfolgversprechend. Der Angeklagte sollte vorher nach seiner Bereitschaft gefragt werden bzw. er sollte zum Mit-

56

---

86 Siehe hierzu das Hannoveraner Modell, *Buck* 2013, sowie das Dresdener Modell, *Mollik* 2016; allgemein zur Kriminalprävention durch das Familiengericht siehe *Ostendorf/Hinghaus/Kasten* 2005.
87 Ausführlicher *Ostendorf* 2014; zust. und „verbessernd" für das Erwachsenensanktionenrecht *Hoyer* 2015; zust. auch *Kemme* 2014, 764.
88 Zur Relativierung der Unterschiede auch im Erwachsenenstrafrecht bis hin zur „These einer Einspurigkeit in den Zielen von Strafen und Maßregeln" *Roxin* 2006, § 3 Rn. 63; siehe auch *Schüler-Springorum* 2001.
89 BGHSt 39, 95; BGHSt 1998, 341; BGH StV 2002, 416; BGH StV 2016, 738; a. M. *Eisenberg* § 7 Rn. 3, der logisch-begriffliche Bedenken im Hinblick auf antithetische Aspekte des Verhältnisses von Schuld und Gefährlichkeit formuliert und dominante Sicherungsbelange als Verstoß gegen das Erziehungsziel wertet; auch *M. Walter/Wilms* 2007, 7, wollen gerade in Abgrenzung zur Sicherungsverwahrung die Voraussetzungen für die Verhängung der Jugendstrafe neu bestimmen.

machen motiviert werden.⁹⁰ Kooperative Sanktionierung will den Beschuldigten/Angeklagten einbinden in die Sanktionierung, Unrechtseinsicht und Sanktionsakzeptanz vermitteln und fördern, insbesondere bei helfenden/betreuenden Sanktionen wie bei der Betreuungsweisung, dem sozialen Trainingskurs und dem Täter-Opfer-Ausgleich – „emanzipative Resozialisierung".⁹¹ Bei Weisungen und Auflagen in der Bewährung hat der Gesetzgeber diese aktive Beteiligung des Beschuldigten/Angeklagten ausdrücklich als vorrangig angesprochen (§ 23 Abs. 2, § 29 S. 2, § 88 Abs. 6 S. 1). Allerdings dürfen die justiziellen Sanktionsbefugnisse und damit die Machtunterworfenheit des Angeklagten nicht „vernebelt" werden.

57 Kooperative Sanktionierung ist etwas anderes als die **Verständigung im Strafprozess** gem. § 257c StPO, wo es primär um die Abkürzung des Verfahrens, um die Verfahrensökonomie geht.⁹² Diese kann auch bei Jugendlichen und Heranwachsenden in Betracht kommen, auch um eine Benachteiligung junger Menschen im Vergleich zu erwachsenen Beschuldigten zu vermeiden.⁹³ Mit Rücksicht auf die Nachteile für die Wahrheitsermittlung und für eine gerechte Sanktionierung⁹⁴ im Hinblick auf das Ziel der Individualprävention gem. § 2 Abs. 1 sollten aber Urteilsabsprachen gerade im Jugendstrafrecht die Ausnahmen bleiben.⁹⁵ Junge Angeklagte verfügen noch nicht über die Selbstbehauptungsmacht gegenüber der Justiz, schon gar nicht, wenn überhöhte Strafen angedroht werden.⁹⁶ Absprachen über die Anwendung von Jugend- oder Erwachsenenstrafrecht gem. § 105 Abs. 1 sind immer unzulässig.⁹⁷ Daneben gilt über § 2 Abs. 2 auch die Kronzeugenregelung gem. § 46b StGB⁹⁸, die aber im Jugendstrafrecht selten zur Anwendung kommen wird. Da die Strafrahmen des Erwachsenenstrafrechts im Jugendstrafrecht nicht gelten (§ 18 Abs. 1 S. 3), ist die Milderung gem. § 49 StGB nicht unmittelbar anwendbar, wirkt sich nur mittelbar aus (siehe Rn. 298).

58 Das Prinzip der Individualisierung hat weiterhin Bedeutung für das Jugendstrafverfahren. Die Beachtung der individuellen Täterpersönlichkeit verlangt, den Beschuldigten/Angeklagten im Verfahren ernst zu nehmen, ihm auch als Jugendlichen eine Subjektrolle zuzuerkennen. Dies erfordert eine **jugendspezifische Kommunikation**⁹⁹ und eine **sozialkompensatorische Verhandlungsführung**.¹⁰⁰

---

90 Siehe hierzu *Ostendorf* 1989, 328 ff.; zust. *Kräupl* 1993, 920; siehe auch die Forderung nach Einführung einer Sanktionsform „Vereinbarung oder Auferlegung von Verpflichtungen" vom Arbeitskreis V/3 des 22. Deutschen Jugendgerichtstages, DVJJ-Journal 4/1992, S. 290; zum dänischen Modellprojekt „Jugendvertrag" siehe *Weber/Matzke*, 1996, 171.
91 Siehe hierzu *Ostendorf* 2009a, 70.
92 Siehe Gesetz zur Regelung der Verständigung im Strafverfahren v. 29.7.2009, BGBl. I 2009, 2353.
93 Ebenso Begründung zum Gesetzesentwurf der Bundesregierung „Gesetz zur Regelung der Verständigung im Strafverfahren" v. 29.7.2009, BGBl. I 2009, 2353; zu Leitlinien für Urteilsabsprachen im Jugendstrafrecht siehe *Pankiewicz* 2008, 240 ff; kritisch *Eisenberg* 2008, 698; ablehnend *Heller* 2012, 281 ff.
94 Siehe hierzu *Ostendorf* 2015, Rn. 485.
95 Zur Akzeptanz in der Rspr siehe BGH NStZ 2008, 416, ablehnend hierzu *Fahl* 2009, 613; LG Berlin ZJJ 2012, 204 mit kritischer Anm. von *Eisenberg*.
96 Generell gegen die „Sanktionsschere", d. h. gegen die Ankündigung der ohne Absprache zu erwartenden Sanktion im Jugendstrafrecht bei grundsätzlicher Akzeptanz *Beier* 2014, 267.
97 BGH ZJJ 2006, 199.
98 Siehe Ostendorf/*Ostendorf* § 5 Rn. 4, 23.
99 Siehe Art. 4 Abs. 2 Richtlinie (EU) 2016/800 des Europäischen Parlaments und des Rates vom 11.5.2016 über Verfahrensgarantien in Strafverfahren für Kinder, die Verdächtige oder beschuldigte Personen in Strafverfahren sind (siehe Rn. 20).
100 Siehe *Streng* Rn. 11; Zweite Jugendstrafrechtsreform-Kommission der DVJJ, 2002, DVJJ-Extra, Nr. 5, S. 13: „Grundsatz der Beteiligung"; siehe auch Ziffer 14.2 der Beijing Rules, veröffentlicht bei *Höynck/Neubacher/Schüler-Springorum* 2001, 78.

Diesem Anliegen dienen die §§ 48–51, d. h. die grundsätzliche Nichtöffentlichkeit des Verfahrens, die Anwesenheit der Erziehungsberechtigten und der Jugendgerichtshilfe. Der Verzicht auf die Vereidigung von Zeugen und Sachverständigen (§ 49 a.F.) ist heute in § 59 StPO geregelt. Hiermit soll eine Diskussion im Gerichtssaal ermöglicht werden, die zwar angesichts der Sanktionskompetenz nicht herrschaftsfrei, wohl aber in einer Weise geführt werden kann, in der von Seiten des Gerichts versucht wird, die Position des Angeklagten so wie auch die der Zeugen, insbesondere des Verletzten, zu verstehen und ernst zu nehmen und die eigene (Macht-)Position zu erklären. Nur wenn der Angeklagte als hauptbeteiligtes Subjekt verstanden und behandelt wird, kann er sich aus der vielfach anzutreffenden Abwehrhaltung gegenüber der Justiz und damit gegenüber dem durch sie repräsentierten Staat lösen, kann auf Akzeptanz des justiziellen Handelns gehofft werden, kann der Prozess zu einem „therapeutischen Anliegen"[101] werden. Hierbei dürfen die Sanktionsbedrohungen nicht vertuscht, darf das Vertrauen nicht erschlichen werden. In diesem Zusammenhang ist die vielfache Praxis, jugendliche Angeklagte zu duzen, zu problematisieren. Mit dem „Du" kann „ein Autoritätsgefälle", „ein Verweis in die Unmündigkeit" demonstriert[102] oder umgekehrt eine Gleichstellung vorgespielt werden.[103] Das Duzen ist allenfalls noch bei 14- und 15-jährigen Jungen angebracht, und auch dann nur, wenn die Angeklagten und Zeugen insoweit um ihr Einverständnis befragt wurden. Bei Mädchen, die regelmäßig in ihrer Entwicklung weiter, häufig auch sensibler sind, sollte nur ganz ausnahmsweise dieser vertrauliche Ton angeschlagen werden. Dem Ziel einer jugendspezifischen Kommunikation kann auch das Tragen einer Robe entgegenstehen. Für das vereinfachte Jugendverfahren (§§ 76–78) wird das Verhandeln ohne Robe allgemein akzeptiert. Dies muss erst recht für das Ermahnungsgespräch im Rahmen des § 45 Abs. 3 gelten. Darüber hinaus kann es gerade bei der Vernehmung kindlicher Zeugen ratsam sein, die Robe abzulegen.

5.2 Prinzip der Flexibilität

Mit dem Wegfall der Strafrahmen des Erwachsenenstrafrechts (siehe § 18 Abs. 1 S. 3) und dem Angebot einer breiten Sanktionspalette mit Einschluss der Diversionsregeln kann die Jugendstrafjustiz flexibel auf die Straftaten junger Menschen reagieren (**Sanktionsflexibilität**). Auch das Jugendstrafverfahren ist flexibel handhabbar, so der Einsatz von Erziehungsmaßnahmen anstelle der Untersuchungshaft (§ 71), so im vereinfachten Jugendverfahren gem. den §§ 76–78 (**Verfahrensflexibilität**). Ebenso ist die Vollstreckung der angeordneten Sanktionen flexibel gestaltet, z. B. mit dem Verzicht auf Vollstreckung des Jugendarrestes gem. § 87 Abs. 3, 4 (**Vollstreckungsflexibilität**). Hieraus lässt sich ein allgemeines Prinzip der Flexibilität im Jugendstrafrecht ableiten.[104] Dem Prinzip der Flexibilität müssen aber durch das Rechtsstaatsprinzip Grenzen gesetzt werden. Dies gilt insbesondere für die Vollstreckungsflexibilität bei nachträglichen Abänderungen bei Weisungen und Auflagen, bei der sogenannten Vorbewährung sowie

---

101 Siehe *Mergen* 1990, 97.
102 Siehe *Schönfelder* 1974, 133.
103 Umgekehrt war nach den Richtlinien zum Reichsjugendgerichtsgesetz vom 15.1.1944 grundsätzlich der jugendliche Angeklagte mit „Du" anzureden, S. 41.
104 Siehe *P.-A. Albrecht* 2000 unter dem Stichwort „Flexibilisierungsstrategien"; *Nothacker* 1985a, 203 ff.; *Ostendorf* 2006d, 515 ff.

bei der Anrechnung bereits erbrachter Leistungen im Wege der Einheitsstrafenbildung.[105]

5.3 Prinzip der Subsidiarität

60 Gesetzliche Ausprägungen des Subsidiaritätsprinzips finden sich im § 5 Abs. 2, 13 Abs. 1 sowie in § 17 Abs. 2. Hieraus ergibt sich für die Sanktionierung ein **Stufenverhältnis** bei der Auswahl von Sanktionen: zunächst Erziehungsmaßregeln, dann Zuchtmittel und zuletzt Jugendstrafe. Diese Stufenfolge ist aber nur eine Grundsatzentscheidung des Gesetzgebers im Hinblick auf das Strafziel. Unter Berücksichtigung der Eingriffsschwere haben einige Erziehungsmaßregeln größeres Gewicht als einige Zuchtmittel. So ist die Erziehungsmaßregel „Betreuungsweisung" eingriffsintensiver als das Zuchtmittel der Verwarnung oder auch der Geldbuße. Für eine korrekte Anwendung des Subsidiaritätsprinzips ist deshalb eine Einbettung in dem aus dem Rechtsstaatsprinzip (Art. 20 Abs. 3 GG) abgeleiteten **Verhältnismäßigkeitsgrundsatz** erforderlich.[106] Hieraus ist folgendes Stufenverhältnis für die Sanktionierung abzuleiten:

- Vorrang der Diversion vor dem förmlichen Verfahren[107]
- Innerhalb der Diversion Vorrang für registerfreie (§ 153 StPO), für folgenlose (§ 45 Abs. 1) sowie für erzieherische Einstellungen (§ 45 Abs. 2)
- Vorrang ambulanter vor stationären Sanktionen
- Innerhalb ambulanter Sanktionen Vorrang helfender vor repressiven Sanktionen
- Innerhalb stationärer Sanktionen Vorrang der Strafaussetzung zur Bewährung vor der unbedingten Jugendstrafe.

5.4 Prinzip der Nichtschlechterstellung

61 Im Hinblick auf das Gleichbehandlungsgebot gem. Art. 3 GG, aber darüber hinaus im Hinblick darauf, dass junge Menschen im Strafverfahren sich regelmäßig schlechter verteidigen können, und im Hinblick darauf, dass die Sanktionsempfindlichkeit junger Menschen umgekehrt größer ist als bei Erwachsenen,[108] haben Rechtslehre und Rechtsprechung das Prinzip **„Verbot der Benachteiligung junger Menschen gegenüber Erwachsenen in vergleichbarer Verfahrenslage"** entwickelt.[109] Damit soll einer teilweisen Benachteiligung in der Sanktionspraxis sowie im Verfahren, insbesondere bei der Anordnung der Untersuchungshaft[110] entgegengewirkt werden. Hinsichtlich der Gleichstellung im Verfahren heißt es in der Empfehlung des Europarats zum Vollzug bzw. Vollstreckung ambulanter und freiheitsentziehender Sanktionen gegenüber Jugendlichen aus dem Jahre 2008 ausdrücklich: „Jugendliche dürfen nicht weniger Rechte und Rechtsgarantien haben als diejenigen, die erwachsenen Straftätern/Straftäterinnen im Strafverfahren zustehen."[111] Allerdings hat der Gesetzgeber u. a. mit der Eintragung

---

105 Siehe im Einzelnen *Ostendorf* 2006d, 521 ff.
106 Siehe auch *Laubenthal/Baier/Nestler* Rn. 422; Zweite Jugendstrafrechtsreform-Kommission der DVJJ, 2002, DVJJ-Extra, Nr. 5, S. 14. Grundlegend *Lenz* 2007.
107 Meier/Rössner/Schöch-*Rössner* § 6 Rn. 7.
108 Siehe hierzu *Ostendorf* 2006b, 383 ff.
109 Siehe *Miehe* 1964, 121; *Nothacker* 1985b, S. 111; *P.-A. Albrecht* 2000, § 9 IV.; *Brunner/Dölling* § 18 Rn. 15; *Eisenberg* § 45 Rn. 9 f.; Ostendorf/*Ostendorf* § 5 Rn. 4; OLG Köln GA 1984, S. 519; BayObLG ZfJ 1991, S. 557; LG Itzehoe SchlHA 1993, S. 93; umfassend und in kritischer Auseinandersetzung – allerdings nur im Hinblick auf Art. 3 Abs. 1 GG – *Burscheidt* 2000; ebenfalls kritisch *Grunewald* 2002, 456; ablehnend *Fahl* 2003, 68 ff.
110 Siehe hierzu *Ostendorf* 1998a, 300 ff.
111 Nr. 13, veröffentlicht bei *Dünkel* 2011, 144.

auch von Einstellungsentscheidungen in das Erziehungsregister (§ 60 Abs. 1 Nr. 7 BZRG) sowie mit der Rechtsmittelbeschränkung gem. § 55 selbst dieses Prinzip durchbrochen.

Zwar begründet die jugendliche Entwicklungsphase eine andere Behandlung junger Menschen im Vergleich zu Erwachsenen. Diese Ungleichbehandlung darf sich aber grundsätzlich nicht nachteilig auswirken. Umgekehrt sprechen das **Schutzprinzip**[112] und das **Schuldprinzip**[113] bzw. der **Verhältnismäßigkeitsgrundsatz** für eine Besserstellung junger Menschen im Rahmen der strafrechtlichen Reaktion auf Straftaten. Das Schutzprinzip gründet sich darauf, dass junge Menschen noch nicht so autonom sind wie Erwachsene, um sich im Strafverfahren zu behaupten. Das Schuldprinzip bzw. der Verhältnismäßigkeitsgrundsatz stützen sich auf die noch nicht ausgereifte Verantwortlichkeit junger Menschen (siehe auch § 3 als Indiz für die größere Nachsicht). Die Schuld junger Menschen ist generell geringer einzustufen als bei vergleichbaren Taten Erwachsener. Hinzu kommt eine **größere Strafempfindlichkeit** junger Menschen (siehe Rn. 298): Die Dauer eines Freiheitsentzuges wird von jungen Menschen deutlich intensiver erlebt als von Erwachsenen. Bei gemeinschaftlichen Anklagen mit Erwachsenen würde zudem eine härtere Sanktionierung junger Menschen auf Unverständnis stoßen, wobei die Sanktionsakzeptanz das Tor für eine Einstellungs- und Verhaltensänderung i. S. der Legalbewährung (§ 2 Abs. 1 S. 1) darstellt.

5.5 Prinzip der Beschleunigung

Das Prinzip der Beschleunigung gilt schon im Erwachsenenstrafrecht (siehe Art. 6 Abs. 1 S. 1 EMRK: Jede Person hat ein Recht darauf, dass „über eine gegen sie erhobene strafrechtliche Anklage ... innerhalb angemessener Frist verhandelt wird"), im Jugendstrafrecht in besonderer Weise.[114] Auch die im Hinblick auf das Prinzip der Nichtschlechterstellung problematische Rechtsmittelbeschränkung gem. § 55 wird mit dem Beschleunigungsprinzip gerechtfertigt. Das Prinzip der Beschleunigung soll einmal den betroffenen Jugendlichen/Heranwachsenden Klarheit über den erhobenen Vorwurf verschaffen und ihn damit entlasten; zum anderen dient die Verfahrensbeschleunigung der Individualprävention, ohne dass damit ein „kurzer Prozess" legitimiert werden darf.[115]

62

---

112 So P.-A. Albrecht 2000, § 9 IV.
113 So Laubenthal/Baier/Nestler Rn. 6; Zieger 2008, Rn. 36.
114 Siehe § 43 Abs. 1 S. 1: „sobald wie möglich"; § 72 Abs. 5; siehe auch Nr. 20.1 der Beijing Rules sowie Nr. 50 der Leitlinien des Ministerkomitees des Europarates für eine kindgerechte Justiz vom 17.11.2010.
115 In diesem Sinne Mertens 2003; siehe auch Putzke 2004. Die Untersuchung von Verrel 2012, wonach eine Verfahrensbeschleunigung nicht zu weniger Rückfälligkeit führte, erscheint nicht beweiskräftig: Der Überprüfungszeitraum von einem Jahr ist staatsanwaltlichen Verfahrensregister zu kurz, zumal die dortige Registrierung erst nach der polizeilichen Bearbeitung erfolgt, die sich bei schwerwiegenden Taten über längere Zeiträume erstrecken kann. Zudem bleibt die häufig wiederholte Tatbegehung bis zur Hauptverhandlung, sofern keine U-Haft angeordnet wird, unberücksichtigt. In der Untersuchung von Bliesener/Thomas 2012 mit einer im Durchschnitt drei Jahre und fünf Monate dauernden Kontrollzeit konnte zwar ebenfalls kein individualpräventiver Effekt nachgewiesen werden. Die Autoren weisen aber selbst darauf hin, dass teilweise „nur recht kurze Legalbewährungszeiträume" kontrolliert wurden. Zusätzlich wird – zurecht – vermutet, dass bei den hier kontrollierten Intensivtätern die Verfahren beschleunigt und die Hauptverhandlungen vorgezogen werden, so dass bei kürzerer Verfahrensdauer gefährdetere Täter erfasst werden. Immer bleibt der indirekte Präventionseffekt für die Gruppe und Clique, in der sich die verurteilten Straftäter bewegen, ausgeklammert. So empfanden nach der Untersuchung zum Münsteraner Modellprojekt „B-Verfahren" die Probanden das Verfahren und das Urteil bei zügiger Erledigung als gerechter – eine wesentliche Voraussetzung für eine resozialisierende Wirkung des Jugendstrafverfahrens, Khostevan 2008, 245. Wenn auch ein empirischer Nachweis schwer geführt werden kann, spricht die Plau-

Im Fall der Untersuchungshaft ist das Verfahren mit **besonderer Beschleunigung** durchzuführen (§ 72 Abs. 5).[116]

Dementsprechend heißt es in der Richtlinie Nr. 6 zu § 43: „Die Maßnahmen und Strafen des Jugendstrafrechts sind regelmäßig dann am wirksamsten, wenn sie der Tat auf dem Fuße folgen." Anders und deutlicher formuliert: Das Jugendstrafrecht wird mit Ablauf der Zeit unwirksam. Wir maßregeln unsere Kinder ja auch nicht ein halbes Jahr später, nachdem sie etwas angestellt haben! Hier ist eine Umorientierung in der Praxis geboten – die z. Zt. wichtigste Forderung nicht nur im Jugendstrafrecht. So ist es nicht akzeptabel, Schöffengerichtstage zu überspringen, nur weil „der Terminzettel noch nicht voll ist". Zusätzlich kann in einer solchen Praxis ein Verstoß gegen das Prinzip des gesetzlichen Richters gesehen werden (Art. 101 Abs. 1 S. 2 GG), da damit andere Schöffen zum Einsatz kommen. Weiterhin muss noch mehr als bereits üblich mit dem Telefon und entsprechenden Vermerken gearbeitet werden, um mit Aktenübersendungen nicht unnötig Zeit zu vertun. Auch ist die Aussetzung der Hauptverhandlung gem. § 228 StPO, um weitere Ermittlungen für die Rechtsfolgenentscheidung zu treffen, in der Regel unzulässig.[117]

Fünf Gründe für eine Verfahrensbeschleunigung:

1. Ein allzu langes Zuwarten erschwert die Beweisführung.
2. Ein allzu langes Zuwarten auf die Hauptverhandlung kann weitere Straftaten des Beschuldigten sowie in seinem sozialen Umfeld begünstigen.
3. Ein allzu langes Zuwarten auf die Hauptverhandlung vermindert die Effizienz der späteren Sanktionierung.
4. Ein allzu langes Zuwarten auf die Hauptverhandlung stellt eine unnötige Belastung für junge Menschen dar.
5. Ein allzu langes Zuwarten widerspricht den Opferinteressen.

Für alle Verfahrensbeteiligten muss die überlange Dauer des Jugendstrafverfahrens eine Herausforderung darstellen. Für die Dauer der Verfahren vor den Jugendgerichten vom Tag des Eingangs bis zur Erledigung wurden folgende Durchschnittswerte (in Monaten) ermittelt:

	2004	2005
Jugendgerichte insgesamt	3,1	3,1
Jugendschöffengericht	3,7	3,7
Jugendkammer	5,4	5,5

Hinzu kommen die Bearbeitungszeiten für die Polizei und die Staatsanwaltschaft. Weiterhin ist für die Wirksamkeit der Sanktionen die Dauer von der Entscheidung bis zur Vollstreckung zu beachten. So ergab sich bei einer Überprüfung aller Verfahren (n = 604), in denen vom 1.7.1993 bis zum 30.6.1994 in Schleswig-Holstein Jugendarrest vollstreckt wurde, eine durchschnittliche Dauer von der Tat bis zum rechtskräfti-

---

sibilität für die Annahme, dass ein allzu langes Zuwarten auf ein – rechtskräftiges – Urteil die Effizienz der Sanktionierung mindert, ebenso *Streng* Rn. 123; *Schatz* 2015, 807; demgegenüber hält *Dünkel* 2015, 275, die Annahme, eine unmittelbare Reaktion sei erzieherisch bzw. pädagogisch günstig, für einen Mythos.

116 Allgemein zum Beschleunigungsgebot in Haftsachen siehe BVerfG StV 2006, 645; OLG Koblenz StV 2006, 645; OLG Frankfurt StV 2006, 648.

117 Siehe OLG Hamm StV 2002, 404 mit Hinweis auf die Alternative des § 57; siehe hierzu Rn. 267 ff.

gen Urteil von etwas mehr als sieben Monaten.[118] Vom Urteil bis zum Arrestantritt dauerte es durchschnittlich etwas mehr als drei Monate, so dass erst etwa zehn Monate nach Tatbegehung eine Sanktion erfolgte.[119] Demgegenüber heißt es in den Mindestgrundsätzen der Vereinten Nationen für die Jugendgerichtsbarkeit: „Die zügige Erledigung der förmlichen Verfahren in Jugendsachen ist von überragender Bedeutung. Kommt es zu Verzögerungen, wird die möglicherweise positive Wirkung des Verfahrens und der Entscheidung selbst in Frage gestellt. Je mehr Zeit verstreicht, desto schwieriger, wenn nicht gar unmöglich, wird es für den Jugendlichen, das Verfahren und die getroffene Entscheidung geistig und psychologisch noch mit der Tat in Verbindung zu bringen".[120] Zur Abkürzung der Verfahrensdauer ist neben einer Einstellungsänderung der Verfahrensbeteiligten eine intensivere Kooperation gefordert. Dies setzt einmal eine regionale Zuständigkeitsregelung, abweichend vom Buchstabenprinzip, voraus, die zwar überwiegend bei der JGH, aber nur zum Teil bei der Justiz mit Einschluss der Staatsanwaltschaft verbreitet ist.[121] Nur so lässt sich vermeiden, dass mehrere Verfahren – im unterschiedlichen Verfahrensstadium – nebeneinander laufen. Zum anderen ist vor Ort eine Kooperation im Wege lokaler runder Tische gefordert.[122]

Regional ist z. T. zur Umsetzung des Beschleunigungsgebots das **„Vorrangige Jugendstrafverfahren"** als spezialisierte Form des vereinfachten Jugendverfahrens für Jugendliche (Rn. 143-149), des beschleunigten Verfahrens für Heranwachsende (Rn. 150-152) oder des „Normalverfahrens" nach dem sog. Flensburger Modell eingerichtet.[123] Aufgrund örtlicher Absprache zwischen Gericht, StA, Polizei und JGH werden bestimmte dringliche Verfahren zeitlich vorgezogen und beschleunigt bearbeitet. Damit darf jedoch die Vorbereitung der „richtigen" Sanktionsentscheidung, z. B. die Abklärung der Kostentragung für Wohnheim- oder Therapieplätze, nicht behindert werden; auch werden damit zwangsläufig die „Nichtvorrangigen" weiter nach hinten geschoben. Ein anderes Modellprojekt ist das **„Haus des Jugendrechts"** in Stuttgart, das im Wege einer vernetzten Kooperation eine abgestimmte und schnelle Reaktion zum Ziel hat.[124] Die enge Kooperation darf aber nicht dazu führen, die unterschiedlichen Funktionen zu „vernebeln" und die Beschuldigten zu überfahren, immer muss auch Raum für Strafverteidigung sein.

64

Das sog. **Neuköllner Modell** der verstorbenen Berliner Jugendrichterin Heisig ist eine Form der Verfahrensbeschleunigung, die auf eine vermehrte Anwendung des vereinfachten Jugendverfahrens abzielt und u. a. eine engere Zusammenarbeit von Staatsanwaltschaft und Polizei, der eine Filterfunktion zukommt, vorsieht. Es ist aber auch verknüpft mit dem Anspruch, mehr Härte in der Sanktionierung zu zeigen bzw. staatliche Autorität zu demonstrieren.[125]

---

118 Ebenso nach der Untersuchung von *Khostevan* 2008, 235 im Münsteraner Modellprojekt „B-Verfahren".
119 Siehe *Ostendorf* 1995, 352.
120 Teil 1 Nr. 20 – Kommentar – ZStW 99 [1987], 277.
121 Siehe *Trenczek* 1999a, 160. Zum Modellprojekt „Staatsanwalt vor Ort bzw. für den Ort" in Nordrhein-Westfalen, siehe *Verrel* 2012, 521 ff.; zur Evaluation siehe *Ebert* 2015.
122 Siehe im Einzelnen *Ostendorf* 1998b.
123 *K. A. Laue* 2011, 388: Abkürzung der Verfahrensdauer zwischen der letzen Vernehmung der Polizei und dem Hauptverhandlungstermin auf 37 Tage (LG-Bezirk Flensburg) bzw. 45 Tage (LG-Bezirk Itzehoe); siehe auch *Stahlmann-Liebelt* 2000 und 2003; siehe auch Rn. 148.
124 Siehe *Schairer* 2003; *Feuerhelm/Küchler* 2003.
125 Siehe *Heisig* 2010; hierzu kritisch *Pfeiffer* 2010 sowie *Dollinger* 2010; siehe auch *Frenzel* 2011, 72: „Der punitive Zeitgeist als Geburtshelfer des Neuköllner Modells"; zur Evaluation siehe *Ohder/Tausendteufel* 2015, *Tausendteufel/Ohder* 2014 sowie *Ben Miled* 2017.

Bei den sog. **Fallkonferenzen** geht es weniger um Verfahrensbeschleunigung, wenngleich auch um eine alsbaldige Reaktion, als um eine Verstärkung des Informationsaustausches und um Abstimmung der Maßnahmen zwischen den am Beschuldigten „arbeitenden" Institutionen, z. T. unter Einbeziehung des Beschuldigten und seiner Eltern.[126] Dieses aufwändige Verfahren ist insbesondere bei den sog. Intensivtätern, denen nach polizeilicher Definition auch sog. Schwellentäter vorgelagert werden[127], angebracht, wobei die Rechtsregeln des Datenaustausches (siehe Rn. 89) zu beachten sind, wenn nicht der Beschuldigte einwilligt.[128] Für eine solche rechtsverbindliche Einwilligung ist der Betroffene vorher über seine Rechte – Recht auf Aussageverweigerung, Recht auf Verteidigung – und über die Funktionen der beteiligten Institutionen aufzuklären.[129]

In Nordrhein-Westfalen wurden in verschiedenen Städten sog. **Diversionstage** bzw. „**Termine Gelbe Karte**" eingerichtet, d. h. alle Verfahrensschritte (polizeiliche Vernehmung, Gespräch mit der JGH und Diversionsentscheidung der StA gem. § 45 Abs. 2) wurden an einem Tag durchgeführt.[130]

65 Eine von der Strafjustiz zu verantwortende **überlange Verfahrensdauer** führt zu einer Strafminderung, wobei nach der Rechtsprechung des Großen Senats des BGH ein Teil der verhängten (Freiheits-)Strafe für vollstreckt erklärt wird[131]; in Extremfällen kann sie sogar zu einem Verfahrenshindernis führen mit der Folge, dass das Verfahren einzustellen ist – je nach Verfahrenssituation gem. §§ 170 Abs. 2 S. 1, 204 Abs. 1, 260 Abs. 3.[132] Die Ablehnung dieses im Erwachsenenstrafrecht anerkannten Grundsatzes durch den 3. Strafsenat des BGH[133] dient weder dem Ziel des Jugendstrafrechts i. S. einer Individualprävention (siehe Rn. 53) noch ist sie mit dem Prinzip „Verbot der Benachteiligung Jugendlicher/Heranwachsender gegenüber Erwachsenen in vergleichbarer Prozesslage" (siehe Rn. 61) vereinbar.[134] Darüber hinaus gewährt das Gesetz über den Rechtsschutz bei überlangen Gerichtsverfahren und strafrechtlichen Ermittlungsverfahren vom 24.11.2011 (BGBl. I, 2302) einen Entschädigungsanspruch, wenn die unangemessene Dauer des Verfahrens nicht zugunsten des Beschuldigten berücksichtigt wurde (§ 199 Abs. 3 GVG).

---

126 Zum schleswig-holsteinischen Modell siehe *K. A. Laue* 2011.
127 S. z.B. Niedersächsisches Landesrahmenkonzept „Minderjährige Schwellen- und Intensivtäter" vom 1.8.2009.
128 Siehe hierzu *Seedorf* 2010.
129 Siehe auch die kritische Position der DVJJ, beschlossen vom Vorstand der DVJJ im Januar 2014, ZJJ 2014, 64.
130 Zur kritischen Bewertung insbesondere wegen Nichteintritt einer gesteigerten spezialpräventiven Wirkung siehe *Linke* 2010, 245 ff.
131 BGHSt 52, 124.
132 Siehe BGH StV 2001, 89 = JZ 2001, 1091 mit zust. Anm. von *Ostendorf/Radtke*; grundlegend *Radke* 2000, 195 ff. Das BVerfG hat die Ladung zum Strafantritt einer mehrjährigen Jugendstrafe 22 Monate nach Rechtskraft für verfassungswidrig erklärt, BVerfG ZJJ 2013, 315.
133 BGH StV 2003, 388 = DVJJ-Journal 2003, 77 = NStZ 2003, 364; nachfolgend BGH ZJJ 2007, 81 = NStZ-RR 2007, 71; siehe demgegenüber der 5. Strafsenat BGH ZJJ 2009, 57 = StV 2009, 93 = NStZ 2010, 94 und BGH NStZ 2011, 524.
134 Siehe bereits *Ostendorf* 2003a; ebenso *Rose* 2003, 2007 und 2013; *Scheffler* 2003, 511; *Laubenthal/Baier/Nestler* Rn. 766; *Streng* Rn. 460; *Eisenberg* § 18 Rn. 30; *Block* 2005, 83.

5. Prinzipien des Jugendstrafrechts

▶ FALLBEISPIEL 2: ZU DEN AUSWIRKUNGEN VON VERFAHRENSVERZÖGERUNGEN IM JUGENDSTRAFRECHT   66
(BGH StV 2003, 388)

Aus den Gründen:

Das Landgericht hat den Angeklagten – einen Heranwachsenden – wegen Diebstahls in 15 Fällen schuldig gesprochen, wegen Reifeverzögerungen Jugendstrafrecht angewendet und ihn wegen schädlicher Neigungen zu einer Jugendstrafe von drei Jahren verurteilt. Zur Höhe der Jugendstrafe hat es ausgeführt, dass es zur nachhaltigen erzieherischen Einwirkung eigentlich eine Jugendstrafe von drei Jahren und vier Monaten für erforderlich erachte, wegen einer den Justizbehörden zuzurechnenden Verfahrensverzögerung diese Strafe aber um vier Monate zu reduzieren sei.

Mit dieser Strafermäßigung hat das Landgericht ersichtlich versucht, der in Strafsachen gegen erwachsene Straftäter geltenden Rechtslage Rechnung zu tragen. Verzögert sich ein solches Verfahren aus den Justizbehörden zuzurechnenden Gründen, so sind nach der die Strafgerichte bindenden Rechtsprechung des Bundesverfassungsgerichts (BVerfG NStZ 1997, 591; vgl. auch BGH NStZ 1999, 181; BGHR StGB § 46 Abs. 2 Verfahrensverzögerung 7 und 12) Art und Ausmaß der Verzögerung festzustellen und sodann das Maß der Kompensation durch eine Ermäßigung der an sich verwirkten Strafe konkret zu bestimmen.

Kommt es im Einzelfall in einer Jugendsache gleichwohl zu erheblichen, vermeidbaren Verfahrensverzögerungen, die den Strafverfolgungsbehörden zuzurechnen sind, so erscheint fraglich, ob eine Kompensation in der vom Bundesverfassungsgericht vorgeschriebenen Weise, also durch Ermäßigung der an sich verwirkten Jugendstrafe – nach Feststellung von Art und Ausmaß der Verzögerung – vorzunehmen ist. Einzelne Entscheidungen des Bundesgerichtshofs (vgl. den Beschluss des Senats BGH StV 1999, 661; ferner BGH, Beschl. vom 6. Juni 2000, 4 StR 91/00; vgl. auch Brunner/Dölling, JGG 12. Aufl., § 18 Rdn. 6 d) könnten in diesem Sinne verstanden werden.

Der Senat hält – nach erneuter Überprüfung – die uneingeschränkte Übertragung dieser im Erwachsenenstrafrecht geltenden Grundsätze für bedenklich. Zumindest in Fällen, in denen schädliche Neigungen die Verhängung von Jugendstrafe erforderlich machen und erzieherische Überlegungen die Höhe der Jugendstrafe ausschlaggebend bestimmen, wird sie ausscheiden müssen. Die Ausführungen des angefochtenen Urteils, nach denen zwar einerseits „eine Jugendstrafe von drei Jahren und vier Monaten" geboten ist, um „erzieherisch nachhaltig auf den Angeklagten einzuwirken", andererseits diese Jugendstrafe „jedoch wegen des Verstoßes der Justiz gegen Artikel 6 Abs. 1 S. 1 EMRK ... um vier Monate zu reduzieren ist", belegt, dass die Kompensation von Verfahrensverzögerungen durch eine schablonenhafte Übertragung dem Grundanliegen des Jugendstrafrechts zuwiderlaufen würde. Der Ausgleich für eine Verfahrensverzögerung darf nicht dazu führen, dass die zur Erziehung erforderliche (vgl. Brunner/Dölling, aaO § 18 Rdn. 7 ff.; Eisenberg, aaO § 18 Rdn. 13, 22) Dauer der Jugendstrafe unterschritten und dadurch die Erreichung des Erziehungsziels gefährdet wird. Ein Verstoß gegen das Beschleunigungsgebot des Art. 6 Abs. 1 S. 1 EMRK wird deshalb nicht durch einen mathematischen Abschlag von der erzieherisch gebotenen Jugendstrafe zu kompensieren sein. Sie wird vielmehr nur insoweit strafmildernd Berücksichtigung finden können, als Gedanken des Schuldausgleichs in die Strafzumessung einfließen. ◀

Anmerkung:[135]

Die bei Verhängung einer Jugendstrafe wegen schädlicher Neigungen gem. § 17 Abs. 2, 1. Alt. geforderte Abweichung von dem Grundsatz, dass von der Justiz zu verantwortende Verfahrensverzögerungen – zumindest – zu einer Ermäßigung der Strafe, erforderlichenfalls durch Feststellung, dass ein Teil der Strafe als vollstreckt gilt,[136] führen müssen, stellt einen Verstoß gegen das Prinzip „Verbot der Benachteiligung Jugendlicher/Heranwachsender gegenüber Erwachsenen in vergleichbarer Prozesslage" dar.[137] Eine erzieherisch notwendige Jugendstrafe darf nach Auffassung des Gerichts nur ermäßigt werden, wenn für die Höhe der Jugendstrafe „Gedanken des Schuldausgleichs" eingeflossen sind. Diese sind aber gerade bei Annahme der schädlichen Neigungen grundsätzlich außen vor, da es insoweit nach ständiger Rechtsprechung gerade des BGH entscheidend auf die Gefahr der Begehung weiterer – erheblicher – Straftaten ankommt.[138] Nur bei der Verhängung einer Jugendstrafe wegen Schwere der Schuld kann somit nach Auffassung des Dritten Strafsenats das Kompensationsprinzip bei Verfahrensverzögerungen zur Anwendung kommen. Damit wird an eine schon überwunden geglaubte Rechtsprechung angeknüpft, dass aus erzieherischen Gründen die Strafmaßregeln des Erwachsenenstrafrechts außer Kraft gesetzt werden dürfen.[139] Mittlerweile hat sich die h. M. dem entgegengestellt.[140] Entscheidend ist, dass gesetzgeberisch vorgegebene oder justiziell entwickelte Bewertungen der Angemessenheit der Sanktionierung nicht zulasten junger Menschen korrigiert werden darf. Wer dies tut, verstößt nicht nur gegen den Gleichbehandlungsgrundsatz des Art. 3 GG, sondern verliert auch das maßgebliche Ziel der Legalbewährung aus dem Auge. Es geht nicht um Erziehung durch Strafe, sondern es geht um strafjustizielle Einwirkung auf den jungen Delinquenten zur Verhinderung einer neuen Straftat. Dementsprechend hat der 64. Dt. Juristentag in Berlin im Jahre 2002 in Übereinstimmung mit der einhelligen Lehre formuliert: „Vorrangiges Ziel des Jugendstrafrechts ist es, den Jugendlichen zu einem Leben ohne Straftaten anzuhalten".[141] Dem hat sich der Gesetzgeber mit der Zielbestimmung im § 2 Abs. 1 angeschlossen (siehe Rn. 54).

Gerade bei jungen Menschen wirken sich aber Zeitverzögerungen aus. Es können nicht nur zwischenzeitlich gravierende Veränderungen in der Lebenssituation des jungen Menschen eingetreten sein, sondern auch die Bereitschaft zur Verantwortungsübernahme wird mit dem Zeitablauf gemindert, weil die Tat in weite Ferne gerückt ist. Wenn die Strafe als ungerecht empfunden wird, da durch Zeitablauf das Verdrängungsstreben gestärkt wird und die Tat somit ihren Unwert verliert, ist dies für eine Einstellungs- und Verhaltensänderung im Sinne von Normbefolgung eine schlechte Bedingung. Es ist somit umgekehrt gerade bei jungen Menschen das von der Rechtsprechung entwickelte Kompensationsprinzip zu beachten. Dementsprechend hat das Beschleunigungsprinzip in Jugendstrafsachen seine besondere Bedeutung.

---

135 Siehe *Ostendorf* 2003a.
136 BGHSt 52, 124.
137 Siehe *P.-A. Albrecht* 2000, § 9 IV.; *Eisenberg* § 18 Rn. 30; *Brunner/Dölling* § 18 Rn. 15; Ostendorf/*Ostendorf* § 5 Rn. 4; *Miehe* 1964, S. 121; OLG Köln GA 1984, 519; BayObLG ZfJ 1991, 597; umfassend und in kritischer Auseinandersetzung *Burscheidt* 2000.
138 Siehe zuletzt BGH NStZ 2002, 89.
139 BGHSt 8, 78; BGH bei *Böhm* 1982, 414; siehe auch *Dallinger/Lackner* § 18 Rn. 6.
140 BGH StV 1989, 545; BGH StV 1992, 432; *Schaffstein/Beulke/Swoboda* Rn. 474.; *Böhm* 1996, 211; D/S/S-*Sonnen* § 18 Rn. 14; siehe auch Ostendorf/*Ostendorf* § 18 Rn. 6.
141 Beschlüsse C.II. 1.; ebenso § 5 Nr. 1 Österreichisches JGG; Zweite Jugendstrafrechtsreformkommission der DVJJ, 2002, DVJJ-Extra, Nr. 5, S. 4.

III. Die Verfahrensbeteiligten

1. Polizei

Wie im Erwachsenenstrafrecht arbeitet die Polizei im Rahmen der Strafverfolgung der Staatsanwaltschaft zu (§ 163 StPO), sie muss den Weisungen der Staatsanwaltschaft folgen (§ 161 S. 2 StPO). In der Praxis wird diese Sachleitungsbefugnis der StA von Beginn der Ermittlungen an nur bei Kapitalverbrechen, bei der Verfolgung von Wirtschafts- und Umweltdelikten ausgeübt. Bei den Massendelikten, gerade auch bei den Massendelikten Jugendlicher/Heranwachsender ermittelt die Polizei zunächst „auf eigene Faust". Hier gilt es, die Besonderheiten des Jugendstrafverfahrens durch eine enge Kooperation sowie durch generelle Regelungen, z. B. mit Diversionsrichtlinien, durchzusetzen.[1] Im Wege einer generellen Absprache zwischen Justiz- und Innenressort kann so bestimmt werden, dass polizeiliche Ermittlungsvorgänge gegen Kinder – ohne Beteiligung Strafmündiger – in Fällen leichter Kriminalität nicht mehr an die StA abgegeben werden.[2] Bedenkliche Entwicklungen sind von der Polizei selbstständig dem Jugendamt mitzuteilen. Dies dient nicht nur der Arbeitsökonomie, sondern auch zur Vermeidung unnötiger Belastungen Strafunmündiger. Von großer Bedeutung ist die **polizeiliche Dienstvorschrift (PDV) 382** aus dem Jahre 1995,[3] obwohl deren fortschrittlicher Charakter zum Teil erst umgesetzt werden muss, wie z. B. die Forderung „mit der Bearbeitung von Jugendsachen sind besonders geschulte Polizeibeamte (Jugendsachbearbeiter) zu beauftragen" (Nr. 1.2). Wichtig ist, dass gerade von Seiten der Jugendstaatsanwälte und der Jugendrichter das Gespräch mit der Polizei, z. B. durch Besuche auf den Polizeirevieren, gesucht wird, um so einerseits Kooperation, andererseits eine rechtsstaatliche und gleichzeitig jugendadäquate Polizeipraxis sicherzustellen. Im JGG findet die Polizei keine Erwähnung. Bedeutsam wird zukünftig die Umsetzung von Art. 9 der Richtlinie (EU) 2016/800 des Europäischen Parlaments und des Rates vom 11.5.2016 über Verfahrensgarantien in Strafverfahren für Kinder, die Verdächtige oder beschuldigte Personen in Strafverfahren sind (siehe Rn. 20). Hiernach ist sicher zu stellen, dass Befragungen durch die Polizei oder die StA audiovisuell aufgezeichnet werden unter Vorbehalt der Verhältnismäßigkeit, wobei das Kindeswohl immer eine vorrangige Bedeutung hat.[4]

67

2. Jugendstaatsanwaltschaft

Gem. § 36 Abs. 1 sind von Gesetzes wegen **spezielle Jugendabteilungen** einzurichten. Der Jugendstaatsanwalt hat hierbei grundsätzlich die Aufgaben eines Erwachsenenstaatsanwalts mit Ausnahme der Vollstreckung, die dem Jugendrichter obliegt (§ 82). Gemäß der Richtlinie zu § 36 soll der Sachbearbeiter die Anklage möglichst auch in der Hauptverhandlung vertreten. Eine verbreitete Praxis, spezielle Deliktsbereiche wie insbesondere Jugendverkehrssachen aus der Jugendabteilung herauszulösen und den allgemeinen Abteilungen zuzuordnen, ist nicht mit dem Gesetz vereinbar. Von der **„Allzuständigkeit" der Jugendabteilung** darf nur ausnahmsweise abgewichen werden,

68

---

1 Zur Unzulässigkeit einer Polizeidiversion siehe Rn. 121.
2 Siehe Erlass des Innenministers des Landes Schleswig-Holstein vom 23.12.1992, Az.: 501 A 19.14.2.
3 Abgedruckt im DVJJ-Journal 1/1997, S. 5 ff.
4 Im Bericht der Expertenkommission zur effektiveren und praxistauglicheren Ausgestaltung des allgemeinen Strafverfahrens und das jugendgerichtlichen Verfahrens, hrsg. vom BMJV, 2015, S. 175 wird eine besondere Prüfung „hinsichtlich ihres möglicherweise belastenden und die Position des jungen Menschen schädigenden Charakters" gefordert.

wenn andere Spezialkenntnisse unverzichtbar und in der Jugendabteilung nicht vorhanden sind. So verstößt beispielsweise die Einrichtung eines Intensivtäterdezernats in der Berliner StA für alle Altersgruppen (2003) gegen § 36 – abgesehen von der Fragwürdigkeit, bereits Einmaltäter einer vorsätzlichen Körperverletzung oder eines Diebstahls „in besonderen Fällen" im Hinblick auf eine negative Prognose als Intensivtäter einzustufen. Amtsanwälten dürfen gem. § 36 Abs. 2 S. 1 jugendstaatsanwaltliche Aufgaben nur übertragen werden, wenn sie die Anforderungen gem. § 37 erfüllen.[5] Für Referendare gilt gem. § 36 Abs. 2 S. 3, dass zu Ausbildungszwecken Sitzungsvertretungen nur unter Aufsicht und im Beisein eines Jugendstaatsanwalts wahrgenommen werden dürfen. Ansonsten erlaubt § 36 Abs. 2 S. 2 die Übertragung jugendstaatsanwaltlicher Aufgaben an Referendare im Einzelfall unter Aufsicht eines Jugendstaatsanwalts.[6] Darüber hinaus ist eine Ortsbezogenheit der Dezernate (keine Buchstabendezernate) sicherzustellen (siehe oben Rn. 63), um so Kenntnisse vom sozialen Umfeld der Beschuldigten und von Jugendhilfeangeboten in das Verfahren einzubringen und um die Zusammenarbeit mit den örtlichen Behörden wie auch der Polizei zu verbessern.

69 Ein zusätzliches Argument für die „Allzuständigkeit" ergibt sich aus § 37, auch wenn diese Anforderungen (erzieherische Befähigung und Erfahrung) häufig auch von den Jugendstaatsanwälten wie von den Jugendrichtern nicht erfüllt werden (siehe Rn. 80).

3. Jugendgerichte

3.1 Persönlicher Anwendungsbereich

70 Über Straftaten („Verfehlungen") Jugendlicher entscheiden die Jugendgerichte (§ 33 Abs. 1). Dies gilt gem. § 107 auch für Straftaten Heranwachsender, d. h., die Heranwachsenden werden vor einem Jugendgericht angeklagt, das darüber entscheidet, ob jugendstrafrechtliche oder erwachsenenstrafrechtliche Sanktionen zur Anwendung kommen (§ 105 Abs. 1). Nur wenn erstinstanzlich das Oberlandesgericht zuständig ist (§ 120 Abs. 1, Abs. 2 GVG), entscheiden die dortigen Erwachsenenstrafsenate auch über Jugendliche und Heranwachsende.[7] Dies gilt auch für Revisionen sowie für Beschwerden beim BGH (§ 102).

Zusätzlich sind die Jugendgerichte für Straftaten Erwachsener zuständig, wenn die Staatsanwaltschaft in Jugendschutzsachen hier Anklage erhebt (§ 26 GVG).

71 Bei **gemeinsamen Anklagen** von Jugendlichen/Heranwachsenden und Erwachsenen ist weiterhin das Jugendgericht zuständig (§ 103 Abs. 2, § 112 S. 1). Nur wenn eine gemeinsame Anklage bei der Staatsschutzkammer (§ 74a GVG) oder der Wirtschaftsstrafkammer (§ 74c GVG) erhoben wird, sind diese zuständig (§ 103 Abs. 2 S. 2). Eine solche Verbindung ist nur zulässig, „wenn es zur Erforschung der Wahrheit oder aus anderen wichtigen Gründen geboten ist". Im Interesse einer jugendadäquaten Verhandlung ist generell von einer Unzweckmäßigkeit auszugehen.[8] Jugendliche könnten aufgrund ihrer geistig-psychologischen Unterlegenheit „schlechter wegkommen". Erfahrene erwachsene Angeklagte könnten zudem den Versuch eines Verhandlungsgesprächs torpedieren. Umgekehrt kann auch der Erwachsene den Eindruck gewinnen, dass nicht nur ein „fremdes" Gericht über ihn urteilt, sondern dass er wegen der ju-

---

5 Zum früheren Rechtszustand siehe Ostendorf/*Schady* § 36 Rn. 7.
6 Zum früheren Rechtszustand siehe die 7. Aufl., Rn. 68.
7 Zur kriminalpolitischen Kritik siehe *Lederer* 2016.
8 Siehe Ostendorf/*Goerdeler* § 103 Rn. 5; *C. Mohr* 2005, 27; LG Köln ZJJ 2009, 382.

gendstrafrechtlichen Präferenz tendenziell schlechter abschneidet. Insbesondere sind Interessenkollisionen zwischen Eltern und Kindern in einer einheitlichen Verhandlung zu vermeiden (siehe auch Richtlinie Nr. 1 S. 2 zu § 103). Andererseits würde es nicht nur prozessökonomischen Gesichtspunkten widersprechen, umfangreiche Beweisaufnahmen zu wiederholen. Die zusätzlichen Kosten für die Betroffenen sowie der Zeitaufwand und die persönliche Belastung können ebenso für eine einheitliche Verhandlung sprechen wie der Gesichtspunkt, mit der Zeugenvernehmung des früheren Angeklagten nicht die Position des verbliebenen Angeklagten beweismäßig zu verschlechtern.[9] Bei Tatbeteiligung wird man regelmäßig nur in einer gemeinsamen Hauptverhandlung den Angeklagten gerecht werden können, sowohl hinsichtlich der Straftatvoraussetzungen als auch hinsichtlich der Straftatfolgen.[10] Demgegenüber lässt sich nicht eine stärkere Belastung der Jugendgerichte einwenden. Diese Belastung hat der Gesetzgeber mit der neuen Zuständigkeitsregelung in § 103 Abs. 2 S. 1 bewusst in Kauf genommen, womit zugleich eine Entlastung der Erwachsenenstrafgerichtsbarkeit eintritt. Arbeitsbelastung ist weder ein Ablehnungsgrund noch ein wichtiger Grund für eine Verbindung.[11] Letztlich muss die sachgerechte, d. h. auch komplexe Erledigung eines Kriminalfalles, an dem Jugendliche/Heranwachsende beteiligt sind, maßgebend sein. Für die Erörterung persönlicher Angelegenheiten des Jugendlichen/Heranwachsenden kann der erwachsene Mitangeklagte im Interesse der Wahrheitsfindung gemäß § 247 StPO ausgeschlossen werden (für den Bericht der Jugendgerichtshilfe analog). Jugendliche/heranwachsende Mitangeklagte können gem. § 51 aus erzieherischen Gründen ausgeschlossen werden.[12] Zum Ausschluss der Öffentlichkeit siehe Rn. 158.

3.2 Sachliche Zuständigkeit

Jugendgerichte sind der **Jugendrichter**, das **Jugendschöffengericht** und die **Jugendkammer**. Gem. § 39 Abs. 1 ist der Jugendrichter für Anklagen des Jugendstaatsanwalts zuständig, aufgrund derer „nur" Erziehungsmaßregeln, Zuchtmittel, zulässige Nebenstrafen und Nebenfolgen (§ 6) oder die Entziehung der Fahrerlaubnis zu erwarten sind und der Staatsanwalt Anklage beim Strafrichter erhebt. Diese Anklagezuständigkeit ist von der Sanktionskompetenz gem. § 39 Abs. 2 zu unterscheiden: Die Sanktionskompetenz geht aus verfahrensökonomischen Gründen über die Anklagezuständigkeit hinaus. Der Jugendstaatsanwalt hat kein Auswahlrecht, sondern muss eine sorgfältige Sanktionsprognose anstellen, um dem **Gebot des gesetzlichen Richters** gem. Art. 101 Abs. 1 S. 2 GG zu genügen.[13]

Wenn gem. § 103 Abs. 1, Abs. 2 S. 1 eine Anklage gegen Erwachsene vor dem Jugendgericht verbunden wird, so entfällt die Zuständigkeit des Jugendrichters als Einzelrichter, wenn ansonsten gem. den §§ 25, 28 GVG ein Erwachsenenschöffengericht zu entscheiden hätte.

Die Zuständigkeit des Jugendschöffengerichts ergibt sich aus der negativen Abgrenzung zu den sachlichen Zuständigkeiten der beiden anderen Jugendgerichte (§ 40 Abs. 1 S. 1).

---

9 Zum Verbot einer Rollenvertauschung siehe *Roxin/Schünemann* 2012, § 26 Rn. 5 m. w. N.
10 OLG Köln NStZ-RR 2000, 314; zur mittäterschaftlichen Begehung siehe KG NStZ 2006, 521 m. abl. Anm. von *Eisenberg*, sowie OLG Karlsruhe ZJJ 2013, 211.
11 Siehe auch OLG Karlsruhe MDR 1981, 694.
12 Umstr., siehe Ostendorf/*Schady* § 51 Rn. 6 f.; a. M. *Bex* 1997, 421.
13 Zur vergleichbaren Situation im Erwachsenenstrafrecht für die Anklageerhebung beim Strafrichter siehe BVerfGE 22, 254.

Die Jugendkammer ist im ersten Rechtszug zuständig in fünf Fällen:
- Zuständigkeit eines Schwurgerichts nach Erwachsenenstrafrecht (§ 41 Abs. 1 Nr. 1)
- Zuständigkeit durch Übernahmebeschluss (§ 41 Abs. 1 Nr. 2)
- Zuständigkeit einer großen Strafkammer nach Erwachsenenstrafrecht im Fall einer Verbindung gem. § 103 (§ 41 Abs. 1 Nr. 3)
- Zuständigkeit, wenn die Staatsanwaltschaft wegen der besonderen Schutzbedürftigkeit von Verletzten, die als Zeugen in Betracht kommen, Anklage bei der Jugendkammer erhebt (§ 41 Abs. 1 Nr. 4)
- Zuständigkeit, wenn eine Anlasstat für die vorbehaltene Sicherungsverwahrung gem. § 7 Abs. 2 vorgeworfen wird und eine höhere Strafe als fünf Jahre Jugendstrafe oder die Unterbringung in einem psychiatrischen Krankenhaus zu erwarten ist (§ 41 Abs. 1 Nr. 5)
- Zuständigkeit bei einer Sanktionserwartung Freiheitsstrafe von mehr als vier Jahren, der Unterbringung in einem psychiatrischen Krankenhaus oder in der Sicherungsverwahrung (§ 108 Abs. 3 S. 2).

Hält die Jugendkammer die Zuständigkeit des Jugendrichters oder des Jugendschöffengerichts für begründet, so eröffnet sie das Hauptverfahren vor diesem Gericht (§ 209 Abs. 1 StPO).

73 Nach einer Lehrmeinung[14] soll bei Zweifeln über die Anklagezuständigkeit von Jugendrichter und Jugendschöffengericht Anklage beim Schöffengericht erhoben werden. Dieser auf den ersten Blick einleuchtenden Auslegung ist jedoch so nicht zu folgen.[15] Zunächst wird im Gesetz nur von einer Erwartung gesprochen; Gewissheit gibt es in diesem Verfahrensstadium nicht. Das heißt, Zweifel sind außer in den Fällen, in denen aufgrund des Verhältnismäßigkeitsgebotes schärfere Sanktionen ausgeschlossen sind,[16] immer zu begründen. Vor allem aber wird mit der Anklage vor dem Jugendschöffengericht immer bereits ein besonderes Unwerturteil über die angeklagte Tat abgegeben, die sowohl unmittelbar als auch über Dritte zu besonderen Belastungen für den Angeklagten führen kann. Auch bei der Gerichts„wahl" muss das Präventionsziel berücksichtigt werden. Nur wenn Zweifel an der Sanktionskompetenz gem. § 39 Abs. 2 bestehen, ist daher das höherstufige Gericht mit der Sache zu befassen.

3.3 Örtliche Zuständigkeit

74 Neben den Gerichtsständen des allgemeinen Verfahrensrechts gibt es jugendstrafrechtliche Gerichtsstände:
- Gerichtsstand der familienrichterlichen Zuständigkeit (§ 42 Abs. 1 Nr. 1)
- Gerichtsstand des freiwilligen Aufenthalts (§ 42 Abs. 1 Nr. 2)
- Gerichtsstand des Vollstreckungsleiters (§ 42 Abs. 1 Nr. 3).

Da mit § 42 Abs. 1 sowie mit den allgemeinen Vorschriften verschiedene Gerichtsstände begründet werden können, hat die Staatsanwaltschaft nach sachlichen Gesichtspunkten einen Gerichtsstand auszuwählen. Für die Auswahl werden im § 42 Abs. 2 Vorgaben gemacht: Hiernach ist zunächst der Gerichtsstand des Vollstreckungsleiters,

---

14 *Dallinger/Lackner* § 39 Rn. 4; *Brunner/Dölling* §§ 39–41 Rn. 7; *Eisenberg* § 39 Rn. 8a: „ernsthafte Zweifel".
15 Wie hier *Schaffstein/Beulke/Swoboda* Rn. 609.
16 Siehe *Ostendorf/Ostendorf* § 5 Rn. 2–7.

dann der Gerichtsstand der familienrichterlichen Zuständigkeit und dann der Gerichtsstand des freiwilligen Aufenthalts gegeben; die Gerichtsstände nach dem allgemeinen Verfahrensrecht greifen hiernach erst anschließend ein (h. M.). Um unnötige Belastungen für den Angeklagten sowie die anderen Verfahrensbeteiligten zu vermeiden, sollte entsprechend der RL Nr. 1 zu § 42 der freiwillige Aufenthalt der primäre Gerichtsstand sein,[17] zumal auch die Jugendgerichtshilfe so am besten ihre Aufgaben wahrnehmen kann. Eine Anklage beim Tatortgericht ist demgegenüber nur dann zu erheben, wenn ansonsten die Beweisaufnahme, z. B. in Verkehrssachen, zu einem unverhältnismäßigen oder gar unzumutbaren Aufwand führen würde[18] oder bei Gruppendelikten zu Reibungsverlusten, Verzögerungen sowie der Gefahr einander widersprechender Entscheidungen.[19]

Bei einem Aufenthaltswechsel kann das Gericht das Verfahren mit Zustimmung der Staatsanwaltschaft an das Gericht des neuen Aufenthaltsorts abgeben (§ 42 Abs. 3). Allerdings ist zu beachten, dass mit der Abgabe nicht unangemessene Verfahrensverzögerungen eintreten. So scheidet eine Abgabe aus, wenn der Aufenthaltswechsel nur vorübergehend oder unbestimmt ist.[20]

Gem. § 33 Abs. 3 werden die Landesregierungen ermächtigt, durch Rechtsverordnung ein Bezirksjugendgericht für mehrere Amtsgerichte sowie ein gemeinsames Jugendschöffengericht für den Bezirk mehrerer Amtsgerichte einzurichten.

Durch die Neufassung des § 162 StPO mit Wirkung vom 1.1.2008[21] mit der Folge einer regelmäßigen örtlichen Zuständigkeitskonzentration am Sitz der Staatsanwaltschaft ist die – bis dahin kaum beachtete – Frage virulent geworden, ob die besonderen örtlichen Zuständigkeitsregeln des § 42 bereits im Ermittlungsverfahren Anwendung finden. Während sowohl systematische als auch teleologische Erwägungen dies nahelegen, spricht der Wortlaut des § 42 (Abs. 1 Nr. 2: »zur Zeit der Erhebung der Anklage«; Abs. 2: »Anklage (…) erheben«; Abs. 3: »der Angeklagte«) eindeutig dagegen.[22] Auch der Wortlaut des § 162 StPO n. F. bietet keine Anhaltspunkte für eine legislativ beabsichtigte Differenzierung zwischen Beschuldigten verschiedener Altersstufen. Die Rechtsprechung scheint bislang mehrheitlich die Anwendung des § 42 JGG im Ermittlungsverfahren abzulehnen, mit der Folge einer örtlichen Zuständigkeitskonzentration auch in Ermittlungsverfahren gegen Jugendliche und Heranwachsende.[23] Angesichts der als unklar zu bezeichnenden Rechtslage und divergierender Rechtsprechung ist eine gesetzliche Klarstellung geboten, und zwar im Sinne einer Neuformulierung des § 42 zugunsten seiner Anwendbarkeit bereits im Ermittlungsverfahren;[24] nur so kann den zugrunde liegenden Prinzipien der Entscheidungsnähe und der einheitlichen Reaktion von Beginn an Rechnung getragen werden.

75

---

17 Siehe auch BGH bei *Böhm* 1982, 415.
18 Siehe BGH bei *Böhm* 2002, 473; siehe auch RL zu § 108 S. 2.
19 Siehe *Lange* 1995, 111.
20 Siehe zwei BGH-Entscheidungen bei *Böhm* 1981, 252 sowie BGH bei *Böhm* 2001, 324.
21 Fassung gemäß Art. 1 Nr. 15 des Gesetzes zur Neuregelung der Telekommunikationsüberwachung und anderer verdeckter Ermittlungsmaßnahmen sowie zur Umsetzung der Richtlinie 2006/24/EG vom 21.12.2007, BGBl. I, 3198.
22 Vgl. *Bezjak/Sommerfeld* 2008, 254 f.
23 So z. B. LG Köln ZJJ 2008, 390; LG Kiel Beschl. v. 6.10.2008, Az. 32 Qs 95/08; AG Bergisch-Gladbach Beschl. v. 11.3.2008, Az. 52 Gs 1/08 (zit. nach *Bezjak/Sommerfeld* 2008, 255); a. A.: AG Kiel ZJJ 2008, 392.
24 Vgl. den Vorschlag bei *Bezjak/Sommerfeld* 2008, 257.

3.4 Aufgabenbereich

76 Die Aufgaben des Jugendrichters umfassen alle Aufgaben eines Richters beim Amtsgericht im Strafverfahren (§ 34 Abs. 1); damit gilt diese Aufgabenverteilung auch für den Jugendschöffenrichter (§ 33 Abs. 3). Dazu gehören alle richterlichen Handlungen im Ermittlungsverfahren, insbesondere in Haftsachen, sowie die Rechtshilfe.[25] Zusätzliche Aufgaben werden gem. den §§ 45 Abs. 3, 71, 72 Abs. 3, 73, 77 Abs. 1, 82ff., 97ff. übertragen. Es ist unzulässig, einzelne Aufgaben aufgrund eines Geschäftsverteilungsplans auszunehmen.[26] Der Jugendrichter soll den Überblick über das gesamte jugendstrafrechtliche Verfahren behalten, gerade auch im Hinblick auf die Folgen seiner Entscheidungen. Das Präsidium ist in seiner Geschäftsverteilung durch § 34 Abs. 1 gebunden. § 22d GVG greift nicht ein, da hiernach ein gesetzmäßiger Geschäftsverteilungsplan Voraussetzung ist.[27] Allerdings ist die richterliche Amtshandlung aufgrund eines solchen Geschäftsverteilungsplans nicht nichtig, sondern „nur" anfechtbar.[28] Darüber hinaus sollen gem. § 34 Abs. 2 S. 1 die familiengerichtlichen Erziehungsaufgaben dem Jugendrichter übertragen werden. Auch wenn damit die frühere gesetzliche Forderung nach einer Personalunion aufgegeben wurde, wird hiermit eine eindeutige Vorgabe für die Geschäftsverteilung gegeben, die in der Praxis allerdings nur selten eingelöst wird.[29]

3.5 Besetzung

77 Die Besetzung der Jugendgerichte ist in den §§ 33 Abs. 2, 33a, 33b geregelt. Der Jugendrichter entscheidet allein; das Jugendschöffengericht entscheidet in der Hauptverhandlung mit dem Jugendrichter als Vorsitzenden und zwei Jugendschöffen. Die Jugendkammer entscheidet entweder – erstinstanzlich sowie bei Berufungen gegen Urteile des Jugendschöffengerichts – als große Strafkammer mit drei bzw. zwei Berufsrichtern einschließlich des Vorsitzenden und zwei Jugendschöffen oder – bei Berufungen über Urteile des Jugendrichters – als kleine Jugendkammer mit dem Vorsitzenden und zwei Jugendschöffen (§ 33b Abs. 1). Die große Jugendkammer hat bei Eröffnung des Hauptverfahrens, spätestens bei Anberaumung des Termins zur Hauptverhandlung, entsprechend den Vorgaben gem. § 33b Abs. 2 S. 3, Abs. 3, Abs. 4 über die Besetzung mit drei oder zwei Berufsrichtern zu entscheiden. Außerhalb der Hauptverhandlung entscheiden die Berufsrichter allein, d. h. beim Jugendschöffengericht der Vorsitzende, bei der Jugendkammer die drei Berufsrichter (§§ 33a Abs. 2, 33b Abs. 2).

---

25 Siehe §§ 156 ff. GVG; RL Nr. 1 zu § 34.
26 H. M., siehe *Brunner/Dölling* § 34 Rn. 2 a; D/S/S-*Schatz* § 34 Rn. 8; *Eisenberg* § 34 Rn. 6; LG Göttingen Nds RPfl 1977, 218; OLG Köln Zbl 1981, 34; VG Schleswig DRiZ 1991, 98; a. M. LG Berlin NStZ 2006, 525; *Reichenbach* 2005a, 617; das BVerfG hat im Hinblick auf Art. 101 GG die Entscheidung offen gelassen, NStZ 2005, 643.
27 LG Göttingen NdsRpfl 1977, 218 m. w. N.; OLG Köln Zbl 1981, 34.
28 Siehe § 338 Nr. 4 StPO; siehe auch BVerfG StV 1985, 1.
29 Siehe hierzu *A. Schmidt* 2014.

3. Jugendgerichte

Richterstellen bei Jugendgerichten (bundesweit im Jahresdurchschnitt) 78

Jahr	Jugendrichter	Vorsitzende eines Jugendschöffengerichts	Richter in kleinen Jugendkammern	Richter in großen Jugendkammern[30]
1995	431,94	276,78	31,73	
2000	456,32	286,32	28,30	
2005*	451,09	283,10	24,88	212,51
2010	444,02	229,47	20,61	230,28
2014	384,28	188,51	17,8	232,81
2015**	368,60	181,31	175,09 (1. Instanz)/67,99 (Berufungen)	

* Nach einer Umstellung des Erhebungsverfahrens werden die Richter der kleinen Jugendkammern gesondert nur noch für Berufungsverfahren erfasst.
** Ab 2015 wird auch für Berufungen nicht mehr zwischen kleiner und großer Jugendkammer differenziert, sondern nur noch nach Instanz.
(Quelle: Auskunft des Bundesamtes für Justiz; Bundesgebiet)

3.6 Jugendschöffen

Bei den Jugendschöffengerichten und den Jugendkammern wirken jeweils zwei Jugendschöffen mit, wobei zu der Hauptverhandlung jeweils ein Mann und eine Frau herangezogen werden sollen (§ 33a Abs. 1). Die Jugendschöffen werden auf Vorschlag des Jugendhilfeausschusses für die Dauer von 5 Jahren gem. § 35 Abs. 1 gewählt. Wie die Berufsrichter (§ 37) sollen auch die Jugendschöffen „erzieherisch befähigt und in der Jugenderziehung erfahren sein" (§ 35 Abs. 2 S. 2). Die Jugendschöffen üben in der Hauptverhandlung ihr Richteramt – von gesetzlichen Ausnahmen abgesehen (siehe § 31 Abs. 2 StPO) – in vollem Umfang und mit gleichem Stimmrecht wie die Berufsrichter aus (§ 30 GVG); sie entscheiden damit über die Straftatvoraussetzungen und die Straftatfolgen, und zwar sowohl über Tatsachen- als auch über Rechtsfragen. Im Ergebnis können die beiden Schöffen beim Jugendschöffengericht den Berufsrichter überstimmen (siehe § 196 GVG), in der Jugendkammer eine für den Angeklagten nachteilige Entscheidung über die Schuldfrage und die Rechtsfolgen verhindern, da insoweit eine Zweidrittelmehrheit erforderlich ist (§ 263 Abs. 1 StPO). 79

3.7 Qualifikation

Gem. § 37 sollen die Jugendrichter wie auch die Jugendstaatsanwälte „erzieherisch befähigt und in der Jugenderziehung erfahren sein". Obwohl § 37 lediglich als **Sollvorschrift** konzipiert ist, wird damit vom Gesetzgeber ein **Leitbild** vorgegeben. 80

Seit den ersten empirischen Untersuchungen zur Qualifikation der Jugendrichter und Jugendstaatsanwälte[31] hat sich immer wieder bestätigt, dass der Gesetzesanspruch des § 37 und die Wirklichkeit weit auseinander klaffen.[32] So hatten nach der letzten bun-

---

30 Hierbei ist die Zahl der Richterstellen bei der Jugendkammer 1. Instanz in den letzten Jahren deutlich gestiegen (2005: 145, 26; 2014: 177,89), während die Zahl der Richterstellen für die Berufungen vor der großen Jugendkammer abgenommen haben (2005: 67,25; 2014: 54,92).
31 Siehe Hauser 1980, 25; Pommerening 1982, 195; Adam/Albrecht/ Pfeiffer 1986, 53 ff.
32 Siehe auch Deutscher Juristentag 2002, C VII, sowie Positionspapier der DVJJ, ZJJ 2016, 190.

desweiten Erhebung aus dem Jahre 2003 38,8 % der befragten Jugendrichter und 25 % der Jugendstaatsanwälte keine Kenntnisse im Sinne der RL zu § 37 JGG.[33] Nach einer Untersuchung in Rheinland-Pfalz und im Saarland lag der Prozentsatz der Nichtausgebildeten sogar bei 50 %.[34] Die fehlende Qualifikation beruht z. T. auch darauf, dass Jugendrichter und Jugendstaatsanwälte sehr häufig in Mischdezernaten eingesetzt werden.[35] So waren von 70 befragten Jugendrichtern in Rheinland-Pfalz und im Saarland nur 10 ausschließlich mit Jugendsachen befasst,[36] bundesweit waren es 44,7 % der Jugendrichter und 59,1 % der Jugendstaatsanwälte.[37]

Dementsprechend hat eine Revisionsrüge, die sich auf einen Verstoß gegen § 37 i. V. m. § 338 Nr. 1 StPO stützt, keine Erfolgschancen, da § 37 als „bloße" Ordnungsvorschrift eingestuft wird. Nach dem BGH[38] ist aber die Aufklärungsrüge begründet, wenn das Gericht trotz fehlender Sachkunde keine Sachverständigen auf dem Gebiet der Jugendpädagogik heranzieht.

Eine Verbesserung der Situation muss bei der Ausbildung anfangen und sich in der Weiterbildung fortsetzen, wobei die Qualifikation sich in der Besetzungsauswahl niederschlagen muss.[39] Gleichzeitig ist eine Änderung der **Sollvorschrift in eine Mussvorschrift** anzustreben im Hinblick auf **jugendstrafrechtliches Spezialwissen mit Einschluss kriminologischer Kenntnisse** sowie **Fähigkeiten für eine jugendadäquate Vernehmung und Verhandlungsführung.**[40] Eine entsprechende Gesetzesänderungsinitiative des Bundes (BT-Drucks. 17/6261) ist allerdings an justizorganisatorischen Einwänden der Länder gescheitert.[41]

4. Strafverteidiger

81 Im Unterschied zur Staatsanwaltschaft und zu den Gerichten stellt der Gesetzgeber an Strafverteidiger keine Anforderungen in Bezug auf spezielle jugendstrafrechtliche Kenntnisse. Nichtsdestotrotz sind diese für eine effektive Strafverteidigung geboten. Im Gesetz sind lediglich die Fälle notwendiger Verteidigung geregelt, d. h. es werden die Fälle, in denen einem Erwachsenen ein Verteidiger zu bestellen wäre, ausgeweitet (§ 68; gem. § 109 Abs. 1 S. 1 gilt § 68 Nr. 1 und 4 auch in Verfahren gegen Heranwachsende). Insoweit ist § 140 Abs. 1 und Abs. 2 zu beachten. So ist eine **Pflichtverteidigung** wegen der Schwere der Tat gem. § 140 Abs. 2 StPO geboten, wenn eine Jugendstrafe droht.[42] Insoweit ist „eine extensive und großzügige Auslegung des § 140

---

33 *Drews* 2005a, 95.
34 *Simon* 2003, 88.
35 Nach einer bundesweiten Erhebung (2013) – Rücklauf ca. 20 % der Jugendrichter und Jugendstaatsanwälte – betrug der Anteil der Vollzeitstellen bei den Jugendrichtern 27,7 %, bei den Jugendstaatsanwälten 37,7 %, *Höynck/Leuschner* 2014, 47.
36 *Simon* 2003, 80.
37 *Drews* 2005a, 84 f.; siehe auch *Hupfeld* 1993, 15.
38 BGH MDR 1958, 356 = EJF, C I, Nr. 36 m. zust. Anm. von *Kohlhaas*; siehe auch *Eisenberg* § 37 Rn. 15.
39 Siehe Zweite Jugendstrafrechtsreformkommission der DVJJ, 2002, DVJJ-Extra, Nr. 5, S. 2: Einrichtung einer Jugendakademie; umfassend *Breymann* 2005; Arbeitskreis 3 des 27. Dt. Jugendgerichtstages, DVJJ 41 (2008), 611. Zum Scheitern dieses Projekts siehe *Dick/Breymann* 2015.
40 Siehe *Drews* 2005b, 412 m .w. N.; ebenso Beschlüsse des 64. Dt. Juristentages, NJW 2002, 3078 (VII 1).
41 Siehe BT-Drucks. 17/12735, S. 23.
42 Umstr., siehe im Einzelnen Ostendorf/*Sommerfeld* § 68 Rn. 8; in diesem Sinn auch OLG Hamm StV 2009, 86; siehe auch KG StV 2013, 771. Nach der schweizerischen Jugendstrafprozessordnung vom 20.3.2009 muss ein Jugendlicher verteidigt werden, wenn ein Freiheitsentzug von mehr als einem Monat droht (Art. 24a). Noch weitergehend Art. 6 der Richtlinie (EU) 2016/800 vom 11.5.2016 über Verfahrensgarantien in Strafverfahren für Kinder, die Verdächtige oder beschuldigte Personen in Strafverfahren sind.

4. Strafverteidiger

Abs. 2 StPO zugunsten des jugendlichen oder heranwachsenden Angeklagten geboten."[43] Mit dem 2. Justizmodernisierungsgesetz vom 30.12.2006 wurde eine Pflichtverteidigung auch für den Fall des Ausschlusses der Erziehungsberechtigten und gesetzlichen Vertreter von der Verhandlung gem. § 51 Abs. 2 vorgeschrieben, wenn die Beeinträchtigung des Elternrechts nicht durch eine nachträgliche Unterrichtung gem. § 51 Abs. 4 hinreichend ausgeglichen werden kann (§ 68 Nr. 3). Wichtig ist insbesondere § 68 Nr. 5: Ein Pflichtverteidiger ist in Fällen einer Untersuchungshaft bzw. einer einstweiligen Unterbringung gem. § 126a StPO „unverzüglich" zu bestellen, solange der Beschuldigte das 18. Lebensjahr noch nicht vollendet hat. Dies gilt gem. § 140 Abs. 1 Nr. 4, § 141 Abs. 3 S. 4 StPO auch für Heranwachsende wie auch für Erwachsene, wobei für Jugendliche gem. § 68 Nr. 5 genügt, dass sie sich in U-Haft oder Unterbringung wegen eines anderen Verfahrens befinden.[44]

Bei Gruppenanklagen kann eine Einschränkung der Verteidigungsmöglichkeiten darin bestehen, dass einige Angeklagte einen Verteidiger haben, andere nicht. Hierbei ist die Bestellung bereits – und zwar fortwährend – im Ermittlungsverfahren zu prüfen, da hier häufig schon die Weichen gestellt werden. Bei deutschunkundigen ausländischen Angeklagten ist in der Regel ein Pflichtverteidiger geboten.[45] Wenn die Voraussetzungen für eine Pflichtverteidigung schon im Ermittlungsverfahren abzusehen sind, hat die Staatsanwaltschaft die Bestellung gem. § 141 Abs. 3 S. 2 StPO zu beantragen.

82

Über die Aufgaben des Strafverteidigers speziell in Jugendstrafsachen wird seit langem gestritten. Mittlerweile hat sich – zu Recht – die Auffassung durchgesetzt, dass auch die Verteidigung in Jugendstrafsachen die prozessualen Möglichkeiten zur Abwehr einer Strafe auszuschöpfen hat.[46] Nur die verfahrensrechtlich korrekte Überführung berechtigt zur Verurteilung. Gerade unselbstständige, unerfahrene Jugendliche benötigen einen juristischen Beistand. Dementsprechend darf zulässiges Verteidigungsverhalten nicht strafschärfend berücksichtigt werden, wie das Bestreiten der Tat.[47] Das geforderte Bemühen um Akzeptanz der jugendstrafrechtlichen Entscheidung kann nur so weit gehen, als die Notwendigkeit einer strafjustiziellen Sozialkontrolle im Interesse eines friedlichen Zusammenlebens vermittelt wird; darüber hinaus stellt sich die Frage nach der Akzeptanz notwendigerweise bei der Prüfung, ob gegen die Entscheidung des Gerichts ein Rechtsmittel eingelegt werden soll. Jede weitere Einbindung des Verteidigers im Sinne eines Erziehungsstrafrechts muss zu einem unauflösbaren Konflikt mit den gesetzlichen Beistands- und Hilfsfunktionen führen. Der Verteidiger hat wie die anderen Verfahrensbeteiligten die spezifischen Reaktionsweisen des JGG zu nutzen, d. h. auch gegebenenfalls zu initiieren (z. B. den Täter-Opfer-Ausgleich).

83

---

43   Saarl. OLG StV 2007, 9 m. w. N.; siehe auch OLG Schleswig StV 2009, 86.
44   Siehe auch Art. 6 Abs. 6 b) Richtlinie (EU) 2016/800 des Europäischen Parlaments und des Rates vom 11.5.2016 über Verfahrensgarantien in Strafverfahren für Kinder, die Verdächtige oder beschuldigte Personen in Strafverfahren sind (siehe Rn. 20).
45   Siehe OLG Zweibrücken StV 1988, S. 379; LG Oldenburg StV 1991, S. 104; umstr., siehe im Einzelnen Ostendorf/*Sommerfeld* § 68 Rn. 10 ff.
46   Siehe hierzu: Verteidigung in Jugendstrafsachen, Kölner Symposium, hrsg. vom BMJ, 1987.
47   Siehe OLG Hamm NStZ 2006, 520 zur Weigerung, am Diversionsverfahren mitzuwirken.

5. Jugendgerichtshilfe[48]

5.1 Rollenkonflikt

84 Gem. § 38 Abs. 3 ist die Jugendgerichtshilfe im gesamten Verfahren gegen einen Jugendlichen heranzuziehen; dies gilt gem. § 107 auch für Heranwachsende. Über die Rolle der Jugendgerichtshilfe ist in den letzten Jahren eine intensive und dabei nicht emotionsfreie Diskussion geführt worden.[49] Schon der Begriff „Jugendgerichtshilfe" ist umstritten, im SGB VIII wird er nicht verwendet. Dort wird von Jugendhilfe in Verfahren nach dem Jugendgerichtsgesetz gesprochen (siehe auch § 52 SGB VIII). Es geht darum, ob die JGH primär oder ausschließlich eine Betreuungsfunktion für den Beschuldigten wahrzunehmen hat oder ob sie auch oder primär dem Gericht behilflich sein soll bei einer richtigen Entscheidung über den Anklagevorwurf bzw. der Staatsanwaltschaft im Rahmen ihrer Entscheidungskompetenzen. Zwischen der im Gesetz vorgesehenen Ermittlungs- und Kontrollaufgabe einerseits sowie der Betreuungsfunktion andererseits wird häufig eine Kollision entstehen. Die Jugendgerichtshilfe ist in der Rolle einer „**Doppelagentin**", d. h., sie muss Hilfe sowohl dem Beschuldigten als auch der Justiz gewähren; im Falle ihres Einsatzes im Rahmen des Täter-Opfer-Ausgleichs hat sie sogar drei unterschiedliche Interessen wahrzunehmen.[50] Aufgrund der beruflichen Herkunft der JGH aus der Sozialarbeit, aufgrund ihrer Einbindung in die allgemeine Betreuungsfunktion des Jugendamtes und mit Rücksicht auf die grundsätzlichen, gerade von der Pädagogik erkannten Bedenken, auf einen Kriminalitätskonflikt mit repressivem Zwang zu reagieren, sollte die Betreuungsfunktion die primäre Bedeutung haben; dies kann gerade bei Fehlen einer sonstigen Unterstützung des Angeklagten durch gesetzliche Vertreter oder eines Verteidigers zu einer „**Sozialanwaltschaft**" führen.

5.2 Träger

85 Gem. § 38 Abs. 1 sind Träger der JGH die Jugendämter[51] in Zusammenwirken mit den Vereinigungen für Jugendhilfe.[52] Die Aufgaben können an die Vereinigungen im Einzelnen sowie pauschal delegiert werden. Damit geht auch die Verantwortung für die jeweiligen Aufgaben über, wenngleich das Jugendamt Kontrollinstanz bleibt und eine Prüfung ermöglicht werden muss.[53] Das heißt auch, dass die Vertretung in der Hauptverhandlung von den freien Vereinigungen der Jugendhilfe möglich ist.[54] Wenn auch keine Pflicht zur Übertragung von Aufgaben an die freien Vereinigungen – mehr[55]– besteht (h. M.), so ist eine generelle Ablehnung ebenso wenig haltbar. Dem steht nicht nur der Wortlaut des § 38 Abs. 1, sondern auch das Subsidiaritätsprinzip entgegen, wonach die staatlichen Träger hinter den freien Trägern zurückzustehen haben.[56]

---

48 Zur Bewährungshilfe siehe Rn. 253 ff.
49 Siehe hierzu: Jugendgerichtshilfe – quo vadis?, Frankfurter Symposium, hrsg. vom BMJ, 1991.
50 Siehe *Ostendorf* ZfJ 1991, S. 9.
51 Siehe auch § 52 SGB VIII.
52 Siehe § 3 Abs. 3 SGB VIII.
53 § 76 Abs. 2 SGB VIII; *Goerdeler* 2005b, 426.
54 Siehe auch § 52 Abs. 3 SGB VIII sowie die insoweit eindeutige Begründung BT-Drucks. 11/5948; a. M. Kommunale Gemeinschaftsstelle für Verwaltungsvereinfachung, Bericht Nr. 9, 1976, Nr. 4.4.
55 Siehe AV DJ 1941, S. 1054.
56 Siehe hierzu § 4 Abs. 2 SGB VIII; siehe auch *Zuleeg* 1984, 365 ff.; BVerfGE 22, 200 ff.

5.3 Rechte und Pflichten
5.3.1 Im Überblick

Im Einzelnen hat die Jugendgerichtshilfe folgende Rechte: 86
- Mitwirkungsrecht im gesamten Verfahren (§ 38 Abs. 3 S. 1, S. 2)
- Recht auf Anwesenheit in der Hauptverhandlung (§ 50 Abs. 3 S. 1, § 48 Abs. 2)
- Recht auf Äußerung (§ 38 Abs. 2 S. 2, Abs. 3 S. 3), insbesondere auch in der Hauptverhandlung (§ 50 Abs. 3 S. 2)
- Verkehrsrecht mit dem U-Gefangenen (§ 72b i. V. m. § 148 StPO)
- Recht auf Kontakt während des Vollzugs der Jugendstrafe (§ 38 Abs. 2 S. 9)
- Recht auf Unterrichtung von der Einleitung/vom Ausgang eines Strafverfahrens (§ 70 S. 1)
- Recht auf Antragstellung zur Strafmakelbeseitigung (§ 97 Abs. 1 S. 2).

Ihre Pflichten sind,
- einen Jugendgerichtshilfebericht zu erstellen (§ 38 Abs. S. 2)
- bei einer Verhaftung sofortige Haftentscheidungshilfe zu leisten (§ 38 Abs. 2 S. 3, § 72a)
- einen Sanktionsvorschlag zu unterbreiten (§ 38 Abs. 2 S. 2)
- bei der Sanktionsüberwachung behilflich zu sein (§ 38 Abs. 2 S. 5, 6)
- Betreuungsweisungen durchzuführen, sofern der Richter nicht eine andere Person bestellt (§ 38 Abs. 2 S. 7)
- den Beschuldigten zu betreuen, insbesondere den zu einer Jugendstrafe Verurteilten (§ 38 Abs. 2 S. 8, 9).

5.3.2 Anwesenheits- und Berichtspflicht

Die JGH ist „ein **grundsätzlich notwendiger Verfahrensbeteiligter**", d. h. ist grundsätzlich, wenn das Gericht nicht darauf verzichtet, auch zur Teilnahme an der Hauptverhandlung verpflichtet.[57] Dieser Grundsatz folgt aus § 38 Abs. 3 sowie § 50 Abs. 3. Die JGH wird von Gesetzes wegen tätig, nicht auf Bestellung. Als Konsequenz ergibt sich, dass der Bericht der JGH grundsätzlich obligatorisch ist, auch wenn sich der Jugendliche verweigert.[58] Der Bericht wird hierbei nicht als Beweismittel, als Zeugenaussage, Urkunde oder Sachverständigengutachten eingeführt. Er ist eine Information wie die Ausführungen der StA sowie der Verteidigung. Diese Information dient der StA und Verteidigung für ihre Beurteilung, letztlich zur richtigen gerichtlichen Entscheidung. Sie ist Teil der Verhandlung i. S. des § 261 StPO. 87

Die selbstständige Rolle im Prozess mit der grundsätzlich vom Beweisverfahren unabhängigen Berichterstattung hat weiterhin zur Folge, dass § 250 StPO (Mündlichkeitsprinzip) nicht gilt, dass abweichend von der h. M.[59] der **schriftliche Bericht** auch verle-

---

[57] Siehe *Dallinger/Lackner* § 38 Rn. 7; BGH StV 1993, 536; OLG Saarbrücken NStZ-RR 1999, 284; LG Bremen NJW 2003, 3646; abw. *Eisenberg* § 38 Rn. 23.
[58] LG Trier NStZ-RR 2000, 249; siehe auch § 43 Rn. 5 JGG.
[59] *Dallinger/Lackner* § 38 Rn. 33; *Brunner/Dölling* § 38 Rn. 13; *Eisenberg* § 38 Rn. 49, § 50 Rn. 32; OLG Hamm ZJJ 2004, 298; siehe aber BGH NStZ 1984, 467: Verlesung durch den „Gerichtsgeher" erlaubt, mit abl. Anm. v. *Brunner* sowie *Eisenberg* 1985; OLG Koblenz MDR 1973, 873 für die Berufung, krit. hierzu *Eisenberg* § 38 Rn. 54.

sen werden darf;[60] es wäre widersinnig, ansonsten gänzlich auf die Information verzichten zu wollen. Allerdings ist mit § 52 Abs. 3 SGB VIII und § 38 Abs. 2 S. 4 das „Gerichtsgeher-Unwesen" *tendenziell* untersagt.

Wenn jedoch mit dem Bericht der JGH neue Tatsachen in den Prozess eingeführt werden, was mit den Ausführungen zur Person und ihrem sozialen Umfeld häufig geschieht, so dürfen diese nur im Wege der formellen Beweisaufnahme **verwertet** werden. Eine sog. informatorische Befragung genügt nicht.[61]

Konkretisiert wird die Anwesenheits- und Berichtspflicht durch die Ladung durch das Gericht – abzugrenzen von der Mitteilung gem. § 50 Abs. 3 – bzw. durch einen Hinweis, dass der Bericht der JGH unverzichtbar ist. Im vereinfachten Jugendverfahren sollte die Verlesung eines schriftlichen Berichts regelmäßig ausreichen. Auch kann bei Bagatellvorwürfen, sofern es überhaupt zur Anklage kommt und das Verfahren nicht im Wege der Diversion eingestellt wird, auf eine Anwesenheit verzichtet werden. Nach einer Befragung nehmen 48 % der Jugendgerichtshilfen an allen Hauptverhandlungen und 36 % an mehr als zwei Drittel der Hauptverhandlungen teil.[62]

Die Anwesenheits- und Berichtspflicht kann allerdings nicht von Seiten des Gerichts erzwungen werden.

88 Umstritten ist, ob der JGH für den Fall, dass ihre Anwesenheit richterlicherseits mit der Benachrichtigung verlangt wurde und sie zu der Hauptverhandlung nicht erscheint, die Kosten der deshalb unterbrochenen oder ausgesetzten Hauptverhandlung auferlegt werden können.[63] Für eine **Kostenabwälzung** fehlt es in der Tat an einer gesetzlichen Ermächtigung.[64] Der Hinweis auf die „Grundgedanken" der §§ 51, 77, 145 Abs. 4, 467 Abs. 2 StPO, § 56 GVG[65] macht dies expressis verbis deutlich. Das Dilemma, ohne eine Beteiligung der JGH einen Revisionsgrund zu schaffen, ist nur über eine zeugenschaftliche Vernehmung bzw. gutachterliche Beauftragung (§ 73 Abs. 1 StPO) des Vertreters der JGH oder – wenn dieser sich nicht kundig gemacht hat oder die Aussagegenehmigung durch den Dienstherrn gem. den §§ 54, 76 Abs. 2 StPO verweigert wird – mit der Beauftragung eines freien Sozialarbeiters/Sozialpädagogen als Sachverständigen zu lösen. Möglich wäre nach der hier vertretenen Auffassung[66] auch eine Beschlagnahme der Jugendamtsakten,[67] soweit nicht, z. B. im Falle eines Arztberichts, Dritte dagegen Rechte geltend machen können,[68] womit aber das Klima für eine erforderliche Zusammenarbeit sich noch weiter verschlechtern würde. Vor allem ist bei der Entscheidung über die Beschlagnahme gem. § 94 Abs. 2 StPO im Rahmen der Verhältnismäßigkeitsprüfung das für die Jugendhilfearbeit unabdingbare Vertrauensprinzip maßgeblich zu berücksichtigen, auch dann, wenn von einer Sperrerklärung gem. § 96 StPO abgesehen wurde. Die StA hat darüber hinaus das Auskunftsrecht gem. § 161

---

60 Ebenso *Ensslen* 1999, 42.
61 OLG Celle StV 1995, 292.
62 *Deutsches Jugendinstitut* 2011, 55.
63 So OLG Köln NStZ 1986, 570; *Brunner* 1991, § 50 Rn. 12; *Schaffstein* 1982, 675; a. M. OLG Karlsruhe NStZ 1992, 251 mit abl. Anm. von *Schaffstein*; LG Frankfurt StV 1985, 158 = NStZ 1985, 42 mit zust. Anm. von *Albrecht*; *Eisenberg* § 50 Rn. 26; jetzt auch *Brunner/Dölling* § 50 Rn. 12; offen LG Frankfurt Zbl 1974, 75.
64 Ebenso OLG Schleswig SchlHA 1994, 88 zur zwangsweisen Durchsetzung der Mitwirkungspflicht des Jugendamtes gem. § 50 KJHG.
65 *Brunner* 1991, § 50 Rn. 12.
66 Siehe *Ostendorf* 1981, 5 m. w. N.
67 Ebenso LG Bonn NStZ 1986, 40 mit krit. Anm. von *Eisenberg* NStZ 1986, 308 ff.; OLG Köln NStZ 1986, 570; LG Trier NStZ-RR 2000, 248.
68 LG Hamburg NStZ 1993, 401 m. zust. Anm. v. *Dölling*.

StPO. Aber auch diese Auskunftsverpflichtung steht nur unter dem Druck einer Strafvereitelung im Amt (§ 258a StGB) sowie einer Dienstaufsichtsbeschwerde. Wirksamer ist dann schon die Einschaltung der Medien. Diese könnten auch als Hilfe für die Durchsetzung von Personalforderungen gegenüber den politisch Verantwortlichen eingesetzt werden.

5.3.3 Datenerhebung und Datenweitergabe

Grundsätzlich sind die **Daten** von der JGH **beim Betroffenen** selbst zu erheben (§ 62 Abs. 2 S. 1 SGB VIII). Er ist gem. § 62 Abs. 2 S. 2 SGB VIII aufzuklären über die Rechtsgrundlage der Datenerhebung sowie den Zweck der Erhebung und Verwendung, d. h., die JGH muss den Beschuldigten über ihre Aufgabe im Jugendstrafverfahren informieren, auch über ihre Aufgabe, zur Sanktionierung Stellung zu nehmen. Hierbei darf aber nicht der Eindruck erweckt werden, dass das Ergebnis der Hauptverhandlung schon feststeht. Es muss deutlich gemacht werden, dass nur auf der Ebene des Verdachts Informationen eingeholt werden. Die JGH darf sich ein Vertrauen nicht erschleichen, muss vielmehr ihre Doppelfunktion, neben der Beschuldigtenhilfe auch Hilfe für die Justiz zu erbringen, deutlich machen.

89

Wenn der Betroffene sich der JGH verweigert, dürfen nur unter engen Voraussetzungen **Daten bei Dritten** erhoben werden. Hierbei ist zunächst § 43 Abs. 1 S. 3 zu beachten. Diese Regelung ist ein Ausfluss des Verhältnismäßigkeitsgrundsatzes. D. h., der Umfang der Diagnose richtet sich nach dem Tatvorwurf, wie er in dem jeweiligen Ermittlungsstadium erhoben wird. Jede Diagnose ist nicht nur ein Eingriff in das Persönlichkeitsrecht, in die Privatsphäre des Beschuldigten, sondern sie kann mit Rücksicht auf die Stigmatisierungsgefahr auch kriminogene Wirkungen haben. Mit dem Verzicht auf Anhörung der Schule und des Ausbildenden werden diese Gesichtspunkte ausdrücklich angesprochen, wie auch gem. § 70 die Schule nur „in geeigneten Fällen" von der Einleitung des Verfahrens zu unterrichten ist. Im § 43 Abs. 1 S. 2 muss es daher richtigerweise heißen: „soweit notwendig".[69] Die Vorschrift verführt ansonsten dazu, den Normalitätscharakter der Mehrzahl jugendlicher Straftaten zu verkennen, die entwicklungsbedingt, nicht eine „Eigenart" des Beschuldigten sind.

Zusätzlich ist datenschutzrechtlich § 62 Abs. 3 SGB VIII zu beachten.

- Zwar ist gem. § 62 Abs. 3 Nr. 2, 1. Alt. SGB VIII die Informationsgewinnung auch bei Dritten erlaubt, wenn diese „beim Betroffenen nicht möglich ist".[70] Diese Erlaubnis ist aber als Ausnahmetatbestand formuliert.[71] Diese Voraussetzung dürfte in der Praxis nur bei einem Auslandsaufenthalt des Beschuldigten gegeben sein.
- Gem. § 62 Abs. 3 Nr. 2 c SGB VIII ist die Informationsgewinnung bei Dritten für Zwecke des Jugendstrafverfahrens auch zulässig, wenn diese Informationen erforderlich sind für den JGH-Bericht zur Person des Beschuldigten.[72] Damit wird insbesondere auch die Einbeziehung der Eltern in die Informationsgewinnung erlaubt.
- Weiterhin kann gem. § 62 Abs. 3 Nr. 3 SGB VIII ohne Mitwirkung des Betroffenen eine Datenerhebung bei Dritten erfolgen, wenn die Erhebung beim Betroffenen

---

69 Arbeitsgruppe Jugendgerichtshilfe in der DVJJ, Jugendgerichtshilfe – Standort und Wandel, Sonderdruck, S. 9: „so wenig wie möglich, so viel wie nötig".
70 A. M. *B. Hoffmann* 2005, 62, wo allerdings nur auf § 67a Abs. 2 S. 2 SGB X abgestellt wird.
71 *Goerdeler* 2005a, 319.
72 *Laubenthal/Baier/Nestler* Rn. 195.

einen unverhältnismäßigen Aufwand erfordern würde und keine Anhaltspunkte dafür bestehen, dass schutzwürdige Interessen des Betroffenen beeinträchtigt werden. Eine Praxisrelevanz dieser Erlaubnis ist allerdings kaum vorstellbar.

- Für die Weitergabe der ermittelten Daten an das Jugendgericht (§ 35 Abs. 2 SGB I i. V. m. § 69 Abs. 1 Nr. 1 SGB X) ist neben § 64 Abs. 2 SGB VIII zu beachten, dass Daten, die dem Mitarbeiter der JGH „zum Zweck persönlicher und erzieherischer Hilfe anvertraut worden sind", grundsätzlich nur mit Einwilligung des Anvertrauenden weitergegeben werden dürfen, es sei denn, es liegt eine Gefährdung des Kindeswohls vor (siehe § 65 Abs. 1 Nr. 1 SGB VIII; zu den Ausnahmen siehe § 65 Abs. 1 Nr. 2–5 SGB VIII). Tritt die datenerhebende Stelle als JGH auf und klärt sie über ihre Funktion auf, so werden in der Regel die Informationen nicht anvertraut.[73] Bei Einschaltung freier Träger (§ 38 Abs. 1) ist dieser Schutz personenbezogener Daten sicherzustellen (§ 61 Abs. 3 SGB VIII).

5.3.4 Belehrungspflicht

90 Die JGH muss wie andere Ermittlungspersonen den Beschuldigten auf das Aussageverweigerungsrecht (§§ 136 Abs. 1 S. 2, 163a Abs. 3, 4 StPO) hinweisen. Ohne eine Belehrungspflicht würde der Grundsatz „**Niemand ist verpflichtet, sich selbst zu belasten**"[74] umgangen.[75] Ansonsten besteht ein Verwertungsverbot für die ohne Belehrung offenbarten Tatsachen.[76]

5.3.5 Zeugnisverweigerungsrecht

91 Ob und in welchen Fällen der Jugendgerichtshelfer ein Zeugnisverweigerungsrecht hat, wenn er in den Zeugenstand gerufen wird, ist umstritten. Grundsätzlich soll ein solches Recht wegen der abschließenden Aufzählung im § 53 StPO nicht bestehen;[77] Ausnahmen werden aber im Hinblick auf Art. 2 Abs. 1 i. V. m. Art. 1 Abs. 1 GG nicht ausgeschlossen.[78] Dagegen steht, dass gem. § 203 Abs. 1 Nr. 5 StGB diese Personenkreise strafbedroht geheimnisverpflichtet sind. Eine Lösung bietet sich für die Mitarbeiter des Jugendamtes, nicht für die Mitarbeiter freier Vereinigungen, über die Notwendigkeit einer **Aussagegenehmigung gem. § 54 StPO** i. V. m. § 39 Abs. 2, 3 BRRG, § 62 BBG an.[79] Das zur Verweigerung der Aussagegenehmigung maßgebende „Gemeinwohl" ist hier betroffen. Mit dem Geheimnisschutz soll nicht nur das „informationelle Selbstbestimmungsrecht",[80] die Privatsphäre geschützt werden, sondern es wird damit auch die

---

73 Münder/*Hoffmann/Proksch* § 65 Rn. 21; ebenso *Riekenbrauk* 2014, 362.
74 Nemo tenetur se ipsum accusare; siehe BVerfGE 56, 37 ff.
75 Wie hier BGH NJW 2005, 765; *Lühring* 1992, 16; *Laubenthal* 1993, 69 unter Hinweis auf § 62 Abs. 2 S. 2 KJHG; *B. Hoffmann* 2005, 60 unter Hinweis auf § 67a Abs. 3 S. 3 SGB X; *P.-A. Albrecht* 2000, § 41 B. I. 2. c); *Zieger* 2008 Rn. 126; *Eisenberg* § 38 Rn. 43; a. M. *Füllkrug* 1988, 326.
76 BGH NJW 1992, 1463; BGH NJW 2005, 765; *Knauer* 2012, 262; Meier/Rössner/Schöch-*Meier*, § 13 Rn. 29; siehe auch *Eisenberg* 1998, 308 Fn. 45: „kommt ein Verwertungsverbot in Betracht".
77 Für ein Zeugnisverweigerungsrecht abgeleitet aus § 35 Abs. 3 SGB I *Ensslen* 1999, 49 ff.; ebenso *Kunkel* 2004, 425 ff., allerdings begrenzt durch das Verhältnismäßigkeitsprinzip.
78 BVerfGE 33, 367; krit. zu der Begründung *Kühne* 1973, 685; für eine restriktive Auslegung *Foth* 1976, 9; für eine Ausnahme für den individual behandelnden Sozialarbeiter *Württemberger* 1973, 784; grundsätzlich abl. *Dallinger/Lackner* § 38 Rn. 38; *Brunner/Dölling* § 38 Rn. 14 a; *Schaffstein/Beulke/Swoboda* Rn. 700.
79 *Dallinger/Lackner* § 38 Rn. 38; *Böhm* 1985, 126; VG Schleswig-Holstein vom 11. 1. 1984, neu abgedr. in: DVJJ-Rundbrief Nr. 131/Juni 1990, S. 43, krit. hierzu *Brunner/Dölling* § 38 Rn. 14 b; BGH bei *Dallinger* MDR 1952, 659 für Polizeibeamte; nur in Ausnahmefällen *Laubenthal* 1993, 133; ebenso *Eisenberg* § 38 Rn. 30a; siehe auch Rn. 260.
80 BVerfGE 65, 1.

Funktionstüchtigkeit der staatlichen Jugendhilfe gewährleistet. Nur mithilfe des Geheimnisschutzes können das für das Funktionieren der Jugendhilfe notwendige Vertrauen und die darauf fußende Offenheit der Betreuten hergestellt werden.[81] Hinzu kommt, dass im Falle einer Zeugenvernehmung das grundsätzliche Anwesenheitsrecht der JGH (siehe §§ 50 Abs. 3, 48 Abs. 2) nicht eingelöst wird, da dann ein Ausschluss gem. § 243 Abs. 2 S. 1 StPO zwingend ist,[82] wobei auch das Rechtsvertrauen der Bürger in die Gewährleistung der Grundrechte durch die staatlichen Instanzen tangiert wird. Der Gesetzgeber mag ursprünglich als „Gemeinwohl"-Interessen andere „staatstragende" Interessen gemeint haben. Mit der grundrechtlichen Absicherung des Geheimnisschutzes in Art. 2 Abs. 1 i. V. m. Art. 1 Abs. 1 GG, die mit § 203 StGB und den Datenschutzgesetzen untermauert wird, muss heute eine andere Wertung erfolgen, die sich auch prozessual auswirkt. Konkret heißt dies, dass die Genehmigung zur Zeugenaussage zu verweigern ist, wenn nur im Vertrauen auf den Geheimnisschutz Tatsachen mitgeteilt wurden. Umgekehrt heißt dies, dass der Jugendgerichtshelfer seine an sich bestehende Zeugnispflicht offenbaren muss, dass er sich Geheimnisoffenbarungen nicht erschleichen darf.[83]

5.3.6 Sanktionsüberwachung

Die JGH hat weiter die Sanktionsüberwachung von Weisungen und Auflagen vor Ort durchzuführen, soweit nicht ein Bewährungshelfer hierfür zuständig ist (§ 38 Abs. 2 S. 2). Wichtig ist aber, dass der Jugendrichter der Vollstreckungsleiter ist und die Überwachung, z. B. bei Geldbußenzahlungen, an sich ziehen kann (§ 82 Abs. 1 S. 1). Im Falle einer Betreuungsweisung gem. § 10 Abs. 1 S. 3 Nr. 5 nehmen die Vertreter der JGH die Durchführung wahr, wenn der Richter nicht eine andere Person damit betraut hat; innerbehördlich ist dann eine bestimmte Person zu beauftragen. Auch ansonsten ist die JGH zur Durchführung der angeordneten Weisungen und Auflagen verpflichtet. Die Überwachungsfunktion schließt diese Aufgabe mit ein. Dies war für die „alten" Weisungen und Auflagen auch nicht bestritten; so hat die JGH schon immer die Arbeitsweisungen durchgeführt. Ansonsten könnten die gesetzgeberisch eingeführten neuen ambulanten Maßnahmen nicht in die Praxis umgesetzt werden.[84] Der Gesetzgeber hat zwar für die Durchführung von sozialen Trainingskursen wie auch des Täter-Opfer-Ausgleichs (§ 10 Abs. 1 S. 3 Nr. 6, 7) darauf verzichtet, die JGH zur Durchführung dieser Weisungen zu verpflichten, wenn nicht ein freier Träger der Jugendhilfe, die Bewährungshilfe oder eine sonstige Organisation oder Person die Durchführung vermittelt oder übernimmt. Nach der Gesetzesbegründung[85] ist dies aus Kostengründen geschehen, „aber auch in der Überzeugung, dass diese eher den traditionellen Aufgaben der JGH zuzurechnende Maßnahme im Zweifelsfall auch von der JGH durchgeführt wird, wie übrigens die derzeitige Praxis bestätigt, nach der soziale Trainingskurse überwiegend von den Jugendämtern vermittelt und organisiert werden".[86]

92

---

81 *Ostendorf* 1981, 9.
82 *Dallinger/Lackner* § 38 Rn. 66; *Eisenberg* § 38 Rn. 29; a. M. *Peters* 1985, 597.
83 *Dallinger/Lackner* § 38 Rn. 38 unter Hinw. auf *Peters*; *Schaffstein* 1982, 670.
84 Wie hier *Böhm/Feuerhelm* 2004, § 23 2. i: „organisiert selbst entsprechende Programme".
85 BT-Drucks. 11/5829, S. 22.
86 A. M. *Trenczek* 2004, 61; ebenso – aber politisch motiviert – Konferenz der Justizministerinnen und -minister vom Nov. 1994, siehe DRiZ 1995, 59, und Juni 2002.

93 Dieser Rechtsposition steht auch nicht die **Steuerungsverantwortung** der Jugendhilfe gem. § 36a SGB VIII entgegen.[87] Nach dem Wortlaut greift die Steuerungsverantwortung nur ein, wenn „Jugendliche und junge Volljährige durch den Jugendrichter zur Inanspruchnahme von Hilfen verpflichtet werden". Diese Formulierung verwendet der Jugendstrafgesetzgeber nur in § 12 unter der insoweit „einschlägigen" Überschrift „Hilfe zur Erziehung", d. h. für die Erziehungsbeistandsschaft gem. § 30 SGB VIII sowie für die Unterbringung in einer Einrichtung über Tag und Nacht oder in einer sonstigen betreuten Wohnform gem. § 34 SGB VIII. Hierbei zeigt sich ein erster Widerspruch: Nach dem Änderungsgesetz aus dem Jahr 1993 ist für die Anordnung dieser Maßnahme nur noch eine Anhörung des Jugendamtes erforderlich, vorher war das „Einvernehmen mit dem Jugendamt" herzustellen. Die „Steuerungsverantwortung" des Jugendamtes wurde damit aufgelöst, im § 36a Abs. 1, 2. Halbsatz SGB VIII wird sie ohne Rücksicht auf den entgegenstehenden Wortlaut im § 12 wieder eingeführt. Weisungen sind nach der gesetzlichen Definition im Unterschied zu der richterlichen Verpflichtung, Hilfen zur Erziehung in Anspruch zu nehmen, richterliche „Gebote und Verbote, welche die Lebensführung des Jugendlichen regeln und dadurch seine Erziehung fördern und sichern sollen" (§ 10 Abs. 1 S. 1). Weisungen verpflichten den Jugendlichen unmittelbar, wobei im Unterschied zur Inanspruchnahme von Erziehungshilfen gem. § 12 der sogenannte Ungehorsamsarrest gem. § 11 Abs. 3 eingesetzt werden kann. Weisungen werden demnach vom Gesetzestext nicht erfasst.[88] Auch in der Gesetzesbegründung wird ausdrücklich auf erzieherische Hilfen nach dem KJHG abgestellt, insoweit soll die Jugendhilfe nicht als „Zahlstelle" für von anderer Seite angeordnete Leistungen missbraucht werden. Letztlich stehen einer Entscheidungskompetenz des Jugendamtes über die Durchführung von Weisungen verfassungsrechtliche Einwände entgegen, da damit die **richterliche Sanktionskompetenz (Art. 92 GG)** ausgehebelt, von der Zustimmung eines Exekutivorgans abhängig gemacht würde.[89] Dem kann nicht das ebenfalls verfassungsrechtlich abgesicherte Prinzip der kommunalen Selbstständigkeit (Art. 28 Abs. 2 GG) entgegengehalten werden, da die Kommunen nur im Rahmen **ihrer** Aufgaben selbstständig entscheiden sollen. Allerdings haben die Kommunen einen Anspruch auf einen finanziellen Ausgleich für die Durchsetzung ju-

---

87 A. M. *Goerdeler* 2005a, 316; Vorstand der DVJJ siehe *Sonnen* 2004, 296; dagegen *Ostendorf* 2004b, 294; nach *Lobinger* 2015, 321 besteht eine Anordnungskompetenz des Jugendgerichts nur für die Betreuungsweisung und für die Hilfe zur Erziehung nach § 12 unter dem Vorbehalt der Finanzierung seitens der Justiz, ansonsten führt eine Anordnung nach *Lobinger* gegen das Votum der Jugendhilfe zu einem „Vollzugsvakuum" und damit zur Unverhältnismäßigkeit der Entscheidung, S. 302 f.; bereits vor Inkrafttreten des § 36a SGB VIII hat die h. M. in der Jugendhilfeliteratur eine Umsetzungsverpflichtung des Jugendamtes abgelehnt, siehe *Münder* u. a. FK-SGB VIII, 4. Aufl., vor § 50 Rn. 6, 7; § 52 Rn. 66 m. w. N.
88 In diesem Sinn AG Rudolstadt StV 2016, 693.
89 Tendenziell wie hier *Streng* Rn. 118; *Czerner* 2008, 398; eindeutig wie hier *Möller/Schütz* 2007, 181 ff.; siehe auch Vorlagebeschluss AG Eilenburg ZJJ 2006, 85. Das BVerfG hat die Vorlage als unzulässig verworfen, BVerfG JAmt 2007, 211 = ZJJ 2007, 216. Insbesondere sei nicht dargelegt, dass das Jugendamt die Durchführung und Finanzierung der vom Gericht beabsichtigten Betreuungsweisung abgelehnt habe. Auch weist das Gericht auf die hier vertretene Rechtsansicht hin, dass dem Jugendgericht „die verbindliche Anordnung einer Betreuungsweisung gegenüber dem Angeklagten ermögliche". Das Jugendgericht hätte dieser Rechtsansicht folgen können. Schließlich sei es „nicht fern liegend", in § 36a SGB VIII lediglich eine Kostenvorschrift zu sehen, die das Jugendamt als „Zahlstelle" für die Justiz ausschalte. Mittlerweile hält auch die Bundesregierung „die Sorge, dass ... die Einführung des § 36a SGB VIII ... unrichtigerweise zum Anlass genommen werden könnte, vom Jugendamt beabsichtigte Leistungen nicht mehr zu gewähren und zu finanzieren, für nicht unberechtigt", Antwort auf die Große Anfrage „Jugendstrafrecht im 21. Jahrhundert", BT-Drucks. 16/13142, S. 36; *Trenczek* spricht von „einer teilweisen systematischen, wenn auch verdeckten Leistungsverweigerung", 2010, 302.

gendstrafjustizieller Maßnahmen.[90] Letztlich ist eine gesetzgeberische Auflösung des Widerstreits der gesetzlichen Regelungen gefordert,[91] bis dahin sind aus der gemeinsamen Verantwortung für straffällig gewordene Jugendliche und Heranwachsende verbindliche Kooperationsabsprachen und ist im Einzelfall im Wege der Kooperation eine sachgerechte Lösung zu suchen.[92] Jedenfalls ist das Jugendamt an den Sanktionsvorschlag des Vertreters der JGH in der Hauptverhandlung gebunden, auch wenn dieser nicht auf einem Hilfeplanverfahren beruht.[93] In diesem Zusammenhang ist eine Kooperation der Jugendstrafjustiz mit den Agenturen für Arbeit anzustreben, wie sie z. T. bereits in Bayern und Schleswig-Holstein initiiert bzw. praktiziert wird. Die Agenturen bieten neben Berufsvorbereitungslehrgängen und Berufsförderungslehrgängen Sprachkurse sowie eine strukturierte Integrationsbegleitung an. Hier gibt es einen Gleichklang der Interessen.[94]

5.4 Organisation

Es ist umstritten, ob die JGH innerhalb der Jugendhilfe eine eigenständige Einrichtung bleiben soll oder in einen allgemeinen Sozialdienst (ASD) integriert wird.[95] Nach einer bundesweiten Befragung von Mitarbeitern der Jugendämter und freier Träger mit Aufgaben der JGH (1998/99) gaben drei Viertel der Befragten (n = 361) an, dass die JGH bei ihnen als Spezialdienst bzw. durch spezialisierte Mitarbeiter wahrgenommen wird.[96] Nach einer neueren Befragung waren 69 % eigenständig organisiert.[97] Unabhängig von der Organisationsform ist ein Spezialwissen für die Wahrnehmung der Aufgaben gem. § 38 und damit auch eine spezielle Zuständigkeit erforderlich.[98] Erfahrungen können sonst nicht ausgewertet werden. Es erscheint widersprüchlich, diese Spezialisierung von Richtern und Staatsanwälten zu verlangen, spezielle Jugendsachbearbeiter in der Polizei zu fordern,[99] im Bereich der Jugendhilfe hierauf aber verzichten zu wollen.[100] Auch die von einer Integration in den ASD versprochenen Vorteile haben sich nach der bundesweiten Befragung in der Praxis nicht eingestellt: „Entgegen bislang umherschwirrender Vermutungen zeichnet sich die Aufgabenwahrnehmung der – mehr – spezialisiert arbeitenden Kollegen nicht durch eine größere Ferne zu den Betreuungsaufgaben der Jugendhilfe aus. Vielmehr ist bei den ASD-Mitarbeitern der An-

94

---

90 BR-Drucks. 222/04; *Sommerfeld* 2005, 300.
91 Siehe auch Beschluss der Justizministerkonferenz ZJJ 2007, 449. Zu einem Gesetzesvorschlag siehe *Lobinger* 2015, 442; zur geplanten Umsetzung siehe *Sommerfeld* 2015.
92 Siehe bereits *Ostendorf* 2006a, 155; in diesem Sinne auch *Deutsches Institut für Jugendhilfe und Familienrecht* 2007; die Ergebnisse des Arbeitskreises 4 auf dem 27. Dt. Jugendgerichtstag DVJJ (Hg.) 41 (2008), S. 611 f.; ZJJ 2007, 433. Zur Vollstreckung von Arbeitsmaßnahmen siehe *M. Brandt* 2007, 192 ff. *Franzen* plädiert dafür, insoweit den § 12 in Anspruch zu nehmen, 2008, 19; siehe auch *Möller/Schütz* 2007, 180.
93 Siehe *Strafrechtsausschuss der Justizministerkonferenz* 2007, 444, 449; siehe insoweit auch *Sommerfeld* 2008, 200.
94 Siehe ausführlicher *Ostendorf* 2009b, S. 343; siehe auch Arbeitskreis 5 des 28. Dt. Jugendgerichtstags, 2010.
95 So Kommunale Gemeinschaftsstelle für Verwaltungsvereinfachung: Aufbauorganisation in der Jugendhilfe, KGSt-Bericht 3/195; siehe auch 8. Jugendbericht der Bundesregierung, 1990, 148; a. M. *Bundesarbeitsgemeinschaft JGH in der DVJJ* 1994; *Weyel* 1996, 349.
96 *Trenczek* 1999a, 156.
97 *Deutsches Jugendinstitut* 2011, 20.
98 Siehe auch *Rein* 1998, 340.
99 Siehe *Vieten-Groß* 1997, 246; *Ostendorf* 1997b, 242; siehe auch *Ostendorf/Sommerfeld* § 43 Rn. 13.
100 Für eine Spezialisierung in allen drei Berufsfeldern Arbeitskreis II/1 des 23. Deutschen Jugendgerichtstages, DVJJ-Journal 1995, 261; ebenso Thesen des 24. Deutschen Jugendgerichtstages, DVJJ-Journal 1998, 297.

teil der spezifischen, der Betreuung von straffälligen Jugendlichen dienenden Hilfeangebote und Unterstützungsleistungen deutlich niedriger".[101]

5.5 Rechtsfolgen

95 Unabhängig von der funktionellen Einordnung der JGH ist ihre sachliche Mithilfe im Jugendstrafverfahren unverzichtbar. Die Nichtheranziehung entgegen § 38 Abs. 3 S. 1 stellt eine Gesetzesverletzung im Sinne des § 337 StPO dar, d. h. einen Verfahrensfehler, auf dem das Urteil in aller Regel beruht und dementsprechend auf Rüge in der Revisionsinstanz aufzuheben ist.[102] „Heranziehen" heißt insbesondere, dass Ort und Zeit der Hauptverhandlung gem. § 50 Abs. 3 S. 1 mitzuteilen sind. Die Unterlassung begründet die Revision, wenn die für den Angeklagten zuständige Jugendgerichtshilfe an der Hauptverhandlung nicht teilgenommen hat; es hilft dann auch nicht, dass der für einen Mitangeklagten anwesende Vertreter aufgrund der Hauptverhandlung eine kurze Stellungnahme abgibt.[103] Da die Heranziehung der Jugendgerichtshilfe eine zwingende Vorschrift ist, können auch der Verteidiger sowie andere Verfahrensbeteiligte nicht rechtswirksam auf ihre Mitwirkung verzichten.[104] Andererseits ist eine Teilnahme an der Hauptverhandlung in Bagatellsachen, insbesondere auch im vereinfachten Jugendverfahren nicht in jedem Fall geboten (siehe Rn. 87).

6. Gesetzliche Vertreter[105]

96 Da Jugendliche in der Regel noch nicht in der Lage sind, sich gegenüber den Strafverfolgungsbehörden und dem Gericht zu behaupten, und sie der elterlichen Fürsorge noch unterliegen, sind ihnen gem. § 67 die erziehungsberechtigten gesetzlichen Vertreter zur Seite gestellt. Diese haben das Recht, gehört zu werden,[106] Fragen zu stellen, Anträge zu stellen, bei richterlichen wie staatsanwaltlichen Untersuchungshandlungen im Ermittlungsverfahren,[107] so auch bei der Haftvorführung (§ 115 StPO), sowie in der Hauptverhandlung anwesend zu sein. Die gesetzlichen Vertreter sind zur Hauptverhandlung zu laden (§ 50 Abs. 2); für richterliche und staatsanwaltliche Untersuchungshandlungen außerhalb der Hauptverhandlung ist eine Benachrichtigung vorgeschrieben (§ 168c Abs. 5, § 163a Abs. 3 S. 1 StPO). Darüber hinaus haben sie ein Anwesenheitsrecht bei der polizeilichen Vernehmung. Dies folgt aus § 67 Abs. 1: Eine Vernehmung ist eine „Untersuchungshandlung".[108] Dementsprechend ist der Jugendliche analog den §§ 163a Abs. 4, 161 Abs. 1 StPO darüber zu belehren, dass er sich vor einer Einlassung mit seinem Erziehungsberechtigten bzw. gesetzlichen Vertreter beraten kann.[109] Vor dem Hintergrund, dass in der Polizeipraxis häufig Belehrungen in unzu-

---

101 *Trenczek* 1999b, 388.
102 Siehe BGHSt 6, 354; OLG Saarbrücken NStZ-RR 1999, 284.
103 BGH StV 1989, 308.
104 OLG Karlsruhe MDR 1975, S. 422; BGH StV 1982, 27.
105 Zum „Elternrecht" gem. Art. 6 Abs. 2 S. 1 GG im Rahmen der Sanktionierung, insbesondere mit Erziehungsmaßregeln siehe Rn. 176, 180, 183.
106 Zur Informationsverpflichtung siehe Art. 5 Richtlinie (EU) 2016/800 des Europäischen Parlaments und des Rates vom 11.5.2016 über Verfahrensgarantien in Strafverfahren für Kinder, die Verdächtige oder beschuldigte Personen in Strafverfahren sind (siehe Rn. 20).
107 Siehe Brandenburgisches Verfassungsgericht StV 2003, 512.
108 H. M., siehe D/S/S-*Schatz* § 67 Rn. 26; *Streng* Rn. 129; *Laubenthal/Baier/Nestler* Rn. 238; mit anderer Begründung (entsprechende Auslegung des § 163a Abs. 4 i. V. m. §§ 136, 163a, 168c StPO) auch *Eisenberg* § 67 Rn. 11; wie hier umfassend *Rieke* 2003, 244 ff.
109 Ebenso *Eisenberg* 1988, 1251. Siehe auch Leitlinien des Ministerkomitees des Europarates für eine kindgerechte Justiz vom 17.11.2010 Nr. 30.

6. Gesetzliche Vertreter

lässiger Weise vorgenommen werden bzw. vorab informatorische Befragungen durchgeführt werden,[110] ist in diesem Zusammenhang auf die Einhaltung der **Belehrungspflichten** nachdrücklich hinzuweisen. Die Einschränkung in der PDV 382 „Bearbeitung von Jugendsachen" Nr. 3.4.2[111] genügt nicht diesen Anforderungen. Wird eine Rücksprache mit den Erziehungsberechtigten und gesetzlichen Vertretern ausdrücklich verwehrt, besteht hinsichtlich der gemachten Angaben ein Verwertungsverbot wie bei der Verweigerung der Verteidigerkonsultation.[112] In der Hauptverhandlung ist den gesetzlichen Vertretern stets von Amts wegen und nicht nur auf Verlangen das letzte Wort zu erteilen; ansonsten liegt ein Revisionsgrund vor.[113]

Darüber hinaus folgt aus § 67 Abs. 1 i. V. m. § 136 Abs. 1 S. 2, § 163a Abs. 4 StPO ein Verwertungsverbot für Aussagen des Jugendlichen, wenn dieser nicht darauf hingewiesen wurde, dass er vor seiner Aussage seine Eltern kontaktieren könne und diese ein Recht auf Anwesenheit haben.[114] Dies gilt auch, wenn die Elterninformation über eine bevorstehende Vernehmung des Jugendlichen bewusst unterlassen wurde, da das Kind nicht auf die Wahrnehmung der Elternrechte verzichten kann. Von der Rechtsprechung wird für vergleichbare Situationen der Nichterteilung einer Belehrung gem. den §§ 136 Abs. 1 S. 2, 163a Abs. 4 S. 2 StPO[115] sowie der Verwehrung einer Verteidigerkonsultation[116] ein Verwertungsverbot anerkannt. Die indirekte Verwehrung einer Unterstützung des Jugendlichen durch seine Erziehungsberechtigten verletzt sowohl die Rechtsposition des Jugendlichen, der für seine Verteidigung eines besonderen Schutzes in der Vernehmungssituation bedarf, als auch das Elternrecht gem. Art. 6 Abs. 2 GG in besonderer Weise.[117] Gem. § 2 Abs. 1 S. 2 wird vom Gesetzgeber die „Beachtung des elterlichen Erziehungsrechts" gefordert.[118] Das BVerfG hat einen **verfassungsrechtlichen Anspruch** auf eine frühzeitige Beteiligung der Eltern am Jugendstrafverfahren abgeleitet.[119] Da der Jugendliche bzw. die Erziehungsberechtigten nach einer Belehrung über die Möglichkeit einer vorherigen Kontaktaufnahme und Anwesenheit der Erziehungsberechtigten bei der Vernehmung des Jugendlichen nicht von ihrem Recht Gebrauch machen müssen – es gibt insoweit keine Verpflichtung –, muss von ihrer Seite der Verwertbarkeit widersprochen werden.[120] Ein Verzicht auf die Kontaktaufnahme mit den Eltern sowie ein Verzicht der Eltern auf Teilnahme an der Vernehmung dürfen von Seiten der Polizei nicht „animiert" werden.

Gemäß § 51 Abs. 2 a. F. „sollte" das Gericht Erziehungsberechtigte und gesetzliche Vertreter des Angeklagten ausschließen, „soweit gegen ihre Anwesenheit Bedenken bestehen". Nach der Entscheidung des BVerfG vom 16.1.2003[121] war diese Ausschluss-

---

110 Siehe *P. Wulf* 1984, 217 ff.
111 „Dies gilt nicht, wenn Anhaltspunkte vorliegen, dass dadurch die Aufklärung einer rechtswidrigen Tat gefährdet wird".
112 Siehe BGH MDR 1993, 257.
113 OLG Zweibrücken StV 2003, 455.
114 LG Saarbrücken NStZ 2012, 167; OLG Celle StraFo 2010, 114; *Eisenberg* § 67 Rn. 11c, 26; *Zieger* 2008, Rn. 111; *Schwer* 2004, 49. *Ostendorf* 2012b, 476; *Möller* 2012, 121; *Knauer* 2012, 262.
115 BGH NJW 1992, 1463.
116 BGH StV 1993, 1.
117 Wie hier OLG Celle StraFo 2010, 114; demgegenüber stützen *Schwer* 2004, 61 sowie *Eisenberg* § 67 Rn. 29b ein Verwertungsverbot auf § 136a StPO.
118 Siehe auch *Streng* Rn. 128.
119 BVerfG NJW 2003, 2006.
120 Wie hier OLG Celle vom 25.11.2009, Az. 32 Ss 140/09, S. 10 – nicht abgedruckt in StraFo 2010, 114; LG Saarbrücken a. a. O., S. 4; Bedenken insoweit bei *Eisenberg* § 67 Rn. 29b.
121 BVerfGE 107, 104 = DVJJ-Journal 2003, 68 ff. mit Anm. von *Ostendorf* und *Eisenberg*.

möglichkeit im Hinblick auf die Bestimmtheitsanforderungen für einen Eingriff in das elterliche Erziehungsrecht gem. Art. 6 Abs. 2 GG zu weit gefasst mit der Folge, dass § 51 Abs. 2 insoweit für verfassungswidrig und damit nichtig erklärt wurde. Mit dem 2. Justizmodernisierungsgesetz vom 30.12.2006 wurden dementsprechend die Voraussetzungen für einen **Ausschluss von Erziehungsberechtigten und gesetzlichen Vertreter** konkretisiert (§ 51 Abs. 2). Als Ausgleich hat das Gericht die Erziehungsberechtigten und gesetzlichen Vertreter nachträglich über den Inhalt der Verhandlung zu unterrichten (§ 51 Abs. 4). Zusätzlich kann in einem solchen Fall eine Pflichtverteidigung gem. § 68 Nr. 3 geboten sein (siehe Rn. 81).

99 Falls die gesetzlichen Vertreter nicht zur Hauptverhandlung geladen werden, kann die Aufklärungspflicht gem. § 244 Abs. 2 StPO verletzt sein. Wie dem Angeklagten steht auch den Erziehungsberechtigten und gesetzlichen Vertretern das sog. letzte Wort (§ 258 Abs. 2 StPO) zu.[122] Das **letzte Wort** ist stets von Amts wegen und nicht etwa nur auf Verlangen zu erteilen, auch dann, wenn die Erziehungsberechtigten und gesetzlichen Vertreter vorher als Zeugen vernommen wurden.[123] Einen Verstoß hiergegen kann der Angeklagte rügen, ohne in der Hauptverhandlung eine Entscheidung des Gerichts beantragt zu haben.[124] Probleme zeigen sich in der Praxis wegen Nichterreichbarkeit gerade bei ausländischen Angeklagten. Hier muss das Bemühen des Gerichts ausreichend sein, wobei eine Ladung zur Hauptverhandlung im Sinne des § 50 Abs. 2 entbehrlich ist, wenn das Nichterscheinen wegen Auslandsaufenthalts als sicher angenommen werden muss.

7. Beistand

100 Die Aufgaben des Beistands sind – negativ abgegrenzt – nicht die des Erziehungsbeistandes gem. § 12; der Beistand hat keine primäre oder sekundäre erzieherische Aufgabe.[125] Aus der systematischen Stellung und aus der Abgrenzung zu der ausdrücklich geregelten Erziehungsbeistandschaft sowie aus § 69 Abs. 3 folgt **die verfahrensrechtliche Unterstützungsfunktion**, wobei hier der Beistand gerade auch in der persönlichen Betreuung des Beschuldigten zu leisten ist.[126] Die psychische Unterstützung i. S. einer Solidarität mit dem Angeklagten, nicht mit der Tat, ist allerdings auch und gerade Aufgabe einer richtig verstandenen Strafverteidigung. Von daher unterscheidet sich die Aufgabenstellung von der des Verteidigers nur in der Intensität und im Umfang der Betreuung; zum Beistand des § 149 StPO besteht kein Unterschied,[127] wenngleich dort die Beistandsmöglichkeiten eingeschränkt sind. Eine funktionsgerechte Wahrnehmung der Beistandspflicht ist auch die Ausschöpfung der Diversionsmöglichkeiten unter Anerbietung von privater Konfliktserledigung. Insoweit ist auch eine Koppelung als Betreuer gem. einer Weisung nach § 10 und als Beistand gem. § 69 möglich und angebracht,[128] wobei – streng genommen – die Voraussetzungen doppelt i. S. der jeweiligen Vorschriften zu prüfen sind. Allerdings erfordert die Betreuungsweisung in der Praxis

---

122 BGH StV 1985, 155; OLG Köln StV 2008, 119.
123 BGHSt 21, 288; BGH StraFo 2002, 290.
124 OLG Zweibrücken StV 2003, 455 m. w. N.
125 Siehe aber OLG Stuttgart Justiz 1976, 268; *Brunner/Dölling* § 69 Rn. 1; *Hauber* 1982, 217; D/S/S-*Diemer* § 69 Rn. 2; siehe auch *Schaffstein/Beulke/Swoboda* Rn. 674.
126 Ebenso *Peters* 1956, 403: „nur das Interesse des Beschuldigten"; ein Gegensatz zu *Kaum* 1992, 104, erscheint konstruiert, S. 107, Fn. 30.
127 A. M. *Eisenberg* § 69 Rn. 3.
128 So *Hauber* 1982, 216, 222; siehe bereits *Peters* 1956, 403.

eine Professionalisierung, die der individuellen Auswahl des Beistandes gem. § 69 tendenziell zuwiderläuft.

8. Sachverständige

Sachverständige werden im Jugendstrafverfahren vor allem eingesetzt: 101
- zur Prüfung der strafrechtlichen Verantwortlichkeit gem. § 3 sowie §§ 20, 21 StGB
- bei Heranwachsenden zur Prüfung des § 105.
- bei Unterbringung in einem psychiatrischen Krankenhaus oder einer Entziehungsanstalt (§ 246a StPO) sowie bei Anordnung der vorbehaltenen und der nachträglichen Sicherungsverwahrung (§§ 106 Abs. 7, 7 Abs. 4 S. 1 i. V. m. § 275a Abs. 4 StPO).

Darüber hinaus wird für die Feststellung schädlicher Neigungen gem. § 17 Abs. 2 die Hinzuziehung eines Sachverständigen gefordert.[129] Die Auswahl erfolgt gem. § 73 Abs. 1 S. 1 StPO vom Gericht, im Ermittlungsverfahren kann auch die Staatsanwaltschaft einen Gutachterauftrag erteilen (§ 161a Abs. 1 StPO).

Der Proband ist entsprechend § 136 Abs. 1 S. 2 StPO auf sein Aussageverweigerungsrecht hinzuweisen. Diese Belehrungspflicht trifft allerdings nach der höchstrichterlichen Rechtsprechung nicht den Sachverständigen, sondern das zuständige Justizorgan, das den Gutachterauftrag erteilt hat. Der Gutachter muss jedoch, wenn er feststellt, dass die Belehrung unterblieben ist, ihre Nachholung durch die zuständige Stelle veranlassen.[130] Immer muss der Sachverständige seine Rolle offen legen, nämlich dass er für die Strafjustiz tätig wird und daher offenbarungspflichtig ist. Wenn er dies verschweigt, setzt er sich dem Verdacht von Parteilichkeit aus und kann dementsprechend wegen Besorgnis der Befangenheit abgelehnt werden.[131]

Umstritten ist, ob der Verteidiger ein Anwesenheitsrecht bei der Exploration hat. Hierfür steht § 137 StPO, wonach der Beschuldigte „in jeder Lage des Verfahrens" sich eines Verteidigerbeistandes bedienen kann.[132] Faktisch kann der Proband auf die Anwesenheit seines Verteidigers bestehen, wenn er ansonsten seine Mitwirkung verweigert.

9. Nebenkläger

Im Fall einer gem. § 80 Abs. 3 i. V. m. § 396 Abs. 2 S. 1 StPO zugelassenen Nebenklage 102
(siehe hierzu Rn. 154) ist auch der Nebenkläger Verfahrensbeteiligter. Er hat die Rechte gem. § 80 Abs. 3 S. 2 i. V. m. § 397 StPO. Der Nebenkläger kann sich eines anwaltlichen Beistands bedienen (§ 80 Abs. 3 S. 2 i. V. m. § 397 Abs. 2 S. 1 StPO), in Fällen des § 397a Abs. 1 StPO ist ihm auf seinen Antrag ein anwaltlicher Beistand zu bestellen, ansonsten ist ihm auf seinen Antrag Prozesskostenhilfe unter den Voraussetzungen des § 397a Abs. 2 StPO zu bewilligen.

---

129 So *Kemme* StV 2014, 760.
130 BGH NStZ 1997, 350.
131 BGH NStZ 1997, 350.
132 A. M. BGH StV 2003, 537.

IV. Besonderheiten des Jugendstrafverfahrens

1. Diversion

1.1 Begriff

103 Diversion ist die Ersetzung der förmlichen Sanktionierung (lat.: divertere = seitwärts lenken). Der Begriff fasst die vielfältigen Möglichkeiten, das Jugendstrafverfahren aus Opportunitätsgründen einzustellen, zusammen. Er hat sich im Jugendstrafrecht zu einer eigenständigen Verfolgungsstrategie entwickelt, d. h., zunächst sind die Einstellungsmöglichkeiten zu prüfen, bevor es zur Anklage bzw. zu einer Verurteilung kommt. Diese Strategie lehnt sich an US-amerikanische Diversionsprogramme an, die allerdings mit Rücksicht auf andere Kompetenzzuweisungen nicht ohne Weiteres übertragbar sind.[1] Mit § 32 JGG 1923 wurden aber bereits im deutschen Jugendstrafrechtssystem Einstellungsmöglichkeiten für die Staatsanwaltschaft und das Gericht eröffnet.

1.2 Gesetzesziel

104 Die Einstellungsmöglichkeiten gem. den §§ 45, 47 beruhen auf dem **Opportunitätsprinzip**, mit dem der Verfolgungszwang, das Legalitätsprinzip, nicht nur aufgelockert, sondern hintenan gestellt wird.[2] Das formelle Strafverfahren erscheint vielfach als überflüssig und unangemessen angesichts der Normalität und Bagatellität des größten Anteils der Jugendkriminalität einerseits sowie der Selbst- oder Spontanbewährung andererseits. Die Täter sollen nicht mit dem bloßstellenden Strafverfahren in seiner ganzen Länge und Breite überzogen werden. Stigmatisierung und Chancenabschneidung sollen vermieden werden. Über die Eliminierung des Strafziels der Vergeltung hinaus findet so die gegenteilige Reaktion, die Vergebung, die **Verzeihung** Eingang in das Jugendgerichtsverfahren. Zudem kann im informellen Wege häufig individueller und damit präventiver reagiert werden, insbesondere wenn die primäre Sozialisationsinstanz, das Elternhaus, ihre Aufgaben übernimmt. Die Reaktion des sozialen Umfelds, insbesondere der Familie, ist bedeutsamer als eine kriminalrechtliche Sanktionierung. Schließlich wird die Strafjustiz entlastet, sie kann sich den wirklichen Problemfällen zuwenden, wobei aber auch eine **mittlere Kriminalität**[3] und ausnahmsweise[4] **Mehrfachtäter**[5] für diese Verfahrenserledigung in Betracht kommen, für letztere ein „Ausstieg" aus einem Strafschärfungsautomatismus, da Mehrfachtäter in der Regel auch Karrieretäter sind. Im Wesentlichen können somit drei Ziele formuliert werden:[6]

a) geringere Belastung des Beschuldigten in Befolgung des Übermaßverbotes,

b) bessere Prävention durch schnellere Konfliktaufarbeitung und geringere Stigmatisierung,

c) Entlastung der Strafjustiz.

---

1 Zum amerikanischen Vorbild und zur Übertragbarkeit auf unser System siehe *M. Walter* 1993, 32 ff., 49; *Dirnaichner* 1990.
2 Siehe auch *Brunner/Dölling* § 45 Rn. 3; *Eisenberg* § 45 Rn. 9; *Löhr* 1986, 135; *Kratzsch* 1989, 135: „Verfahrensrechtliches Subsidiaritätsprinzip".
3 Siehe *Sessar* 1984, 50.
4 Keineswegs als „Allheilmittel" wie von *Grunewald* 2002, 454, Fn. 27 kritisiert.
5 Siehe hierzu *M. Walter* 1986, 22 ff. und *Spieß* 1986, 51 ff.; siehe auch Rn. 15.
6 Siehe auch *Streng* Rn. 173.

1. Diversion

1.3 Spezialpräventive Effizienz

Bei der Verfolgung dieser Ziele hat sich nach verschiedenen empirischen Untersuchungen herausgestellt, dass die Legalbewährung nach einer Verfahrenseinstellung regelmäßig besser ausfällt als nach einer Verurteilung; diese Ergebnisse wurden im Vergleich zu entsprechenden Tat- sowie Tätergruppen gefunden.[7] So wurde an Hand der Eintragungen im Bundeszentral- sowie im Erziehungsregister der gesamte Geburtsjahrgang 1968 überprüft. Hierbei wurden zwei homogene Gruppen, „Einfacher Diebstahl" und „Fahren ohne Fahrerlaubnis", jeweils begangen von Ersttätern, gebildet. Wenn auf diese erste Straftat informell reagiert wurde, d. h. das Verfahren eingestellt wurde, war eine geringere Rückfälligkeit – über 10 % – festzustellen als bei den Tätern, bei denen auf diese erste Tat mit einer Verurteilung reagiert wurde.[8]

Sozusagen einen Feldversuch stellt die Entwicklung der Verurteilten- und Diversionsziffern auf der einen Seite sowie der Tatverdächtigenziffern auf der anderen Seite in der zweiten Hälfte der 1980er Jahre dar. Trotz vermehrten Einsatzes der Diversion sowie ambulanter Maßnahmen sank die Kriminalitätsrate.[9]

1.4 Diversionsarten

1.4.1 Einstellung wegen Geringfügigkeit (§ 45 Abs. 1)

Die Einstellung wegen Geringfügigkeit gem. § 45 Abs. 1 i. V. m. § 153 StPO steht an erster Stelle der jugendstrafrechtlichen Einstellungsgründe; dementsprechend ist dieser Einstellungsgrund primär zu prüfen. Es ist dies die weniger belastende Reaktion. Gerade im Jugendstrafverfahren kommt dieser Einstellungsgrund in Betracht, da es sich hier vielfach um Bagatellen handelt und die Straftaten in der Mehrzahl Episodencharakter haben, die keiner weiteren strafrechtlichen Reaktion bedürfen. **Die „Non-intervention" hat Vorrang vor einer intervenierenden Diversion.** Auch wenn keine weiteren Maßnahmen ergriffen werden, ist zu beachten, dass das Ermittlungsverfahren mit seinem ungewissen Ausgang schon Strafcharakter hat. Mit den – ansonsten zu begrüßenden – Diversionsprojekten wird die Gefahr begründet, dass aufgrund des „erzieherischen" Angebots auch darauf zurückgegriffen wird („**net-widening-Effekt**"), dass die Einstellung ohne eine Sanktionierung aus den Augen verloren wird; auch für ambulante Maßnahmen kann eine Sogwirkung entstehen.[10] Auch das Gleichbehandlungsprinzip von jugendlichen/heranwachsenden und erwachsenen Angeklagten spricht dafür, diese Einstellungsmöglichkeit immer vorab zu bedenken.[11]

Abweichend von der Zustimmungsregelung in § 153 StPO gilt für die Einstellung gem. § 45 Abs. 1, dass immer ohne Zustimmung des Jugendrichters eingestellt werden kann. Der Wortlaut ist insoweit eindeutig.[12] Allerdings kommt diese Einstellung nur bei Vergehen (siehe § 4) in Betracht; daneben ist weiter die Geringfügigkeit der Schuld sowie

---

7 Siehe *Heinz/Hügel* 1987, 21 ff. sowie zusammenfassend *Heinz* 1990; bestätigt durch die Freiburger Kohortenstudie, siehe *Bareinske* 2004; siehe auch *Löhr-Müller* 2001, 145.
8 Siehe *Storz* 1992.
9 Siehe auch die Antwort der Bundesregierung auf eine Große Anfrage der SPD-Bundestagsfraktion, BT-Drucks. 13/8284, S. 104.
10 Siehe Thesen 20, 21 der Bundesarbeitsgemeinschaft für ambulante Maßnahmen nach dem Jugendrecht in: Ambulante sozialpädagogische Maßnahmen für junge Straffällige, 2. Aufl., DVJJ 14, S. 26. So das Ergebnis der Diversion in Österreich, siehe *Burgstaller/Grafl* 2006, 115.
11 Ebenso These 7 der Bundesarbeitsgemeinschaft für ambulante Maßnahmen nach dem Jugendrecht a. a. O. S. 22.
12 Ebenso *Dallinger/Lackner* § 45 Rn. 11, 18; *Brunner/Dölling* § 45 Rn. 17.

ein fehlendes öffentliches Interesse an der Verfolgung zu prüfen. Das öffentliche Interesse ist hierbei anders als im Erwachsenenstrafrecht zu konkretisieren, d. h., maßgebend ist insoweit auch hier die Individualprävention, und zwar bestimmend die positive Individualprävention (siehe Rn. 53). Deshalb spricht die Erkenntnis, dass Jugendkriminalität eine vorübergehende Erscheinung ist, die sich regelmäßig selbst reguliert, maßgeblich gegen ein öffentliches Interesse.[13] **Ein Geständnis ist nicht Voraussetzung**, sofern der Tat- und Schuldnachweis auf andere Weise geführt werden kann und der Beschuldigte nicht widerspricht.

1.4.2 Einstellung wegen Durchführung einer erzieherischen Maßnahme (§ 45 Abs. 2)

108 Gem. § 45 Abs. 2 ist – ebenfalls ohne Zustimmung des Richters – von der Verfolgung abzusehen, wenn erstens eine erzieherische Maßnahme bereits durchgeführt oder eingeleitet ist, zweitens der StA weder eine Beteiligung des Richters gem. § 45 Abs. 3 noch drittens die Erhebung der Anklage für erforderlich hält. Nach dem Wortlaut braucht die erzieherische Maßnahme nur eingeleitet, noch nicht durchgeführt zu sein. Da die Befolgung aber erst den gewollten Effekt erzielen kann, wird regelmäßig zumindest der Beginn der Durchführung abzuwarten sein.[14] Abweichend von § 45 Abs. 1 kann nach dieser Vorschrift jedes Delikt, auch ein Verbrechen, eingestellt werden. Ein Geständnis ist auch hier – im Unterschied zu § 45 Abs. 3 – nicht Voraussetzung.[15]

109 Die entscheidende Frage für diese Einstellungsmöglichkeit ist neben der Bewertung einer ausreichenden Prävention, wer die erzieherischen Maßnahmen anordnen darf und wie die JGH hierbei zu beteiligen ist. Eine Anordnungskompetenz haben formal nur Erziehungsberechtigte, d. h. Eltern, Erzieher im Rahmen des SGB VIII sowie der Familienrichter. Auch ohne eine ausdrückliche Anordnungskompetenz sind darüber hinaus alle Maßnahmen, die aufgrund der beschuldigten Straftat getroffen wurden, zu berücksichtigen. Entscheidend ist insoweit die präventive Wirkung, nicht die formale Anordnungsberechtigung. Wie auch immer die erzieherische Maßnahme zustande gekommen sein mag, maßgebend ist, dass eine weitere strafjustizielle Reaktion überflüssig ist. Eine andere Frage ist es, ob der beschrittene Weg rechtmäßig war. § 45 Abs. 2 gibt insoweit **keine Kompetenz, Sanktionen anzuordnen**, setzt vielmehr diese Anordnungskompetenz voraus. Dies gilt auch für die StA. Gem. § 45 Abs. 3 hat sie insoweit nur eine Anregungskompetenz an den Jugendrichter.[16] Demnach darf auch die StA nicht Sanktionen anordnen; dies gilt auch für andere als in § 45 Abs. 3 angeführte Sanktionen.[17] Durch § 45 Abs. 2 soll gerade der informellen Sozialkontrolle Vorrang vor der formellen Strafkontrolle eingeräumt werden, womit dem Subsidiaritätsprinzip entsprochen wird; dies gilt insbesondere für den Vorrang elterlicher Maßnahmen.[18]

110 In Grenzen ist jedoch der Weg erlaubt, dem Beschuldigten die Alternative Weiterverfolgung oder Einstellung nach Durchführung „angeregter" Maßnahmen anzubieten. Eine solche **Anregungskompetenz** kommt der StA zu.[19] Das Fehlen bzw. der Mangel einer

---

13 Siehe auch *Löhr* 1986, 137.
14 Siehe auch *Eisenberg* § 45 Rn. 19.
15 Siehe hierzu im Einzelnen Ostendorf/*Sommerfeld* § 45 Rn. 14.
16 Siehe auch *Bohnert* 1980, 1927 m. Fn. 1.
17 Ebenso *Dirnaichner* 1990, 386 f., 401 aus verfassungsrechtlicher Sicht, insbesondere im Hinblick auf das richterliche Sanktionsmonopol.
18 Siehe *Nothacker* 1985a, 345.
19 H. M., siehe *Feigen* 2008, 351; so auch die Begründung S. 24 zum Gesetzesentwurf 1. JGGÄndG, BT-Drucks. 11/5829; RL Nr. 3 zu § 45.

1. Diversion

Handlungskompetenz Jugendlicher/Heranwachsender speziell sowie allgemein die Drucksituation in einem Strafverfahren begründen aber die Gefahr, dass in Wirklichkeit doch justizieller Zwang ausgeübt, „angeordnet" wird. So ist die Freiwilligkeit bei Einschaltung von Teen Courts fragwürdig (siehe Rn. 122). Deshalb ist immer die Einschaltung der Erziehungsberechtigten und gesetzlichen Vertreter gefordert. Eine Zustimmung ist jedoch formal nicht notwendig, da mit der Sanktions-„Anregung" noch nicht in das Elternrecht hineinregiert wird.[20] Trotzdem ist ein Einvernehmen anzustreben.[21] Auch muss der Beschuldigte einverstanden sein. Die Mitwirkung der JGH ist nicht zwingend; andererseits kann die JGH zur Einleitung und Durchführung von Erziehungsmaßnahmen nach dem SGB VIII eingesetzt werden. Als staatsanwaltschaftliche Maßnahme kommt vor allem das Ermahnungsgespräch in Betracht, in dessen Rahmen erforderliche Maßnahmen primär von den Eltern getroffen werden.[22] Ein solches Ermahnungsgespräch ist zwar nicht ausdrücklich legitimiert und steht in enger Verwandtschaft zu der richterlichen Ermahnung gem. § 45 Abs. 3, ist aber im Hinblick auf die Entstehungsgeschichte der gesetzlichen Neufassung vom Willen des Gesetzgebers und der Teleologie der Diversion gedeckt.[23] Eine „Vorführung zur Ermahnung" im Wege einer Vorführung zur Vernehmung[24] wäre allerdings nicht nur ungesetzlich, sondern regelmäßig auch präventionsungeeignet. Unter Beachtung der gesetzlichen Funktionszuweisung gem. § 45 Abs. 3 dürfen die hier vorgesehenen Maßnahmen nicht von der StA selbstständig angeregt werden.[25] Auch wenn der Täter-Opfer-Ausgleich als eine Weisung gem. § 45 Abs. 3 vorgesehen ist, hat der Gesetzgeber das – freiwillige – Bemühen um den Ausgleich mit dem Verletzten gem. § 45 Abs. 2 S. 2 erzieherischen Maßnahmen gleichgesetzt, deren Prüfung im Rahmen der staatsanwaltlichen Diversion zu erfolgen hat. Wird – wie hier[26]– insoweit der StA eine Anregungskompetenz eingeräumt, erfasst diese Anregungskompetenz auch den Täter-Opfer-Ausgleich.[27] Es bleiben somit für die staatsanwaltliche Diversion neben dem Ermahnungsgespräch Anregungen zum Täter-Opfer-Ausgleich sowie Anregungen an die Erziehungsberechtigten zu erzieherischen Maßnahmen.

1.4.3 Absehen von der Verfolgung mit Einschaltung des Richters (§ 45 Abs. 3)

Im Rahmen der Einstellungsmöglichkeiten gem. § 45 kommt dem sog. formlosen Erziehungsverfahren gem. § 45 Abs. 3 erst der dritte Rang zu. Hierbei ist der Begriff des „formlosen Erziehungsverfahrens" schon ungenau, da mit der polizeilichen Vernehmung, der Einschaltung der JGH, insbesondere auch mit einem Ermahnungstermin im-

---

20 Siehe aber RL Nr. 3 zu § 45.
21 Siehe auch *Eisenberg* § 45 Rn. 20.
22 Zu diesem – zwischenzeitlich aufgegebenen – Lübecker Modell siehe *Pohl-Laukamp* 1983, 132 f. sowie *Sessar* 1986, 116 ff.
23 Siehe Begründung S. 24 zum Gesetzesentwurf 1. JGGÄndG, BT-Drucks. 11/5829; wie hier *P.-A. Albrecht* 1990, 42; D/S/S-*Sonnen*, 1. Aufl., § 45 Rn. 21; *Mann* 2004, 124; im Ergebnis auch *Böhm* 1992, 791: „erzieherisches Gespräch".
24 § 163a Abs. 3 StPO i. V. m. § 133 Abs. 2 StPO.
25 Ebenso M. *Walter* 1983, 61; *Schneider* 1992, 105; *Böhm* 1992, 790; D/S/S-*Sonnen*, 1. Aufl., § 45 Rn. 21; wohl auch *Eisenberg* § 45 Rn. 21; weitergehend *Schaffstein/Beulke/Swoboda* Rn. 757; sowie *Heinz* 1999a, 137; enger *van den Woldenberg* 1993, 156, die selbst Anregungen i. S. des § 45 Abs. 2 ausschließt.
26 A. M. *Weigend* 1993, 51; D/S/S-*Diemer* § 45 Rn. 18.
27 Dem entspricht, dass nach dem Gesetz zur verfahrensrechtlichen Verankerung des Täter-Opfer-Ausgleichs pp. v. 20.12.1999, BGBl. I, 2491, die StA in Bagatellsachen – § 153a Abs. 1 S. 7 StPO i. V. m. § 153 Abs. 1 S. 2 StPO – ohne Zustimmung des Gerichts die Weisung zu einem Täter-Opfer-Ausgleich erteilen kann.

mer auch Förmlichkeiten verbunden sind.[28] Formelle Voraussetzungen sind einmal das Geständnis des Beschuldigten, ein andermal die Sanktionsanordnung durch den Jugendrichter auf Anregung der StA. Das Geständnis ist als Beweismittel aber auf seine Glaubwürdigkeit zu prüfen, da falsche Geständnisse nicht auszuschließen sind. Geständnisse bei der Polizei, die grundsätzlich hier genügen, sind insoweit zu überprüfen. Insbesondere sind Selbstbeschuldigungen dahin zu prüfen, ob diese nicht bloß jugendliche Aufschneidereien darstellen. Es darf keinen Täter ohne einen Tatnachweis geben.[29] Die Anregung der StA und die Zustimmung des Jugendrichters sind einmal davon abhängig zu machen, ob eine der im § 45 Abs. 3 **enumerativ** aufgeführten Maßnahmen als die richtige Sanktion anzusehen ist, ein andermal, ob dieses Verfahren ausreichend, aber auch im Vergleich zu den anderen Einstellungsmöglichkeiten notwendig ist. Im Einzelnen sind die Ermahnung, die Arbeitsweisung, die Weisung, sich um einen Ausgleich mit dem Verletzten zu bemühen, die Weisung, an einem Verkehrsunterricht teilzunehmen sowie alle Auflagen gem. § 15 Abs. 1 zulässig. Eine Kombination ist erlaubt, regelmäßig aber unzweckmäßig, da damit die Wirkung der einzelnen Maßnahme verblasst,[30] immer ist das Verhältnismäßigkeitsprinzip zu beachten. Ob die JGH eingeschaltet werden sollte, ist in der Begründung zum 1. JGGÄndG[31] offen gelassen. Das Anliegen, das Verfahren beschleunigt zu beenden, unnötige Stigmatisierungen bei weiteren Instanzen der sozialen Kontrolle zu vermeiden sowie die Arbeitskraft der JGH für die wirklich betreuungsbedürftigen Fälle zu reservieren, spricht gegen die Einschaltung der JGH in diesen Fällen. In Zweifelsfällen sollte aber die JGH informativ befragt werden; Rechtsgrundlage ist insoweit § 38 Abs. 3 S. 1, da dann auch ein „ordentliches" Jugendstrafverfahren in Betracht kommt.

112 Der Richter braucht der Anregung des Jugendstaatsanwalts nicht zu folgen; er kann aber das Verfahren nur gänzlich ablehnen, sei es, dass er eine Hauptverhandlung, sei es, dass er eine andere Einstellungsart für erforderlich hält. Wenn er die vorgeschlagene Sanktionierung für falsch hält, so muss sich der Richter mit dem StA einigen oder den Antrag ablehnen. Die entgegengesetzte h. M. führt zu nicht lösbaren Problemen hinsichtlich der Bindungswirkung gem. § 45 Abs. 3 S. 2.[32] Wenn nämlich der StA wiederum mit der abweichenden Sanktionierung nicht einverstanden ist, so könnte er Anklage erheben, was nicht nur auf Seiten des Angeklagten auf Unverständnis stoßen müsste. Eine Bindung besteht gem. § 45 Abs. 3 S. 2 nur, wenn der Jugendrichter der Anregung folgt.[33]

1.4.4 Einstellung nach Anklageerhebung durch den Richter (§ 47 Abs. 1)

113 Nach Erhebung der Anklage kann das Verfahren aus vier Gründen eingestellt werden. Hinsichtlich der Einstellung gem. § 47 Abs. 1 S. 1 Nr. 1 wird auf die Voraussetzungen des § 153 StPO (geringe Schuld und fehlendes öffentliches Interesse) verwiesen. Hinsichtlich der Einstellung gem. § 47 Abs. 1 S. 1 Nr. 2 wird auf die Voraussetzungen des § 45 Abs. 2 verwiesen. Diese spezielle Regelung des Täter-Opfer-Ausgleichs hat Vorrang vor § 46a StGB (§ 2 Abs. 2). Nur wenn ein förmlicher Schuldspruch z. B. wegen

---

28 Siehe auch *M. Walter* 1983, 60.
29 Weitergehend *Weigend* 1993, 55, der die Geständnisvoraussetzung „für unvereinbar mit dem im Rechtsstaatsprinzip enthaltenen Verbot eines Zwanges zur Selbstbezichtigung" hält.
30 Siehe auch Ostendorf/*Ostendorf* § 8 Rn. 7.
31 BT-Drucks. 11/5829, S. 25.
32 A. M. *Dallinger/Lackner* § 45 Rn. 28; *Brunner/Dölling* § 45 Rn. 33; *Eisenberg* § 45 Rn. 29.
33 H. M., siehe *Dallinger/Lackner* § 45 Rn. 32, 36; *Brunner/Dölling* § 45 Rn. 37; *Eisenberg* § 45 Rn. 33.

der Tatschwere für erforderlich gehalten wird, kann in entsprechender Anwendung des § 46a StGB von Strafe abgesehen werden. Hinsichtlich der Einstellung gem. § 47 Abs. 1 S. 1 Nr. 3 wird auf die Voraussetzungen des § 45 Abs. 3 Bezug genommen. Im letzten Fall ist ein Geständnis Voraussetzung im Unterschied zu den anderen Einstellungsmöglichkeiten. Hinsichtlich der Einstellung gem. § 47 Abs. 1 S. 1 Nr. 4 kommt es auf die Voraussetzung der strafrechtlichen Verantwortlichkeit gem. § 3 nach Eröffnung des Hauptverfahrens an (Einzelheiten in Rn. 36 ff.). Wenn allein die Schuldunfähigkeit gem. § 20 StGB festgestellt wird, so ist schon die Eröffnung des Hauptverfahrens abzulehnen oder im Urteil freizusprechen.[34]

Die Entscheidung über eine Einstellung gem. § 47 Abs. 1 steht dem Richter zu. Sie bedarf der Zustimmung der StA (§ 47 Abs. 2 S. 1). Eine Zustimmung des Angeschuldigten/Angeklagten ist nicht erforderlich; dies folgt aus der Unanfechtbarkeit.[35]   114

Die in der Praxis teilweise schon seit den 1930er Jahren praktizierte[36] und in der Rechtslehre ganz überwiegend akzeptierte[37] „**Einstellung zur Bewährung**" hat mit dem 1. JGGÄndG ihre gesetzliche Grundlage erhalten. Neben der Aussetzung des Verfahrens gem. den §§ 202, 228 StPO wird gem. § 47 Abs. 1 S. 2 die vorläufige Einstellung erlaubt, damit der Jugendliche innerhalb einer vom Gericht festgesetzten Frist, die sechs Monate nicht übersteigen darf, Auflagen, Weisungen oder erzieherische Maßnahmen nachkommt. In der Begründung zu der Gesetzesänderung heißt es:[38] „Dem Bedürfnis der Praxis trägt die neue Regelung in Abs. 1 S. 2 Rechnung. Sie erfolgt auch aus der Befürchtung heraus, dass andernfalls die Erfüllung sinnvoller erzieherischer Maßnahmen vom Richter nicht mehr kontrolliert werden kann und er allein aus diesem Grund von einer Einstellung absieht." Mit der Erweiterung der Einstellungsmöglichkeiten um die „Einstellung zur Bewährung" geht aber gleichzeitig auch eine Ausdehnung der Kontrolle einher. Damit wird zugleich dem Ziel einer informellen und schnellen Erledigung des Verfahrens entgegengewirkt. Trotz der gesetzgeberischen Erlaubnis ist daher zunächst der Versuch einer **kooperativen Sanktionierung** zu bedenken (siehe Rn. 56). Der Verzicht auf einen Erziehungszwang durch den sog. Ungehorsamsarrest wird ansonsten allzu schnell unterlaufen.   115

1.4.5 Verfahrenseinstellungen außerhalb des JGG

1.4.5.1 Einstellungen gem. § 170 Abs. 2 StPO

Einstellungen gem. § 170 Abs. 2 StPO aus tatsächlichen oder rechtlichen Gründen haben unbedingten Vorrang. Der Verführung, mit einer Einstellung gem. § 45 noch ungelösten Problemen aus dem Weg zu gehen, muss widerstanden werden, vor allem auch im Hinblick auf die Eintragungspflicht in das Erziehungsregister. Der Vorrang der Einstellung gem. § 170 Abs. 2 StPO gilt auch für Zweifel hinsichtlich der strafrechtlichen Verantwortlichkeit gem. § 3.   116

---

34 Siehe auch *Brunner/Dölling* § 47 Rn. 10; *Eisenberg* § 47 Rn. 12, siehe auch Rn. 34.
35 Siehe § 47 Abs. 2 S. 3; siehe auch BVerfG v. 27. 1. 1983, Az. 2 BvR 92/83; *Brunner/Dölling* § 47 Rn. 14.
36 Siehe *Hoefer* 1931, 14 ff.; *Clostermann* 1938, 827 ff.; a. M. aber noch zuletzt LG Berlin NStZ 1987, 560 m. abl. Anm. von *Eisenberg*.
37 *Dallinger/Lackner* § 47 Rn. 18, 19; *Raben* 1981, 198; *Böhm* 1985b, 69; *Schweckendieck* 1988, 276 ff.
38 BT-Drucks. 11/5829, S. 26.

1.4.5.2 Einstellungen gem. § 153 StPO

117 Eine Einstellung **unmittelbar** gem. § 153 StPO scheint durch § 45 Abs. 1 nicht nur ausgeschlossen, sondern auch überflüssig. Die selbstständige Prüfung ist demgegenüber mit Rücksicht auf die Eintragungspflicht gem. § 60 Abs. 1 Nr. 7 BZRG im Unterschied zu der unmittelbaren Anwendung angebracht und notwendig. In der Rechtslehre wird z. T. danach differenziert, ob eine Zustimmung des Gerichts vorliegt; in diesem Fall soll eine unmittelbare Anwendung des § 153 StPO erlaubt sein, um die Jugendlichen/Heranwachsenden nicht gegenüber den Erwachsenen zu benachteiligen.[39] Darüber hinaus ist § 153 StPO generell Vorrang als der weniger belastenden Maßnahme einzuräumen.[40] Nur wenn aus Präventionsgründen vom Jugendstaatsanwalt eine Eintragung im Erziehungsregister für notwendig erachtet wird, ist gem. § 45 Abs. 1 zu verfahren. Bei unmittelbarer Anwendung des § 153 StPO sind die dortigen Zustimmungserfordernisse – abweichend von der Regelung gem. § 45 Abs. 1 – zu beachten.

1.4.5.3 Einstellungen gem. § 153a StPO

118 Gegenüber der Einstellung gem. § 45 Abs. 1 und 2 ist § 153a StPO die subsidiäre Bestimmung i. S. des § 2.[41] Neben § 45 Abs. 3 kann § 153a StPO zur Anwendung kommen, wenn die in § 45 Abs. 3 aufgeführten Maßnahmen nicht „passen". So lautete auch die RL a. F. Nr. 5 S. 2 zu § 45.[42] Unzulässig ist es aber, die Voraussetzung eines Geständnisses gem. § 45 Abs. 3 mit der Anwendung des § 153a StPO zu umgehen,[43] mag das Geständnis als Einstellungsvoraussetzung auch noch so zweifelhaft und im § 153a StPO hierauf aus gutem Grund verzichtet worden sein. Im jugendstrafrechtlichen Einstellungsverfahren verlangt der Gesetzgeber für die in § 45 Abs. 3 vorgesehenen Maßnahmen gleichzeitig das Geständnis; eine andere Auslegung verstößt contra legem.

1.4.5.4 Einstellungen gem. den §§ 153b Abs. 1; 153c Abs. 1, 2, 4; 153d; 153e Abs. 1; 154 Abs. 1; 154a Abs. 1; 154b; 154c StPO

119 Die weiteren Einstellungsmöglichkeiten nach der StPO werden nicht von der Sonderregelung in § 45 angetastet; sie bleiben daneben bestehen, wobei insbesondere die §§ 154 Abs. 1, 154a Abs. 1 StPO praktische Bedeutung haben.[44] Bei vermehrten Ausweisungen von Ausländern/Asylbewerbern wird auch § 154b vermehrt Bedeutung erlangen.

1.4.5.5 Einstellung gem. § 31a BtMG und Absehen von der Verfolgung gem. den §§ 38 Abs. 2, 37 Abs. 1 S. 1 und 2 BtMG

120 Mit dem Gesetz zur Änderung des Betäubungsmittelgesetzes, das am 9.9.1992 in Kraft getreten ist (BGBl. I, 1593), wurde u. a. der § 31a BtMG eingeführt, mit dem der StA eine Einstellungskompetenz über § 153 Abs. 1 S. 2 StPO hinaus zugewiesen wird.

---

39 Nothacker 1982, 61; *Eisenberg* § 45 Rn. 10 f.
40 Ebenso *Bohnert* 1980, 1931; *Kaiser* 1982, 104; D/S/S-*Sonnen*, 1. Aufl. § 45 Rn. 15; LG Itzehoe StV 1993, 537 m. zust. Anm. von *Ostendorf*; a. M. LG Aachen NStZ 1991, 450 m. abl. Anm. von *Eisenberg*; *Böhm* 1992, 778 ff.; *Brunner/Dölling* § 45 Rn. 3; D/S/S-*Diemer* § 45 Rn. 9; *Burscheidt* 2000, 75.
41 Siehe *Nothacker* 1982b, 61.
42 A. M. *Brunner/Dölling* § 45 Rn. 3 m. w. N.
43 So aber *Bohnert* 1980, 1931; *Nothacker* 1982b, 62; *Eisenberg* § 45 Rn. 12.
44 H. M., siehe *Brunner/Dölling* § 45 Rn. 3 b; *Eisenberg* § 45 Rn. 13–15; *Keiser* 2002, 986; z. T. abweichend *Bohnert* 1980, 1930; nachfolgend *Wolf* 1984, 332.

1. Diversion

Nach der Gesetzesbegründung[45] sollen damit weitreichende Einstellungsmöglichkeiten für die StA in „Konsumentenverfahren" geschaffen werden.[46] Diese Einstellungsnorm hat im Hinblick auf ihre Spezialität Vorrang vor den §§ 45, 47.

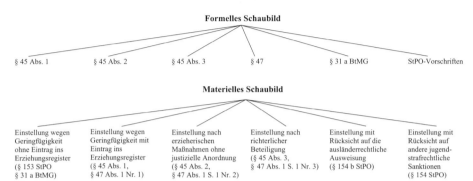

1.4.6 Polizeidiversion

Eine „**Polizeidiversion**" ist abzulehnen, soweit die Maßnahmen nicht präventiv-polizeilicher Natur sind. Als solche kommen in Betracht: die Weisung, das Mofa in einen ordnungsgemäßen Zustand zu versetzen, nachdem es durch einen Ritzelaustausch schneller und damit führerscheinpflichtig gemacht wurde; die Weisung, bei einem Verstoß gegen das Pflichtversicherungsgesetz den Nachweis einer Nachversicherung zu erbringen. Weiterhin haben Vernehmungen in der Polizeipraxis häufig auch Ermahnungscharakter, wobei die damit angesprochene Drohung als staatliche Reaktion genügen kann. Rechtsstaatswidrig ist es jedoch, wenn nach verschiedenen Modellen der Polizei ausdrücklich die Kompetenz zu derartigen Ermahnungen und zu „Anregungen" für erzieherische Maßnahmen zugesprochen wird.[47] Dies bedeutet eine Kompetenzverlagerung von der StA bzw. dem Gericht auf die Polizei. Ohne dass die Schuld des Beschuldigten justiziell festgestellt oder auch nur von der StA geprüft wurde, wird dann bereits von der Polizei eine Sanktion eingeleitet. Dies widerspricht sowohl dem rechtsstaatlichen Gewaltenteilungsprinzip (Art. 20 Abs. 2 GG) als auch der Unschuldsvermutung (Art. 6 Abs. 2 EMRK).[48] Zwar braucht der Beschuldigte der „Anregung" nicht zu folgen; faktisch wird hier aber auf die Jugendlichen/Heranwachsenden ein Druck ausgeübt, dem sie schwer widerstehen können. Hierbei muss die Gefahr gesehen werden, dass Geständnisse unter Hinweis auf die mögliche Einstellung bzw. das ansonsten drohende förmliche Jugendstrafverfahren „herausgeholt" werden. Tendenziell werden in einzelnen Diversionsrichtlinien wie z. B. in Berlin[49] und in Schleswig-Holstein[50] justizielle Kompetenzen auf die Polizei verlagert und Gefahren einer Vermischung von Er-

---

45 BT-Drucks. 12/934, S. 5.
46 Siehe auch BVerfG StV 1994, 295.
47 Ebenso *Mann* 2004, 107; *Grote* 2006, 72; *Sessar* 2009, 564; HK-JGG/*Blessing* § 45 Rn. 22.
48 Ebenso *Laubenthal/Baier/Nestler* Rn. 312.
49 Nr. C. I., siehe DVJJ-Journal 1999, 203; abl. *Herrlinger* 1999a, 1999b; *Goeckenjan* 2005, 144: „Verstoß gegen Kompetenzregelungen des § 45 JGG"; positiv resümierend *Haustein/Nithammer* 2001, 83 ff.
50 Nr. 3.1, siehe DVJJ-Journal 1998, 261; abl. *Engel* 1998, 257; zu entsprechenden Praxisergebnissen siehe die Auswertung von *Grote* 2006, 314 ff.; siehe auch *Ostendorf* 2003b, 135 ff.

mittlungs- und Sanktionskompetenzen begründet. Dem entspricht der einstimmige Beschluss auf der Justizministerkonferenz 7./9.6.1999 in Baden-Baden: „Die Justizministerinnen und -minister teilen die Ansicht, dass es in vielen Fällen sinnvoll sein kann, bereits im ersten Vernehmungsgespräch normverdeutlichend auf den Jugendlichen einzuwirken. Soweit hierdurch Diversionsentscheidungen präjudiziert werden könnten, bedarf es dabei der Verständigung mit der StA, der die Sachleitungsbefugnis auch im Jugendverfahren obliegt". Eine „einstellungsorientierte Ermittlungstätigkeit" der Polizei[51] setzt eine enge Absprache mit der Staatsanwaltschaft voraus. Ausländische Modelle einer Polizeidiversion sind aufgrund einer anderen tradierten Aufgabenverteilung zwischen Polizei und Staatsanwaltschaft[52] nicht übertragbar.

1.4.7 Teen Courts

122 Im „Kriminalpädagogischen Schülerprojekt Aschaffenburg" werden seit 2000 unter Anleitung und Aufsicht der Staatsanwaltschaft Schüler zur Ahndung von Straftaten Jugendlicher eingesetzt, indem im Rahmen eines Gesprächs über die Tat in Übereinstimmung mit den Beschuldigten eine pädagogische Maßnahme festgesetzt wird.[53] An anderen Orten hat dieses Projekt Nachahmung gefunden.[54] Die Idee der Konfliktbewältigung durch andere Jugendliche ist in den USA in Form der Teen Courts geboren und gewinnt eine zunehmende Bedeutung. So positiv der Ansatz der autonomen Konfliktregelung unter Jugendlichen ist, z. B. durch Schülerkonfliktlotsen, so fallen die Sanktionen an Teen Courts in der Regel härter aus als an regulären Jugendgerichten.[55] Die ungewöhnliche „Richterrolle" begünstigt offensichtlich ungewöhnliche Strafbedürfnisse. Auch kann die Freiwilligkeit der Teilnahme gerade im Hinblick auf die ansonsten angedrohten Konsequenzen von Seiten der Staatsanwaltschaft in Zweifel gezogen werden.[56] Zusätzlich können mit Teen Courts die Bedeutung und Ernsthaftigkeit des Strafverfahrens „heruntergespielt" werden. Das Strafrecht sollte in den Händen von Fachleuten bleiben.[57]

---

51 Hierzu *Feltes/Ruch* 2015, 317.
52 Zur Polizeiverwarnung in England siehe *Jasch* 2004, 1078.
53 Siehe *Sabass* 2004. Zur positiven Legalbewährung aufgrund von Rückfalluntersuchungen siehe *Schöch/Traulsen* 2009, 19 ff. sowie *Englmann* 2009, 408 f.
54 Siehe *Breymann* 2007, 4; *Block/Kolberg* 2007, 8; zu drei bayerischen Projekten *Schöch/Traulsen* 2007, 379 ff.; *Englmann* 2009, 1; zum Augsburger Projekt *Schöch/Traulsen* 2012, 507 ff.; siehe auch bereits *Ostendorf* 2006c, 385.
55 Siehe *Sabass* 2004, 30. *Schöch/Traulsen* 2012, 512 stellen fest, dass Reaktionen im privaten Umfeld, insbesondere Sanktionen der Eltern, von den Schülergerichten häufig nicht berücksichtigt werden.
56 Siehe auch *Englmann* 2009, 115 f., 406.
57 Ablehnend aus rechtsstaatlichen und kriminologischen Gründen *Sydow* 2003, 295 ff.; *Breymann* 2007, 4; *Plewig* 2008, 237 ff.; HK-JGG/*Blessing* § 45 Rn. 36; *Sessar* 2009, 565 f.; ablehnend aus primär arbeitsökonomischen Gründen *Rautenberg* 2006, 2749; siehe auch *Streng* Rn. 182 sowie *Laubenthal/Baier/Nestler* Rn. 312.

1. Diversion

1.5 Justizpraxis

Die Einstellungen gem. den §§ 45, 47 haben in der Praxis eine große Bedeutung: 123

Verhältnis der Verurteilungen zu den Einstellungen gem. §§ 45, 47 JGG			
	Entscheidungen zusammen	Verurteilungen	Einstellungen
1980*	234 908	132 649	102 259 (43,5 %)
1985	242 762	119 126	123 636 (50,9 %)
1990	201 463	78 463	123 000 (61,1 %)
1995**	230 552	76 731	153 821 (66,7 %)
2000	277 929	93 840	184 089 (66,2 %)
2005	348 267	106 655	241 612 (69,4 %)
2010	307 628	108 464	199 164 (64,7 %)
2015	263 141	65 342	197 799 (75,2 %)

* alte Bundesländer
** ab 1995 alte Bundesländer mit Einschluss Gesamt-Berlin

Einstellungspraxis gem. den §§ 45, 47 im Zeitvergleich
(Prozentangaben bezogen auf alle Einstellungen gem. §§ 45, 47)

Jahr	Verurteilte	Absehen v. d. Verfolgung mit richterl. Mitwirkung (§ 45 Abs. 3*)		Absehen v. d. Verfolgung ohne richterl. Zustimmung (§ 45 Abs. 1 + 2**)		Einstellungen durch den Richter (§ 47)	
	N	N	%	N	%	N	%
1954	43 405	6 648	–	–	–	2 301	–
1960	67 391	11 732	–	–	–	3 130	–
1970	89 593	19 214	–	–	–	9 071	–
1980	132 649	26 000	25,4	29 000	28,4	47 259	46,2
1985	119 126	16 000	12,9	58 000	46,9	49 636	40,1
1990	78 463	11 000	8,9	77 000	62,6	35 000	28,5
1995	76 731	10 344	6,7	105 294	68,5	38 183	24,8
				§ 45 Abs. 1	%	§ 45 Abs. 2	%	
2000	93 840	21 199	10,5	62 255	30,7	77 623	38,3	41 403	20,4
2005	106 655	11 967	5,1	88 493	37,7	95 010	40,5	39 171	16,7
2010	108 464	7 970	3,1	95 883	37,8	104 778	41,3	45 097	17,8

IV. Besonderheiten des Jugendstrafverfahrens

Jahr	Verur- teilte	Absehen v. d. Verfolgung mit richterl. Mit- wirkung (§ 45 Abs. 3*)		Absehen v. d. Verfolgung ohne richterl. Zustimmung (§ 45 Abs. 1 + 2**)		Einstellungen durch den Richter (§ 47)	
	N	N	%	N	%	N	%
2015	65 342	3 980	2,0	96 541	48,8	64 679	32,7	32 599	16,5

* vor dem 1. JGGÄndG (1990): § 45 Abs. 1
** vor dem 1. JGGÄndG (1990): § 45 Abs. 2

<u>Anmerkungen:</u> Über die Praxis gem. § 45 Abs. 2 liegen erst seit dem Ende der 1970er Jahre Angaben aus der Staatsanwaltsstatistik vor. Bei den Angaben zu § 45 Abs. 1 und Abs. 2 handelt es sich bis 1990 nur um Nähe- rungswerte, da die Zahlen der Staatsanwaltschaftsstatistik hoch- und umgerechnet werden mussten.

<u>Quellen:</u> Angaben zu § 45 bis 1980: Statistische Landesämter von Baden-Württemberg, Bayern, Bremen, Ham- burg, Niedersachsen, Nordrhein-Westfalen, Rheinland-Pfalz und Saarland: Unveröffentlichte Maschinentabel- len der Staatsanwaltschaftsstatistik 1980; Angaben zu § 45 ab 1985: Statistisches Bundesamt, Arbeitsunterlage „Staatsanwaltschaften" (heutige Fachserie 10 Reihe 2.6, Tab. 2.2); Angaben zu Verurteilten sowie § 47: Straf- verfolgungsstatistik des Statistischen Bundesamts (heutige Fachserie 10, Reihe 3, Tab. 2.2)

<u>Gebiet:</u> bis 1990 alte Länder, ab 1995 alte Länder einschl. Gesamt-Berlin, ab 2011 Gesamtdeutschland

Entsprechend den gesetzgeberischen Vorgaben hat sich die Diversion immer mehr auf die Ebene der StA verlagert.

Bei alledem zeigen sich erhebliche Unterschiede im Ländervergleich:

Diversionsraten im Jugendstrafrecht nach Ländern, 2010

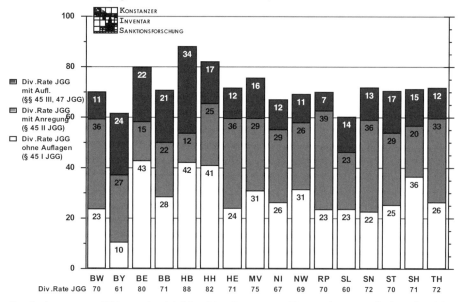

(Anteile der staatsanwaltlichen und gerichtlichen Einstellungen gem. §§ 45, 47 bezogen auf informell und for- mell Sanktionierte insgesamt)

1. Diversion

Das **Anklage- und Verurteilungsrisiko** ist abgesehen vom Entdeckungsrisiko somit im Ländervergleich **sehr unterschiedlich**.[58] Dies gilt insbesondere bei mehrfach Auffälligen.[59] Hierzu tragen auch die unterschiedlichen Diversionsrichtlinien bei.[60]

1.6 Kriminalpolitische Forderungen

Solange Einstellungen gem. § 45 in das Erziehungsregister eingetragen werden, ist de lege ferenda die Einführung eines Zustimmungserfordernisses zu verlangen, da gegen eine solche Einstellung kein Rechtsmittel zur Verfügung steht (§§ 304, 305 S. 1 StPO). Auch muss der Beschuldigte die Kosten seines Wahlverteidigers tragen (Umkehrschluss aus § 467a StPO). Allerdings sollten die Einstellungen nicht von der Zustimmung der Eltern abhängig gemacht werden, da mit strafjustiziellen Eingriffen auch mangelnde Erziehungseingriffe kompensiert werden sollen.[61] Das Zustimmungserfordernis der StA in der Hauptverhandlung (§ 47 Abs. 2 S. 1) könnte aufgehoben werden; allerdings bedingt die Anklagekompetenz dann ein Beschwerderecht der StA.[62] Weitergehende Forderungen nach einer Formalisierung des Rechtsweges mit Einführung eines Widerspruchsverfahrens[63] oder eines richterlichen Überprüfungsverfahrens[64] widersprechen der Zielsetzung der Diversion i. S. einer informellen Verfahrenserledigung.[65] Die Voraussetzung „rechtswirksam erteilte Zustimmung", die bei konkreten Maßnahmen zudem praktisch umgesetzt wird, würde auch den Mindestgrundsätzen der Vereinten Nationen (Nr. 11.3) genügen.[66]

124

Weiterhin sollte die Eintragung im Erziehungsregister gestrichen werden, dies gilt zumindest für Einstellungen gem. § 45 Abs. 1, Abs. 2.[67] Der Arbeitskreis III/2 des 22. Dt. Jugendgerichtstages hat sich „zur Zeit noch" für eine Eintragung der Einstellung gem. § 45 Abs. 2 ausgesprochen, wobei allerdings die Tilgungsfristen erheblich verkürzt werden sollen.[68] Um das Kriterium „Ersttäter" bzw. „Serientäter" prüfen zu können, wird in der Zukunft eine EDV-gestützte Aktenverarbeitung mit Abfragemöglichkeiten für die jeweils bearbeitende StA genügen.

58　Siehe auch *Feigen* 2008, 353–355.
59　Siehe *Spiess* 2012, 297.
60　Abgedruckt bei Ostendorf/*Sommerfeld/Schady* Grdl. z. §§ 45 und 47 Rn. 8. Für eine gesetzliche Vereinheitlichung *Linke* 2010b, 614.
61　A. M. aber *van den Woldenberg* 1993, 175.
62　Ebenso Zweite Jugendstrafrechtsreformkommission der DVJJ, 2002, DVJJ-Extra, Nr. 5, S. 53.
63　*Van den Woldenberg* 1993, 178 ff.; *Heinz* 1993, 372; *Goeckenjan* 2005, 152 ff.
64　*Breymann* 1997, 83.
65　Ausführlicher *Ostendorf* 1999b, 635; abl. ebenso die Zweite Jugendstrafrechtsreformkommission der DVJJ, DVJJ-Extra, Nr. 5, 2002, S. 60; zust. *Mann* 2004, 134; siehe auch BVerfG v. 27. 1. 1983, Az. 2 BvR 92/83.
66　ZStW 99 [1987], 266, 267.
67　Ebenso Thesen des Arbeitskreises III auf dem 18. Dt. Jugendgerichtstag, DVJJ 12 [1981], 203 hinsichtlich nicht geständiger Beschuldigter; These IV des Arbeitskreises IV auf dem 19. Dt. Jugendgerichtstag, DVJJ 13 [1984], 231; Stellungnahme der Arbeitsgruppe Jugendrecht, Universität Bremen, zum Arbeitsentwurf eines Gesetzes zur Änderung des Jugendgerichtsgesetzes, 1983, S. 11; eine vom Hamburger Senat eingesetzte Arbeitsgruppe der Bürgerschaft der Freien und Hansestadt Hamburg, Drucks. 11/5530, S. 13; *H. E. Müller* 1996, 447; a. M. *Böhm* 1992, 782 f.
68　DVJJ-Journal 4/1992, S. 283; siehe auch *Böhm* 1992, 782; *Heinz* 1993, 374.

2. Untersuchungshaft

2.1 Gesetzesziel

125 Mit der Untersuchungshaft soll das Strafverfahren gesichert werden. Die Untersuchungshaft ist ein **vorläufiger Freiheitsentzug zur Durchführung des Strafverfahrens**, damit darf eine Strafe nicht vorweg genommen werden. Eine Verdachtsstrafe würde gegen die **Unschuldsvermutung**[69] verstoßen. Über die Sicherung des Strafverfahrens hinausgehend wird mit § 112a StPO eine präventive Zielsetzung verfolgt, neue Straftaten zu verhindern. Die verfassungsrechtlichen Bedenken[70] müssen zu einer restriktiven Normanwendung führen.[71] Erklärtes Ziel des Gesetzgebers ist, die Untersuchungshaft bei Jugendlichen zu vermeiden. Dies folgt aus den zusätzlichen gesetzlichen Voraussetzungen,[72] aus der Haftentscheidungshilfe gem. § 72a sowie aus der Pflichtverteidigung bei Untersuchungshaft gem. § 68 Nr. 4 sowie gem. § 140 Abs. 1 Nr. 4 StPO.

2.2 Gesetzliche Voraussetzungen

126 Wie im Erwachsenenrecht (siehe § 2 Abs. 2) müssen für die Untersuchungshaft bei Jugendlichen und Heranwachsenden drei Voraussetzungen geprüft und bejaht werden (§ 112 Abs. 1 StPO):

1. Dringender Tatverdacht
2. Haftgründe
3. Verhältnismäßigkeit (siehe § 112 Abs. 1 StPO).

Hinsichtlich der Verhältnismäßigkeit ist umstr., ob diese eine materielle Voraussetzung darstellt[73] oder ihr Fehlen „nur" ein Haftausschließungsgrund,[74] was Auswirkungen auf Zweifelsfälle haben kann: Bei Zweifel an der Verhältnismäßigkeit könnte nach der zweiten Ansicht U-Haft angeordnet werden.[75]

Die Haftgründe sind in § 112 Abs. 2 und 3 StPO sowie in § 112a StPO aufgeführt.

Haftgründe

| Flucht oder Fluchtgefahr (§ 112 Abs. 2 Nr. 1, 2 StPO) | Verdunkelungsgefahr (§ 112 Abs. 2 Nr. 3 StPO) | Schwere des Delikts (§ 112 Abs. 3 StPO) | Wiederholungsgefahr (§ 112a StPO) |

Bei Heranwachsenden kommt im Falle des beschleunigten Verfahrens gem. den §§ 417 ff. StPO (siehe Rn. 150) der Haftgrund der „Hauptverhandlungshaft" gem. § 127b StPO hinzu.

---

69 Siehe Art. 6 Abs. 2 EMRK.
70 Siehe BVerfGE 19, 342; 35, 185; *Roxin/Schünemann* 2012, § 30 Rn. 10; SK-*Paeffgen*, Stand Aug. 2005 § 112a Rn. 4f.
71 Siehe *Nerèe* 1993, 218; OLG Frankfurt StV 2000, 209.
72 Siehe § 72 Abs. 1, Abs. 2.
73 Dölling/Duttge/Rössner-*Laue* § 112 Rn 7.
74 *Beulke* 2016, Rn 216.
75 *Kindhäuser* 2013, § 9 Rn 35.

2. Untersuchungshaft

Hinsichtlich des Haftgrunds der Fluchtgefahr, der in der Praxis am häufigsten angenommen wird (über 90 %), sind die gegenüber Erwachsenen eingeschränkten Fluchtmöglichkeiten Jugendlicher/Heranwachsender zu bedenken. Zusätzlich spricht gegen eine Fluchtgefahr, dass junge Menschen noch stärker in ihrem sozialen Umfeld eingebunden sind. Wenn sie untertauchen, dann regelmäßig in ihrem Milieu bei Freunden und Bekannten. Für 14- und 15-Jährige sind die Voraussetzungen für die Annahme einer Fluchtgefahr gem. § 72 Abs. 2 erhöht. Solange der Jugendliche nicht bei seinen Eltern oder aus einer anderen Wohnung ausgezogen ist, hat er noch einen festen Wohnsitz; allein ein nächtliches Herumtreiben reicht nicht aus, um Untersuchungshaft anzuordnen.[76] Hinsichtlich der Verhältnismäßigkeitsprüfung wird bei Jugendlichen generell verlangt, dass im Haftbefehl zu begründen ist, warum eine andere Maßnahme, insbesondere die einstweilige Unterbringung in einem Jugendhilfeheim, nicht ausreichend ist und die Untersuchungshaft verhältnismäßig ist (§ 72 Abs. 1 S. 3). Hierbei sind die besonderen Belastungen des Vollzugs für Jugendliche zu berücksichtigen (§ 72 Abs. 1 S. 2). § 72 gilt nicht für Heranwachsende (siehe § 109 Abs. 1).

2.3 Justizpraxis

Die Untersuchungshaft wird bei Jugendlichen, insbesondere bei Heranwachsenden im Hinblick auf die Zielsetzung des Gesetzgebers verhältnismäßig häufig eingesetzt.

127

Jugendliche, Heranwachsende und Erwachsene in Untersuchungshaft pro 100 000 der Altersgruppe						
Jahr	Jugendliche		Heranwachsende		Erwachsene	
	absolut	pro 100 000	absolut	pro 100 000	absolut	pro 100 000
1970	761	23,4	1754	71,2	10523	24,8
1980	822	19,3	2124	61,7	12267	27,6
1990	381	15,1	1309	53,2	12380	25,0
1995	892	24,9	2199	85,4	16696	26,4
2000	903	24,7	2120	74,3	14501	22,7
2005	652	17,2	1545	53,9	13029	20,0
2010	468	14,5	1026	36,2	9447	14,4
2016	408	12,7	1182	45,3	11799	15,4

(Quelle: Statistisches Jahrbuch 2011, Tabellen 2.8, 10.17 Gebiet: bis 1990 alte Länder; ab 1995 Gesamtdeutschland; für 2010 und 2016: Bestand der Gefangenen und Verwahrten am Stichtag 31. März; GENESIS-Online Datenbank, Code 12411-0005, abrufbar unter: https://www-genesis.destatis.de/genesis/online/link/tabellen/12411*)

Von 1990 auf 1995 zeigt sich ein deutlicher Anstieg der U-Haftzahlen, wobei die U-Haftquote 1970 schon ähnlich hoch war. Danach haben sich die Zahlen auf einem hohen Niveau eingependelt, sind in den letzten Jahren ebenso deutlich wiederum zurückgegangen. Der Anteil im Vergleich zu Strafhaft liegt im Vergleich zu Erwachsenen er-

---

[76] Wie hier für eine restriktive Auslegung des Begriffs der Fluchtgefahr bei jugendlichen Beschuldigten OLG Hamm StV 1996, 275.

heblich höher: Bei Jugendlichen ist das Verhältnis U-Haft: Strafhaft etwa 1:1, bei Heranwachsenden etwa 1:1,5 und bei Erwachsenen etwa 1:4.[77] Die Behauptung, dass im Jugendstrafrecht sog. **apokryphe Haftgründe** (mit-)bestimmend sind,[78] kann sich auf diesen statistischen Vergleich stützen. So darf die Untersuchungshaft auch nicht zur „Intensivtäterbekämpfung" eingesetzt werden.[79]

Der vorgegebene Haftgrund der Fluchtgefahr ist somit häufig nicht real, verdeckt wird der Haftgrund der Wiederholungsgefahr, für den die Voraussetzungen des § 112a StPO fehlen.[80]

128 Dauer der Untersuchungshaft in % der abgeurteilten Untersuchungsgefangenen in den Jahren 1980, 1990, 2000, 2010 und 2015

Haftdauer	1980	1990	2000	2010	2015
bis 1 Monat	40,7	37,8	35,6	26,6	21,6
1 bis 3 Monate	26,6	24,0	23,3	23,1	25,8
3 bis 6 Monate	18,6	19,5	22,4	26,5	29,7
6 bis 12 Monate	11,2	13,0	14,5	18,4	17,2
mehr als 12 Monate	3,4	4,9	4,3	5,4	5,7
U-Haft insgesamt (N=100 %)	37238	27553	36683	26967	27101
davon mehr als 6 Monate	14,6	17,9	18,8	23,8	22,9

(Quelle: Statistisches Bundesamt, Strafverfolgung (Fachserie 10 Reihe 3, Tab. 6.1))

Einzeluntersuchungen haben eine durchschnittliche Dauer der U-Haft für Jugendliche und Heranwachsende von zwei bis drei Monaten ergeben.[81]

---

77 Zu früheren Verhältnissen siehe *Dünkel* 1994, 21; siehe auch *H.-J. Albrecht* 2002, 42.
78 Siehe *Seebode* 1985, 65 ff.; *Hotter* 2004, 315; *Kamann* 2009, Rn. 308 spricht von „der Herrschaft der apokryphen Haftgründe"; w. N. bei Ostendorf/*Sommerfeld* § 72 Rn. 4.
79 Zur Kritik am Berliner Modell siehe *Ostendorf* 2007b, 300.
80 Siehe hierzu *Kowalzyck* 2002, 303, wonach in Mecklenburg-Vorpommern der Haftgrund der Wiederholungsgefahr dominiert; siehe auch *Dünkel* 1985, 163.
81 *Pfeiffer* 1988, 33: durchschnittlich drei Monate mit einer Schwankungsbreite in den einzelnen LG-Bezirken von 1,4 bis 5,3 Monaten; *Jehle* 1995, 74; für Thüringen in den Jahren 1994/1995 ca. zweieinhalb Monate, siehe *Will* 1999, 53.

2. Untersuchungshaft

Verfahrensausgang bei Jugendlichen/Heranwachsenden mit U-Haft

Sanktionen:	n	1989 %	n	1990 %	n	1991 %
Freiheits- und Jugendstrafe o. Bewährung	1.632	39,6	1.567	33,9	1.833	36,2
Freiheits- und Jugendstrafe mit Bewährung	1.472	35,7	1.447	31,3	1.722	34,0
ambulante Sanktionen*	1.019	24,7	1.608	34,8	1.507	29,8
Gesamt	**4.123**	**100**	**4.622**	**100**	**5.062**	**100**

* Geldstrafe, jugendstrafrechtliche Erziehungsmaßregeln, Zuchtmittel sowie andere gerichtliche Entscheidungen (ohne Freisprüche)
(Quelle: *Jehle* Entwicklung der Untersuchungshaft bei Jugendlichen und Heranwachsenden vor und nach der Wiedervereinigung, hrsg. v. BMJ, 1995, S. 79)

Nach der Untersuchung von *Zender* erhielten 94 % der männlichen Beschuldigten Haftstrafen und 85 % der weiblichen Beschuldigten, wovon bei den Männern 51 % und bei den Frauen 76 % zur Bewährung ausgesetzt wurden.[82] In Baden-Württemberg wurden in den Jahren 1995–2000 nur 10 % zu einer unbedingten Jugend-/Freiheitsstrafe verurteilt, in den Jahren 2001 und 2002 stieg der Anteil auf 21 bzw. 23 %.[83] Hierbei wirkt sich aus, dass die Wirkungen der U-Haft für die Verhängung einer Jugendstrafe bzw. für die Strafaussetzung zur Bewährung zu berücksichtigen ist.[84]

2.4 U-Haft-Vermeidung
2.4.1 Haftentscheidungshilfe (§ 72a)

Das Ziel der Heranziehung der JGH in Haftsachen ist ein zweifaches: Einmal sollen die Entscheidungsgrundlagen für die Anordnung einer Untersuchungshaft verbessert werden, insbesondere sollen die Gründe für die Annahme einer Fluchtgefahr überprüft werden. Hierbei sind die persönlichen und sozialen Lebensbedingungen des Beschuldigten zu erkunden. Zum anderen sind Haftalternativen i. S. des § 72 Abs. 4 zu prüfen und den Entscheidungspersonen mitzuteilen, um eine Untersuchungshaft möglichst zu vermeiden oder zu verkürzen.

In der Praxis sind in verschiedenen Städten mit der Einführung einer Haftentscheidungs- und Haftverkürzungshilfe gute Erfahrungen gesammelt worden.[85] Dementsprechend lautet auch eine Empfehlung der Konferenz der Justizminister und Justizsenatoren vom 20./22.9.1988, deren Beschlussfassung sich auf einen Bericht einer ad-hoc-Kommission stützt (Diversion). Zur Vereinbarung und zu Standards der einstweiligen Unterbringung anstelle von U-Haft in Berlin siehe *Bindel-Kögel/Heßler* DVJJ-Journal 1999, 289, zu Qualitätsstandards siehe *Peterich/Fischer* ZJJ 2003, 191 und *Eberitzsch* ZJJ 2011, 259. Zum Konzept und zu langjährigen Erfahrungen im Heinrich-Wetzlar-Haus der Jugendeinrichtung Schloss Stutensee *Weiß* ZJJ 2011, 263. In der Praxis scheitert eine effektive Haftentscheidungshilfe vielerorts aber an Kommunikations- und Koordinationsproblemen, d. h. dass die JGH in der Regel nicht an den Haftent-

---
82 *Zender* 1998, 143.
83 Siehe *Hotter* 2004, 62.
84 OLG Köln StV 2003, 457.
85 Siehe hierzu im Einzelnen *Dünkel* 1990, 390 ff. sowie *Villmow/Robertz* 2004.

scheidungsterminen teilnimmt.[86] Die Teilnahme scheitert zu einem nicht unerheblichen Teil schon daran, dass von der JGH kein Bereitschaftsdienst am Wochenende und/oder in den Abendzeiten vorgehalten wird.[87]

Die Haftentscheidungshilfe ist mit dem Gesetz zur Änderung des Untersuchungshaftrechts vom 29.7.2009 (siehe oben Rn. 19) gem. § 109 Abs. 1 S. 1 ausdrücklich auch bei Heranwachsenden zu leisten.

2.4.2 Vorläufige Erziehungsmaßnahmen (§ 71 Abs. 1)

131 Gem. § 71 Abs. 1 kann der Richter bis zur Rechtskraft des Urteils vorläufige Anordnungen über die Erziehung des Jugendlichen treffen oder die Gewährung von Leistungen nach dem SGB VIII anregen. Als vorläufige Maßnahmen gem. Abs. 1 kommen die Weisungen gem. § 10 in Betracht. Hierbei ist insbesondere auch an die Betreuungsweisung gem. § 10 Abs. 1 S. 3 Nr. 5 zu denken sowie an soziale Trainingskurse als ambulantes gruppenpädagogisches Angebot gem. § 10 Abs. 1 S. 3 Nr. 6. Erzwingbar (§ 11 Abs. 3) ist die Anordnung nicht. Damit ist auch jede Einweisung in eine Arrestanstalt untersagt.[88] Dies gilt entgegen der h. M.[89] auch für die Heimeinweisung, da diese gerade im Abs. 2 mit dem dort festgeschriebenen besonderen Verfahren geregelt ist. Eine stationäre Maßnahme nach Abs. 1 erscheint nur als Einweisung in eine Familie oder Wohnungsgemeinschaft zulässig. Der Heimcharakter geht regelmäßig über eine freiheitsbeschränkende Maßnahme hinaus. In der Praxis wird § 71 Abs. 1 sehr selten angewandt.[90]

2.4.3 Unterbringung in einem Heim der Jugendhilfe (§ 71 Abs. 2, § 72 Abs. 4)

132 Gem. § 71 Abs. 2 ist als vorläufige Maßnahme („Unterbringungsbefehl") auch die einstweilige Unterbringung in einem „geeigneten" Heim der Jugendhilfe zulässig. Die Eignung richtet sich nach dem Ziel, durch erzieherische Beeinflussung (Therapie) die Wiederholung von Straftaten zu verhindern (siehe Rn. 53). Wenn aus sozialpädagogischer Sicht **geschlossene Heime** hierzu nicht geeignet sind,[91] bleiben nur offene Heime als geeignet übrig.[92] Keineswegs ist umgekehrt als geeignetes Heim lediglich ein flucht-

---

86 Siehe die Nachweise bei *Villmow* 2006, 484 sowie *Villmow/Savinski* 2013, 388; deutlich die Kritik des KG StV 2016, 715: „Missachtung des in §§ 109 Abs. 1 S. 1, 72a JGG enthaltenen Gesetzesbefehls".
87 *Deutsches Jugendinstitut* 2011, 72: Bereitschaftsdienst der westdeutschen Jugendämter nur zu 22 %; *Eberitzsch* 2012, 299: Bereitschaftsdienst in Nordrhein-Westfalen nur in 13 %.
88 *Eisenberg* § 71 Rn. 3, 5; *Brunner/Dölling* § 71 Rn. 2.
89 *Dallinger/Lackner* § 71 Rn. 7; *Brunner/Dölling* § 71 Rn. 2; *Eisenberg* § 71 Rn. 5; D/S/S-*Diemer* § 71 Rn. 7.
90 Siehe *Smok* 2009, 319.
91 Siehe *Plewig* 2002; gegen geschlossene Unterbringung *Trenczek* 1995; v. *Wolffersdorff* 1994, 30; siehe auch die Beiträge von *Remschmidt, Thiersch, Sonnen, Trenczek, Reinecke, Birtsch/Trauernicht, Fegert, Eissing, Jordan* in DVJJ-Journal 1994, 299 ff.; Arbeitskreis III/4 des 23. Dt. Jugendgerichtstages DVJJ-Journal 1995, 267; *Pankofer* 1998, 126; *Ostendorf* 2000, 129 ff.; Zweite Jugendstrafrechtsreformkommission der DVJJ, 2002, DVJJ-Extra, Nr. 5, S. 89; *Ehmann* 2011, 290. Zu Forschungsergebnissen positiver wie negativer Wirkungen sowie zu Alternativen siehe *Kindler/Permien/Hoops* 2007, 40 ff. Siehe auch *Permien* 2010, 89: „Das Paradox, durch Freiheitsentzug zur Freiheit erziehen zu wollen, kann nur dann produktiv aufgelöst werden, wenn die Jugendlichen in freiheitsentziehenden Maßnahmen ihrerseits paradox reagieren und die „Zwangsangebote" quasi „freiwillig" annehmen."
92 Zu einer insgesamt positiven Bewertung der halbgeschlossenen Unterbringung im St. Severinhaus des Jugenddorfs Piusheim in Bayern *Lösel/Pomplun* 1998; siehe auch die unterschiedlichen Positionen in der Enquete-Kommission der Hamburger Bürgerschaft, in: Strategien gegen die anwachsende Jugendkriminalität und ihre gesellschaftlichen Ursachen, hrsg. von Kastner/Sessar, 2001, 298 ff.

2. Untersuchungshaft

sicheres zu verstehen.[93] Das gilt auch für die Ersetzung einer U-Haft durch die Heimeinweisung (§ 72 Abs. 4). Mit den §§ 71 Abs. 2 und 72 Abs. 4 lässt sich nicht ein Anspruch an die Jugendhilfe auf das Vorhalten geschlossener Heime begründen.[94] Ob die in den USA gelegene Einrichtung Glen Mills Schools ein Erziehungsheim i. S. des § 71 Abs. 2, § 72 Abs. 4 darstellt oder eine sonstige Einrichtung,[95] ist eine Tatsachenfrage. Zumindest die Begründung, dass dort ein sozialpädagogisches Programm „ohne Schloss und Riegel" durchgeführt wird, überzeugt nicht.[96] Da die Heime ganz unterschiedlich organisiert sind und sich nicht in die Schablonen „offen-geschlossen" einpassen lassen,[97] hat das Gericht eine Auswahl zu treffen und das Erziehungsheim konkret zu bezeichnen. Ein Einfluss auf das Heimleben steht ihm selbst aber nicht zu: Im § 71 Abs. 2 S. 3 ist klargestellt, dass sich die Ausführung der einstweiligen Unterbringung allein nach den für das Heim geltenden Regelungen richtet. Da ein richterlicher Unterbringungsbefehl ein Heim der Jugendhilfe nicht zur Aufnahme eines Jugendlichen zwingen kann, ist eine vorherige Abstimmung notwendig.[98] Nach einer Erhebung aus dem Jahr 2005 gab es zum damaligen Zeitpunkt in zehn Bundesländern insgesamt 14 spezialisierte Einrichtungen mit etwa 120 Plätzen,[99] wobei z. T. dieses Angebot nicht ausgenutzt wird.[100] Nach der Studie des Dt. Jugendinstituts (Stand Dez. 2009) gab es deutschlandweit etwa 350 Plätze, wobei viele Misch- und Zwischenformen von „offen" und „geschlossen" festgestellt wurden.[101]

2.4.4 U-Haft-Verschonung in einer Arrestanstalt

Eine Alternative zur Heimeinweisung ist die U-Haft-Verschonung mit der Weisung (§ 116 Abs. 1 StPO), sich in die Betreuung einer Jugendarrestanstalt zu begeben. Diese Alternative wurde in der – offenen – Jugendarrestanstalt Hamburg-Wandsbek für Heranwachsende entwickelt[102] und mit Erfolg umgesetzt.[103] Daneben kann U-Haft in einer Arrestanstalt vollzogen werden, auch wenn die ausdrückliche Erlaubnis gem. § 93 Abs. 1 a. F. weggefallen ist. Gem. § 89c S. 1 soll die U-Haft „in den für junge Gefangene vorgesehenen Einrichtungen" vollzogen werden. Dies schließt den Vollzug einer Arrestanstalt ein. In der Praxis wird hiervon so gut wie kein Gebrauch gemacht.[104]

133

---

93 *Buchhiert* 1969, 332; *Miehe* 1984, 242; wie hier *Eisenberg* § 71 Rn. 10a; klargestellt im Gesetzesentwurf 1. JG-GÄndG, BT-Drucks. 11/5829, S. 29; siehe auch Arbeitskreis V des 19. Dt. Jugendgerichtstages DVJJ 13 [1984], 257.
94 Weitergehend *Heßler* 2001, 217, der die §§ 71 Abs. 2, 72 Abs. 4 nicht einmal als Rechtsgrundlage für die geschlossene Unterbringung ansieht; diese ist hiernach nur gem. § 1631b BGB möglich; dagegen ist nach *Schlink/Schattenfroh* auch § 1631 b BGB wegen fehlender Bestimmtheit keine gültige Ermächtigungsnorm, zitiert nach *Köttgen* 2003, 296.
95 So OLG Hamm NJW 1999, 230.
96 Ebenso *Eickelkamp* 1999, 95.
97 Siehe *Bielefeld* 1983, 179.
98 Siehe *Heßler* 2001, 212.
99 *Villmow* 2006, 479.
100 *Kowalzyck* 2008, 152 ff., 361 ff. Zur tatsächlichen Unterbringung siehe BT-Drucks. 16/13142, S. 61, 62.
101 Siehe *Permien* 2010, 8.
102 Siehe *Hinrichs/Urbahn* 1990, 84 f.
103 Siehe *Hinrichs* 1992, 133.
104 Siehe *Sommerfeld* 2011, 432.

2.5 Vollzug der Untersuchungshaft
2.5.1 Neue Gesetzeslage[105]

134 Mit den neuen Ländergesetzen zum Vollzug der U-Haft[106] wird ein verfassungsrechtliches Gebot eingelöst, weil für Eingriffe in Grundrechte von Gefangenen eine detaillierte gesetzliche Grundlage notwendig ist.[107] Es ist auch zu begrüßen, dass sich zwölf Bundesländer zusammengetan haben, um eine möglichst einheitliche Regelung zu schaffen und so eine Rechtszersplitterung aufgrund der sog. Förderalismusreform entgegenzuwirken. Allerdings werden auch so unterschiedliche Gesetze in den Bundesländern verabschiedet, was auch zu einer unterschiedlichen Praxis führen wird.

Hinzukommt, dass aufgrund der „Restzuständigkeit" des Bundes in Zukunft zwei Gesetze für den Vollzug der Untersuchungshaft zu beachten sind.[108] Insbesondere im Hinblick auf Einschränkungen der Außenkommunikation (Besuche, Telekommunikation, Brief- und Paketverkehr), die sowohl auf Grundlage des Bundesgesetzes als auf Grundlage der Landesgesetze angeordnet werden können, verkompliziert sich die Rechtslage.

135 Damit ist eine weitere grundsätzliche Problematik angesprochen. Während Beschränkungen der Außenkommunikation auf der Grundlage des Bundesgesetzes von den Richtern angeordnet werden müssen, kann die Beschränkung der Außenkommunikation auf der Grundlage der Landesgesetze zukünftig von der Anstalt angeordnet werden. Darüber hinaus war der Richter in der Vergangenheit für die schwerwiegenden Beschränkungen zuständig (§ 119 Abs. 6 StPO). Mit der Einlösung des Rechtsstaatsgebots durch eine detaillierte gesetzliche Regelung erfolgt somit gleichzeitig eine Kompetenzverlagerung von der dritten justiziellen Gewalt auf die Exekutivgewalt der Anstalt. Bezeichnend ist die Formulierung von *Schneider*, wonach die geplante neue Kompetenzverteilung im bayerischen Untersuchungshaftvollzugsgesetz „für die Anstalten gegenüber dem Status quo ein[en] deutliche[n] Gewinn" bedeutet.[109]

Eine solche generelle Kompetenzverschiebung kann für schwerwiegende, über den Freiheitsentzug hinausgehende grundrechtsrelevante Eingriffe nicht akzeptiert werden.[110] Die Möglichkeit, eine gerichtliche Entscheidung vonseiten des U-Gefangenen zu beantragen (§ 119a StPO n.F.), stellt kein ausreichendes Äquivalent dar, da die Beschwerdemacht der U-Gefangenen faktisch im Allgemeinen, wenn auch unterschiedlich eingeschränkt ist.

---

105 Siehe hierzu *Ostendorf* 2012a.
106 Baden-Württemberg: (JVollzGB, Buch 2) v. 10.11.2009, GBl. Nr. 19 v. 17.11.2009, S. 545; Berlin: UVollzG Bln v. 3.12.2009, GVBl. S. 686; Brandenburg: BbgJVollzG v. 24.4. GVBl. I 2013, Nr. 14; Bremen: BremUVollzG v. 2.3.2010, GBl. Nr. 12 v. 15.3.2010, S. 191; Hamburg: HmbUVollzG v. 15.12.2009, HmbGVBl. I, Nr. 56 v. 29.12.2009, S. 473; Hessen: HUVollzG v. 28.6.2010, GVBl. Teil I, Nr. 12 v. 6.7.2010, S. 185; Mecklenburg-Vorpommern: UVollzG M-V v. 17.12.2009, GVOBl. M-V 2009, S. 763; Niedersachsen: NJVollzG v. 14.12.2007, Nds. GVBl. Nr. 41/2007, S. 720; Nordrhein-Westfalen: UVollzG NRW v. 27.10.2009, GVBl. NRW 2009, S. 540–553; Rheinland-Pfalz: LJVollzG v. 8.5.2013, GVBl. 2013, 79; Saarland: SUVollzG v. 1.7.2009, Amtsbl., S. 1219; Sachsen: SächsUHaftVollzG v. 14.12.2010, Sächsisches GVBl. Nr. 17 vom 30.12.2010, S. 414; Sachsen-Anhalt: JVollzGB LSA v. 18.12.2015, GVBl. LSA 2015, 666; Thüringen: ThürJVollzGB v. 27.2.2014, GVBl. 2014, 13.
107 Siehe BVerfG 33, 1; 58, 358; zuletzt BVerfG 116, 69 = BVerfG NJW 2006, 2093 zur Verfassungswidrigkeit des früheren Jugendstrafvollzuges; so auch die Gesetzesbegründung S. 51.
108 Gegen eine solche „Restzuständigkeit" des Bundes *Seebode* 2009, 9 ff.
109 *R. Schneider* 2009, 25.
110 Siehe demgegenüber *Kirschke/Brune* 2009, 19: „verfassungsrechtlich unbedenklich".

2.5.2 Erziehung in der U-Haft

Die innere Ausgestaltung des Vollzugs der U-Haft wird einerseits von der **Unschuldsmaxime** (Art. 6 Abs. 2 EMRK), daneben von **dem Prinzip der erzieherischen Gestaltung**, andererseits von dem **Ziel der U-Haft**, Sicherung des Strafverfahrens sowie der Strafvollstreckung, bestimmt. Der Widerspruch zwischen Unschuldsvermutung und vorläufigem Freiheitsentzug wird somit durch den Widerspruch zwischen Unschuldsvermutung und erzieherischer Beeinflussung angereichert, wenn Erziehung nicht **als Hilfestellung bei der Entwicklung** des Jugendlichen,[111] sondern als zusätzliche Eingriffsermächtigung in die Rechte des Gefangenen[112] verstanden wird. Zusätzlich läuft gerade der Haftbetrieb dem Erziehungszweck zuwider, da hier angepasstes Verhalten in wirklichkeitsfernen Situationen und nicht eigenständige Konfliktlösung verlangt wird.[113] Abgesehen davon, dass in der Praxis das Erziehungspostulat nicht eingelöst wird,[114] ist dieses aus rechtlichen Gründen zu begrenzen,[115] ohne damit ein „normatives Alibi" für Nichtstun[116] zu begründen.

136

Die Legitimation für eine erzieherische Ausgestaltung des Untersuchungshaftvollzuges an Jugendlichen, wie sie auch § 93 Abs. 2 JGG a. F. vorsah, kann deshalb zu treffenderweise nicht als zusätzliche Eingriffsermächtigung verstanden werden[117], sondern nur als Hilfestellung bei der Entwicklung des Jugendlichen.[118] Die erzieherische Einwirkung auf den Untersuchungshaftgefangenen ist nur aus der sozialstaatlichen Verpflichtung abzuleiten, die in der Haftsituation bestehende akute Gefährdung des Jugendlichen auszugleichen, soweit die Eltern ihr Erziehungsrecht nicht wahrnehmen können.[119] Die Deduktion der Erziehungsbefugnis der Mitarbeiter des Untersuchungshaftvollzuges aus dem elterlichen Erziehungsrecht nach Art. 6 Abs. 2 und 3 GG verdeutlicht gleichzeitig, dass diese Kompetenz mit der Volljährigkeit des Untersuchungsgefangenen endet und deshalb die Ausweitung in § 66 Abs. 1 auf bis zu 24 Jahre alte Gefangene erheblich zu weit geht.

137

Grundsätzlich zustimmenswert ist die zu Beginn des Vollzuges vorgesehene Konferenz zur Ermittlung des Förder- und Erziehungsbedarfs sowie der daraus folgenden Maßnahmen. Bei minderjährigen Gefangenen müssen an dieser aber – wenn möglich persönlich, jedenfalls aber schriftlich – die Eltern beteiligt werden. Zwar kümmern sich in den meisten Fällen, in denen Jugendliche in U-Haft kommen, die Eltern kaum oder gar nicht um ihre Kinder. Manche sind sogar froh, wenn sie eingesperrt sind. Nichtsdestotrotz muss der Versuch gemacht werden, die Eltern einzubeziehen, sie hierbei auch auf ihre Verantwortung hinzuweisen. Es ist nicht ausreichend, wenn den Eltern die von der Konferenz für richtig erkannten Maßnahmen nur nachträglich auf Verlangen mitgeteilt werden. Zum einen spricht rechtlich hiergegen, dass den Eltern nur dann die Ihnen aus Art. 6 Abs. 1 GG zukommende Möglichkeit der Ausübung ihres Erziehungsrechts effektiv zugestanden wird, wenn sie bereits am Entscheidungsprozess beteiligt und nicht vor vollendete Tatsachen gestellt werden. Zum anderen ist es tatsächlich so, dass die

138

---

111 Siehe *M. Walter* 1978, 339 Fn. 10; siehe auch *Rotthaus* 1973, 2272.
112 *Brunner/Dölling* § 93 Rn. 5; *Dallinger/Lackner* § 93 Rn. 9.
113 *M. Walter* 1978, 340.
114 *Böhm* 2003, Rn. 449 ff.
115 Siehe *Hintz* 2004, 143.
116 Siehe *Müller-Dietz* 1982, 223.
117 So aber *Brunner/Dölling*, 11. Aufl., § 93 Rn. 5.
118 *Ostendorf* 2012, § 1 Rn. 10; *Rotthaus* 1973, 2272.
119 So auch *Wiesneth* 2010, Rn. 269.

Eltern häufig über relevante Informationen für die Planung der Förderung und Erziehung ihres Kindes verfügen. Diese können aber nur von der Vollzugskonferenz berücksichtigt werden, wenn die Eltern beteiligt werden.

2.5.3 Arbeitsangebot bzw. Arbeitszwang, Arbeitsentgelt

139 Für erwachsene U-Gefangene bestand schon bisher keine Arbeitspflicht (Nr. 42 UVollzO), demgegenüber war gem. Nr. 80 Abs. 2 UVollzO der jugendliche Gefangene aus erzieherischen Gründen zur Arbeit verpflichtet. Nunmehr wird klargestellt, dass auch junge U-Gefangene nicht zur Arbeit verpflichtet sind. Stattdessen soll ein Arbeitsangebot entsprechend den Fähigkeiten, Fertigkeiten und Neigungen des U-Gefangenen gemacht werden. An der Arbeitspflicht halten aber Baden-Württemberg (§ 75 Abs. 3 JVollzGB II) und Niedersachsen (§ 161 NJVollzG) fest. Positiv ist weiterhin, dass die Höhe des Arbeitsentgelts dem Strafvollzug angepasst wird (9 % der Bezugsgröße nach § 18 SGB IV), anders für erwachsene U-Gefangene die Regelungen in Baden-Württemberg und Niedersachsen gem. § 35 Abs. 1 S. 1 JVollzGB II, § 152 Abs. 3 S. 1 NJVollzG sowie generell in Nordrhein-Westfalen (§ 11 Abs. 3 UVollzG NRW). Positiv sind weiterhin zu bewerten die Gewährung von Ausbildungsbeihilfen bei Teilnahme an Bildungsmaßnahmen sowie von Taschengeld, wenn weder Arbeit noch die Teilnahme an einer Bildungsmaßnahme angeboten werden und wenn Bedürftigkeit vorliegt. Taschengeld wird aber nicht in Baden-Württemberg, Niedersachsen und Nordrhein-Westfalen gewährt.

2.5.4 Unterbringung

140 Nach allen Gesetzen ist grundsätzlich die **Einzelunterbringung** während der Ruhezeit vorgesehen. Diese Gewährleistung ist aus der Sicht der Gefangenen für die Wahrung der Privatsphäre und den Schutz vor Übergriffen elementar, für die Vollzugsverwaltung allerdings mit erheblichen Kosten verbunden. Der Anspruch auf Einzelunterbringung des U-Gefangenen zwingt die Justizverwaltung zu „gewaltigen" Baumaßnahmen.[120] Zu beachten sind hierbei allerdings Übergangsbestimmungen. Gem. § 78 UVollzG NRW ist eine gemeinsame Unterbringung von U-Gefangenen, „solange die räumlichen Verhältnisse der Anstalt dies erfordern", bis längstens zum 31.12.2014 gestattet; gem. § 113 Abs. 2 HmbUVollzG ist die gemeinsame Unterbringung bis zum 31.12.2014 mit Zustimmung des U-Gefangenen zulässig.

In den Gesetzen sind vielfache unterschiedliche Ausnahmen von der Einzelunterbringung während der Ruhezeit aufgenommen, wobei eine gemeinschaftliche Unterbringung mit Strafgefangenen nach dem Wortlaut und Sinnzusammenhang ausgeschlossen bleibt.[121] Es besteht die Gefahr, dass eine Mehrfachbelegung von Haftraumen entgegen dem Grundsatz der Einzelunterbringung durch eine extensive Anwendung dieser Ausnahmen mit Rücksicht auf „Praxisbelange" unterlaufen wird.[122] Demgegenüber ist eine restriktive Anwendung dieser Ausnahmen geboten, von der Suizidprophylaxe abgesehen. Dies gilt insbesondere für eine nicht näher bestimmte Ausnahme, die „vorübergehend und aus zwingenden Gründen zulässig" sein soll (s. § 13 Abs. 2 12er-Rege-

---

120 Zu den Baumaßnahmen in den neuen Bundesländern siehe *Dünkel/Lang* 2002, 42 ff.
121 Anders noch die Stellungnahme des Bundesrates zum Gesetzesentwurf der Bundesregierung vom 11.6.1999 zu § 11 Abs. 1 S. 2, BR-Drucks. 249/99, S. 5.
122 Kritisch zur Ausweitung der Mehrfachbelegung im Vergleich zu § 119 Abs. 2 StPO a. F. *Brune/Müller* 2009, 144.

lung; § 10 Abs. 1 S. 4 HUVollzG; § 141 Abs. 1 S. 4 NJVollzG). Auch im UVollzG NRW sind die Ausnahmen von der Einzelunterbringung nicht abschließend formuliert (§ 10 Abs. 2 S. 2: „Diese liegen insbesondere vor"). Hinsichtlich der Ausnahme aufgrund der Zustimmung der U-Gefangenen ist darauf zu achten, dass diese nicht durch Zusagen von Vergünstigungen „erkauft" werden, um so räumlichen Engpässen zu begegnen. Die Zustimmung sollte deshalb in schriftlicher Form unter Hinweis auf den grundsätzlichen Anspruch auf Einzelunterbringung erfolgen (so auch § 119 Abs. 2 S. 1 StPO a. F.). Eine Rücknahme ist möglich (so auch § 119 Abs. 2 S. 2 StPO a. F.). Hierbei soll nicht das Bedürfnis vieler gerade junger U-Gefangener nach Gemeinschaftsunterbringung übersehen werden, um so den psychologischen Belastungen besser begegnen zu können.[123] Diesem Bedürfnis ist durch die **Wahlmöglichkeit** des Gefangenen zu entsprechen.

Sofern ausnahmsweise eine gemeinschaftliche Unterbringung während der Ruhezeit erfolgt, ist diese auf zwei Gefangene zu begrenzen. Eine entsprechende gesetzliche Regelung, wie sie in einigen Jugendstrafvollzugsgesetzen der Länder enthalten ist[124], wird mit Ausnahme von Berlin vermisst. In Hessen wird eine Belegung mit drei Gefangenen zugelassen, ausnahmsweise auch mit mehr Gefangenen (§ 10 Abs. 1 S. 3, 4 HUVollzG).

Mit Ausnahme von NRW ist in allen Ländergesetzen der **Wohngruppenvollzug** für junge Gefangene vorgesehen. Dies ist zu begrüßen, entspricht auch der Bedeutung, die das BVerfG dem Wohngruppenvollzug im Jugendstrafvollzug zugewiesen hat.[125] Eine nähere Ausgestaltung eines solchen Wohngruppenvollzugs erfolgt allerdings nur in Hamburg und Hessen. Klargestellt wird nur, dass neben den Haftträumen zur Unterbringung während der Nachtzeit weitere Räume zur Verfügung gestellt werden sollen. Der Grundsatz der Einzelunterbringung während der Ruhezeit bleibt insoweit bestehen (s. ausdrücklich Baden-Württemberg: § 73 Abs. 5 JVollzGB II).

2.6 Kriminalpolitische Forderungen

Kriminalpolitisch ist nach der **Verabschiedung von Untersuchungshaftvollzugsgesetzen** eine Änderung der desolaten Praxis[126] zugunsten von wirksamen Hilfeangeboten zu fordern. Zum anderen müssen Jugendstaatsanwälte und Jugendrichter auf eine rechtsstaatliche Gesetzesanwendung verpflichtet werden: Apokryphe Haftgründe (Rn. 127) darf es nicht geben. Das gesetzliche Ziel, bei Jugendlichen möglichst auf die U-Haft zu verzichten, muss auch mit Einsatz der Haftentscheidungshilfe stringenter verfolgt werden.

141

3. Unterbringung zur Beobachtung (§ 73)

In Ergänzung zu § 81 StPO, wonach zur Vorbereitung eines Gutachtens über den psychischen Zustand des Beschuldigten die Unterbringung in einem öffentlichen psychiatrischen Krankenhaus angeordnet werden kann, ist gem. § 73 zur Vorbereitung eines Gutachtens über den Entwicklungsstand des Beschuldigten die Unterbringung eines Jugendlichen sowie eines Heranwachsenden (§ 109 Abs. 1) in eine geeignete Anstalt möglich. Die Unterbringung erfolgt in der Praxis regelmäßig in abgeschlossenen

142

---

123 Siehe bereits *Radbruch* 1911, 339 ff.
124 Siehe Sachsen-Anhalt, Schleswig-Holstein, Thüringen, Berlin jeweils im § 25.
125 BVerfG NJW 2006, 2093 (2096).
126 Siehe auch *Dünkel* 1985, 166: „trostlos".

psychiatrischen Krankenhäusern bzw. entsprechenden Abteilungen. Ebenso gut kommen aber offene stationäre Einrichtungen (Kliniken) in Betracht. Im Hinblick auf den Freiheitseingriff sind ambulante Untersuchungen vorrangig. Das Verhältnismäßigkeitsprinzip ist auch bei diesem Eingriff zu beachten, so dass § 73 bei Bagatellen ausscheidet. Vielmehr muss als Sanktion eine Jugendstrafe und zwar eine unbedingte Jugendstrafe zu erwarten sein.[127]

Die Unterbringungen zur Beobachtung gem. § 81 StPO sowie gem. § 73 sind zu unterscheiden von der einstweiligen Unterbringung gem. § 126a StPO. Hiernach kann das Gericht durch Unterbringungsbefehl die einstweilige Unterbringung in einem psychiatrischen Krankenhaus oder einer Entziehungsanstalt anordnen, wenn dringende Gründe für die Annahme vorhanden sind, dass jemand eine rechtswidrige Tat im Zustand der Schuldunfähigkeit oder verminderten Schuldfähigkeit (§§ 20, 21 StGB) begangen hat und dass eine Unterbringung gem. den §§ 63, 64 StGB angeordnet werden wird. Hiermit wird die Untersuchungshaft wegen Wiederholungsgefahr gem. § 112a StPO ergänzt.

4. Vereinfachtes Jugendverfahren (§§ 76–78)

4.1 Gesetzesziel

143 Das Gesetzesziel des vereinfachten Jugendverfahrens wird indirekt im § 78 Abs. 3 genannt. „Vereinfachung, Beschleunigung und jugendgemäße Gestaltung des Verfahrens". Zwar gilt diese Zielsetzung für jedes Jugendstrafverfahren; aus rechtsstaatlichen Gründen kann jedoch generell nicht von den Verfahrensvorschriften der StPO abgewichen werden. Da auch im vereinfachten Verfahren Strafen und Maßregeln ausgesprochen werden, können insoweit auch nur geringe Abstriche gemacht werden. Zu verkennen ist weiterhin nicht, dass die Vereinfachungs- und Beschleunigungstendenz im Widerspruch zu dem Anliegen an einer jugendgemäßen Gestaltung stehen kann. So bedeutet die Beteiligung der JGH sowie der gesetzlichen Vertreter bzw. Erziehungsberechtigten immer auch eine Ausweitung des Verfahrens. Vereinfachung ist im Interesse des Beschuldigten, nicht der Justiz auszulegen, auch wenn damit sekundär verfahrensökonomische Interessen angesprochen werden. So bleibt die informellere Erledigung weitgehend auf Äußerlichkeiten begrenzt. **Das vereinfachte Jugendverfahren steht so zwischen dem Einstellungsverfahren gem. den §§ 45 und 47 (Diversion) und dem förmlichen Jugendgerichtsverfahren.**[128] Sein Einsatzbereich ist die leichte bis mittlere Jugendkriminalität; für Bagatellen ist eine Verhandlung nicht erforderlich.[129]

4.2 Gesetzliche Voraussetzungen

4.2.1 Antrag der Staatsanwaltschaft

144 Erste Voraussetzung für das vereinfachte Jugendverfahren ist ein Antrag der StA beim Jugendrichter (§ 76 Abs. 1 S. 1); d. h., beim Jugendschöffengericht und der Jugendstrafkammer ist ein vereinfachtes Jugendverfahren ausgeschlossen. Aufgrund der ausdrücklichen gesetzlichen Erlaubnis darf der Antrag auch mündlich, damit auch fernmündlich gestellt werden. Schon aus Rechtssicherheitsgründen sollte aber immer die

---

127 Weitergehend *Brunner/Dölling* § 73 Rn. 3 sowie *Eisenberg* § 73 Rn. 8b.
128 *Schaffstein/Beulke/Swoboda* Rn. 870.
129 Ebenso *Brunner/Dölling* § 78 Rn. 5.

4. Vereinfachtes Jugendverfahren

Schriftform gewählt werden.[130] Da der Antrag einer Klage gleichsteht (§ 76 S. 2), sind die Angeschuldigten eindeutig zu benennen, muss der Anklagevorwurf in tatsächlicher und rechtlicher Hinsicht erhoben werden.[131] Ansonsten bedarf es keiner bestimmten Form.

Umstritten ist, bis zu welchem Zeitpunkt der Antrag zurückgenommen werden kann. Nach einer Rechtsposition kann die StA den Antrag noch bis zum Beginn der richterlichen Vernehmung zur Sache zurückziehen.[132] Noch weitergehend will eine andere Rechtsmeinung die Rücknahme bis zum Beginn der Verkündung des Urteils gestatten.[133]

Das Verbot der Klagerücknahme (§ 156 StPO) ist aber nicht nur ein Ausfluss des Legalitätsprinzips,[134] es dient ebenso dem Interesse des Angeschuldigten, im Wege einer justiziellen Verhandlung den staatlicherseits erhobenen und von der Justiz für begründet angesehenen Vorwurf „aus der Welt" zu schaffen. Wo die Eröffnung des Hauptverfahrens fehlt, ist ein vergleichbarer Zeitpunkt die Terminsanberaumung,[135] da hier das Gericht zum ersten Mal im Sinne eines hinreichenden Tatverdachts entschieden hat, was auch mit der Heranziehung der Beweismittel deutlich wird. Diese Terminsanberaumung genügt den Anforderungen an die Rechtssicherheit,[136] so dass auch nicht die Hauptverhandlung mit der Bekanntgabe des Antrages abgewartet werden muss.[137]

Neben der allgemeinen Anklagevoraussetzung „hinreichender Tatverdacht"[138] ist zusätzlich die reduzierte Straferwartung gem. § 76 S. 1 zu berücksichtigen, auch wenn sich Straferwartung und Sanktionskompetenz[139] – aus prozessökonomischen Gründen – nicht decken. Zusätzlich gilt bereits für die Antragstellung der richterliche Ablehnungsgrund „umfangreiche Beweisaufnahme".

4.2.2 Jugendrichterliche Zustimmung

Der Jugendrichter muss dem Antrag der StA nicht ausdrücklich zustimmen; nur die Ablehnung muss in Beschlussform ergehen (§ 77 Abs. 1 S. 2). Die Zustimmung wird für das weitere Verfahren stillschweigend vorausgesetzt.

Wie für die StA ist für den Fortgang des strafjustiziellen Verfahrens zunächst ein hinreichender Tatverdacht erforderlich, auch wenn dies im § 77 nicht ausdrücklich aufgeführt ist.[140] Insoweit genügt nicht ein Anraten zur Prüfung.[141] Der Richter muss, wenn kein hinreichender Tatverdacht vorliegt, die Entscheidung im vereinfachten Verfahren ablehnen.[142]

145

---

130 Ebenso RL Nr. 2 zu § 76; *Eisenberg* § 78 Rn. 11; *Brunner/Dölling* § 78 Rn. 8.
131 Siehe RL Nr. 2 zu § 76; *Dallinger/Lackner* § 76 Rn. 9; a. M. *K. Müller* 1975, 110.
132 D/S/S-*Schatz* § 76 Rn. 15; *Eisenberg* § 78 Rn. 13; OLG Oldenburg NJW 1961, 1127.
133 BGHSt 12, 184 bestätigend BGH NJW 1961, 789.
134 So *Roxin/Schünemann* 2012, § 14 Rn. 28.
135 Offen BGHSt 12, 184.
136 A. M. *Brunner/Dölling* § 78 Rn. 9.
137 Siehe Ostendorf/*Sommerfeld* § 76-78 Rn. 3.
138 Siehe §§ 170 Abs. 1, 203 StPO.
139 Siehe § 78 Abs. 1 S. 2.
140 A. M. *Dallinger/Lackner* § 77 Rn. 3; *Kolbe* 1978, 801.
141 So *Brunner/Dölling* § 78 Rn. 11, 13; wohl auch *Eisenberg* § 78 Rn. 14.
142 Ebenso D/S/S-*Schatz* § 77 Rn. 6; unbestimmt *Streng* Rn. 234.

Fortwährende materiellrechtliche Voraussetzung ist weiterhin die Geeignetheit. Diese ist namentlich aber nicht ausschließlich für die Erwartung der Hilfe zur Erziehung gem. § 12 Nr. 2 und der Jugendstrafe zu verneinen.

Weiterhin ist ein komplizierter Sachverhalt, der eine umfangreiche Beweisaufnahme erforderlich macht, nicht geeignet (§ 77 Abs. 1 S. 1). Hierzu gehört auch eine komplizierte Rechtsfolgenentscheidung. Darüber hinaus ist für den Fall einer notwendigen Verteidigung immer ein vereinfachtes Verfahren zu verneinen. In diesen Fällen, in denen die Verteidigungsmöglichkeiten aufgrund der Person, der Tat oder der Verfahrenssituation eingeschränkt oder verhindert werden, ist immer ein formal-ordnungsgemäßes Prozessieren erforderlich, so insbesondere auch bei einem verhafteten Angeklagten.[143]

Umgekehrt sind mit Rücksicht auf das Verhältnismäßigkeitsprinzip die informellen Verfahrenserledigungen gem. den §§ 45, 47 immer vorab zu bedenken, so dass auch insoweit ein – vereinfachtes – Verfahren ungeeignet sein kann.[144]

4.3 Rechtsfolgen

146 Der Jugendrichter darf auf alle Strafen und Maßnahmen mit Ausnahme von Hilfe zur Erziehung i. S. des § 12 Nr. 2, Jugendstrafe und Unterbringung in einer Entziehungsanstalt erkennen. Dies schließt auch die Aussetzung der Verhängung der Jugendstrafe gem. § 27 mit ein.[145] Die „Bewährung vor der Jugendstrafe" (Rn. 214) ist keine Jugendstrafe. Wer anders votiert, reduziert eigenmächtig die Vielfalt der Reaktionsmöglichkeiten entgegen dem Prinzip der Sanktionsflexibilität (Rn. 59). Die Unterbringung in einem psychiatrischen Krankenhaus ist bereits gem. § 39 Abs. 2, 2. Halbs. untersagt.

Auch im vereinfachten Jugendverfahren ist immer die Einstellung des Verfahrens zu prüfen.[146] Im § 78 Abs. 2 S. 2 wird bei Teilnahmeverzicht durch die StA insofern auch auf das Zustimmungserfordernis gem. § 47 Abs. 2 S. 1, §§ 153 Abs. 2 S. 1, 153a Abs. 2 S. 1 StPO verzichtet.[147]

Die Ablehnung des Antrages auf ein vereinfachtes Jugendverfahren erfolgt durch Beschluss, der unanfechtbar ist (§ 77 Abs. 1 S. 2 und 3). Entgegen § 77 Abs. 2 und mit der h. M. ist die StA anschließend nicht gezwungen, in jedem Fall eine Anklageschrift einzureichen. Wenn die Ablehnung erfolgte, weil kein hinreichender Tatverdacht vorlag, so hat die StA gem. § 170 Abs. 2 StPO einzustellen, wenn sie nicht mit einer Anklage die Voraussetzung dafür schaffen will, die richterliche Ablehnung gem. § 210 Abs. 2 StPO überprüfen zu lassen; wurde das Verfahren abgelehnt, weil eine Einstellung für adäquater angesehen wurde, so steht der Weg gem. § 45 offen,[148] auch dann, wenn sie selbst den Antrag nicht mehr zurücknehmen konnte. Diese Umorientierung der StA ist auch dann zulässig, wenn sie von sich aus sich eines „Besseren" besinnt.

---

143   A. die h. M., siehe *Brunner/Dölling* § 78 Rn. 18, 20; *Eisenberg* § 68 Rn. 3.
144   A. die h. M., die darauf abstellt, dass der Jugendrichter selbst nach § 47 verfahren kann; siehe *Streng* Rn. 235 m. w. N.
145   *Putzke* 2004, 95; Ostendorf/*Ostendorf* § 62 Rn. 1; a. M. *Streng* Rn. 239.
146   Zur entsprechenden Initiativaufgabe der Verteidigung siehe *Zieger* 2008, Rn. 221.
147   A. M. aber LG Aachen NStZ 1991, 450 m. abl. Anm. von *Eisenberg*.
148   H. M., siehe *Brunner/Dölling* § 78 Rn. 15 m. w. N.

4. Vereinfachtes Jugendverfahren

4.4 Verfahren

Nach § 78 Abs. 3 darf „zur Vereinfachung, Beschleunigung und jugendgemäßen Gestaltung des Verfahrens" von Verfahrensvorschriften abgewichen werden, „soweit dadurch die Erforschung der Wahrheit nicht beeinträchtigt wird". Die h. M. geht in der Verfahrensabweichung sehr weit. So soll über den – richtigen – Verzicht auf die Eröffnung des Verfahrens keine Ladungsfrist erforderlich sein.[149] Wenn die Verhandlung gegen einen auf frischer Tat ergriffenen Jugendlichen durchgeführt wird, erscheint die Erforschung der Wahrheit regelmäßig aufgrund des Überraschungseffekts beeinträchtigt.[150] Zumindest sollte eine 24-stündige Ladungsfrist eingehalten werden,[151] wobei mit der Ladung der Gegenstand des Vorwurfs mitzuteilen ist.

147

Noch bedenklicher sind die Verfahrensabweichungen, die für das Beweisantragsrecht zugestanden werden. Obwohl der Grundsatz des § 244 Abs. 2 StPO, die Amtsermittlungsmaxime, gelten soll, wird auf die Einhaltung der Ablehnungsgründe eines Beweisantrags gem. § 244 Abs. 3 S. 2 StPO verzichtet[152] und auf das pflichtgemäße Ermessen des Gerichts abgestellt.[153]

Gem. § 78 Abs. 3 werden demgegenüber von der Wahrheitserforschungspflicht ausdrücklich keinerlei Abstriche gemacht, so dass auch alle sonst geltenden Wahrheitsforschungsregeln hier gelten.[154]

Das Prinzip der uneingeschränkten Wahrheitsermittlung wirkt sich weiterhin in der gesetzlich vorgeschriebenen Beachtung der Vorschriften über die Anwesenheit des Angeklagten (§ 50), die Stellung des Erziehungsberechtigten und des gesetzlichen Vertreters (§ 67) und die Mitteilung von Entscheidungen (§ 70) aus. Entgegen dem Gesetzeswortlaut in § 70 wird es teilweise für ausreichend angesehen, dass im Hinblick auf eine drohende Verfahrensverzögerung die JGH erst nachträglich informiert wird.[155] Entgegen dieser Lehrmeinung ist in Beachtung des § 38 Abs. 3 die **JGH so rechtzeitig zu informieren, dass ihre aktive Mitwirkung am Verfahren möglich ist.**

Neben dem üblichen und anzuratenden Verzicht auf eine ansonsten notwendige Teilnahme der StA (§ 226 StPO), die dann auch nicht benachrichtigt zu werden braucht,[156] erlaubt das vereinfachte Verfahren somit in erster Linie ein **Abweichen von der äußeren Form** des Verfahrens. Das heißt, es kann und sollte auf die Robe verzichtet werden,[157] die Verhandlung kann entgegen Nr. 124 Abs. 1 RiStBV im Arbeitszimmer des Richters stattfinden,[158] zumindest in einer aufgelockerten Sitzordnung, ein Protokollführer braucht nicht anwesend zu sein, ohne dass aber auf ein Protokoll verzichtet werden kann, die Justizsprache und Justizgebärde sollten zugunsten einer allgemeinverständlichen Ausdrucksweise und einer kompensatorischen Verhandlungsführung aufgegeben werden, ohne dass allerdings die justizielle Machtausübung verschleiert werden darf.[159] Insbesondere sollte auch vom Schuldinterlokut Gebrauch gemacht

---

149 *Brunner/Dölling* § 78 Rn. 18; zw. *Eisenberg* § 78 Rn. 27a.
150 Siehe aber *Dallinger/Lackner* § 78 Rn. 3 und *Schaffstein* 1978, 317.
151 Siehe auch § 418 Abs. 2 S. 3 StPO.
152 *Brunner/Dölling* § 78 Rn. 20.
153 *Dallinger/Lackner* § 78 Rn. 12, 15.
154 Ebenso *Eisenberg* § 78 Rn. 23; D/S/S-Schatz § 78 Rn. 11.
155 *Brunner/Dölling* § 78 Rn. 18; *Eisenberg* § 78 Rn. 26; siehe auch RL zu § 78.
156 Unklar *Dallinger/Lackner* § 78 Rn. 6; *Eisenberg* § 78 Rn. 25.
157 Zum Ablegen der Robe in förmlichen Verfahren siehe Ostendorf/*Schady* Grdl. z. §§ 48–51 Rn. 5.
158 In Frankreich üblich, siehe *Höft* 2003, 212.
159 Siehe auch *Brunner/Dölling* § 78 Rn. 18; unbestimmt *Eisenberg* § 78 Rn. 27.

und die Urteilsverkündung auf den Angeklagten abgestimmt werden.[160] Die Bestimmungen, die generell im Jugendstrafverfahren diesem Verhandlungsstil entgegenkommen (§§ 48, 49), gelten dementsprechend hier erst recht.

Gem. § 78 Abs. 3 S. 3 kann bei unentschuldigtem Fernbleiben des Beschuldigten die Vorführung angeordnet werden. Aufgrund dieser von § 230 Abs. 2 StPO abweichenden Regelung ist ein Haftbefehl ausgeschlossen.

4.5 Justizpraxis

148 In der Justizpraxis wird von dem vereinfachten Jugendstrafverfahren nur selten Gebrauch gemacht, offensichtlich weil zunehmend die Diversionsmöglichkeiten genutzt werden.

Zu den Abgeurteiltenzahlen ergibt sich im alten Bundesgebiet – ab 1995 einschließlich Berlin-Ost – folgendes Verhältnis:

	Abgeurteilte insgesamt	vereinfachtes Jugendverfahren
1990	156 467	16 647 (10,6 %)
2000	144 954	16 632 (11,5 %)
2005	157 327	16 476 (10,5 %)
2010	163 416	12 318 (7,5 %)
2015	103 720	9 346 (9,0 %)

(Quelle: Statistisches Bundesamt, Arbeitsunterlage »Staatsanwaltschaften«, ab 2003 Fachserie 10 Reihe 2.6, Tab. 2.2 sowie Strafverfolgung (Fachserie 10, Reihe 3, Tab. 2.1))

Bei alledem sind erhebliche regionale Unterschiede feststellbar.[161] Speziell für schnelle Reaktionen auf Delikte im Schulbereich wurde das „Lemgoer Modell" entwickelt mit einer bedenklichen „Vormachtstellung der Polizei".[162]

Das „vorrangige Jugendverfahren"[163] hat bei der StA Flensburg ebenfalls zu einem besonderen Einsatz des vereinfachten Jugendverfahrens geführt. Eine Praxisanalyse – Auswertung aller Verfahren gem. den §§ 76–78 im Jahr 2001 in Schleswig-Holstein (n = 188) – hat zudem ergeben, dass der Verzicht auf die Teilnahme der StA (§ 78 Abs. 2 S. 1) sehr unterschiedlich gehandhabt wird, wobei sehr häufig Referendare in die Hauptverhandlung geschickt wurden und dass in etwa 50 % der Verfahren diese gem. § 47 Abs. 1 Nr. 1–3 in der mündlichen Verhandlung eingestellt wurden.[164] Dann wäre ein Verfahren gem. § 45, insbesondere gem. § 45 Abs. 3 zweckdienlicher gewesen.

4.6 Kriminalpolitische Forderungen

149 Der Stellenwert des vereinfachten Jugendverfahrens zwischen der Diversion und dem förmlichen Verfahren sollte in der Praxis angehoben werden. Eine hier praktizierte kompensatorische Verhandlungsführung kann zum Vorbild auch für das förmliche Ju-

---

160 Ebenso *Heinen* 1957, 207; a. M. *Müller* 1958, 338.
161 Siehe *Heinz* 1999, 176.
162 Siehe *Schlie* 1999, 335.
163 Siehe *Stahlmann-Liebelt* 2000, 176; 2003, 139; *Bezjak/Sommerfeld* 2008, 256 f. m.w.N.; siehe auch Rn. 64.
164 Siehe *Tamm* 2007, 112, 135.

gendstrafverfahren werden. Allerdings ist auf die Einhaltung rechtsstaatlicher Grundsätze zu achten.

5. Strafbefehl und Beschleunigtes Verfahren (§ 79)

5.1 Anwendungsbereich

Gegen einen Jugendlichen darf weder das beschleunigte Verfahren noch das Strafbefehlsverfahren angewandt werden (§ 79 Abs. 1 und 2). Als Ersatz dient das vereinfachte Jugendverfahren (§§ 76–78). Gegen Heranwachsende sind diese Verfahrensarten grundsätzlich zulässig.[165] Es ist aber zu bedenken, dass die Anwendbarkeit des Jugendstrafrechts gem. § 105 im Einzelfall zu prüfen ist. Wird im beschleunigten Verfahren gegen einen Heranwachsenden Jugendstrafrecht angewandt, so sind auch dann die Sanktionsgrenzen des § 419 Abs. 1 S. 2 StPO zu beachten. Nur wenn Erwachsenenstrafrecht angewandt wird, darf auch ein Strafbefehl ergehen (§ 109 Abs. 2 S. 1). Die Prüfung des § 105 ist regelmäßig nur in einer mündlichen Verhandlung möglich.

150

5.2 Justizpraxis

Bei der Anwendung des Strafbefehlsverfahrens gegen Heranwachsende ist häufig ein Missbrauch festzustellen. Die Gefahr eines Missbrauchs des Strafbefehlsverfahrens gegen Heranwachsende, d. h. das Übergehen einer Prüfung des § 105, wird mit einer Anwendung des § 408a StPO – Strafbefehl aus der Hauptverhandlung gegen einen nicht erschienenen Angeklagten – vergrößert. Die Prüfung des § 105 Abs. 1 erfolgt bei Verkehrsdelikten nicht nur allgemein zu Ungunsten des Jugendstrafrechts,[166] sie führt hier auch zu einer oberflächlichen verfahrensrechtlichen Behandlung im Wege des Strafbefehls. Dies muss zumindest bei Beachtung des verfahrensökonomischen Faktors für die staatsanwaltliche Entscheidungspraxis vermutet werden,[167] zumal für die Straftaten im Straßenverkehr, bei denen im Verhältnis zu den Anklagen deutlich mehr Anträge auf Strafbefehl gestellt werden: 2004 wurden bei diesen Beschuldigten (alle Altersgruppen) in 82 310 Fällen (Erledigungsquote: 8,2 %) Anklage und in 213 062 Fällen (Erledigungsquote: 21,3 %) der Antrag auf Erlass eines Strafbefehls gestellt.[168] Bei Heranwachsenden wurde im Jahre 1998 bei Anwendung des Erwachsenenstrafrechts insgesamt zu 79,4 % ein Strafbefehlsantrag gestellt, bei Delikten im Straßenverkehr zu 86,4 %.[169] Eine Analyse aller Verfahrensakten, bei denen in Schleswig-Holstein im Jahr 2001 gegen Heranwachsende das Strafbefehlsverfahren durchgeführt wurde (n = 135), hatte u.a. folgende Ergebnisse:[170]

151

- bei keinem der Anträge gem. § 407 Abs. 1 S. 1 StPO lag der StA ein JGH-Bericht vor (S. 139)
- auf richterlicher Ebene fand nur in 3,5 % der Anträge gem. § 407 Abs. 1 S. 1 StPO eine inhaltliche Prüfung des § 105 Abs. 1 statt (S. 155).

---

165 Siehe § 109 Abs. 1.
166 Siehe Ostendorf/*Ostendorf* Grdl. z. §§ 105–106 Rn. 7.
167 Siehe auch *Schaffstein* 1976, 97.
168 Siehe Arbeitsunterlage „Staatsanwaltschaften", hrsg. vom Statistischen Bundesamt; Gebiet: alle Bundesländer mit Ausnahme Schleswig-Holstein.
169 Siehe *Heinz* 2001b, 311.
170 Siehe *Bartels* 2007.

5.3 Kriminalpolitische Forderungen

152 Der Ausschluss von Strafbefehl und beschleunigtem Verfahren gegen Jugendliche ist zu begrüßen. Gegenläufige Forderungen sind zurückzuweisen.[171] Erweiternd ist der Ausschluss auch für Heranwachsende zu fordern.[172] Im Hinblick auf das Strafbefehlsverfahren würde damit einer missbräuchlichen Praxis (siehe Rn. 151) Einhalt geboten. Hier kann regelmäßig eine sachgerechte Prüfung des § 105 Abs. 1 sowie der „richtigen" Sanktion nicht erfolgen. Zudem gilt es, das Verfahren selbst als einen (Re-)Sozialisierungsprozess zu begreifen. Diese Einwände gelten tendenziell auch gegen das beschleunigte Verfahren, das zudem im Erwachsenenstrafrecht trotz eines erneuten gesetzgeberischen Anstoßes in den §§ 417 ff. StPO durch das sog. Verbrechensbekämpfungsgesetz vom 28.10.1994 eine relativ geringe Bedeutung hat: Von den 4 994 776 im Jahre 2004 von den StA erledigten Ermittlungsverfahren waren 34 243 Anträge für das beschleunigte Verfahren und 19 405 Anträge für das vereinfachte Jugendverfahren.[173] Mit den Diversionsmöglichkeiten und dem vereinfachten Jugendverfahren kann jugendadäquat das Verfahren beschleunigt werden.

6. Privat- und Nebenklage (§ 80)

6.1 Gesetzesziel

153 Die Privatklage ist gegen einen Jugendlichen grundsätzlich untersagt (§ 80 Abs. 1), die Nebenklage ist nur ausnahmsweise zugelassen (§ 80 Abs. 3), um den vorrangigen Sanktionierungszweck, die Wiederholung der Straftat durch erzieherisch gestaltete Sanktionen oder durch bloße verfahrensrechtliche Intervention mit Sanktionsverzicht zu verhindern, nicht durch private Einflüsse zu gefährden bzw. zu vereiteln. Rache- und Vergeltungsgelüste – mögen sie heute auch in andere Begriffe gekleidet werden – dürfen nicht das Verfahren und erst recht nicht die Sanktion bestimmen. Im Vergleich mit dem sonst geltenden Offizialprinzip bilden diese Klagemöglichkeiten bereits einen Fremdkörper im Erwachsenenstrafrecht.[174] Auch ist eine mögliche zusätzliche Kostenbelastung im Fall einer Verurteilung zu bedenken (zur Anwendung des § 74 siehe aber Rn. 326). Dem stehen „moderne" Überlegungen zur Stärkung des Opfers im Verfahren sowie zur größeren Berücksichtigung im Rahmen der Sanktionierung nicht entgegen.[175] Für das letzte Anliegen kann gerade das JGG mit der Schadenswiedergutmachungssanktion (§ 15 Abs. 1 Nr. 1) sowie dem Täter-Opfer-Ausgleich (§ 10 Abs. 1 S. 3 Nr. 7, §§ 45 Abs. 2, 47 Abs. 1 Nr. 2) Vorreiter spielen, wobei das eigentliche Problem die Realisierung ist.[176] Auch geht es mit der Privat- und Nebenklage wie auch mit dem **Adhäsionsverfahren,** das nur bei Heranwachsenden – sowohl bei Anwendung des Erwachsenen- als auch des Jugendstrafrechts – zur Anwendung kommt (§§ 109 Abs. 1, 81), nicht um einen Schutz des Opfers, sondern um die eigenständige Rechtsdurchsetzung durch das Opfer. Der staatliche Strafapparat soll aber gerade gegen jugendliche Delinquenten nicht in die Hände Privater gelegt werden. Eine Ausnahme gilt für die

---

171 Ebenso *Höynck/Sonnen* 2001, 249; *Arbeitsgemeinschaft für Jugendhilfe* DVJJ-Journal 2001, 102; Zweite Jugendstrafrechtsreformkommission der DVJJ, 2002, DVJJ-Extra, Nr. 5, S. 9; der 64. Dt. Juristentag, 2002, C IX. 2. 4. hat sich gegen das beschleunigte Verfahren ausgesprochen.
172 Ebenso Denkschrift über die kriminalrechtliche Behandlung junger Volljähriger, DVJJ 1977, S. 9, 60 f. A. M. *Putzke* 2004, 145.
173 Siehe Arbeitsunterlage „Staatsanwaltschaften", hrsg. vom Statistischen Bundesamt.
174 Siehe *von Liszt* 1905, 21 ff.; *Ostendorf* 1980, 202.
175 Siehe demgegenüber aber *Schöch* 2012, 249 f.
176 Siehe Ostendorf/*Ostendorf* Grdl. z. §§ 13–16 Rn. 8.

weiterhin zulässige Privatklage von Seiten der Jugendlichen: Die Widerklage ist dann nicht nur prozessökonomisch, mit ihr wird auch mit den gleichen Waffen „zurückgeschlagen".[177] Die umfassende Konfliktserledigung ist auch ein individualpräventives Ziel.[178] Bei besonderen Verbrechenstatbeständen hat der Gesetzgeber mit dem 2. Justizmodernisierungsgesetz vom 30.12.2006 ausnahmsweise („nur") die Nebenklage auch gegen Jugendliche eingeführt.

6.2 Anwendungsbereich

6.2.1 Bei Jugendlichen

Die Privatklage ist gegen Jugendliche grundsätzlich verboten (§ 80 Abs. 1). Sie ist nur im Wege der Widerklage erlaubt, wenn der Jugendliche eine Privatklage gegen Heranwachsende/Erwachsene – durch seinen gesetzlichen Vertreter (§ 374 Abs. 3 StPO) – erhoben hat. Dies gilt auch in Verfahren vor den für allgemeine Strafsachen zuständigen Gerichten (§ 104 Abs. 1 Nr. 14). Die Staatsanwaltschaft hat Privatklagedelikte gegen einen Jugendlichen nicht nur zu verfolgen, wenn dies im öffentlichen Interesse liegt (§ 376 StPO), sondern auch, wenn Gründe der Erziehung oder ein berechtigtes Interesse des Verletzten, das dem Erziehungszweck nicht entgegensteht, es erfordern (§ 80 Abs. 1 S. 2).

154

Die Nebenklage gegen Jugendliche ist nur ausnahmsweise bei bestimmten Verbrechenstatbeständen zulässig. Antragsberechtigte sind:

1. Verletzte aufgrund eines
   – Verbrechens gegen das Leben (§§ 211, 212, 221 Abs. 2 StGB)
   – Verbrechens gegen die körperliche Unversehrtheit (§§ 225 Abs. 3, 226 Abs. 1, Abs. 2 StGB)
   – Verbrechens gegen die sexuelle Selbstbestimmung (§§ 176a Abs. 1, Abs. 2, Abs. 3, 176b, 177 Abs. 1, Abs. 3, Abs. 4, 178, 179 Abs. 5, Abs. 7 StGB)
   – Verbrechen gegen die persönliche Freiheit (§§ 239 Abs. 3, 239a, 239b StGB).
   Bei den Tötungsdelikten gem. den §§ 211, 212, 176b, 178, 179 Abs. 7 StGB ist nur ein Versuch denkbar.
   Die Straftat muss zusätzlich eine besondere Opferbetroffenheit ausgelöst haben. Entweder muss hierdurch das Opfer seelisch oder körperlich schwer geschädigt oder es muss einer solchen Gefahr ausgesetzt worden sein. Im Hinblick auf die besonderen Belange des Jugendstrafverfahrens muss diese Opferbetroffenheit sorgfältig geprüft werden.[179] Sie ist eine **zusätzliche** Nebenklagevoraussetzung, die nicht schon automatisch mit der Verletzteneigenschaft begründet ist.[180]
2. Verletzte aufgrund eines Verbrechens gem. § 251 StGB, auch in Verbindung mit den §§ 252 oder 255 StGB. Auch hier kann naturgemäß ein Verletzter nur dann selbst als Nebenkläger auftreten, wenn die vorsätzliche Tötungshandlung im Versuch stecken geblieben ist (versuchte Erfolgsqualifikation). Hier ist – merkwürdigerweise – keine besondere Opferbetroffenheit Voraussetzung.

---

177 Siehe *Dallinger/Lackner* § 80 Rn. 18.
178 Kritisch *Eisenberg* § 80 Rn. 10a.
179 Ebenso D/S/S-*Schatz* § 80 Rn. 14 ff.; a.M. *Hinz* 2007, 144.
180 Tendenziell a.M. *Hinz* 2007, 144.

3. Eltern, Kinder, Geschwister und Ehegatten oder Lebenspartner eines durch eine rechtwidrige Tat Getöteten (s. § 80 Abs. 3 S. 2 i. V. m. § 395 Abs. 2 Nr. 1 StPO).

Nicht antragsberechtigt sind Verletzte gem. § 229 StGB, auch wenn in § 396 Abs. 2 StPO, auf den in § 80 Abs. 3 S. 2 verwiesen wird, hierauf Bezug genommen wird; der Katalog in § 80 Abs. 3 ist abschließend.[181]

Über die Berechtigung zum Anschluss der Nebenklage entscheidet das Gericht (siehe § 80 Abs. 3 S. 2, § 396 Abs. 2 S. 1 StPO). Im Gesetzgebungsverfahren zum 2. Justizmodernisierungsgesetz vom 30.12.2006 war insoweit ausdrücklich die Begrenzung „Gegen einen Jugendlichen ist die Nebenklage nur zulässig, wenn Gründe der Erziehung nicht entgegenstehen."[182] vorgesehen. Auch wenn diese Begrenzung nicht Gesetz geworden ist, gilt sie sinngemäß für negative Auswirkungen auf die Individualprävention als dem maßgeblichen Ziel des Jugendstrafrechts (siehe Rn. 53, 54). Mit der Zulassung der Nebenklage gelten jetzt auch die Verletztenrechte gem. den §§ 406d ff. StPO, insbesondere das Akteneinsichtsrecht gem. § 406e Abs. 1 S. 2 StPO sowie das Recht, einen Rechtsbeistand heranzuziehen mit Einschluss der Bewilligung der Prozesskostenhilfe gem. § 406g Abs. 1 und 3 StPO[183], wenn eine Nebenklageberechtigung i. S. des § 80 Abs. 3 vorliegt.

6.2.2 Bei Heranwachsenden

155 § 80 gilt nicht für Heranwachsende (§§ 109, 112 S. 2); gegen sie ist Privat- und Nebenklage zulässig, auch dann, wenn das Jugendstrafrecht zur Anwendung kommt. Entscheidend ist das Alter zur Tatzeit (§ 1 Abs. 2). Wurden die Straftaten aber z. T. als Jugendlicher und z. T. als Heranwachsender begangen, ist bei Einheitlichkeit des Verfahrens die Nebenklage insgesamt unzulässig,[184] soweit nicht eine Zulässigkeit gem. § 80 Abs. 3 gegeben ist. Zusätzlich ist bei Heranwachsenden, wenn Jugendstrafrecht angewendet wird, das Adhäsionsverfahren zulässig (§ 109 Abs. 2 S. 1), das aber in der Praxis weitgehend „totes Recht" darstellt.

6.2.3 Bei verbundenen Verfahren

156 Bei verbundenen Verfahren gegen Jugendliche und Heranwachsende und/oder Erwachsene ist zu differenzieren: Soweit – auch – Taten angeklagt werden, die dem Heranwachsenden oder Erwachsenen allein zur Last gelegt werden, ist gegen diese insoweit eine Nebenklage zulässig. Bei Anklagen wegen gemeinsamer Tatbegehung oder wegen Tatbeteiligung ergibt sich eine Interessenkollision. Aus jugendstrafspezifischer Sicht scheidet eine Nebenklage gegen Heranwachsende oder Erwachsene aus, wenn nicht ein Verbrechenstatbestand gem. § 80 Abs. 3 angeklagt ist, da die Wirkungen der Nebenklage sich notwendigerweise auf den Jugendlichen erstrecken würden. Die Fragen und Anträge des Nebenklägers zu den identischen Vorwürfen gegen einen Heranwachsenden oder Erwachsenen müssen sich notwendigerweise auch auf den jugendlichen Angeklagten auswirken. Auch wenn dieser formal hiervon nicht betroffen ist, können sie sich auf die Urteilsfindung auswirken. Andererseits würde aus der Sicht der Verletzten

---

[181] Ebenso D/S/S-*Schatz* § 80 Rn. 20.
[182] § 80 Abs. 3 S. 1 gem. Empfehlungen des Rechts- und Innenausschusses des Bundesrates, BR-Drucks. 550/1/06, S. 10.
[183] Wie hier *Streng* Rn. 206; a. M. D/S/S-*Schatz* § 80 Rn. 29; *Eisenberg* § 80 Rn. 14; zum früheren Rechtszustand siehe Ostendorf/*Sommerfeld* § 80 Rn. 1 m. w. N.
[184] Siehe LG Hamburg bei *Böhm* NStZ 1989, 523; KG Berlin NStZ 2007, 44 mit abl. Anm. von *Brocke* 2007.

der Ausschluss der Nebenklage zu einem Verlust von Rechten führen, der lediglich durch die – aus der Sicht der Verletzten zufällige – Beteiligung von Jugendlichen bedingt wäre.[185] Da das Recht zur Nebenklage vom Gesetzgeber bereits für bestimmte Verfahren gegen Jugendliche ausgeschlossen wurde, erscheint es zulässig, den Ausschluss auch auf solche Prozesssituationen grundsätzlich zu erweitern.[186] Dies sollte aber nicht generell geschehen; hierüber sollte und kann bei Berücksichtigung der gegenläufigen Interessenlage **nur im Einzelfall entschieden werden.**[187] Hierbei ist die Interessenlage des jugendlichen Angeklagten unter Berücksichtigung seines Alters, seiner Persönlichkeitsstruktur mit der Interessenlage der Verletzten gerade auch im Hinblick auf Tatsituation und Tatfolgen abzuwägen.[188] Als Lösung bietet sich eine Einzelfallentscheidung in Anlehnung an die gesetzliche Regelung für die Öffentlichkeit bzw. Nichtöffentlichkeit in derartigen Verfahren an (§ 48 Abs. 3). Vor einer solchen rechtsanalogen Lösung ist der Ausweg der Verfahrenstrennung zu prüfen.[189]

6.3 Kriminalpolitische Forderungen

Die im Vergleich zu Erwachsenen erweiterte Privatklagebefugnis gegen Jugendliche gem. § 80 Abs. 1 S. 2 ist zu streichen, zumal gerade bei Jugendlichen der Unrechtsgehalt dieser Delikte abnimmt.[190]

157

Die Einführung einer – ausnahmsweise – Nebenklage gegen Jugendliche entspricht dem kriminalpolitischen Trend, die Opferrechte zu verstärken, kann aber jugendadäquates Verhandlungsklima zerstören. Dementsprechend sieht nach einer Befragung die Mehrzahl der Jugendrichter und Jugendstaatsanwälte in der Nebenklage eine Gefahr für die Beeinträchtigung des Erziehungszwecks.[191] Anstelle der Stärkung der formalen Rechtsposition des Opfers durch die Nebenklage[192] ist eine psychosoziale Betreuung für Opfer umzusetzen (siehe § 406g StPO)[193], ist der Täter-Opfer-Ausgleich zu intensivieren. Eine solche wirkliche Opferhilfe erfordert aber Personaleinsatz, der verweigert wird.

7. Nichtöffentlichkeit der Verhandlung (§ 48)

Der prozessuale Grundsatz „Nichtöffentlichkeit des Ermittlungsverfahrens – Öffentlichkeit der Hauptverhandlung – Nichtöffentlichkeit der Strafvollstreckung" ist im Ju-

158

---

185 Für eine getrennte Anwendung des jeweiligen Verfahrensrechts und damit für die Zulässigkeit einer Nebenklage gegen Heranwachsende/Erwachsene *Dallinger/Lackner* § 109 Rn. 46; *Brunner/Dölling* § 109 Rn. 6; *Mitsch* 1998; OLG Düsseldorf NStZ 1994, 605; NStZ 1995, 143; BGHSt 41, 288; OLG Saarbrücken ZJJ 2006, 324 m. abl. Anm. von *Möller*.
186 Für einen generellen Ausschluss der Nebenklage gegen Jugendliche nach altem Recht LG Aachen MDR 1993, 679; LG Duisburg StV 1994, 606; OLG Köln NStZ 1994, 298; siehe zur Diskussion auch *Schaffstein/Beulke/Swoboda* Rn. 860; *Franze* 1996, 293; *Kurth* Heidelberger Kommentar zur StPO, 2. Aufl., § 395 Rn. 24 mit Ausnahme eines Sicherungsverfahrens gegen einen jugendlichen Mittäter; nach neuem Recht LG Zweibrücken ZJJ 2009, 61; *Eisenberg* § 80 Rn. 13; D/S/S-*Sonnen* § 109 Rn. 2.
187 Wie hier *C. Mohr* 2005, 155; ebenso *Laubenthal/Baier/Nestler* Rn. 378. Tendenziell auch *Streng* Rn. 205.
188 Ebenso BGH StV 2003, 75 für die Zurückweisung einer Frage des zugelassenen Nebenklägers gegen einen Heranwachsenden an einen jugendlichen Mitangeklagten.
189 Siehe *Franze* 1996, 293.
190 Siehe auch Rn. 8.
191 *Zapf* 2012, 344.
192 Begrüßt von *Hinz* 2007, 140 ff.; kritisch *Streng* Rn. 204; zur berechtigten Forderung, außerhalb der Nebenklage die Verletztenposition zu stärken, siehe Ostendorf/*Sommerfeld* Grdl. z. §§ 79–81 Rn. 6.
193 Eingeführt durch das 3. Opferrechtsreformgesetz vom 3.12.2015, BGBl. I, 2525; siehe hierzu *Riekenbrauk* 2016, 25 ff.; kritisch–ablehnend *Eisenberg* 2016, 33 ff.

gendstrafverfahren für die Hauptverhandlung durchbrochen. Gem. § 48 Abs. 1 ist die Verhandlung vor dem erkennenden Gericht einschließlich der Verkündung der Entscheidungen nicht öffentlich. Dies gilt für Jugendliche vor Jugendgerichten. Wenn ausnahmsweise Jugendliche vor Erwachsenengerichten angeklagt werden, d.h. bei erstinstanzlichen Anklagen vor dem Oberlandesgericht (§ 102), bei Anklagen vor der Wirtschaftsstrafkammer und der politischen Strafkammer gem. § 74a GVG[194] ist hierüber im Einzelfall zu entscheiden (§ 104 Abs. 2). In Verfahren gegen Heranwachsende vor den Jugendgerichten gilt § 48 nicht;[195] ein Ausschluss ist jedoch gem. § 109 Abs. 1 S. 4 möglich (zu Verfahren gegen Heranwachsende vor Erwachsenengerichten siehe §§ 112 S. 1, 104 Abs. 2). Sind in dem Verfahren gegen Jugendliche gleichzeitig auch Heranwachsende oder Erwachsene angeklagt, so ist die Verhandlung öffentlich; im Interesse des jugendlichen Angeklagten kann die Öffentlichkeit aber ausgeschlossen werden (§ 48 Abs. 3). Das Prinzip der Nichtöffentlichkeit ist für Verfahrensbeteiligte sowie für weitere im § 48 Abs. 2 S. 2 genannte Personen aufgehoben. Zu den Verfahrensbeteiligten gehört im Fall einer Nebenklage gem. § 80 Abs. 3 auch der Nebenkläger sowie sein anwaltlicher Beistand (siehe auch § 80 Abs. 3 S. 2 i.V.m. § 397 Abs. 1 S. 1, Abs. 2 S. 2 StPO). Im Hintergrund dieser unterschiedlichen Regelungen steht die Absicht des Gesetzgebers, Jugendlichen einen besonderen Persönlichkeitsschutz zu gewähren und eine jugendadäquate Verhandlung zu ermöglichen, umgekehrt bei – gleichzeitigen – Anklagen gegen Erwachsene und in besonders schwerwiegenden Verfahren die Kontrolle durch die Öffentlichkeit zu ermöglichen. Daneben ist ein Ausschluss der Öffentlichkeit gemäß den §§ 171a, 171b, 172 GVG möglich.

Nichtöffentlichkeit der Verhandlung bedeutet nicht, dass über das Jugendstrafverfahren nicht in den Medien berichtet werden darf. Nach spektakulären Gewaltverbrechen hat die Öffentlichkeit einen Anspruch zu erfahren, ob „die Täter" ermittelt wurden, welche Maßnahmen von der Justiz ergriffen wurden, auch um die Abscheu gegenüber den Taten und die Verdammung der Täter aufzufangen. Insoweit ist auch im Jugendstrafverfahren Transparenz gefordert – allerdings in Form einer sachlichen, aufklärerischen Berichterstattung. Hierzu können ausnahmsweise Medienvertreter gem. § 48 Abs. 2 S. 3 zugelassen werden[196]; auch können Presseerklärungen – soweit die Angeklagten nicht bereits vorher namentlich bekannt gemacht wurden, in anonymisierter Form – herausgegeben werden. Eine mediale Vorverteilung ist aufgrund des besonderen Persönlichkeitsschutzes von jungen Menschen im Jugendstrafverfahren erst recht untersagt.[197]

8. Gang der Hauptverhandlung (§ 243 StPO, §§ 38, 67)

159   I. Eröffnung
- Aufruf der Verhandlung
- Prüfung der Öffentlichkeit bzw. Nichtöffentlichkeit
- Feststellung der Anwesenheit der Verfahrensbeteiligten
  (auch gesetzliche Vertreter sowie Jugendgerichtshilfe)

---

194 Siehe § 103 Abs. 2 S. 2.
195 Siehe § 109 Abs. 1 und 2.
196 Siehe Ostendorf/Schady § 48 Rn. 16; ebenso Laubenthal/Baier/Nestler Rn. 350; Huff 2009, 315 ff.; a. M. Pelster 2006, 428.
197 Zu rechtlichen Konsequenzen – Verfahrenseinstellung, Strafmilderungen bis hin zum Strafverzicht gem. § 60 StGB – Altermann 2009, 282; Fröhling 2014, 352 ff.

- Belehrung der Zeugen
- Zeugen verlassen den Sitzungssaal
- Vernehmung des Angeklagten zur Person
II. Verlesung der Anklage durch den Staatsanwalt
III. Vernehmung des Angeklagten zur Sache
- Belehrung über sein Aussageverweigerungsrecht
- eventuelle Vernehmung
IV. Beweisaufnahme
- Zeugenvernehmung
- Anhörung von Sachverständigen
- Urkundenverlesung
- Augenscheinseinnahme
- Erklärungsrecht des Angeklagten sowie der gesetzlichen Vertreter (umstr.) nach jeder Beweiserhebung
V. Schlussvorträge
- Bericht der Jugendgerichtshilfe
- Plädoyer des Staatsanwalts
- Plädoyer des Verteidigers
- „letztes Wort" des Angeklagten
  (bei Jugendlichen auch der gesetzlichen Vertreter)
VI. Urteil
- Beratung des Gerichts
- Urteilsverkündung mit Rechtsmittelbelehrung

9. Rechtsmittel (§ 55)

9.1 Gesetzesziel

Erklärtes Ziel des Rechtsmittelausschlusses bzw. der Rechtsmittelbeschränkung gem. § 55 sowie der Teilvollstreckung gem. § 56 ist die Beschleunigung des Verfahrensabschlusses, um die für notwendig erachteten Sanktionen auch umgehend durchzuführen: „Die Strafe hat nur dann die notwendige erzieherische Wirkung, wenn sie der Tat sobald wie möglich folgt".[198] Dieser Grundsatz verdient auch für ein Präventionsziel (siehe Rn. 53) Zustimmung, auch dann, wenn schon – wie häufig – mit dem erstinstanzlichen Verfahren der Tatzusammenhang zeitlich verloren geht, da ansonsten die Gefahr einer zwischenzeitlichen Straftatwiederholung besteht und das Übel der zeitlichen Verzögerung nicht ein weiteres Übel rechtfertigt.[199] Jedoch muss auf der anderen Seite die im Vergleich zum Erwachsenenrecht benachteiligende Beschneidung der Rechtsmittelmöglichkeiten gesehen werden, die zu ungerechter sowie unsachgemäßer Sanktionierung führen kann. Der Vorprüfungsausschuss des BVerfG[200] hat in der Re-

160

---

198 Siehe Begründung zu dem Entwurf eines Gesetzes zur Änderung des Reichsjugendgerichtsgesetzes, BT-Drucks. 1/3264, S. 46; siehe auch RL Nr. 1 S. 1 zu § 55 sowie Rn. 62.
199 Siehe aber *Eisenberg* § 55 Rn. 35: „wenig überzeugend"; ebenso *Nothacker* 1982a, 453; wie hier *Brunner/Dölling* § 55 Rn. 1 m. w. N.; siehe auch *Schaumann* 2001, 195.
200 NStZ 1988, 34.

gelung des § 55 Abs. 2 zwar noch keinen Grundrechtsverstoß gesehen, jedoch zugestanden, „dass es in Ausnahmefällen doch zur Durchführung eines Berufungs- und eines Revisionsverfahrens kommen kann".[201] Unter erzieherischen Gesichtspunkten kann zudem die Erfahrung und Einübung eines rechtsstaatlichen Verfahrens wertvoll sein.

9.2 Anfechtungsberechtigung

161 Anfechtungsberechtigt ist zunächst der unmittelbar Betroffene,[202] d. h., **der verurteilte Jugendliche/Heranwachsende kann selbstständig Rechtsmittel einlegen**. Ebenso kann der Verurteilte auf ein Rechtsmittel rechtswirksam verzichten oder das Rechtsmittel zurücknehmen (§ 302 Abs. 1 S. 1 StPO). Erforderlich ist jedoch die **Verhandlungsfähigkeit**. Diese kann gerade bei jugendlichen Verurteilten aufgrund des Eindrucks der Hauptverhandlung und der Urteilsverkündung fehlen;[203] insbesondere ist die Verhandlungsfähigkeit zu verneinen, wenn eine Pflichtverteidigung an sich geboten gewesen wäre,[204] wenn eine Rechtsmittelerklärung „abverlangt" wurde, ohne anheimzustellen, sich zuvor mit einem Verteidiger zu beraten, aber auch dann, wenn „ohne Einwirkung auf den Angeklagten, aber ohne dass diesem Gelegenheit zur vorherigen Beratung mit seinem Verteidiger geboten worden wäre, ein entsprechender Verzicht zu Protokoll genommen wird".[205] Dies gilt insbesondere für einen Ausländer, der der deutschen Sprache nicht mächtig ist.[206]

Daneben haben die **Erziehungsberechtigten und gesetzlichen Vertreter** ein Anfechtungsrecht für den Angeklagten (§ 67 Abs. 3, § 298 StPO). Diese Berechtigung besteht selbstständig, d. h., das Rechtsmittel kann auch bei einem Verzicht des Jugendlichen gegen seinen Willen, aber nur **zu seinen Gunsten** eingelegt werden. Entscheidend sollte regelmäßig die – eigenverantwortliche – Interessendefinition durch den Verurteilten selbst sein; wird von ihm die gerichtliche Entscheidung „geschluckt", so sollte sie nur bei eindeutiger Fehlerhaftigkeit angefochten werden.

9.3 Inhaltliche Rechtsmittelbeschränkung (§ 55 Abs. 1)

162 Gem. § 55 Abs. 1 sind Entscheidungen, in denen Erziehungsmaßregeln – mit Ausnahme der Hilfen zur Erziehung gem. § 12 Nr. 2 – oder Zuchtmittel angeordnet werden oder die Auswahl und Anordnung von Erziehungsmaßregeln dem Familienrichter überlassen wird, nicht **wegen Art und Umfang der Sanktion** anfechtbar (zu verfassungsrechtlichen Einwänden siehe Rn. 167). Bei derartigen Sanktionen kann die Anfechtung nur darauf gestützt werden, dass die Schuldfrage rechtlich oder tatsächlich falsch beantwortet wurde oder die Sanktion selbst rechtswidrig ist, weil z. B. die Weisung unzumutbar ist gem. § 10 Abs. 1 S. 2 oder gegen gesetzessystematische Bindungen

---

201 Siehe auch Fallbeispiel 3, Rn. 168.
202 Siehe § 296 Abs. 1 StPO.
203 Siehe *d'Alquen/ Daxhammer/Kudlich* 2006, 220.
204 Siehe OLG Bremen StV 1984, 17; ebenso OLG Stuttgart MDR 1985, 344; OLG Frankfurt StV 1991, 296; OLG Düsseldorf StV 1998, 647; OLG Köln StV 1998, 645; OLG Köln StV 2003, 65; a. M. OLG Hamburg MDR 1996, 629, zust. *Rogall* 1998, 643.
205 Siehe BGH StV 1983, 268; siehe auch BGHSt 18, 257; 19, 101; siehe auch *Erb* 2000, 524: Unzulässigkeit des Rechtsmittelverzichts, wenn dieser im unmittelbaren Anschluss an die Urteilsverkündung erklärt wird und dem ein Hinweis des Gerichts auf die Möglichkeit einer solchen Erklärung vorausgegangen war.
206 Siehe OLG Hamm NJW 1983, 530; OLG Zweibrücken Justizblatt Rheinland-Pfalz 1994, 269; siehe auch OLG München StV 1998, 646.

verstößt[207] oder bei Heranwachsenden die Entscheidung gem. § 105 falsch getroffen wurde.[208] **Indirekt ist so mit der Prüfung der Schuldfrage auch die Straffrage neu zu beantworten.** Wenn das Rechtsmittelgericht zu dem Ergebnis kommt, dass die Schuldfrage korrekt beantwortet wurde, kann es die Sanktion auch im Bereich des § 55 Abs. 1 ändern – unter Beachtung des Verschlechterungsverbots.[209] Aus rechtsstaatlichen Gründen darf das Rechtsmittelgericht, das zulässigerweise angerufen wurde, nicht gezwungen werden, eine falsche Sanktionsentscheidung zu bestätigen. Allerdings wird z.T. in der Rechtsprechung eine eindeutige Formulierung des Angriffsziels, also auch des Schuldspruchs, verlangt[210], um eine Umgehung des § 55 Abs. 1 auszuschließen.[211]

Voraussetzung für die Rechtsmittelbeschränkung gem. § 55 Abs. 1 ist, dass nur die hier aufgeführten Sanktionen verhängt wurden. Werden diese Sanktionen mit anderen, härteren Sanktionen gem. § 8 verbunden oder daneben Maßregeln der Besserung oder Sicherung, Nebenstrafen oder Nebenfolgen angeordnet, so gilt die Beschränkung nicht.[212] Auch kann die StA ein Urteil mit der Anordnung von Erziehungsmaßregeln und/oder Zuchtmitteln anfechten, um eine Verurteilung zu einer Jugendstrafe zu erreichen.[213]

9.4 Instanzliche Rechtsmittelbeschränkung (§ 55 Abs. 2)

Gem. § 55 Abs. 2 darf von dem Verfahrensbeteiligten, der eine zulässige Berufung eingelegt hat, gegen das Berufungsurteil keine Revision erhoben werden; nur die jeweils andere Seite, die keine Berufung eingelegt hat, ist hierzu berechtigt. Hierbei wird die Berufung des Verurteilten, der Erziehungsberechtigten und gesetzlichen Vertreter gem. § 55 Abs. 2 S. 2 wechselseitig zugerechnet, d. h., es besteht nur ein einheitliches Wahlrecht für Berufung oder Revision.[214] Hat der Verurteilte Berufung und haben die gesetzlichen Vertreter oder Erziehungsberechtigten Revision eingelegt – oder umgekehrt –, so wird das Rechtsmittel einheitlich als Berufung entsprechend § 335 Abs. 3 S. 1 StPO behandelt, solange die Berufung nicht zurückgenommen oder als unzulässig verworfen ist.[215] Im umgekehrten Fall, wenn der Verurteilte Revision einlegt, der Mitangeklagte aber Berufung, wird zwar die Revision gem. § 335 Abs. 3 S. 1 StPO als Berufung behandelt, das Revisionsrecht bleibt aber danach bestehen.[216] Die Rechtsmittelbeschränkung gilt auch dann, wenn aufgrund der Berufung der StA das Berufungsurteil für den Angeklagten ungünstiger ausfällt als das von ihm vergeblich angefochtene erstinstanzliche Urteil.[217] Dies gilt auch bei einer Einbeziehung gem. § 31 Abs. 2 erst in

163

---

207 Siehe Ostendorf/*Ostendorf* § 10 Rn. 6, 8.
208 H. M., siehe nur *Schaffstein/Beulke/Swoboda* Rn. 805 ff.; a. M. aber für die Revision beim Einwand der Gesetzeswidrigkeit der Sanktion D/S/S-*Schoreit*, 5. Aufl., § 55 Rn. 7.
209 H. M., siehe BGHSt 10, 198; OLG Stuttgart NJW 1956, 33; OLG Hamm NJW 1956, 1736; *Brunner/Dölling* § 55 Rn. 12; *Eisenberg* § 55 Rn. 53; *Böhm* 1996, 91 m. Fn. 12; *P.-A. Albrecht* 2000, 390; a. M. OLG Frankfurt NJW 1956, 32 m. zust. Anm. von *Schnitzerling*; *Schaffstein/Beulke/Swoboda* Rn. 820; *Schaumann* 2001, 143, 198.
210 OLG Celle NStZ-RR 2001, 121; BGH StV 2013, 772.
211 Gebilligt vom BVerfG ZJJ 2007, 309.
212 Siehe BGH bei *Böhm* 1984, 447; OLG Zweibrücken MDR 1983, 1046; *Brunner/Dölling* § 55 Rn. 9; *Eisenberg* § 55 Rn. 42.
213 Siehe Ostendorf/*Schady* § 55 Rn. 27; OLG Zweibrücken NStZ-RR 1998, 118; siehe hierzu auch Rn. 240.
214 Siehe § 335 StPO.
215 Ebenso *Eisenberg* § 55 Rn. 67.
216 OLG Koblenz StV 2014, 749; Ostendorf/*Schady* § 55 Rn. 38.
217 Siehe OLG Düsseldorf VRS 78 [1990], 292; BayObLG JZ 2005, 2.

der Berufungsinstanz.²¹⁸ Bedeutung erlangt die instanzielle Rechtsmittelbeschränkung für die Urteile des Jugendrichters und des Jugendschöffengerichts. Gegen Urteile der Jugendkammer kommt gem. den §§ 312, 333 StPO nur die Revision in Betracht.

164 Einschränkend ist ein **Berufungsurteil, das den Grundsatz des Verschlechterungsverbots (§§ 331 Abs. 1, 358 Abs. 1 StPO)²¹⁹ nicht einhält, auch vom Rechtsmittelführer mit der Revision angreifbar**, da dieses Prinzip gegenüber der Einschränkung der Rechtsmittelmöglichkeiten Vorrang hat, wenn nicht die StA Revision einlegt. Die – beschränkte – Möglichkeit der Urteilsprüfung zugunsten des Verurteilten würde sich ansonsten ins Gegenteil verkehren. Mit der vom BayObLG²²⁰ vertretenen anderslautenden Gesetzesinterpretation wird das Vertrauen des Verurteilten, dass er aufgrund seiner Berufung nicht härter bestraft werden kann als vom Erstgericht, enttäuscht. Damit wird das Vertrauen in das gesetzmäßige Handeln der Justiz untergraben.²²¹

Wird in der Revisionsinstanz das Urteil zugunsten eines Angeklagten aufgehoben, so ist die Entscheidung gem. § 357 StPO auf die anderen Mitangeklagten zu erstrecken, als ob sie gleichfalls Revision eingelegt hätten, auch wenn ihnen die Revision gem. § 55 Abs. 2 versagt war.²²²

---

218 OLG Stuttgart MDR 1976, 1043; a. M. *Schweckendieck* 2005, 141; zur Lösung des Problems siehe Ostendorf/ *Ostendorf* § 31 Rn. 18.
219 Zum Verhältnis der jugendstrafrechtlichen Folgen siehe Ostendorf/*Schady* § 55 Rn. 16–23.
220 NStZ 1989, 193 (siehe Fallbeispiel 3, Rn. 168); ebenso OLG Zweibrücken bei *Böhm* 1991, 523; OLG Oldenburg ZJJ 2009, 157 für den Fall einer Einbeziehung gem. § 31 Abs. 2; bezeichnend *Burscheidt* 2000, 183, wonach „die Rechte des jugendlichen Angeklagten hinter den Resozialisierungszweck des JGG zurücktreten".
221 Wie hier *Bode* 2000, 140; *Schaumann* 2001, 170 ff.; ähnlich *Kudlich* 1999, 881; *Brunner/Dölling* § 55 Rn. 11; *Eisenberg* § 55 Rn. 48; *Laubenthal/Baier/Nestler* Rn. 408.
222 OLG Karlsruhe ZJJ 2006,74; h. M. in der jugendstrafrechtlichen Literatur, siehe *Dallinger* MDR 1963, 539; *Brunner/Dölling* § 55 Rn. 16 a; *Eisenberg* § 55 Rn. 70; *Streng* Rn. 579; *Satzger* 2007, S. 181 ff.; a. M. aber BGHSt 51, 34 = NStZ 2006, 518 sowie die StPO-Kommentierung siehe Löwe/Rosenberg/*Franke* § 357 StPO Rn. 12; OLG Oldenburg NJW 1957, 1450; ausführlich wie hier *Mohr* 2005, 107 ff., allerdings mit einem Wahlrecht des Nichtrevidenten.

9. Rechtsmittel

9.5 Instanzenweg

Instanzenweg in der Strafgerichtsbarkeit bei Jugendlichen/Heranwachsenden

Revisions-instanz	**Oberlandesgericht** Strafsenat (3 Berufsrichter)		**Bundesgerichtshof** Strafsenat (5 Berufsrichter)
	↑ Revision* ↑ Revision*		↑
Berufungs-instanz	**Landgericht**		
	Kleine Jugendkammer (1 Berufsrichter und 2 Jugend-schöffen)	**Große Jugendkammer** (3 oder 2 Berufsrichter und 2 Jugend-schöffen)	Revision
	↑ Berufung	↑ Berufung	
	Amtsgericht		**Landgericht**
Erste Instanz	Jugendrichter	Jugend-schöffengericht (1 Berufsrichter, 2 Jugendschöffen)	Große Jugendkammer (3 oder 2 Berufsrichter, 2 Jugendschöffen)

* Im Jugendstrafrecht gibt es für die Verurteilten – wie für die Staatsanwaltschaft – nur ein Rechtsmittel, entweder Berufung oder Revision: „Wer eine zulässige Berufung eingelegt hat, kann gegen das Berufungsurteil nicht mehr Revision einlegen" (§ 55 Abs. 2 Satz 1 JGG).

9.6 Justizpraxis

Entsprechend der gesetzlichen Rechtsmittelbegrenzung und aufgrund der mangelnden Beschwerdemacht werden im Jugendstrafrecht erheblich weniger Rechtsmittel eingelegt als im Erwachsenenstrafrecht.

Jahr	Verurtei-lungen nach Jugendstraf-recht	Berufungen gegen Urteile des		Revisionen vor dem Oberlandesgericht* gegen Urteile		
		Jugend-richters	Jugend-schöffen-gerichts	des Jugend-richters	des Jugend-schöffen-gerichts	der Jugend-kammer
1980	132 649	4 886	4 472	136	34	305
1985	119 126	3 874	4 021	101	40	216
1990	77 274	2 759	2 936	36	37	113
1995	76 731	2 514	3 782	22	35	94
2000	93 840	3 223	4 803	44	59	88
2005	106 655	3492	4983	46	65	111
2010	108 464	2870	4473	41	49	73
2015	72 094	1894	3178	41	55	90

* Die Revision vor dem Bundesgerichtshof wird in Jugendstrafsachen statistisch nicht gesondert ausgewiesen.

Quellen: bis 1980: Statistisches Bundesamt, Strafgerichte (Fachserie 10, Reihe 2.2); 1981: a. a. O., Reihe 2 (Zivilgerichte und Strafgerichte); 1982 bis 1984: Statistisches Bundesamt, Arbeitsunterlage „Strafgerichte"; 1985 bis 1989: Statistisches Bundesamt, Strafverfolgung (Fachserie 10, Reihe 3); 1990 bis 1995: Statistische Jahrbücher 1995, 1997 und 1998; ab 1996: Statistisches Bundesamt, Strafgerichte (Fachserie 10 Reihe 2.3, Tab. 3.1, 8.1), Strafverfolgung (Fachserie 10 Reihe 3, Tab. 2.1), „Statistisches Jahrbuch" (Tab. 11.2.4).

Gebiet: bis 1990: alte Länder; 1991 bis 1994: alte Länder einschl. Berlin-Ost; ab 1995: gesamtes Bundesgebiet; Verurteiltenzahl nur alte Länder einschl. Berlin-Ost.

9.7 Kriminalpolitische Forderungen

167 Die Einwände gegen eine allzu starke Einengung der Rechtsmittelmöglichkeiten[223] müssen in konkrete rechtspolitische Forderungen einmünden.[224] Dazu verpflichtet das Rechtsstaatsprinzip des Art. 20 Abs. 3 GG.[225] Hierbei ist zusätzlich die Benachteiligung derjenigen zu beachten, die nicht die inhaltliche Rechtsmittelbeschränkung mit der Anfechtung der Straftatvoraussetzungen zu umgehen wissen (siehe Rn. 162). Das Ergebnis sind **höchst ungleiche Rechtsmittelchancen** für Jugendliche und Heranwachsende im Vergleich zu den Erwachsenen. Dementsprechend lauten die Forderungen der DVJJ, § 55 Abs. 1 zu streichen.[226]

---

[223] *Eisenberg* § 55 Rn. 35, 36; *P.-A. Albrecht* 2000, § 49 A. II. 3. d); siehe auch OLG Celle JR 1980, 38; siehe demgegenüber BVerfG ZJJ 2007, 309.
[224] Siehe auch Ziff. 7.1 der Mindestgrundsätze der Vereinten Nationen für die Jugendgerichtsbarkeit aus dem Jahre 1986, wonach Jugendliche das Recht haben, „die Entscheidung durch eine höhere Instanz nachprüfen zu lassen", ZStW 99 [1987], 253 ff.; siehe auch Art. 14 Abs. 5 des Internationalen Pakts über bürgerliche und politische Rechte, BGBl. 1973 II, 15434 sowie Art. 40 Abs. 2 b) V i.V.m. Art. 1 des Gesetzes zu dem Übereinkommen vom 20.11.1989 über die Rechte des Kindes vom 17.2.1992, BGBl. II, 121.
[225] Siehe *Ostendorf* 2016b, 123, auch zu weiteren Argumenten; die „Expertenkommission zur effektiveren und praxistauglicheren Ausgestaltung des allgemeinen Strafverfahrens und das jugendgerichtlichen Verfahrens", eingesetzt vom Bundesminister der Justiz und für Verbraucherschutz, hat in ihrem Bericht von Oktober 2015 empfohlen, eine Reform des § 55 Abs. 1 zu prüfen. Nach der Begründung begegnet die bisherige Regelung „grundlegenden rechtsstaatlichen Bedenken". Erhebliche Bedenken hinsichtlich der Vereinbarkeit mit Art. 3 Abs. 1 GG und mit internationalrechtlichen Normen ebenfalls *Bartsch* 2016 116.
[226] Siehe DVJJ-Kommission zur Reform des Jugendkriminalrechts, DVJJ-Journal 1992, 24; 22. Dt. Jugendgerichtstag, DVJJ-Journal 1992, 287; tendenziell ebenso *H.-J. Albrecht* 2002, 160; der Antrag, § 55 insgesamt zu streichen, wurde auf dem 64. Dt. Juristentag – C XI. – mit Stimmengleichheit abgelehnt.

9. Rechtsmittel

▶ **FALLBEISPIEL 3: VERSCHLECHTERUNGSVERBOT UND RECHTSMITTELBESCHRÄNKUNG GEM. § 55 ABS. 2 (BAYOBLG NSTZ 1989, 194)** 168

Zum Sachverhalt:

Das AG – JugendGer. – verurteilte den Angekl., der zur Tatzeit Heranwachsender war, wegen unerlaubter Abgabe von Betäubungsmitteln, unerlaubten Handeltreibens mit Betäubungsmitteln und Sachbeschädigung. Es wendete gemäß § 105 I Nr. 1 JGG Jugendrecht an und erteilte dem Angekl. die Auflagen, einen Geldbetrag von 1000 DM an eine gemeinnützige Einrichtung zu zahlen und für die Sachbeschädigung Schadensersatz i. H. von 150 DM zu leisten. Gegen dieses Urteil legte der Angekl. Berufung ein. Die JugK des LG verwarf das Rechtsmittel mit der Maßgabe, dass statt der Auflage, 1000 DM an eine gemeinnützige Einrichtung zu zahlen, 2 Freizeitarreste verhängt wurden. Für diese Abänderung des Rechtsfolgenausspruchs war maßgebend, dass der Angekl. im Zeitpunkt der Berufungsverhandlung kein eigenes Einkommen mehr hatte, sondern von Zuwendungen seiner Freundin lebte.

Gegen die Entscheidung der JugK hat der Angekl. Revision eingelegt. Er hat die Auffassung vertreten, die Revision sei trotz der in § 55 II JGG getroffenen Regelung zulässig, weil das BerGer. gegen § 331 StPO verstoßen habe.

Die Revision wurde als unzulässig verworfen.

Aus den Gründen:

Die Voraussetzungen des § 55 II JGG i. V. mit § 109 II JGG liegen hier vor. Der Angekl., auf den Jugendrecht angewendet wurde, hat eine zulässige Berufung eingelegt. Ihm steht daher ein Rechtsmittel gegen das Urteil der JugK nicht zu.

Der Rechtsauffassung des Revisionsführers, diese klare gesetzliche Regelung komme im Hinblick darauf, dass das BerGer. gegen das Verschlechterungsverbot verstoßen habe, nicht zur Anwendung, kann nicht gefolgt werden. Allerdings wird sie – vereinzelt – auch in der Literatur mit der Begründung vertreten, der Grundsatz des Verschlechterungsverbots habe gegenüber der Einschränkung der Rechtsmittelmöglichkeiten Vorrang, da sich die beschränkte Möglichkeit der Urteilsprüfung zugunsten des Verurteilten ansonsten ins Gegenteil verkehren würde (Ostendorf/*Schady* § 55 Rn 38). Eine Entscheidung, in der diese Rechtsauffassung geteilt wird, ist dem Senat nicht bekannt geworden. Hingegen hat das OLG Oldenburg (Urt. v. 18. 1. 1966 – Ss 336/65, OLGSt § 331 StPO S. 1) in einem Falle, in dem ein Verstoß gegen § 331 StPO in Betracht kam, auf die zugunsten des Angekl. eingelegte Revision der StA sachlich entschieden, die auf den gleichen Verfahrensfehler gestützte Revision des Angekl. aber im Hinblick auf § 55 II JGG ohne Weiteres als unzulässig verworfen. Soweit die Literatur, abgesehen von Ostendorf/*Schady* (aaO), die vorliegende Fallgestaltung erörtert, wird anerkannt, dass nach geltendem Recht ein Verstoß gegen § 331 StPO nur von der StA (die nicht selbst Berufung eingelegt hatte), nicht aber vom Angekl. gerügt werden kann (Eisenberg, JGG, 2. Aufl., § 55 Rn 56; Grethlein, Problematik des Verschlechterungsverbots im Hinblick auf die besonderen Maßnahmen des Jugendrechts, S. 169, 170: der Autor fordert lediglich de lege ferenda, für den erörterten Fall die sofortige Beschwerde gegen das Berufungsurteil zuzulassen). In Rechtsprechung und Literatur ist im übrigen anerkannt, dass die in zulässiger Weise vorgenommene Strafschärfung bei gleichzeitiger Berufung von StA und Angekl. für diesen die Revision nicht eröffnet (OLG Hamm, NJW 1955, 1609; Brunner, JGG, 8. Aufl., § 55 Rn 16; Dallinger/Lackner, JGG, 2. Aufl., § 55 Rn 46; Eisenberg, aaO, Rn 63). Es kann für die Zulässigkeit der Anfechtung jedoch keinen Unterschied machen, ob die Schlechterstellung des Angekl. in der Berufungsinstanz im Einklang mit der Verfahrensordnung oder unter Verstoß gegen diese erfolgt; der Gesetzgeber hat mit der in § 55 II JGG getroffenen Regelung bewusst in Kauf genommen, dass ein Verfahrensbeteiligter, der bereits Berufung eingelegt hat, ein ihm unrichtig erscheinendes Urteil nicht mehr anfechten kann (BayObLGSt 1961, 258, 260).

Vor allem aber berücksichtigt die Rechtsauffassung des Revisionsführers nicht die Rechtsprechung zu der sich für alle Verfahrensordnungen gleichermaßen stellenden Frage, unter welchen Voraussetzungen gegen eine nach den gesetzlichen Vorschriften unanfechtbare Entscheidung ausnahmsweise doch ein Rechtsmittel zuzulassen ist. Nach dieser Rechtsprechung, welcher der Senat folgt, ist eine an sich unanfechtbare Entscheidung nur dann angreifbar, wenn sie jeder gesetzlichen Grundlage entbehrt und inhaltlich dem Gesetz fremd ist, also bei sog. „greifbarer Gesetzwidrigkeit". Dieser Begriff darf allerdings nicht dahin verstanden werden, als genüge bereits jeder eindeutige Verstoß des Gerichts gegen die bei seiner Entscheidung anzuwendenden Rechtsvorschriften, um für eine an sich unanfechtbare Entscheidung eine neue Instanz zu eröffnen. Die Möglichkeit, eine nach geltendem Recht nicht anfechtbare Entscheidung gleichwohl mit einem Rechtsmittel anzugreifen, muss vielmehr auf wirkliche Ausnahmefälle beschränkt bleiben, in denen es darum geht, eine Entscheidung zu beseitigen, die mit der geltenden Rechtsordnung schlechthin unvereinbar ist. Selbst ein Verstoß gegen den verfassungsrechtlich verbürgten Grundsatz des rechtlichen Gehörs kann, wenn die jeweils maßgebliche Verfahrensordnung die Anfechtung unzweifelhaft ausschließt, eine weitere Instanz nicht eröffnen (vgl. zum ganzen BVerfGE 60, 96, 98; BGH, NJW – RR 1986, 1263; MDR 1986, 222; 1988, 37; BayObLG, NJW 1988, 72; KG, MDR 1988, 417). Von einer greifbaren Gesetzwidrigkeit in dem dargelegten Sinne kann bei einem Verstoß gegen § 331 StPO ebenso wenig die Rede sein wie bei einem Verstoß gegen § 103 I GG. Der Auffassung des Revisionsführers ist entgegenzuhalten, dass ein Verstoß gegen das Verbot der reformatio in peius zwar schwer wiegt, aber durchaus weit gravierendere Mängel des Urteils denkbar sind, etwa, wenn der Angekl. verurteilt wird, obwohl die Tat unter kein Strafgesetz fällt oder ein Verfahrenshindernis besteht. Die Schwere der Verletzung formellen oder materiellen Rechts kann im übrigen schon deshalb kein Maßstab dafür sein, ob eine Entscheidung jeder gesetzlichen Grundlage entbehrt und als dem Gesetz fremd anzusehen ist, weil es kaum möglich ist, zwischen schweren und leichteren Gesetzesverletzungen eine scharfe Grenze zu ziehen (BGH, NJW – RR 1986, 1263, 1264). Unter diesen Umständen ist kein Grund ersichtlich, gerade bei einem Verstoß gegen § 331 StPO die an sich unstatthafte Revision für zulässig zu erachten. Dieser Rechtsfehler führt nicht zu einer Entscheidung, die jeder gesetzlichen Grundlage entbehrt und inhaltlich dem Gesetz fremd ist. Dies gilt insb. auch für die vorliegende Fallgestaltung. Das Jugendgerichtsgesetz sieht als Zuchtmittel Freizeitarrest ebenso vor wie Geldauflagen.

Bei dieser Sachlage kann unerörtert bleiben, ob die JugK mit dem angefochtenen Urteil überhaupt gegen § 331 StPO verstoßen hat (verneinend z. B. Schaffstein/Beulke, JugendstrafR, 9. Aufl., S. 178 mwN, auch zur Gegenmeinung). ◄

Anmerkung:[227]

Zugegeben, der Verstoß gegen das Verschlechterungsverbot, gegen das Verbot der reformatio in peius gem. § 331 Abs. 1 StPO i. V. mit § 2 wiegt hier nicht allzu schwer. Es sollte aber klargestellt werden, dass die vom BayObLG letztlich offen gelassene Fragestellung eindeutig und entgegen Schaffstein/Beulke/Swoboda[228] zu beantworten ist.

---

[227] Siehe *Ostendorf* NStZ 1989, 195.
[228] *Schaffstein/Beulke/Swoboda* Rn. 822.

9. Rechtsmittel

Grundsätzlich sind freiheitsentziehende Sanktionen eingriffsintensiver als ambulante Sanktionen.[229] Auch der Freizeitarrest ist Freiheitsentzug mit Strafcharakter.[230] Der Beschluss des BayObLG wirkt aber über den dort entschiedenen Einzelfall hinaus, da prinzipiell ein Verstoß gegen das Verschlechterungsverbot in der Berufungsinstanz keine Revision begründen soll; d. h., auch die Verschlechterung in der Sanktionierung zu drei oder vier Wochen Dauerarrest, zu einer bedingten oder unbedingten Jugendstrafe aufgrund alleiniger Berufung durch den Verurteilten würde hiernach nicht das Rechtsmittel der Revision im Jugendstrafrecht begründen. Einer solch rigiden Gesetzesinterpretation des § 55 Abs. 2 S. 1 stehen aber das Vertrauen in die Gesetzmäßigkeit justizieller Entscheidungen und damit das Rechtsstaatsprinzip sowie die Zielsetzung dieser Rechtsmittelverkürzung entgegen. Hierbei soll mit dem BVerfG[231] die Verfassungskonformität dieser von den Rechtsmittelmöglichkeiten Erwachsener abweichenden Regelung unterstellt werden; allerdings heißt es auch in dem Beschluss des BVerfG, „dass es in Ausnahmefällen doch zur Durchführung eines Berufungs- und eines Revisionsverfahrens kommen kann".

Unabhängig davon, ob das Verschlechterungsverbot verpflichtend aus dem Rechtsstaatsprinzip ableitbar ist oder nur eine gesetzgeberische „Rechtswohltat" für den Verurteilten darstellt,[232] ist Sinn des Verbots der reformatio in peius, dem Angeklagten für einen Gebrauch des Rechtsmittels die Sorge zu nehmen, er könne bei Einlegung des Rechtsmittels möglicherweise noch härter bestraft werden.[233] Diese gesetzgeberisch veranlasste Erwartung des Angeklagten ist hier enttäuscht worden, so dass an sich die Revision begründet wäre (§ 337 StPO). Dem steht nun aber die Rechtsmittelbeschränkung des § 55 Abs. 1 S. 1 entgegen. Zwei gesetzliche Regelungen liegen damit im Streit. Fraglich ist, welcher Regelung der Vorrang einzuräumen ist. Das BayObLG geht in seiner Entscheidung auf diese Normkollision nicht in sachgerechter Weise ein; es wird lediglich in Parallele zu ansonsten unanfechtbaren Entscheidungen darauf abgestellt, ob eine „greifbare Gesetzeswidrigkeit" vorliegt, die mit der geltenden Rechtsordnung schlechthin unvereinbar ist. Eine solche Rechtsverletzung soll hier nicht vorliegen, obwohl aufgrund des § 331 Abs. 1 StPO dem BerGer. die Sanktion des Arrestes nicht mehr zur Verfügung stand. Mit dieser Argumentation wird aber der Regelung der Rechtsmittelbeschränkung von vornherein ein Vorrang eingeräumt. Unbeachtet bleibt hierbei, dass

1. hier an sich eine Rechtsmittelinstanz noch besteht, wie mit dem Beschluss dokumentiert wird,
2. das Schlechterstellungsverbot ansonsten selbst materiellrechtliche Regelungen durchbrechen soll,[234]
3. die jugendstrafrechtliche Rechtsmittelbeschränkung sowohl in der Rechtslehre[235] als auch in der Rechtsprechung[236] im Hinblick auf Art. 3 GG problematisiert wird,

---

229 *Grethlein* 1963, 97 ff.; *Brunner/Dölling* § 55 Rn 23; *Ostendorf/Schady* § 55 Rn. 16; so auch das BayObLG selbst in einer früheren Entscheidung für das Verhältnis Geldstrafe und Jugendarrest, BayObLGSt 1970, 159; *Eisenberg* § 55 Rn. 79 b: in der Regel.
230 Siehe *Mayer* 1953, 389; *Welzel* 1969, 273.
231 BVerfG NStZ 1988, 34.
232 So die h. M., siehe BGHSt 9, 332; 27, 178.
233 BGHSt 27, 178.
234 BGHSt 27, 176.
235 *P.-A. Albrecht* 2000, § 49 A. II. 3.b; *Ostendorf/Schady* Grdl. z. den §§ 55, 56 Rn. 6.
236 OLG Celle JR 1980, 38.

woraus sich das Gebot einer verfassungskonformen, d. h. hier restriktiven Norminterpretation des § 55 Abs. 2 S. 1 gebietet; Ausnahmen will – wie oben bereits ausgeführt – auch das BVerfG zulassen.

Vor allem wird mit der vom BayObLG vertretenen Gesetzesinterpretation das Vertrauen des Verurteilten darin, dass er aufgrund seiner Berufung nicht härter bestraft werden kann als vom Erstgericht, unkorrigierbar enttäuscht. Das Vertrauen in das gesetzmäßige Handeln der Justiz, in die Unterworfenheit der Dritten Gewalt unter das geschriebene Recht als Essentiale des Rechtsstaatsprinzips wird verletzt.

Im Übrigen erscheint gerade die Berufung auf den Beschluss des BVerfG[237] verfehlt. Das BayObLG entnimmt hieraus, dass selbst die Verletzung des rechtlichen Gehörs (Art. 103 Abs. 1 GG) keine weitere Instanz begründe. Es wird dabei aber die entscheidende weitere Aussage unbeachtet gelassen: „Schon unter dem Gesichtspunkt des wirksamen Grundrechtsschutzes ist es verfassungsrechtlich geboten, in den Fällen der Verletzung des rechtlichen Gehörs ein Rechtsmittel zuzulassen, wenn die Auslegung der einschlägigen Verfahrensvorschriften dies ermöglicht".[238]

Eine solche restriktive Norminterpretation oder teleologische Reduktion des § 55 Abs. 2 S. 1 erscheint gerade auch im Hinblick auf seine gesetzgeberische Zielsetzung geboten. Der BGH hat diese wie folgt definiert: „Die Rechtsmitteleinschränkung des § 55 Abs. 2 S. 1 ist 1953 in das Jugendgerichtsgesetz eingefügt worden. Sie soll vor allem der aus Erziehungsgründen notwendigen Beschleunigung und Verkürzung des Jugendstrafverfahrens dienen".[239] Es kann in dieser Anmerkung nicht analysiert werden, ob sich hinter dieser Zielsetzung nicht ein veraltetes autoritäres Erziehungsverständnis verbirgt, insb. wenn die Rechtsmittelbeschränkung damit legitimiert wird, dass ansonsten „auch die erzieherische Autorität" leiden müsse.[240] Hier fragt sich konkret, wie Verurteilte reagieren, wenn auf ihre alleinige Berufung hin das Strafmaß härter ausfällt, wenn sie Nachteile erleiden müssen, die auf einem richterlichen Gesetzesverstoß beruhen? Eine Akzeptanz der Entscheidung ist schwerlich zu erwarten. Im Gegenteil: Jede erzieherische Ansprechbarkeit muss mit einem solchen Verstoß gegen das Schlechterstellungsverbot verloren gehen. Jugendliche und Heranwachsende sind besonders empfindlich, wenn das Gebot des „fair play" durch den Staat verletzt wird. Umgekehrt kann unter erzieherischen Gesichtspunkten die Erfahrung und Einübung eines rechtsstaatlichen Verfahrens ausgesprochen wertvoll sein. Die Zielsetzung des § 55 Abs. 2 S. 1 wird bei einer solchen rigiden Norminterpretation geradezu torpediert.

Wenn sich diese falsche Entscheidung herumsprechen sollte, wird dies zur Konsequenz haben, dass von den beschränkten Rechtsmittelmöglichkeiten nach dem Jugendstrafrecht noch weniger Gebrauch gemacht wird als bislang – ein Ergebnis, das der Justizökonomie dient, nicht aber dem Gerechtigkeitsprinzip sowie dem Präventionsanliegen jeder strafrechtlichen Reaktion.

10. Erziehungs- und Zentralregistereintragungen

169 Die Bedeutung strafjustizieller Sanktionen reicht über die konkrete Interesseneinbuße – weit – hinaus: Verurteilungen zu einer Jugendstrafe, zu einer Maßregel der Besserung

---

237 BVerfGE 60, 96.
238 BVerfGE 60, 99 unter Hinweis auf BVerfGE 49, 256.
239 BGH NJW 1981, 2423.
240 So *Schaffstein/Beulke/Swoboda* Rn. 805; krit. insoweit auch *Eisenberg* § 55 Rn. 36; *Nothacker* 1982, 453; *P.-A. Albrecht* 2000, § 49 A. II. 3. a.

und Sicherung sowie die „27er-Entscheidung" werden in das sog. Zentralregister eingetragen (§ 4 BZRG), bleiben hier für bestimmte Zeiten (§ 46 BZRG) gespeichert, hierüber wird Gerichten und Staatsanwaltschaften sowie anderen Behörden Auskunft erteilt (§ 41 BZRG), werden ab einer bestimmten Strafschwere – bei Jugendlichen/Heranwachsenden Verurteilungen zu einer Jugendstrafe von mehr als zwei Jahren (§ 32 Abs. 1, Abs. 2 Nr. 3 BZRG) – sowie der Schuldspruch gem. § 27 (§ 32 Abs. 2 Nr. 2, 3 BZRG) ins Führungszeugnis aufgenommen. Daneben gibt es – durch das Volkszählungsurteil des Bundesverfassungsgerichts (BVerfGE 65, 1) eingeschränkte – **Mitteilungspflichten** gem. § 70.[241] Wichtig ist, dass gem. § 53 Abs. 1[242] BZRG der Verurteilte sich als unbestraft bezeichnen darf („nicht vorbestraft") und den der Verurteilung zugrundeliegenden Sachverhalt nicht zu offenbaren braucht, „wenn die Verurteilung

1. nicht in das Führungszeugnis oder nur in ein Führungszeugnis nach § 32 Abs. 3, 4 aufzunehmen oder
2. zu tilgen ist".

Verurteilungen gem. § 4 BZRG werden nach bestimmten Fristen getilgt (§§ 45, 46 BZRG).

Darüber hinaus kann gem. § 97 der **Strafmakel** einer Jugendstrafe **beseitigt** werden; wird die Jugendstrafe oder ein Strafrest bei einer Verurteilung zu nicht mehr als zwei Jahren Jugendstrafe nach Aussetzung zur Bewährung erlassen, so muss der Strafmakel mit Ausnahme einer Verurteilung nach den §§ 174 bis 180 oder 182 StGB beseitigt werden (§ 100). In den Fällen des § 97 bleibt aber die Verurteilung im Zentralregister eingetragen,[243] sie wird nur nicht ins Führungszeugnis aufgenommen (§ 32 Abs. 2 Nr. 4 BZRG).

Für Jugendliche und Heranwachsende, die nach Jugendstrafrecht verurteilt werden, gibt es daneben das sog. Erziehungsregister. Hierin werden grundsätzlich alle Verurteilungen aufgenommen, zusätzlich Einstellungen gem. den §§ 45, 47 (§ 60 BZRG). Verfahrenseinstellungen bei Erwachsenen gem. den §§ 153, 153a StPO werden demgegenüber nach dem Bundeszentralregistergesetz nicht registriert.[244] Diese Ungleichbehandlung wird rechtspolitisch als Benachteiligung Jugendlicher/Heranwachsender kritisiert, weshalb auch zum Teil anstelle des § 45 Abs. 1 in die isolierte Einstellung gem. § 153 StPO ausgewichen wird (siehe Rn. 117). Die Eintragungen im Erziehungsregister werden entfernt, sobald der Betroffene das 24. Lebensjahr vollendet hat, sofern nicht zu diesem Zeitpunkt eine Verurteilung zu Freiheitsstrafe, Strafarrest oder Jugendstrafe oder eine freiheitsentziehende Maßregel der Besserung und Sicherung eingetragen ist (§ 63 BZRG).

170

---

241 Siehe hierzu Ostendorf/*Sommerfeld* § 70 Rn. 2 ff.
242 Siehe aber auch Abs. 2.
243 Siehe § 13 Abs. 1 Nr. 5 BZRG.
244 Siehe aber das „Länderübergreifende staatsanwaltschaftliche Verfahrensregister" gem. den §§ 492 ff. StPO.

V. Die jugendstrafrechtlichen Sanktionen

1. Überblick über die Sanktionsarten

171 Gem. § 5 Abs. 1 und Abs. 2 können aus Anlass einer Straftat Erziehungsmaßregeln, wenn diese nicht ausreichen Zuchtmittel oder Jugendstrafe angeordnet werden. Damit werden neben dem Subsidiaritätsprinzip (siehe Rn. 60) die drei Grundarten der jugendstrafrechtlichen Sanktionierung bestimmt:

1. Erziehungsmaßregeln
2. Zuchtmittel
3. Jugendstrafe.

Hierbei wird die Jugendstrafe nochmals untergliedert in Jugendstrafe zur Bewährung (§ 21) und Jugendstrafe ohne Bewährung. Als weitere Sanktionsart ist in diesem Zusammenhang § 27 zu nennen, wonach die Entscheidung, ob eine Jugendstrafe wegen schädlicher Neigungen zu verhängen ist, zur Bewährung ausgesetzt werden kann: Bewährung vor der Jugendstrafe.

Weiterhin können gem. § 7 vier Maßregeln der Besserung und Sicherung angeordnet werden:

1. Unterbringung in einem psychiatrischen Krankenhaus (§ 61 Nr. 1 StGB)
2. Unterbringung in einer Entziehungsanstalt (§ 61 Nr. 2 StGB)[1]
3. Führungsaufsicht (§ 61 Nr. 4 StGB)
4. Entziehung der Fahrerlaubnis (§ 61 Nr. 5 StGB).

Unter den Voraussetzungen des § 7 Abs. 2 kann bei Anwendung des Jugendstrafrechts die Sicherungsverwahrung vorbehalten werden (siehe Rn. 287), nach Erledigungserklärung einer Unterbringung in einem psychiatrischen Krankenhaus kann unter den Voraussetzungen des § 7 Abs. 3 nachträglich die Sicherungsverwahrung angeordnet werden (siehe Rn. 289). Bei Anwendung des Erwachsenenstrafrechts gegen Heranwachsende kann unter den Voraussetzungen des § 106 Abs. 3 S. 2, 3, Abs. 4 die Sicherungsverwahrung vorbehalten, unter den Voraussetzungen des § 106 Abs. 7 kann nach Erledigungserklärung einer Unterbringung in einem psychiatrischen Krankenhaus die Sicherungsverwahrung nachträglich angeordnet werden (siehe Rn. 312 ff.). Die nachträgliche Anordnung von Sicherungsverwahrung nach Verbüßung einer Jugend- oder Freiheitsstrafe nach § 7 Abs. 2 a. F. oder § 106 Abs. 5 a. F. ist zwar seit dem 1.6.2013[2] nicht mehr ausdrücklich im Gesetz vorgesehen, ist aber unter einschränkenden Voraussetzungen in der bis zum 31.5.2013 gültigen Fassung nach wie vor möglich (siehe Rn. 285, 314).

Zusätzlich kann die Nebenstrafe des Fahrverbots (§ 44 StGB) verhängt werden – siehe § 8 Abs. 3[3] – und können Verfall, Einziehung und Unbrauchbarmachung gem. den §§ 73 ff. StGB angeordnet werden – siehe auch § 76 S. 1.[4]

---

1 Nicht selten ist in studentischen Arbeiten fälschlicherweise die Rede von „Unterbringung in einer Erziehungsanstalt".
2 Inkrafttreten des Gesetzes zur bundesrechtlichen Umsetzung des Abstandsgebotes im Recht der Sicherungsverwahrung vom 5.12.2012, BGBl. I 2425.
3 Einhellige Meinung, s. auch BT-Drucks. IV/651, S. 37; a. M. nur *Halecker* 2009, 195 f.
4 Eine spezielle Form der Einziehung (siehe § 74 Abs. 4 StGB) ist die Einziehung des Jagdscheins gem. § 40 Bundesjagdgesetz.

1. Überblick über die Sanktionsarten

Gem. § 60 StGB kann auch im Jugendstrafrecht von Strafe, auch von Erziehungsmaßregeln und Zuchtmitteln[5] abgesehen werden, da insoweit die allgemeinen Vorschriften gelten (§ 2, § 10 StGB).[6]

Für die Bewertung der Eingriffsschwere und des Sanktionscharakters gibt die Stufenfolge von Erziehungsmaßregeln, Zuchtmitteln und Jugendstrafe nur bedingt Auskunft. Eine Arbeitsmaßnahme kann sowohl als Erziehungsmaßregel (§ 10 Abs. 1 S. 3 Nr. 4) als auch als Zuchtmittel (§ 15 Abs. 1 Nr. 3) angeordnet werden. Einigen Erziehungsmaßregeln kommt eine größere Eingriffsschwere zu als einigen Zuchtmitteln (siehe Rn. 60). Die Bezeichnung „Jugendstrafe zur Bewährung" macht nicht den eigentlichen Sanktionscharakter deutlich, der in der Betreuung und Kontrolle durch die Bewährungshilfe zu sehen ist. Erziehungsmaßregeln, Zuchtmittel und Jugendstrafe können bei alledem – in Grenzen – miteinander verbunden werden (§ 8). Die Maßregeln der Besserung und Sicherung ersetzen z. T. eine Jugendstrafe (siehe § 5 Abs. 3), können aber auch neben eigentlichen Sanktionen angeordnet werden. Materiell lassen sich somit die jugendstrafrechtlichen Sanktionen untergliedern:

1. ambulante helfende Maßnahmen
2. ambulante repressive Maßnahmen
3. Einsatz der Bewährungshilfe
4. stationäre Sanktionen.

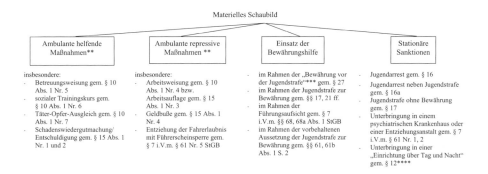

* ohne Maßnahmen im Rahmen der Verfahrenseinstellungen sowie ohne Möglichkeiten, von Strafe abzusehen (z.B. § 60 StGB, § 31 BtMG)
** Die Einstufung erfolgt nach der Dominanz der Wirkungen.
*** Diese Bezeichnung wird gewählt, weil der offizielle Begriff „Aussetzung der Verhängung der Jugendstrafe" nicht selten falsch verstanden wird.
**** Daneben können die heilerzieherische Behandlung und die Entziehungskur gem. § 10 Abs. 2 auch stationär durchgeführt werden.

---

5 BayObLG JR 1992, 387 m. zust. Anm. von *Brunner* sowie von *Scheffler* 1992.
6 H. M., siehe Ostendorf/*Ostendorf* § 5 Rn. 23 m. w. N.

2. Überblick über die Sanktionspraxis

172 Bei der Beurteilung der Sanktionspraxis ist zu beachten, dass in Anwendung des § 8 im Durchschnitt 1,5 Sanktionen für jeden Verurteilten ausgesprochen werden. Nach den jeweiligen Hauptsanktionen ergibt sich für die Verurteilten nach Jugendstrafrecht folgendes Bild:

Jahr	Verurteilte	Erziehungsmaßregeln (allein)		Zuchtmittel (allein u. zus. m. Erziehungsmaßregeln)		Jugendstrafe (allein u. zus. m. Erziehungsmaßregeln und/oder Zuchtmitteln)	
			%		%		%
1970	89 593	4 065	(4,5)	73 841	(82,4)	11 687	(13,0)
1980	132 649	16 577	(12,5)	98 090	(73,9)	17 982	(13,6)
1985	119 126	22 124	(18,6)	79 330	(66,6)	17 672	(14,8)
1990	77 274	14 978	(19,4)	50 193	(65,0)	12 103	(15,7)
1995	76 731	6 494	(8,5)	56 357	(73,4)	13 880	(18,1)
2000	93 840	6 195	(6,6)	69 892	(74,5)	17 753	(18,9)
2005	106 655	7 498	(7,0)	82 516	(77,4)	16 641	(15,6)
2010	108 464	9 846	(9,1)	81 377	(75,0)	17 241	(15,9)
2015	65 342	7 752	(11,9)	47 035	(72,0)	10 555	(16,1)

(Quelle: Statistisches Bundesamt, Strafverfolgung (Fachserie 10 Reihe 3, Tab. 2.3); Gebiet: bis 1990 altes Bundesgebiet, ab 1995 altes Bundesgebiet einschließlich Berlin-Ost)

Insgesamt wurden in den letzten Jahren Sanktionen nach dem JGG verhängt:

Jahr	Sanktionen insgesamt	Erziehungsmaßregeln	%	Zuchtmittel	%	Jugendstrafe	%
1970	125 901	13 153	(10,4)	101 061	(80,3)	11 687	(9,3)
1980	186 409	41 312	(22,2)	127 115	(68,2)	17 982	(9,6)
1990	108 471	32 861	(30,3)	63 507	(58,5)	12 103	(11,2)
1995	107 243	15 045	(14,0)	78 318	(73,0)	13 880	(12,9)
2000	136 576	19 026	(13,9)	99 797	(73,1)	17 753	(13,0)
2005	159 699	25 221	(15,8)	117 837	(73,8)	16 641	(10,4)
2010	167 686	32 183	(19,2)	118 262	(70,5)	17 241	(10,3)
2015	82 682	24 234	(29,3)	47 898	(57,9)	10 550	(12,8)

(Quelle: Statistisches Bundesamt, Strafverfolgung (Fachserie 10 Reihe 3, Tab. 4.1, 4.3); Gebiet: bis 1990 altes Bundesgebiet, ab 1995 altes Bundesgebiet einschließlich Berlin-Ost)

Eindeutig überwiegen somit die Zuchtmittel; beachtlich ist auch der Anteil der Jugendstrafe. In der Längsschnittbetrachtung fällt auf, dass bis zum Jahre 1990 prozentual die Erziehungsmaßregeln ständig angewachsen sind, die Zuchtmittel ständig abgenommen haben; danach zeigt sich ein umgekehrtes Bild. Die Begründung ist in der Einführung der Arbeitsauflage als Zuchtmittel (§ 15 Abs. 1 S. 1 Nr. 3) durch das 1. JGGÄndG zu finden.

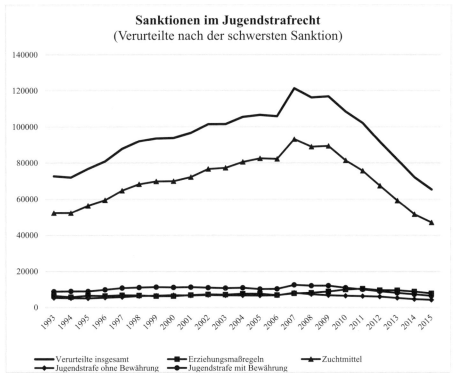

(Quelle: Statistisches Bundesamt, Strafverfolgung; Gebiet: bis 1994 alte Länder, ab 1995 alte Länder einschl. Berlin-Ost)

3. Erziehungsmaßregeln

3.1 Begriff

Die Erziehungsmaßregeln sind in § 9 – mit Ergänzung in § 112a Nr. 2 – abschließend genannt, wobei für die Weisungen im § 10 Abs. 1 S. 3 nur Regelbeispiele formuliert sind. Neben diesen speziellen Weisungen sind weitere, vom Richter näher zu bestimmende Weisungen zulässig (z. B. ein ausgewähltes Buch zu lesen mit einer anschließenden Inhaltsangabe). Hiervon zu unterscheiden sind die familienrichterlichen Erziehungsaufgaben (siehe § 34 Abs. 3), die auch vom Jugendrichter gem. § 3 S. 2 wahrgenommen werden können, sowie die allgemeinen erzieherischen Maßnahmen gem. den §§ 45 Abs. 2, 71 Abs. 1. Zum Teil gebraucht der Gesetzgeber für Sanktionen, die keine Jugendstrafe und keine Maßregel der Besserung und Sicherung sind, den Begriff der Maßnahmen (siehe Überschrift zu § 8 sowie den § 31, 66).

173

3.2 Gesetzesziel

174 Mit Erziehungsmaßregeln soll auf der ersten Stufe der Sanktionenfolge erzieherisch auf den jungen Straffälligen eingewirkt werden, um ihn von einer neuen Straftat abzuhalten (siehe Rn. 53). Es geht nicht um eine Erziehung als solche. Hierbei darf der Eingriffscharakter von Erziehungsmaßregeln nicht vertuscht werden. Repressive Wirkungen sind aber nur Nebenfolge, nicht Gesetzesziel.

3.3 Anwendungsvoraussetzungen

175 Da es sich bei den Erziehungsmaßregeln um strafrechtliche Sanktionen handelt, müssen für die Anwendbarkeit alle Straftat- und Strafverfolgungsvoraussetzungen erfüllt sein; dies gilt auch für die Verantwortlichkeit gem. § 3 S. 1. Im Weiteren sollen nach h. M.[7] **Erziehungsbedürftigkeit** und **Erziehungsfähigkeit** Voraussetzung sein; *Eisenberg*[8] verlangt zusätzlich noch die **Erziehungswilligkeit**.[9] Eine Erziehungswilligkeit wird im Strafverfahren regelmäßig nicht vorliegen, da Erziehungsmaßregeln immer auch Interesseneinbußen bedeuten. Erziehungsfähigkeit wird im jugendlichen Alter grundsätzlich vorausgesetzt. Gefragt ist allerdings die Eignung der konkreten Erziehungsmaßregel i. S. einer erzieherischen Beeinflussbarkeit. Erziehungsbedürftigkeit setzt eine Rückfallgefahr voraus, die im Rahmen einer Rückfallprognose zu begründen ist.[10] Nur wenn eine begründete Rückfallgefahr besteht, ist eine Erziehungsmaßregel erlaubt; ansonsten ist das Verfahren wegen Geringfügigkeit einzustellen. Bei positiver Rückfallprognose sind im Rahmen einer anschließenden Sanktionsprognose die zur Verfügung stehenden Sanktionsmöglichkeiten im Hinblick auf ihre Geeignetheit und Verhältnismäßigkeit/ Zumutbarkeit zu prüfen.

3.4 Grundrechtskonformität

176 Die Erziehungsmaßregeln müssen mit den Grundrechten vereinbar sein. Insoweit setzen insbesondere die Art. 4, 5, 6, 9 und 12 GG Grenzen. Die positive und negative Religionsfreiheit gem. Art. 4 GG hat in jedem Fall unangetastet zu bleiben; ebenso darf die Koalitionsfreiheit gem. Art. 9 GG nicht genommen werden, d. h., es darf nicht die Weisung erteilt werden, in einen bestimmten oder irgendeinen Verein einzutreten oder aus einem rechtmäßigen Verein auszutreten.[11] Umgekehrt sind Freizügigkeit (Art. 11 GG), Freiheit des Arbeitsplatzes (Art. 12 Abs. 1 GG), das Erziehungsrecht (Art. 6 Abs. 2 GG) und die allgemeine Handlungsfreiheit (Art. 2 Abs. 1 GG) mit dem Katalog im § 10 Abs. 1 S. 3 eingeschränkt.[12]

Soweit elterliche Maßnahmen ein staatliches „Hineinregieren" überflüssig machen, ist die Einstellung des Verfahrens geboten (§ 45 Abs. 2, § 47 Abs. 1 S. 1 Nr. 2). Das Erziehungsrecht ersetzende oder korrigierende Eingriffe sind aber durch das „staatliche Wächteramt", letztlich wahrgenommen durch die strafrechtliche Sozialkontrolle, aus-

---

7 Siehe *Brunner/Dölling* § 9 Rn. 3.
8 § 9 Rn. 10.
9 A. M. D/S/S-*Diemer* § 9 Rn. 8.
10 Zust. *Brodkorb* 1998, 183.
11 Wie hier *Eisenberg* § 10 Rn. 10; *Wolf* 1984, 299 m. Fn. 27.
12 Zur Weisung, Urinproben zum Nachweis der Drogenfreiheit abzugeben, siehe Ostendorf/*Ostendorf* § 10 Rn. 5.

3. Erziehungsmaßregeln

drücklich erlaubt;[13] dies folgt als Umkehrschluss auch aus § 10 Abs. 2.[14] Bei einer Trennung von der Familie gem. § 10 Abs. 1 S. 2 Nr. 2 sind die qualifizierten Voraussetzungen des Art. 6 Abs. 3 GG zu beachten.[15] Allerdings verlangt das Präventionsziel, entgegenstehende faktische Einflussnahmen durch die Eltern zu berücksichtigen und somit zu möglichst einvernehmlichen, zumindest tolerierten Maßnahmen zu kommen; auch sind andere Rechtsbegrenzungen zu beachten. Im Hinblick auf die staatliche Durchsetzungsmacht gem. § 11 Abs. 3 hat der Streit aber weitgehend akademischen Charakter, da bei einem Widerspruch der Erziehungsberechtigten regelmäßig ein Verschulden zu verneinen ist (siehe Rn. 329). Mit dem Erreichen der Volljährigkeit endet zwar das elterliche und damit auch ein staatliches Erziehungsrecht; im Hinblick auf das Präventionsziel sind aber Weisungen auch gegen Heranwachsende zulässig.[16]

3.5 Gesetzessystematische Bindungen

Da der Begriff der Weisung umfassend ist, können sich Überschneidungen mit speziellen richterlichen Sanktionsermächtigungen ergeben. Die dort genannten Voraussetzungen dürfen nicht mit der allgemeinen Zulässigkeit von Erziehungsmaßregeln umgangen werden.[17]

177

Insbesondere darf nicht in die Kompetenz einer anderen Gerichtsbarkeit eingegriffen werden; dies geschieht, wenn mit einer strafjustiziellen Weisung die Einreiseerlaubnis für einen Ausländer versagt wird, über die nach dem Aufenthaltsgesetz und von den Verwaltungsgerichten zu entscheiden ist.[18] Ebenso darf nicht die Weisung gegeben werden, aus der Bundesrepublik Deutschland auszureisen, auch dann nicht, wenn der Betroffene – um eine milde Sanktion zu erzielen – dem zustimmt.[19]

3.6 Verhältnismäßigkeit/Zumutbarkeit

Wie alle staatlichen Eingriffe in Rechte des Bürgers stehen auch die Erziehungsmaßregeln unter dem Gebot der Verhältnismäßigkeit, d. h., sie müssen zu der auslösenden Straftat in einem angemessenen Verhältnis stehen.[20]

178

Die Angemessenheit scheint in der Praxis gerade bei den Arbeitsweisungen aus den Augen verloren gegangen zu sein, wenn bis zu 300 Arbeitsstunden verhängt werden.[21] Unverhältnismäßig wäre auch die Weisung einer „elektronischen Fußfessel" als Bestimmung des Aufenthaltsortes gem. § 10 Abs. 1 S. 3 Nr. 1.[22] Auch wenn die früheren

---

13 Art. 6 Abs. 2 S. 2 GG; siehe BVerfGE 24, 145; ebenso *Brodkorb* 1998, 686; siehe auch *Dallinger/Lackner* § 10 Rn. 30 m. w. N.
14 Wie hier *Maurach/Gössel/Zipf* 2014, 967; *Baumann/Weber* 1985, 747; *Schaffstein/Beulke/Swoboda* Rn. 319; D/S/S-*Diemer* § 10 Rn. 29; a. M. *Böhm* 1996, 168 für die „Durchsetzbarkeit" von Weisungen gem. § 10 Abs. 1 S. 3 Nr. 1–3; *Brunner/Dölling* § 10 Rn. 8, und *Eisenberg* § 10 Rn. 17 für die Weisungen gem. § 10 Abs. 1 S. 3 Nr. 1 und 2; für eine Güterabwägung im Einzelfall *Kremer* 1984, 52; für eine Verhältnismäßigkeitsprüfung *M. Walter/Wilms* 2004, 600 ff.
15 Siehe *Wedler* 2011, 165, 192; 2012, 299; siehe auch Rn. 180.
16 Zu Einschränkungen für die heilerzieherische Behandlung siehe aber Rn. 189.
17 Ebenso *Eisenberg* § 10 Rn. 8.
18 Siehe hierzu LG Freiburg JR 1988, 523 mit abl. Anm. von *Eisenberg*; OLG Schleswig SchlHA 1991, 118.
19 Siehe OLG Karlsruhe Die Justiz 1964, 90; BayObLGSt 1980, 105; OLG Schleswig SchlHA 1991, 118.
20 H. M., siehe *Brunner/Dölling* § 10 Rn. 3 m. w. N.: bedenklich *Böhm* 1996, 118, der zwar die Erteilung von Weisungen bei offenkundigen Bagatellen ablehnt, die Obergrenze dieser Sanktionen ansonsten aber nur nach erzieherischen Gesichtspunkten festlegen will.
21 Siehe *Heinz/Huber* 1986, 49; siehe auch *D. Meyer* 1986, 88; zur Höchstgrenze von Arbeitsweisungen wie auch Arbeitsauflagen Rn. 3.
22 Siehe bereits *Ostendorf* 1997a, 475; *Brunner/Dölling* § 10 Rn. 8.

Befürchtungen, dass dieses technische Hilfsmittel durch die Begrenzung des Aufenthaltsortes auf einem engen Wohnbereich die Wohnung zu einer Art Privatgefängnis machen würde, sich nicht bewahrheitet haben, so gibt es doch erhebliche Einwände gegen den Einsatz im Rahmen einer Erziehungsmaßregel. Beim elektronisch überwachten Hausarrest, den es als „Elektronische Präsenzkontrolle" bisher nur in Hessen gibt, wird Radiofrequenztechnik eingesetzt, mit der nicht ständig der Aufenthaltsort des Betroffenen festgestellt werden kann, sondern nur die Anwesenheit in der Wohnung zu bestimmten Zeiten. Hier unterstützt die elektronische Überwachung die Kontrolle der Einhaltung eines Tagesplans.[23] Diese Variante ist also nur bedingt zur Kontrolle des Aufenthaltsortes geeignet, greift aber durch die Kombination mit einem genauen Tagesplan unverhältnismäßig in das Persönlichkeitsrecht gem. Art. 2 Abs. 1 GG ein, da das Leben des Verurteilten damit radikal verändert wird, insbesondere auch die Freizeitgestaltung.[24] Die **elektronische Aufenthaltsüberwachung** (EAÜ) mittels GPS-Technik hingegen erlaubt grundsätzlich die ständige Kontrolle des Aufenthalts des Betroffenen.[25] Sie wurde als ausdrückliche Weisung im Rahmen der Führungsaufsicht (§ 68b Abs. 1 S. 1 Nr. 12, S. 2 StGB) durch das Gesetz zur Neuordnung des Rechts der Sicherungsverwahrung und zu begleitenden Regelungen vom 22.12.2010 (BGBl. I, 2300) eingeführt und unterstreicht durch ihre Verortung und ihre engen Anordnungsvoraussetzungen, dass ein solcher Eingriff nicht auf § 10 Abs. 1 S. 3 Nr. 1 gestützt werden kann, sondern als Eingriff in die Freiheitsrechte des Bürgers einer ausdrücklichen gesetzlichen Ermächtigung bedarf.

Ausdrücklich ist im § 10 Abs. 1 S. 2 die Voraussetzung der Zumutbarkeit aufgestellt, die eine besondere Ausprägung der Angemessenheit im Rahmen der Verhältnismäßigkeitsprüfung darstellt. Unzumutbar werden Weisungen auch, die unangemessene finanzielle Nebenkosten mit sich bringen; so scheidet die Weisung, den Führerschein zu erwerben, für einen Jugendlichen ohne eigenes Einkommen aus.

3.7 Die speziellen Weisungen gem. § 10 Abs. 1 S. 3

3.7.1 Weisungen zu befolgen, die sich auf den Aufenthaltsort beziehen

179 Mit dieser Weisung wird die Freizügigkeit eingeschränkt; es ist damit ein erheblicher Eingriff in die Freiheitsrechte des Einzelnen (Art. 11 GG) verbunden. Da das Erziehungsrecht der Eltern nicht entzogen wird, ist insoweit auch nur das Aufenthaltsbestimmungsrecht gem. § 1631 Abs. 1 BGB der strafrechtlichen Kompetenz zugewiesen. Die Voraussetzungen des Art. 6 Abs. 3 GG liegen bei einer positiven Rückfallprognose vor.[26]

3.7.2 Bei einer Familie oder in einem Heim zu wohnen

180 Die Zustimmung der Erziehungsberechtigten ist auch hier nicht erforderlich. Gegen ihren erklärten Willen müssen aber im Hinblick auf die Voraussetzungen für eine zulässige Trennung gem. Art. 6 Abs. 3 GG entweder ein Versagen der Erziehungsberech-

---

23 Siehe *Dünkel/Thiele/Treig* 2017.
24 Zu verfassungsrechtlichen Problemen der elektronischen Überwachung als Mittel der Haftvermeidung *N. Mohr* 2017.
25 Siehe *Bräuchle* 2016, 17 f.; *Dünkel/Thiele/Treig* 2017.
26 A. M. *Kremer* 1984, 76, der die Voraussetzungen des Art. 6 Abs. 3 GG regelmäßig verneint; im Ergebnis wie hier *Brodkorb* 1998, 505.

tigten oder eine wiederholte Straffälligkeit i. S. einer Verwahrlosung vorliegen.[27] Sinnvoll erscheint diese Maßregel zudem nur in Übereinstimmung mit den Erziehungsberechtigten. Hierbei ist dem **Verbleib in der eigenen Familie grundsätzlich Vorrang einzuräumen**, dies gilt insbesondere gegenüber der Heimerziehung. Positiv sind bestehende Möglichkeiten für die Einweisung in eine sozialtherapeutische Wohngemeinschaft zu prüfen. Hierfür kommen Jugendliche und Heranwachsende in Betracht, die aufgrund eines schädlichen Milieus oder Kontaktstörungen nicht mehr bei ihren Eltern leben können und nicht imstande sind, ihr Leben bereits selbstständig zu führen.

3.7.3 Eine Ausbildungs- oder Arbeitsstelle anzunehmen

Diese Weisung ist mit Rücksicht auf die Freiheit, Beruf, Arbeitsplatz und Ausbildungsstätte frei zu wählen (Art. 12 Abs. 1 GG), nur in der Weise erlaubt, dass zu einer – sofortigen – **Aufnahme einer nicht näher bestimmten Ausbildungs- oder Arbeitsstelle** angewiesen wird. Allerdings ist es zulässig, zu einer sozialversicherungspflichtigen Arbeit zu verpflichten.[28] Dies heißt konsequenterweise auch, dass nicht die Beendigung einer Ausbildung angeordnet werden darf. Ebenso darf nicht angeordnet werden, eine aufgenommene Ausbildung oder Arbeit beizubehalten oder nur mit Zustimmung des Gerichts zu wechseln.[29] Daher sind nähere Weisungen nur in Absprache mit den Erziehungsberechtigten und bzw. oder dem Verurteilten zulässig.[30]

181

In diesem Zusammenhang ist eine **Kooperation der Jugendstrafjustiz mit den Agenturen für Arbeit** anzustreben, wie sie zT bereits in Bayern und Schleswig-Holstein praktiziert wird. Die Agenturen bieten neben Berufsvorbereitungs- und Berufsförderungslehrgängen Sprachkurse sowie eine strukturierte Integrationsbegleitung an. Hier gibt es einen Gleichklang der Interessen der Agenturen für Arbeit sowie der Strafjustiz. Die Agenturen für Arbeit dürfen zwar nicht als Erfüllungsgehilfen der Justiz eingesetzt werden, wenn damit aber auch ihrem primären Ziel der Arbeitsintegration gedient wird, so lässt sich das leidige Kostenproblem für derartige Maßnahmen lösen. Die Teilnahme an derartigen Maßnahmen kann als weitere Weisung ausgesprochen werden.[31]

3.7.4 Arbeitsleistungen zu erbringen

Arbeitsleistungen als Erziehungsmaßregel dürfen nur i. S. einer positiven Individualprävention (siehe Rn. 53) angeordnet werden, d. h., nur eine positive Beeinflussung zur Befolgung der strafrechtlichen Verhaltensanweisungen **durch Arbeit** darf angestrebt werden. Eine Anleitung **zur Arbeit** dürfte nur dann bezweckt werden, wenn in der negativen Arbeitsauffassung eine Kriminalitätsursache gefunden würde. Eine solche unmittelbare Verursachung wird sich aber nur schwer nachweisen lassen.

182

Soweit mit einer Ausdehnung der „Arbeitsauflage" – der falsche Wortgebrauch ist bezeichnend[32] – der schwerwiegendere Eingriff des Arrestes sowie eine bloß „büßende" Geldzahlungsauflage zurückgedrängt werden sollen,[33] sind dies kriminalpolitisch lobenswerte Absichten. Jedoch ist die Arbeitsweisung nur teilweise der richtige Ersatz.

---

27 Siehe *Wedler* 2011, 165; 2012, 297.
28 H. M., siehe auch BVerfG NStZ 1981, 21, und NJW 1983, 442.
29 Wie hier *Schaffstein/Beulke/Swoboda* Rn. 315; D/S/S-*Diemer*, § 10 Rn. 31; *Brodkorb* 1998, 497.
30 Noch weiter im Hinblick auf das Erziehungsrecht einschr. *Kremer* 1984, 87 ff.
31 Siehe auch bereits *Ostendorf* 2009c, 343.
32 Siehe auch *Kremerskothen* 2001, 136; siehe Ostendorf/*Ostendorf* Grdl. z. §§ 13–16a Rn. 6.
33 Siehe *Pfeiffer* 1980, 58 ff.; 1983, 141 ff.

Die Arbeitsweisung darf somit nicht allgemein zum sozialen Lernen eingesetzt werden, sondern nur, um Sozialisationsdefizite, die sich in der Tat gezeigt haben, auszugleichen.[34] „Der Schläger", der Unfallverursacher kann mit der Arbeit auf der Krankenstation die negativen sozialen Folgen seines Handelns erfahren. Soweit ein Bedürfnis des Verurteilten zu einer Sühneleistung besteht und eine Schadenswiedergutmachung nicht in Betracht kommt, lässt sich eine Arbeitsleistung auch als konstruktive Verarbeitung von Schuld begründen;[35] allerdings darf ein von außen herangetragenes Vergeltungsstreben nicht zu einem Täterbedürfnis umdefiniert werden.

Darüber hinaus können gegen die Arbeitsweisung mit Rücksicht auf Art. 12 Abs. 2 und 3 GG **generelle Bedenken** entwickelt werden. Unabhängig von der Abgrenzung des „Arbeitszwanges" gem. Abs. 2 und der „Zwangsarbeit" gem. Abs. 3,[36] handelt es sich hier um einen Zwang zu einer bestimmten Arbeit, die nicht „im Rahmen einer herkömmlichen, allgemeinen, für alle gleichen öffentlichen Dienstleistungspflicht" oder „bei einer gerichtlich angeordneten Freiheitsentziehung" zu leisten ist. Der Wortlaut des Art. 12 GG scheint eindeutig gegen die Zulässigkeit dieser Weisung als ambulante Sanktion zu sprechen. Eine verfassungskonforme Interpretation ist deshalb schwierig. Zum Teil wird Art. 12 Abs. 3 GG eine andere historische Bedeutung zugesprochen.[37] So hat auch das BVerfG in seiner Entscheidung vom 13.1.1987 zur Verfassungskonformität der Weisung, Arbeitsleistungen zu erbringen, argumentiert.[38] Hiernach ist Art. 12 Abs. 2 und 3 GG „als Ausdruck bewusster Abkehr von Methoden, die die Person herabwürdigen und für totalitäre Herrschaftssysteme kennzeichnend sind," zu verstehen; es ist danach die zwangsweise Heranziehung zur Arbeit untersagt, „die auch nur im Ansatz die Gefahr begründet auszuufern, missbraucht zu werden und so in der Praxis zu einer Verletzung der Menschenwürde führen könnte." Eine solche Gefahr sieht das Gericht nicht.[39] Die historische Interpretation vermag jedoch den strengeren Wortlaut der Verfassungsbestimmung nicht überzeugend zu korrigieren, solange nicht klare Grenzen gegen einen solchen Missbrauch gezogen werden.

Gangbar erscheint nur der Weg, wie bei der Verurteilung zu einer Freiheitsstrafe, die zur Bewährung ausgesetzt wird,[40] auch bei der Arbeitsweisung mit der gesetzlichen Möglichkeit des „Ungehorsamsarrestes" eine Wahlmöglichkeit des Verurteilten zu begründen. Dies ist aber nur dann möglich, wenn der „Ungehorsamsarrest" als korrigierende Ersatzsanktion begriffen wird (siehe Rn. 329). Zwar ist die endgültige Entscheidung über einen Freiheitsentzug nicht getroffen, die Voraussetzungen hierfür liegen aber bereits vor. Wenn in einer solchen Situation dem Verurteilten die Auswahl überlassen wird zwischen Arbeit oder Freiheitsentzug, so wird ihm ein Vorzug eingeräumt, nicht ein Nachteil zugefügt. Allerdings ist es nicht möglich, in einer solchen Situation einen Zwang wegzudefinieren;[41] es wird jedoch eine selbstständige eingriffsmildernde Entscheidung des Jugendlichen getroffen, die als – **nachträgliche** – **Zustimmung zu der**

---

34 Zur Ausgestaltung sozialpädagogischer Arbeitsleistungen siehe *Meißner* 1996, 370.
35 Siehe *Adam* 1986, 96.
36 Siehe hierzu *Pfohl* 1983, 150 ff.
37 So *Pfohl* 1983, 153; a. M. *Stree* 1960, 184, Fn. 167.
38 BVerfGE 74, 102 = EzSt JGG § 10 Nr. 1 m. krit. Anm. von *Ostendorf*; zust. *Schaffstein* 1987, 502 und *Brunner* 1987, 257.
39 Bestätigt durch BVerfGE 83, 119 – hier ausgesprochen für die Auferlegung gemeinnütziger Leistungen gem. § 56b Abs. 2 Nr. 3 StGB; trotz Kritik zust. *Brodkorb* 1998, 450.
40 Siehe Sch/Sch-*Stree*/*Kinzig* § 56b StGB Rn. 15.
41 Siehe aber OLG Nürnberg NJW 1959, 1452: „Es steht dem Angeklagten ja frei, wenn er sie – sc. die Bewährungsauflage – nicht erfüllen will, die Strafe zu verbüßen".

gerichtlichen Weisung zu werten ist.[42] Pädagogisch besser erscheint allerdings die vorherige Zustimmung.

3.7.5 Sich der Betreuung und Aufsicht einer bestimmten Person (Betreuungshelfer) zu unterstellen

Die gesetzgeberische Entscheidung, diese Weisung in den ausdrücklichen Katalog aufzunehmen, macht die positive Einschätzung dieser Weisung deutlich. Als Beleg für die Tauglichkeit dieser Sanktion sei stellvertretend für viele Projekte auf den *Modellversuch zur ambulanten Betreuung junger Straffälliger im niedersächsischen Amtsgerichtsbezirk Uelzen* verwiesen, der von 1979 bis 1984 durchgeführt wurde: Es wurden nicht nur weniger Geldbußen verhängt, die Zahl der Arreststrafen ging von 96 im Jahre 1978 auf 12 im Jahre 1983, die Zahl der Jugendstrafen ohne Bewährung ging von 10 im Jahre 1978 auf 1 im Jahre 1983 zurück[43] – entgegen dem bundesweiten Trend. Gleichzeitig sank die Zahl der Tatverdächtigen in diesem Zeitraum, auch entgegen der bundesrepublikanischen Entwicklung.

183

Bestätigt wird dieses Einzelergebnis durch die Vielzahl ähnlicher Nachfolgeprojekte sowie eine Befragung der hierfür eingesetzten Kursleiter.[44] Insoweit kommt diese Sanktion gerade auch bei Mehrfach- und Intensivtätern in Betracht.[45] Solange noch keine Ablösung aus dem Elternhaus erfolgt ist, sollte diese Weisung jedoch nur mit Zustimmung der Erziehungsberechtigten angeordnet werden. Die Dauer hängt vom einzelnen Probanden und der Intensität der Betreuung ab. Die Entscheidung hierüber darf nicht offen bleiben. Im Regelfall sollte ein Zeitraum von 6 Monaten genügen;[46] in der Praxis wird häufig ein längerer Zeitraum gewählt. Gem. § 11 Abs. 1 S. 2 soll die Laufzeit nicht mehr als ein Jahr betragen.

Hinsichtlich der Bestimmung des Betreuungshelfers gilt, dass der Betreuer möglichst in der Hauptverhandlung bekannt werden sollte, und zwar – soweit die Person dem Angeklagten bereits bekannt ist – mit seiner Zustimmung. Allerdings ist es auch erlaubt, die Betreuungsperson erst später durch die JGH bestimmen zu lassen;[47] allerdings darf nicht das Jugendamt oder die JGH als solche eingesetzt werden, da damit die Gefahr eines Wechsels in der Betreuungsperson begründet würde. Dem steht nicht entgegen, dass gem. § 38 Abs. 2 S. 7 die Vertreter der JGH Betreuungsweisungen durchzuführen haben, wenn keine andere Person damit vom Gericht betraut wird; auch dann ist durch einen Organisationsakt innerhalb der JGH eine bestimmte Person mit der Aufgabe zu beauftragen. Erst recht scheidet der Bewährungshelfer aus, da er für ein anderes Aufgabenfeld reserviert ist.[48]

---

42 A. M. für die Bewährungsauflage im Erwachsenenstrafrecht OLG Hamburg NJW 1969, 1780; *Stree* 1960, 184 ff.; siehe aber *Amelung* 1981, 109 ff.; *Schall* 1985, 108, zur Ableistung einer gemeinnützigen Arbeit zur Vermeidung der Ersatzfreiheitsstrafe gem. Art. 293 EGStGB.
43 Neue ambulante Maßnahmen nach § 10 JGG in Niedersachsen, hrsg. vom Niedersächsischen Minister der Justiz, 1985, S. 74.
44 Siehe hierzu *Busch/Hartmann/Mehlich* 1986, 95 ff., 169 f.
45 Zur Begriffsbildung siehe *M. Walter/Neubacher* 2001, Rn. 461.
46 Wie hier *D. Meyer* 1989, 207; Meier/Rössner/Schöch/*Schöch* § 9 Rn. 9; a. M. *Schumann* 1985, 175: drei Monate.
47 Ebenso die Begründung zum Entwurf des 1. JGGÄndG, BT-Drucks. 11/5829, S. 16; Bedenken bei *P.-A. Albrecht* 2000, § 20 II. 4. a].
48 Siehe *Ostendorf* 1999a, 516.

3.7.6 An einem sozialen Trainingskurs teilzunehmen

184 Soziale Trainings- oder Erziehungskurse können selbstständig oder im Rahmen einer Betreuungsweisung durchgeführt werden. Mit ihnen soll gefährdeten Jugendlichen/ Heranwachsenden die Sozialkompetenz vermittelt werden, ein Leben ohne Straftaten führen zu können. Mit Anti-Aggressionskursen soll z. B. Gewalttaten vorgebeugt werden.[49] Mit Recht wird jedoch vor einer überhöhten Zielsetzung gewarnt.[50] In der Begründung zum 1. JGGÄndG[51] wird betont, dass der Begriff „Sozialer Trainingskurs" nur beispielhaft als eine mögliche Form erzieherischer Gruppenarbeit zu verstehen ist.

Voraussetzung für eine solche Gruppenarbeit ist die Bereitschaft zur Mitarbeit. Da der soziale Trainingskurs eine intensive Inanspruchnahme bedeutet, scheidet er bei Bagatellen aus. Er ist umgekehrt in der Praxis gerade als Ersatz für Arrestmaßnahmen konzipiert worden.

Die Erfolgsquote wird gerade auch bei sozial belasteten Wiederholungs- und Intensivtätern (nach einer qualitativen Analyse 63 %) als positiv beurteilt.[52] Eine vergleichende Erfolgskontrolle von sozialem Trainingskurs und Arrest ergab eine signifikant geringe Rückfallquote für Teilnehmer des sozialen Trainingskurses, obwohl diese höher deliktsspezifisch vorbelastet waren.[53] Speziell soll hier auf Drogenseminare hingewiesen werden, in denen über die gesundheitlichen Risiken, über Gefahren der sozialen Verelendung, über soziale Hilfen und Strafbedrohungen informiert wird, zugleich Selbstreflexion geübt und die Erfahrung von Mitbetroffenheit vieler vermittelt wird.[54] Eine solche Weisung verspricht mehr Erfolg als die, den formalen Gang zur Drogenberatungsstelle zu gehen. Obwohl bei pädagogischen Maßnahmen eine quantitative Verrechnung mit der Tatschuld kaum möglich erscheint, ist eine zeitliche Begrenzung im Hinblick auf § 11 Abs. 1 geboten, um einer Überbetreuung entgegenzuwirken und um dem Verhältnismäßigkeitsprinzip Genüge zu tun.[55] Die in § 11 Abs. 1 S. 2 formulierte Zeitdauer von sechs Monaten hat als Höchstgrenze zu gelten, wobei im Wiederholungsfall aber durchaus ein früherer Trainingskurs fortgesetzt werden kann.[56] Drogenseminare sind nicht nur für Konsumenten illegaler Drogen anzubieten,[57] sondern auch für Konsumenten legaler Drogen, insbesondere bei missbräuchlichem Konsum von Alkohol.

3.7.7 Sich zu bemühen, einen Ausgleich mit dem Verletzten zu erreichen (Täter-Opfer-Ausgleich)

185 Mit dem 1. JGGÄndG ist der Täter-Opfer-Ausgleich (TOA) neben der Auflage zur Schadenswiedergutmachung als ausdrückliche Weisung in den Katalog mit aufgenommen. Es gelten im Wesentlichen die Voraussetzungen des § 15 Abs. 1 S. 1 Nr. 1, wobei hier aber der persönliche Ausgleich gemeint ist, d. h. auch, dass ein persönliches oder personifiziertes Opfer (keine Versicherungsgesellschaft, kein Kaufhaus) vorliegen

---

49 Zu Anti-Aggressionskursen im Jugendstrafvollzug siehe *Bosold/Prasse/Lauterbach* 2006, 27.
50 Siehe *D. Meyer* 1989, 211.
51 BT-Drucks. 11/5829, S. 16.
52 *Kraus/Rolinski* 1992, 32 ff.
53 *Wellhöfer* 1995, 42 ff.
54 Siehe *Schaar* 1985, 118.
55 Ebenso LG Bielefeld StV 2001, 175.
56 Ebenso *Busch/Hartmann/Mehlich* 1986, 187.
57 Siehe hierzu *Nötzelmann* 2012, 186.

muss.⁵⁸ Abweichend vom materiellen Schadensausgleich erfasst der Täter-Opfer-Ausgleich auch und gerade den immateriellen Ausgleich, d. h. die Entschuldigung, die Versöhnung. Auch ist die Weisung auf **das Bemühen zum Täter-Opfer-Ausgleich** begrenzt. Ein Erfolg i. S. eines abschließenden Ausgleiches wird somit nicht erwartet.

Damit werden auch die Fälle erfasst, in denen das Opfer weitergehende Forderungen stellt oder sich gänzlich einem Ausgleich verweigert. In solchen Situationen kann das Bemühen des Täters ausreichend sein, so dass nicht über § 11 Abs. 2 eine andere Maßnahme angeordnet werden muss. Im Hinblick auf die Schwere der Straftaten gibt es grundsätzlich keine Begrenzung. In der Begründung zum 1. JGGÄndG heißt es ausdrücklich: „Wenn auch in aller Regel Straftaten, die jenseits der leichten, mittleren und mittelschweren Kriminalität liegen, für einen Täter-Opfer-Ausgleich ausscheiden dürften, hängen doch die Konfliktschlichtungsmöglichkeiten derart eng mit den individuellen Fallkonstellationen zusammen, dass sich die Abgrenzung Vergehen/Verbrechen für eine Orientierung ebenso wenig eignet wie die Unterteilung nach bestimmten Deliktsgruppen".⁵⁹ Hiermit sowie mit der gleichzeitigen Formulierung des Täter-Opfer-Ausgleichs als Diversionsgrund gem. § 45 Abs. 2, der Vorrang hat, macht der Gesetzgeber seine positive Einschätzung dieser Sanktionsart deutlich. Unterstrichen wird dieser Vorrang durch § 155a StPO, wonach Staatsanwaltschaft und Gericht in jedem Stadium des Verfahrens die Möglichkeiten eines Täter-Opfer-Ausgleichs zu prüfen haben, dies gilt über § 2 Abs. 2 gerade auch im Jugendstrafverfahren.⁶⁰ Damit wird vielfachen Forderungen aus der Wissenschaft, die in verschiedenen Modellprojekten Bestätigung gefunden haben, entsprochen.⁶¹ In der Praxis liegt die Erfolgsquote („einvernehmliche, abschließende Regelung") bei über 80 %.⁶² Allerdings kommt gerade im Hinblick auf die geforderte Freiwilligkeit und anzustrebende Eigeninitiative dem Täter-Opfer-Ausgleich in Anwendung des § 45 Abs. 2 Vorrang zu. Tatsächlich ist die Ausgleichsbereitschaft der jungen Beschuldigten sehr hoch, sie liegt in den Ausgleichsprojekten bei 92 % und ist deutlich höher als bei erwachsenen Beschuldigten; auch die Ausgleichsbereitschaft der Geschädigten ist bemerkenswert hoch, bei Jugendlichen/Heranwachsenden etwa 73 %, bei Erwachsenen 63 %,⁶³ wenngleich durch Vorwegbefragung hier eine Auslese vorliegt. Auch Rückfalluntersuchungen kommen zu positiven Ergebnissen im Vergleich zu anderen strafjustiziellen Reaktionen.⁶⁴ In der internationalen wissenschaftlichen Diskussion wird der Täter-Opfer-Ausgleich als eine Form der **restorative justice** im Unterschied restrictive justice bezeichnet.⁶⁵

3.7.8 Den Verkehr mit bestimmten Personen oder den Besuch von Gast- oder Vergnügungsstätten zu unterlassen

Da sich Gruppen immer aus Einzelpersonen zusammensetzen, kann ein Kontaktverbot auch zu bestimmten Gruppierungen aufgestellt werden;⁶⁶ eine „Verletzung des Eltern-

---

58 Weitergehend *Laubenthal/Baier/Nestler* Rn. 590 m. w. N.
59 BT-Drucks. 11/5829, S. 17.
60 Zu weiteren Regelungen, die Opferinteressen berücksichtigen, siehe §§ 111g, 111h StPO sowie § 73 Abs. 1 S. 2 StGB.
61 Siehe *Schreckling* 1991.
62 Siehe *Kerner/Hartmann* 2005, 86; sowie *Hartmann u. a.* 2014, 48.
63 Siehe *Kerner/Hartmann* 2005, 73 bzw. 65; sowie *Hartmann u. a.* 2014, 38.
64 Siehe die Zusammenfassung von *Kempfer/Rössner* 2008, 5, sowie *Winter* 2009, 489 ff.
65 Siehe *Hagemann/Lummer* 2012, 28 ff.; grundlegend bereits *Frehsee*, 1987, 12 ff.
66 Siehe für die Weisung gem. § 24 StGB OLG Hamburg NJW 1964, 1814; BGH MDR 1978, 623.

rechts"⁶⁷ wird durch die Sanktionsbefugnis gerechtfertigt. Allerdings erscheint die Weisung in der Praxis wegen der Unkontrollierbarkeit kaum geeignet.⁶⁸

3.7.9 An einem Verkehrsunterricht teilzunehmen

188 Dieser Weisung kommt eine große praktische Bedeutung zu. Noch wichtiger als das Erlernen von Verkehrsregeln ist eine psychologische Nachschulung. Diese kommt gerade für alkoholauffällige Kraftfahrer, für „fahrende Trinker" in Betracht.⁶⁹ Der Gesetzgeber hat mit der Streichung der Voraussetzung „bei einer Verletzung von Verkehrsvorschriften" zusätzlich den Anwendungsbereich dieser Weisung erweitert. Allerdings muss mit der Sanktion eine Beziehung zu der Straftat hergestellt werden, so dass im Regelfall eine Verkehrsstraftat Voraussetzung ist.

3.8 Weisungen gem. § 10 Abs. 2

189 Als weitere Erziehungsmaßregeln werden gem. § 10 Abs. 2 die **heilerzieherische Behandlung** und die **Entziehungskur** angeboten. Über die allgemeinen Voraussetzungen hinausgehend ist bei Jugendlichen die Zustimmung des Erziehungsberechtigten und des gesetzlichen Vertreters zwingend erforderlich. Zusätzlich **sollen** diese Erziehungsmaßregeln gem. Abs. 2 S. 2 nur mit Einverständnis des über 16 Jahre alten Jugendlichen angeordnet werden,⁷⁰ abweichend von dem Zustimmungs**erfordernis** gem. § 57 Abs. 3 S. 2. Bei Heranwachsenden ist für die heilerzieherische Behandlung das Einverständnis rechtlich gefordert, da bei dieser Sanktion die Erziehung dominiert, Erziehung bei Heranwachsenden aber nicht staatlicherseits verordnet werden darf.⁷¹ Im Erfolgsinteresse sollte versucht werden, die Zustimmung auch schon bei Jüngeren zu erhalten.⁷² Insbesondere für eine heilerzieherische Behandlung und speziell für eine psychotherapeutische Behandlung ist Freiwilligkeit unabdingbare Voraussetzung. Durchsetzbar sind diese Weisungen letztlich gegen den Willen des Verurteilten nicht; der „Ungehorsamsarrest" vermag hier allenfalls zu drohen. Bei Heranwachsenden verdichtet sich die Soll-Vorschrift zu einer Muss-Vorschrift, da hier das Zustimmungserfordernis der Erziehungsberechtigten wegfällt. Schon vor der Anordnung der heilerzieherischen Behandlung durch einen Sachverständigen sollte ein Sachverständiger gehört werden, da regelmäßig nur dieser über die Notwendigkeit und Geeignetheit befinden kann.⁷³ In einem ersten Kontaktgespräch mit dem Jugendlichen kann die von den Therapeuten geforderte Bereitschaft („Leidensdruck") ausfindig gemacht bzw. begründet werden.

Für eine heilerzieherische Behandlung kommen nicht nur Heilpädagogen im engeren Sinne in Betracht, sondern alle Behandlungsberufe; so können die Gesprächs-, die Verhaltens- und die analytische Psychotherapie zur Überwindung von kriminellen Verhaltensstörungen angewendet werden. Die Durchführung kann stationär oder ambulant, in Gruppen oder einzeln erfolgen, wobei der ambulanten Therapie wegen der geringe-

---

67 Siehe *Kremer* 1984, 91.
68 Siehe auch *Brunner/Dölling* § 10 Rn. 13.
69 *Schöch* 1991, 17; zum Modell Mainz 77 siehe *Kunkel* 1977; zu den vom TÜV Bayern in München durchgeführten Kursen siehe *Bußmann/Gerhardt* 1980, 117ff.; siehe auch die Übersicht über Forschungsprojekte der Bundesanstalt für Straßenwesen zur Kraftfahrerrehabilitation [http://www.bast.de/DE/Projekte/abgeschlossene_bis_2015/fp-abgeschlossen-u4.html?nn=613584].
70 Ausgeweitet im Sinne einer Muss-Voraussetzung durch LG Marburg NStZ-RR 2006, 122.
71 Siehe BVerfGE 22, 180.
72 Ebenso *Eisenberg* § 10 Rn. 37.
73 Siehe *Engstler* 1985, 57ff.

3. Erziehungsmaßregeln

ren Interesseneinbuße Vorrang einzuräumen ist. Bei der Therapie ist regelmäßig das Umfeld, insbesondere sind die Eltern und Geschwister, Freundin bzw. Freund – auf freiwilliger Basis – mit einzubeziehen.

Die Entziehungskur gilt es abzugrenzen von der Maßregel „Unterbringung in einer Entziehungsanstalt" (§ 61 Nr. 2 StGB). Sie kommt somit „vorab" in Betracht. Während für die Unterbringung in einer Entziehungsanstalt ein „Hang", d. h. eine Drogensucht Voraussetzung ist, genügt für die Anordnung der Entziehungskur ein wiederholter Drogenmissbrauch. Bei „bloßen" Drogenkonsumenten kommen soziale Trainingskurse gegen Drogenabhängigkeit in Betracht (siehe Rn. 184).

3.9 Hilfen zur Erziehung gem. § 12

Gem. § 12 kann das Jugendgericht nach Anhörung des Jugendamtes dem Jugendlichen auferlegen, Hilfen zur Erziehung in Form der Erziehungsbeistandschaft gem. § 30 SGB VIII oder in einer Einrichtung über Tag und Nacht oder in einer sonstigen betreuten Wohnform gem. § 34 SGB VIII in Anspruch zu nehmen. Mit § 34 SGB VIII wurde die frühere Fürsorgeerziehung ersetzt, der Begriff „Heimerziehung" wurde umgangen. Inhaltlich richten sich die Voraussetzungen nach dem SGB VIII. Formal ist trotz § 36a SGB VIII nicht die Zustimmung des Jugendamtes erforderlich.[74]

190

3.10 Justizpraxis

Im Rahmen der Erziehungsmaßregeln dominieren eindeutig die Weisungen. Die einzelnen Weisungen werden – leider – statistisch nicht erfasst.

191

Jahr	Erziehungs-maßregeln zusammen	Weisungen		Erziehungs-beistandschaft*		Fürsorgeerziehung**/ Heimerziehung	
		n	%	n	%	N	%
1950	2 075	352	17,0	1 164	56,1	559	26,9
1960	8 513	6 457	75,8	1 411	16,6	645	7,6
1970	13 153	12 207	92,8	654	5,0	292	2,2
1980	41 312	40 840	98,9	339	0,8	133	0,3
1985	49 951	49 655	99,4	214	0,4	82	0,2
1990	32 861	32 702	99,5	129	0,4	30	0,1
1995	15 045	14 763	98,1	214	1,4	68	0,5
2000	19 026	18 679	98,2	257	1,4	90	0,5
2005	25 221	24 929	98,8	223	0,9	69	0,3
2010	32 183	31 924	99,2	201	0,6	58	0,2
2015	24 297	24 127	99,3	139	0,6	31	0,1

*   mit dem 1. JGGÄndG abgeändert in Hilfe zur Erziehung in der Form der Erziehungsbeistandschaft i. S. des § 30 SGB VIII
** mit dem 1. JGGÄndG aufgehoben; jetzt Heimerziehung i. S. des § 34 SGB VIII
(Quelle: Statistisches Bundesamt, Strafverfolgung (Fachserie 10 Reihe 3, Tab. 4.3); Gebiet: bis 1990 alte Länder, ab 1995 alte Länder einschl. Berlin-Ost)

---

[74] Siehe im Einzelnen Ostendorf/*Ostendorf* § 12 Rn. 8, 11. Siehe auch *Czerner* 2008, 150.

Der drastische Rückgang der Weisungen trotz der Einführung der „neuen ambulanten Maßnahmen" ist auf die Verlagerung der Arbeitsleistungen in die Zuchtmittel zurückzuführen.

Im Vergleich zu den **Sanktionen insgesamt** ergeben sich folgende Prozentanteile:

Jahr	Weisungen	Erziehungs-beistandschaft*	Fürsorgeerziehung**/Heimerziehung
1970	9,7 %	0,52 %	0,21 %
1980	21,9 %	0,18 %	0,07 %
1985	29,7 %	0,13 %	0,04 %
1990	30,1 %	0,12 %	0,03 %
1995	13,8 %	0,20 %	0,06 %
2000	13,7 %	0,19 %	0,07 %
2005	15,6 %	0,13 %	0,04 %
2010	19,0 %	0,12 %	0,03 %
2015	29,2 %	0,17 %	0,04 %

* mit dem 1. JGGÄndG abgeändert in Hilfe zur Erziehung in der Form der Erziehungsbeistandschaft
** mit dem 1. JGGÄndG aufgehoben; jetzt Heimerziehung i. S. des § 12 Nr. 2
(Quelle: Statistisches Bundesamt, Strafverfolgung (Fachserie 10 Reihe 3, Tab. 4.1, 4.3); Gebiet: bis 1990 alte Länder, ab 1995 alte Länder einschl. Berlin-Ost)

Eine erste bundesweite Bestandsaufnahme der sozialen Trainingskurse, von Betreuungsweisungen und Täter-Opfer-Ausgleich erfolgte für das Jahr 1993[75], zu den Ergebnissen siehe die 8. Aufl. Eine zweite bundesweite Bestandsaufnahme der sozialen Trainingskurse wurde für das Jahr 2006 durchgeführt.[76] Offensichtlich wurden bis dahin soziale Trainingskurse immer häufiger – im Jahr 2006 zu fast 90 % - von den Jugendämtern bzw. von den freien Trägern angeboten. Zwei Drittel der sozialen Trainingskurse waren in diesem Jahr deliktsunspezifisch, ein Drittel waren Anti-Gewalt-Trainings.[77] Eine andere Frage ist, wie häufig die Jugendstrafjustiz von diesen Angeboten Gebrauch macht.[78] Die Praxis der „neuen ambulanten Maßnahmen" ist entsprechend den Angeboten vor Ort und den unterschiedlichen kriminalpolitischen Einschätzungen der Jugendstaatsanwälte und Jugendrichter sehr unterschiedlich. Häufig werden Betreuungsweisungen und soziale Trainingskurse auch für Wiederholungs- und Intensivtäter eingesetzt.[79] Die mit dem 1. JGGÄndG gewollte Verlagerung von den traditionellen Sanktionen (Geldbuße, Arbeitsmaßnahmen, Jugendarrest, Jugendstrafe) zu neuen ambulanten Maßnahmen (Betreuungsweisung, sozialer Trainingskurs, Täter-Opfer-Ausgleich)[80] hat sich in der Praxis im Allgemeinen offensichtlich nicht durchgesetzt.[81]

---
75 Siehe *Dünkel/Geng/Kirstein* 1998, 238.
76 *Hofmann* 2014.
77 *Hofmann* 2014, 157.
78 Zu den Einschätzungen durch Staatsanwälte und Richter siehe *Höynck/Leuschner* 2014, 104.
79 *Hofmann* 2014, 118.
80 Siehe Begründung zum Gesetzentwurf BR-Drucks. 464/89, S. 1.
81 So eine Analyse zur Sanktionierungspraxis im Landgerichtsbezirk Flensburg, siehe *Caglar* 2005, 72, 81, 91. So auch die Untersuchung zur Entwicklung der Sanktionspraxis der Amtsgerichte Koblenz und Mainz von *Riechert-Rother* 2008, 399 f.

3. Erziehungsmaßregeln

Mit „Rückendeckung" durch die Steuerungsverantwortung der Jugendhilfe gem. § 36a SGB VIII[82] werden zudem aus Kostengründen die Angebote für ambulante Maßnahmen in der Praxis zunehmend reduziert. Hierfür spricht, dass 2013 43,3 % der befragten Jugendstaatsanwälte und ca. die Hälfte der befragten Jugendrichter mit dem Angebot von sozialen Trainingskursen unzufrieden waren.[83]

Die Unbedeutendheit von Erziehungsbeistandschaft und bisheriger Fürsorgeerziehung beruht offensichtlich auf unterschiedlichen Gründen: Während die geschlossene Heimerziehung generell im Hinblick auf ihre Tauglichkeit zur Diskussion steht und überwiegend negativ beurteilt wird, scheint die Nichtanwendung der Erziehungsbeistandschaft auch in dem tatsächlichen Fehlen von Erziehungsbeiständen begründet zu sein,[84] wenn die Betreuungsweisung andererseits hoch im Kurs steht.

3.11 Kriminalpolitische Forderungen

Angesichts einer teilweise ausufernden Praxis ist eine **Höchstbegrenzung für die Arbeitsweisung** zu fordern.[85] Hinsichtlich der Betreuungsweisung ist zu verlangen, dass die Betreuungszeit im Regelfall nicht über sechs Monate hinausgeht und nur ausnahmsweise auf ein Jahr ausgedehnt werden darf.[86] Längere Betreuungszeiten sind nicht nur unter dem Gesichtspunkt der Zumutbarkeit abzulehnen, sie verführen auch zu einem verzögerten und damit ineffektiven Einsatz. Die Kostenfrage ist für alle Weisungen eindeutig vom Gesetzgeber zu beantworten und die Steuerungsverantwortung für strafjustizielle Sanktionen wieder in die Hände der Justiz zu legen. Schließlich ist an den Grundgesetzgeber die Aufforderung zu richten, die verfassungsrechtlichen Bedenken hinsichtlich der Vereinbarkeit des Arbeitszwanges (§ 10 Abs. 1 S. 3 Nr. 4) mit Art. 12 Abs. 2 und 3 GG auszuräumen.

192

Ein Fahrverbot bei Straftaten, die nicht im Zusammenhang mit dem Führen eines Kraftfahrzeugs stehen (siehe § 44 StGB), ist abzulehnen,

1. weil eine so tatfremde Sanktion vom Verurteilten schwerlich akzeptiert wird,
2. weil stattdessen eine tatursachenbezogene Sanktion wie TOA, Antiaggressionskurs eine größere Chance verspricht, neue Straftaten zu verhindern (siehe § 2 Abs. 1 S. 1),
3. weil mit einem Fahrverbot eine Strafbarkeitsfalle für einen Verstoß gem. § 21 StVG entsteht.[87]

Diese Argumentation gilt auch für einen verwaltungsrechtlichen „Führerscheinentzug" wegen mangelnder „charakterlicher Eignung" nach Begehung von Straftaten, wie er nach Zeitungsmeldungen[88] in Heilbronn und Stuttgart praktiziert werden soll.

---

82 Siehe hierzu Ostendorf/*Sommerfeld* § 38 Rn. 22; siehe auch Rn. 93.
83 *Höynck/Leuschner* 2014, 113.
84 Siehe auch *Eisenberg* § 12 Rn. 8.
85 Siehe auch *D. Meyer* 1986, 88; *Schüler-Springorum* 1986, 209; Arbeitskreis VI des 21. Deutschen Jugendgerichtstages, DVJJ 18 (1989), 352; *H.-J. Albrecht* 2002, 147: 120 Stunden; ebenso 64. Dt. Juristentag, 2002, C VI. 4. b; Zweite Jugendstrafrechtsreformkommission der DVJJ, 2002, DVJJ-Extra, Nr. 5, S. 76: 80 Stunden.
86 Siehe auch Zweite Jugendstrafrechtsreformkommission der DVJJ, 2002, DVJJ-Extra, Nr. 5, S. 77.
87 Siehe bereits Ostendorf/*Ostendorf* Grdl. z. §§ 5–8 Rn. 6 mit Fn. 3; wie hier Abschlussbericht der Expertenkommission zur Verbesserung der rechtlichen und tatsächlichen Instrumentarien zur Bekämpfung der Jugendkriminalität in Hessen, 2008, 20; siehe aber auch die – offene – Position der Bundesregierung, BT-Drucks. 16/13142, S. 81; sowie die Absichtserklärung im Koalitionsvertrag zwischen CDU, CSU und SPD, 2013, 5.1.
88 Süddeutsche Zeitung vom 13.10.2009.

4. Zuchtmittel

4.1 Begriff

193 Die Zuchtmittel sind – im Unterschied zu den Weisungen als Erziehungsmaßregeln (§ 10) – abschließend im § 13 Abs. 2 aufgelistet. Es sind dies:

1. die Verwarnung (§ 14)
2. die Erteilung von Auflagen (§ 15)
3. der Jugendarrest (§ 16).

In den „neuen" Bundesländern wurde auf den Begriff „Zuchtmittel" verzichtet.[89] Die Problematik des Begriffs wird damit deutlich. Er erinnert an überholte Erziehungsziele wie „Zucht und Ordnung", seine Einführung entsprach der nationalsozialistischen Erziehungsideologie (siehe Rn. 17).

4.2 Gesetzesziel

194 Gem. § 13 Abs. 1 soll dem Jugendlichen mit dem Einsatz eines Zuchtmittels eindringlich die Verantwortung für das begangene Unrecht zum Bewusstsein gebracht werden. Damit erhält das Zuchtmittel einen repressiven Charakter im Sinne einer negativen Individualprävention (Denkzettel, Abschreckung). Diese Zielsetzung steht aber an zweiter Stelle, **primär** gilt auch hier die **positive Individualprävention**. Eine generalpräventive Zielsetzung ist ausgeschlossen. Erst recht ist ein absolutes Sanktionsziel des Unrechtsausgleichs, der Tatschuldvergeltung untersagt.[90] Bezeichnend für eine auf den geschichtlichen Ursprung zurückgehende Auffassung ist die Umformulierung des Gesetzestextes, wonach dem Täter „die Autorität der Rechtsordnung" zum Bewusstsein gebracht werden soll.[91] Es geht nicht um ein Ansehen der Rechtsordnung, sondern um ihre **Verbindlichkeit für den Rechtsgüterschutz**. Auch die Eingrenzung auf „im Grunde ›gutartige‹, erzieherisch ansprechbare Jugendliche"[92] lehnt sich an eine überholte Charaktertypisierung an.[93]

195 Ausdrücklich wird den Zuchtmitteln der Charakter einer Strafe aberkannt (§ 13 Abs. 3). Der Verurteilte darf sich damit als nicht vorbestraft ausgeben (siehe auch § 53 BZRG). Dementsprechend erfolgt eine Eintragung „nur" in das Erziehungsregister (§ 60 Abs. 1 Nr. 2 BZRG); in das Zentralregister wird ein Zuchtmittel eingetragen, wenn damit ein Schuldspruch gem. § 27, eine Verurteilung zu einer Jugendstrafe oder die Anordnung einer Maßregel der Besserung und Sicherung verbunden ist (§ 5 Abs. 2 BZRG).

4.3 Anwendungsvoraussetzungen

196 Die Anwendungsvoraussetzungen werden durch das Sanktionsziel und durch das Verhältnismäßigkeitsprinzip bestimmt. Das Ziel der positiven und der hier sekundär erlaubten **negativen Individualprävention** darf erst nach einer negativen Rückfallprognose ins Auge gefasst werden. Die Prüfung der Angemessenheit und Geeignetheit des Zuchtmittels hat im Rahmen der Sanktionsprognose zu erfolgen. Auf die Angemessen-

---

89 Einigungsvertrag vom 31.8.1990, BGBl II, 957, Kap. III, Sachgebiet C, Abschnitt III.
90 Wie hier *Meyer-Höger* 1998, 10; a. M. *Eisenberg* § 13 Rn. 8; *Brunner/Dölling* § 13 Rn. 2.
91 *Brunner/Dölling* § 13 Rn. 2.
92 *Brunner/Dölling* § 13 Rn. 3; BGHSt 18, 207.
93 Siehe *Papendorf* 1982, 156 Fn. 13; kritisch auch *Eisenberg* § 13 Rn. 12.

heitsprüfung wird mit dem Zumutbarkeitskriterium gem. § 15 Abs. 1 S. 2 nochmals ausdrücklich aufmerksam gemacht. Besonderheiten des Wehrdienstes sind zu berücksichtigen (§ 112a Nr. 3).

4.4 Die Verwarnung (§ 14)

Mit der Verwarnung soll dem Jugendlichen das Unrecht der Tat eindringlich vorgehalten werden; sie weist auf die drohende Sanktionskonsequenz im Falle einer Wiederholung hin. Verwarnung ist mehr als die Ermahnung gem. den §§ 45 Abs. 3, 47 Abs. 1 S. 1 Nr. 3 im Falle der Einstellung des Verfahrens.

197

Nach einer verbreiteten Meinung in der Rechtslehre soll die Verwarnung nur gegenüber Jugendlichen ausgesprochen werden, und zwar nur gegenüber „gutgearteten" Jugendlichen.[94] Abgesehen davon, dass eine solche Charaktertypisierung abzulehnen ist, wird damit der Einsatzbereich allzu sehr eingeengt. Auch bei – einmaligen – schwerwiegenden Verfehlungen kommt diese Sanktion in Betracht,[95] auch dann, wenn die Angeklagten z. Z. der Aburteilung über 18 Jahre alt sind.

4.5 Auflagen (§ 15)

Die Auflagen sind im § 15 Abs. 1 – abschließend – aufgeführt.

4.5.1 Schadenswiedergutmachung

Die Schadenswiedergutmachung steht nicht ohne Grund an erster Stelle der Auflagen. Die Wiedergutmachung eines angerichteten Schadens ist an sich die primäre Reaktion. So hat diese Sanktion auch eine längere Tradition als die heutige Praxis vermuten lässt: Im germanischen Recht hatten Täter und Sippe das Recht, die Rache „abzukaufen".[96] Der Rechtsfriede wurde durch einen sog. Sühnevertrag zwischen den Beteiligten im Rahmen eines Kompositionensystems (Bußkatalog) wiederhergestellt. Mit der Übernahme der Strafgewalt durch die Obrigkeit und mit der Trennung von Zivil- und Strafgewalt wurde diese „natürliche" Sanktion immer mehr in den Hintergrund gedrängt. Erst heute wird ihr Wert wieder neu entdeckt. Dem Straftäter wird hiermit ermöglicht, durch eine konstruktive Leistung Schuldgefühle abzubauen und Verantwortung zu übernehmen. Die unmittelbare Erfahrung der Unrechtsfolgen beim Opfer, die ansonsten gar nicht wahrgenommen oder mit dem Neutralisationsmittel „Strafe"[97] verdrängt werden, dient der Prävention vor einer Wiederholung.[98] Von der Opferseite her betrachtet, erscheint diese Sanktion vernünftig, da dem Opfer zunächst an der Wiedergutmachung gelegen ist. Dem Täter werden durch andere Sanktionen nicht die Möglichkeiten hierzu genommen. Die Wirkung und Durchsetzung des Strafurteils im Vergleich zum Zivilurteil kommen diesen Opferinteressen entgegen. Insgesamt wird so Befriedigung erreicht.[99] Für die Betroffenen und die Umwelt[100] ist die Schadenswiedergutmachung ein **Lehrstück für Sozialisation**: Täter und Opfer werden nicht aus dem

198

---

94 Siehe auch *Schaffstein/Beulke* 12. Aufl., § 20 I; *Böhm/Feuerhelm* 2004, § 24 2.
95 Ebenso *Eisenberg* § 14 Rn. 6.
96 Siehe *Schmidt* 1965, 24 ff.; *Hellmer* 1956, 529 ff.
97 Siehe *Wilsnet/Gareis* 1976, 225 ff.; siehe auch *Hellmer* 1979, 41 ff. m. w. N.
98 Siehe *Brunner* 1976b, 269 f.; *Frehsee* 1982, 130; *Theißen* 1984, 545; *Kerner* 2002, 1262.
99 Siehe auch *Ostendorf* 1983, 306 ff.
100 Zur Befürwortung der Schadenswiedergutmachung in der Bevölkerung siehe *Sessar* 1985, 1155; *Sessar/Beurskens/Boers* 1986, 91 ff.; *Voß* 1989, 34; zu ausländischen Umfrageergebnissen siehe *Schädler* 1990, 150.

Konflikt ausgegrenzt, sondern der Konflikt wird mit ihnen, wenn auch nicht von ihnen gelöst. Kriminalpolitisch wird darüber hinaus einem Vergeltungsstreben die Grundlage entzogen.[101]

In Betracht kommen zwei Arten der Wiedergutmachung: Naturalrestitution und Ersatzleistung. Ersatz kann auf vielfältige Art geleistet werden, durch Dienstleistungsarbeit, durch Geld (auch Schmerzensgeld), durch eine Ehrenerklärung als immaterielle Wiedergutmachung. Die Art der Wiedergutmachung richtet sich einmal nach dem verletzten Rechtsgut, zum anderen nach den Möglichkeiten des Täters. Hiervon ist eine mittelbare Schadenswiedergutmachung zu unterscheiden, bei der eine Arbeitsweisung erteilt und das hierfür aus einem Fond der JGH oder eines freien Trägers gezahlte Entgelt zur Wiedergutmachung verwendet wird.

Hinsichtlich des **Umfangs eines strafrechtlichen Schadensersatzes** im Erwachsenenstrafrecht gem. § 56b Abs. 2 Nr. 1 StGB ist nach der h. M. das Zivilrecht entscheidend, d. h., die Schadenswiedergutmachung muss auf zivilrechtliche Ansprüche begründet sein und ist in der Höhe hierdurch begrenzt.[102] Allerdings wird bei Verjährung die Schadenswiedergutmachungsauflage nicht ausgeschlossen.[103] Dem hat sich auch die jugendstrafrechtliche Literatur angeschlossen.[104] Für diese Ansicht spricht, dass es ansonsten zu einer Diskrepanz zwischen Zivil- und Strafjustiz kommen kann und dies vom Täter und seiner Umgebung nicht verstanden wird. Andererseits ist Strafe immer etwas Zusätzliches an Interesseneinbuße gegenüber dem zivilrechtlichen Schadensausgleich.[105] Mit dem Strafrecht werden weitere rechtliche Verpflichtungen begründet.[106] Das Rekurrieren auf zivilrechtliche Grundsätze[107] erscheint somit nicht überzeugend,[108] zumal im Falle der Verjährung hiervon selbst z. T. wieder Abstand genommen wird.[109] Entscheidend ist das Strafziel der Individualprävention. Unter diesem Blickwinkel wird **allerdings regelmäßig das Zivilrecht den Maßstab** abgeben, da das Strafrecht nur als schärferes Mittel den ansonsten geregelten vermögensrechtlichen Interessenausgleich gewährleisten soll und der gerechte Interessenausgleich die Basis der angestrebten Befriedigung ist. Nur dort, wo mit Rücksicht auf die Partei- und Dispositionsmaxime im Zivilrecht Opferinteressen zu kurz kommen, erlauben das Offizial- und Untersuchungsprinzip des Strafrechts einen angemesseneren Interessenausgleich. Das heißt, eine strafrechtliche Schadenswiedergutmachung ist nicht von Einreden und Fristwahrnehmungen abhängig; ebenso gelten nicht die zivilprozessualen Beweislastregeln.[110]

Die Schadenswiedergutmachung wird nicht gegenstandslos, wenn ein Dritter (Versicherung) den Schaden ersetzt oder das Opfer verzichtet.[111] Wenn auch nach dem Zivil-

---

101 Siehe *Plack* 1974, 122; *Sessar* 1980, 337; *Sessar/Beurskens/Boers* 1986, 88, 100.
102 Siehe OLG Stuttgart MDR 1971, 1025; OLG Stuttgart NJW 1980, 1114; OLG Hamburg MDR 1982, 340; Lackner/Kühl/*Heger* § 56b Rn. 3a; Sch/Sch-Stree/*Kinzig* § 56b StGB Rn. 9; strenger LK/*Hubrach* § 56b Rn. 7; a. M. LG Oldenburg NdsRpfl. 1990, 49; *Dilcher* 1956, 1346; *Hellmer* 1956, 541; *Frehsee* 1981, 1253; NK-StGB-*Ostendorf* § 56b Rn. 7; wohl auch MüKoStGB/*Groß* § 56b Rn. 12.
103 OLG Stuttgart MDR 1971, 1025; *Schall* 1977, 1046; a. M. *Jakobs/Molketin* 1983, 162; *Eisenberg* § 15 Rn. 6.
104 *Schnitzerling* 1959, 260; *Brunner/Dölling* § 15 Rn. 5; D/S/S-*Diemer* § 15 Rn. 8.
105 Siehe auch Sonderausschuss für die Strafrechtsreform 5. Wahlperiode, 35. Sitzung, S. 662.
106 *Dilcher* 1956, 1346.
107 Siehe *Eisenberg* § 15 Rn. 6.
108 Siehe auch *Bruns* 1938, 25.
109 Siehe *Wolf* 1984, 309; a. M. *Laubenthal/Baier/Nestler* Rn. 674.
110 Für einen grundsätzlichen Vorrang des Strafrechts *Frehsee* 1987, 248.
111 A. M. *Brunner* 1976b, 272; *Eisenberg* § 15 Rn. 7; *Dallinger/Lackner* § 15 Rn. 2 m. w. N.

recht der Anspruch erlischt, der rechtskräftige Sanktionsausspruch bleibt bestehen. Insoweit gibt § 15 Abs. 3 S. 1 nur die Möglichkeit, von der Auflage ganz oder z. T. zu befreien. Da Versicherungen Rückgriff zu nehmen pflegen und auch diese Art der Schadensregulierung im Interesse einer Sozialisation liegt, ist die Schadenswiedergutmachung auch nach Zahlung durch die Versicherung oder durch einen sonstigen Dritten (Gesamtschuldner) sinnvoll.

4.5.2 Entschuldigung

Die Anordnung der Entschuldigung gem. § 15 Abs. 1 Nr. 2 erscheint nur in wenigen Fällen als eine geeignete Sanktion. Regelmäßig wird hier bereits die Einstellung des Verfahrens gem. §§ 45, 47 geboten sein. Sinnvoll kann sie nur als Hilfe eingesetzt werden, um jugendtypische Hemmungen für diesen Schritt zu überwinden. Als typisches Erziehungsmittel bei Kindern („Entschuldige dich!") ist sie bei Heranwachsenden regelmäßig unangebracht.[112] Aber auch wenn sich der Angeklagte im Verhandlungsgespräch zur Entschuldigung bereit erklärt, verliert sie die Bedeutung für die eigene Schuldverarbeitung und Verantwortungsübernahme sowie für die Aussöhnung mit dem Opfer. Das Opfer wird in der angeordneten Entschuldigung regelmäßig eine **Formalie** erblicken. Die Bereitschaft des Täters zur Abgabe, die Bereitschaft des Opfers zur Annahme sind immer Voraussetzung.[113]

199

4.5.3 Arbeitsleistung

Mit dem 1. JGGÄndG wurde die Möglichkeit eingeführt, Arbeitsleistungen auch als Zuchtmittel aufzuerlegen (§ 15 Abs. 1 S. 1 Nr. 3). In der Begründung des Gesetzes heißt es u. a.: „Die jugendrichterliche Praxis sieht offensichtlich ein Bedürfnis, Verpflichtungen zur Leistung gemeinnütziger Arbeit nicht nur als reine Erziehungsmaßregel, sondern auch dann auferlegen zu können, wenn damit dem Jugendlichen zudem eindringlich zu Bewusstsein gebracht werden soll, dass er für das von ihm begangene Unrecht einzustehen hat (§ 13 Abs. 1 JGG). Da nach geltendem Recht die Erbringung einer Arbeitsleistung aber nur als Erziehungsmaßregel gem. § 10 Abs. 1 S. 3 Nr. 4 JGG angeordnet werden kann, legt die Praxis diese Vorschrift angesichts der derzeit noch bestehenden dogmatischen Trennung zwischen Erziehungsmaßregeln und Zuchtmitteln mitunter zu weit aus. Oder sie sieht sich wegen der dogmatischen Schwierigkeiten zur Anwendung der Arbeitsweisung nicht in der Lage und ordnet Zuchtmittel bis hin zum Jugendarrest an, obgleich die Auferlegung gemeinnütziger Arbeit die angemessenere Reaktion wäre. Ihr Vorzug wird u. a. darin gesehen, dass sie sich der Höhe nach abstufen lässt und dass dadurch die Art der zugewiesenen Arbeit an der Person des Täters orientiert werden kann und von diesem dann als angemessene Rechtsfolge des begangenen Unrechts eher angenommen werden dürfte."[114]

200

Damit, d. h. mit der ausdrücklichen Formulierung als repressive Sanktion in Form eines Zuchtmittels, wird aber der Argumentation des Bundesverfassungsgerichts widersprochen, das die Verfassungskonformität einer Arbeitsleistung gerade auf die Einstufung als Erziehungsmaßregel gestützt hat: „Dass Art. 12 Abs. 2 u. 3 GG demgegenüber von einem Richter auferlegte begrenzte Arbeitspflichten, die nur als erzieherische Maßnahme in Reaktion auf Jugendstrafen ergehen, generell ausschließen sollte, ist nicht

---

112 Siehe demgegenüber *Eisenberg* § 15 Rn. 13.
113 Siehe auch *Eisenberg* § 15 Rn. 13; a. M. *Wolf* 1984, 310.
114 BT-Drucks. 11/5829, S. 18.

anzunehmen. (…) Einer länger dauernden Ausnutzung der Arbeitskraft steht die Stellung der Weisung als eines der milderen Mittel im Gefüge des Sanktionssystems des Jugendgerichtsgesetzes entgegen, das für schwerwiegende Verfehlungen Zuchtmittel und Jugendstrafe als Rechtsfolgen bereit hält."[115] Abgesehen von verfassungsrechtlichen Bedenken[116] sollten im Jugendstrafrecht primär Sanktionen gesucht werden, die auf die mit der Straftat aufgezeigte Problemlage positiv eingehen. Von daher gilt auch für Arbeitsleistungen als Zuchtmittel, dass Arbeitsmöglichkeiten gesucht werden müssen, die vom Verurteilten nicht als allein repressive Übelzufügungen verstanden werden. Immer muss die Verhältnismäßigkeit zur Tat gewahrt bleiben; das Zuchtmittel „Arbeitsleistung" darf nicht zu einem „Arbeitsdienst" verkommen.

4.5.4 Geldbuße

201   Die Geldbuße hat in der Praxis die Funktion der Geldstrafe im Erwachsenenstrafrecht eingenommen. In ihrer massenhaften Anwendung zeigt sich die justizielle Unbeweglichkeit, mag sie auf falsche Sanktionsziele, auf Phantasielosigkeit oder auf äußere Zwänge (Arbeitsanfall, unzureichende Unterstützung durch die JGH, Fehlen von sozialpädagogischen Einrichtungen) beruhen. Im umgekehrten Verhältnis zu der Anwendungshäufigkeit steht die Sanktionsgeeignetheit. Mit der Geldbuße wird primär ein Denkzettel ausgestellt, die negative Individualprävention bezweckt. Damit wird nicht nur keine Hilfe bei der Bewältigung persönlicher Schwierigkeiten gegeben, sondern auch die häufig anzutreffende **soziale Mängellage verschärft, womit neuen Straftaten Vorschub geleistet werden kann**.[117] Zudem muss vermutet werden, dass die Geldbuße in Wirklichkeit z. T. von anderen Personen (Eltern, Partnern) gezahlt wird. Eine Abwehr dieser Sanktionsabwälzung durch § 258 StGB erfolgt nicht, da dort Voraussetzung ist, dass Strafen im eigentlichen Sinne vereitelt werden.[118] Auch können Weisungen hier schwerlich abhelfen.[119] Diese Nachteile werden auch nicht dadurch entschärft, dass die Geldbuße an eine gemeinnützige Einrichtung zu zahlen ist, die häufig dem Verurteilten näher steht als das anonyme Staatswesen. Damit soll die Eignung nicht gänzlich bestritten werden. Die Gewinnabschöpfung gem. § 15 Abs. 2 Nr. 2 erscheint sinnvoll. Auch wird man bei den Massendelikten des Straßenverkehrs kaum auf diese Massensanktion verzichten können, um nicht zu härteren Sanktionen des Arrestes und der Jugendstrafe zu greifen. Auch ist der Schweregrad einer Arbeitsleistung regelmäßig höher einzuschätzen als die Auflage einer adäquaten Geldbuße. Dass damit der Eindruck entstehen oder verstärkt werden kann, „mit Geld sei alles gutzumachen",[120] ist unvermeidbar; diese Kritik wäre ansonsten auf das ganze Gesellschaftssystem auszudehnen.[121] Auch sind mit der Arbeitsweisung regelmäßig größere Stigmatisierungseffekte verbunden. Immer sollte man sich aber den primären Repressionscharakter deutlich machen und dementsprechend vermehrt nach Alternativen suchen. Vor allem darf die Geldbußenauflage nicht dazu führen, eine Schadenswiedergutmachung zu erschweren oder gar zu verhindern.

---

115 BVerfG EzSt JGG § 10 Nr. 1, S. 15, 16.
116 Siehe auch *Kremerskothen* 2001, 213 entgegen S. 34 ff.
117 Siehe auch *Eisenberg* § 15 Rn. 24; *Pfeiffer* 1983, 141.
118 Nach BGH MDR 1991, 268 erfüllt auch im Erwachsenenstrafrecht die Bezahlung einer Geldstrafe durch Dritte nicht den Tatbestand der Strafvereitelung.
119 Siehe aber *Eisenberg* § 15 Rn. 24.
120 Siehe *Brunner/Dölling* § 15 Rn. 10; *Eisenberg* § 15 Rn. 23.
121 Siehe auch *Böhm/Feuerhelm* 2004, § 24 3. a) cc).

4. Zuchtmittel

Gem. § 15 Abs. 2 ist die Geldbuße an zwei alternative Voraussetzungen geknüpft; auch wenn hier nur eine Soll-Vorschrift formuliert ist, erscheint sie zwingend, da Ausnahmen nicht begründet sind. Bei leichteren Verfehlungen ist Voraussetzung, dass der Verurteilte die Geldbuße aus eigenen Mitteln bezahlt, d. h., er muss hierzu finanziell in der Lage sein und es dürfen für eine Abwälzung auf Dritte keine Anzeichen vorhanden sein. Ansonsten darf die Geldbuße zum Gewinn- und Entgeltabzug eingesetzt werden, womit sich diese Sanktion mit den Nebenfolgen des Verfalls und der Einziehung des Wertersatzes überschneidet.

Die Höhe der Geldbuße richtet sich in Anwendung des Verhältnismäßigkeitsprinzips **zunächst nach dem Unrechtsvorwurf**, nach der Tatschuld;[122] sie muss angemessen sein. Zumindest darf die Praxis der Erwachsenensanktionierung nicht „übertrumpft" werden. Sodann sind die wirtschaftlichen Verhältnisse des Verurteilten maßgebend.[123] Die Zumutbarkeit ist im § 15 Abs. 1 S. 2 nochmals ausdrücklich genannt. Entsprechend § 42 StGB ist immer auch eine **Ratenzahlungsgewährung** zu bedenken.

202

4.6 Arrest

4.6.1 Sanktionsziel

Dass der Arrest inhaltlich repressiv-strafenden Charakter hat, ist nicht bestreitbar, auch wenn ihm formal die Strafwirkungen abgesprochen werden (§ 13 Abs. 3): „Der Strafcharakter ist die einfache Lebenswahrheit, welche durch bloßen Etikettenschwindel nicht beseitigt wird";[124] „materiell ist Jugendarrest Strafe".[125] Umstr. ist nur, ob die Strafwirkung auch das Ziel der Sanktionierung oder nur notwendige Begleiterscheinung des Arrestes darstellt. Nach *BGHSt* 18, 209 „soll er Ausgleich für begangenes Unrecht sein und durch seine Einflussnahme auf den Jugendlichen auch der Besserung dienen, ferner vermöge seines harten Vollzuges abschreckend wirken". Der kurze, harte Zugriff auf das Ehrgefühl des Angeklagten ist hiernach bezweckt (zur geschichtlichen Grundlegung dieser Auffassung siehe Rn. 17).

203

Im Hinblick auf die hohen Rückfallzahlen und weitere negative Wirkungen des Arrestes wird dieses Sanktionsziel schon seit längerem problematisiert. Hierbei kann es kein Anliegen sein, die nach diesem Sanktionsziel **Arresttauglichen** von den Arrestuntauglichen zu trennen und den Arrest auf die Tauglichen zu begrenzen.[126] Nach *BGHSt* 18, 210 kommt nämlich der Jugendarrest vor allem in Betracht für „Verfehlungen aus Unachtsamkeit, jugendlichem Kraftgefühl oder Übermut, aus typisch jugendlichen Neigungen und jugendlichem Vorwärtsstreben, jugendlicher Trotzhaltung, jugendlicher Abenteuerlust, mangelnder Selbstständigkeit sowie bei Gelegenheits- und Augenblicksverfehlungen, die sich aus einer plötzlich auftretenden Situation ergeben, ohne dass der Täter sonst zu kriminellem Verhalten neigt".[127] Für diese Tätergruppe scheidet die „kurzfristige Freiheitsstrafe des Jugendstrafrechts"[128] regelmäßig aus, da die negativen Wirkungen die angestrebte positive Wirkung der „Besserung" zumindest immer relativieren werden und zusätzlich das Verhältnismäßigkeitsprinzip eine solche harte Sank-

---

122 *Schnitzerling* 1957, 201.
123 Siehe RL Nr. 4 zu § 15; OLG Hamm Zbl 1972, 357.
124 *Mayer* 1953, 389.
125 *Welzel* 1969, 273.
126 Siehe aber *Schaffstein* 1970, 862 ff. m. w. N.
127 Siehe auch RL a. F. Nr. 1 zu § 16.
128 Siehe *Schmidhäuser* 1984, 850.

tionierung verbietet.[129] Es gilt also nicht bloß die Praxis, den Jugendarrest auch bei mittelschweren Straftaten und gegenüber erheblich Gefährdeten anzuordnen,[130] zu verändern, sondern das Sanktionsziel grundlegend entsprechend der allgemeinen Zielsetzung neu zu bestimmen: Auch beim Jugendarrest hat die **positive Individualprävention im Vordergrund** zu stehen, nur sekundär darf das Ziel einer negativen Individualprävention (individuelle Abschreckung) verfolgt werden.[131] Es muss versucht werden, eine Einstellungsänderung zu bestimmten negativen Verhaltensweisen zu erreichen. Dies bedeutet, dass mit einem Freizeitarrest nicht bezweckt werden darf, Freizeit zu nehmen, insoweit einen Denkzettel zu „verpassen", sondern dass es darum gehen muss, eine Freizeitbeschäftigung zu erlernen, die nicht in unmittelbarer Nähe zur Kriminalität steht. Der Arrest allgemein darf nicht zu einer kurzen Jugendstrafe, zum „kleinen Strafvollzug" umfunktioniert werden, die – aus gutem Grund – nicht unter sechs Monaten ausgesprochen werden darf (§ 18 Abs. 1 S. 1). Sonst realisieren sich die Prisonisierungsgefahren der „kriminellen Ansteckung" durch Gleichbetroffene sowie der Stigmatisierung durch Außenstehende.

4.6.2 Sanktionsgeeignetheit

204 Die Eignung des Jugendarrestes zur Erreichung des Sanktionsziels „Rückfallvermeidung" steht angesichts der Rückfallquoten nach Verbüßung des Arrestes in Frage. In mehreren älteren Untersuchungen wurde überwiegend eine Rückfälligkeit zwischen 60 und 70 %, zum Teil auch deutlich höher, festgestellt.[132] Nach einer Untersuchung aus den 1980er-Jahren wurden Freizeitarrestanten zu 90 % wieder straffällig,[133] Bremer Arrestanten wurden zu 72,5 % und Bremerhavener Arrestanten zu 81,1 % wieder rückfällig, wobei die Ergebnisse für die Beugearrestanten noch schlechter ausfielen.[134] Eine Rückfalluntersuchung der Arrestanten des Jahres 1989 in Schleswig-Holstein ergab eine Rückfälligkeitsquote von 64,2 %.[135] Die aktuelle Rückfallstatistik (siehe auch Rn. 297) weist für das Bezugsjahr 2010 bei Arrestanten einen Anteil von 63,7 %, die innerhalb eines Risikozeitraums von drei Jahren erneut registriert wurden.[136] Bei längeren Beobachtungszeiträumen entwickelte sich die Rückfälligkeit nach Jugendarrest für das Bezugsjahr 2004 wie folgt: Nach drei Jahren gab es bei zwei Dritteln der Betroffenen eine Folgeentscheidung, nach sechs Jahren bei 76 % und nach neun Jahren bei 78 %.[137]

Die weiteren negativen Wirkungen (negative Rollenübernahme, Aggressionsstau) Jugendarrestes hat *Eisenhardt* in einer groß angelegten Untersuchung bereits in den 1970er Jahren nachgewiesen, wobei die stärker belasteten Probanden durch den Arrest noch weiter belastet werden.[138] Dieses Ergebnis wurde in der Nachfolgeuntersuchung

---

129 Siehe *Pfeiffer* 1981, 39.
130 Siehe *Schaffstein* Jugendstrafrecht, 8. Aufl., S. 88.
131 Zust. *Schneider* 1992, 91.
132 *Arndt* 1970, 119: 63,3 % bei 270 in den Jahren 1960 und 1961 entlassenen Arrestanten; *Nolte* 1978, 139 f.: 69,2 % bei 260 Probanden der Jahre 1966–1971; die Rückfallquote von 31,5 % bei *Eisenhardt* 1980, 551, beruht nur auf einer Auswertung des Straf-, nicht des Erziehungsregisters; *Eisenberg* § 16 Rn. 20 jeweils m. w. N.
133 *Bruns* 1984, 146 ff.
134 Siehe *Schumann/Döpke* 1985, 136 f.
135 Siehe *Ostendorf* 1995, 360.
136 *Jehle u. a.* 2016, 63.
137 *Jehle u. a.* 2016, 183.
138 *Eisenhardt* 1980, 489.

4. Zuchtmittel

für das Jahr 1987 weitgehend bestätigt.[139] Das **Short-sharp-shock-Ziel** kann schon deshalb nicht erreicht werden, weil der Arrest nach früheren Untersuchungen durchschnittlich erst sechs bis neun Monate nach der Tat vollstreckt wurde;[140] nach neueren Untersuchungen dauert das Verfahren mit Einschluss der Vollstreckung noch länger.[141] Vor allem hat nach einer Bremer Untersuchung der „Jugendknast" für die Mehrheit den Schrecken verloren, nachdem man den Arrest überstanden hat: „Statt abzuschrecken, hat der Arrest dazu beigetragen, dem Gefängnis den Schrecken zu nehmen".[142] Nach einer Untersuchung in der Jugendarrestanstalt Nürnberg gaben zwar 57 % der Arrestanten an, vom Arrest beeindruckt zu sein; es zeigte sich aber auch, dass diese Beurteilung der Sanktion durch die Arrestanten nicht mit einer auf Dauer angelegten, positiv veränderten moralischen Urteilsfähigkeit bzw. Rechtseinstellung einherging.[143] Die Wirkungen reduzieren sich somit offensichtlich auf eine kurze Zeit. Es geht also nicht um die Frage, wer für den Arrest tauglich ist, sondern ob überhaupt Arrest für Jugendliche und Heranwachsende tauglich ist. In einem Vergleich der Legalbewährung von Arrestanten und Betreuten gem. § 10 hat sich gezeigt, dass trotz gleicher oder eher stärkerer Problembelastung bei den Betreuten die Rückfallquote um 14 % niedriger lag.[144] Es werden folglich nicht nur geringe positive Wirkungen erzielt, sondern auch negative Wirkungen durch eine „kriminelle Ansteckung" und Stigmatisierung begründet.[145]

4.6.3 Die Arrestformen

Der Gesetzgeber hat drei Arrestformen vorgegeben.

4.6.3.1 Der Freizeitarrest

Der Freizeitarrest ist gesetzlich nur auf die „wöchentliche Freizeit" festgelegt; er muss mindestens eine Freizeit, darf höchstens zwei Freizeiten erfassen (§ 16 Abs. 2). Nach der RL Nr. 1 zu § 16 und nach der Jugendarrestvollzugsordnung vom 30.11.1976 (BGBl I, 3271) sowie nach der Bundeswehrvollzugsordnung vom 29.11.1972 (BGBl I, 2205) wird regelmäßig in die Wochenendfreizeit vollstreckt, d. h. von Sonnabend 8.00 Uhr bis Montag 7.00 Uhr bzw. eine Stunde vor Dienstbeginn;[146] wenn der Verurteilte am Sonnabend arbeitet oder die Schule besucht, beginnt der Arrest um 15.00 Uhr. Die Entlassung ist früher vorzunehmen, wenn die Verkehrsverhältnisse ansonsten das rechtzeitige Erscheinen in der Schule oder am Arbeitsplatz nicht ermöglichen würden (§ 25 Abs. 2 JAVollzO).

4.6.3.2 Der Kurzarrest

Der Kurzarrest ist die Ersatzform des Freizeitarrestes; er wird unter der Voraussetzung des § 16 Abs. 3 S. 1 verhängt. Wenn aus vollzugstechnischen Gründen am Wochenende

---

139 Siehe *Eisenhardt* 1989, 134 f.; siehe auch *Dünkel* 1990, 344 ff.
140 Siehe *Arndt* 1970, 34; *Pfeiffer* 1981, 32 m. w. N.
141 Siehe *Giffey/Werlich* 1985, 38 f.: fast ein Jahr; *Ostendorf* 1995, 364: etwas mehr als zehn Monate; *Schwegler* 1999, 279: 13 Monate; siehe auch *Schäffer* 2002, 44.
142 Siehe *Schumann* 1986, 367.
143 *Schwegler* 1999, 285.
144 Siehe *Schumann/Döpke* 1985, 136.
145 Siehe *Peterich* 2000, 142.
146 Siehe § 25 Abs. 3 JAVollzO; § 5 Abs. 3 BwVollzO.

keine Betreuung durchgeführt wird, sind dies auch Gründe der Erziehung;[147] ökonomische Interessen dürfen jedoch nicht berücksichtigt werden. Da der wiederholte Arrestvollzug regelmäßig belastender ist und gleichzeitig wegen der kurzen Dauer weniger Beeinflussungsmöglichkeiten bietet, ist dem Kurzarrest **gegenüber dem Freizeitvollzug** der Vorzug zu geben; damit bleiben aber die grundsätzlichen Bedenken gegen diese Art der Sanktionierung bestehen. Die Mindestdauer beträgt zwei, die Höchstdauer vier Tage (§ 16 Abs. 3 S. 2).

4.6.3.3 Der Dauerarrest

207 Der Dauerarrest beträgt mindestens eine, höchstens vier Wochen (nicht einen Monat), wobei innerhalb dessen auch eine Bemessung nach Tagen möglich ist (§ 16 Abs. 4). Selbst nach herkömmlichem Arrestverständnis werden vier Wochen regelmäßig für überzogen gehalten.[148] Die tendenzielle Ungeeignetheit dieser Sanktion zwingt darüber hinaus zu einer Reduzierung.[149] Im Einzelnen ist auf den jeweiligen Vollzug in der zuständigen Arrestanstalt abzustellen.[150]

4.6.4 "Warnschussarrest"

208 Entgegen dem ganz überwiegenden Sachverstand[151] hat der Gesetzgeber mit dem Gesetz zur Erweiterung der jugendgerichtlichen Handlungsmöglichkeiten vom 7.9.2012 den „Warnschussarrest" eingeführt. Er kommt in drei Verfahrenssituationen in Betracht:

1. bei der Strafaussetzung zur Bewährung gem. § 21 (§ 16a i. V. m. § 8 Abs. 2 S. 2),
2. bei der Bewährung vor der Jugendstrafe gem. § 27 (§ 16a Abs. 1 i. V. m. § 8 Abs. 2 S. 2),
3. bei der vorbehaltenen Aussetzung der Jugendstrafe gem. § 61 (§ 61 Abs. 3 i. V. m. §§ 16a, 8 Abs. 2 S. 2).

Der „Warnschussarrest" kann in den drei Arrestformen (siehe Rn. 205-207) verhängt werden.

4.6.4.1 Anwendungsvoraussetzungen

209 Der Gesetzgeber hat als Anwendungsvoraussetzungen drei Fallgruppen formuliert. Nach der Gesetzesbegründung sollen „aus Gründen der verfassungsrechtlich gebotenen Bestimmtheit und Berechenbarkeit der Sanktion" die konkreten Voraussetzungen des sog. Warnschussarrestes festgelegt werden (BT-Drucks. 17/9389, zu Art. 1 Nr. 2). Tatsächlich finden sich hier eher vage und im Hinblick auf Notwendigkeit und Geeignetheit fragwürdige Zielvorgaben.

---

147 Ebenso *Dallinger/Lackner* § 86 Rn. 3; *Eisenberg* § 86 Rn. 3.
148 Siehe *Brunner/Dölling* § 16 Rn. 18.
149 Siehe auch *Eisenberg* § 16 Rn. 33; gegen einen kurzen Dauerarrest *Koepsel* 1999, 626.
150 Ebenso *Brunner/Dölling* § 16 Rn. 18.
151 Gegen den „Warnschussarrest": *Eisenberg* 1984, 9 ff; *Schumann* 1984, 319 ff.; Zweite Jugendstrafrechtsreformkommission der DVJJ, 2002, 81 ff; 64. Deutscher Juristentag, 2002 C VI 7.; *Werner-Eschenbach* 2005, 68 ff; *Verrel/Käufel* 2008, 177 ff *Höynck*, Vorsitzende der Deutschen Vereinigung für Jugendgerichte und Jugendgerichtshilfen in ihrer Stellungnahme im Rahmen der Anhörung des Rechtsausschusses des Deutschen Bundestages am 23.5.2012. Für einen sogenannten Warnschussarrest: *Werwigk-Hertneck/Repmann* 2003, 225; *Vietze* 2004; *Müller-Piepenkötter/Kubink* 2008, 176.

4.6.4.1.1 Unrechts- und Folgenverdeutlichung (§ 16a Abs. 1 Nr. 1)

Damit soll dem Eindruck, dass die Bewährungsstrafe gem. § 21, insbesondere auch die Entscheidung gem. § 27, keine wirkliche Strafe sei und als „Freispruch zweiter Klasse" von dem Verurteilten aufgefasst werden könne, entgegengewirkt werden. Weiterhin soll nach der Gesetzesbegründung einem möglichen Unverständnis begegnet werden, wenn bei Tatbeteiligung Mehrerer der Haupttäter zu einer Bewährungsstrafe verurteilt wird, Mitangeklagte wegen eines geringeren Vorwurfs einen Jugendarrest erhalten. Allerdings wird in der Gesetzesbegründung ausdrücklich darauf hingewiesen, dass gem. dem neuen § 70a Abs. 1 eine Belehrung des Jugendlichen über die Bedeutung vom Gericht angeordneter Rechtsfolgen entsprechend seinem Entwicklungs- und Bildungsstand eingefordert wird. In der Tat sollte es möglich sein, den Verurteilten die Bedeutung der Sanktion und den „Ernst der Lage" mit Unterstützung der Staatsanwaltschaft auch ohne eine Arrestanordnung zu vermitteln, spätestens wird dies durch den Bewährungshelfer erfolgen. Erst recht erscheint eine Unrechts- und Folgenverdeutlichung überflüssig, wenn gem. § 61 die Strafaussetzung zur Bewährung nur vorbehalten wird. Hier steht dem Verurteilten die Jugendstrafe unmittelbar vor Augen. Gem. § 70a Abs. 2 sind auch Mitangeklagte, die nur zu Erziehungsmaßregeln oder Zuchtmitteln verurteilt werden, über die Bedeutung der Aussetzung einer Jugendstrafe zur Bewährung sowie über die Bedeutung einer „Vorbewährung" zu informieren.

Gemäß § 16a Abs. 2 ist der Jugendarrest nach Abs. 1 Nr. 1 zudem **„in der Regel nicht geboten"**, wenn der Verurteilte bereits früher Jugendarrest als Dauerarrest verbüßt hat oder sich nicht nur kurzfristig in der U-Haft befunden hat. „Kurzfristig" ist hier eng auszulegen, da auch eine U-Haft von nur wenigen Tagen einen intensiven Eingriff in Freiheit und Lebensgestaltung darstellt, häufig verbunden mit einem Schockerlebnis.[152]

4.6.4.1.2 Herausnahme aus einem schädlichen Umfeld und Vorbereitung auf die Bewährung

Die erste Vorgabe, Jugendliche zunächst für eine begrenzte Zeit aus ihrem Lebensumfeld mit schädlichen Einflüssen herauszunehmen, erscheint in Hinblick auf die maximale Dauer von vier Wochen unrealistisch.[153] Schädliche Einflüsse durch Einzelpersonen und aus Cliquen werden nicht allein durch einen Arrestvollzug unterbunden, insoweit ist eine persönliche Ansprache und intensive Auseinandersetzung mit dem Jugendlichen erforderlich, was insbesondere eine Aufgabe des Bewährungshelfers darstellt. Notfalls kommt auch eine Heimunterbringung gem. § 12 Nr. 2 in Betracht.[154] Die vorübergehende Unterbrechung persönlicher Beziehungen durch den Arrestvollzug kann sogar nach Beendigung zu einer Intensivierung dieser Beziehungen führen.

Auch die zweite kumulative Zielsetzung „Vorbereitung auf die Bewährungszeit" geht an der Realität vorbei. Die Mitarbeiter im Arrestvollzug sind auf die Ausgestaltung der Arrestzeit konzentriert. Ein Bewährungshelfer wird in der Regel in Freiheit besser den Probanden zur Mitarbeit motivieren können als in dem aufgezwungenen Arrestvollzug. Diese Ansprache durch den Bewährungshelfer kann und sollte umgehend nach Rechtskraft des Urteils erfolgen. Die Arrestvollstreckung erfolgt dagegen Wochen, Mo-

---
152 Siehe *Ostendorf* 2012a, § 1 Rn 21.
153 Anders aber LG Münster ZJJ 2013, 325; kritisch insoweit *Eisenberg* 2013a, 329.
154 So auch die Gesetzesbegründung zu Art. 1 Abs. 1 Nr. 2.

nate später (siehe Rn. 63). Eine Vorbereitung auf die Bewährungszeit durch den Vollzug eines sog. Warnschussarrestes kommt somit regelmäßig zu spät.

4.6.4.1.3 Nutzung des Erziehungspotenzials im Arrestvollzug

Ein Arrestvollzug in Form eines stationären sozialen Trainingskurses kann positive erzieherische Wirkungen erzielen. Allerdings begründen die Rückfallquoten von etwa 70 % eher pessimistische Annahmen (siehe Rn. 204). Das Hauptproblem ist, wie die erzieherischen Anstöße im Vollzug auf Dauer gestellt werden können. Dazu wäre eine Nachbetreuung aus der Arrestanstalt notwendig, insbesondere wenn sich eine persönliche Beziehung zwischen Arrestanten und einzelnen Betreuern aufgebaut hat. Dies geschieht aber in der Praxis, weil entsprechende Konzepte und das erforderliche Personal fehlen, nur äußerst selten. Der Einsatz des sog. Warnschussarrestes bei sog. Intensivtätern – so die Gesetzesbegründung – erscheint wenig erfolgversprechend: Die Abkehr von einer über Jahre geprägten Kriminalitätsanfälligkeit bzw. Kriminalitätsbereitschaft verlangt eine längere Intensivbetreuung.

210 Die Voraussetzungen für die Anordnung des sog. Warnschussarrestes können somit im Hinblick auf Notwendigkeit und Geeignetheit dieser Sanktion entsprechend den Zielvorgaben gem. § 16a Abs. 1 Nr. 1–3 **nur ausnahmsweise** bejaht werden. Dementsprechend heißt es in der Stellungnahme des deutschen Richterbundes im Rahmen der Anhörung des Rechtsausschusses des Deutschen Bundestages am 23.5.2012: „Echter Bedarf für den Jugendarrest in der Bewährung, der ein gesetzgeberisches Handeln erforderlich macht, besteht hingegen nicht. Jedenfalls sind die in der politischen Diskussion für ihn angeführten Argumente wenig stichhaltig. Die mit ihm angestrebten Ziele sind angesichts des bisher Gesagten, vor allem angesichts der knappen Ausstattung mit Arrestplätzen und mit Personal in der Jugendgerichts- und Bewährungshilfe, nicht erreichbar" (S. 8). Auch in der Gesetzesbegründung wird immer wieder auf die eingeengten Voraussetzungen sowie Alternativen zum sog. Warnschussarrest hingewiesen. Gesetzgeberisch wird dies mit der Anforderung zum Ausdruck gebracht, dass der sog. Warnschussarrest bei Vorliegen der Voraussetzungen gem. § 16a Abs. 1 Nr. 1–3 jeweils „geboten" sein muss. Es besteht insoweit **kein Ermessen**. Wenn auf den sog. Warnschussarrest durch eine adäquate Belehrung gem. § 70a, durch Bewährungsweisungen und Bewährungsauflagen, durch den umgehenden Einsatz eines Bewährungshelfers verzichtet werden kann, so scheidet sein Einsatz aus.[155]

4.6.4.2 Gesetzliche Widersprüche und das Bestimmtheitsgebot gem. Art. 103 Abs. 2 GG

211 Über diese Einwände aus Gründen fehlender Notwendigkeit und Geeignetheit hinaus zeigen sich gesetzliche Widersprüche.

---

155 Der vom Gesetzgeber verlangte Begründungsaufwand wird von den Gerichten offensichtlich vielfach nicht geleistet, siehe AG Nürnberg ZJJ 2013, 325; AG Plön ZJJ 2013, 326; AG Döbeln ZJJ 2013, 327; AG Cloppenburg ZJJ 2014, 394, auch wenn man berücksichtigt, dass hier die Urteile gem. § 267 Abs. 4 StPO abgekürzt wurden, wie hier *Eisenberg* 2013a, 328 ff. und *Gernbeck/Höffler/Verrel* 2013, 312 f.; siehe auch Arbeitskreis 5 des 29. Dt. Jugendgerichtstages ZJJ 2013, 432; siehe weiterhin AG Bonn ZJJ 2016, 77 mit abl. Anm. von *Eisenberg*; zur nur ausnahmsweisen Zulassung abgekürzter Urteile siehe Ostendorf/*Schady* § 54 Rn. 13.

4.6.4.2.1 Durchbrechung des Subsidiaritätsprinzips

Zuchtmittel sind subsidiär gegenüber einer Jugendstrafe (siehe § 13 Abs. 1). Mit der gleichzeitigen Anordnung von Arrest gem. § 16a als Zuchtmittel und Jugendstrafe wird dieses Prinzip durchbrochen.

4.6.4.2.2 Abkehr von den Anordnungsvoraussetzungen einer Jugendstrafe gem. § 17 Abs. 2

Gem. § 17 Abs. 2 kann Jugendstrafe wegen schädlicher Neigungen verhängt werden, wenn Erziehungsmaßregeln und Zuchtmittel **nicht ausreichen**. Mit dem sog. Warnschussarrest wird gleichzeitig eine Jugendstrafe verhängt, obwohl die Auswirkungen dieses Arrestes auf das Legalverhalten im Sinne von § 2 Abs. 1 noch nicht feststehen und noch nicht beurteilt werden können.

4.6.4.2.3 Abkehr von der Bewährungsprognose gem. § 21

Gem. § 21 Abs. 1 und 2 ist eine positive Legalprognose erforderlich (siehe Rn. 247). Tendenziell steht hierzu im Widerspruch, dass trotz dieser Legalprognose ein kurzzeitiger Freiheitsentzug als geboten angeordnet wird. Zwar sollen gem. § 21 Abs. 1 S. 3 die Wirkungen des sog. Warnschussarrestes, die zu einer positiven Legalprognose führen können, berücksichtigt werden. Die Wirkungen, die von der Aussetzung zu erwarten sind (§ 21 Abs. 1 S. 2), werden aber nicht abgewartet. Bei der vorbehaltenen Strafaussetzung zur Bewährung gem. § 61 wird die noch offene Bewährungsentscheidung tendenziell konterkariert. Faktisch bedeutet nämlich der Warnschussarrest eine **„sanfte Anvollstreckung"** der Jugendstrafe.[156] Dementsprechend wird der verbüßte Warnschussarrest gem. § 26 Abs. 3 S. 3 auf die Jugendstrafe angerechnet.

4.6.4.2.4 Widersprüche zu den Zweifeln an der Notwendigkeit einer Jugendstrafe gem. § 27

Gem. § 27 kann die Entscheidung über die Verhängung einer Jugendstrafe wegen schädlicher Neigungen zur Bewährung ausgesetzt werden, wenn Zweifel bei dem Gericht bestehen, ob diese schädlichen Neigungen in einem Umfang vorliegen, dass eine Jugendstrafe erforderlich ist. Hier ist also über einen Freiheitsentzug in Form der Jugendstrafe – mit oder ohne Bewährung – noch nicht entschieden. Trotzdem wird kurzzeitiger Freiheitsentzug in Form des Arrestes angeordnet. Ein – kurzzeitiger – Freiheitsentzug widerspricht der Entscheidung, in der die Notwendigkeit eines Freiheitsentzuges offen gehalten wird. Dieser Widerspruch war für das Bundesverfassungsgericht Grund, die Kopplung der 27er-Entscheidung mit Jugendarrest nach altem Recht für verfassungswidrig zu erklären: „Die Anwendungsbereiche von Jugendarrest und Jugendstrafe schließen einander mithin aus."[157]

Fraglich ist, ob die angeführten Widersprüche dazu führen, die Voraussetzung für eine Sanktionierung gem. § 16a als zu unbestimmt i. S. d. Art. 103 Abs. 2 GG einzustu-

---

156 Zur Forderung, eine unbedingte (!) Jugendstrafe zunächst zu einem Viertel zu vollstrecken und den Rest zur Bewährung aussetzen siehe *Beulke* 2012, 31, der diesen Vorschlag aber nicht mit einem Warnschussarrest gleichgestellt wissen will.
157 BVerfG ZJJ 2005, 74.

fen.¹⁵⁸ Das Bestimmtheitsprinzip gilt auch für die Strafandrohung. Tendenziell wird für die Straftätergruppe, für die Jugendstrafe wegen schädlicher Neigungen oder auch wegen Schwere der Schuld vorgesehen und reserviert ist, eine Sanktion angeboten, die für eine Tätergruppe ohne schädliche Neigungen und ohne Schwere der Schuld vorgesehen und reserviert ist. Damit wird die vom sog. Warnschussarrest angesprochene Tätergruppe diffus. Zwar ist es dem Gesetzgeber erlaubt, auch systemwidrige Gesetze zu verabschieden, die Bestimmtheit der Sanktion muss aber trotz Systemwidrigkeiten gewährleistet bleiben. Bei den überwiegend unrealistischen Zielsetzungen des § 16a Abs. 1 Nr. 1–3 und den Widersprüchlichkeiten wird der Verurteilte hinsichtlich des sog. Warnschussarrestes der jeweiligen kriminalpolitischen Einstellung der Jugendrichter ausgeliefert. Es bestehen somit **erhebliche Zweifel an der Verfassungskonformität** dieser Sanktion.¹⁵⁹

4.6.5 Justizpraxis

212 In der Justizpraxis werden am häufigsten die Zuchtmittel verhängt; sie sind im Vergleich zu den anderen Sanktionsarten dominierend. Hierzu trägt maßgeblich bei, dass mit dem 1. JGGÄndG die Arbeitsleistung auch als Zuchtmittel verhängt werden kann.

Im Vergleich zu den **Sanktionen insgesamt** ergeben sich folgende Prozentanteile:

Jahr	Jugendarrest	Geldbuße	Schadenswiedergutmachung	Verwarnung
1970	20,1 %	28,9 %	1,7 %	26,8 %
1980	14,6 %	27,1 %	1,1 %	25,3 %
1990	11,8 %	22,3 %	1,5 %	22,9 %
1995	12,1 %	15,8 %	1,4 %	20,9 %
2000	12,3 %	13,9 %	1,6 %	19,8 %
2005	17,2 %	13,8 %	2,0 %	25,7 %
2010	11,9 %	9,2 %	1,9 %	18,9 %
2015	13,8 %	11,8 %	2,3 %	22,4 %

(Quelle: Statistisches Bundesamt, Strafverfolgung (Fachserie 10 Reihe 3, Tab. 4.3); Gebiet: bis 1990 alte Länder, ab 1995 alte Länder einschl. Berlin-Ost)

In der Zeitabfolge ist insbesondere die Abnahme des Jugendarrests auffällig, der noch im Jahre 1958 über 40 % aller nach Jugendstrafrecht verhängten Rechtsfolgen ausmachte; allerdings ist der Anteil in den letzten Jahren wiederum leicht angestiegen.

---

158 Verfassungsrechtliche Bedenken insoweit bei *Radtke* 2009, 436; eindeutig i. S. einer „Verletzung des Schuldgrundsatzes und des Bestimmtheitsgrundsatzes" *Dünkel u. a.* 2010, 177.
159 Urteile mit der Anordnung des sog. Warnschussarrestes für Taten, die vor Inkrafttreten des § 16a am 7.3.2013 begangen wurden, sind darüber hinaus wegen Verstoßes gem. Art. 103 Abs. 2 GG verfassungswidrig, siehe *Holste* 2013, 289; *Gernbeck/Höffler/Verrel* 2013, 311 ff.; siehe aber LG München ZJJ 2014, 399 mit abl. Anm. von *Eisenberg*.

4. Zuchtmittel

Im Einzelnen ergibt sich folgende Aufschlüsselung:

Jahr	Zuchtmittel zusammen	Jugendarrest	Auflagen	Verwarnungen
1950	20 437	11 696 (57,3 %)	2 705 (13,2 %)	6 036 (29,5 %)
1960	73 816	30 492 (41,3 %)	24 251 (32,9 %)	19 073 (25,8 %)
1970	101 061	25 270 (25,0 %)	42 003 (41,6 %)	33 780 (33,4 %)
1980	127 115	27 183 (21,4 %)	52 697 (41,5 %)	47 235 (37,2 %)
1985	99 534	23 990 (24,1 %)	36 061 (36,2 %)	39 483 (39,7 %)
1990	63 507	12 785 (20,1 %)	25 967 (40,9 %)	24 755 (39,0 %)
1995	78 318	12 953 (16,5 %)	42 899 (54,8 %)	22 466 (28,7 %)
2000	99 797	16 832 (16,9 %)	55 910 (56,0 %)	27 055 (27,1 %)
2005	117 837	20 363 (17,3 %)	67 230 (50,1 %)	30 244 (25,7 %)
2010	118 262	19 892 (16,8 %)	66 718 (56,4 %)	31 652 (26,8 %)
2015	67 751	11 447 (16,9 %)	37 753 (55,7 %)	18 552 (27,4 %)

Aufgrund von Auf- bzw. Abrundungen ergibt sich nicht immer die Summe von 100 %.

Hierbei unterteilen sich die Auflagen und der Arrest wie folgt:

Jahr	Auflagen zusammen	Geldbuße	Entschuldigung	Schadenswiedergutmachung	Arbeitsleistung	Arbeitsl. und Entschuldigung
1954	15 191	10 811 (71,2 %)	1 784 (11,7 %)	2 596 (17,1 %)		
1960	24 251	19 626 (80,9 %)	1 929 (8,0 %)	2 696 (11,1 %)		
1970	42 003	36 354 (86,6 %)	3 476 (8,3 %)	2 173 (5,1 %)		
1980	52 697	50 469 (95,8 %)	25 (0,5 %)	1 972 (3,7 %)		
1985	36 061	34 308 (95,1 %)	148 (0,4 %)	1 605 (4,5 %)		
1990	25 965	24 154 (93,0 %)	135 (0,5 %)	1 678 (6,5 %)		
1995	42 899	16 915 (39,4 %)	108 (0,3 %)	1 466 (3,4 %)	24 144 (56,3 %)	296 (0,7 %)
2000	55 910	18 927 (33,9 %)	119 (0,2 &)	2 224 (4,0 %)	34 315 (61,4 %)	325 (0,6 %)
2005	67 230	16 288 (24,2 %)	240 (0,4 %)	2 358 (3,5 %)	48 050 (71,5 %)	294 (0,4 %)
2010	66 718	15 367 (23,0 %)	221 (0,3 %)	3 264 (4,9 %)	47 461 (71,1 %)	405 (0,6 %)
2015	37 753	9 769 (25,9 %)	121 (0,3 %)	1 941 (5,1 %)	25 735 (68,2 %)	187 (0,5 %)

Aufgrund von Auf- bzw. Abrundungen ergibt sich nicht immer die Summe von 100 %.

V. Die jugendstrafrechtlichen Sanktionen

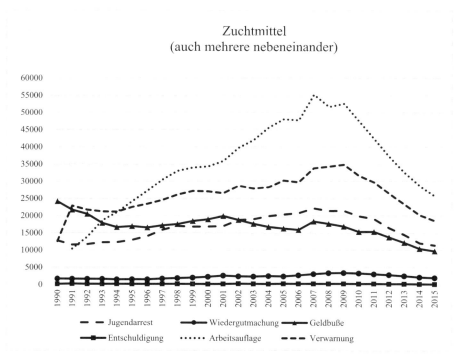

(Quelle: Statistisches Bundesamt, Strafverfolgung; Gebiet: bis 1990 altes Bundesgebiet, ab 1995 alte Länder einschl. Berlin-Ost)

Die Arrestpraxis stellt sich wie folgt dar:

Jahr	Arrestarten zusammen	Dauerarrest	Kurzarrest	Freizeitarrest	§ 16a-Arrest
1950	11 696	7 293 (62,4 %)	540 (4,6 %)	3 863 (33,0 %)	
1960	30 492	14 978 (49,1 %)	1 511 (5,0 %)	14 003 (45,9 %)	
1970	25 270	10 983 (43,5 %)	1 196 (4,7 %)	13 091 (51,8 %)	
1980	27 183	10 413 (38,3 %)	2 012 (7,4 %)	14 758 (54,3 %)	
1985	23 990	9 931 (41,4 %)	1 914 (8,0 %)	12 145 (50,6 %)	
1990	12 785	5 625 (44,0 %)	879 (6,9 %)	6 281 (49,1 %)	
1995	12 953	6 717 (51,9 %)	841 (6,5 %)	5 395 (41,7 %)	
2000	16 832	8 412 (50,0 %)	1 003 (6,0 %)	7 417 (44,1 %)	
2005	20 363	9 995 (49,1 %)	1 761 (8,9 %)	8 054 (40,5 %)	

4. Zuchtmittel

Jahr	Arrestarten zusammen	Dauerarrest	Kurzarrest	Freizeitarrest	§ 16a-Arrest
2010	19 892	10 058 (50,6 %)	1 780 (8,9 %)	8 054 (40,5 %)	
2015	11 446	5 865 (51,2 %)	834 (7,3 %)	4 109 (35,9 %)	638 (5,6 %)

Aufgrund von Auf- bzw. Abrundungen ergibt sich nicht immer die Summe von 100 %.
(Quelle: Statistisches Bundesamt, Strafverfolgung (Fachserie 10 Reihe 3, Tab. 4.3); Gebiet: bis 1990 altes Bundesgebiet, ab 1995 alte Länder einschl. Berlin-Ost)

Während bei den Auflagen Entschuldigung und Schadenswiedergutmachung bereits seit den 1970er Jahren weniger angeordnet werden, ist der Geldbußenanteil erst mit Einführung der Arbeitsleistung als Zuchtmittel gesunken. Deliktspezifisch zeigen sich nur wenige Unterschiede, wobei die Geldbußen besonders häufig bei Verkehrsdelikten verhängt werden. Dem Massencharakter dieser Delikte entspricht die **schablonenhafte Reaktion** mit der Geldbuße. In der Praxis wird auch die Arbeitsauflage überwiegend schablonenhaft angeordnet, wobei die Differenzierung zwischen Arbeitsweisung und Arbeitsauflage weitgehend nicht eingehalten wird.[160] Bei den Arrestformen ist insbesondere auffällig der hohe Anteil der Freizeitarreste, was im Gegensatz zu der kriminalpolitischen Einschätzung steht (siehe Rn. 213). Der Kurzarrest hat gegenüber den beiden anderen Formen nur geringe Bedeutung. Demgegenüber ist die Zahl der Dauerarreste angestiegen. In der Altersstruktur ergibt sich eine Verschiebung zulasten der Heranwachsenden, die nach den Zugangszahlen im Jahre 1988 66,0 % gegenüber 42,1 % im Jahre 1965 ausmachen; in der Jugendarrestanstalt Nürnberg waren im Jahre 1997 zu 31 % Jugendliche und zu 69 % Heranwachsende untergebracht.[161] Der **Jugendarrestvollzug** wird zunehmend – entsprechend der zivilrechtlichen Terminologie – zu einem **Erwachsenenarrestvollzug**.[162]

4.6.6 Kriminalpolitische Forderungen

Die „Geringschätzung" der Schadenswiedergutmachung in der Justizpraxis steht einer „Hochschätzung" in der Rechtslehre gegenüber: Die opferbezogene Strafrechtspflege rückt immer mehr in den Mittelpunkt.[163] Schadenswiedergutmachung und Täter-Opfer-Ausgleich müssen in der Sanktionspraxis eine größere Bedeutung erlangen.

213

Wie bei der Arbeits- und Betreuungsweisung ist auch für die Geldbuße eine Höchstgrenze zu fordern, damit zumindest nicht die Grenzen für die Geldstrafe nach dem Erwachsenenstrafrecht überschritten werden.[164]

---

160 Nach der Untersuchung von *Kremerskothen* 2001, 136 wurde in 73 % der Urteile die neutrale Formulierung „Arbeitsmaßnahme" gewählt.
161 Siehe *Schwegler* 2001, 121.
162 Siehe *Dünkel* 1990, 341; siehe auch *Dünkel* 1985, 154 f.
163 Siehe *Rössner/Wulf* 1985; Arbeitskreis VIII auf dem 19. Dt. Jugendgerichtstag, DVJJ 13 [1984], 366 ff.; *Frehsee* 1987, 135; *Kerner* 2002, 1252 ff.; *Kölbel* 2017.
164 Ebenso *H.-J. Albrecht* 2002, 147; Zweite Jugendstrafrechtsreformkommission der DVJJ, 2002, DVJJ-Extra, Nr. 5, S. 76; zust. 64. Juristentag, 2002, C VI. 4. c; siehe auch § 20 Abs. 1 österreichisches JGG 1988.

Weiterhin ist der Arrest grundlegend zu reformieren: Der Freizeit- und Kurzarrest ist abzuschaffen, der Dauerarrest als sozialer Trainingskurs zu gestalten,[165] in anderer Terminologie als Jugendbildungsstätte.[166]

Die Entwicklung des „Warnschussarrestes" sowie seine Auswirkungen auf die Legalbewährung sind kritisch zu begleiten.[167]

5. Bewährung vor der Jugendstrafe (§ 27)

5.1 Begriff

214 Eine weitere, im Erwachsenenstrafrecht unbekannte Sanktionsmöglichkeit hat der Gesetzgeber im Jahre 1953 mit den §§ 27 bis 30 eingeführt. Über die Schuldfeststellung hinaus wird die Jugendstrafe für den Fall in Aussicht gestellt, dass der Verurteilte sich nicht bewährt. Es ist somit keine bedingte Verurteilung, weder aufschiebend noch auflösend,[168] auch keine Form des „Schuldinterlokuts" sondern eine **eigenständige** – möglicherweise vorläufige – Sanktion, die zwischen den Zuchtmitteln und der Verhängung einer Jugendstrafe zur Bewährung einzuordnen ist: „**Bewährung vor der Jugendstrafe**".[169]

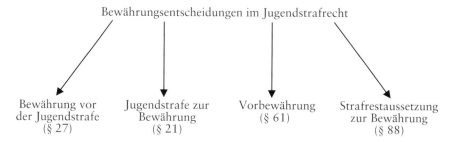

5.2 Gesetzesziel

215 Bevor die schärfste Sanktion des JGG, die Jugendstrafe, angewendet wird, soll mit der Aussetzung der Verhängung der Jugendstrafe dem Verurteilten eine letzte Chance eingeräumt werden. Diese Sanktion bedeutet eine letzte Warnung, wobei die Drohwir-

---

165 Siehe Arbeitskreis VII auf dem 17. Dt. Jugendgerichtstag, DVJJ 11 [1977], 453, und Arbeitskreis VI auf dem 18. Dt. Jugendgerichtstag, DVJJ 12 [1981], 323; These C 3 zur Reform des Jugendkriminalrechts der Arbeitsgemeinschaft sozialdemokratischer Juristen, siehe *Isola* 1979, 90; Antrag der SPD-Bundestagsfraktion, BT-Drucks. 11/4892; *Laue* 1995, 95; Zweite Jugendstrafrechtsreformkommission der DVJJ, 2002, DVJJ-Extra, Nr. 5, S. 82 ff., für eine pädagogische Ausgestaltung und Reduzierung auf zwei Wochen; für eine generelle Abschaffung des Arrestes auch Arbeitskreis junger Kriminologen, siehe *Papendorf* 1982, 150; *P.-A. Albrecht* 2000, § 27 IV. 2. b); *Schumann* 1987, 412; *Schäffer* 2002, 47; *H.-J. Albrecht* 2002, 148; langfristig auch *Dünkel* 1990, 354, der aber – ersatzweise – für die Abschaffung der Sechs-Monats-Grenze für Jugendstrafen eintritt; gegen den Freizeitarrest DVJJ Stellungnahme zum Arbeitsentwurf eines Gesetzes zur Änderung des Jugendgerichtsgesetzes, 1982, S. 16; für einen Freizeitarrest aber Deutscher Richterbund DRiZ 1983, Information S. 19; für Beibehaltung des Arrestes auch Arbeitskreis Juristen der CSU Zbl 1982, 82; mit Vorbehalten *Schaffstein* 1986, S. 401 ff.; für eine vermehrte Anwendung reformierten, d. h. pädagogisch ausgerichteten Jugendarrestes bis zu drei Monaten *Koepsel* 1999, 619 ff.

166 *Bihs/Walkenhorst* 2009, 11 ff.

167 Kritisch im Hinblick auf eine Verbesserung der Legalbewährung *Gernbeck/Hohmann-Fricke* 2016, 365; ebenso nach einer ersten Evaluation *Klatt/Ernst/Höynck* 2016, 361.

168 A. M. BayObLG GA 1971, 182; *Schaffstein/Beulke/Swoboda* Rn. 528.

169 Siehe *Hellmer* 1957, S. 281; *Balzer* 1964, 102 ff.; *Schneider* 1992, 100; ausführlich *Ostendorf* 1981a, 378 ff.; *Lorbeer* 1980, 77 ff.; ebenso OLG Karlsruhe Justiz 1960, 234.

5. Bewährung vor der Jugendstrafe

kung aufgrund ihrer Ungewissheit verstärkt wird. Ob dieser „Schwebezustand" unter Maximaldrohung in jedem Fall erzieherisch gutzuheißen ist,[170] erscheint fraglich.[171] Entscheidend für den Erfolg ist die Bewährungsanordnung mit den Bewährungsauflagen. Der Verurteilung mit der Aussetzung der Verhängung der Jugendstrafe kommt somit über die **Missbilligung** der verurteilten Tat eine **Warnungs- und Hilfefunktion** zu, ohne den Stigmatisierungseffekt einer Jugendstrafe zu übernehmen. Damit wird zugleich gesetzgeberisch das Problem offen gelegt, das mit der Feststellung „schädlicher Neigungen" als Voraussetzung der Jugendstrafe begründet wird. Während ansonsten vom Strafrichter eine endgültige Entscheidung über die Sanktion verlangt wird, wird hier eine Überlegungsfrist eingeräumt. Diese Unsicherheit in der Rückfallprognose fällt hier zu Ungunsten des Verurteilten aus, da an sich nach dem Grundsatz „in dubio pro reo" die Verhängung einer Jugendstrafe ausgeschlossen wäre. Die Anordnung der Bewährung mit belastenden Weisungen und Auflagen in einer Situation der unklaren Voraussetzungen für die Verhängung einer Jugendstrafe stellt aber noch keinen Verstoß gegen diesen Grundsatz dar,[172] da mit der „27er-Entscheidung" eine härtere Sanktionierung noch vermieden wird und dem Verurteilten (!) zugemutet werden kann, die Prognoseunsicherheit zu seinen Gunsten durch eigenes Zutun zu klären.

5.3 Anwendungsvoraussetzungen

§ 27 findet nur Anwendung, wenn eine Jugendstrafe wegen „schädlicher Neigungen" in Betracht kommt; eine Aussetzung zur Prüfung einer Jugendstrafe wegen „Schwere der Schuld" scheidet aus. Für „schädliche Neigungen" müssen einerseits konkrete Hinweise bestehen, denen aber andererseits Indikationen entgegenstehen, d. h., die **Gefährlichkeitsprognose muss ungewiss sein**. Nach dem Wortlaut müssen „schädliche Neigungen" an sich vorliegen, nur der für eine Jugendstrafe erforderliche Umfang darf zweifelhaft sein.[173] Mit Rücksicht auf die generelle Ungewissheit der Gefährlichkeitsprognose wird sich diese Differenzierung aber in der Praxis nicht auswirken.[174]

Immer ist die – potenzielle – Erforderlichkeit einer Jugendstrafe Voraussetzung. Nur wenn entsprechend dem Verhältnismäßigkeitsgrundsatz keine andere, mildere Sanktion ausreichend ist, darf § 27 angewendet werden.

Weiterhin müssen die Ermittlungsmöglichkeiten ausgeschöpft werden. Letztlich steht die Entscheidung im Ermessen des Gerichts („kann"), wobei das Verhältnismäßigkeitsprinzip entscheidend zu berücksichtigen ist.

5.4 Sanktionsfolgen

Die erste Sanktionsfolge ist der Schuldspruch. Der Schuldspruch wird in das Zentralregister eingetragen (§ 4 Nr. 4 BZRG), der jedoch nicht in das Führungszeugnis aufgenommen wird (§ 32 Abs. 2 Nr. 2 BZRG).

Die Bewährungszeit ist entsprechend § 28 festzusetzen; zumindest zeitweise, besser für die gesamte Dauer der Bewährungszeit (siehe § 29 S. 1) ist ein Bewährungshelfer zur

---

170 So *Brunner/Dölling* § 27 Rn. 1; *Eisenberg* § 27 Rn. 6.
171 Ebenso *Schaffstein/Beulke/Swoboda* Rn. 530.
172 So aber indirekt *Rzepka* 2003, 203 f.
173 A. M. *Dallinger/Lackner* § 27 Rn. 13; *Brunner/Dölling* § 27 Rn. 5; *Schaffstein/Beulke/Swoboda* Rn. 529; wie hier die h. M., siehe *Eisenberg* § 27 Rn. 11; *Streng* Rn. 546.
174 Siehe auch OLG Düsseldorf MDR 1990, 466.

Seite zu stellen. Zusätzlich sollen Weisungen und Auflagen angeordnet werden (§ 29 S. 2 i. V. m. § 23).

Mit dem Schuldspruch auf Bewährung können zusätzlich die Maßregeln der Besserung und Sicherung gekoppelt werden (§ 7), wobei § 5 Abs. 3 auch hier zu beachten ist. Auch die Nebenstrafe des Fahrverbots gem. § 44 StGB kann angeordnet werden.[175] Dafür spricht, dass mit dem Fahrverbot ein spezielles Präventionsanliegen verfolgt wird, das nicht im Widerspruch zu dem Sanktionsziel des § 27 steht, vielmehr wie Bewährungsweisungen und Bewährungsauflagen das Sanktionsziel des § 27 unterstützen kann. Wegen der notwendigen Bewährungsaufsicht scheidet eine Erziehungsbeistandschaft regelmäßig aus (siehe auch § 8 Abs. 2 S. 2).

Umstr. war, ob mit dem Schuldspruch auch Jugendarrest verhängt werden darf. Seit BGHSt 18, 207 wurde diese Frage von der h. M. verneint.[176] Das BVerfG hatte die gleichzeitige Anordnung von Jugendarrest mit der Aussetzung der Entscheidung gem. § 27 wegen Verstoßes gegen das aus Art. 103 Abs. 2 GG folgende Gesetzlichkeitsprinzip sogar für verfassungswidrig erklärt.[177]

Mit dem Gesetz zur Erweiterung der jugendgerichtlichen Handlungsmöglichkeiten vom 7.9.2012 hat der Gesetzgeber das Gesetz geändert (§ 8 Abs. 2 S. 2).

Auch wenn bei Durchführung eines Arrestes diese Zeit auf die Jugendstrafe angerechnet wird, so bleiben über die heutige Arrestpraxis hinaus grundsätzliche Einwände: Ein – kurzzeitiger – Freiheitsentzug widerspricht der Entscheidung, in der die Notwendigkeit eines Freiheitsentzuges offen gehalten wird.[178]

Diese Überlegungen gelten sinngemäß auch für die Anordnung einer Hilfe zur Erziehung nach § 12 Nr. 2. Die Heimunterbringung, insbesondere die geschlossene Heimunterbringung bedeutet Einschränkung der Freizügigkeit, der persönlichen Lebensgestaltung. Eine Bewährung in Freiheit ist damit ausgeschlossen, ganz abgesehen von der Schwierigkeit, mit der Bejahung der Voraussetzungen einer Heimerziehung bzw. der Unterbringung in eine betreute Wohnform noch eine ungewisse Gefährlichkeits- und/oder Sanktionsprognose aufzustellen. Zudem entsteht ein Kompetenzkonflikt, wenn das Jugendgericht eine Jugendstrafe gem. § 30 aussprechen will, solange die Heimerziehung bzw. die Unterbringung in einer betreuten Wohnform weiter besteht, über deren Beendigung die Strafjustiz nicht zu entscheiden hat.[179]

5.5 Abschließende Entscheidung

218   Gem. § 30 Abs. 1 hat das Gericht auf Jugendstrafe zu erkennen, wenn sich die schädlichen Neigungen in der Bewährungszeit, vor allem durch schlechte Führung konkreti-

---

175 Sch/Sch-*Stree/Kinzig* § 44 StGB Rn. 9; Lackner/Kühl/*Kühl* § 44 StGB Rn. 5; *Brunner/Dölling* 27 Rn. 17; a. M. *Eisenberg* § 27 Rn. 20; NK-StGB-*Herzog/Böse* § 44 Rn. 17.
176 Siehe nur OLG Celle JR 1989, 214 mit abl. Anm. von *Brunner*; BayObLG StV 1998, 331 mit zust. Anm. von *Bockemühl* StraFo 1999, 52; *Eisenberg* 14. Aufl., § 8 Rn. 11; D/S/S-*Diemer*, 5. Aufl., § 27 Rn. 6; *Brunner/Dölling*, 11. Aufl., § 27 Rn. 15; *Schaffstein/Beulke* 14. Aufl., § 26 IV. a); *P.-A. Albrecht* 2000, § 35 II. 1.; *Böhm/Feuerhelm* 2004, § 26 3.; *Streng* 2. Aufl., § 12 Rn. 111; Meier/Rössner/Schöch/*Rössner*, 2. Aufl., § 12 Rn. 28; *Laubenthal/Baier/Nestler* 2. Aufl., Rn. 503; a. M. AG Winsen/Luhe NStZ 1982, 120; LG Augsburg NStZ 1986, 507 m. zust. Anm. von *Brunner* und abl. Anm. von *Schaffstein*; AG Meppen ZJJ 2004, 200 m. abl. Anm. von *Spahn*; *Schlüchter* 1988, 127; *Reichenbach* 2005b, 136 ff.
177 BVerfG ZJJ 2005, 73.
178 BVerfG ZJJ 2005, 73. Zur weiteren Kritik siehe oben Rn. 211.
179 Wie hier BGH JR 1989, 297 mit zust. Anm. von *Böhm*; OLG Frankfurt NJW 1955, 603; *Eisenberg* § 8 Rn. 10; *Schneider* 1992, 101; *Wenger* 1995, 77 f.; *Brunner/Dölling* § 27 Rn. 16.

sieren. Ansonsten ist gem. § 30 Abs. 2 der Schuldspruch zu tilgen. Die Tilgung darf nicht mit Maßnahmen gekoppelt werden.

Eine schlechte Führung kann einmal in dem Verstoß gegen Weisungen und Auflagen gesehen werden; insoweit ist aber auch der „Ungehorsamsarrest" (§§ 29 S. 2, 23 Abs. 1 S. 4, 11 Abs. 3) zu bedenken. Zum anderen kann eine erneute Straffälligkeit für eine schlechte Führung sprechen. Bagatellstraftaten und nicht „einschlägige" Delikte begründen aber noch keine schlechte Führung, die auf den Mahnappell des Schuldurteils zu beziehen ist. Bei vormaliger häufiger Deliktsbegehung kann der größere zeitliche Abstand schon einen Erfolg darstellen. Darüber hinaus ergibt sich das Problem des rechtsstaatlichen Schuldnachweises für neue Straftaten (siehe hierzu Rn. 262), das mit einer Einbeziehung des Schuldurteils im Rahmen der Verhandlung über die neuen Straftaten zu umgehen ist (siehe § 31 Abs. 2).

Wird eine Jugendstrafe ausgesprochen, so ist nach dem Gesetzeswortlaut auf die Strafe zu erkennen, die das Gericht „im Zeitpunkt des Schuldspruchs bei sicherer Beurteilung der schädlichen Neigungen des Jugendlichen ausgesprochen hätte". Hier wird vom Gesetzgeber eine schiere Unmöglichkeit verlangt, da das Verhalten in der Bewährungszeit nicht nur die Entscheidung, ob eine Jugendstrafe wegen schädlicher Neigungen erforderlich ist, bestimmt, sondern sich auch im bejahenden Fall auf die Höhe der Jugendstrafe auswirkt.[180] Die Jugendstrafe kann auch zur Bewährung gem. § 21 ausgesetzt werden; auch für die hierbei anzustellende Legalprognose kann das Verhalten in der Bewährungszeit nicht ausgeklammert werden. 219

Die Entscheidung gem. § 30 Abs. 1 ist – im Unterschied zu der Tilgung gem. Abs. 2 – nicht an das Ende der Bewährungszeit geknüpft; sie hat immer dann zu erfolgen, wenn die Unsicherheit im negativen Sinne behoben worden ist. Sie muss aber aus Rechtssicherheitsgründen spätestens 30 Tage nach Beendigung der Bewährungszeit erfolgen,[181] ansonsten ist der Schuldspruch gem. Abs. 2 zu tilgen, wobei hier der Grundsatz „in dubio pro reo" seine Wirkung wieder entfaltet. Zum Verfahren siehe §§ 62, 63.

5.6 Justizpraxis

Die Sanktion gem. § 27 fristet in der Justizpraxis ein „Schattendasein". Bei insgesamt 105.523 im Jahre 2004 nach JGG verurteilten Personen wurde nur in 2.229 Fällen eine Verurteilung gem. § 27 ausgesprochen. Hierbei ist die Erfolgsquote relativ hoch. 220

---

180 Siehe Ostendorf/*Ostendorf* § 30 Rn. 5.
181 Ostendorf/*Ostendorf* § 62 Rn. 5.

Beendete Bewährungsaufsichten aufgrund Aussetzung der Verhängung bei Jugendstrafe nach § 27 JGG in Deutschland 1998 bis 2009 nach Beendigungsgründen

Jahr	Insgesamt*)	Tilgung des Schuldspruchs		Ablauf der Unterstellungszeit (§ 24 Abs. 1 JGG)		Aufhebung der Unterstellung (§ 24 Abs. 2 JGG)		Einbeziehung in ein neues Urteil		Verhängung der Jugendstrafe	
		n	%	n	%	n	%	n	%	n	%
1998	1 911	996	52,1	71	3,7	25	1,3	661	34,6	158	8,3
2000	2 008	988	49,2	185	9,2	26	1,3	623	31,0	186	9,3
2005	2 253	1 131	50,2	188	8,3	57	2,5	730	32,4	147	6,5
2008**)	2 331	977	41,9	263	11,3	48	2,1	916	39,3	127	5,4
2009**)	2 427	1 103	45,4	236	9,7	40	1,6	897	37,0	151	6,2

*) Ohne Bewährungsaufsichten, die »aus anderen Gründen beendet« wurden.
**) Daten von Berlin aus dem Berichtsjahr 2007.
(Quelle: Tabelle RB 42.H des Statistisches Bundesamts; Gebiet alte Länder einschl. Gesamt-Berlin, ohne Hamburg)

Aktenanalysen früherer Jahre haben mit Rücksicht auf die vormals häufigere Sanktionsanwendung und damit eine gefährdetere Klientel höhere Misserfolgsquoten ergeben.[182] Demgegenüber wurde in einer Sekundäranalyse der Bewährungshilfestatistik Niedersachsen für das Jahr 1977 eine Widerrufsquote von nur 14 % festgestellt.[183]

5.7 Kriminalpolitische Forderungen

221   Im Interesse der Sanktionsflexibilität, insbesondere zur Zurückdrängung des Freiheitsentzuges durch Jugendstrafe sollte die Sanktionsart beibehalten werden.[184] Es bleibt aber die Forderung nach einer Änderung des Bundeszentralregisters. Die Verurteilung gem. § 27 gehört mit Rücksicht auf die Sanktionseinstufung nicht ins Zentralregister. Auch sollte § 29 wiederum in der Weise geändert werden, dass für die gesamte Dauer der Bewährungszeit ein Bewährungshelfer bestellt wird.

---

182   *Gütt* 1964, 3: 26,5 %; *Meyer-Wentrup* 1966, 221: 34,8 %; *Kreischer* 1970, 61 a: 21,5 %; *Lange* 1973, 148: 39,1 %; *Lorbeer* 1980, 179: 25,9 %; *K. P. Meyer* 1981, 373 (Untersuchung für die Jahre 1972/73): 35 %; als mittlere Widerrufsquote wurde für die Jahre 1963–1974 ein Wert von 24,9 % errechnet, siehe *Kerner* 1977, 293.
183   *Berckhauer/Hasenpusch* 1984, 179.
184   Ebenso die Zweite Jugendstrafrechtsreformkommission der DVJJ, 2002, DVJJ-Extra, Nr. 5, S. 92 im Gegensatz zur Ersten Jugendstrafrechtsreformkommission, DVJJ-Journal 1992, 37; abl. *Lorbeer* 1980, 244 ff.; *H.-J. Albrecht* 2002, 156.

Ein „**Einstiegsarrest**"[185] oder „**Warnschussarrest**" ist demgegenüber abzulehnen.[186] Die neu „angeheizte" Diskussion[187] sollte durch die Entscheidung des BVerfG[188] beendet sein, wonach es „verfassungsrechtlich nicht zu rechtfertigen" ist, dass zunächst ein Jugendarrest angeordnet und vollzogen wird und später die Voraussetzungen für die Verhängung einer Jugendstrafe bejaht werden, da dann die Voraussetzungen für den Jugendarrest tatsächlich nicht gegeben waren. Dieses Problem wird auch nicht damit gelöst, dass der Arrest im Falle der Anordnung der Jugendstrafe auf diese anzurechnen ist. Der Gesetzgeber hat sich gegen die Fachwelt gestellt und dem populistischen Ruf nach Strafverschärfung nachgegeben.[189] Ebenso ist der Vorschlag, eine Teilvollstreckung der verhängten Jugendstrafe von einem Monat in besonderen Fällen zu ermöglichen[190], abzulehnen, da damit alle Nachteile eines kurzfristigen Freiheitsentzugs verbunden sind. Der Fortschritt muss dahin gehen, unter Einschränkung der stationären Behandlung die ambulanten Maßnahmen um die selbstständige kriminalpädagogische Sanktion der Bewährungshilfe, d. h. unabhängig von den Voraussetzungen einer Freiheitsentziehungsmaßnahme, zu bereichern.[191]

6. Die unbedingte Jugendstrafe

6.1 Begriff

Abweichend vom allgemeinen Sprachgebrauch wird gem. § 17 Abs. 1 der Begriff der Jugendstrafe auf die Freiheitsstrafe als Freiheitsentzug in einer Jugendstrafanstalt begrenzt. Entsprechend dieser Bestimmung ist die Verurteilung in das Zentralregister einzutragen (§ 4 Nr. 1 BZRG).

222

6.2 Gesetzesziel

Das Gesetzesziel der Jugendstrafe ist innerhalb der allgemeinen Zielsetzung des Jugendstrafrechts (siehe Rn. 53) zu bestimmen. Hierbei kann mit Nutzen die Zielsetzung für den Vollzug der Jugendstrafe herangezogen werden. Nach der bisherigen, altmodisch formulierten Zielsetzung soll der Verurteilte im Vollzug der Jugendstrafe „dazu erzogen werden, künftig einen rechtschaffenden und verantwortungsbewussten Lebenswandel zu führen" (§ 91 Abs. 1).[192] Damit ist die **Legalbewährung** gemeint, d. h. Gesetzesziel ist die Verhinderung zukünftiger Straftaten. Dieses Ziel soll mit positiven individualpräventiven Maßnahmen erreicht werden. Gleichzeitig soll mit dem Vollzug

223

---

185 Art. 1 Nr. 1 Referentenentwurf 1. JGG ÄndG 1983, fallen gelassen im Referentenentwurf 1987, erneut aufgegriffen im Gesetzesentwurf der CDU/CSU-Bundestagsfraktion vom 12.4.2000, BT-Drucks. 14/3189 sowie in weiteren Gesetzesanträgen, siehe zuletzt Gesetzesantrag der Freistaaten Bayern und Thüringen vom 21.4.2005, BR-Drucks. 276o5.
186 Ebenso – de lege ferenda – in ausführlicher Abwägung *Eisenberg* 1984, 9 ff. und *Schumann* 1984b, 319 ff.; *Streng* Rn. 422; demgegenüber wurde der „Einstiegsarrest" in einem vorsichtigen, experimentierenden Vorgehen von der DVJJ gerade für die Fälle des § 27 vorgeschlagen, Stellungnahme zum Arbeitsentwurf eines Gesetzes zur Änderung des Jugendgerichtsgesetzes, 1982, S. 15; abl. die DVJJ in ihrer Stellungnahme 1987, S. 2; ebenso die Zweite Jugendstrafrechtsreformkommission der DVJJ, 2002, DVJJ-Extra, Nr. 5, S. 81 ff.; 64. Dt. Juristentag, 2002, C VI. 7; *Verrel/Käufl* 2008, 177 ff.
187 Befürwortend *Vietze* 2004; abl. *Werner-Eschenbach* 2005, 68 ff.
188 BVerfG ZJJ 2005, 73.
189 Siehe auch oben Rn. 208.
190 So *Radtke* 2009, 449.
191 Siehe bereits *Ostendorf* 1981a, 383 m. w. N.
192 Nach der Entscheidung des BVerfG vom 31.5.2006, NJW 2006, 2093, ist der Gesetzgeber gehalten, den Jugendstrafvollzug detailliert gesetzlich zu regeln; nach der Föderalismusreform sind hierfür nunmehr die Bundesländer zuständig.

der Jugendstrafe der Sicherung der Gesellschaft gedient werden: „Zwischen dem Integrationsziel des Vollzugs und dem Anliegen, die Allgemeinheit vor weiteren Straftaten zu schützen, besteht insoweit kein Gegensatz".[193] Gesetzesziel ist somit die – positive wie negative – Individualprävention.

Eine **Abschreckung** anderer durch Freiheitsstrafe (**negative Generalprävention**) ist **nicht erlaubt;**[194] selbst bei Heranwachsenden wurde eine beabsichtigte Berücksichtigung gestrichen.[195] Insoweit verbleibt es bei der allgemeinen Wirkung jeder strafgerichtlichen Ahndung.[196] Eine strengere Bestrafung darf auch nicht erfolgen, „weil im Bezirk des Gerichts in letzter Zeit mehrere gleichgelagerte Taten vorgekommen seien".[197] Wenn demgegenüber „exemplarische" Strafen erlaubt sein sollen,[198] verursachten Kriminalitätsanreizen begegnet werden soll,[199] wird dieser Grundsatz wieder aufgeweicht. Jugendliche lassen sich noch weniger als Erwachsene von der Normübertretung durch ein Abwägen möglicher strafjustizieller Nachteile, auch nicht der Strafschwere, abhalten;[200] eher werden negative privat-gesellschaftliche Folgen befürchtet. Im Übrigen rechnet gerade dieser Personenkreis damit, dass er nicht erwischt wird. Entscheidend für die „Rechtstreue" ist die innere Überzeugung, wenn nicht von der Richtigkeit, so doch von der Verbindlichkeit der Norm.[201] Hierzu leistet das Strafrecht bereits durch seine Existenz im Rahmen des Sozialisationsprozesses seinen Beitrag, wobei die Entdeckungs- und Sanktionswahrscheinlichkeit entscheidend sind. Aber auch dieser Beitrag darf nicht überschätzt werden, da für Jugendliche, die noch kein Verständnis für gesellschaftliche „Sachzwänge" haben, Verbotsnormen mehr Anreiz zur Übertretung als zur Befolgung darstellen, wenn sie überhaupt gekannt werden. Sozialisation erfolgt bei Jugendlichen primär nicht anhand abstrakter Normen, sondern „auf interpersonellem Wege".[202] Hierbei wird der Peer-Gruppe zunehmend die entscheidende Rolle beigemessen.[203] Die einzelne Sanktion kann zusätzlich angesichts der vielen Nichterwischten als ungerechte Strafe empfunden werden, dies nicht nur von dem Betroffenen, sondern auch von seiner Umwelt. Damit wird einer Normverinnerlichung aber wieder entgegengewirkt.[204] Diese **positive Generalprävention**[205] ist deshalb **im Allgemeinen kein besonderes Anliegen** der Sanktionierung im Jugendstrafrecht und wird nur ausnahmsweise in § 17 Abs. 2, 2. Alt. näher angesprochen (siehe im Einzelnen Rn. 226). Demgegenüber wird vereinzelt die positive Generalprävention allgemein als ein Strafzumessungskriterium auch bei der Jugendstrafe wegen „schädlicher Neigungen" anerkannt.[206] Der Begriff „Verteidigung der Rechtsordnung" findet sich je-

---

193 BVerfG NJW 2006, 2095.
194 Ständige BGH-Rechtsprechung, siehe BGH StV 1990, 505, und eindeutig h. M. in der Rechtslehre, siehe *Streng* Rn. 451.
195 Siehe Ostendorf/*Ostendorf* Grdl. z. §§ 105–106 Rn. 5.
196 Siehe BGH StV 1982, 173; 1982, 335 jeweils m. w. N.; *Böhm* 1996, 214; *Eisenberg* § 17 Rn. 5; *Bruns* 1982, 593.
197 BGH bei *Herlan* GA 1956, 346.
198 *Schaffstein/Beulke* 13. Aufl., § 23 III.
199 *Brunner* § 18 Rn. 9.
200 Siehe *Schumann u. a.* 1987; *Schöch* 1988, 227 ff.; zusammenfassend *Herberger* 2000, 125 ff.
201 *Schöch* 1984, 276.
202 Siehe *Feltes* 1979, 338 ff.; demgegenüber betont *Bottke* 1984, 15, die Funktion des Strafrechts – als letztes Mittel –, Normbefolgung zu erlernen.
203 Siehe *Herberger* 2000, 180.
204 Siehe *Schumann* 1984a, 291.
205 Zur Definition siehe BVerfG NJW 1977, 1531.
206 Siehe *Brunner* 1982, 433; wie hier jetzt *Brunner/Dölling* § 18 Rn. 9 a; umgekehrt will *Bottke* 1984, 41, generalpräventive Überlegungen gegenüber dieser Voraussetzung strafreduzierend einsetzen; ebenso *Hackstock* 2002, 258.

doch nicht im JGG.²⁰⁷ Dementsprechend lehnt der BGH in ständiger Rechtsprechung die Berücksichtigung generalpräventiver Gesichtspunkte bei der Bemessung der Jugendstrafe ab.²⁰⁸

Die Zielsetzung der positiven wie negativen Individualprävention muss allerdings in der Praxis auf ihre Realisierungschance überprüft werden. Die Verhängung einer Jugendstrafe zum Zwecke der positiven Individualprävention erscheint im Hinblick auf die hohen Rückfallquoten problematisch (siehe Rn. 297).

224

6.3 Anwendungsvoraussetzungen
6.3.1 Schädliche Neigungen

Jugendstrafe kann einmal gem. § 17 Abs. 2, 1. Alt. verhängt werden, wenn sich „schädliche Neigungen" in der Tat gezeigt haben. Der Begriff der „schädlichen Neigungen" ist provozierend, da damit eine biologische Zuneigung zum Verbrechen unterstellt wird; von den Betroffenen kann er als Kränkung empfunden werden.²⁰⁹ Der Begriff hat einen **hohen Stigmatisierungseffekt**.²¹⁰ Die von der Rechtsprechung angebotene Konkretisierung ist aber ebenso ausgrenzend, auch wenn als Ursachen nicht bloß Erbanlagen anerkannt werden: „Es muss sich mindestens um, sei es anlagebedingte, sei es durch unzulängliche Erziehung oder ungünstige Umwelteinflüsse bedingte Mängel der Charakterbildung handeln, die ihn – sc. den Angeklagten – in seiner Entwicklung zu einem brauchbaren Glied der sozialen Gemeinschaft gefährdet erscheinen und namentlich befürchten lassen, dass er durch weitere Straftaten deren Ordnung stören werde".²¹¹ Einschränkend definiert heute die BGH-Rechtsprechung „schädliche Neigungen" als „erhebliche" Mängel, „die ohne längere Gesamterziehung die Gefahr der Begehung weiterer Straftaten in sich bergen, die nicht nur gemeinlästig sind oder den Charakter von Bagatelldelikten haben".²¹² Richtig ist hieran aber, dass spontane Reaktionen zu Straftaten,²¹³ jugendliche Motivationen keine Grundlage für eine Jugendstrafe bilden. „Kriminelle Abenteuerlust" oder „falsch verstandene Kameradschaft" reichen nicht aus.²¹⁴ „Schädliche Neigungen" i. S. einer Rückfallgefahr setzen in der Regel wiederholte Straftaten voraus, auch wenn die wiederholte Deliktsbegehung nicht notwendigerweise für diese Annahme spricht; selbst ein 17facher Großdiebstahl, um den Eltern aus finanzieller Not zu helfen, begründet keine „schädlichen Neigungen".²¹⁵ Ebenso lassen sich allein aus dem – länger andauernden – Erwerb von Heroin nicht zwingend „schädlichen Neigungen" ableiten.²¹⁶ Umgekehrt können sich zwar „schädliche Neigungen" – theoretisch – schon in einer ersten Straftat zeigen; bei einem bislang noch nicht strafrechtlich in Erscheinung getretenen Täter wird der Nachweis

225

---

207 Wie hier die These des Arbeitskreises VI des 19. Dt. Jugendgerichtstages DVJJ 13 [1984], 295.
208 Siehe BGH StV 1990, 505 m. w. N.
209 *Eilsberger* 1969, 309 mit Fn. 6.
210 Siehe *Böhm/Feuerhelm* 2004, § 25 1.a; *Deichsel* 2004, 266; *Swoboda* 2016, 283; siehe auch Ostendorf/*Ostendorf* Grdl. z. §§ 17–18 Rn. 6.
211 BGH bei *Holtz* MDR 1985, 796; BGHSt 16, 261. Fast wortgleich lautete die Richtlinie zum JGG 1943 (zu § 6 Ziff. 1, AV des Reichsjustizministeriums vom 15.1.1944.
212 BGH NStZ-RR 2002, 20; siehe auch OLG Hamm StV 2001, 176.
213 Siehe OLG Hamm NStZ-RR 1999, 377.
214 Siehe BGH bei *Holtz* MDR 1985, 796.
215 BGHSt 15, 224.
216 Siehe OLG Zweibrücken StV 1989, 313; weiterhin OLG Zweibrücken JR 1990, 304 m. zust. Anm. von *Brunner*; OLG Köln StV 1993, 531.

für eine Gefährlichkeitsprognose jedoch schwer zu führen sein.[217] Auch ein erheblicher Tatvorwurf (Messerstiche mit „nicht unerheblichen" Verletzungen) ist nicht zwingend;[218] selbst der schwere Raub,[219] der Totschlagsversuch[220] oder die Vergewaltigung[221] müssen nicht zu einer Jugendstrafe wegen „schädlicher Neigungen" führen.[222] Rückfallgefahr bedeutet, dass es nicht auf die Gefahr z. Z. der Tat ankommt, dass sie auch nicht allein zum Zeitpunkt der Urteilsfindung bestehen muss,[223] sondern auch für die nahe liegende Zukunft.[224] Schon eine längere straffreie Zeit seit Tatbegehung spricht gegen „schädliche Neigungen".[225] Auch die Erfahrung einer Untersuchungshaft, insbesondere wenn sich der Angeklagte dort beanstandungslos geführt hat, kann gegen eine Rückfallgefahr sprechen.[226] Aber auch diese Begrenzung genügt noch nicht: **Die persönlichkeitsspezifische Rückfallgefahr muss für „erhebliche" Straftaten bestehen,**[227] d. h., die sog. gemeinlästige Kriminalität und die Bagatellkriminalität (Hausfriedensbruch, einfacher Diebstahl, Sachbeschädigung, Fahren ohne Fahrerlaubnis, Erschleichen von Leistungen, Besitz von Rauschgift) scheiden bereits auf dieser Prüfungsstufe aus.[228] Zu weit geht es jedoch, divertierte Angeklagte wie Ersttäter zu behandeln.[229] Nicht erforderlich ist ein Verschulden für diese Rückfallgefahr.[230] Soweit hiergegen rechtsstaatliche Bedenken erhoben werden,[231] so ist dem mit dem Hinweis auf die Einhaltung des Verhältnismäßigkeitsprinzips zu begegnen.

6.3.2 Schwere der Schuld

226 Noch unbestimmter als der Begriff der „schädlichen Neigungen" ist die zweite Voraussetzung für die Jugendstrafe wegen „Schwere der Schuld", zumal die Rechtsprechung widersprüchlich ist.[232] Während der Wortlaut das Strafziel „Schuldausgleich" nahe legt,[233] gegründet auf einen moralischen Schuldvorwurf, will die höchstrichterliche Rechtsprechung eine Jugendstrafe gem. § 17 Abs. 2, 2. Alt. nur zulassen, „wenn diese aus erzieherischen Gründen zum Wohl des Jugendlichen erforderlich ist".[234] Auch

---

217 Siehe auch BGH NStZ 1988, 499; BGH StV 1993, 531: „Es bedarf dann aber regelmäßig der Feststellung schon vor der Tat entwickelt gewesener Persönlichkeitsmängel, die auf die Tat Einfluss gehabt haben und befürchten lassen, dass der Angeklagte weitere Straftaten begehen wird"; ebenso OLG Köln StV 2001, 178.
218 BGH StV 1982, 335.
219 BGH StV 1984, 253.
220 BGH StV 1985, 155.
221 BGH StV 1998, 331.
222 Siehe auch *Böhm/Feuerhelm* 2004, § 25 1. a; siehe aber BGH NStZ-RR 2002, 20, wonach bei Tötungsdelikten – hier versuchter Mord durch Brandanschlag auf ein Ausländerwohnheim – „in aller Regel" diese Voraussetzung gegeben ist.
223 BGH StV 1984, 30; BGH bei *Böhm* 1985c, 47; OLG Hamm NStZ-RR 1999, 377; OLG Frankfurt StV 2014, 743.
224 Siehe OLG Zweibrücken Justizblatt Rheinland-Pfalz 1989, 104 m. w. N.; OLG Hamm StV 2007, 2.
225 Siehe BGH StV 1992, 431; BGH StV 2016, 699.
226 OLG Hamm StV 2005, 69; OLG Köln StV 2003, 457; BGH StV 2016, 701.
227 Zust. *Bald* 1995, 36; *Schneider* 1992, 97; *Nothacker* 2001, 79; Meier/Rössner/Schöch/*Schöch* § 11 Rn. 8; siehe auch *Weber* 1990, 69 sowie *Hackstock* 2002, 258.
228 Siehe BGH NStZ-RR 2002, 20; BGH StV 2016, 698; *Eisenberg* § 17 Rn. 18b; *Böhm/Feuerhelm* 2004, § 25 1. a; *Herz* 1987, S. 62; *Böhm* 1999, 289, spricht in diesem Zusammenhang von „der einhelligen jugendstrafrechtlichen Lehre".
229 So D/S/S-*Sonnen* § 17 Rn. 14.
230 Siehe BGHSt 11, 171; BGH StV 1998, 334; *Brunner/Dölling* § 17 Rn. 12 b.
231 *Eisenberg* § 17 Rn. 18b.
232 Siehe *Bruns* 1982, 592.
233 So auch BayObLG StV 1985,156, das von der „reinen Schuldstrafe" i. S. der 2. Alt. des § 17 Abs. 2 ausgeht; ebenso *Wolf* 1984, 313 ff.
234 BGHSt 15, 224; 16, 261; ebenso OLG Brandenburg StV 1999, 658; OLG Köln StV 1999, 667; OLG Hamm StV 2005, 67.

wenn die höchstrichterliche Rechtsprechung den Schuldgesichtspunkt nur „in zweiter Linie" mitberücksichtigen will,[235] bleiben hier Friktionen zwischen dem Erziehungsgedanken und dem Schuldausgleich: Unter Schuldgesichtspunkten mag ein erheblicher Vorwurf zu machen, unter Präventionsgesichtspunkten nur eine geringfügige Ermahnung erforderlich sein. Versuche, auf diesem Wege, d. h. mit der „angemessenen" Gewichtung der Schwere der individuellen Schuld zu einem einheitlichen Ziel zu kommen, müssen scheitern.[236] So wird denn auch mit Recht darauf hingewiesen, dass mit dem Primat des Erziehungsgedankens die zweite Anwendungsvoraussetzung für eine Jugendstrafe leerlaufe.[237] Weiterhin ist der erzieherische Aspekt im Hinblick auf ein Sühneverlangen des Täters oder um eine Sühnebereitschaft zu wecken[238] zu hinterfragen, so begrüßenswert und im Ergebnis richtig auch die restriktive Anwendung dieser zweiten Voraussetzung für die Jugendstrafe ist. Die innere Akzeptanz für eine Strafe ist für die zukünftige Straffreiheit nicht Voraussetzung. Gerade Tötungsdelikte, der Hauptanwendungsfall für die Jugendstrafe wegen „Schwere der Schuld",[239] werden aus personalen Konfliktsituationen begangen, die eine solche Übernahme der Schuld schwermachen. Bereits die Schuldfähigkeit ist hier regelmäßig erheblich eingeschränkt.[240]

Wenn grundsätzlich zwar die Größe des Tatunrechts, das Erfolgsunrecht aber keine Rolle spielen soll, hierin jedoch wiederum eine relevante Bezugsgröße für die Beurteilung der Schuldschwere gesehen wird,[241] um so Unrechtsverstöße mit geringem Gewicht (z. B. § 323c StGB) auszugrenzen,[242] so weist dies auf einen anderen, hinter der Schuldbestrafung stehenden wahren Strafgrund: Auf die **positive Generalprävention als Ausgleich für die Erschütterung des Rechtsvertrauens durch schwerwiegende Rechtsgüterverletzungen**.[243] Hierauf deutet auch die Dauer der Jugendstrafe von bis zu zehn Jahren hin, die unter erzieherischen Aspekten und auch unter engen Schuldgesichtspunkten schwerlich begründet werden kann.[244] Hier wird Strafe aus generalpräventiven Gesichtspunkten für erforderlich gehalten, zu denen man sich in einer rationalen Umformulierung des § 17 Abs. 2, 2. Alt. auch bekennen sollte, wie überhaupt die absolute Straftheorie vom Schuldausgleich rationalen Überlegungen in einem aufgeklärten Strafsystem nicht zugänglich ist. Dementsprechend wird in der Praxis gerade bei fremdenfeindlichen Brandanschlägen, die zu Recht die Öffentlichkeit erregen, die Verurteilung zu einer Jugendstrafe in der Mehrzahl der Fälle auf die Schwere der Schuld gestützt.[245] Allgemein wird in der Revisionsrechtsprechung eine Jugendstrafe wegen Schwere der Schuld nur bei Kapitalverbrechen oder anderen besonders schweren Straftaten anerkannt.[246] Ein rein individualpräventives Vollzugsziel steht einer ge-

---

235 BGH StV 1982, 335; siehe auch OLG Hamm StV 2001, 175 m. w. N.
236 Siehe *Brunner/Dölling* § 17 Rn. 14, 14a, 14b; unbestimmt *Eisenberg* § 17 Rn. 34 ff.
237 *Brunner/Dölling* § 17 Rn. 14b.
238 BGHSt 15, 225; BayObLG StV 1985, 156.
239 Siehe BGH bei *Holtz* MDR 1978, 280.
240 Siehe *Tenckhoff* 1977, 489.
241 Siehe BGH StV 1982, 335; BayObLG StV 1985, 156; BGH StV 1998, 332; BGH NStZ-RR 2001, 216.
242 Siehe BGH StV 2005, 66.
243 Ebenso *Tenckhoff* 1977, 485 ff.; *Weber* 1990, 91 m. w. N.; *U./H. Schneider* 1995, 234; *Herberger* 2000, 25; *Hackstock* 2002, 280; *Heinz* 2005, 168 Fn. 26; *Jäger* 2003, 479; *Streng* 2003, 1235: „Lebenslüge des Jugendstrafrechts"; *Petersen* 2008, 183 ff.; *Meier/Rössner/Schöch-Schöch* § 11 Rn. 14; *Kaspar* 2010, 223; *Swoboda* 2013, 98 f.
244 Siehe *Bruns* 1982, 593; *Böhm* 1996, S. 208.
245 Siehe *Neubacher* 1998, 242; sehr weit OLG Naumburg NJW 2001, 2034: Jugendstrafe wegen Schwere der Schuld wegen psychischer Beihilfe zum Landfriedensbruch.
246 Siehe KG StV 2009, 91; OLG Frankfurt StV 2009, 92.

neralpräventiven Berücksichtigung auf der Urteilsebene nicht entgegen. Mit dem Urteil, mit der Verurteilung von Tat und Täter, wird die Erschütterung des Rechtsvertrauens kompensiert, wird die Rechtsordnung stabilisiert. Nach dieser – ausnahmsweisen – Berücksichtigung generalpräventiver Wirkungen im Jugendstrafrecht setzt sich im Vollzug, der unter Ausschluss der Öffentlichkeit stattfindet, wiederum die individualpräventive Zielsetzung durch. Soweit in der Rechtslehre an der Rechtsprechung des BGH Kritik geübt und das „reine Schuldprinzip" hochgehalten wird, wird dieses Schuldprinzip mehr oder weniger offen generalpräventiv besetzt.[247]

227 Eine Grenze für die Begründung einer Jugendstrafe wegen „Schwere der Schuld" aus positiver Generalprävention ergibt sich einmal aus dem Gesetz. Gem. § 48 Abs. 1 ist die Verhandlung gegenüber Jugendlichen nicht öffentlich, bei einer gemeinschaftlichen Verhandlung mit Heranwachsenden oder Erwachsenen kann die Öffentlichkeit ebenso ausgeschlossen werden (§ 48 Abs. 3). Die Öffentlichkeit kann somit nur über Gerichtsmitteilungen, die die Anonymität des Jugendlichen zu wahren haben, etwas über die Straftat und ihre Sanktionierung erfahren. Auch heißt diese generalpräventive Sichtweise keineswegs, dass eine Berücksichtigung der subjektiven Vorwerfbarkeit von der Bevölkerung nicht verstanden wird.[248] Im eigenen Erfahrungskreis wird durchaus jugendliches Fehlverhalten aus Nachlässigkeit, auch aus Leichtfertigkeit entschuldigt.[249] Wenn somit Beeinträchtigungen des Rechtsbewusstseins nur für **vorsätzliches Handeln** vermutet werden können, muss – in einem ersten Schritt – der Anwendungsfall des § 17 Abs. 2, 2. Alt. auch hierauf begrenzt werden. Die h. M.[250] geht weiter und bestraft – ausnahmsweise – auch bei bewusster Fahrlässigkeit.[251] Weiterhin gilt, dass das Ziel der positiven Generalprävention durch Schuldbestrafung nicht verfolgt werden darf, wenn im Gesetz selbst bereits von der Schwere der Schuld abgerückt wird. Dies geschieht z. B. in § 21 sowie in § 17 S. 2 StGB.[252] Nach BGH StV 1982, 336, ist die „Schwere der Schuld" bei einem Jugendlichen generell „unter Berücksichtigung seines Entwicklungsstandes und seines gesamten Persönlichkeitsbildes besonders zu prüfen, in welchem Ausmaß er sich bereits frei und selbstverantwortlich gegen das Recht und für das Unrecht entschieden hat". Deshalb scheidet eine „Schwere der Schuld" aus, wenn die Altersverantwortlichkeit gem. § 3 „gerade noch" bejaht oder „das Ausmaß der Schuld durch Wesenszüge des Täters verringert" wurde.[253] Ebenso darf nicht aus einem zulässigen Verteidigungsverhalten – hartnäckiges Leugnen der Tat – auf eine Schwere der Schuld geschlossen werden.[254] Die Schwere der Schuld betrifft die Tatschuld nicht das Tatnachverhalten, muss also unter Berücksichtigung des individuellen Schuldausmaßes bestimmt werden.

---

247 Siehe *Böhm* 1996, S. 208: „Vergeltungsbedürfnis der Allgemeinheit"; *Schaffstein/Beulke/Swoboda* Rn. 460: „normstabilisierende Wirkung der Schuldstrafe"; insb. *M.-K. Meyer* 1984, 453; *Bottke* 1984, 41; siehe auch These 3 des Arbeitskreises VI auf dem 19. Dt. Jugendgerichtstag, DVJJ 13 [1984], 295.
248 So aber *Tenckhoff* 1977, 491 f., der die Schwere der Schuld als Schwere des Unrechtsgehalts definiert, hierbei diesen Anwendungsfall aber auf vorsätzliche Verbrechen gegen das Leben beschränkt wissen will.
249 Siehe auch *Streng* 1980, 654.
250 OLG Hamm NJW 1968, 462; OLG Celle NdsRpfl 1969, 95; BayObLG StV 1985, 156; OLG Braunschweig NZV 2002, 195; einschränkend OLG Karlsruhe NZV 1996, 416; *Brunner/Dölling* § 17 Rn. 16; *Eisenberg* § 17 Rn. 32b; Meier/Rößner/Schöch/*Schöch* § 11 Rn. 19.
251 Noch weitergehend *Böhm* 1985, 156.
252 Siehe BGH StV 1985, 156; *Schaffstein/Beulke/Swoboda* Rn. 456; *Eisenberg* § 17 Rn. 30; offen *Brunner/Dölling* § 17 Rn. 15b: Ausschluss oder zumindest Minderung; ebenso *M.-K. Meyer* 1984, 452.
253 Siehe BGH StV 1986, 305.
254 BGH StraFo 1999, 412.

6. Die unbedingte Jugendstrafe

Gerade mit Rücksicht auf die Schwierigkeit, dem Begründungszwang für eine Jugendstrafe wegen „Schwere der Schuld" im Hinblick auf die Beeinträchtigung der Rechtstreue zu genügen, darf diese Voraussetzung als Zweites – wie bei dem Kriterium „Verteidigung der Rechtsordnung" – nur angenommen werden, wenn im Einzelfall der Verzicht auf Jugendstrafe für das Rechtsempfinden **„schlechthin unverständlich"** wäre.[255] Nur wenn mit dem Rechtsbruch dem Mitmenschen seine Daseinsberechtigung abgesprochen wird, wenn also das existentielle Rechtsgut „Leben" betroffen ist oder seine personale Existenz wie z. B. bei einer Massenvergewaltigung „mit den Füßen getreten" wird, darf diese Sanktion gewählt werden. Dies ist auch zu bejahen, wenn – erneut – Ausländer allein wegen ihres Ausländerseins massiv angegriffen werden.[256]

228

Als dritte Grenze ist zu verlangen, dass eine Jugendstrafe aus Gründen der positiven Generalprävention nicht zu einer individualpräventiven Schädigung führen darf.[257] Gem. § 18 Abs. 2 muss immer die erzieherische Einwirkung möglich bleiben. Zwar betrifft diese Einschränkung nach dem Wortlaut nur die Bemessung der Jugendstrafe und nicht die vorausgehende Prüfung, ob eine Jugendstrafe zu verhängen ist. Wenn aber eine Strafmaßfestsetzung der Jugendstrafe zu einer Schädigung der Entwicklung führen würde, weil z. B. zwischenzeitlich, d. h. seit der Tat sich die Lebensumstände des Täters und seine Persönlichkeitsentwicklung deutlich verbessert haben und ein Freiheitsentzug diese positive Entwicklung beenden würde, muss sich dies schon für die Entscheidung, ob eine Jugendstrafe wegen der Schwere der Schuld geboten ist, auswirken. Insoweit ist Tendenzen in der BGH-Rechtsprechung, individual-präventive („erzieherische") Gesichtspunkte für den Strafgrund „Schwere der Schuld" bei mittlerweile erwachsenen Straftätern zu vernachlässigen bzw. gänzlich unberücksichtigt zu lassen,[258] entgegenzutreten: Wenn Jugendstrafrecht zur Anwendung kommt, haben die jugendstrafrechtlichen Grundsätze des § 2 Abs. 1 und des § 18 Abs. 2 zu gelten.[259] Zudem übersieht diese Rechtsprechung, dass sich die Entwicklungsphase in den letzten Jahrzehnten über das 21. Lebensjahr verlängert hat (siehe Rn. 304). Es kann somit nicht darum gehen, tatsächliche oder durch Medien eingeredete Strafbedürfnisse in jedem Fall zu befriedigen, wobei häufig die eigenen Strafbedürfnisse mit kollektiven gleichgesetzt werden. Kollektive Irrationalität darf nicht Grundlage für individuelle Übelzufügungen werden.

229

Entsprechend der sekundären Zielsetzung einer positiven Generalprävention durch Jugendstrafe wegen „Schwere der Schuld" sind ihre Voraussetzungen erst in zweiter Linie zu prüfen. Da mit jeder Sanktionierung bereits generalpräventiv gewirkt wird, kommt dieser Sanktionierung lediglich eine Auffangposition zu. Auch könnten ansonsten Schuldmilderungsgesichtspunkte übersehen werden.[260] Wenn bereits eine Jugendstrafe wegen „schädlicher Neigungen" begründet wurde, sind die Voraussetzungen für

230

---

255 Siehe BGHSt 24, 47; OLG Schleswig SchlHA 1996, 119: „nur bei schweren Taten"; *Naucke u. a.* 1971, 88 f. m. w. N.; *Schaffstein/Beulke/Swoboda* Rn. 457; *Westphal* 1995, 88; *U./H. Schneider* 1995, 235.
256 Siehe auch *Meier/Verrel* 1994, 1044.
257 Siehe die beiden BGH-Entscheidungen bei *Böhm* 1989, 522; BGH NStZ-RR 2008, 258; siehe bereits *Ostendorf* 1976, 285.
258 BGH 1 StR 178/13, NStZ 2013, 658; BGH 3 StR 214/15, StV 2016, 698; BGH 3 StR 417/15, StV 2016, 696; abl. *Eisenberg* 2013b, 636; *Sonnen* 2016, 76; *Beulke* 2017, 407 f.; dem BGH nachfolgend LG Ravensburg ZJJ 2016, 303 mit abl. Anm. *Höynck*.
259 Demgegenüber betont *Streng* Rn. 437 die „dominante Bedeutung des Schuldausgleichs" und lässt das „Wohl der Jugendlichen" im Hinblick hierauf zurücktreten, Rn. 438.
260 Siehe BGH StV 1986, 305.

eine Jugendstrafe wegen „Schwere der Schuld" nur ausnahmsweise zu bejahen.[261] Dementsprechend werden in der Praxis ganz überwiegend die „schädlichen Neigungen" für die Begründung der Jugendstrafe herangezogen;[262] nicht selten wird aber die Jugendstrafe zusätzlich-salvatorisch mit der „Schwere der Schuld" untermauert.[263]

6.3.3 Sanktionsprognose

6.3.3.1 Geeignetheit

231 Die Geeignetheit der Jugendstrafe wegen „schädlicher Neigungen" ist im Hinblick auf das allgemeine Strafziel der positiven Individualprävention mehr als fragwürdig. Diese Ausgangsfrage wird unter Hinweis auf die gesetzgeberische Entscheidung für eine Erziehungsstrafe (§ 18 Abs. 2) in der Regel übergangen,[264] im Hinblick auf die Geeignetheit wird lediglich die Länge der Jugendstrafe problematisiert.[265] Die Eignungsfrage ist aber aus verfassungsrechtlicher Sicht grundsätzlich zu beantworten.[266] Die Fragwürdigkeit zeigt sich in der Rückfallquote derjenigen, die aus dem Jugendstrafvollzug entlassen wurden, wobei psychische und soziale Deprivationen, die nicht in Straffälligkeit einmünden, hier außer Betracht bleiben sollen (siehe Rn. 297).

Wenn somit statistisch mehr gegen die (Re-)Sozialisierungseignung des Jugendstrafvollzugs spricht als dafür und für den Einzelfall kaum eine bessere Prognose gestellt werden kann,[267] da die Vollzugsgestaltung nicht in den Händen des Richters liegt, sind Konsequenzen zu ziehen. Dies gilt erst recht, wenn aufgrund einer Persönlichkeitsanalyse eine Ansprechbarkeit zur Sozialisation im Freiheitsentzug verneint oder umgekehrt entsozialisierende Wirkungen bejaht werden müssen. Dementsprechend wird heute allgemein der Jugendstrafe die Eignung für eine (Re-)Sozialisierung von Jugendlichen im Alter von 14 bis 16 Jahren abgesprochen:[268] „Die Jugendstrafe erzieht nicht zum rechtschaffenen Lebenswandel, sondern sie verfestigt und produziert verstärkt abweichendes Verhalten der ihr Unterworfenen".[269] Dies bedeutet, dass Jugendstrafe nicht mit dem Zweck der (Re-)Sozialisierung verhängt werden darf, sondern nur, **um den Sicherungsinteressen der Gesellschaft für eine gewisse Zeit i. S. einer negativen Individualprävention zu genügen oder um – ausnahmsweise – unter Beachtung des Schädigungsverbotes dem Strafbedürfnis der Allgemeinheit Rechnung zu tragen**.[270] Dies schließt eine **Angebotsresozialisierung** nicht aus, die Beachtung der Menschenwürde und das Sozialstaatsprinzip verlangen sie.[271] Wir bestrafen nicht (mehr), um zu resozialisieren, sondern, wenn wir schon bestrafen müssen, versuchen wir zu resozialisieren.[272] Wenn mit einer so praktizierten Jugendstrafe die verbotene Maßregel der Un-

---

261 Siehe aber *Brunner/Dölling* § 17 Rn. 18; *Böhm* 1996, S. 209.
262 Siehe Ostendorf/*Ostendorf* Grdl. z. §§ 17–18 Rn. 4.
263 Siehe BGH StV 1982, 335; BGH StV 1984, 254.
264 Siehe aber OLG Schleswig StV 1985, 420.
265 Siehe demgegenüber *Streng* 1984, 154 f.; siehe auch *Eisenberg* § 17 Rn. 12–15, dessen Schlussfolgerung für die Anwendbarkeit aber offen bleibt, siehe § 17 Rn. 24.
266 A. M. *Schüler-Springorum* 1985, 477 mit Fn. 8, dessen ultima-ratio-Begründung aber auf die hier vertretene Lösung „zuläuft".
267 Siehe aber OLG Schleswig StV 1985, 421.
268 Siehe *Brunner/Dölling* § 17 Rn. 4; *Eisenberg* § 17 Rn. 26.
269 *P.-A. Albrecht/Schüler-Springorum* 1983, 8.
270 Ebenso *Dünkel* 1985, 177; *Streng* 1984, 165; *Hackstock* 2002, 321; *M. Walter/Wilms* 2007, 6; siehe auch die Forderung des Arbeitskreises junger Kriminologen, begründet von *Papendorf* 1982, 141 ff.
271 BVerfG NJW 2006, 2095; siehe auch Rn. 342.
272 Wie hier Meier/Rössner/Schöch/*Schöch* § 11 Rn. 36.

terbringung in der Sicherungsverwahrung (siehe § 7) – auf Zeit – ersetzt wird, untermauert diese realistische Sichtweise die strengen Anforderungen für diese Sanktion. Damit erledigt sich auch der Streit, ob eine Erziehbarkeit Voraussetzung für die Jugendstrafe ist,[273] zumal eine Unerziehbarkeit in der Praxis nicht nachgewiesen werden kann.[274]

6.3.3.2 Notwendigkeit

Im Rahmen der Sanktionsprognose ist weiterhin die Notwendigkeit einer Jugendstrafe zu prüfen; dies schreibt der Gesetzgeber für die Begründung einer Jugendstrafe wegen „schädlicher Neigungen" ausdrücklich vor (siehe § 17 Abs. 2). Schon wegen des geringeren Eingriffscharakters haben Erziehungsmaßregeln und Zuchtmittel Vorrang. Hinzu kommt, dass diesen Sanktionen tendenziell eine größere Resozialisierungschance zukommt als der Jugendstrafe (siehe Rn. 184, 204, 297). Die vergleichende Sanktionsforschung hat zum Ergebnis, dass tendenziell Verurteilte mit einer Jugendstrafe ohne Bewährung schlechter als Vergleichsgruppen mit einer anderen Sanktionierung abschnitten.[275] Vor dem Hintergrund weiterer Untersuchungen und unter Bezug auf internationale Erfahrungen wird festgestellt, dass „durch die Ersetzung schärferer Sanktionen durch weniger eingriffsintensive ein ungünstiger Effekt auf die Jugendkriminalitäts- und Rückfallrate nicht nachgewiesen werden konnte".[276] Als weniger eingriffsintensiv ist hierbei von vornherein auch die Aussetzung der Jugendstrafe zu bedenken (siehe Rn. 244). Positive Ansätze in der Entwicklung des Jugendlichen/Heranwachsenden müssen aufgegriffen, dürfen nicht mit einer Freiheitsstrafe zunichte gemacht werden.[277] Aufgrund des verfassungsrechtlichen Verhältnismäßigkeitsprinzips gilt diese Notwendigkeitsprüfung auch für die Begründung einer Jugendstrafe wegen „Schwere der Schuld".[278] Hierbei ist insbesondere zu beachten, dass allgemein gegenüber Jugendlichen eine größere Toleranz besteht und dass die strafrechtliche Reaktion (Ermittlung, Verfahren und Verurteilung) bereits als Bewährung der Rechtsordnung verstanden wird. So darf die Jugendstrafe nur die „ultima ratio" in der strafrechtlichen Reaktion auf abweichendes Verhalten sein, darf nicht zum Ausdruck strafjustizieller Ratlosigkeit verkommen.[279]

232

6.3.3.3 Angemessenheit

6.3.3.3.1 Genereller Strafrahmen

Der Strafrahmen von sechs Monaten als Mindestmaß und als Höchstmaß von fünf Jahren bzw. von zehn Jahren bei Verbrechen, für die nach dem Erwachsenenstrafrecht eine Höchststrafe von mehr als zehn Jahren Freiheitsstrafe angedroht ist, gilt **absolut**,[280] d. h., weder mithilfe von Strafmilderungs- noch von Strafverschärfungsvor-

233

---

273 Siehe hierzu *Eisenberg* § 17 Rn. 24.
274 Siehe *Streng* 1984, 160.
275 Siehe *Lamnek* 1983, 25 f.
276 Siehe *Dünkel* 1985, 176.
277 Siehe BGH StV 1988, 307.
278 Siehe OLG Brandenburg StV 1999, 658 im Fall einer selbständigen Distanzierung vom Drogenmilieu, allerdings unter dem Erziehungsaspekt; siehe auch OLG Köln StV 1999, 667.
279 Siehe *Schüler-Springorum* 1977, 429; so aber OLG Zweibrücken NStZ-RR 1998, 119 „[...] so ist Jugendstrafe auch dann zu verhängen, wenn sie ebenfalls als ungeeignete Reaktion erscheint"; hiergegen *Ostendorf* 1999a, 515 sowie *Eisenberg/Forstreuter* 1999, 174; siehe auch Fallbeispiel 4, Rn. 240.
280 Ebenso *Brunner/Dölling* § 18 Rn. 3.

schriften aus dem Allgemeinen oder dem Besonderen Teil des StGB oder aus dem Nebenstrafrecht darf dieser Strafrahmen unter- oder überschritten werden, auch nicht bei der Einheitsstrafenbildung gem. § 31. Die Strafrahmenerweiterung auf zehn Jahre gem. § 18 Abs. 1 S. 2 folgt einer abstrakten Betrachtung (§ 12 Abs. 1 StGB); es kommt nicht darauf an, ob im konkreten Fall eine Bestrafung von mehr als zehn Jahren Freiheitsstrafe ausgesprochen würde. Insoweit müssen auch besonders schwere oder minderschwere Fälle unberücksichtigt bleiben.[281] Umgekehrt kann ein Strafzumessungsfehler vorliegen, wenn fälschlicherweise ein Strafrahmen bis zu zehn Jahren zugrunde gelegt wurde.[282] Zur Strafrahmenerweiterung bei Heranwachsenden siehe Rn. 309.

6.3.3.3.2 Strafbemessung im Einzelnen

234 Obwohl die **Strafrahmen aus dem Erwachsenenstrafrecht** nicht gelten (§ 18 Abs. 1 S. 3), sind die dort erfolgten Wertungen des Gesetzgebers inhaltlich zu berücksichtigen.[283] Das heißt, die §§ 13 S. 2, 17 S. 2, 21, 27 Abs. 2 S. 2 jeweils i. V. m. § 49 StGB sowie die Strafänderungen im Besonderen Teil des StGB und des Nebenstrafrechts[284] können sich auch im Jugendstrafrecht auswirken,[285] wobei „Aufhänger" die Angemessenheit im Rahmen der Verhältnismäßigkeitsprüfung ist: „insoweit müssen aber Umstände, die im allgemeinen Strafrecht zu einer Strafmilderung führen, im Jugendstrafrecht mit ihrem vollen Gewicht bei der eigentlichen Strafzumessung berücksichtigt werden".[286] So muss ein nach dem Erwachsenenstrafrecht minder schwerer Fall auch bei der Strafzumessung im Jugendstrafrecht berücksichtigt werden.[287] Umgekehrt spricht die fälschliche Annahme eines „besonders schweren Falls" für eine falsche Strafgewichtung.[288] Dies bedeutet, auch im Jugendstrafverfahren sind diese dogmatischen Abgrenzungen zu treffen, auch wenn sie sich im Urteilstenor nur in der Paragrafen-Aufzählung widerspiegeln. Jedoch darf das Jugendgericht nicht fiktive Strafen nach dem Erwachsenenstrafrecht bilden und sich hieran orientieren, da damit die Gefahr begründet wird, dass die Grundsatzentscheidung des Gesetzgebers unterlaufen wird.[289]

235 Da die gesetzlichen Tatbestände noch nicht zur Bildung von Strafrahmen herangezogen werden, gilt insoweit **nicht das Verbot der Doppelverwertung** von Tatbestandsmerkmalen gem. § 46 Abs. 3 StGB.[290] Die „Umstände, die schon Merkmale des gesetzlichen Tatbestands sind", werden hier erstmalig in einer zusammenfassenden Sichtweise, die auch die Bewertung des Gesetzgebers im Erwachsenenstrafrecht umfasst, berücksichtigt.[291] Auch wenn gem. § 18 Abs. 1 S. 2 das Höchstmaß der Jugendstrafe im Hinblick auf die Strafandrohung im Erwachsenenstrafrecht auf zehn Jahre angehoben wird, ist eine Verwertung von Deliktsmerkmalen dieser Verbrechenstatbestände nicht ausge-

---

281 BGHSt 8, 79; *Brunner/Dölling* § 18 Rn. 4.
282 Siehe BGH bei *Böhm* 1998, 290.
283 Siehe Ostendorf/*Ostendorf* § 5 Rn. 4.
284 Siehe § 31 BtMG – hier genügt nicht die Erwähnung eines Geständnisses, siehe BGH NStZ 1998, 90.
285 H. M., umfassende Nachweise über die Rechtsprechung bei BGH StV 1986, 304; siehe auch BGH StV 2014, 742; *Eisenberg* § 18 Rn. 23.
286 BGH StV 1992, 432; OLG Hamm StV 2001, 178.
287 Siehe BGHR JGG § 18 Abs. 1 S. 3, Fall 3.
288 Siehe BGH NStZ 2000, 194 für den Fall des § 125a StGB.
289 Ebenso BGH StV 1998, 333.
290 Siehe BGH bei *Herlan* 1956, 346; BGH bei *Holtz* MDR 1980, 814; BGH NStZ-RR 1997, 22; BGH bei *Böhm* 2000, 322; D/S/S-*Sonnen* § 18 Rn. 13; a. M. *Eisenberg* § 17 Rn. 21a, 32; *Eisenberg* 2001a, 156 ff.; 2001b, 335; 2002, 839.
291 Ebenso BVerfG v. 24.2.1992, Az. 2 BvR 1667/91: „Da die Strafrahmen des allgemeinen Strafrechts gem. § 18 Abs. 1 S. 3 JGG nicht für die Jugendstrafe gelten und dessen eigenständige Strafrahmen in § 18 Abs. 1 S. 1 und 2 JGG die strafrahmenbildenden Tatbestandsmerkmale des allgemeinen Strafrechts nicht aufneh-

schlossen, da diese Anhebung sich nicht auf spezielle Deliktsmerkmale gründet, sondern an dem erhöhten Strafniveau orientiert.²⁹² Allerdings wäre es ein Verstoß gegen das Doppelverwertungsverbot, wenn für die Festsetzung der Jugendstrafe einmal auf den Strafrahmen des Erwachsenenstrafrechts Bezug genommen und zum anderen auf Umstände hingewiesen würde, die gerade diesen Strafrahmen konstituieren.²⁹³

Immer darf im Vergleich zum Erwachsenenstrafrecht die jugendstrafrechtliche Sanktion nicht härter ausfallen; insoweit besteht ein „**Verbot der Benachteiligung Jugendlicher gegenüber Erwachsenen in vergleichbarer Verfahrenslage**".²⁹⁴ In der Rechtsprechung werden von diesem Grundsatz immer noch Ausnahmen zugelassen, d. h., es soll die Höhe der Jugendstrafe über dem allgemeinen Strafrahmen für einen minder schweren Fall liegen dürfen.²⁹⁵ In der Praxis werden darüber hinaus die gesetzlichen Strafrahmen, die für Erwachsene gelten, z. T. nicht eingehalten.²⁹⁶ Mittlerweile hat sich die h. M. dem entgegengestellt.²⁹⁷ Entscheidend ist, dass die gesetzgeberische Bewertung der Angemessenheit angesichts zusätzlicher Zweifel an der Geeignetheit der Sanktionierung nicht vom Gesetzesanwender zulasten der Jugendlichen und Heranwachsenden korrigiert werden darf. Im Gegenteil: Das Entwicklungsstadium spricht tendenziell für eine geringere Verantwortlichkeit.²⁹⁸ Sowohl ist das „Andershandelnkönnen", die Widerstandskraft gegenüber den Deliktsanreizen i. S. des normativen Schuldbegriffs²⁹⁹ geringer einzuschätzen,³⁰⁰ als auch ist nach dem kriminalpolitisch ausgerichteten Schuldbegriff³⁰¹ aufgrund der geringeren Normmotivierbarkeit ein geringeres Strafbedürfnis zu konstatieren.³⁰² Bei der Bewertung des Tatunrechts „ist bei einem Jugendlichen besonders sorgfältig zu prüfen, in welchem Ausmaß er sich bereits frei und selbstverantwortlich gegen das Recht und für das Unrecht entschieden hat".³⁰³

236

Andererseits darf die Bewertung des Tatunrechts nicht dominierend sein,³⁰⁴ muss sich der jugendstrafrechtlichen Zielsetzung der positiven Individualprävention unterordnen, der sowohl gegenüber der negativen Individualprävention gem. § 17 Abs. 2, 1. Alt., als auch gegenüber der positiven Generalprävention gem. § 17 Abs. 2, 2. Alt., Vorrang zukommt.³⁰⁵ **Tat- und Schuldbewertung limitieren die Strafe**, dürfen nicht zu Straferhöhungen führen;³⁰⁶ umgekehrt ist ein Unterschreiten der Schuldgrenze aus Gründen der Individualprävention im Jugendstrafrecht nicht nur zulässig, sondern

237

---

men, liegt in der Berücksichtigung dieser das Tatunrecht kennzeichnenden Merkmale bei der Bemessung der Jugendstrafe – anders als im allgemeinen Strafrecht (§ 46 Abs. 3 StGB) – keine unzulässige Doppelverwertung von Strafzumessungstatsachen".

292 *Streng* Rn. 463; *Laubenthal/Baier/Nestler* Rn. 785.
293 Siehe BGH StV 2014, 743; w. N. bei Ostendorf/*Ostendorf* § 18 Rn. 5.
294 Siehe *Nothacker* 1985, 111; *Burscheidt* 2000, 95, 98; siehe auch Rn. 61.
295 Siehe BGHSt 8, 78; BGH bei *Böhm* 1982, 414; siehe auch *Dallinger/Lackner* § 18 Rn. 6.
296 Siehe *Weber* 1990, 174–183.
297 BGH StV 1989, 545; BGH StV 1992, 432; *Schaffstein/Beulke/Swoboda* Rn. 474; D/S/S-*Sonnen* § 18 Rn. 14; *Eisenberg* § 18 Rn. 23; *Böhm/Feuerhelm* 2004, § 25 2.a.
298 BGH StV 1986, 304.
299 Siehe BGHSt 2, 200.
300 Siehe auch BGH StV 1984, 30.
301 Siehe *Roxin* 1974, 182.
302 Siehe *Streng* 1984, 164 m. Fn. 52.
303 BGH StV 1994, 598.
304 Siehe auch BGH StV 1994, 598; 1996, 269; 1998, 333.
305 Siehe Ostendorf/*Ostendorf* § 17 Rn. 8.
306 Siehe Ostendorf/*Ostendorf* § 5 Rn. 3, 6; a. M. BGH bei *Holtz* MDR 1980, 814, BGH NStZ-RR 1997, 21 und OLG Hamm, StV 2007,2, wonach Sühne der Schuld und Vergeltung für begangenes Unrecht angemessen zu berücksichtigen sind.

kann auch geboten sein.³⁰⁷ § 46 StGB „passt" insoweit nicht für die inhaltliche Konkretisierung des Strafmaßes,³⁰⁸ weshalb das Verhältnismäßigkeitsprinzip hier zur Anwendung kommt. Dies folgt auch daraus, dass für einen Teil der freiheitsentziehenden Sanktionen, für die Maßregeln der Besserung und Sicherung, das Verhältnismäßigkeitsprinzip bereits gesetzlich bestimmt ist (§ 62 StGB), das aufgrund der mit § 5 Abs. 3 begründeten „Einspurigkeit freiheitsentziehender Maßnahmen im Jugendstrafrecht"³⁰⁹ folgerichtig auch für den anderen Teil gilt (siehe auch Rn. 54).

238 Innerhalb der so abgesteckten Angemessenheitshöhe im Rahmen des § 18 Abs. 1 S. 1, 2 stellt sich weiterhin die Frage nach der konkreten Dauer der Jugendstrafe. Hierfür ist zunächst die Geeignetheit von längeren oder kürzeren Freiheitsstrafen im Hinblick auf das Sanktionsziel zu prüfen. Auch wenn realistischerweise eine Jugendstrafe wegen „schädlicher Neigungen" vor allem dem Sicherungsinteresse als negative Individualprävention dient und mit der Jugendstrafe wegen „Schwere der Schuld" rechtskonform nur der Beeinträchtigung der Rechtstreue als positive Generalprävention entgegengewirkt werden darf, ist das Interesse an der positiven Individualprävention maßgebend zu berücksichtigen: Eine (Re-)Sozialisierung muss einmal von der Dauer her gesehen möglich sein;³¹⁰ ein andermal erlischt das Sicherungsinteresse, wenn eine (Re-)Sozialisierung erfolgt ist, und wächst das Verständnis bei einem (re-)sozialisierten Täter. Hierbei steht außer Frage, dass mit einer längeren Jugendstrafe sowohl dem Sicherungsinteresse als auch einem Strafbedürfnis mehr entsprochen wird und somit diese Eignung nicht zu diskutieren ist. Über bessere oder schlechtere Folgen von kurzer Jugendstrafe im Vergleich zur längeren Jugendstrafe sind die Ansichten sehr geteilt. Während zum einen eine Jugendstrafe von sechs Monaten bis zu einem Jahr für unzweckmäßig gehalten wird,³¹¹ wird kriminalpolitisch die Aussparung einer Freiheitsentziehungsmöglichkeit von vier bis sechs Monaten kritisiert.³¹² Als „erzieherisches Optimum" wird einerseits eine Dauer von vier bis fünf Jahren angesehen;³¹³ hiervon scheint auch der Gesetzgeber ausgegangen zu sein, als er den Höchstrahmen für die Jugendstrafe in der Regel auf fünf Jahre festsetzte.³¹⁴

Auch die sozialwissenschaftlichen Untersuchungen widersprechen sich.³¹⁵

239 Bei dem jetzigen Stand der Sanktionsforschung kann somit **nicht festgestellt werden, ob ein längerer oder kürzerer Strafvollzug größere Aussicht auf eine (Re-)Sozialisierung verspricht.**³¹⁶ Anders ausgedrückt: Eine längere Jugendstrafe verspricht aus kriminologisch-empirischer Sicht keine geringere Rückfallwahrscheinlichkeit³¹⁷; sozialtherapeutische Behandlung, insbesondere Ausbildungsmaßnahmen wirken sich allerdings positiv, jedoch nicht entscheidend aus. Einigkeit scheint darüber zu bestehen, dass **spätestens nach einer Dauer von vier bis fünf Jahren die entsozialisierenden Wir-**

---

307 So auch *Meyer-Odewald* 1993, 94; *Hackstock* 2002, 294; *Lenz* 2006, 226.
308 A. M. *Hackstock* 2002, 273.
309 Siehe BGH StV 2002, 416.
310 § 18 Abs. 2; weitergehend *Jäger* 2003, 479: die Höhe richtet sich allein nach dem Erziehungszweck; demgegenüber wird diese Begrenzungsfunktion von *Wolf* 1984, 313, für die Jugendstrafe wegen „Schwere der Schuld" geleugnet; dagegen *Eisenberg* § 18 Rn. 19, 42; HK-JGG/*Laue* § 18 Rn. 9 ff.
311 Siehe *Böhm/Feuerhelm* 2004, § 25 2. a); *Schaffstein* 1973, 335: „Meinung aller Vollzugsexperten".
312 *Eisenberg* § 18 Rn. 5.
313 *Bruns* 1982, 593; siehe auch *Böhm* 1986, 71 sowie *Brunner/Dölling* § 18 Rn. 3 jeweils m. w. N.
314 Siehe BT-Drucks. 1/3264, S. 41.
315 Nachweise bei *Ostendorf/Ostendorf* § 18 Rn. 9.
316 Siehe *Dünkel* 1985, 173; *Eisenberg* § 17 Rn. 14 ff.; zust. *Brunner/Dölling* § 18 Rn. 3.
317 Siehe *Streng* 2010, 233.

kungen größer sind als die resozialisierenden;³¹⁸ selbst für den Erwachsenenvollzug werden nach fünf Jahren Sozialisationsschäden i. S. von Hospitalisation und Deprivation festgestellt.³¹⁹ Eine Jugendstrafe zwischen fünf und zehn Jahren lässt sich erzieherisch nicht mehr begründen.³²⁰ Unabhängig von dieser Zeitgrenze geht die höchstrichterliche Rechtsprechung übereinstimmend davon aus, dass ein längerer Freiheitsentzug zumindest erzieherisch problematisch ist und deshalb im Hinblick auf § 18 Abs. 2 besonders begründet werden muss.³²¹ Strafzumessungserwägungen aus dem Erwachsenenstrafrecht genügen nicht.³²² Von der höchstrichterlichen Rechtsprechung wird immer wieder die nicht hinreichende Berücksichtigung des § 18 Abs. 2 bemängelt.³²³

▶ **Fallbeispiel 4: Jugendstrafe und Verhältnismässigkeit** 240

(OLG Zweibrücken NStZ-RR 1998, 118)

Zum Sachverhalt:

Das Jugendschöffengericht hatte den Angeklagten wegen Beleidigung in 2 Fällen, in einem Fall in Tateinheit mit Sachbeschädigung, zu einer Gesamtfreiheitsstrafe von 6 Monaten verurteilt. Auf die Berufung des Angeklagten hob das LG das angefochtene Urteil im Rechtsfolgenausspruch auf und verurteilte den Angeklagten zu Jugendarrest von 4 Wochen. Zugleich unterstellte es den Angeklagten der Betreuung und Aufsicht eines hauptamtlichen Bewährungshelfers für die Dauer 1 Jahres und wies ihn an, regelmäßig an einer ambulanten Maßnahme der Suchtberatung teilzunehmen. Gegen das Berufungsurteil wendete sich die StA mit ihrer auf den Rechtsfolgenausspruch beschränkten Revision. Sie beanstandete das Absehen von der Verhängung einer Jugendstrafe.

Das Rechtsmittel hatte Erfolg.

Aus den Gründen:

§ 55 I JGG steht der Zulässigkeit der Revision nicht entgegen. Zwar kann danach eine Entscheidung, in der lediglich Erziehungsmaßregeln oder Zuchtmittel angeordnet wurden, nicht wegen des Umfangs der Maßnahme und nicht deshalb angefochten werden, weil andere oder weitere Erziehungsmaßregeln oder Zuchtmittel hätten angeordnet werden sollen. Diese Vorschrift erfasst jedoch schon nach ihrem Wortlaut nicht jene Fälle, in denen die StA anstelle der Verhängung von Erziehungsmaßregeln oder Zuchtmitteln die Verurteilung des Angekl. zu Jugendstrafe begehrt (vgl. Ostendorf, JGG, 4. Aufl., § 55 Rn. 28; Brunner/Dölling, JGG, 10. Aufl., § 55 Rn. 11).

Das Rechtsmittel der StA ist auch begründet. Nach den rechtskräftigen Feststellungen des angefochtenen Urteils ist der Angekl. bereits mehrfach unter anderem wegen Körperverletzung, Sachbeschädigung, Widerstand gegen Vollstreckungsbeamte und Beleidigung strafrechtlich in Erscheinung getreten. Diese Straftaten wurden zunächst mit Weisungen, dann mit Jugendarrest und schließlich mit Jugendstrafe geahndet. Zuletzt wurde gegen den Angekl. unter Einbeziehung vorausgegangener Jugendstrafen eine Einheitsjugendstrafe von 1

---

318 Siehe bereits *Peters* 1960, 193; siehe aber *Mollenhauer* 1961, 162 ff.
319 Siehe die Vollzugspraktiker *Einsele* und *Stark* in der Anhörung des Bundesverfassungsgerichts, NJW 1977, 1528.
320 So auch der 1. Strafsenat des BGH StV 1996, 269, der 2. Strafsenat NStZ 1997, 29 und der 3. Strafsenat StV 1998, 344; in Abweichung von diesen Entscheidungen geht der 4. Senat des BGH davon aus, dass auch eine Jugendstrafe von mehr als fünf Jahren nicht erzieherisch schädlich sein muss, BGH NStZ 1996, 496; hiergegen *Streng* 1998, 336; rechtfertigend unter dem Gesichtspunkt der Tatverarbeitung *Dölling* 1998, 39.
321 Siehe vier BGH-Entscheidungen in StV 1998, 334, 335.
322 BGH 1 StR 95/16, StV 2016, 702.
323 BGH 3 StR 581/14, StV 2016, 701 = ZJJ 2015, 204; BGH 1 StR 95/16, StV 2016, 702 jeweils m. w. N.

Jahr verhängt, die der Angekl. bis zu seiner Entlassung am 9.7.1996 verbüßte. Nur 3 Tage später, nämlich am 12.7.1996 sowie am 8. 8. 1996 wurde der Angekl. erneut wegen Beleidigung und Sachbeschädigung straffällig. Die Jugendkammer hat unter Gesamtwürdigung der Taten und der Persönlichkeit des zur Tatzeit bereits 20 1/2 Jahre alten Angekl. eine erhebliche Reifeverzögerung nicht ausgeschlossen und schädliche Neigungen angenommen. Dennoch hat sie von der Verhängung einer Jugendstrafe abgesehen und zur Ahndung der Taten Erziehungsmaßregeln und Zuchtmittel für ausreichend erachtet.

Zwar ist die Rechtsfolgenbestimmung zuvorderst Aufgabe des Tatrichters, dessen Beurteilung und Wertung das RevGer. grundsätzlich hinzunehmen hat; der uneingeschränkten revisionsgerichtlichen Überprüfung unterliegt jedoch, ob das erkennende Gericht hierbei von zutreffenden rechtlichen Voraussetzungen ausgegangen ist. Dies erscheint hier zweifelhaft. Nach § 17 II JGG verhängt der Richter Jugendstrafe, wenn wegen schädlicher Neigungen des Jugendlichen, die in der Tat hervorgetreten sind, Erziehungsmaßregeln oder Zuchtmittel zur Erziehung nicht ausreichen oder – was hier offensichtlich ausscheidet – wegen Schwere der Schuld Jugendstrafe erforderlich ist. Mit nicht zu beanstandenden Ausführungen ist die Jugendkammer von der Anwendbarkeit des Jugendstrafrechts und vom Vorliegen schädlicher Neigungen, die in den neuerlichen Taten des Angekl. hervorgetreten sind, ausgegangen. Danach durfte sie jedoch nur von der Verhängung einer Jugendstrafe absehen, soweit Erziehungsmaßnahmen oder Zuchtmittel unter erzieherischen Gesichtspunkten zur Vermeidung künftiger Straffälligkeit ausreichen, was angesichts der Besonderheiten des Falls jedenfalls näherer Darlegungen bedurft hätte. Ohne nähere Ausführungen hierzu ist nicht nachvollziehbar, wieso die Verhängung eines Jugendarrests in Verbindung mit den angeordneten Weisungen ausreichen sollen, die bei dem Angekl. festgestellte Reifeverzögerung und Erziehungsdefizite zu beheben, nachdem die gegenüber dem Jugendarrest weitaus schwerwiegendere Vollstreckung der Jugendstrafe und die damit verbundenen erzieherischen Einwirkungsmöglichkeiten auf den Angekl. offensichtlich ohne Erfolg geblieben sind. Angesichts der erneuten Rückfälligkeit des Angekl., nur 3 Tage nach Haftentlassung, versteht es sich nicht von selbst, dass mit der hier gewählten Kombination aus Jugendarrest und Erziehungsmaßregeln die Erziehung des Angekl. zur Verhinderung erneuter Straffälligkeit erreichbar sein soll. Nach dem Gesamtzusammenhang der Urteilsgründe lassen die besonderen Umstände des Falles vielmehr eher befürchten, dass der bereits zuvor mit Jugendarrest und Jugendstrafe belegte Angekl. angesichts seines zum Tatzeitpunkt mit 20 1/2 Jahre fortgeschrittenen Alters mit Mitteln des Jugendstrafrechts erzieherisch überhaupt nicht mehr zu beeinflussen ist. Für diesen Fall aber käme angesichts des Vorliegens schädlicher Neigungen allein die Verhängung von Jugendstrafe in Betracht. Verspricht nämlich keine Maßnahme des Jugendstrafrechts Erfolg, die Gefahr der Rückfälligkeit zu vermindern, so ist Jugendstrafe auch dann zu verhängen, wenn sie ebenfalls als ungeeignete Reaktion erscheint. Negativen Auswirkungen einer (erneuten, unerwünschten) Inhaftierung kann dann nur noch mit der Strafaussetzung zur Bewährung und damit zu verbindenden Auflagen und Weisungen begegnet werden. Dies hätte einen zusätzlichen spezialpräventiven Sinn, da die Bewährungsüberwachung und der drohende Widerruf der Aussetzung zum Legalverhalten motivieren könnte; auch im Falle einer Teilverbüßung kann mit einer Reststrafenbewährung eine solche Wirkung angestrebt werden. Hingegen darf der Jugendrichter in einem solchen Fall nicht aus Gründen der Verhältnismäßigkeit auf weniger einschneidende Maßnahmen erkennen, wenn diese nicht ausreichen, die schädlichen Neigungen zu verringern (Streng, GA 1984, 148; Böhm, Einführung in das Jugendstrafrecht, 2. Aufl., S. 178). Dies hat die Jugendkammer möglicherweise verkannt, wenn sie ausführt, die „Bedeutung der Taten" lassen es ausreichend erscheinen, mit den „verhältnismäßig milderen Reaktionen" der Erzie-

6. Die unbedingte Jugendstrafe

hungsmaßregel und des Zuchtmittels zu reagieren. Zwar scheidet die Verhängung von Jugendstrafe aus, soweit die persönlichkeitsspezifische Rückfallgefahr nur im Hinblick auf Bagatelldelikte besteht und die der Gemeinschaft drohenden Gefahren nicht erheblich sind, dies jedoch nicht aus Gründen der Verhältnismäßigkeit, sondern weil es dann bereits am Vorliegen „schädlicher" Neigungen fehlt (Ostendorf, S. 198; Böhm, S. 172), wovon angesichts der Vorverurteilung des Angekl. auch wegen Körperverletzungstatbeständen hier jedoch nicht ohne Weiteres ausgegangen werden kann. ◀

Anmerkung:[324]

241

Dass über die richtige Sanktionierung gestritten werden kann, ist unbestritten, zumal das Sanktionenrecht mit Einschluss der für eine Sanktionierung notwendigen Prognoseentscheidung den Richtern und Staatsanwälten wie auch den Strafverteidigern zumindest nicht in ihrer Ausbildung an der Universität und in der Referendarzeit systematisch vermittelt wird. Vieles wird hier mit Alltagsansichten und beruflichen Erfahrungen begründet. Auffällig ist in diesem Verfahren, dass die Sanktionen so unterschiedlich ausfallen, wo es doch um Freiheitsentzug geht. Hierbei hatte der Tatvorwurf Bagatellcharakter: Verurteilt wurde der Angeklagten wegen Beleidigung in zwei Fällen, in einem Fall in Tateinheit mit Sachbeschädigung. Allerdings war er schon erheblich vorbelastet und mehrfach u. a. wegen Körperverletzung, Sachbeschädigung, Widerstand gegen Vollstreckungsbeamte und Beleidigung „strafrechtlich in Erscheinung getreten" – der Ausdruck erscheint nicht nur altmodisch, mit ihm wird auch unterschwellig ein provokantes Verhalten ausgedrückt.

Aus dem in der Praxis häufig angewendeten „Strafverschärfungsautomatismus"[325] wollte nun die JugK mit einer wohlbegründeten Argumentation ausbrechen. Verwunderlich ist allerdings die Weisung, sich für die Dauer eines Jahres der Betreuung und Aufsicht eines hauptamtlichen Bewährungshelfers zu unterstellen. Im § 10 Abs. 1 S. 3 Nr. 5 heißt es: „Der Richter kann dem Jugendlichen insbesondere auferlegen, sich der Betreuung und Aufsicht einer bestimmten Person (Betreuungshelfer) zu unterstellen". Der Betreuungshelfer ist aber nicht der Bewährungshelfer. Die Betreuungshilfefunktion wird grundsätzlich gemäß § 38 Abs. 2 S. 7 von der Jugendgerichtshilfe wahrgenommen. Zwar kann auch eine andere Person beauftragt werden. Der Bewährungshelfer ist aber reserviert für die Betreuung in der Bewährungszeit. Ansonsten kann sowohl für den Verurteilten als auch für sein soziales Umfeld der Eindruck entstehen, hier sei eine Jugendstrafe zur Bewährung ausgesprochen. Das Stigma, unter Bewährungsaufsicht zu stehen, ist mit dem Charakter einer Weisung nicht vereinbar.

Noch größere Bedenken müssen gegen die Ausführungen des OLG zur Begründung einer Jugendstrafe erhoben werden. Es befürchtet, „dass der bereits zuvor mit Jugendarrest und Jugendstrafe belegte Angeklagte angesichts seines zum Tatzeitpunkt mit 20 ½ Jahren fortgeschrittenen Alters mit Mitteln des Jugendstrafrechts erzieherisch überhaupt nicht mehr zu beeinflussen ist".

Abgesehen davon, dass sich diese Einschätzung im Unterschied zu der der JugK allein auf schriftliche Unterlagen gründet, wäre dann aber jede Sanktionierung mit einer erzieherischen Zwecksetzung sinnlos. Folgerichtig wird die Jugendstrafe als eine ungeeignete Sanktion eingestuft. Sie soll trotzdem mit folgender Argumentation zum Einsatz kommen. „Verspricht nämlich keine Maßnahme des Jugendstrafrechts Erfolg, die Ge-

---

324 Siehe *Ostendorf* 1999a, 515.
325 Siehe hierzu Ostendorf/*Ostendorf* § 5 Rn. 21.

fahr der Rückfälligkeit zu vermindern, so ist Jugendstrafe auch dann zu verhängen, wenn sie ebenfalls als ungeeignete Reaktion erscheint". Diese Auffassung ist mit dem Grundsatz der Verhältnismäßigkeit nicht vereinbar. Scheidet eine Jugendstrafe wegen Schwere der Schuld im Hinblick auf den Bagatellcharakter der begangenen Straftaten aus, so muss in einer solchen Fallkonstellation auf mildere Sanktionen zurückgegriffen werden, wenn nicht sogar ein Strafverzicht geboten ist. „Retten" will das OLG die Sanktionierung mit einer Jugendstrafe, indem diese zur Bewährung ausgesetzt und mit Auflagen und Weisungen verbunden wird. Nur wird vom Gericht selbst ein möglicher Widerruf der Strafaussetzung zur Bewährung einkalkuliert. Wenn sowohl dieser Bewährungsstrafe als auch der eventuellen Jugendstrafe ein resozialisierender Sinn beigemessen wird, so setzt sich das Gericht zudem in Widerspruch zu der zitierten Einschätzung, wonach die Jugendstrafe hier als ungeeignete Sanktion erscheint. Das OLG sieht zwar das Gebot der Verhältnismäßigkeit: „Hingegen darf der Jugendrichter in einem solchen Fall nicht aus Gründen der Verhältnismäßigkeit auf weniger einschneidende Maßnahmen erkennen, wenn diese nicht ausreichen, die schädlichen Neigungen zu verringern".[326] Die angeführten Literaturstellen beleuchten aber nicht die Fallkonstellation, dass auch die Jugendstrafe nicht in der Lage ist, den Angeklagten zu verbessern. Vielmehr weist *Böhm*[327] ausdrücklich auf die Begrenzung der Jugendstrafe durch das Verhältnismäßigkeitsprinzip hin. *Streng*,[328] der von der Voraussetzung der Erziehungsfähigkeit durch Strafvollzug absieht und auch die Jugendstrafe wegen „schädlicher Neigungen" auf die Strafbedürfnisse der Allgemeinheit stützt, „schließt solche leichteren Fälle, bei denen weniger starke Strafbedürfnisse entstehen, von der Jugendstrafe aus". Verhältnismäßigkeit heißt, dass die Sanktion geeignet, notwendig und angemessen sein muss. Scheidet aufgrund der Persönlichkeitsstruktur des Angeklagten jegliche erzieherische Einflussnahme durch Sanktionen aus und ist eine Jugendstrafe wegen Gefährlichkeit des Täters für weitere erhebliche Straftaten („schädliche Neigungen") oder um ausnahmsweise im Sinne einer positiven Generalprävention den Strafbedürfnissen der Allgemeinheit Rechnung zu tragen („Schwere der Schuld") nicht geboten, so bleiben als Sanktionszweck nur die Normverdeutlichung und individuelle Abschreckung. Hierfür hat der Gesetzgeber ausdrücklich eine Sanktionierung mit Zuchtmitteln vorgesehen: „Der Richter ahndet die Straftat mit Zuchtmitteln, wenn Jugendstrafe nicht geboten ist, dem Jugendlichen aber eindringlich zum Bewusstsein gebracht werden muss, dass er für das von ihm begangene Unrecht einzustehen hat" (§ 13 Abs. 1). In diesem Fall darf nicht außer Acht gelassen werden, dass der Angeklagte sich für die Taten bereits entschuldigt und Schadenswiedergutmachung geleistet hatte. Insoweit hat er aus seinem Tun bereits Konsequenzen gezogen.

Gerade bei Bagatellstraftaten schon wiederholt auffälliger und schon mit Jugendstrafe sanktionierter Straftäter ist es häufig sehr schwer, eine vernünftige Sanktionierung zu finden. In solchen Fällen erscheint es notwendig, sich von überzogenen erzieherischen Ansprüchen zu lösen und es bei einer bloßen Denkzettel-Sanktion zu belassen. Die Erfahrung des wiederholt straffällig gewordenen Angeklagten, dass die Justiz bei Bagatellen nicht die Strafeskalationsleiter weiter emporsteigt, sondern einen Schritt zurückgeht, kann die Einsicht in die Notwendigkeit strafjustizieller Maßnahmen und ihre Akzeptanz fördern.

---

326 *Streng* 1984, 148 ff.; *Böhm* 1985, 178.
327 *Böhm* 1996, 210.
328 *Streng* 1984, 159.

6.4 Justizpraxis

Im Verhältnis zu den anderen Sanktionen hat die Jugendstrafe auch quantitativ ein nicht zu unterschätzendes Gewicht (siehe Rn. 172). Gerade in den letzten Jahren ist sowohl die absolute Zahl als auch der prozentuale Anteil – wiederum – gestiegen. Das Verhältnis der Strafbegründungen wegen „schädlicher Neigungen" und wegen „Schwere der Schuld" sieht nach Einzeluntersuchungen wie folgt aus:

242

Autor und Titel der Untersuchung	„Schädliche Neigungen"	„Schwere der Schuld"	Beide Voraussetzungen
Benske Die Bedeutung des Erziehungsgedankens für die Bemessung der Jugendstrafe, 1966, S. 141	79,0 %	12,5 %	8,5 %
Lange Rückfälligkeit nach Jugendstrafe, 1973, S. 113	69,3 %	10,1 %	20,6 %
Matzke Der Leistungsbereich bei Jugendstrafgefangenen, 1982, S. 182, 183	71,9 %	15,8 %	12,3 %
Meier Richterliche Erwägungen bei der Verhängung von Jugendstrafe und deren Berücksichtigung durch Vollzug und Bewährungshilfe, 1994, S. 73	38,7 %	32,3 %	29,0 %
Schulz Die Höchststrafe im Jugendstrafrecht (10 Jahre) – Eine Analyse der Urteile von 1987–1996, 2000, S. 126	4,1 %	36,5 %	58,1 %

Der Untersuchung von *Meier* kommt nach eigener Einschätzung aufgrund der lokalen und quantitativen (35 Urteile) Begrenzung, der Untersuchung von *Schulz* aufgrund der Schwereauswahl keine Repräsentanz zu, so dass in der Praxis von einer Dominanz der „schädlichen Neigungen" auszugehen ist.

Nach der Strafhöhe wurden folgende Jugendstrafen ausgesprochen:

Jahr*	6 Monate bis 1 Jahr	1 Jahr bis 2 Jahre	2 Jahre bis 5 Jahre	5 Jahre bis 10 Jahre
1960	8 253 (82,1 %)	1 445 (14,4 %)	333 (3,3 %)	21 (0,2 %)
1970	8 318 (76,1 %)	2 071 (18,9 %)	496 (4,5 %)	45 (0,4 %)
1980	12 771 (72,2 %)	3 607 (20,4 %)	1 186 (6,7 %)	121 (0,7 %)
1985	11 493 (65,8 %)	4 343 (24,9 %)	1 488 (8,5 %)	139 (0,8 %)
1990	7 524 (62,2 %)	3 393 (28,0 %)	1 066 (8,8 %)	67 (0,6 %)
1995	7 890 (56,8 %)	4 496 (32,4 %)	1 416 (10,2 %)	78 (0,6 %)
2000	9 744 (54,9 %)	5 993 (33,8 %)	1 923 (10,8 %)	93 (0,5 %)
2005	8 994 (54,1 %)	5 723 (34,3 %)	1 841 (11,1 %)	83 (0,5 %)

Jahr*	6 Monate bis 1 Jahr	1 Jahr bis 2 Jahre	2 Jahre bis 5 Jahre	5 Jahre bis 10 Jahre
2010	8 615 (50,0 %)	6 313 (36,6 %)	2 233 (13,0 %)	80 (0,5 %)
2015	5 173 (49,0 %)	3 847 (36,5 %)	1 447 (13,7 %)	83 (0,8 %)

* Bis 1990 wurden nur die „bestimmten" Jugendstrafen gezählt.
(Quelle: Statistisches Bundesamt, Strafverfolgung (Fachserie 10 Reihe 3, Tab. 4.1); Gebiet: bis 1990 altes Bundesgebiet, ab 1995 alte Länder einschl. Berlin-Ost)

Insgesamt ergibt sich eine deutliche **Tendenz zu höheren Jugendstrafen.**

Die vielfältigen revisionsgerichtlichen Aufhebungen von Verurteilungen zu einer Jugendstrafe[329] zeigen, dass die gesetzlichen Voraussetzungen und die Strafzumessungsgesichtspunkte z. T. nicht hinreichend beachtet werden.[330] Zum Teil zeigen sich die Tatsachengerichte sogar „widerspenstig".[331]

6.5 Kriminalpolitische Forderungen

243 Der Begriff der „**schädlichen Neigungen**" ist **selbst schädlich** (siehe Rn. 225) und abzuschaffen.[332]

Statt dessen ist nüchtern **eine negative Rückfallprognose** zu fordern,[333] und zwar **für erhebliche Straftaten,** deren Wiederholung nicht mehr effektiv mit ambulanten Sanktionen entgegengewirkt werden kann,[334] die schwerer sind als „nicht unerhebliche" Straftaten.[335] Da auch diese Umformulierung noch relativ unbestimmt ist, sollte das Ziel der Jugendstrafe als **Sicherungsstrafe** und ausnahmsweise **bei Verbrechen gegen das Leben oder ein anderes Gewaltverbrechen gegen eine Person** zur Normstabilisierung **im Sinne einer positiven Generalprävention** (heute: § 17 Abs. 2, 2. Alt.) definiert werden;[336] allerdings sollte hierfür nicht an dem verführerischen Begriff „Schwere der Schuld" festgehalten werden.[337] Nur im letzten Fall dürfte ein Strafmaß über vier Jahre erlaubt sein.

Forderungen, den Strafgrund für Jugendstrafe „wegen schädlicher Neigungen" abzuschaffen[338] und die Mindestdauer der Jugendstrafe zu reduzieren,[339] konnten sich auf dem 22. Deutschen Jugendgerichtstag[340] nicht durchsetzen. Derartige Anlehnungen an das Erwachsenenstrafrecht sind in der Tat zurückzuweisen, weil so sozialschädliche kurze Freiheitsstrafen mit generalpräventiven Begründungen Eingang in das Jugend-

---

329 Siehe hierzu *Block* 2005, 60 ff.
330 Gem. dem Wiesbadener Verlaufsprojekt lagen bei 10 von 40 Jugendstrafgefangenen die Voraussetzungen für die Verhängung einer Jugendstrafe nicht vor, siehe *Bock* 2013, 329.
331 Siehe beispielhaft BGH StV 2013, 758, 759.
332 Ebenso die Zweite Jugendstrafrechtsreformkommission der DVJJ, 2002, DVJJ-Extra, Nr. 5, S. 87; *H.-J. Albrecht* 2002, 152 ff.; für eine Neufassung die Justizminister-Konferenz vom Juni 2014.
333 Ebenso *Eisenberg* 1984, 27.
334 Ebenso Stellungnahme der DVJJ, 1982, S. 18, 19; siehe auch *Nothacker* 1985a, 193.
335 So aber *Eisenberg* 1984, 7.
336 Ähnlich die Zweite Jugendstrafrechtsreformkommission der DVJJ, 2002, DVJJ-Extra, Nr. 5, S. 59.
337 So aber *Begemann* 1991, 44; *H.-J. Albrecht* 2002, 153.
338 Siehe *Begemann* 1991, 44; *Dünkel* 1992, 30; *Yurkow* 2013, 197.
339 Siehe *Viehmann* 1989, 120; *Dünkel* 1992, 31; Unterkommission IV der DVJJ-Kommission „Jugendkriminalrecht", DVJJ-Journal 1–2/1992, 35.
340 Arbeitskreis V/3, DVJJ-Journal 4/1992, 290.

strafrecht finden würden. Im Ergebnis wäre das Gegenteil der damit verknüpften Absichten zu erwarten: Eine Strafausweitung![341]

Forderungen nach Anhebung der Höchststrafe von zehn Jahren[342] sind aus kriminologischer und kriminalpolitischer Sicht abzulehnen.[343] Hierfür spricht bereits die geringe Anzahl dieser Verurteilungen: 74 Personen im Zeitraum von 1987 bis 1996. Zudem konnte in einer umfassenden, d. h. vollständigen Analyse aller Höchststrafenurteile aus diesem Zeitraum kein kriminalpolitischer Bedarf festgestellt werden. Vielmehr deuten die vorzeitigen Entlassungen darauf hin, dass selbst dieser Zeitraum von der Strafjustiz letztlich nicht für erforderlich gehalten wird. Unterstützt wird diese Schlussfolgerung durch eine – begrenzte – Rückfalluntersuchung, in der kein einschlägiger Rückfall nach diesen Entlassungen auf Bewährung festgestellt wurde.[344]

7. Die Jugendstrafe zur Bewährung

7.1 Begriff

Die Aussetzung der Jugendstrafe zur Bewährung ist eine Folgeentscheidung der Verurteilung zu einer Jugendstrafe, setzt diese voraus. Dies könnte gegen einen eigenständigen Sanktionscharakter sprechen.[345] In der Praxis hat die Jugendstrafe jedoch sehr wohl eine eigenständige Bedeutung. Aus der Sicht des Angeklagten geht es entscheidend um die Vermeidung der „Haft". Die Alternative mit Betreuung und Kontrolle durch den Bewährungshelfer, mit Weisungen und Auflagen muss in der Praxis von vornherein mit bedacht werden.[346] Die Jugendstrafe zur Bewährung kann somit als „Bewährung in Freiheit" charakterisiert werden.[347]

244

7.2 Gesetzesziel

Die Zielsetzung der Jugendstrafe zur Bewährung entspricht dem allgemeinen Sanktionsziel „Vermeidung einer Straftatwiederholung" (Rn. 53). Neben dem Druckmittel des Widerrufs der Strafaussetzung und der Kontrolle in der Bewährungszeit soll positiv auf den Verurteilten mit Weisungen und Auflagen sowie mit der Betreuung durch den Bewährungshelfer eingewirkt werden. Gleichzeitig sollen damit negative, entsozialisierende Wirkungen eines Freiheitsentzuges vermieden werden.[348]

245

7.3 Anwendungsvoraussetzungen

7.3.1 Verurteilung zu einer Jugendstrafe nicht über zwei Jahre

Erste Voraussetzung ist die Verurteilung zu einer Jugendstrafe, die zwei Jahre nicht übersteigen darf; die Verurteilung zu zwei Jahren ist nach dem Gesetzeswortlaut (§ 21

246

---

341 Eine Strafermäßigung will *Yurkow* 2013, 197, mit der Ersetzung der Jugendstrafe wegen schädlicher Neigungen durch eine stationäre Erziehungsmaßregel erreichen.
342 Gesetzesanträge der Bayerischen Staatsregierung BR-Drucks. 662/97, 449/99 sowie zusammen mit der Sächsischen Landesregierung BR-Drucks. 459/98.
343 Ebenso *H.-J. Albrecht* 2002, 152; befürwortend für Heranwachsende aber *Kreuzer* 1978a, 17; ebenso 2002, 2350; auch *Schöch* 2001, 137.
344 *Schulz* 2000, 171.
345 *Dallinger/Lackner* § 20 Rn. 7; *Schaffstein/Beulke/Swoboda* Rn. 492 m. w. N.
346 Siehe *Brunner/Dölling* § 21 Rn. 2; ebenso *Böhm/Feuerhelm* 2004, § 25 4. f; *Eisenberg* § 21 Rn. 4.
347 *Arm. Kaufmann* 1958, 298; *Geerds* 1969, 342; ebenso Erster Periodischer Sicherheitsbericht der Bundesregierung, 2001, S. 396.
348 Siehe BT-Drucks. 11/5829, S. 20.

Abs. 2) noch aussetzungsfähig. Hierbei ist der **formelle Strafausspruch entscheidend**. Die Anrechnung von Untersuchungshaft (§ 52a) oder eines vorherigen Freiheitsentzuges im Wege der Einheitsstrafenbildung (§ 31 Abs. 2) verändert nicht diese Eingangsvoraussetzung, d. h., es kommt nicht auf die noch zu vollstreckende Zeit an.

7.3.2 Günstige Legalprognose

247 Obwohl mit der Verurteilung zu einer Jugendstrafe wegen „schädlicher Neigungen" immer auch eine Rückfallgefahr prognostiziert werden muss (siehe Rn. 225), ist für die Anordnung der Aussetzung eine **günstige Legalprognose** erforderlich **aufgrund einer Strafabschreckung** (negative Individualprävention) **und aufgrund von Bewährungsmaßnahmen** (positive Individualprävention). Hierbei sind der Grad der Rückfallgefahr und die Eignung der Bewährungsmaßnahmen (§§ 23, 24) abzuwägen. Der äußere Unrechtsgehalt der Tat muss demgegenüber zurückstehen.[349]

Die Rückfallgefahr ist entsprechend dem Kriterienkatalog für eine kriminologische Individualprognose (siehe Rn. 293) einzustufen. Obwohl der Gesetzgeber positiv die Erwartung eines „rechtschaffenen" Lebenswandels ausspricht, ist wie im Erwachsenenstrafrecht (§ 56 Abs. 1 StGB) nur **die Gefahr für erneute Straftaten** zu prüfen.[350] Dies verlangen sowohl die allgemeine jugendstrafrechtliche Zielsetzung (siehe Rn. 53) als auch die Umformulierung der „schädlichen Neigungen" in eine persönlichkeitsspezifische Rückfallgefahr für „erhebliche" Straftaten (siehe Rn. 225). Wenn auch nicht eine Wiederholungsgefahr für die gleiche Tat zu prognostizieren ist, so **scheiden** jedoch sowohl **Gefahren für unerhebliche Delikte als auch für tatfremde Delikte aus**.

Es dürfen nur die **Rückfallgefahren** abgewogen werden, die z. Z. der Entscheidung „künftig", nicht vorher zum Zeitpunkt der Tat bestehen, wobei der zu prognostizierende Zeitraum über die Bewährungszeit hinausgeht.[351] Hierbei ist zu berücksichtigen, dass die jugendliche Entwicklung nicht in einem kontinuierlichen Prozess verläuft, sondern sprunghaft mit abrupten Veränderungen, auch hinsichtlich einer Kriminalitätsanfälligkeit.[352]

Als Prognosekriterien werden im Gesetz genannt: Die Persönlichkeit des Jugendlichen, sein Vorleben, die Umstände seiner Tat, sein Verhalten nach der Tat, seine Lebensverhältnisse und die Wirkungen, die von der Strafaussetzung zu erwarten sind. Im Weiteren wird hiermit auf die Ergebnisse der Kriminologie, der Lehre von den Kriminalitätsursachen, verwiesen.[353] Es gilt somit zunächst nach den Ursachen der abgeurteilten Taten zu fragen und sodann, ob diese Ursachen noch fortbestehen.

248 Die Wirkungen der Verurteilung und der Bewährungsmaßnahmen sind im Allgemeinen positiv einzuschätzen. Dies wird durch Rückfalluntersuchungen im Vergleich zur Jugendstrafe ohne Bewährung bestätigt.

---

349 BGH StV 1996, 269.
350 Siehe auch *Eisenberg* § 21 Rn. 17 i. V. m. § 5 Rn. 4.
351 Ebenso *Eisenberg* § 21 Rn. 15.
352 Siehe ebenso *Eisenberg* § 21 Rn. 20.
353 Siehe hierzu *P.-A. Albrecht* 2010; *Kunz/Singelnstein* 2016; *Meier* 2016; speziell *M. Walter/Neubacher* 2011.

Name und Titel der Untersuchung	Rückfälligkeit bei Jugendstrafe zur Bewährung	Rückfälligkeit bei Jugendstrafe ohne Bewährung
Liebe/Meyer Rückfall oder Legalbewährung, 1981, S. 52	75,4 %	82,3 %
Lange Rückfälligkeit nach Jugendstrafe, 1973, S. 133	72,9 %	80,8 %

(siehe auch *Streng* 1984, 154 m. w. N. in Fn. 22; siehe weiter Rn. 297)

Die Ergebnisse sind allerdings mit Rücksicht auf die Unterschiede hinsichtlich der Kriminalitätsgefährdung dieser Probandengruppen zu relativieren.

7.3.3 Wahrscheinlichkeitsgrad

Da die Legalprognose zukünftiges Verhalten einer fremden Person betrifft, ist sie immer mit Unsicherheiten verbunden. Dementsprechend wird im § 21 auch nur eine „Erwartung" verlangt – „**Risikoprognose**". Eine Gewissheit ist nicht bloß nicht erforderlich, sie ist auch unmöglich. Es bedarf keiner Gewähr einer zukünftigen straffreien Führung des Angeklagten. Es muss nur die Wahrscheinlichkeit künftigen straffreien Verhaltens größer sein als diejenige neuer Straftaten.[354] Dann besteht eine Verpflichtung zur Strafaussetzung zur Bewährung („setzt der Richter die Vollstreckung der Strafe zur Bewährung aus"). Das Gericht hat kein Rechtsfolgeermessen, es ist **zum Risiko** verpflichtet. Zweifel müssen nicht ausgeräumt sein; es reichen „gute Gründe".[355]

249

Mit der Neuformulierung des § 21 Abs. 2 ist gesetzgeberisch klargestellt, dass auch **bei einer Jugendstrafe von ein Jahr bis zwei Jahren im Regelfall Bewährung** auszusprechen ist. Die Begründung zum 1. JGGÄndG ist eindeutig: „Der Entwurf beseitigt die Schwierigkeiten des geltenden Rechts, indem er – entsprechend dem Vorschlag der Jugendstrafvollzugskommission[356] – die einschränkenden Voraussetzungen des § 21 Abs. 2 JGG streicht und Strafaussetzung zur Bewährung von Jugendstrafen von mehr als 1 bis zu 2 Jahren – unter den Voraussetzungen des Abs. 1 – für den Regelfall bindend vorschreibt. Er folgt damit der bei Änderung des § 21 Abs. 1 S. 1 JGG durch das EGStGB getroffenen Feststellung,[357] dass mit der obligatorischen Bewährungshilfe im Jugendstrafrecht eine ambulante Behandlungsart zur Verfügung stehe, die bei günstigen Voraussetzungen ebenso gut oder sogar besser geeignet sei, das angestrebte Erziehungsziel zu erreichen, als dies durch den Jugendstrafvollzug in einer Jugendstrafanstalt der Fall sei. Dies gilt auch für den nunmehr einbezogenen Bereich der Jugendstrafen von mehr als 1 bis zu 2 Jahren und rechtfertigt auch deren Aussetzung bei günstiger Prognose für den Regelfall".[358] Die Einschränkung „wenn nicht die Vollstreckung im Hinblick auf die Entwicklung des Jugendlichen geboten ist" sollte nur ganz ausnahmsweise Bedeutung erlangen. Vor allem dürfen damit nicht generalpräventive Ge-

250

---

354 BGHR StGB § 56 Abs. 1, Sozialprognose 30; OLG Düsseldorf JR 2001, 203.
355 Ebenso im Ergebnis *Böhm/Feuerhelm* 2004, § 25 3. a); *Eisenberg* § 21 Rn. 6.
356 Vgl. Schlussbericht von 1980 S. 8.
357 Vgl. RegE zum EGStGB, BT-Drucks. VI/3250, S. 314/315.
358 Siehe BT-Drucks. 11/5829, S. 20.

sichtspunkte eingeführt werden;³⁵⁹ eine § 56 Abs. 3 StGB vergleichbare Bestimmung fehlt im Jugendstrafrecht.³⁶⁰

7.4 Folgen

7.4.1 Bewährungszeit

251   Im Unterschied zu der Aussetzung der Verhängung der Jugendstrafe (siehe § 28) beträgt der Zeitrahmen für die Strafaussetzung zwei bis drei Jahre (§ 22 Abs. 1), der **nachträglich** im Mindestmaß auf ein Jahr und vor Ablauf der Bewährungszeit im Höchstmaß auf vier Jahre verändert werden kann (§ 22 Abs. 2 S. 2).

Die konkrete Bewährungszeit wird durch den Richter festgesetzt (zum Verfahren siehe §§ 57 ff.). Die Festsetzung erfolgt nach dem Sanktionsziel (siehe Rn. 245), d. h., es ist zu entscheiden, wie viel Zeit zur Erreichung des Ziels für angemessen angesehen wird (pflichtgemäßes Ermessen); diese **Strafzielorientierung** wird **durch das Verhältnismäßigkeitsprinzip begrenzt**.

7.4.2 Weisungen und Auflagen

252   Gem. § 23 Abs. 1 **sollen** für die Dauer der Bewährungszeit Weisungen, **können** darüber hinaus Auflagen erteilt werden.

Die Art der Weisungen und Auflagen ist in den §§ 10 und 15, auf die im § 23 Abs. 1 S. 2 Bezug genommen wird, geregelt. Der Umfang wird durch das Ziel der Individualprävention und durch das Verhältnismäßigkeitsprinzip bestimmt. Hinsichtlich der Angemessenheit ist zu berücksichtigen, dass die Bewährung bereits eine Belastung darstellt, hier **zusätzliche Interesseneinbußen** erfolgen, wobei im Hintergrund immer der Widerruf droht. Angesichts der finanziellen Mängellage bei den allermeisten Verurteilten sind Geldbußen regelmäßig unangebracht. Auch für Auflagen ist abweichend von § 56b Abs. 1 StGB, wo auf die Genugtuung für das begangene Unrecht abgestellt wird,³⁶¹ das allgemeine Ziel der Individualprävention, durch Einwirkung eine Straftatwiederholung zu verhindern, maßgebend. Ein eigenständiger Ahndungszweck ist abzulehnen, wenngleich im § 23 Abs. 2 („Genugtuung für das begangene Unrecht") hierauf ausdrücklich abgestellt wird. Die Weisung, zum Nachweis der Drogenfreiheit **Urinproben abzugeben**, erscheint im Interesse einer straffreien Lebensführung bei der Verurteilung nach dem BtMG als zulässig,³⁶² nicht aber die Verpflichtung, die Kosten für die Urinproben zu übernehmen.³⁶³

Weisungen und Auflagen müssen vom Gericht klar bestimmt werden. Nur dann kann ein schuldhafter Verstoß des Verurteilten festgestellt werden. Dieses **Bestimmtheitsgebot** gilt auch für Arbeitsmaßnahmen (Dauer, Zeitraum). Nur die Auswahl der Arbeitsstelle darf der JGH oder der Bewährungshilfe überlassen werden.³⁶⁴

---

359   Siehe auch Begründung zum Gesetzesentwurf, BT-Drucks. 11/5829, S. 20.
360   Siehe *Hackstock* 2002, 302.
361   Siehe NK-StGB-*Ostendorf* § 56 b Rn. 1.
362   Siehe OLG Zweibrücken JR 1990, 121 m. zust. Anm. von *Stree*; LG Berlin StV 1997, 642; gegen die Zulässigkeit als Auflage, ohne die Möglichkeit einer Weisung zu prüfen, und unter falscher Bezugnahme auf BVerfG StV 1993, 465 LG Detmold StV 1999, 663.
363   LG Baden-Baden NStZ-RR 2001, 277.
364   KG StV 2014, 746; siehe auch Rn. 258.

7. Die Jugendstrafe zur Bewährung

Die Anordnung von Weisungen und Auflagen steht unter dem Vorbehalt der „freiwilligen" Zusage oder dem „freiwilligen" Angebot, sofern diese ernsthaft sind und die Erfüllung zu erwarten ist. Damit wird nicht nur der Selbstbestimmung des Verurteilten Rechnung getragen, sondern auch der Erfahrung entsprochen, dass Freiwilligkeit eine bessere Ausgangslage für die Bewährung darstellt als Zwang. Dementsprechend ist der Verurteilte hiernach „in geeigneten Fällen" zu befragen (§ 57 Abs. 3 S. 1).

Gem. § 23 Abs. 1 S. 3 können die Weisungen und Auflagen auch nachträglich, d. h. nach dem Bewährungsbeschluss, angeordnet werden. Diese Möglichkeit sollte aber nur ausnahmsweise genutzt werden, da die etappenweise Sanktionierung unangemessene Härten mit sich bringt und für den Betroffenen unverständlich erscheinen muss.

Weiterhin können Weisungen und Auflagen geändert und aufgehoben werden. Eine Änderung kann sowohl in der Modifizierung der einzelnen Weisung oder Auflage als auch in der Ersetzung durch eine andere bestehen. Grundlage für Änderung oder Aufhebung können sowohl neue Tatsachen als auch alte, bei der Urteilsfindung nicht bekannte Tatsachen als auch neue Einschätzungen zur Lebenssituation des Probanden sein.

Werden Weisungen oder Auflagen schuldhaft nicht erfüllt, kann Jugendarrest gem. den §§ 23 Abs. 1 S. 4, 11 Abs. 3, 15 Abs. 3 S. 2 verhängt werden. Insoweit ersetzt der Jugendarrest diese Maßnahmen (siehe Rn. 329), d. h., sie müssen erneut angeordnet werden, wenn hierauf bestanden werden soll. Dies erscheint sowohl im Hinblick auf die Rechtsnatur dieses Arrestes als auch unter Beachtung des Verhältnismäßigkeitsprinzips als auch unter erzieherischen Gesichtspunkten zwingend.

7.4.3 Bewährungshilfe

7.4.3.1 Einsetzung

Nach § 24 Abs. 1 **muss** – im Unterschied zum Erwachsenenstrafrecht (§ 56d Abs. 1 StGB) – ein Bewährungshelfer bestellt werden, nach der Abänderung durch das 1. JGGÄndG allerdings nur für höchstens zwei Jahre (§ 24 Abs. 1 S. 1). Bei späterer erneuter Bestellung kann allerdings das Höchstmaß von zwei Jahren überschritten werden (§ 24 Abs. 2 S. 2), wobei das Ende der Bewährungszeit immer auch das Ende der Betreuungszeit bedeutet. Die Bestellung erfolgt durch den Richter (§ 25 S. 1).

253

7.4.3.2 Auswahl

Im Gesetz wird zwischen hauptamtlichen und ehrenamtlichen Bewährungshelfern unterschieden (§ 24 Abs. 1 S. 1 und 2; siehe auch § 113). Hierbei wird eine Präferenz für den hauptamtlichen Bewährungshelfer ausgesprochen. Die Gründe sind die fachlich nachgewiesene Kompetenz sowie das abrufbare Einsatzangebot. Die für eine Bestellung eines ehrenamtlichen Bewährungshelfers genannten Gründe der Erziehung sind andererseits häufig schon in der Überlastung der hauptamtlichen Bewährungshelfer zu finden.

254

Für eine stärkere Berücksichtigung der ehrenamtlichen Helfer – entgegen einer anzutreffenden Reserviertheit der hauptamtlichen Bewährungshelfer[365] – spricht weiterhin, dass sich Verurteilte mit diesen eher auf eine Zusammenarbeit einlassen.[366] Der haupt-

---

365 Siehe *Spieß* 1983, 36.
366 Siehe *Cyrus* 1982, 208; siehe auch *Eisenberg* § 25 Rn. 5.

amtliche Bewährungshelfer wird aufgrund seiner dienstrechtlichen Abhängigkeit (§ 113) mehr mit der Strafjustiz identifiziert als dies bei einem Laienhelfer der Fall ist. Dies gilt insbesondere, wenn der ehrenamtliche Helfer aus dem näheren Umfeld, dem Bekanntenkreis des Verurteilten bestimmt wird. Hinzu kommt die Chance einer Einzelbetreuung gegenüber der Massenbetreuung durch den hauptamtlichen Bewährungshelfer. Schließlich wird damit die gesamtgesellschaftliche Verantwortlichkeit für Kriminalität deutlich gemacht. Auf der anderen Seite genügt nicht allein der gute Wille. Die Eignung im Hinblick auf die Betreuungs- und Überwachungsfunktion muss überprüft werden, wobei eine Erfahrung in der Sozialarbeit Voraussetzung ist.[367] Der ehrenamtliche Helfer sollte zudem eingebunden sein in die hauptamtliche Bewährungshilfe, um hier notfalls Rat und Hilfe einzuholen und um sich psychisch wieder aufrüsten zu können.

7.4.3.3 Aufgabenstellung

255   Die Aufgaben des Bewährungshelfers decken sich mit dem Ziel der Aussetzung der Jugendstrafe zur Bewährung (siehe Rn. 245). Das heißt, die Betreuungs- und Hilfefunktion steht im Vordergrund (§ 24 Abs. 3 S. 1), sekundär hat der Bewährungshelfer auch bei der Überwachung der Bewährung mitzuhelfen (§ 24 Abs. 3 S. 2).

Wenn dieser **Rollenkonflikt** in der Person des einzelnen Bewährungshelfers letztlich auch nicht zu lösen ist, gilt es doch, die primäre Funktion der Betreuung zu betonen, da sie nur in einer **offenen Zusammenarbeit** gelingen kann. Der Bewährungshelfer hat seine Berichts- und Meldepflichten sofort und offen anzusprechen, damit sich der Proband hierauf einstellen kann.[368]

Da die Bewährungshilfe auch Kontroll-, Berichts- und Meldepflichten hat (siehe Rn. 258, 259) und damit Mitteilungen des Probanden sich für ihn nachteilig auswirken können, ist für solche Informationen auf das Schweigerecht entsprechend den §§ 136 Abs. 1 S. 2, 163a Abs. 3, 4 StPO hinzuweisen.[369] Ohne eine **Belehrungspflicht** würde der Grundsatz „Niemand ist verpflichtet, sich selbst zu belasten"[370] umgangen.[371] Ansonsten besteht ein Verwertungsverbot für die ohne Belehrung offenbarten Tatsachen.[372] Offene Zusammenarbeit erfolgt so in Kenntnis und unter Beachtung der Grenzen für Offenbarung und Verschwiegenheit. Dies schließt nicht aus, sondern das Betreuungsziel verlangt es, dass von Seiten des Bewährungshelfers immer wieder Vertrauen in den Betreuten gesetzt wird, immer wieder Mut gemacht wird, obwohl und weil nicht nur die fremden Erwartungen so oft enttäuscht wurden. Das heißt auch, dass neue Enttäuschungen von vornherein mit einkalkuliert werden.

---

367   Siehe auch RL Nr. 5 zu den §§ 24 und 25.
368   Ebenso *Eisenberg* § 25 Rn. 19; „deutliche Schranken" setzt insoweit M. Walter 1998, 186.
369   Siehe *Schipholt* 1993, 471; *Böttner* 2004, 296.
370   BVerfGE 56, 37 ff.
371   Wie hier für die JGH *Lühring* 1992, 16; *Laubenthal* 1993, 69 unter Hinweis auf § 62 Abs. 2 S. 2 KJHG; P.-A. Albrecht 2000, § 41 B.I.2.c; *Zieger* 2008, Rn. 126; für die Gerichtshilfe SK-StPO/*Rogall* § 136 Rn. 18; a. M. Füllkrug 1988, 326.
372   BGH NJW 1992, 1463.

7.4.3.4 Rechte und Pflichten

7.4.3.4.1 Informations- und Zutrittsrecht

Die primäre Hilfe- und Betreuungsfunktion setzt eine Kenntnis der Situation des Probanden voraus. Auf sein Zutrittsrecht (§ 24 Abs. 3 S. 4) sollte der Bewährungshelfer jedoch nicht pochen. Damit würde Misstrauen begründet. In keinem Fall darf er Gewalt anwenden, da mit § 24 Abs. 3 S. 4 kein ausnahmsweises Selbsthilferecht eingeräumt wird;[373] nur die Polizei dürfte zu Hilfe genommen werden. Ein Zutrittsrecht hat der Bewährungshelfer auch für den Fall der U-Haft.[374] Für den Fall einer erneuten Hauptverhandlung hat der Bewährungshelfer gem. § 48 Abs. 2 S. 1 ein Anwesenheitsrecht; dieses „verdichtet" sich im Hinblick auf die Betreuungsfunktion (siehe Rn. 257) sowie im Hinblick auf die gerichtliche Aufklärungspflicht (s. § 244 Abs. 2 StPO) zu einer **Anwesenheits- und Berichtspflicht**, auch wenn die Anhörung im Falle der Anwesenheit nur erfolgen soll. Um diesen Verpflichtungen nachkommen zu können, sind dem Bewährungshelfer entsprechend § 50 Abs. 3 Ort und Zeit der Hauptverhandlung mitzuteilen. Darüber hinaus besteht ein allgemeines Anhörungsrecht vor weiteren Bewährungsentscheidungen.

256

Zu seiner Information kann der Bewährungshelfer weiter Auskunft von dem Erziehungsberechtigten, dem gesetzlichen Vertreter, der Schule, dem Ausbildenden verlangen (§ 24 Abs. 3 S. 5).

7.4.3.4.2 Hilfe- und Betreuungspflicht

Die Hilfe- und Betreuungspflicht besteht umfassend. Hierfür gilt es zunächst, die **existentielle Problemlage** des Probanden zu bewältigen. Notsituationen bestehen regelmäßig in der Ausbildung und in der Arbeit, in der Wohnungssituation und im finanziellen Bereich.[375] Hier ist eine Einzelfallhilfe geboten, die bei der allgemeinen Mangellage nur über ein eng gestricktes Kontaktnetz erfolgreich sein kann. Hierbei sind Wohngruppen-Projekte und alternative Arbeitsmöglichkeiten, insbesondere im Rahmen kommunaler oder privatrechtlicher Programme „Arbeit statt Sozialhilfe" zu nutzen. Für die Schuldenregulierung ist ein Entschuldungsplan zu konzipieren, wobei die Möglichkeiten, aus einem „Entschuldungstopf" der Bewährungshilfe oder eines Resozialisierungsfonds ein Startgeld als zinsloses Darlehen oder Bürgschaft zu geben, auszunutzen sind.[376] Zusätzlich ist zu einem Freizeitverhalten anzuregen, das nicht unmittelbar Kriminalität begünstigt. Bei alledem darf die psychosoziale Not vieler Probanden nicht vergessen werden, der in persönlichen Gesprächen und/oder in einer Gruppenbetreuung[377] abzuhelfen ist. Dieses sozialpädagogische Hilfeverlangen ist im derzeitigen Alltag der Bewährungshilfe für die Vielzahl der Probanden kaum zu erfüllen. Soweit die eigenen Fähigkeiten bzw. Kräfte überfordert sind, darf die Bewährungshilfe sich nicht scheuen, gegenüber dem Gericht über den Weg von Weisungen externe Hilfe, z. B. eines Psychotherapeuten, anzufordern; hierbei muss aber die Kostenfrage vorher beantwortet werden.

257

---

373 A. M. *Dallinger/Lackner* § 24 Rn. 27 m. w. N.; wie hier *Hellmer* 1959, 88.
374 Siehe § 119 Abs. 4 S. 2 Nr. 1 StPO; näher Ostendorf/*Schady* 2012a, § 6 Rn. 54 ff.
375 Zur Rangfolge dieser „Themen" s. *Spieß* 1983, 37, s. auch 39.
376 Siehe hierzu BewH 1981, Heft 2; *Seebode* 1983, 174 ff.
377 Siehe hierzu Problemorientierte Gruppenarbeit mit Probanden, hrsg. von der Deutschen Bewährungshilfe, 1982; *Lippenmeier/Sagebiel* 1983, 50 ff.; *Kastenhuber* 1984, 53 ff.

7.4.3.4.3 Kontrollpflicht

258 Gem. § 24 Abs. 3 S. 2 hat der Bewährungshelfer „im Einvernehmen mit dem Richter" die Erfüllung der Weisungen, Auflagen, Zusagen und Anerbieten zu überwachen. Das heißt, für bestimmte Maßnahmen kann der Richter die Kontrolle auch selbst übernehmen, z. B. für Geldbußenzahlungen. Überwachen heißt nicht, dass der Bewährungshelfer diese Maßnahmen selbst bestimmen oder auch nur konkretisieren darf. Aus Praktikabilitätsgründen gibt es in der Rechtsprechung eine zu kritisierende Tendenz, diese Entscheidungskompetenz auf den Bewährungshelfer zu verlagern.[378] Auch wenn sich die Berichtspflicht allgemein auf die Lebensführung erstreckt, wird die Lebensführung nicht von der Kontrollpflicht erfasst.[379] Ansonsten würde der Bewährungshelfer in die Rolle eines Polizisten gedrängt. Auch ist es dem Bewährungshelfer entgegen vereinzelten Forderungen aus der Praxis verwehrt, zur Kontrolle einer Weisung, die den Aufenthaltsort betrifft, die Polizei – oder andere staatliche Institutionen – um Unterstützung anzuhalten. Nur das Gericht hat die Kompetenz, eine solche Ausweitung der Kontrolle mit gleichzeitiger Weitergabe von Justizdaten vorzunehmen und die Polizei in ihrer Funktion zur vorbeugenden Verbrechensverhütung um Unterstützung zu bitten (siehe § 481 StPO); eine Beauftragungskompetenz steht insoweit auch nicht dem Gericht zu.

7.4.3.4.4 Berichts- und Meldepflicht

259 „Gröbliche oder beharrliche Verstöße" gegen Weisungen, Auflagen, Zusagen oder Anerbieten hat der Bewährungshelfer von sich aus und sofort dem Richter zu melden. Darüber hinaus besteht eine Berichtspflicht „über die Lebensführung" in vom Richter bestimmten zeitlichen Abständen.

Die „Lebensführung" schließt – natürlich – die Begehung neuer Straftaten mit ein.[380] Auch wenn keine Anzeigepflicht gem. § 138 StGB besteht, hat der Bewährungshelfer derartige Geschehnisse zu melden, wenn sie nicht ausgesprochenen Bagatellcharakter und damit für die Bewährung keine Relevanz haben.[381]

7.4.3.4.5 Schweigepflicht

260 Die Berichts- und Meldepflicht besteht nur gegenüber dem zuständigen Richter; ansonsten ist der Bewährungshelfer strafrechtlich entweder als staatlich anerkannter Sozialarbeiter bzw. staatlich anerkannter Sozialpädagoge (§ 203 Abs. 1 Nr. 5 StGB) oder als Amtsträger gem. § 11 Abs. 1 Nr. 2 StGB (§ 203 Abs. 2 Nr. 1 StGB) zum Schweigen verpflichtet. Nur wenn die ermittelten Daten funktionsgerecht verarbeitet werden, dürfen sie weitergegeben werden, z. B. an einen anderen Bewährungshelfer, der den Probanden übernommen hat.[382] Auch wenn nach der Entscheidung des BVerfG[383] dem

---

378 So OLG Schleswig SchlHA 1988, 168 für die Bestimmung der Art der auferlegten gemeinnützigen Arbeit; ablehnend insoweit SK-StGB/*Schall* § 56b StGB Rn. 16; Sch/Sch-*Stree/Kinzig* § 56d StGB Rn. 7; so OLG Stuttgart OLGSt § 56c Nr. 1 StGB sowie OLG Zweibrücken NStZ 1989, 578 für die Durchführung einer angeordneten Urinkontrolle durch den Bewährungshelfer; kritisch *Stree* JR 1990, 122; so BVerfG bei *Bringewat* BewH 1994, 210 – insoweit nicht abgedruckt in NStE Nr. 1 zu § 56d – für einen Wohnsitzwechsel nur mit Zustimmung des Bewährungshelfers; kritisch *Bringewat* a. a. O., S. 213, 214.
379 Wie hier *Damian* 1992, 348; *Böttner* 2004, 68 f.
380 Ebenso *Eisenberg* § 25 Rn. 17a.
381 Ebenso Sch/Sch-*Stree/Kinzig* § 56d StGB Rn. 6; weitergehend *Böttner* 2004, 61 ff.
382 Siehe hierzu *Damian* 1992, 351.
383 BVerfGE 33, 367; kritisch *Kühne* 1973, 685; siehe auch *Würtenberger* 1973, 784.

schweigepflichtigen Sozialarbeiter vor Gericht kein Zeugnisverweigerungsrecht zukommt, so ist dieser Persönlichkeitsschutz, der gerade auch für die Effizienz der Bewährungshilfe im staatlichen Interesse liegt, bei der Aussagegenehmigung gem. § 54 StPO zu berücksichtigen; das „Gemeinwohl" wird durch den privaten Geheimnisschutz mitbestimmt.[384]

7.4.4 Widerruf der Strafaussetzung

Der Widerruf der Strafaussetzung bzw. das Absehen hiervon ist im § 26 Abs. 1 und Abs. 2 geregelt. 261

Erste Voraussetzung für den Widerruf ist die Begehung einer neuen Straftat. Es muss ein **kriminologischer Zusammenhang** zwischen der vormals begangenen, abgeurteilten Straftat und der neuen Straftat bestehen.[385] Auf eine Fahrlässigkeitstat kann nur ganz ausnahmsweise ein Widerruf gestützt werden.[386]

Aber auch die Wiederholung einer einschlägigen Tat muss nicht zum Widerruf führen; dies gilt insbesondere im Bereich der Drogenkriminalität, wo der „Rückfall fast zur Regel wird".[387] Zwischenzeitliche Änderungen der Lebensbedingungen, z. B. aufgrund einer Langzeittherapie gegen Drogenabhängigkeit[388] oder einer neuen festen Beziehung können dieses negative Indiz wieder wettmachen, was gerade bei der Entwicklungsphase der Jugendlichen zu bedenken ist.[389] Hierbei ist auch der Zeitabstand zur Verurteilung zu berücksichtigen, wobei die – im Vergleich zu früher – längere Zeit der Legalbewährung positiv gewertet werden kann.

Die Beantwortung der Frage, ob für einen Widerruf gem. § 26 Abs. 1 S. 1 Nr. 1, § 88 Abs. 6[390] vorausgesetzt wird, dass insoweit eine rechtskräftige Verurteilung vorliegt,[391] ist in der Rechtslehre wie auch in der Rechtsprechung außerordentlich umstritten. 262

Art. 6 Abs. 2 EMRK garantiert die „bis zum gesetzlichen Nachweis seiner Schuld" bestehende Vermutung, „dass der wegen einer strafbaren Handlung Angeklagte unschuldig ist". Über den Weg des Art. 20 Abs. 3 GG kommt dieser Unschuldsvermutung Verfassungsrang zu. Hieraus folgt, dass niemand als schuldig – zumindest – von der Strafjustiz bezeichnet oder behandelt werden darf, bis im vorgesehenen rechtsstaatlichen Verfahren über Schuld oder Unschuld entschieden worden ist.[392] Der gesetzliche Weg der Schuldfeststellung kann innerstaatlich unterschiedlich festgelegt werden; für den Bereich der Bundesrepublik Deutschland ist dies mit der Anklageerhebung, – im Regelfall – der Hauptverhandlung sowie dem Urteil über die Anklage vorgeschrieben. Nicht nur für dieses Verfahren, sondern auch für andere strafjustizielle Verfahren, in denen

---

384 Siehe *Ostendorf* 1981b, 9; ebenso *Böttner* 2004, 304.
385 SK-SB/*Horn*, bis zur 121. Lieferung, § 56f StGB Rn. 12; in der Sache ähnlich Sch/Sch-*Stree/Kinzig* § 56f StGB Rn. 8; OLG Düsseldorf StV 1983, 338; OLG Düsseldorf OLGSt Nr. 3), abl. LK-*Hubrach* § 56f StGB Rn. 14; *Lembert* 2001, 3529, der aber bei geringfügigen Nachtaten aus Gründen der Verhältnismäßigkeit einen Widerruf vermeiden will.
386 Siehe Lackner/Kühl/*Heger* § 56f StGB Rn. 4; LK-*Hubrach* § 56f StGB Rn. 14; ebenso *Brunner/Dölling* §§ 26/26a Rn. 3; *Molketin* 1981, 266; siehe aber OLG Hamm MDR 1971, 942; OLG Koblenz VRS 48, 263.
387 Siehe *Brunner/Dölling* §§ 26/26a Rn. 16.
388 Siehe AG Krefeld StV 1983, 250; OLG Zweibrücken MDR 1983, 150; OLG Düsseldorf StV 1996, 218; OLG Düsseldorf StV 1998, 216; *Eisenberg* § 26a Rn. 6.
389 Ebenso *Brunner/Dölling* §§ 26/26a Rn. 3.
390 Entsprechend § 56f Abs. 1 Nr. 1, § 57 Abs. 3 StGB.
391 So grundlegend *Vogler* 1985, 442; 1989, 423 ff.; nachfolgend *Blumenstein* 1995, 137 f.; siehe aber auch bereits *Böhm* 1996, 224, der ein „ungutes Gefühl" bei der derzeitigen Praxis hat.
392 Siehe hierzu K. *Meyer* 1989, 61 ff.

ausdrücklich oder konkludent über einen Strafvorwurf entschieden wird, gilt die Unschuldsvermutung des Art. 6 Abs. 2 EMRK.[393] Ein Abweichen von dieser Regel, dass vor einer nachteiligen Berücksichtigung einer Straftat durch die Strafjustiz über diese auf dem strafprozessual hierfür vorgesehenen Weg entschieden werden muss, erscheint entsprechend der Entscheidungen der Europäischen Kommission für Menschenrechte bzw. des Europäischen Gerichtshofes für Menschenrechte nur dann zulässig, wenn von der Strafjustiz keine Schuldfeststellung ausgesprochen wird, sondern lediglich die selbst eingeräumte Schuld für eine nachteilige Entscheidung zugrunde gelegt wird, auch wenn das Gericht selbst von der Schuld des Betroffenen überzeugt sein muss. Dies ist der Fall des **glaubhaften Schuldeingeständnisses.** Wenn der Verurteilte ein solches Schuldeingeständnis ablegt und über die weiteren Folgen dieses Schuldeingeständnisses informiert ist, kann in diesem Verhalten **ein Verzicht auf die Wirkungen des Art. 6 Abs. 2 EMRK** gesehen werden.[394] Zwar ist ein allgemeiner und genereller Verzicht auf Grundrechte rechtlich nicht möglich. Auch wenn die Unschuldsvermutung nicht nur im Rechtsstaatsprinzip, sondern auch im allgemeinen Persönlichkeitsrecht ihre Wurzeln hat, steht aber der strafprozessuale Charakter im Vordergrund; es ist dies ein „Prozessgrundrecht", auf dessen Einhaltung der Bürger bei Gewährleistung von „**Wahrheitsgarantien**" autonom verzichten kann.[395] Dem Angeklagten steht es ebenso frei, durch Beweisanträge den Verfahrensgang zu beeinflussen oder dies – aus welchen Gründen auch immer – zu unterlassen; es steht ihm frei, Rechtsmittel gegen eine Verurteilung einzulegen oder hierauf zu verzichten, obwohl er sich für unschuldig hält.

Um sicherzustellen, dass der Verurteilte die Bedeutung und die weiteren Folgen eines Schuldeingeständnisses erkennt und um falsche Geständnisse zu verhindern, sind zusätzliche „Wahrheitsgarantien" zu verlangen:[396]

1. glaubhaftes Schuldeingeständnis
2. im Beisein eines Verteidigers
3. vor einem Richter
4. kein begründeter Widerruf.[397]

Voraussetzung für den Widerruf der Strafaussetzung zur Bewährung wegen erneuter Straffälligkeit ist nicht nur der Nachweis einer in der Bewährungszeit begangenen neuen Straftat. Mit der neuen Straftat muss angezeigt werden, „dass die Erwartung, die der Strafaussetzung zugrunde lag, sich nicht erfüllt hat" (§ 26 Abs. 1 S. 1 Nr. 1). Es muss also auch hier eine Sozialprognose angestellt werden,[398] d. h., die frühere Sozialprognose muss jetzt korrigiert werden.

263 Als zweites kommen für einen Widerruf Verstöße gegen Weisungen oder die Bewährungsaufsicht in Betracht; die Nichterfüllung von Zusagen oder Anerbieten (§ 23 Abs. 2) ist nicht unmittelbar sanktionsfähig. „Gröblich" ist ein Verstoß, wenn es sich um eine objektiv schwerwiegende Zuwiderhandlung handelt und sich der Proband subjektiv dieses Verstoßes nicht nur bewusst ist,[399] sondern auch von seiner Motivati-

---

393 So ausdrücklich die Entscheidungen des EGMR StV 2003, 85; StV 2016, 703.
394 Siehe im Einzelnen *Ostendorf* 1992a, 288.
395 Siehe auch BGHSt 38, 214, wonach auf die Einhaltung des Prozessgrundrechts des § 136 StPO unter bestimmten Voraussetzungen verzichtet werden kann.
396 So auch OLG Schleswig JR 1993, 39 m. abl. Anm. von *Stree*; siehe auch OLG Karlsruhe MDR 1993, 780.
397 Siehe EGMR StV 2016, 703 mit zust. Anm. von *Pauly*.
398 Siehe OLG Düsseldorf StV 1996, 45.
399 So *Fischer* § 56f StGB Rn. 12.

on her gewollt die Weisung nicht beachtet.[400] Zusätzlich muss eine hierdurch veranlasste schlechte Legalprognose abgegeben werden.

Als drittes führen gröbliche oder beharrliche Verstöße gegen Auflagen zu einem Widerruf.

Vor einem Widerruf sind alternative Entscheidungen gem. § 26 Abs. 2 zu prüfen. Sie sind Ausdruck des Verhältnismäßigkeitsprinzips. Das Gericht hat von einem Widerruf abzusehen, wenn zwar die Voraussetzungen des § 26 Abs. 1 vorliegen, d. h. auch eine Rückfallgefahr aufgrund negativer Sozialprognose, diese aber mit anderen Maßnahmen „aufgefangen" werden kann.

Als erste Alternative zu einem Widerruf der Strafaussetzung zur Bewährung kommen weitere Weisungen oder Auflagen in Betracht (§ 26 Abs. 2 Nr. 1).

Anstelle des Widerrufs kommt gem. § 26 Abs. 2 Nr. 2 auch eine Verlängerung der Bewährungs- oder Unterstellungszeit in Betracht. Hierbei ist auch eine mehrfache Verlängerung bis zu vier Jahren möglich.

Mit Rücksicht auf die Differenzierung zwischen einer Bewährungs- und einer Unterstellungszeit durch das 1. JGGÄndG, hat der Gesetzgeber als weitere Alternative zum Widerruf der Strafaussetzung zur Bewährung die erneute Unterstellung vorgesehen.

Schließlich ist auch bei einem Verstoß gegen Weisungen oder Auflagen die Möglichkeit in Betracht zu ziehen, einen „Ungehorsamsarrest" zu verhängen.

Der Proband ist mündlich vor einem Widerruf zu hören (§ 58 Abs. 1).[401]

Leistungen, die der Verurteilte zur Erfüllung von Weisungen, Auflagen, Zusagen oder Anerbieten (§ 23) erbracht hat, werden sowohl für den Fall des Widerrufs (§ 26 Abs. 3 S. 1) als auch für den Fall des Straferlasses (§ 26a S. 2 i. V. m. § 26 Abs. 3 S. 1) nicht erstattet. Gem. § 26 Abs. 3 S. 2 kann der Richter jedoch Leistungen, die der Verurteilte zur Erfüllung von Auflagen oder entsprechenden Anerbieten erbracht hat, auf die Jugendstrafe anrechnen. Im Hinblick auf Art. 103 Abs. 3 GG ist die Ermessensentscheidung **in eine Verpflichtung umzudeuten**.[402] Dies gilt auch für einen verbüßten sog. Ungehorsamsarrest.[403]

7.4.5 Erlass der Jugendstrafe

Wird die Strafaussetzung nicht widerrufen, so ist die Jugendstrafe nach Ablauf der Bewährungszeit zu erlassen (§ 26a S. 1). Der Beschluss (§ 58 Abs. 1 S. 1) hat unmittelbar nach Beendigung der Bewährungszeit zu erfolgen. Gleichzeitig wird der „Strafmakel" für beseitigt erklärt (s. § 100).

7.5 „Vorbewährung"

Rechtslehre und Rechtspraxis haben in der Vergangenheit neben den beiden Aussetzungsmöglichkeiten gem. § 27 und gem. § 21 eine dritte Variante entwickelt. Es soll neben der Nachbewährung gem. § 88 mit einer „Vorbewährung" aus pädagogischen Gründen die Entscheidung hinausgezögert, durch Weisungen und Auflagen vorbereitet

---

400 Siehe auch *Brunner/Dölling* §§ 26/26a Rn. 4; wohl auch *Eisenberg* § 26a Rn. 8.
401 Siehe hierzu LG Zweibrücken ZJJ 2012, 209.
402 Siehe im Einzelnen Ostendorf/*Ostendorf* §§ 26–26a Rn. 18.
403 Siehe *Schady* 2015, 784 f.

werden.[404] Der Gesetzgeber hat mit dem Gesetz zur Erweiterung der jugendgerichtlichen Handlungsmöglichkeiten vom 7.9.2012 diese Praxis legalisiert.

268 Gem. § 61 Abs. 1 wird unter bestimmten Voraussetzungen ermöglicht, die Entscheidung über die Aussetzung der Jugendstrafe zur Bewährung ausdrücklich einem nachträglichen Beschluss vorzubehalten. Die Voraussetzungen werden im § 61 Abs. 1 und 2 – abschließend – formuliert. In der Sache geht es um eine Bewährung gem. § 21.[405]

Im § 61 Abs. 1 werden die Voraussetzungen **nach Erschöpfung der Ermittlungsmöglichkeiten** benannt. Es müssen die getroffenen Feststellungen noch nicht die Erwartungen gem. § 21 Abs. 1 S. 1 begründen können, hierfür muss aber in absehbarer Zeit (siehe § 61a Abs. 1) aufgrund von Ansätzen in der Lebensführung oder aufgrund sonstiger bestimmter Umstände die Aussicht bestehen. Dies kann beispielsweise bei Beginn einer Drogentherapie oder bei Aufnahme einer Berufsausbildung bzw. einer Arbeit vorliegen.

Im § 61 Abs. 2 werden die Voraussetzungen benannt, **wenn die Ermittlungsmöglichkeiten noch nicht ausgeschöpft sind**. Insoweit wird auf den Gesetzestext verwiesen. Die in § 61 Abs. 2 Nr. 3 angesprochene Unterbrechung oder Aussetzung der Hauptverhandlung als Alternative zum Vorbehalt muss wegen erzieherisch nachteiliger oder unverhältnismäßiger Verzögerung ausscheiden. Diese Alternativen sind vorab zu prüfen. Hierbei ist zu beachten, dass mit der „Vorbewährung" das Verfahren zeitlich weiter ausgedehnt wird und dass einmal aus rechtsstaatlichen Gründen die abschließende strafgerichtliche Entscheidung „in angemessener Zeit" zu erfolgen hat (Art. 6 Abs. 1 EMRK) und dass andererseits das weitere Hinausschieben der Entscheidung für den Betroffenen eine zusätzliche Belastung, wenn auch eine Chance darstellt. Hierbei ist auch zu bedenken, dass der Verurteilte und gegebenenfalls sein Verteidiger mit der „Vorbewährung" in die **Bredouille** gebracht werden kann, ob man auf die tatsächliche Bewährung hoffen will oder ein Rechtsmittel einlegt.

269 Mit § 61 Abs. 1 S. 1 wird – systemwidrig – ermöglicht, auch bei der „Vorbewährung" den sog. Warnschussarrest gem. § 16a anzuordnen (zur Kritik und zu verfassungsrechtlichen Einwänden siehe Rn. 211). Nach dem Gesetzeswortlaut sowie gem. § 8 Abs. 2 S. 2 kann ein solcher sog. Warnschussarrest nur im Urteil angeordnet werden, nicht in einem nachfolgenden Beschluss (so ausdrücklich auch die Gesetzesbegründung zu Art. 1 Nr. 9).

Das Gericht kann dem Verurteilten Bewährungsweisungen und Bewährungsauflagen erteilen (§ 61b Abs. 1 S. 1). Im Unterschied zu § 23 besteht hier nur eine Kannbestimmung, keine Sollbestimmung. Immer ist eine Betreuung durch die Bewährungshilfe oder durch die Jugendgerichtshilfe sicherzustellen (§ 61b Abs. 1 S. 2).

Wird die Jugendstrafe zur Bewährung ausgesetzt, so wird die Zeit des Vorbehalts vom Eintritt der Rechtskraft des Urteils bis zum Eintritt der Rechtskraft der Entscheidung über die Aussetzung auf die Bewährungszeit angerechnet (§ 61b Abs. 3). Dies darf aber nicht zur Folge haben, dass die Bewährungszeit von vornherein länger bemessen wird: bewährt ist bewährt. Sonst geht diese Anrechnungsverpflichtung ins Leere (bedenklich die Gesetzesbegründung zu Art. 1 Nr. 9).

---

404 Siehe *Dallinger/Lackner* § 57 Rn. 3; *Brunner/Dölling* § 57 Rn. 4; *Eisenberg* § 61b Rn. 5; insbesondere *Flümann* 1984, 344 m. w. N. in Fn. 12; ebenso *Adam* 1981, 347. Zur Kritik siehe 6. Aufl. Rn. 254, 255.
405 Siehe OLG Hamburg ZJJ 2015, 72.

7. Die Jugendstrafe zur Bewährung

Im Unterschied zu der grundsätzlichen Nichtanerkennung gem. § 26 Abs. 3 S. 1[406] kann hier das Gericht Leistungen, die der Verurteilte zur Erfüllung von Weisungen, Auflagen oder Zusagen oder Anerbieten erbracht hat, auf die Jugendstrafe anrechnen (§ 61b Abs. 4 S. 1). Auch hier verdichtet sich das Ermessen in der Regel zu einer Anrechnungsverpflichtung. Die Anrechnung ist gesetzlich verpflichtend aus Gründen einer ansonsten eintretenden Schuldinadäquanz sowie wenn ein sog. Warnschussarrest verbüßt wurde (§ 61b Abs. 4 S. 2 i. V. m. § 26 Abs. 3 S. 3).

7.6 Justizpraxis

Überwiegend werden Jugendstrafen, soweit sie aussetzungsfähig sind (bis zu zwei Jahren), zur Bewährung ausgesetzt. Die Aussetzungsquote liegt in den letzten Jahren bei 71 %.

270

Jahr	aussetzungsfähige Jugendstrafen zusammen	davon Aussetzung
1960	8 253	4 553 (55,2 %)
1969	8 247	5 881 (71,3 %)
1980	16 378	11 192 (68,3 %)
1985	15 836	10 936 (69,1 %)
1990	10 917	7 784 (71,3 %)
1995	12 386	8 875 (71,7 %)
2000	15 737	11 028 (70,1 %)
2005	14 717	10 106 (68,7 %)
2010	14 928	10 858 (72,7 %)
2015	9 020	6 383 (70,8 %)

(Quelle: Statistisches Bundesamt, Strafverfolgung (Fachserie 10 Reihe 3, Tab. 4.1); Gebiet: bis 1990 alte Länder, ab 1995 alte Länder einschl. Berlin-Ost)

Der exorbitante Anstieg der Aussetzung im Jahre 1969 ist auf die damalige Erweiterung der Aussetzungsmöglichkeiten zurückzuführen. Hierbei ist die Aussetzungsquote bei den geringeren Jugendstrafen – naturgemäß – höher, auch höher gegenüber dem Erwachsenenstrafrecht:

Jahr	Jugendstrafe ½–1 Jahr	davon Aussetzung	Jugendstrafe 1–2 Jahre	davon Aussetzung
1960	8 253	4 553 (55,2 %)		
1970	8 318	6 052 (72,8 %)		
1980	12 771	10 161 (79,6 %)	3 607	1 031 (28,6 %)
1985	11 493	9 093 (79,1 %)	4 343	1 843 (42,7 %)
1990	7 542	5 961 (79,0 %)	3 393	1 823 (53,7 %)
1995	7 890	6 193 (78,5 %)	4 496	2 682 (59,7 %)

---

406 Zur Umdeutung der Kannbestimmung des § 26 Abs. 3 S. 2 in eine Verpflichtung siehe aber Ostendorf/Ostendorf §§ 26–26a Rn. 18.

Jahr	Jugendstrafe ½–1 Jahr	davon Aussetzung	Jugendstrafe 1–2 Jahre	davon Aussetzung
2000	9 744	7 649 (78,5 %)	5 993	3 379 (56,4 %)
2005	8 994	6 932 (77,1 %)	5 732	3 174 (55,5 %)
2010	8 615	7 072 (82,1 %)	6 313	3 786 (60,0 %)
2015	5 173	4 163 (80,5 %)	3 847	2 220 (57,7 %)

(Quelle: Statistisches Bundesamt, Strafverfolgung (Fachserie 10 Reihe 3, Tab. 4.1))

Umfassend wurde die Praxis der „Vorbewährung" in Schleswig-Holstein im Jahre 2004 von *S. Sommerfeld* analysiert.[407] In dem vorausgegangenen Zeitraum von zehn Jahren führte die „Vorbewährung" in 58 Fällen zu einem erfolgreichen Abschluss, d. h. zu einer Strafaussetzung zur Bewährung. Im Unterschied zu der Untersuchung von *Flümann*[408] bewegten sich die Jugendstrafen im oberen Bereich der Aussetzungsfähigkeit, waren die Probanden überwiegend Heranwachsende, Wiederholungstäter und Drogenkonsumenten.[409] Obwohl in der Befragung der Jugendrichter und Bewährungshelfer ganz überwiegend das Institut der „Vorbewährung" nach geltendem Recht abgelehnt wurde, zeigte sich doch ein Bedürfnis de lege ferenda.[410]

---

407 *S. Sommerfeld* 2007.
408 *Flümann* 1983, 130, 122, 124.
409 *S. Sommerfeld* 2007, 197.
410 *S. Sommerfeld* 2007, 144.

7. Die Jugendstrafe zur Bewährung

Bewährungsaufsichten nach Unterstellungsgründen*

Stichtag 31.12. / Land	Unterstellungen unter Bewährungsaufsicht[1]			Nach allgemeinem Strafrecht				Nach Jugendstrafrecht			
	insgesamt	männlich	weiblich	unterstellt[1] nach Strafaussetzung	unterstellt[2] nach Aussetzung des Strafrestes	zusammen	dar. weibliche Probanden	unterstellt[2] nach Strafaussetzung[3]	unterstellt[2] nach Aussetzung des Strafrestes[4]	zusammen	dar. weibliche Probanden
1980	93 840	86 295	7 545	27 263	26 209	53 472	4 542	30 833	9 535	40 368	3 003
1990	113 381	119 612	11 769	55 259	42 320	97 579	9 777	24 914	8 888	33 802	1 992
2000[5]	151 219	135 302	15 917	75 706	41 467	117 173	13 703	27 434	6 612	34 046	2 214
2005[5]	171 058	151 888	19 170	90 283	38 122	135 378	16 445	28 326	6 319	35 680	2 725
2006[5]	175 020	155 190	19 830	92 335	38 806	139 031	17 048	28 598	6 308	35 989	2 782
2007[5]	177 353	157 173	20 180	94 230	38 821	142 032	17 489	28 076	6 143	35 321	2 691
2008[5,6]	182 736	161 945	20 791	97 351	39 679	146 832	18 250	28 320	6 456	35 904	2 541
2009[5,6]	182 240	161 408	20 832	97 445	40 017	147 582	18 444	27 209	6 361	34 658	2 388
2010[5,6]	180 074	159 266	20 808	96 806	40 124	147 613	18 577	25 181	6 210	32 461	2 231
2011	182 715	161 569	21 246	98 799	40 838	150 713	18 978	24 508	6 381	32 002	2 168
davon (2011):											
Baden-Württemberg	28 367	25 064	3 303	15 487	5 229	22 483	2 921	4 515	1 102	5 884	382
Bayern	24 293	21 277	3 016	10 618	7 242	19 141	2 655	3 632	1 338	5 152	361
Berlin[6]	7 220	6 378	842	3 072	2 080	5 469	733	1 526	206	1 751	109
Bremen	2 795	2 530	265	1 525	669	2 420	265	305	60	375	19
Hessen	15 764	13 873	1 891	8 983	3 624	13 636	1 751	1 702	365	2 128	140
Niedersachsen	24 875	22 052	2 586	13 832	5 851	21 342	2 586	2 647	741	3 533	237
Nordrhein-Westfalen	55 868	49 403	5 834	32 244	10 724	46 905	5 843	6 836	1 848	8 963	631
Rheinland-Pfalz	12 684	11 180	1 307	6 904	2 491	10 254	1 307	1 860	455	2 430	197
Saarland	3 422	3 044	343	2 175	732	2 950	378	408	50	472	35
Schleswig-Holstein	7 427	6 768	602	3 959	1 905	6 113	659	1 077	216	1 314	57
Nachrichtlich:											
Brandenburg	6 288	5 853	334	3 159	1 159	4 390	334	1 522	326	1 898	101
Mecklenburg-Vorpommern	4 638	4 326	268	2 385	1 314	3 716	268	755	156	922	44

* Früheres Bundesgebiet, ab 1995 einschl. der Angaben für Ost-Berlin.
1) Ohne Unterstellungen bei ehrenamtlichen Bewährungshelfern/Bewährungshelferinnen.
2) Aufgliederung ohne Unterstellungen nach §§ 35, 36 BtMG sowie „aus sonstigen Gründen".
3) Einschl. Aussetzung der Verhängung der Jugendstrafe nach § 27 JGG.
4) Seit 1995 einschl. erneuter Anordnung nach § 24 Abs.2 JGG.
5) Ohne Angaben für Hamburg.
6) Angaben für Berlin aus 2007.

(Quelle: Statistisches Bundesamt, Bewährungshilfe Fachserie 10 Reihe 5, Tab. 1.1, 1.2)

Die Belastung des einzelnen Bewährungshelfers ist aufgrund z. Zt. fehlender Angaben zu den Bewährungshelferstellen nicht statistisch ausgewiesen. Nach dem Ersten periodischen Sicherheitsbericht der Bundesregierung[411] gab es Ende 1999 2344 Stellen für hauptamtliche Bewährungshelfer, wobei 165.058 Probanden – mit Einschluss der Führungsaufsicht sowie von Weisungen nach dem JGG – zu betreuen waren. Hieraus ergibt sich eine Betreuungsrelation von etwa 70 Probanden pro Bewährungshelfer[412], wobei die Zahl tatsächlich höher anzusetzen ist, da nicht alle Bewährungshelferstellen über das Jahr besetzt sind, z. B. aufgrund von Vakanzen nach Ausscheiden von Bewährungshelfern oder aufgrund von Krankheit und Urlaub. Demgegenüber wird – nicht nur von Seiten der Bewährungshelfer – eine Betreuungszahl von 30 als angemessen angesehen.[413] In Österreich ist für die hauptamtliche Bewährungshilfe die Fallzahl auf höchstens 30 Probanden festgelegt, ein ehrenamtlicher Bewährungshelfer darf nicht mehr als fünf Probanden betreuen (§ 17 Abs. 3 Bewährungshilfegesetz 1969). Hierbei ist zu berücksichtigen, dass aufgrund der vermehrten Aussetzungen auch die Klientel sich „verschlechtert" hat, d. h. stärker sozial benachteiligte und psychisch gefährdete Probanden betreut werden müssen.[414]

Bei alledem ist die Widerrufsquote relativ niedrig.[415]

Diese Erfolgszahl ist jedoch aufgrund der Abgabe und der Beendigung aus sonstigen Gründen zu relativieren, wobei die Einbeziehung tendenziell auf eine Nichtbewährung hinweist:

Beendete Bewährungsaufsichten aufgrund Strafaussetzung zur Bewährung bei Jugendstrafe nach § 21 JGG in Deutschland 1998 bis 2009 nach Beendigungsgründen

Jahr	Insgesamt*)	Erlass der Jugendstrafe		Ablauf der Unterstellungszeit (§ 24 Abs. 1 JGG)		Aufhebung der Unterstellung (§ 24 Abs. 2 JGG)		Einbeziehung in ein neues Urteil		Widerruf	
		n	%	n	%	n	%	n	%	N	%
1998	11 139	4 286	38,5	1 676	15,0	290	2,6	3 074	27,6	1 813	16,3
2000	11 476	4 358	38,0	1 641	14,3	331	2,9	3 239	28,2	1 907	16,6
2005	11 430	4 207	36,8	1 972	17,3	322	2,8	3 110	27,2	1 819	15,9
2008**)	11 307	3 653	32,3	2 054	18,2	376	3,3	3 459	30,6	1 765	15,6
2009**)	11 227	3 845	34,2	1 891	16,8	352	3,1	3 424	30,5	1 715	15,3

*) Ohne Unterstellungen im Wege der Gnade und ohne Bewährungsaufsichten, die „aus anderen Gründen beendet" wurden.
**) Daten von Berlin aus dem Berichtsjahr 2007.
(Quelle: Tabelle RB 43.H des Statistischen Bundesamts; Gebiet alte Länder einschl. Gesamt-Berlin, ohne Hamburg).

---

411 Erster periodischer Sicherheitsbericht 2001, S. 399.
412 Zu z. T. deutlich höheren Probandenzahlen in den einzelnen Bundesländern siehe Antwort der Bundesregierung vom 26.5.2009, BT-Drucks. 16/13142, S. 72–74.
413 Erster Periodischer Sicherheitsbericht der Bundesregierung, 2001, S. 400.
414 Siehe *Spieß* 1989, 11.
415 Siehe auch *Weigelt* 2009, 231: Die Widerrufsquote innerhalb von vier Jahren des Verurteiltenjahrgangs 1994 zu einer Jugendstrafe lag bei 16 %.

7.7 Kriminalpolitische Forderungen

Wichtigste Forderung ist die **Vermehrung der Planstellen für Bewährungshelfer.** Dies gilt schon aus Effizienzgründen, wobei die jährlichen Kosten der Bewährungshilfe für einen Probanden im Vergleich zu den Haftkosten deutlich niedriger liegen. Ebenso ist die ehrenamtliche Bewährungshilfe in Zusammenarbeit mit der hauptamtlichen Bewährungshilfe zu fördern.[416] Demgegenüber ist die Neuregelung, mit einer Differenzierung in Bewährungs- und Betreuungszeit das personelle Problem zu lösen, abzulehnen.[417] Vielmehr ist die **Bewährungszeit insgesamt auf zwei Jahre herabzusetzen.**[418] Auch wenn der Widerruf prozentual ganz überwiegend in den ersten beiden Jahren erfolgt,[419] wird aber mit einer betreuungslosen Bewährungszeit der historische Fortschritt gegenüber dem JGG 1923 wieder rückgängig gemacht. Weitergehend sollte auch eine höhere Jugendstrafe zur Bewährung ausgesetzt werden können.[420]

271

Gefordert ist weiterhin eine speziellere Ausrichtung der Bewährungshelfer auf die Probanden; so ist insbesondere eine spezielle Betreuung für Jugendliche notwendig, wie sie in den Stadtstaaten Berlin[421] und Hamburg mit einer Jugendbewährungshilfe eingerichtet ist, teilweise auch in anderen Bundesländern.[422]

8. Maßregeln der Besserung und Sicherung

8.1 Begriff

Gem. § 7 können aus dem Maßregelkatalog des § 61 StGB die Unterbringung in einem psychiatrischen Krankenhaus oder einer Entziehungsanstalt, die Führungsaufsicht und die Entziehung der Fahrerlaubnis angeordnet werden. Die anderen Maßregeln sind unzulässig. Die Sicherungsverwahrung darf im Urteil nicht angeordnet werden, sie darf unter den Voraussetzungen des § 7 Abs. 2 „nur" vorbehalten, unter den Voraussetzungen des § 7 Abs. 3 nach Erledigungserklärung einer Unterbringung in einem psychiatrischen Krankenhaus bzw. den Voraussetzungen von § 7 Abs. 2 a. F. i. V. m. Art. 316f EGStGB „nur" nachträglich angeordnet werden. Dies gilt auch für Heranwachsende, soweit das Jugendstrafrecht angewandt wird (§ 105 Abs. 1). Zur Anordnung der Sicherungsverwahrung bei Heranwachsenden, auf die das allgemeine Strafrecht zur Anwendung kommt, siehe Rn. 312-315.

272

---

416 Siehe hierzu das Schwerpunktthemenheft „Ehrenamtliche Bewährungshilfe", BewH 2002, Heft 3.
417 Siehe § 24 Abs. 1 S. 1; ebenso *Pfeiffer* 1984, 70 ff.; wie hier *Ayass* 1984, 199; 1988, 105; Zweite Jugendstrafrechtsreformkommission der DVJJ, 2002, DVJJ-Extra, Nr. 5, S. 95.
418 Ebenso Stellungnahme zum Arbeitsentwurf eines Gesetzes zur Änderung des JGG, DVJJ 1982, 9 ff.; Arbeitsgemeinschaft Dt. Bewährungshelfer Erklärung und Vorschläge zur Kriminalpolitik 1982, S. 12; Zweite Jugendstrafrechtsreformkommission der DVJJ, 2002, DVJJ-Extra, Nr. 5, S. 94; *Ostendorf* 2002, 443; siehe auch Art. 2 Nr. 3 des Diskussionsentwurfs eines Bundesresozialisierungsgesetzes der Arbeitsgemeinschaft sozialdemokratischer Juristen 1986.
419 Siehe die Nachweise bei *Heinz* 1977, 305.
420 So eine Initiative des Landes Nordrhein-Westfalen, BR-Drucks. 533/82; Art. 2 Nr. 2b des Diskussionsentwurfs eines Bundesresozialisierungsgesetzes der Arbeitsgemeinschaft sozialdemokratischer Juristen 1986; ebenso *Feltes* 1982, 50; SPD-Entwurf eines Gesetzes zur Reform des strafrechtlichen Sanktionensystems, BT-Drucks. 13/4462; Niedersächsische Kommission zur Reform des Strafrechts und des Strafverfahrensrechts Strafrecht – ultima ratio, 1992, S. 22; Zweite Jugendstrafrechtsreformkommission der DVJJ, 2002, DVJJ-Extra, Nr. 5, S. 94; ebenso 64. Dt. Juristentag, 2002, C VI. 14. – mit knapper Mehrheit.
421 Zur Praxis siehe *Brachaus u. a.* 2016, 235 ff.
422 Siehe die Antwort der Bundesregierung vom 26.5.2009, BT-Drucks. 16/13142, S. 75. Tendenziell wie hier *Bücker* 1987, 212; ebenso Zweite Jugendstrafrechtsreformkommission der DVJJ, 2002, DVJJ-Extra, Nr. 5, S. 29; siehe auch *Eisenberg* § 113 Rn. 5.

Die Maßregeln der Besserung und Sicherung sind neben den Hauptsanktionen (Erziehungsmaßregeln, Zuchtmittel, Jugendstrafe mit und ohne Bewährung), der Nebenstrafe des Fahrverbots (§ 44 StGB) und den Nebenfolgen Verfall, Einziehung und Unbrauchbarmachung (§§ 73 ff. StGB; siehe auch § 6) als schuldunabhängige Straftatfolgen zu bedenken (siehe § 8 Abs. 3). Das Maßprinzip ist der **Grundsatz der Verhältnismäßigkeit** (§ 62 StGB). Die Unterbringung in einem psychiatrischen Krankenhaus oder einer Entziehungsanstalt kann an die Stelle der Hauptsanktion treten (§ 5 Abs. 3) oder im Falle von Führungsaufsicht und Entziehung der Fahrerlaubnis neben die Hauptsanktion. Kann wegen Schuldunfähigkeit gem. § 20 StGB – nicht gem. § 3 – keine Verurteilung erfolgen, so können die Unterbringung in einem psychiatrischen Krankenhaus sowie in einer Erziehungsanstalt und die Entziehung der Fahrerlaubnis selbstständig angeordnet werden. Die Maßregeln der Besserung und Sicherung wurden erstmals mit dem Gewohnheitsverbrechergesetz vom 24.11.1933 – damals in umgekehrter Reihenfolge als Maßregeln der Sicherung und Besserung – in das Sanktionensystem des StGB eingeführt.

Begrifflich lassen sich die Maßregeln der Besserung und Sicherung unterscheiden in stationäre und ambulante Maßregeln.

8.2 Gesetzesziel

273 Mit den Maßregeln der Besserung und Sicherung wird, wie schon die Bezeichnung deutlich macht, das Ziel der Individualprävention zum Schutz der Gesellschaft vor weiteren Straftaten verfolgt. Da auch für die Hauptsanktionen, die Nebenstrafe und Nebenfolgen dieses Ziel der Individualprävention gilt (siehe Rn. 53), decken sich diese Zielsetzungen. Dies gilt schon im Erwachsenenstrafrecht mit der Anrechnung der Maßregelvollzugszeit auf die Strafzeit gem. § 67 Abs. 4 StGB.

274 Bei Beachtung der jeweiligen Anordnungsvoraussetzungen im StGB und des Verhältnismäßigkeitsprinzips gem. § 62 StGB[423] sind die Maßregeln **neben den Sanktionen gleichberechtigt anwendbar**, im § 5 Abs. 3 wird z. T. den Maßregeln sogar ein Vorrang eingeräumt.[424] Nur soweit mit den Maßregeln primär das Sicherungsinteresse der Gesellschaft verfolgt wird, sind sie sekundär gegenüber der positiven Individualprävention durch jugendstrafrechtliche Sanktionen. Obwohl nach § 7 die zulässigen Maßregeln angeordnet werden „können", sind die Anweisungen des StGB **verpflichtend**; hiermit wird lediglich der Ausschluss der anderen Maßregeln begründet.[425]

8.3 Allgemeine Anwendungsvoraussetzungen

275 Gerade auch für die Maßregeln gilt, dass eine Rückfall- und Sanktionsprognose anzustellen ist.

Hinsichtlich der Rückfallprognose gilt, dass die zukünftige Gefährlichkeit des Angeklagten nachgewiesen werden muss. Für die diesbezüglichen Tatsachenfeststellungen greift der Grundsatz „in dubio pro reo" ein.[426] Der Wahrscheinlichkeitsgrad ist unter-

---

[423] Siehe hierzu BVerfG StV 1986, 160 ff.
[424] Siehe auch das sog. Vikariierungsprinzip mit dem regelmäßigen Vorwegvollzug der stationären Maßregeln der §§ 63 und 64 StGB gem. § 67 StGB.
[425] BGH NStZ 1991, 384; a. M. LG Oldenburg bei *Böhm* NStZ 1985, 447; LG Oldenburg Blutalkohol 1988, 199.
[426] Siehe Lackner/Kühl/*Heger* § 61 StGB Rn. 4.

schiedlich im Gesetz vorgeschrieben. Hiervon hat sich das Gericht Gewissheit zu verschaffen (§ 261 StPO).

Im Rahmen der Sanktionsprognose ist bereits bei der Anwendung der Maßregeln das **Subsidiaritätsprinzip** zu beachten, d. h., die Maßregel muss im Hinblick auf weniger einschneidende Maßnahmen erforderlich sein.[427] Gegenüber dem Maßregelvollzug ist gerade bei Jugendlichen und Heranwachsenden immer nach ambulanten Alternativen zu suchen. Im Hinblick auf die Geeignetheit der positiven Individualprävention gibt § 64 Abs. 2 StGB i. V. m. § 7 einen ausdrücklichen Prüfungshinweis: Wenn die Maßregel ungeeignet („von vornherein aussichtslos") ist, darf sie nicht angeordnet werden. Nach der Auslegung des BVerfG muss insoweit eine „hinreichend konkrete Aussicht auf einen Behandlungserfolg" bestehen.[428] Die Ungeeignetheit kann einmal in der Person des Angeklagten begründet sein, wenn sie durch diese Maßregel nicht „gebessert" werden kann.[429] Das OLG Düsseldorf hat richtigerweise selbst die Konsequenz weiterer Straftaten akzeptiert.[430] Allerdings kann Aussicht auf Behandlungserfolg auch bei einem zunächst Therapieunwilligen bestehen.[431] Die Ungeeignetheit kann sich aber auch daraus ergeben, dass entgegen dem gesetzgeberischen Auftrag keine geeigneten Einrichtungen von der Exekutive zur Verfügung gestellt werden. Eine Eignung ist dann auszuschließen, wenn keine speziellen therapeutischen Mittel zur Verfügung stehen. Eine gemeinsame Unterbringung von Jugendlichen bzw. Heranwachsenden mit Erwachsenen erscheint ebenfalls im Hinblick auf § 93a Abs. 1 mit den gesetzgeberischen Zielvorstellungen nicht vereinbar.[432] Die Maßregel ist zu beenden, wenn sich in ihrem Verlauf die Ungeeignetheit herausstellt.[433]

8.4 Unterbringung in einem psychiatrischen Krankenhaus

Diese Maßregel ist zulässig bei Schuldunfähigkeit gem. § 20 StGB und bei verminderter Schuldfähigkeit gem. § 21 StGB, nicht bei allein jugendlicher Unverantwortlichkeit gem. § 3.[434] Der Jugendrichter als Einzelrichter darf diese Maßregel nicht treffen (§ 39 Abs. 2).

Entscheidend ist die Gefahrenprognose: „Wenn die Gesamtwürdigung des Täters und seiner Tat ergibt, dass von ihm infolge seines Zustandes erhebliche rechtswidrige Taten zu erwarten sind und er deshalb für die Allgemeinheit gefährlich ist" (§ 63 Abs. 1 StGB). Insoweit müssen „positive" Anzeichen über eine Indizwirkung der verurteilten Tat hinaus i. S. einer hohen Wahrscheinlichkeit vorliegen; Möglichkeiten reichen nicht aus.[435] Für die Feststellung ist ein Sachverständiger heranzuziehen (§ 246a StPO). Die Gefahr muss weiter für erhebliche rechtswidrige Taten begründet werden.[436] Bei der

---

427 Wie hier LK-*Schöch* vor § 61 StGB Rn. 78 m. w. N.
428 StV 1994, 597; kritisch insoweit *Müller-Dietz* 1995, 358.
429 Wie hier *Schröder* 1986, 95 ff., in einer ausführlichen Auseinandersetzung mit Rechtsprechung und Rechtslehre; siehe jetzt auch BVerfG StV 1994, 596.
430 JMBl. NW 1978, S. 81.
431 Siehe BGH bei *Holtz* MDR 1996, 880.
432 Nach Thüringer Verfassungsgerichtshof, Az. 11/02, vom 23.10.2002 ist es grundrechtlich geboten, einen speziellen Jugendmaßregelvollzug einzurichten. Zur weitgehend entgegengesetzten Praxis siehe *Tessenow* 2002, 187; sowie *Stöver/Weissbeck/Wendt* 2008, 261.
433 So auch BVerfG StV 1994, 596.
434 H. M., siehe *Brunner/Dölling* § 3 Rn. 10 m. w. N.
435 BGH GA 1959, 339: „bestimmte Wahrscheinlichkeit"; BVerfG StV 1986, 163.
436 BGH NStZ 2000, 470.

Unbestimmtheit dieses Rechtsbegriffs hat man sich an die Konkretisierungen im § 66 Abs. 1 Nr. 3 StGB zu halten.[437]

279 Bei der Unterbringung in einem psychiatrischen Krankenhaus ist neben der gesetzgeberischen Anweisung im § 63 StGB die Wirklichkeit dieses Maßregelvollzugs entscheidend zu berücksichtigen. Es wurden hier z. T. menschenunwürdige Zustände festgestellt, wobei die Schäden der Hospitalisierung häufig größer sind als die Einweisungsschäden.[438] Obwohl § 136 BundesStVollzG einen Vorrang für die ärztliche Behandlung aufstellt, wird vielfach nur verwahrt, „ruhig gestellt". Schon die gesetzlichen Grundlagen fehlen zum Teil. Gem. § 138 BundesStVollzG richtet sich die Unterbringung in einem psychiatrischen Krankenhaus – wie auch in einer Entziehungsanstalt – nach Landesrecht.[439]

280 Umzusetzen ist diese Rechtsfolgenbetrachtung über das Verhältnismäßigkeitsprinzip. Auch bei ungünstiger Prognose sind alle weniger belastenden Möglichkeiten zur Gefahrenabwehr – insbesondere unter Anwendung der Weisungsmöglichkeiten gem. § 10, auch im Rahmen einer Bewährung gem. § 23 – zu nutzen. Dies erlaubt nicht erst die Aussetzung zur Bewährung gem. § 67b Abs. 1 StGB,[440] sondern zwingt, die Möglichkeit einer sonstigen kontrollierenden Hilfe zu nutzen.[441] Bei einer sekundären Alkoholproblematik ist zudem die weniger belastende Maßregel des § 64 StGB zu prüfen. Bei einer Unterbringung gilt: „Je länger die Unterbringung in einem psychiatrischen Krankenhaus andauert, umso strenger werden die Voraussetzungen für die Verhältnismäßigkeit des Freiheitsentzuges sein".[442] Eine Unverhältnismäßigkeit erfordert, die Vollstreckung selbst dann für beendet zu erklären, wenn künftige rechtswidrige Taten fast sicher zu erwarten sind; in einem solchen Fall ist auch eine Aussetzung der Vollstreckung zur Bewährung gem. § 67d Abs. 2 StGB unzulässig, weil „sie demnächst gem. § 67g StGB widerrufen werden müsste und – erg. eine – weitere gegen das Verhältnismäßigkeitsgebot verstoßende Vollstreckung erforderlich würde".[443] Das Verhältnismäßigkeitsprinzip wie auch das Resozialisierungsanliegen können Vollzugslockerungen gebieten, die nach einem Stufenmodell gesteigert werden und über die anhand einer kriminologischen Checkliste zu entscheiden ist.[444] Bei der Prüfung ist auch eine Hilfestellung im Wege der Nachsorge zu bedenken, die aber in der Praxis noch unzureichend organisiert ist.[445] Eine Sanktionierung ist neben der Anordnung der Maßregel regelmäßig – entsprechend der Tendenz gem. § 5 Abs. 3 – nicht notwendig.[446] Wird sie

---

437 Anders die h. M., siehe BGHSt 27, 248; *Fischer* § 63 StGB Rn. 16 m. w. N.; wie hier *Hanack* 1977, 171; siehe auch *Streng* 2012, Rn. 337.
438 Siehe Bericht über die Lage der Psychiatrie, BT-Drucks. 7/4200, S. 281, 282; *H.-J. Albrecht* 1978, 104; zum schleswig-holsteinischen Maßregelvollzug siehe *Tessenow* 2002, 172; zur teilweise verbesserten Situation siehe *Stöver/Weissbeck/Wendt* 2008, 255 ff.
439 Siehe hierzu im Einzelnen Ostendorf/*Ostendorf* § 7 Rn. 9.
440 Siehe hierzu sowie zur Forderung eines gestuften Übergangs in Freiheit mit der Einrichtung psychiatrischer Übergangswohnheime *Horn* 1986, 56 ff.
441 BGHSt 37, 373: „Die Anordnung der Unterbringung eines knapp 17-jährigen Jugendlichen in einem psychiatrischen Krankenhaus kann aber immer nur in besonderen Ausnahmefällen gerechtfertigt sein"; siehe auch BGH NStZ 2000, 470, wonach „die Unterbringung eines jugendlichen oder eines nach Jugendstrafrecht beurteilten heranwachsenden Täters in einem psychiatrischen Krankenhaus nur in Ausnahmefällen in Betracht kommt".
442 BVerfG StV 1986, 160.
443 So OLG Celle MDR 1989, 928.
444 Siehe *Rasch/Konrad* 2004, 109; zur praktischen Erprobung siehe Westfälischer Arbeitskreis „Maßregelvollzug" NStZ 1991, 64 ff.
445 Siehe Gutachten Sexualstraftäter im Maßregelvollzug MschrKrim 1996, 184.
446 Zur Prüfungspflicht s. BGH bei *Detter* NStZ 2002, 419.

8.5 Unterbringung in einer Entziehungsanstalt

trotzdem angeordnet, so gilt die Regel, dass die Maßregel vor der Strafe zu vollstrecken ist (§ 67 Abs. 1 StGB). Ein Abweichen von dieser Regel ist zu begründen.

Diese Maßregel knüpft an den „Hang" zu Rauschmitteln an.[447] Ein jugendliches „Ausprobieren" fällt nicht hierunter. Auch hier ist ein Sachverständigengutachten gefordert (§ 246a StPO). Im vereinfachten Jugendverfahren darf nicht auf diese Maßregel erkannt werden (§ 78 Abs. 1 S. 2). 281

An die Gefahrenprognose („wenn die Gefahr besteht, dass er infolge seines Hanges erhebliche rechtswidrige Taten begehen wird") werden vom Wortlaut her geringere Anforderungen als bei § 63 StGB gestellt. Trotzdem ist auch hier ein Überwiegen der negativen Faktoren Voraussetzung. BVerfG StV 1994, 595: „Voraussetzung der Maßregel muss stets sein, dass der Täter durch Begehung von rechtswidrigen Taten seine konkrete Gefährlichkeit offenbart, für die Zukunft weitere Verfehlungen dieser Art als wahrscheinlich besorgen lässt und dadurch die öffentliche Sicherheit bedroht." 282

Weiterhin ist die Verhältnismäßigkeit zu prüfen (§ 62 StGB). Es müssen die besonderen physischen und psychischen Belastungen einer zwangsweisen Entziehung mit Freiheitsentzug beachtet werden, wobei der psychische Druck durch die Strafandrohungen noch verstärkt wird.[448] Umgekehrt besteht hier Veranlassung, bereits die Geeignetheit dieser Maßregel in Frage zu stellen. Hierbei sind auch die durchschnittlichen Rückfallquoten zu berücksichtigen: Nach einer von der Kriminologischen Zentralstelle durchgeführten Untersuchung wurden innerhalb von zwei Jahren nach der Entlassung 60 % wegen neuer Straftaten registriert, wobei es in 43 % der Fälle zu einer Verurteilung bzw. Einstellung gem. § 20 StGB kam. Widerrufen wurde die Aussetzung in 27 % der Fälle.[449] Die Unterbringung darf nur angeordnet werden, wenn eine konkrete Erfolgsaussicht besteht, es genügt nicht, dass die Entziehungskur „auch nicht von vornherein aussichtslos" ist.[450] Allerdings kann Therapiebereitschaft auch im Vollzug geweckt werden.[451] Bei Fehlen eines geeigneten Therapieplatzes scheidet auch die Möglichkeit eines Vorwegvollzuges gem. § 67 Abs. 2 StGB aus, da hiermit nur Gründe in der Person des Verurteilten anerkannt werden.[452] Mit Rücksicht auf die gegen Entziehungsanstalten vorgetragene Kritik sind ambulante Sanktionen in besonderer Weise vorab zu bedenken. Erst recht sind freiwillige Bemühungen aufzugreifen und mit dem Verzicht auf justiziellen Zwang zu unterstützen.[453] In einem solchen Fall ist im Grunde bereits die Rückfallgefahr zu verneinen.[454]

---

447 Siehe hierzu *Mrozynski* 1985, 8 ff.; zur problematischen Ausfüllung des Begriffs siehe NK-StGB-*Böllinger/Pollähne* § 64 Rn. 70 ff.
448 Siehe §§ 35, 36 BtMG; § 67 Abs. 5 StGB.
449 Siehe *Dessecker* 1996, 187, 190.
450 BGH bei *Detter* NStZ 2002, 419.
451 BGH ZJJ 2007, 415.
452 BGH NStZ 1981, 492 mit kritischer Anm. von *Scholz*; BGH NStZ 1982, 132; LG Hamburg MDR 1981, 778; siehe auch BGH bei *Holtz* MDR 1990, 96, wonach „Schwierigkeiten bei der organisatorischen Ausgestaltung und praktischen Durchführung der Maßregel das Gericht nicht hindern dürfen, das Gesetz so anzuwenden, wie es sein Wortlaut befiehlt"; a. M. LG Bonn NJW 1977, 345, bestätigt durch BVerfG JMBl. NW 1977, 222; unbestimmt *Brunner/Dölling* § 93a Rn. 7; wie hier *Eisenberg* § 7 Rn. 22.
453 Anders die frühere h. M., siehe hierzu Sch/Sch-*Stree/Kinzig* § 64 StGB Rn. 20.
454 Siehe *Frisch* 1983, 149.

8.6 Führungsaufsicht

283   Mit § 7 Abs. 1 wird auch die Führungsaufsicht in das Jugendstrafrecht eingeführt. Auch die Führungsaufsicht kraft Gesetzes wird i. S. des § 7 Abs. 1 „angeordnet".[455] Sie wird erst mit den Weisungen ausgestaltet, ihre Dauer wird bestimmt, in ihrem praktischen Hauptanwendungsfall des § 68f StGB – Führungsaufsicht nach „Vollverbüßung" – muss das Gericht prüfen, ob die Führungsaufsicht entfällt. Die inhaltliche Ausgestaltung geschieht in Form eines Beschlusses (§§ 463 Abs. 2, 453 Abs. 1 StPO), der dem Betroffenen bekannt zu geben ist. Ein „Umweg" über § 2 Abs. 2[456] erscheint nicht erforderlich.

Soweit die Führungsaufsicht von der Verwirkung einer Freiheitsstrafe von mindestens sechs Monaten abhängig gemacht ist (§ 68 Abs. 1 StGB), erfüllen auch entsprechende Jugendstrafen diese Voraussetzung. Soweit im § 68 f StGB eine Freiheitsstrafe von zwei Jahren oder von einem Jahr wegen einer in § 181b StGB genannten Straftat Voraussetzung ist, so genügt eine Einheitsstrafe gem. § 31 von zwei Jahren Jugendstrafe. Entscheidend ist, dass der Verurteilte aufgrund der zweijährigen Strafverbüßung und des ungünstigen Strafablaufs nach der Entlassung einer Hilfe bedarf; nicht ist entscheidend, ob eine Einzelstrafe zwei Jahre betragen hat.[457] Das BVerfG hat in einem Nichtannahmebeschluss entschieden, dass mit dem Gesetz zur Reform der Führungsaufsicht und zur Änderung der Vorschriften über die nachträgliche Sicherungsverwahrung vom 13.4.2007, d. h. mit dem Eintritt der Führungsaufsicht auch nach Vollstreckung einer entsprechenden Gesamtfreiheitsstrafe „Auslegungszweifel, die hinsichtlich der Anwendbarkeit des § 68f StGB auf die Einheitsjugendstrafe bestanden, beseitigt" worden sind.[458] Wenn somit auch theoretische Einwände gegen diese Maßregel ausgeräumt werden können, so bleiben die praktischen Bedenken: die Aufgabenaufteilung gem. § 68a StGB; die Überforderung der Bewährungshelfer angesichts ihrer Probandenzahl; die strafrechtliche Belastung des Betreuungsverhältnisses durch § 145a StGB; die Überbetreuung der Probanden, insbesondere im Fall einer Führungsaufsicht gem. § 68f StGB. Wenn auch gem. BVerfGE 55, 28 die Führungsaufsicht mit ihren Weisungen gem. § 68b StGB nicht gegen das Verbot der Doppelbestrafung (Art. 103 Abs. 3 GG) und gegen das Verhältnismäßigkeitsprinzip verstößt, so sind diese Bedenken im Einzelfall sehr wohl zu beachten.[459] Zusätzlich wird die Anwendung – neben der Prognoseentscheidung (s. Rn. 275) – durch die Kann-Bestimmung des § 68 Abs. 1 StGB sowie durch die Absehensmöglichkeit gem. § 68f Abs. 2 StGB relativiert.[460]

---

455   H. M.: BVerfGE 125, 28 = ZJJ 2008, 191; LG Berlin ZJJ 2008, 80; LG Hannover ZJJ 2008, 82; a. M. AG Hameln ZJJ 2008, 83; ausführlich *Gundelach* 2015, 160 ff.: Verstoß gegen das Analogieverbot; siehe auch *Gundelach/Nix* 2015, 148.
456   So *Pollähne* 2008, 6 ff; nachfolgend *Sommerfeld* 2009, 249.
457   Wie hier die wohl h. M., s. OLG München NStZ-RR 2002, 183 = ZJJ 2004, 198 m. zust. Anm. von *Ostendorf*; OLG Schleswig bei *Lorenzen/Schiemann* SchlHA 1998, 167; D/S/S-*Diemer* § 7 Rn. 11; *Streng* Rn. 253; *Fischer* § 68f StGB Rn. 4 m. w. N.; *Füllkrug* 1989, 147; jetzt auch *Laubenthal/Baier/Nestler* Rn. 438; a. M. *Eisenberg* § 7 Rn. 66; *Brunner/Dölling* § 7 Rn. 11; LG Hamburg StV 1990, 508; OLG Stuttgart Justiz 2003, 267; OLG Dresden Neue Justiz 2005, 280 = ZJJ 2004, 433.
458   BVerfG ZJJ 2008, 192 – allerdings ergibt sich aus den Gesetzesberatungen nicht, dass der Gesetzgeber dies ausdrücklich mitbedacht hat.
459   Ebenso *Eisenberg* § 7 Rn. 60; a. M. zur Anwendung gem. § 68f *Brunner/Dölling* § 7 Rn. 10.
460   Siehe auch BVerfG ZJJ 2008, 192; kritisch hierzu *Fiebrandt* 2008, 278; OLG Celle StV 2016, 716.

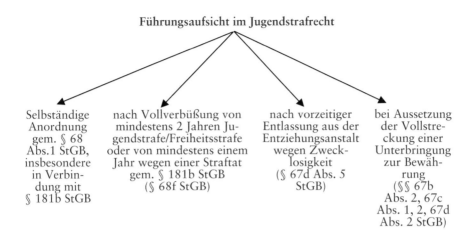

8.7 Entziehung der Fahrerlaubnis

Die Entziehung der Fahrerlaubnis gem. § 69 StGB mit der Erteilung einer Sperrfrist gem. § 69a StGB ist nicht abhängig von der Schuld, so dass auch bei Verneinung der strafrechtlichen Verantwortung nach § 3 diese Maßregel in Betracht kommt.[461] Die Rückfallprognose wird durch die Regelbeispiele im § 69 Abs. 2 StGB weitgehend vorbestimmt.[462] Allerdings sollte gerade im Jugendstrafrecht die Sperrfrist nicht zu lang bemessen werden; ansonsten ergeben sich erhebliche Gefahren von Folgekriminalität (Fahren ohne Fahrerlaubnis; Unfallflucht), da der jugendliche Fahrreiz durch das Verbotensein noch verstärkt wird.[463] Darüber hinaus sind Ausnahmen von der Entziehung der Fahrerlaubnis zulässig und angezeigt,[464] so wenn aus Gründen der Individualprävention von der Anordnung einer Sperrfrist abgesehen wird, sofern der Täter keine Fahrerlaubnis hat (§ 69a Abs. 1 S. 3 StGB). Das Sicherheitsinteresse ist in diesem Fall zur Zeit, d. h. solange der Täter keine Fahrerlaubnis hat, gewahrt. Darüber hinaus ist gerade bei Jugendlichen/Heranwachsenden, auf die mit einer Freiheitsstrafe eingewirkt wurde, die nachträgliche Sperrzeitverkürzung gem. § 69a Abs. 7 StGB zu prüfen.[465]

Hier kommt umgekehrt die Weisung in Betracht, eine Fahrerlaubnis zu erwerben (§ 10), um dem Täter in der Fahrschule das Können und das Verantwortungsbewusstsein für das Führen von Kraftfahrzeugen zu vermitteln.[466] Dies gilt insbesondere beim wiederholten Fahren ohne Fahrerlaubnis (§ 21 StVG) ohne ein zusätzliches Delikt i. S. des § 69 Abs. 2 StGB.[467] Wegen der Kosten eines Führerscheinerwerbs ergeben sich jedoch Zumutbarkeitsgrenzen. Auch sollte ein Nichtbestehen der Prüfung nicht gem. § 11 Abs. 3 sanktioniert werden, zumal die Schuldhaftigkeit kaum nachzuweisen sein wird.

---

461 H. M., siehe *Brunner/Dölling* § 7 Rn. 13 m. w. N.
462 Siehe *Wölfl* 1999, 69.
463 Siehe auch *Böhm* 1996, S. 157.
464 Siehe auch AG Saalfeld DVJJ-Journal 2001, 426; ZJJ 2005, 211.
465 Siehe *Ostendorf/Ostendorf* § 7 Rn. 15 m. w. N.
466 Siehe LG Oldenburg bei *Böhm* NStZ 1985, 447; AG Saalfeld ZJJ 2003, 307 = StV 2005, 65.
467 Siehe hierzu *Seiler* 1974, 260; *Händel* 1977, 309.

8.8 Sicherungsverwahrung

8.8.1 Gesetzesentwicklung und ihre Bewertung

285 Im Urteil kann weder gegen Jugendliche – Umkehrschluss aus § 7 Abs. 1 – noch gegen Heranwachsende, und zwar sowohl bei Anwendung von Jugendstrafrecht (§ 105 Abs. 1) als auch bei Anwendung von Erwachsenenstrafrecht (§ 106 Abs. 3 S. 1), die Sicherungsverwahrung angeordnet werden.

Mit Gesetz vom 8.7.2008 (siehe Rn. 19, 21) wurde aber die nachträgliche Sicherungsverwahrung auch gegen Jugendliche und Heranwachsende bei Anwendung des Jugendstrafrechts gem. § 7 Abs. 2–4 a. F. eingeführt. Schon vorher war die vorbehaltene (2003) und die nachträgliche Sicherungsverwahrung (2004) bei nach allgemeinem Strafrecht verurteilten Heranwachsenden ermöglicht worden. Vor dem Hintergrund grundsätzlicher Bedenken gegen die Anordnung einer Sicherungsverwahrung wurde die Verfassungskonformität der nachträglichen Sicherungsverwahrung gerade bei jungen Straftätern in besonderer Weise infrage gestellt.[468]

Dem hat auch das **BVerfG mit dem Urteil vom 4.5.2011**[469] in der Nachfolge zur Entscheidung des **EGMR vom 17.12.2009** in der Rechtssache M. ./. Deutschland[470] im Ergebnis entsprochen. Unter anderem wurden alle Regeln zur vorbehaltenen und nachträglichen Sicherungsverwahrung mit Einschluss des § 7 Abs. 2–4 a. F. sowie des § 106 Abs. 3 S. 2, S. 3, Abs. 5–6 a. F. für unvereinbar mit Art. 2 Abs. 2 S. 2 GG i. V. m. Art. 104 Abs. 1 GG bzw. mit Art. 20 Abs. 3 GG erklärt.

Dabei hat das BVerfG jedoch nicht die rechtliche Bewertung des EGMR im Fall M. ./. Deutschland übernommen, der die Sicherungsverwahrung nach deutschem Recht als Strafe i. S. d. Art. 7 Abs. 1 EMRK eingeordnet hatte. Zudem hatte der EGMR als maßgeblichen Rechtfertigungsgrund für den Eingriff in das Recht auf Freiheit und Sicherheit nach Art. 5 Abs. 1 EMRK „rechtmäßige Freiheitsentziehung nach [lies: aufgrund] Verurteilung durch ein zuständiges Gericht" herangezogen (Art. 5 Abs. 1 lit. a EMRK). Insb. die Rechtfertigung als Freiheitsentziehung bei psychisch Kranken (Art. 5 Abs. 1 lit. e EMRK) war im Fall M. sowie in weiteren nachfolgenden Verfahren ausgeschlossen worden. Dies bedeutet aber, dass für die Sicherungsverwahrung dieselben grund- und menschenrechtlichen Sicherungen gelten wie bei der Verhängung einer Strafe, also das **Rückwirkungsverbot** und das **Doppelbestrafungsverbot**.[471] Damit war eigentlich bereits durch dieses Urteil klargestellt worden, dass die nachträgliche Sicherungsverwahrung im Anschluss an eine Freiheits- oder Jugendstrafe sowie die Anwendung der Sicherungsverwahrungsvorschriften auf Anlasstaten, die vor Inkrafttreten der jeweiligen Norm begangen worden waren, in der damals geltenden Form nicht bestehen bleiben konnten.[472]

Das BVerfG hat die Einordnung als Maßregel also beibehalten, so dass Art. 103 Abs. 2 und 3 GG auf die Sicherungsverwahrung nach wie vor nicht anwendbar sind. Kriminalpolitisch erwünscht war außerdem, dass nicht alle Personen, die aufgrund rückwirkender Vorschriften zur Sicherungsverwahrung untergebracht waren, automatisch entlassen werden müssten. Gelöst wurde dieses Problem unter anderem mit dem Argu-

---

[468] Siehe *Ullenbruch* 2008, 2612, 2613; *Bruhn* 2010; siehe auch *Ostendorf/Petersen* 2010, 245.
[469] BVerfGE 128, 326.
[470] EGMR v. 17.12.2009, 19359/04, M. ./. Deutschland, NJW 2010, 2495
[471] Siehe MüKoStGB/*Ullenbruch/Drenkhahn/Morgenstern* § 66 Rn. 38 f.
[472] Siehe MüKoStGB/*Ullenbruch/Drenkhahn* § 66b Rn. 37 f.

ment, dass weder die Gesetzgebung noch die Verwaltung das **Abstandsgebot** hinreichend umgesetzt hatten, das das BVerfG in seinem eigenen Urteil im Fall M. 2004 entwickelt hatte.[473] Danach muss zwischen Straf- und Maßregelvollzug ein Abstand i. S. einer Privilegierung der Sicherungsverwahrten gegenüber den Strafgefangenen bestehen, der den spezialpräventiven Charakter sowohl für die Untergebrachten als auch für die Allgemeinheit deutlich machen müsse.[474] Dieses Abstandsgebot präzisierte das BVerfG in seinem Urteil vom 4.5.2011 durch sieben Mindestanforderungen für Anordnung und Vollzugsgestaltung. Wesentlich sind hier das *ultima ratio*-Prinzip bei der Anordnung und bei der Gestaltung des vorangehenden Strafvollzugs, die auf die Vermeidung der Sicherungsverwahrung ausgerichtet sein muss, auf effektiven Rechtsschutz während der Vollstreckung und vor allem auf eine ernsthaft behandlungs- und freiheitsorientierte Vollzugsgestaltung der Sicherungsverwahrung selbst. Die Einhaltung dieser Anforderungen in Gesetzgebung und Praxis ist maßgeblich für die verfassungsrechtliche Rechtfertigung der Sicherungsverwahrung als nicht-vergeltende, präventive Maßregel: Sie „ist nur zu rechtfertigen, wenn der Gesetzgeber bei ihrer Konzeption dem besonderen Charakter des in ihr liegenden Eingriffs hinreichend Rechnung und dafür Sorge trägt, dass über den unabdingbaren Entzug der ‚äußeren' Freiheit hinaus weitere Belastungen vermieden werden. Dem muss durch einen freiheitsorientierten und therapiegerichteten Vollzug Rechnung getragen werden […]. Die Freiheitsentziehung ist […] so auszugestalten, dass die Perspektive der Wiedererlangung der Freiheit sichtbar die Praxis der Unterbringung bestimmt".[475]

Abgesehen von dem Einwand, dass zwischen Strafen und Maßregeln nur ein terminologischer Unterschied besteht, ist das deutsche Jugendstrafrecht im Gegensatz zum Erwachsenenstrafrecht einspurig angelegt (siehe Rn. 54). Dieses einheitliche Sanktionensystem zeigt sich in der Austauschbarkeit von Zuchtmitteln und Jugendstrafe durch die stationären Maßregeln der Unterbringung in einem psychiatrischen Krankenhaus oder einer Entziehungsanstalt gem. § 5 Abs. 3. Dementsprechend spricht der BGH von der „Einspurigkeit freiheitsentziehender Maßnahmen im Jugendstrafrecht".[476] Die faktischen Auswirkungen der Sicherungsverwahrung i. S. einer Strafe – unbefristeter Freiheitsentzug, der vom Verurteilten in seinem tatsächlichen Vollzug als Strafe empfunden wird[477] – sind aber nach der Entscheidung des BVerfG im Rahmen der Prüfung des Art. 2 Abs. 2 S. 2 GG i. V. m. Art. 20 Abs. 3 GG als **Vertrauensschutzgebot** zu berücksichtigen,[478] der sich unter Berücksichtigung der Wertungen aus Art. 7 Abs. 1 EMRK bei den rückwirkenden Vorschriften zur Sicherungsverwahrung zu einem absoluten Vertrauensschutz verdichten würde. Hier käme als Rechtfertigung aus Art. 5 Abs. 1 EMRK zudem nur die Unterbringung psychisch Kranker (lit. e) in Frage. Im Ergebnis soll die Anwendung der rückwirkenden Vorschriften, also auch der nachträglichen Sicherungsverwahrung nach dem JGG, nur dann als verhältnismäßig anzusehen sein, wenn das Abstandsgebot befolgt wird, eine hochgradige Gefahr schwerster Gewalt- oder Sexualstraftaten aus konkreten Umständen in der Person oder dem Verhalten des

---

473 BVerfGE 109, 133; siehe dazu *Bartsch* 2010, 279 ff.; *Drenkhahn/Morgenstern* 2012, 192 ff.; MüKoStGB/*Morgenstern/Drenkhahn* § 66c Rn. 17 ff. m. w. N.
474 BVerfGE 109, 133, 166.
475 BVerfGE 128, 326 f.
476 BGHSt 39, 95; BGH StV 1998, 341; BGH StV 2002, 416.
477 Siehe *Bartsch* 2010, 287 ff.
478 BVerfGE 109, 133, 171 f.

Betroffenen abzuleiten sei und die Voraussetzungen von Art. 5 Abs. 1 S. 2 lit. e EMRK erfüllt seien.[479]

Den Vorgaben zum Vertrauensschutzgebot ist der Gesetzgeber mit dem Gesetz zur bundesrechtlichen Umsetzung des Abstandsgebotes im Recht der Sicherungsverwahrung vom 5.12.2012 (BGBl. I, 2425) gefolgt. Die vorbehaltene Sicherungsverwahrung wurde modifiziert geregelt. Die nachträgliche Sicherungsverwahrung wurde auf den Fall begrenzt, dass die Unterbringung in einem psychiatrischen Krankenhaus gem. § 67d Abs. 6 StGB für erledigt erklärt wurde (§ 7 Abs. 4, siehe auch § 106 Abs. 7). Zudem haben die Bundesländer zum 1.6.2013 Gesetze zum Vollzug der Sicherungsverwahrung erlassen, die den verfassungsgerichtlichen Vorgaben auch für die praktische Ausgestaltung des Vollzugs Rechnung tragen.[480]

Allerdings sind die alten JGG-Regeln über die nachträgliche Anordnung von Sicherungsverwahrung nach Verbüßung einer Jugend- oder Freiheitsstrafe einschließlich etwaiger Fortdauerentscheidungen über die **Übergangsregelung** in Art. 316f Abs. 2 EGStGB weiterhin auf Fälle anwendbar, in denen die Anlasstat vor dem 1.6.2013 begangen wurde. In dieser Übergangsregelung sind die im Zusammenhang mit dem Vertrauensschutzgebot aufgestellten weiteren Voraussetzungen enthalten: Beim Betroffenen muss eine psychische Störung vorliegen und aus konkreten Umständen in seiner Person oder seinem Verhalten eine hochgradige Gefahr abzuleiten ist, dass er infolge dieser Störung schwerste Gewalt- oder Sexualstraftaten begehen wird. Auch für die Vorbehaltsfälle gibt es eine entsprechende Übergangsregelung: War die entsprechende gesetzliche Regelung zur Zeit der letzten Anlasstat noch nicht in Kraft getreten, kann die Anordnung der Sicherungsverwahrung nur vorbehalten werden, wenn beim Betroffenen eine psychische Störung vorliegt und die hochgradige Gefahr, dass er infolge dieser Störung schwerste Gewalt- oder Sexualstraftaten begehen wird, „wahrscheinlich" ist oder, wenn es sich bei dem Betroffenen um einen Heranwachsenden handelt, „feststeht" (Art. 316f Abs. 2 S. 2 und 3 EGStGB). Beide zusätzlichen materiellen Voraussetzungen sind abstrakt kaum willkürfrei zu beschreiben und zeigen bereits für sich genommen, dass man bei der Entwicklung dieser Vorschriften konkrete Einzelfälle vor Augen hatte wie z. B. den der Entscheidung des EGMR im Fall Ilnseher ./. Deutschland zugrundeliegenden.[481] Für den Begriff „**psychische Störung**" wurde auch vom BVerfG auf § 1 Abs. 1 Nr. 1 des Therapieunterbringungsgesetzes zurückgegriffen, der aber auch keine Definition enthält. Das BVerfG selbst orientiert sich an den Winterwerp-Kriterien des EGMR, die neben der Feststellung einer psychische Störung durch ein ärztliches Gutachten und der Erforderlichkeit der Unterbringung wegen der Schwere der Störung vor allem auf den Unterbringungsort, ein psychiatrisches Krankenhaus oder eine andere geeigneten Einrichtung, abstellen.[482] Zwischen dieser psychischen Störung und der hochgradigen Gefahr künftiger schwerer Straftaten muss ein kausaler Zusammenhang bestehen („infolge"), der das weitere Problem der Abgrenzung zur Schuldunfähigkeit nach § 20 StGB aufwirft, denn die Betroffenen waren im Erkenntnisverfahren ja gerade als schuldfähig verurteilt worden. Davon abgesehen ist auch unklar, was eine „**hochgradige Gefahr**" ist und was sie von der „wahrscheinlichen hoch-

---

479 BVerfGE 128, 326, 391 ff., 399; siehe MüKoStGB/*Ullenbruch/Drenkhahn/Morgenstern* § 66 Rn. 41.
480 Siehe *Dessecker* 2013, 313 f.; MüKoStGB/ /*Morgenstern/Drenkhahn* § 66c Rn. 36 ff., 93 ff.
481 EGMR, 7.2.2017, 10211/12, 27505/14, Ilnseher ./. Deutschland; siehe *Drenkhahn* 2017.
482 EGMR, 24.10.1979, 6301/73, Winterwerp ./. Niederlande, Rn. 39; siehe *Eisenberg* § 7 Rn. 43; *Morgenstern* 2011, 974; MüKoStGB/*Ullenbruch/Drenkhahn/Morgenstern* § 66 Rn. 45 f.; anders *Zimmermann* 2013a, 1109 f., der den Begriff für brauchbar hält.

gradigen Gefahr" und der „feststehenden hochgradigen Gefahr" unterscheidet. Zumindest muss ein solches auf empirischer Grundlage ermitteltes individuelles Risiko über dem neutralen Wert von 50% liegen.[483] **Formelle Voraussetzung**[484] für die nachträgliche Anordnung von Sicherungsverwahrung nach § 7 Abs. 2 a. F. ist eine Verurteilung zu Jugendstrafe von mindestens sieben Jahren wegen eines Verbrechens gegen Leben, körperliche Unversehrtheit oder sexuelle Selbstbestimmung oder nach § 251 StGB (auch i. V. m. § 252 oder § 255 StGB), das eine besondere Opferbetroffenheit aufweist: Das Opfer muss entweder seelisch oder körperlich schwer geschädigt oder einer solchen Gefahr ausgesetzt worden sein, wobei unklar ist, wann die Gefahr einer schweren seelischen Schädigung besteht. Außerdem müssen vor dem Ende der Jugendstrafe Tatsachen erkennbar werden, die auf die hochgradige Gefahr hinweisen, dass der Betroffene infolge der psychischen Störung schwerste Gewalt- oder Sexualstraftaten begehen wird. Anders als es bei der nachträglichen Sicherungsverwahrung nach § 66b Abs. 1 und 2 StGB a. F. vorgesehen war, sollen es bei § 7 nicht nur neue, sondern vor allem auch alte Tatsachen sein. Das bedeutet, dass hier Informationen zur Persönlichkeit und zur Tatbewertung einbezogen werden dürfen, die bereits zum Zeitpunkt des Erkenntnisverfahrens erkennbar waren. Dies soll das Problem umgehen, dass Sicherungsverwahrung im Strafurteil nicht angeordnet und auch nicht vorbehalten werden konnte. Grundlage der Beurteilung soll eine Gesamtwürdigung des Verurteilten, seiner Tat oder Taten und ergänzend seiner Entwicklung während des Vollzugs der Jugendstrafe sein. Gerade dieser letzte Aspekt ist nicht geeignet für eine Prognose des Verhaltens in Freiheit, da die Bedingungen im Vollzug künstlich sind.[485] Zudem wurde über den Wortlaut von § 7 Abs. 2 a. F. hinaus verlangt, dass beim Betroffenen ein Hang zu erheblichen Straftaten i. S. d. § 66 Abs. 1 StGB festgestellt wird.[486] Der EGMR hat gegen diese Konstruktion im Ilnseher-Urteil jedenfalls unter der Bedingung, dass die Sicherungsverwahrung in einer Einrichtung vollzogen wird, die für die Unterbringung psychisch Kranker geeignet ist, keine durchgreifenden Bedenken geäußert.[487]

Trotzdem stellt sich gerade für den Jugendstrafvollzug aber die Frage, wie anders der Vollzug der Sicherungsverwahrung gestaltet werden soll. Ein **freiheits- und therapieausgerichteter Vollzug** der Jugendstrafe wird nach den Landesgesetzen zum Jugendstrafvollzug schon hier gefordert.[488] Das BVerfG hat aus der Pflicht zur Achtung der Menschenwürde und dem Grundsatz der Verhältnismäßigkeit staatlichen Strafens das Vollzugsziel der sozialen Integration gerade im Jugendstrafrecht betont.[489] Die Sicherungsverwahrung wird zwar auch für Betroffene, die für Taten als Jugendliche und Heranwachsende verurteilt wurden, in den Einrichtung für Sicherungsverwahrte, die dem Erwachsenenvollzug angegliedert sind, vollzogen, da sie bei Antritt der Sicherungsverwahrung typischerweise älter als 24 Jahre sind.

286

Allerdings müssen nach § 7 Abs. 2 S. 3 dem Betroffenen bereits während des Vollzugs der Jugendstrafe Vollzugsbedingungen i. S. d. § 66c Abs. 1 Nr. 1 StGB angeboten wer-

---

483 Siehe MüKoStGB/*Ullenbruch/Drenkhahn* § 66b Rn. 51; *Streng* 2011, 828.
484 Siehe 6. Aufl. Rn. 273; *Brettel* 2013, 768 ff.
485 MüKoStGB/*Ullenbruch/Drenkhahn* § 66b Rn. 25 f., Rn. 74 ff. zum konkretem Verhalten im Vollzug.
486 LG Berlin NStZ 2010, 97; *Kinzig* 2008b, 246; anders BGH NJW 2010, 1540 = ZJJ 2010, 206: „spezifische Gefährlichkeit"; ebenso D/S/S-*Diemer* § 7 Rn. 33 f.
487 Dazu *Drenkhahn* 2017; siehe auch EGMR, 7.1.2016, 23279/14, Bergmann ./. Deutschland, zur den parallelen Problemen im Allgemeinen Strafrecht.
488 Siehe *Ostendorf* 2016a, § 1 Rn. 16 ff., 32 ff.
489 BVerfGE 116, 69 = BVerfG NJW 2006, 2095; s. auch Europaratsempfehlung „Empfehlung zu neuen Wegen im Umgang mit Jugenddelinquenz und der Rolle der Jugendgerichtsbarkeit", 2003.

den. Diese Norm sieht vor, dass dem Gefangenen „auf der Grundlage einer umfassenden Behandlungsuntersuchung und eines regelmäßig fortzuschreibenden Vollzugsplans eine Betreuung [angeboten werden muss], die individuell und intensiv sowie geeignet ist, seine Mitwirkungsbereitschaft zu wecken und zu fördern, insbesondere eine psychiatrische, psycho- oder sozialtherapeutische Behandlung, die auf den Untergebrachten zugeschnitten ist, soweit standardisierte Angebote nicht Erfolg versprechend sind, und die zum Ziel hat, seine Gefährlichkeit für die Allgemeinheit so zu mindern, dass die Vollstreckung der Maßregel möglichst bald zur Bewährung ausgesetzt oder sie für erledigt erklärt werden kann".[490] Diese Privilegierung für einige wenige Gefangene darf nicht zur Verschlechterung der Bedingungen für die übrigen Gefangenen führen.

Unabhängig davon bleiben weitere Einwände gegen die Sicherungsverwahrung im Jugendstrafrecht bestehen:

Eine **Gefährlichkeitsprognose** i. S. einer dauerhaften Gefährlichkeit erscheint bei jungen Straftätern gerade in der Situation des Strafvollzuges **fast unmöglich**.[491] Junge Menschen stehen in einer körperlichen, seelischen und sozialen Entwicklungsphase, die zudem nicht linear, sondern mit Brüchen verläuft. Damit verträgt sich schwer die Feststellung von Unverbesserlichkeit. Unter der gebotenen dynamischen, entwicklungsbezogenen Perspektive sind Zukunftsprognosen gerade bei jungen Menschen mit zusätzlichen Unsicherheiten behaftet, allein schon weil ihr bisheriger Lebensweg kürzer ist als der der Erwachsenen und weil sie selbst prägbarer bzw. änderungsfähiger sind. Hinzu kommt, dass das Verhalten des Gefangenen maßgeblich durch den Vollzug bestimmt wird. Die Prognosetatsachen werden nicht unter natürlichen Bedingungen, d. h. in Freiheit gewonnen. Neben progressiv abnormen Persönlichkeitshaltungen mit (auto-)aggressivem Verhalten sind im Vollzugsalltag u. a. Kurzschluss- und Affektreaktionen zu beobachten. Dies kann in einen »Haftkoller« münden. Das gilt insbesondere bei jungen Gefangenen, die häufig Probleme mit Autoritätspersonen haben. Während das in Freiheit vor allem Eltern und Lehrer betrifft, führt die jugendtypische Auflehnung gegen Autoritäten im Gefängnis fast zwangsläufig zu neuen Konflikten. Hier konzentriert sich das Autoritätsproblem auf die Vollzugsbediensteten als erzwungenen Eltern- und Lehrerersatz. Gegenreaktionen des Vollzuges bergen die Gefahr einer „Gewaltspirale", zumal junge Menschen auf (vermeintlich) ungerechte Behandlung noch heftiger, aggressiver reagieren als Erwachsene.

Der Schutz der Gesellschaft wird **kontraproduktiv** behindert. Das Damoklesschwert einer eventuellen Sicherungsverwahrung verführt zu einer **Scheinanpassung**.[492] Welcher Straftäter wird sich auf ein offenes Therapiegespräch einlassen, seine geheimen Gelüste z. B. zu strafbedrohten Sexualpraktiken offenbaren, wenn diese Informationen dazu führen können, dass die Sicherungsverwahrung angeordnet wird. Für die Gesell-

---

490 Erläuterung für den Erwachsenenvollzug: MüKoStGB/ *Morgenstern/Drenkhahn* § 66c Rn. 64-70. In einigen Landesgesetzen zum Jugendstrafvollzug gibt es keine Vorschriften zum Vollzug der Jugendstrafe bei vorbehaltener Sicherungsverwahrung: JStVollzG Bremen, JStVollzG Mecklenburg-Vorpommern, JStVollzG Saarland.
491 Ebenso *Ullenbruch* 2008, 2612 f.; *M. Walter* 2008, Rn. 118. Nach einer Praktikerbefragung von 33 Vorsitzenden von Jugendkammern wurde die Prognoseunsicherheit bei jungen Straftätern von 54 % als „eventuell erhöht", von 36 % „deutlich erhöht" angegeben, siehe *Karmrodt* 2012, 367. Für die Prognose einer besonderen Gefährlichkeit i. S. des § 7 Abs. 2 S. 1 Nr. 1 gibt es nach der Untersuchung von *Grindel/Jehle* 2015, 129, „kaum trennkräftige Kriterien".
492 Ebenso *Ullenbruch* 2008, 2611; zu negativen Auswirkungen auf den Vollzug bei potenziellen Sicherungsverwahrten und auf den Vollzug allgemein siehe *Graebsch* 2008, 286; offen *Streng* Rn. 557.

schaft besteht so die Gefahr, dass „unverbesserliche" Menschen im Strafvollzug nicht therapiert, sondern fälschlich als nicht mehr gefährlich entlassen werden.

Hieraus folgt, dass auch bei Einhaltung der verfassungsgerichtlichen Vorgaben die vorbehaltene Sicherungsverwahrung im Jugendstrafrecht nur äußerst restriktiv eingesetzt werden darf. In der Sachverständigenanhörung des Rechtsausschusses des Dt. Bundestages am 27.6.2012 wurden die jugendrechtlichen Regeln im Gesetz zur bundesrechtlichen Umsetzung des Abstandsgebots im Recht der Sicherungsverwahrung nur pauschal für angemessen eingestuft (so von *Peglau*, kritisch allerdings zur Begrenzung auf Verurteilungen von sieben Jahren Jugendstrafe, und von *Radtke*), ansonsten wurde hierzu keine Position bezogen.

8.8.2 Anwendungsvoraussetzungen und Anordnungsfolgen einer vorbehaltenen Sicherungsverwahrung nach Verurteilung zu einer Jugendstrafe (§ 7 Abs. 2)

8.8.2.1 Anlasstat

Erste Voraussetzung ist eine sogenannte Anlasstat, die zu einer Verurteilung zu einer Jugendstrafe von mindestens sieben Jahren führt. Anlasstaten sind gem. § 7 Abs. 2 S. 1 Nr. 1:

- Verbrechen gegen das Leben (§§ 211, 212, 221 Abs. 2, Abs. 3 StGB)
- Verbrechen gegen die körperliche Unversehrtheit (§§ 225 Abs. 3, 226 Abs. 1, Abs. 2, 227 Abs. 1 StGB)
- Verbrechen gegen die sexuelle Selbstbestimmung (§§ 176a Abs. 1, Abs. 2, Abs. 3, 176b, 177 Abs. 1, Abs. 3, Abs. 4, 178, 179 Abs. 5, Abs. 7 StGB)
- Verbrechen gem. § 251, auch in Verbindung mit den §§ 252 oder 255 StGB.

Eine rechtskräftige Verurteilung liegt nach dem erklärten Willen des Gesetzgebers **auch im Fall einer Einheitsstrafe** gemäß § 31 Abs. 1 oder Abs. 2 vor (s. BR-Drucks. 173/12, S. 31). Damit wird der Schweregrad der Anlasstat relativiert. Der Gesetzgeber geht aber davon aus, dass eine im Gesetz genannte Anlasstat die Höhe der Sanktion auch im Fall einer Einheitsstrafe bestimmen wird. Im Wortlaut wird dies mit der Formulierung „oder auch" ausgedrückt. Diese Anlasstat muss nach dem 31.5.2013 begangen worden sein, für Anlasstaten bis zu diesem Tag gilt über Art. 316f EGStGB die frühere Fassung von § 7 Abs. 2 (siehe Rn. 285 am Ende).

8.8.2.2 Besondere Opferbetroffenheit

Diese Anlasstat muss zusätzlich eine **besondere Opferbetroffenheit** aufweisen. Entweder muss hierdurch das Opfer seelisch oder körperlich schwer geschädigt oder es muss einer solchen Gefahr ausgesetzt worden sein. Insoweit muss eine zusätzliche Unrechtsschwere begründet werden (ebenso gem. § 106 Abs. 3 S. 2 Nr. 1, Abs. 4 Nr. 3 bei Verurteilungen Heranwachsender nach dem Erwachsenenstrafrecht). Es ist allerdings unklar, wann eine Gefahr einer schweren seelischen Schädigung vorliegen soll.

8.8.2.3 Gefährlichkeitsprognose

Dritte kumulative Voraussetzung ist eine Gefährlichkeitsprognose i. S. d. § 7 Abs. 2 S. 1 Nr. 2. Die Gesamtwürdigung des Jugendlichen und seiner Tat bzw. seiner Taten muss eine hohe Wahrscheinlichkeit erneuter Straftaten und zwar gem. § 7 Abs. 2 S. 1 Nr. 1 ergeben. Der Gesetzgeber knüpft bewusst nicht wie in § 66a Abs. 1 StGB an erhebliche Vorstrafen oder lange Haftaufenthalte an (siehe Gesetzesbegründung BR-Drucks. 173/12 Art. 2 Nr. 1).

8.8.2.4 Ermessensentscheidung

Letztlich ist eine Ermessensentscheidung gem. § 7 Abs. 2 S. 1 („kann") zu treffen, bei der verfassungsrechtliche und vollzugsrelevante Einwände (siehe Rn. 285) zu berücksichtigen sind.

8.8.2.5 Entscheidung über den Vorbehalt

Sechs Monate vor Ende des Vollzugs von wenigstens sieben Jahren Jugendstrafe (siehe § 81a i. V. m. § 275a Abs. 5 StPO) soll eine Entscheidung über den Vorbehalt der Anordnung getroffen werden. Zuständig ist das Gericht des 1. Rechtszugs (siehe § 81a i. V. m. den §§ 74f und 120a GVG). Die Entscheidung muss vor der vollständigen Vollstreckung erfolgen (§ 7 Abs. 2 S. 2 i. V. m. § 66a Abs. 3 S. 1 StGB). Auch der Strafrest nach Widerruf einer Strafrestaussetzung zur Bewährung gem. § 88 gehört noch zur vollständigen Vollstreckung. Bei dieser Entscheidung über den Vorbehalt ist eine neue Gefährlichkeitsprognose unter Einbeziehung der weiteren zwischenzeitlichen Entwicklung des Verurteilten geboten. Wenn dem Verurteilten im Vollzug der Jugendstrafe nicht die gem. § 66c Abs. 2 i. V. m. § 66c Abs. 1 Nr. 1 StGB gebotene Betreuung, insbesondere eine sozialtherapeutische Behandlung, angeboten wurde, hat das Vollstreckungsgericht (§ 82 Abs. 3) die Vollstreckung der Sicherungsverwahrung zur Bewährung auszusetzen (§ 7 Abs. 2 S. 3).

8.8.2.6 Vollzug der Jugendstrafe in einer sozialtherapeutischen Einrichtung (§ 7 Abs. 3)

288 Im Fall des Vorbehalts der Sicherungsverwahrung gem. § 7 Abs. 2 S. 1 hat das Gericht, sofern der Verurteilte das 27. Lebensjahr noch nicht vollendet hat, mit dieser Entscheidung anzuordnen, dass bereits die Jugendstrafe in einer sozialtherapeutischen Einrichtung zu vollziehen ist, es sei denn, die Resozialisierung des Verurteilten kann dadurch nicht besser gefördert werden. Regelmäßig wird aber die Resozialisierung in einer sozialtherapeutischen Einrichtung besser gefördert (siehe auch die Gesetzesbegründung BR-Drucks. 173/12 Art. 2 Nr. 1: „Erhöhte Erfolgsaussichten"). Voraussetzung ist allerdings die Therapiebereitschaft des Gefangenen.[493] Die Anordnung kann auch nachträglich erfolgen (siehe § 7 Abs. 3 S. 2). Für diese nachträgliche Entscheidung ist ab Vollendung des 24. Lebensjahres die Strafvollstreckungskammer zuständig, sonst die gem. § 92 Abs. 2 zuständige Jugendkammer (§ 7 Abs. 3 S. 3). Für den Vollzug der Jugendstrafe gelten im Weiteren § 66c Abs. 2 StGB und § 67a Abs. 2–4 StGB entsprechend.

8.8.3 Anwendungsvoraussetzungen einer nachträglichen Sicherungsverwahrung nach Unterbringung in einem psychiatrischen Krankenhaus (§ 7 Abs. 4)

289 Gemäß § 7 Abs. 4 kann die nachträgliche Sicherungsverwahrung angeordnet werden, wenn die Unterbringung in einem psychiatrischen Krankenhaus gem. § 67d Abs. 6 StGB für erledigt erklärt worden ist. Im Gesetz werden als Voraussetzungen genannt:

---

493 Siehe *Ostendorf* 2016a, § 2 Rn. 24.

- Erledigungserklärung, weil der die Schuldfähigkeit ausschließende oder vermindernde Zustand nicht mehr besteht
- Unterbringung wegen mehrerer Taten gem. Abs. 2
- oder Unterbringung wegen einer Tat gem. Abs. 2 und eine entsprechende Vorverurteilung zu einer Jugendstrafe von mindestens drei Jahren oder Unterbringung in einem psychiatrischen Krankenhaus
- Gefährlichkeitsprognose wie bei Abs. 2.

Hinzukommen muss hier jedoch als weiteres materielles Merkmal eine **psychische Störung**, damit diese Form der Sicherungsverwahrung EMRK-konform angeordnet werden kann. Ebenso wie bei der nachträglichen Sicherungsverwahrung im Anschluss an eine Jugendstrafe kommen als Rechtfertigungsgründe für den Eingriff in das Recht auf Freiheit und Sicherheit aus Art. 5 EMRK die Freiheitsentziehung nach einer Verurteilung durch ein zuständiges Gericht (Art. 5 Abs. 1 lit. a EMRK) und der Freiheitsentzug zur Verhinderung einer Straftat durch den Betroffenen (Art. 5 Abs. 1 lit. c EMRK) nicht in Frage. Zunächst einmal wird die nachträgliche Sicherungsverwahrung nach Erledigung der Unterbringung nach § 63 StGB nicht aufgrund einer Verurteilung mit der Feststellung der schuldhaften Begehung einer Straftat vollzogen, sondern in einem separaten Verfahren ohne Schuldfeststellung angeordnet. Dabei hilft auch nicht der Verweis auf das Verfahren, in dem die Unterbringung nach § 63 StGB angeordnet wurde, denn dort wird eine schuldhafte Begehung gerade verneint. Selbst wenn eine erheblich verminderte Schuldfähigkeit angenommen wird, kann die nachträgliche Anordnung der Sicherungsverwahrung nicht auf das ursprüngliche Urteil zurückgeführt werden, da es sich bei § 7 Abs. 4 nicht um eine Vollstreckungsvorschrift wie § 67a StGB handelt, mit der nur der Vollstreckungsort aber nicht die Art der Maßregel geändert wird, sondern um die Anordnung einer neuen Maßregel. Die Rechtfertigung nach Art. 5 Abs. 1 lit. c EMRK scheitert daran, dass die in Zukunft erwarteten Straftaten nicht ausreichend konkret bestimmbar sind.[494]

Das Erfordernis einer psychischen Störung in diesem Fall wird vom BVerfG zumindest für Altfälle nach Allgemeinem Strafrecht angenommen und für Neufälle angedeutet.[495] Da die Anordnungsvoraussetzungen nach § 66b Abs. 3 StGB a. F. und § 7 Abs. 4 strukturell identisch sind, kann für Fälle nach § 7 Abs. 4 nichts anderes gelten. Das führt aber zu der absurden Situation, dass bei einer Person eine psychische Störung festgestellt werden muss, für die kurz zuvor festgestellt wurde, dass keiner der in § 20 StGB beschriebenen Zustände – psychische Störungen – vorliegt. Da das BVerfG davon ausgeht, dass die hier geforderte psychische Störung i. S. d. § 1 Abs. 1 Nr. 1 des Therapieunterbringungsgesetzes eine eigene juristische Kategorie unterhalb der Grenze der §§ 20, 21 StGB sei, bleibt ein allenfalls theoretischer Anwendungsbereich.[496] Wenn dann jedenfalls für Altfälle auch nach § 7 als Erfordernis nach Art. 316f EGStGB hinzukommt, dass die psychische Störung kausal für die (hochgradige) Gefahr (schwerster Gewalt- oder Sexualstraftaten) ist, verbleibt kein Anwendungsbereich mehr: Kausalität kann man nur annehmen, wenn der Betroffene aufgrund der psychischen Störung sein Verhalten nicht im erforderlichen Maße kontrollieren kann und deshalb nicht in der Lage sein wird, sich normkonform zu verhalten – es muss also die Einsichts- oder

---

494 Siehe EGMR, 13.1.2011, 6587/04, Haidn ./. Deutschland; BVerfGE 133, 40; MüKoStGB/*Ullenbruch/Drenkhahn* § 66b Rn. 37 ff.
495 BVerfGE 133, 40.
496 Ähnlich *Zimmermann* 2013b, 164, 172; S/S/W/*Jehle* § 66b StGB Rn. 14, 17.

Steuerungsfähigkeit zumindest erheblich eingeschränkt sein. Damit ist man – auch wenn es hier um zukünftige Taten geht – sehr dicht an der in §§ 20, 21 StGB beschriebenen Situation. Es hätte dann also die Maßregel nach § 63 StGB nicht für erledigt erklärt werden dürfen oder die Person müsste nach dem PsychKG bzw. dem Unterbringungsgesetz des Landes in einem Krankenhaus der Allgemeinpsychiatrie untergebracht werden.[497]

8.8.4 Überprüfungsfrist

290 Die Überprüfungsfrist beträgt gem. der Maßgabe des Bundesverfassungsgerichts sechs Monate bis zur Vollendung des 24. Lebensjahres des Betroffenen (§ 7 Abs. 5), danach gem. § 67e Abs. 2 StGB i. V. m. § 2 Abs. 2 ein Jahr, nach einer Unterbringungszeit von zehn Jahren sechs Monate. Das Gericht kann kürzere Überprüfungsfristen festlegen.

9. Sanktionsmaßstäbe

291 Ausgehend vom Gesetzesziel, eine Straftatwiederholung des überführten Jugendlichen/Heranwachsenden zu verhindern, muss die Sanktion im Sinne des Verhältnismäßigkeitsprinzips notwendig, geeignet und angemessen sein. Für die Maßregeln ist die Verhältnismäßigkeitsprüfung auch im Erwachsenenstrafrecht vorgesehen (§ 62 StGB). Für diesen einheitlichen Prüfungsmaßstab spricht auch, dass der Gesetzgeber das sog. zweispurige System der Strafen sowie der Maßregeln der Besserung und Sicherung im Jugendstrafrecht zum Teil ausdrücklich aufgegeben hat (siehe § 5 Abs. 3). Die Angemessenheitsprüfung deckt sich insoweit mit der Prüfung der Tatschuld, wobei dieser nur eine Begrenzungsfunktion nach oben zukommt. Im Hinblick auf die Notwendigkeit und Geeignetheit der Sanktionen kann unterhalb der Tatschuld reagiert werden.[498]

9.1 Notwendigkeit einer Sanktionierung – Rückfallprognose

292 Notwendig ist eine Sanktionierung über die Wirkungen des Ermittlungsverfahrens sowie über außerstrafjustizielle Einflussnahmen hinausgehend, wenn ohne eine strafjustizielle Sanktionierung eine ernste Rückfallgefahr besteht. Hierbei ist konkret nach einer Rückfallgefahr für das abgeurteilte Delikt/die abgeurteilten Delikte zu fragen. Dies verlangt eine Rückfallprognose. Bei allen Schwierigkeiten für eine solche Prognose geht kein Weg daran vorbei, sich rational auf diese Fragestellung einzulassen. Bei schwerwiegenden Straftaten kann ein Sachverständiger helfen, bei weniger schwerwiegenden Straftaten müssen Staatsanwaltschaft und Gericht sowie Verteidigung und Jugendgerichtshilfe sich die kriminologischen Erkenntnisse und Erfahrungen zunutze machen.

293 Aus dem englischsprachigen Raum gibt es mittlerweile einige kriminalprognostische Verfahren, die speziell für Jugendliche bzw. junge Straftäter entwickelt wurden. Dazu zählen z. B. das allgemein auf die Prognose von Straftaten und auf das Fallmanagement bezogene „Youth Level of Service/Case Management Inventory" (YLS/CM) so-

---

497 Siehe MüKoStGB/*Ullenbruch/Drenkhahn* § 66b Rn. 43.
498 Siehe auch das Prüfungsschema von *Petersen* 2008, 227, in dem aber eine – reduzierte – Prüfung der Schuldangemessenheit ihren Platz behält; nach *Streng* Rn. 247, gilt das Verhältnismäßigkeitsprinzip für die Sanktionen unterhalb der Jugendstrafe, für diese selbst das Tatschuldprinzip; nach Meier/Rössner/Schöch/*Rössner* § 6 Rn. 17, wird die Schuldangemessenheit im Jugendstrafrecht durch die Verhältnismäßigkeit im engeren Sinne, sprich Angemessenheit, ersetzt; für *Lenz* 2007, 217, ist das Schuldprinzip im Jugendstrafrecht die sachbereichsspezifische Konkretisierung der Verhältnismäßigkeit im engeren Sinne; a. M. *Kreuzer* 2002, 2351, der eine parallele Bestimmung zu § 46 Abs. 1 StGB im Jugendstrafrecht fordert.

wie die auf die Prognose bestimmter Kriminalitätsrisiken ausgerichteten „Structured Assessment of Violence Risk in Youth" (SAVRY, Gewaltrisiken), das „Juvenile Sex Offender Assessment Protocol II" (J-SOAP-II) und "Estimate the Risk of Adolescent Sexual Offense Recidivism" (ERASOR) (beide Sexualdelinquenz). Diese Prognoseinstrumente liegen mit Ausnahme des YLS/CM in einer deutschen Fassung vor, und zumindest die englischsprachige Fassung ist in allen Fällen in zahlreichen empirischen Untersuchungen auf ihre Vorhersagequalität hin untersucht. Für alle diese Verfahren ist vor der Anwendung eine Ausbildung erforderlich.[499]

Auf der Grundlage der Tübinger Jungtätervergleichsuntersuchung[500] wurde die „Methode der idealtypisch-vergleichenden Einzelfallanalyse" (MIVEA) entwickelt, die den Vorteil bieten soll, dass sie von auch Menschen ohne spezialisierte psychologische oder psychiatrische Ausbildung angewendet werden kann. Anders als die obengenannten Verfahren wurde MIVEA bisher nicht auf ihre prognostische Qualität überprüft. Sie scheint allerdings in der Praxis der Jugendgerichtsbarkeit in Deutschland recht weit verbreitet zu sein, was sicher auch mit dem Mangel an Alternativen, insb. dem Fehlen einer Übersetzung des YLS/CM, zusammenhängt, das in der Ausgangsfassung für Erwachsene[501] jedenfalls im deutschen Strafvollzug eingesetzt wird. Im Rahmen von MIVEA sind folgende Faktoren für die Rückfallprognose abzuwägen:[502]

Positiv zu bewertende Faktoren:	Negativ
1. Sozialisationsentwicklung	
kein oder kein entscheidender Wechsel der Bezugspersonen	häufiger Wechsel der Bezugspersonen in der Kindheit, insb. längere Heimaufenthalte
stabile, sozialökonomische Entwicklungsbedingungen in Familie oder familienähnlichen Verhältnissen	abweichendes Verhalten der Eltern von rechtlichen Verhaltensstandards
ausgleichende konsequente Erziehungsmethoden	übermäßige Strenge, inkonsequente Erziehungsmethoden oder Vernachlässigung in der Erziehung
keine Verhaltensauffälligkeiten in der Schule	wiederholte Disziplinarmaßnahmen, Schulausschluss
2. Soziale Beziehungen	
tragfähige Beziehungen in der eigenen Familie, zu Freunden mit vorwiegend normkonformen Orientierungen	soziale Isolation oder nur Beziehungen zu devianten Subkulturen

---

499 Siehe zu diesen Prognoseverfahren die Beiträge von *Matthes* 2013 zu YLS/CM, *Quenzer* 2013a zu J-SOAP-II und 2013b zu ERASOR sowie *Klein/Rettenberger* 2013 zu SAVRY.
500 *Göppinger* 1983.
501 Level of Service Inventory-Revised (LSI-R), deutsche Fassung: *Dahle/Harwardt/Schneider-Njepel* 2012; Überblick bei *Harwardt/Schneider-Njepel* 2013.
502 Siehe auch den umfangreichen Kriterienkatalog bei *Göppinger/Bock*, 271 ff. Zu Mindestanforderungen für Prognosegutachten siehe *Boetticher u. a.* 2006, 537 ff.

Positiv zu bewertende Faktoren:	Negativ
3. Ausbildungs- und Arbeitswelt	
in der Lehre eines Berufes bzw. in einem kontinuierlichen Arbeitsverhältnis	sehr häufiger, nicht berufsbedingter Arbeitsstellenwechsel
4. Wohnung	
eigenes Zimmer oder Wohnung, in dem/der man sich wohl fühlen kann	wechselnde Fremdunterkünfte, Nichtsesshaftigkeit, schlechte Wohnverhältnisse
5. Freizeit	
aktive Freizeitgestaltung	Freizeit „abstehen"
Kontrolle von Suchtgefahren, insb. von Alkohol und Drogen, ökonomischer Realismus	suchtabhängig
6. Straffälligkeit	
keine oder solche Strafen, die strafrechtlich ohne prognostische Bedeutung sind (z. B. fahrlässige Körperverletzung im Straßenverkehr, Beförderungserschleichung)	verbüßte Freiheitsstrafen (auch Dauerarrest)

Die **Gegenüberstellung von kriminogenen und kriminoresistenten Faktoren, von Risikofaktoren und Schutzfaktoren** soll die Entscheidung erleichtern, da allein negativ ausgerichtete Prognosetafeln in der Tendenz zu ungünstigeren Ergebnissen führen. Außerdem kann eine nur an Defiziten orientierte Beurteilung des Jugendlichen/Heranwachsenden sich negativ auf sein Selbstbild und hinderlich für eine positive Entwicklung auswirken. Hierbei wird regelmäßig nur ein Übergewicht, selten werden alle negativen oder positiven Faktoren festzustellen sein. Insofern ist auf der einen Seite vor überzogenen Erwartungen zu warnen, auf der anderen Seite dürfen die Schwierigkeiten einer Prognose nicht zu ihrer Verweigerung führen.[503] Entscheidend ist nach der Tübinger Langzeituntersuchung[504] der Freizeitbereich: Eine strukturlose und überzogene Freizeitgestaltung, d. h. ein planloser Zeitvertreib auf Kosten der Leistungszeit mit unrealistischen Erwartungen und unsteten Bindungen, ist ein Warnsignal für Rückfälligkeit. Aktuelle Entwicklungen z. B. Konsolidierung der Lebensverhältnisse nach der Tat, haben Vorrang vor früheren negativen Anzeichen.[505] Da ein Rückfallrisiko niemals ausgeschlossen werden kann, muss für eine Sanktionierung eine nahe liegende Möglichkeit des Rückfalls festgestellt werden. Ansonsten ist das Verfahren gem. den §§ 45, 47 einzustellen bzw. mit einer symbolischen Bestrafung („Verwarnung" gem. § 14) abzuschließen.

---

503 Zum „Richtungskampf" zur MIVEA (Methode der idealtypisch-vergleichenden Einzelfallanalyse) siehe auf der Seite der nachdrücklichen Befürworter *Göppinger/Bock* § 15; *Bock* 2006, 282; *Wulf* 2006, 147; Meier/Rössner/Schöch/*Rössner* § 6 Rn. 36 ff; auf der Seite der nachdrücklichen Kritiker *Graebsch/Burkhardt* 2006, 140; 2008. 327; *Meier* 2016, § 7 Rn. 37. Zur praktischen Anwendung in der Strafrechtspflege siehe *Oetting* 2008, 124 ff.
504 *Göppinger* 1983, 163, 170.
505 BGH StV 2013, 758.

Rechtsstaatliche Vorsicht ist insbesondere bei – negativen – Verwertung von früheren Verfahrenseinstellungen geboten. Der Tat- und Schuldnachweis wird bei Einstellungen gem. § 45 nur auf der Grundlage polizeilicher Ermittlungen geführt. Dass Geständnisse auch falsch sein können, ist gerade bei jungen Menschen ein Phänomen.[506] Insbesondere sind auch Straftaten aus Kindeszeiten, über die in den Ermittlungsakten berichtet wird, kritisch zu würdigen, da insoweit häufig nur Verdachtsumstände mitgeteilt werden (zur Verwertung von Einstellungen für die Feststellung „schädlicher Neigungen" siehe Rn. 225).

295

9.2 Eignung der Sanktion – Sanktionsprognose

Hinsichtlich der Eignung einer Sanktion ist danach zu fragen, mit welcher Sanktion die negativen Bedingungen für die Straftat im Sinne einer Individualprävention beseitigt werden können bzw. ihnen entgegengetreten werden kann. Bestimmte repressive Sanktionen können für die Zukunft abschrecken, bestimmte therapeutische Sanktionen können Hilfestellungen geben, bestimmte freiheitsentziehende Sanktionen können die zeitweilige Sicherung der Gesellschaft bewirken. Die Einteilung des Gesetzgebers in Erziehungsmaßregel, Zuchtmittel und Jugendstrafe gibt hierbei wenig Hilfestellung. Allerdings darf von Gesetzes wegen mit Erziehungsmaßregeln keine – individuelle – Abschreckung angestrebt werden (siehe § 10 Abs. 1 S. 1 im Vergleich zu § 13 Abs. 1). Insbesondere bei freiheitsentziehenden Maßnahmen sind auch deren negative Wirkungen für eine Reintegration des Täters zu berücksichtigen. Insoweit wird auf die Rückfallquote nach Verbüßung von Jugendstrafe verwiesen. Demgegenüber haben Strafaussetzung zur Bewährung und die früher so genannten „neuen ambulanten Maßnahmen" – sozialer Trainingskurs, Betreuungsweisung, Täter-Opfer-Ausgleich – erheblich bessere Ergebnisse (siehe Rn. 186, 204), auch wenn die Ergebnisse wegen der unterschiedlichen kriminogenen Belastung der Verurteilten nur schwer vergleichbar sind. Die Bewährungshilfe hat aber in den letzten Jahren zunehmend Probanden aufgenommen, die früher zu einer Jugendstrafe verurteilt wurden; ihr Klientel ist „schwieriger" geworden. Trotzdem ist die Widerrufsquote gesunken, wobei allerdings Bewährungsentscheidungen im „Altverfahren" auch in Entscheidungen wegen neuer Straftaten gem. § 31 Abs. 2 einbezogen werden (siehe auch Rn. 270).

296

Seit einigen Jahren wird in regelmäßigen Abständen anhand von Daten aus dem Bundeszentralregister eine umfangreiche **Rückfallstatistik** erarbeitet. In der Statistik werden alle Personen, die in einem Basisjahr strafrechtlich sanktioniert oder aus der Haft entlassen wurden, daraufhin überprüft, ob sie während eines bestimmten Risikozeitraums erneut straffällig wurden. In der ersten Untersuchung war das Bezugsjahr 1994, der Risikozeitraum betrug drei Jahre. Mittlerweile liegen außerdem Daten für die Bezugsjahre 2004, 2007 und 2010 vor.[507] Ein Überblick über Legalbewährung und Rückfälligkeit nach jugendstrafrechtlichen Sanktionen wird in der folgenden Tabelle für das Bezugsjahr 2010 und einen dreijährigen Risikozeitraum (Bezugszeitraum 2010-2013) gegeben.

297

---

506 Siehe Ostendorf/*Sommerfeld* § 45 Rn. 14 m. w. N.
507 Erste Untersuchung: *Jehle/Heinz/Sutterer* 2003; aktuellste Veröffentlichung: *Jehle u. a.* 2016, Überblick und Methode dort S. 23 ff.

Legalbewährung und Rückfall bei jugendstrafrechtlichen Sanktionen (in Prozent) Bezugsjahr 2010

	Gesamt	Sanktionsgruppen der Bezugsentscheidungen				
		JS o. B.	JS m. B.	JA	Sonst. JGG	§§ 45, 47 JGG
Fälle insgesamt	303.863	5.298	10.082	15.332	59.828	213.323
Keine Folgeentscheidung	59,2	35,5	38,6	36,6	47,9	65,6
Folgenentscheidung, darunter	40,8	64,5	61,4	63,7	52,1	34,4
1. Freiheitsstrafe	2,9	35,5	18,3	6,6	3,8	0,8
Über 5 Jahre	0,0	1,2	0,2	0,0	0,0	0,0
Über 2 bis 5 Jahre	0,3	5,3	1,7	0,4	0,2	0,1
Über 1 bis 2 Jahre ohne Bewährung	0,2	5,8	1,9	0,3	0,1	0,0
Mit Bewährung	0,3	2,2	1,3	0,8	0,5	0,1
6-12 Monate ohne Bewährung	0,3	5,9	3,4	0,6	0,2	0,0
Mit Bewährung	1,0	7,5	4,4	2,8	1,7	0,4
Bis unter 6 Monate ohne Bewährung	0,2	3,4	2,1	0,4	0,2	0,0
Mit Bewährung	0,5	4,1	3,3	1,2	0,9	0,2
2. Jugendstrafe	4,9	10,8	22,7	18,2	8,0	2,1
Über 5 Jahre	0,0	0,5	0,2	0,1	0,0	0,0
Über 2 bis 5 Jahre	0,8	4,7	6,7	2,7	1,0	0,3
Über 1 bis 2 Jahre ohne Bewährung	1,0	2,1	7,2	3,6	1,4	0,3
Mit Bewährung	0,9	0,7	3,9	2,6	1,4	0,5
6-12 Monate ohne Bewährung	0,5	1,4	2,1	1,8	0,8	0,2
Mit Bewährung	1,7	1,4	2,6	7,4	3,4	0,9
3. Geldstrafe	8,7	16,8	14,4	13,6	14,6	6,2
4. Sonstige Entscheidungen Jugendstrafrecht	24,3	1,5	6,1	25,3	25,7	25,3
Jugendarrest	4,4	0,3	2,0	9,4	8,0	3,3
Schuldspruch	0,5	0,1	0,1	1,6	1,0	0,4
Jugendrichterliche Maßnahme[1]	9,2	0,9	2,2	9,6	11,2	9,1
Einstellung gem. §§ 45–47 JGG	10,1	0,3	1,7	4,6	5,5	12,4

1) Jugendrichterliche Maßnahme: sonstige Entscheidungen nach JGG (alle außer Jugendstrafe, Jugendarrest, Schuldspruch, Entscheidungen gem. §§ 45, 47 JGG)

(Quelle: *Jehle u. a.* Legalbewährung 2016, 63)

9. Sanktionsmaßstäbe

Insgesamt liegt die Rückfallrate von nach Jugendstrafrecht Sanktionierten (einschließlich Einstellungen nach §§ 45, 47) im Bezugszeitraum 2010-2013 bei 41 %, zu einer unbedingten Freiheits- oder Jugendstrafe werden im Bezugszeitraum 3 % verurteilt. Differenziert man nach der Sanktion in der Bezugsentscheidung, dann zeigen sich erhebliche Unterschiede sowohl bei der Rückfallrate insgesamt als auch bei der Schwere neuer Entscheidungen. Dabei schneiden diejenigen mit einer Einstellung nach §§ 45, 47 als Ausgangsentscheidung mit einer Rückfallquote von 34 % erheblich besser ab als die ursprünglich zu einer unbedingten Jugendstrafe Verurteilten mit 64 % Rückfälligen und einer Wiederinhaftierungsquote von 30 %. Nach den übrigen jugendstrafrechtlichen Sanktionen ist die allgemeine Rückfallquote zwar nicht nennenswert besser als bei den zu unbedingter Jugendstrafe Verurteilten, allerdings sind die Anteile der erneuten Verurteilungen zu unbedingter Freiheits- oder Jugendstrafe deutlich geringer (nach Jugendstrafe mit Bewährung 25 %, nach Schuldspruch 21 %, nach Jugendarrest 11 %).[508]

Die vergleichende Auswertung der Rückfallzeiträume von drei, sechs und neun Jahren für das Bezugsjahr 2004 zeigt wie zu erwarten, dass die Rückfallrate in diesen Zeiträumen für alle jugendstrafrechtlichen Sanktionsarten in der Ausgangsentscheidung zunimmt. Zudem steigt für alle der Anteil der in der Folge zu einer unbedingten Freiheits- oder Jugendstrafe Verurteilten an; bei ursprünglich zu einer Jugendstrafe ohne Bewährung Verurteilten von 39 % über 48 % auf 52 % nach neun Jahren, bei den übrigen Sanktionsarten in der Ausgangsverurteilung allerdings deutlich geringer (Jugendstrafe mit Bewährung 2004: 28 % – 34 % – 37 %; Jugendarrest 2004: 12 % – 18 % – 20 %; §§ 45, 47: 1 % – 3 % – 4 %; sonstige Sanktionen nach JGG: 5 % – 8 % – 10 %).[509]

Ein solcher Sanktionenvergleich darf nicht so verstanden werden, dass die eingriffsintensiveren Sanktionen immer eine schlechtere Erfolgsquote aufweisen, auch nicht so , dass im Arrest-, im Jugendstrafvollzug qualitativ schlechtere Arbeit geleistet wird als von den Bewährungshelfern und in der ambulanten Vollstreckung. Unterschiedliche Ausgangspositionen (Vorbelastungen, soziale Randständigkeit) und unvermeidbare Nebeneffekte (verminderte Chancen in der Arbeitswelt, verstärkte Kontakte zum kriminellen Milieu, Stigmatisierung) wirken sich auf die Ergebnisse aus.[510] Es gilt vielmehr nüchtern die Begrenztheit positiver Wirkungen von (jugend-)strafrechtlichen Sanktionen zu erkennen, die zu der Schlussfolgerung „im Zweifel weniger" führen.[511] Nur mit diesem Ergebnis erscheint die These von der Austauschbarkeit der Sanktionen akzeptabel.[512]

9.3 Angemessenheit der Sanktion

Auch das Jugendstrafrecht ist **Tat-Täter-Strafrecht**, d. h., die Sanktion muss der Tat angemessen sein. Obwohl die Strafrahmen des Erwachsenenstrafrechts nicht gelten, geben sie erste Hinweise für die Angemessenheitsprüfung. Ebenso sind Reduzierungen des Strafrahmens im Erwachsenenstrafrecht (z. B. §§ 13 S. 2, 17 S. 2, 21, 27 Abs. 2 S. 2

298

---

508 *Jehle u. a.* 2016, 62.
509 *Jehle u. a.* 2016, 182 f.
510 Eine Zusammenstellung über die Wirkungsforschung jugendkriminalrechtlicher Sanktionen gibt *Heinz* 2007, 495 ff.
511 Siehe *Löhr* 1992, 579 ff.; *Kerner* 2008, 51; siehe auch Rn. 60.
512 In diesem Sinne *Streng* 2007, 65 ff., 92.

jeweils i. V. m. § 49 StGB) sowie Strafmilderungen im Besonderen Teil des StGB zu berücksichtigen. Dazu gehören auch besondere Folgen der Sanktionierung, wie insbesondere eine bereits angeordnete bzw. angedrohte Ausweisung von Ausländern.[513] Zusätzlich legt das jugendliche Alter vielfache Exkulpationen nahe: Unerfahrenheit, spielerischer Umgang, Selbstbestätigung innerhalb und außerhalb einer Gruppe, Verführung.[514] Dem entspricht eine kriminalpolitisch orientierte Schuldlehre.[515] Auch bedeuten Strafen für Jugendliche im Vergleich zu Erwachsenen, die häufig schicksalserfahren sind, tendenziell eine härtere Sanktion. Dies gilt insbesondere für den Freiheitsentzug, da damit einmal der jugendliche Freiheitsdrang gestört wird, ein andermal wegen des Mangels an Zeiterfahrung dieser Freiheitsentzug als Ewigkeit erlebt wird.[516] Erst recht darf das Jugendgericht nicht fiktive Strafen nach dem Erwachsenenstrafrecht bilden und sich hieran orientieren, da damit die Gefahr begründet wird, dass die Grundsatzentscheidung des Gesetzgebers unterlaufen wird.[517]

299 Auch darf eine geringere **Strafempfindlichkeit** zu keiner härteren Sanktionierung führen als sonst, d. h. für andere Angeklagte als angemessen angesehen würde. Eine geringere Strafempfindlichkeit bzw. Strafempfänglichkeit für individualpräventive Sanktionen könnte für Angeklagte aus fremden Kultur- und Rechtskreisen mit einer deutlich härteren Strafpraxis oder bei Angeklagten, die durch eine autoritäre Erziehung an harte Strafen gewohnt sind, angenommen werden.[518] Allerdings muss man sich hier vor Pauschalisierungen und einfachen Plausibilitätsannahmen[519] hüten: Während der umfangreichen Flüchtlingszuwanderung vor allem 2015 kamen sehr viele Kinder, Jugendliche und Heranwachsende aus Bürgerkriegsgebieten und Gebieten mit einem hohem Gewaltaufkommen wie Syrien, Irak und Afghanistan nach Deutschland. Nun muss aber die Herkunft aus Gesellschaften mit einem aktuell oder dauerhaft hohen Gewaltaufkommen nicht automatisch bedeuten, dass diese jungen Menschen weniger strafempfindlich sind als gleichaltrige Einheimische. Vielmehr kann dies und auch die Erlebnisse während der Flucht zu einer großen psychischen Belastung führen, die gerade im Hinblick auf freiheitsentziehende Sanktionen zu einer größeren Strafempfindlichkeit führen kann.

Die Berücksichtigung geringerer Strafempfindlichkeit über den Strafzweck des Schuldausgleichs gem. § 46 Abs. 1 S. 1 StGB[520] scheidet im Jugendstrafrecht aus, weil es hier nicht um einen Schuldausgleich geht. Eine Berücksichtigung über das maßgebliche Strafziel der Individualprävention (siehe Rn. 53) könnte zwar einer nachhaltigen Normverdeutlichung dienen. Dem steht aber ebenso unter dem Gesichtspunkt der Individualprävention entgegen, dass eine so verschärfte Sanktionierung dem Gerechtigkeitsempfinden der Betroffenen im Hinblick auf Gleichbehandlung widersprechen und damit gerade einer individualpräventiven Ansprache der jeweiligen Sanktion entgegenstehen würde. Ein „Abblocken" wäre die Folge, abgesehen von der tendenziellen Un-

---

513 Wie hier *Buckolt* 2009, 274.
514 Siehe BGH StV 1984, S. 30.
515 Siehe *Roxin* 1974, 171 ff.
516 Siehe *Schüler-Springorum* 1985, 1133.
517 Ebenso BGH StV 1998, 333.
518 Zu einer entsprechenden Praxis siehe *Buckolt* 2009, 266 f.
519 Siehe zu Vorurteilen und einfachen kulturellen Deutungsmustern *Brinks/Dittmann/Müller* 2015, 284.
520 So die h. M. im Erwachsenenstrafrecht, aber nur zur Reduzierung von Schuld siehe BGH StV 1989, 152 bei einer stark belastenden, schweren Erkrankung, BGH StV 1990, 259 bei geringer Straferwartung; Sch/Sch-Stree/Kinzig § 46 StGB Rn. 54 m. w. N.; a. M. *Streng* 2012, Rn. 562 f., der aber nur eine Berücksichtigung über den Schuldausgleich ablehnt.

9. Sanktionsmaßstäbe

möglichkeit, die Strafempfindlichkeit/Strafempfänglichkeit wirklich zu messen, also nicht bloß vorurteilsgeleitet vorzugehen, und ein so festgesetztes Maß in eine höhere Sanktionierung umzusetzen.[521] Das Problem der nicht erfüllten höheren Straferwartung bestimmter Angeklagter muss zunächst in der Urteilsbegründung „angepackt" werden, d. h. dem Verurteilten müssen die Maßstäbe unseres Sanktionenrechts verdeutlicht werden. Da dies in einer Hauptverhandlung nur ansatzweise möglich erscheint, müssen anschließend das Strafmaß und seine Begründung im Rahmen der Strafvollstreckung/des Strafvollzugs von der jeweils zuständigen Instanz (Jugendgerichtshilfe, Jugendarrestanstalt, Jugendanstalt) erklärt werden. Ungerechte, da unangemessene Straferwartungen dürfen nicht das Strafmaß beeinflussen, ansonsten würde das Strafurteil selbst ungerecht.

Bei wiederholter Straffälligkeit gilt es, nicht in einen **Strafverschärfungsautomatismus** zu verfallen.[522] Das Motto „more of the same" ist fehl am Platz, da damit schematisiert wird, anstelle individuell auf – noch nicht gelöste – Problemlagen des Jugendlichen/Heranwachsenden einzugehen. Schärfere Sanktionen versprechen nicht ohne Weiteres eine höhere Effizienz nach einer fehlgeschlagenen Sanktionierung. Der Fehler kann auch in der bisherigen Sanktionierung liegen bzw. darin, dass die Ursachen der Kriminalitätsentwicklung (z. B. Probleme im Elternhaus, Drogenkonsum) noch nicht entdeckt worden sind. Insbesondere dürfen persönliche Enttäuschungen der Strafrechtsanwender nicht zu einer Strafeskalation führen. „Eine Sanktionierung nach dem ›Prinzip des Strengerwerdens‹ hat im besten Fall keinen, im schlimmsten Fall einen negativen Effekt auf die Legalbewährung der jungen Menschen".[523]

300

---

521 So zeigt z. B. die Untersuchung von *Endres/Nolte* 2016, 373, dass in Bayern zwischen „einheimischen" Jugendgefangenen und Jugendgefangenen aus Einwandererfamilien, die häufig die deutsche Staatsangehörigkeit haben und auch in Deutschland aufgewachsen sind, kaum Unterschiede bei biografischen Merkmalen, Delikten und Behandlungsbedarf bestehen.
522 Dem „radikal" entgegenstellend soll nach *Yurkow* 2013, 198, die Berücksichtigung der Vorstrafen als strafschärfender Umstand ausgeschlossen werden.
523 Siehe *Heinz* 1996, 118. Nach der Untersuchung von *Bliesener/Thomas* 2015, 81 ff., führen zunehmende Sanktionen bei zunehmender Tatschwere zu besseren Ergebnissen hinsichtlich der Legalbewährung. Die Untersuchung „krankt" allerdings daran, dass nicht zwischen unbedingten und bedingten Freiheits-/Jugendstrafen differenziert werden konnte. Zudem können nach Verhängung der schwersten Sanktionen, nämlich nach Verurteilung zu unbedingtem Freiheitsentzug, für die Zeit der Inhaftierung nur äußerst selten neue Delikte angezeigt werden, sodass auch keine oder nur eine sehr niedrige Rückfälligkeit registriert werden konnte.

VI. Die strafrechtliche Behandlung Heranwachsender

1. Begriff

301 Heranwachsender ist nach der Legaldefinition im § 1 Abs. 2, „wer zur Zeit der Tat 18, aber noch nicht 21 Jahre alt ist". Entscheidend ist somit der Zeitpunkt der Tat, nicht der Verhandlung. Steht in Zweifel, ob die Tat im Alter unter oder über 21 Jahre begangen wurde, ist von dem Heranwachsendenstatus auszugehen.[1] Ist zweifelhaft, ob die Tat im Jugendlichen- oder Heranwachsendenalter begangen wurde, ist nach dem Grundsatz „in dubio pro reo" das Jugendstrafrecht anzuwenden.[2]

2. Gesetzesziel

302 Ziel der §§ 105 und 106 ist es, die Heranwachsenden nicht mit der vollen Härte des Erwachsenenstrafrechts „anzupacken", auch insoweit altersgerecht zu sanktionieren. Hierbei wird von einem fließenden Übergang vom Jugendlichen über das Heranwachsendenstadium zum Erwachsenen ausgegangen. Die ursprüngliche Tendenz, eher Erwachsenenstrafrecht mit den Modalitäten gem. § 106 anzuwenden, hat sich im Laufe der Zeit umgekehrt. Dafür spricht, dass sich die Adoleszensphase in den letzten Jahrzehnten verlängert hat.[3] Letztlich entscheidend ist hierfür die Auffassung, dass mit den Mitteln des Jugendstrafrechts eher eine Straftatwiederholung vermieden werden kann und dass umgekehrt mit einer – falschen – Bestrafung nach Erwachsenenstrafrecht negative Folgen für die Sozialisation verbunden sind.[4]

Kommt Jugendstrafrecht zur Anwendung, **gilt auch die jugendstrafrechtliche Zielsetzung der Individualprävention**, und zwar primär der positiven Individualprävention (siehe im Einzelnen Rn. 53). Wenn auf die jugendstrafrechtlichen Sanktionen verwiesen wird (siehe § 105 Abs. 1), so wird auch deren Zielsetzung mit übernommen. Diejenigen, die das Jugendstrafrecht als Erziehungsstrafrecht ansehen, müssen sich mit einer verfassungskonformen Zieldefinition bei Heranwachsenden schwer tun: Mit der Volljährigkeit endet auch ein staatliches Erziehungsrecht, das bis dahin das elterliche Erziehungsrecht ergänzt oder ersetzt hat;[5] dementsprechend wird von „Nach-Sozialisation"[6] gesprochen. Allerdings erlangt mit der Ausdehnung der Jugendstrafe auf zehn Jahre (§ 105 Abs. 3 S. 1), erst recht mit der Ausdehnung auf 15 Jahre (§ 105 Abs. 3 S. 2), ein generalpräventives Anliegen Bedeutung, dem aber nur über § 17 Abs. 2, 2. Alt., d. h. bei Verurteilung zu einer Jugendstrafe „wegen Schwere der Schuld", entsprochen werden darf (siehe Rn. 226).

Die generell mildere Einstufung von Heranwachsendenstraftaten gilt gem. § 106 selbst dann, wenn Erwachsenenstrafrecht zur Anwendung kommt.

---

[1] BGH StV 1998, 345.
[2] Zu unterscheiden von der Fallkonstellation, dass bei einem – eindeutig – Heranwachsenden die Anwendungsvoraussetzungen des § 105 zweifelhaft sind, siehe hierzu Rn. 308.
[3] *Pruin* 2006, 261.
[4] Siehe BGHSt 12, 119; *Lempp* 1983, 223; *Laubenthal*, 2002b, 27.
[5] Siehe BVerfGE 22, 180; siehe aber BVerfG EzSt JGG § 10 Nr. 1. Dementsprechend kommt nach Auffassung des 3. Strafsenats des BGH dem Erziehungsgedanken bei der Bestimmung von Art und Dauer der Sanktion für die Tat eines zum Zeitpunkt des Urteils bereits erwachsenen Angeklagten „allenfalls ein geringes Gewicht" zu, BGH StV 2016, 698 und 2016, 696. Zur verbleibenden restriktiven Bedeutung des § 18 Abs. 2 siehe Rn. 229.
[6] *Eisenberg* § 109 Rn. 15.

3. Voraussetzung für die Anwendung des Jugendstrafrechts
3.1 Gleichstellung mit einem Jugendlichen (§ 105 Abs. 1 Nr. 1)

Gem. § 105 Abs. 1 Nr. 1 ist Jugendstrafrecht anzuwenden, wenn der Angeklagte „zur Zeit der Tat nach seiner sittlichen und geistigen Entwicklung noch einem Jugendlichen gleichstand". Der Begriff der sittlichen und geistigen Entwicklungsreife ist unbestimmt.[7]

303

Die h. M. nimmt auf einen – imaginären – jungen Menschen Bezug, in dem die „Entwicklungskräfte noch in größerem Umfang wirksam sind".[8] Eine so abstrahierende Betrachtung von Entwicklungsphasen vermag jedoch kaum zur Konkretisierung beitragen.[9] Vor allem ist die hierauf fußende Rechtsansicht abzulehnen, nach der unbehebbare Entwicklungsrückstände, die den Heranwachsenden nicht über den Entwicklungsstand eines Jugendlichen hinauskommen lassen, nicht zur Anwendung von Jugendstrafrecht führen sollen.[10] Dagegen spricht nicht nur, dass eine Nachreifung wohl nur ausnahmsweise ausgeschlossen werden kann.[11] Mit einer solchen Interpretation werden darüber hinaus sowohl Wortlaut als auch Zweck des § 105 Abs. 1 Nr. 1 zum Nachteil des Angeklagten verändert: Eine Möglichkeit zur Weiterentwicklung wird nicht gefordert; ihr Ausschluss sollte unter dem Gerechtigkeitsaspekt[12] erst recht zur Anwendung von Jugendstrafrecht führen, zumal es hier nur um eine Normbefolgung und nicht um eine innere Überzeugungsbildung geht.

Will man aus diesem Dilemma herauskommen, so geht kein Weg daran vorbei, sich im ersten Schritt auf die „normale" Reifung eines 17-Jährigen einzulassen, indem jetzt aber für eine Anwendung von Jugendstrafrecht nicht Retardierungen des Heranwachsenden nachgewiesen werden müssen, sondern für eine Anwendung von Erwachsenenstrafrecht **eine Progression gegenüber 17-Jährigen**. Der Angeklagte muss hier im Unterschied zu Jugendlichen eine „reife Täterpersönlichkeit" sein.[13] Mit dem zweiten Blick muss also auf das „normale" Erwachsenensein geschaut werden. Hierbei ist allerdings nicht auf den Altersabschnitt bis zu 25 Jahren zu blicken, da sich die Adoleszenz in den letzten Jahrzenten in ihren wesentlichen Aspekten – Berufseintritt, Erlangung wirtschaftlicher Autonomie, Partnerschaftsbildung und Familiengründung – deutlich verlängert hat.[14] Im Einzelnen sind folgende Reifekriterien[15] zu berücksichtigen:

304

---

7 Nach *P.-A. Albrecht* 2000, § 12 V. verstößt § 105 gegen das Gleichbehandlungsgebot gem. Art. 3 Abs. 1 GG, das Rechtsstaatsprinzip gem. Art. 20, 28 Abs. 1 S. 1 GG und gegen das Bestimmtheitsgebot gem. Art. 103 Abs. 2 GG; dem wird im Hinblick auf die nachfolgende Konkretisierung nicht gefolgt.
8 BGHSt 12, 118; BGH NStZ 1989, 575; BGH StV 2002, 418; BGH StV 2013, 762; *Brunner/Dölling* § 105 Rn. 4; *Böhm/Feuerhelm* 2004, § 7 3. a); *Eisenberg* § 105 Rn. 8; *G. Hinrichs/Schütze* 1999, 28.
9 Krit. auch *M. Walter/Pieplow* 1989, 576; *Pruin* 2006, 259, die von „apokryphen" Auslegungskriterien spricht.
10 Siehe BGH EJF, C I, Nr. 36; BGH NJW 1959, 1500; BGHSt 22, 41; OLG Karlsruhe GA 1980, 151; OLG Zweibrücken StV 1986, 306; BGH StV 1990, 508; *Brunner/Dölling* § 105 Rn. 13; siehe bereits *Peters* 1944, § 20 Ziff. 1: Anwendung des Erwachsenenstrafrechts auf Jugendliche „mit vorzeitigem Entwicklungsstillstand" unter den Voraussetzungen des § 20 Abs. 2 RJGG 1943.
11 Siehe *Brunner/Dölling* § 105 Rn. 13; *Eisenberg* § 105 Rn. 27; *Pruin* 2007, 27; so jetzt auch BGH StV 2002, 419.
12 Ebenso *M. Walter* 2002, 209.
13 Siehe BGH EJF, C I, Nr. 36; im Ergebnis auch BGH StV 2013, 762.
14 *Pruin* 2007, 166; 2008, 313.
15 Siehe *Esser/Fritz/Schmidt* 1991, 356 auf der Basis der Marburger Richtlinien sowie Empfehlungen von Villinger; zur bestätigenden Nachuntersuchung siehe *Esser* 1999. In der Bonner Delphi-Studie wurden – ähnlich – zehn Entscheidungsalgorithmen entwickelt, wobei allerdings Umstände und Beweggründe der Tat miteinbezogen wurden, siehe *Busch* 2006, 268.

- Realistische Lebensplanung (versus Leben im Augenblick)
- Ernsthafte (versus spielerische) Einstellung gegenüber Arbeit und Schule
- Realistische Alltagsbewältigung (versus Tagträumen, abenteuerliches Handeln, Hineinleben in selbstwerterhöhende Rollen)
- Eigenständigkeit gegenüber den Eltern (versus starkes Anlehnungsbedürfnis und Hilflosigkeit)
- Eigenständigkeit gegenüber peers und Partnern (versus starkes Anlehnungsbedürfnis und Hilflosigkeit)
- Gleichaltrige oder ältere (versus überwiegend jüngere) Freunde
- Bindungsfähigkeit und Problembewusstsein für Integration von Eros und Sexus (versus Labilität in den mitmenschlichen Beziehungen oder Bindungsschwäche)
- Konsistente, berechenbare Stimmungslage (versus jugendliche Stimmungswechsel ohne adäquaten Anlass).

Wie bei § 3 ist die Entwicklungsreife für den Zeitpunkt der Tat zu bestimmen; damit darf nicht das Auftreten in der Hauptverhandlung Maßstab sein, entscheidend ist die „Tatzeitpersönlichkeit".[16]

Letztlich ist eine Gesamtwürdigung aller Umstände vorzunehmen, die für und gegen eine Erwachsenenreife sprechen, wobei auch aus der Tat entsprechende Folgerungen gezogen werden können. Es ist somit nicht nur unzulässig, einen Umstand isoliert zu würdigen, sondern jeder Umstand selbst muss auch auf Hinweise in beide Richtungen untersucht werden. So kann eine feste persönliche Beziehung ein Zeichen für Erwachsenenselbstständigkeit sein; gleichzeitig kann aber eine frühe Eheschließung auch ein jugendliches Streben dokumentieren, als Erwachsener zu gelten oder eigene Unsicherheiten zu überwinden,[17] kann auch jugendlicher Protest gegen das Elternhaus sein. Auch reicht es für die Annahme des Erwachsenenstatus nicht aus, dass der Heranwachsende „nach ordnungsgemäßem Schul- und Lehrabschluss einer geregelten Arbeit nachgehe". Auch angesichts hoher Arbeitslosigkeit ist ein solcher Lebenslauf normal, d. h. kein Beweis für eine besondere Reife. Mit dem Erfordernis einer „Gesamtwürdigung der Persönlichkeit" lässt sich auch eine partielle Reifefeststellung nicht vereinbaren (anders bei § 3); eine deliktsspezifische Reifeverzögerung, z. B. bei Sexualdelikten, kann aber zur Annahme einer jugendtypischen Tat führen.[18]

3.2 Jugendverfehlung (§ 105 Abs. 1 Nr. 2)

305 **Alternativ** zu den Voraussetzungen gem. § 105 Abs. 1 Nr. 1 ist die Tat daraufhin zu prüfen, ob es sich um eine Jugendverfehlung handelt. Während mit § 105 Abs. 1 Nr. 1 die Täterpersönlichkeit zu beurteilen ist, wird mit § 105 Abs. 1 Nr. 2 die Tat in den Mittelpunkt der Bewertung gerückt.

Mit dem Begriff der Jugendverfehlung wird auf einen Deliktstypus verwiesen, der weder normativ noch sozialwissenschaftlich festgelegt ist. So lassen sich eigentlich nur negative Abgrenzungen formulieren. Dementsprechend wird betont, dass es nicht gegen die Einstufung als Jugendverfehlung spricht, wenn auch Erwachsene derartige Delikte

---

16 Siehe BGHSt 12, 120; OLG Köln VRS 23 [1962], 387.
17 Siehe *Lempp* 1983, 223.
18 Wie hier *Laubenthal/Baier/Nestler* Rn. 96; siehe auch *Streng* Rn. 81.

verüben.[19] Insbesondere scheiden Verkehrsdelikte, so auch die Trunkenheit im Straßenverkehr gem. § 316 StGB, nicht als typische Jugendverfehlung aus;[20] Leichtsinn und Geltungsbedürfnis sind typische jugendliche Einstellungen.[21] Auch bei Sachbeschädigungen durch Graffiti (§ 303 Abs. 2 StGB) spricht mehr für eine jugendtypische Tat, die als Jugendprotest oder als Ausdruck einer sich von der Erwachsenenwelt abgrenzenden Jugend(un)kultur gewertet werden kann.[22] Auch sind jugendtypische Taten nicht auf Bagatellen zu begrenzen; selbst schwere Verbrechen können jugendtypischen Charakter tragen.[23] Ebenso sind gruppendynamische Einflüsse, z. B. bei einer Massenschlägerei, zu berücksichtigen.[24]

3.3 Verfahren

Primäre Entscheidungshilfe hat die **JGH** zu leisten (§ 107). Der Sanktionsvorschlag (siehe § 38 Abs. 2 S. 2) verlangt gerade auch, zu der Weichenstellung zwischen Erwachsenen- und Jugendstrafrecht Stellung zu nehmen. 306

Für den Umfang der Untersuchung der Täterpersönlichkeit gilt auch hier das **Verhältnismäßigkeitsprinzip**. Das heißt, der Tatvorwurf ist zu berücksichtigen. Bei Bagatellen und bei mittelschwerer Kriminalität ist grundsätzlich auf die **Einschaltung eines Sachverständigen zu verzichten**.[25] In Befolgung des Verhältnismäßigkeitsprinzips ist **grundsätzlich § 105 Abs. 1 Nr. 2 vor § 105 Abs. 1 Nr. 1 zu prüfen**, da letzte Prüfung umfassender und eingriffsintensiver ist.[26] 307

Nach einer weit verbreiteten Meinung soll im Zweifel nach dem Grundsatz „in dubio pro reo" die Anwendung des Jugendstrafrechts geboten sein, ohne dass damit ein Regel-Ausnahme-Verhältnis begründet wird.[27] Wenn hierfür der Erziehungsgedanke maßgebend sein soll,[28] so wird für die Anwendung dieses Prinzips ein falsches Kriterium gewählt. Es kommt auf die jeweilige **Interesseneinbuße** für den Angeklagten an.[29] Soweit Sanktionen ausgesprochen werden, können jugendstrafrechtliche Sanktionen zwar nicht generell als weniger eingriffsintensiv gelten; wohl aber sollte die Sanktionierung nach Jugendstrafrecht regelmäßig milder ausfallen, da hier die Ziele einer Schuldvergeltung und der Generalprävention nicht verfolgt werden dürfen und mehr Möglichkeiten zur Verfügung stehen, um im Rahmen der Verhältnismäßigkeitsprüfung dem geringeren Präventionsbedarf und jugendlichen Exkulpationen zu entsprechen. Hierbei 308

---

19 Siehe BGHSt 8, 90; BGH NStZ 2001, 102; BayObLG GA 1984, 477; *Brunner/Dölling* § 105 Rn. 14.
20 Siehe OLG Hamm NJW 1960, 1966; OLG Hamburg NJW 1963, 67; OLG Zweibrücken NZV 1989, 442 für eine Nötigung im Straßenverkehr; ebenso LG Gera StV 1999, 661.
21 Siehe *Grethlein* 1967, 838; a. M. OLG Düsseldorf VRS 30 (1966), 175; siehe aber auch *Böhm* 1985, 36, wonach „Verkehrsstraftaten wohl eingeordneter, verlässlicher junger Leute" nach Erwachsenenstrafrecht abzuurteilen sind; siehe demgegenüber wiederum *Molketin* 1980, 140.
22 Siehe aber OLG Düsseldorf NJW 1999, 1199; kritisch hierzu *Böhm* 1999, 293.
23 So BGH NJW 1954, 1775 für den Meineid; OLG Celle NJW 1970, 341 und BGH StV 1981, 183 für die Vergewaltigung; BayObLG StV 1981, 527 für einen „schweren Gewaltakt"; OLG Zweibrücken StV 1986, 306 für „Gewalt- und Roheitsdelikte"; BGH NStZ 2001, 102 für versuchten Totschlag mit gefährlicher Körperverletzung; BGH ZJJ 2008, 77 für vollendeten Totschlag.
24 BGH NStZ 2001, 102.
25 Siehe OLG Hamburg NJW 1963, 67.
26 Ebenso *Schaffstein/Beulke/Swoboda* Rn. 215; *Dallinger/Lackner* § 105 Rn. 36; *Brunner/Dölling* § 105 Rn. 16; *Eisenberg* § 105 Rn. 3.
27 Siehe BGHSt 12, 116; BGH StV 1982, 27; BGH StV 1984, 254; BGHSt 36, 37 m. zust. Anm. v. *Brunner* JR 1989, 522; BGH StV 2002, 418; *Böhm/Feuerhelm* 2004, § 7 3. a); *Dallinger/Lackner* § 105 Rn. 37.
28 BGHSt 12, 119.
29 Ebenso *Eisenberg* § 105 Rn. 36 f.; *D/S/S-Sonnen* § 105 Rn. 23; *Schaffstein/Beulke/Swoboda* Rn. 211.

ist auch zu berücksichtigen, dass die jugendstrafrechtlichen Sanktionen bis zur Jugendstrafe „nur" ins Erziehungsregister eingetragen werden, so dass **bei einer verurteilenden Sanktionierung im Zweifel Jugendstrafrecht** zur Anwendung kommt, wobei die jugendstrafrechtliche Sanktion nicht belastender sein darf als eine erwachsenenstrafrechtliche Sanktion.[30] Eben dieser Gesichtspunkt muss aber dazu führen, dass **für den Fall einer Einstellung umgekehrt das Erwachsenenstrafrecht** anzuwenden ist, weil die Einstellungen gem. den §§ 153, 153a StPO nicht eingetragen werden.

3.4 Rechtsfolgen

309   Kommt gem. § 105 Abs. 1 Nr. 1 und/oder Nr. 2 Jugendstrafrecht zur Anwendung, so gelten die §§ 4–8, 9 Nr. 1, §§ 10, 11 und 13–32 entsprechend. Hilfen zur Erziehung gem. § 12 vertragen sich nicht mit dem Volljährigkeitsalter. Vorweg sind die Einstellungsmöglichkeiten gem. den §§ 45, 47 zu bedenken (§ 109 Abs. 2 S. 1).

Abweichend von § 18 Abs. 1 S. 1 und S. 2 ist für Heranwachsende das Höchstmaß der Jugendstrafe auf zehn Jahre festgesetzt (Abs. 3 S. 1). Mit dem Gesetz zur Erweiterung der jugendgerichtlichen Handlungsmöglichkeiten vom 7.9.2012 hat der Gesetzgeber in Fällen von Mord bei besonders schwerer Schuld die Höchststrafe auf 15 Jahre Jugendstrafe erweitert.[31] Dagegen ist auch für diese Altersgruppe darauf hinzuweisen, dass spätestens nach einer Dauer von vier bis fünf Jahren die entsozialisierenden Wirkungen größer sind als die resozialisierenden Folgen (siehe Rn. 239); hierbei kann realistischerweise eine Jugendstrafe wegen „schädlicher Neigungen" nur im Hinblick auf das Sicherungsinteresse der Gesellschaft („negative Individualprävention") und darf eine Jugendstrafe wegen „Schwere der Schuld" rechtskonform nur zum Ausgleich der Rechtstreue-Beeinträchtigung („positive Generalprävention") verhängt werden (siehe Rn. 226). So wird denn auch die Ausweitung der Höchststrafe auf 15 Jahre Freiheitsentzug als ein Fall der „Jugendsicherungsverwahrung" – korrekt Heranwachsendensicherungsverwahrung – kritisiert und eine Sogwirkung für eine allgemeine Strafeskalation befürchtet.[32]

4. Rechtsfolgen bei Anwendung des Erwachsenenstrafrechts (§ 106)

4.1 Sanktionsmilderungen

310   Auch wenn bei Heranwachsendentaten Erwachsenenstrafrecht angewendet wird, sind Besonderheiten für die Sanktionierung zu beachten.

Wenn nach Erwachsenenstrafrecht – obligatorisch oder fakultativ – eine lebenslange Freiheitsstrafe zu verhängen ist, so kann stattdessen auf eine Freiheitsstrafe von zehn bis fünfzehn Jahren erkannt werden (§ 106 Abs. 1). Bedeutung erlangt diese Bestimmung in erster Linie für eine Verurteilung gem. § 211 StGB.[33]

Das Gericht kann weiterhin davon absehen, die Nebenfolge gem. § 45 Abs. 1 StGB eintreten zu lassen.

---

30   Ebenso jetzt auch *Brunner/Dölling* § 105 Rn. 17.
31   Zur Eingrenzung siehe Ostendorf/*Ostendorf* § 105 Rn. 32a; zu ersten Urteilen siehe *Eisenberg* StV 2016, Heft 11 (Editorial) und BGH StV 2016, 716 (Leitsatz) = ZJJ 2017, 75.
32   *Swoboda* 2013, 110.
33   Siehe hierzu den sog. Siegburger JVA-Foltermordfall BGH ZJJ 2008, 379 = NJW 2008, 3298; kritisch hierzu *Freuding* 2010, 251.

4. Rechtsfolgen bei Anwendung des Erwachsenenstrafrechts

4.2 Verbot einer Sicherungsverwahrung im erkennenden Urteil

Wie bei Anwendung von Jugendstrafrecht (siehe § 105 Abs. 1 i. V. m. § 7) darf auch bei Anwendung von Erwachsenenstrafrecht **im erkennenden Urteil keine Sicherungsverwahrung** angeordnet werden (§ 106 Abs. 3 S. 1). Trotzdem ist Sicherungsverwahrung auch bei Heranwachsenden möglich, so dass die Diskussion um grund- und menschenrechtliche Probleme dieser Maßregel, insb. sofern sie rückwirkend oder nachträglich angeordnet wird, auch für diese Altersgruppe relevant ist (siehe zu den Einzelheiten Rn. 285).

311

4.3 Vorbehaltene Sicherungsverwahrung (§ 106 Abs. 3 S. 2, 3, Abs. 4)

4.3.1 Anordnungsvoraussetzungen

Gem. § 106 Abs. 3 S. 2 kann sich das Gericht die Anordnung der Sicherungsverwahrung vorbehalten. Hierbei müssen kumulativ die folgenden Voraussetzungen erfüllt sein, die den Anwendungsbereich dieser Vorschrift erheblich einengen:

312

Erforderlich ist zunächst eine Anlasstat, die drei Anforderungen erfüllen muss:
1. Es muss sich um ein Verbrechen handeln:
   – gegen das Leben (§§ 211, 212, 221 Abs. 2, Abs. 3 StGB)
   – gegen die körperliche Unversehrtheit (§§ 225 Abs. 3, 226 Abs. 1, Abs. 2, 227 Abs. 1 StGB)
   – gegen die sexuelle Selbstbestimmung (§§ 176a Abs. 1, Abs. 2, Abs. 3, 176b, 177 Abs. 1, Abs. 3, Abs. 4, 178, 179 Abs. 5, Abs. 7 StGB)
   – gem. § 251, auch i. V. m. § 252 oder § 255 StGB.
2. Durch diese Anlasstat muss das Opfer seelisch oder körperlich schwer geschädigt oder der Gefahr einer solchen Schädigung ausgesetzt worden sein.
3. Wegen der Anlasstat muss der Heranwachsende zu einer Freiheitsstrafe von mindestens fünf Jahren verurteilt werden. Dabei genügt eine Gesamtstrafe. Insoweit kommt die vorbehaltene Sicherungsverwahrung auch bei Ersttätern in Betracht.

Erforderlich ist weiterhin eine Gefährlichkeitsprognose i. S. d. § 106 Abs. 3 S. 2 Nr. 2. Es muss ein Hang zu Straftaten i. S. d. § 106 Abs. 3 S. 2 Nr. 1 vorliegen.

Ein „Hang" zur Begehung bestimmter Straftaten soll nach der Rechtsprechung vorliegen, wenn der Täter einen „eingeschliffenen inneren Zustand" aufweist, der ihn immer neue Straftaten begehen lässt. Hangtäter soll derjenige sein, der dauerhaft zu Straftaten entschlossen ist oder aufgrund einer fest eingewurzelten Neigung immer wieder straffällig wird, wenn sich die Gelegenheit bietet; ebenso auch derjenige, der willensschwach ist und aus innerer Haltlosigkeit Tatanreizen nicht zu widerstehen vermag, wobei es bei all dem nicht auf die Ursache ankomme.[34] Die jeweiligen Taten müssen spezifischer Ausdruck im Sinne eines Symptoms des Hangs sein.[35] Ein solcher dauerhafter innerer Zustand lässt sich – entgegen BGH v. 4.9.2008, 5 StR 101/08, BGH NStZ 2008, 27 – nur begründen, wenn die verschiedenen Symptomtaten einen gewissen Mindestzeitraum abdecken, der nahelegt, dass die Gefahr nicht nur Ausdruck eines

---
34 BGH Beschl. v. 6.12.2007, 3 StR 355/07 bei *Detter* NStZ 2008, 271; BGH NStZ 2005, 265; OLG Brandenburg Urteil v. 8.4.2005, 1 Ws 13/05; krit. NK-StGB-*Böllinger/Pollähne* § 66 Rn. 78.
35 BGH NStZ-RR 2001, 13; Sch/Sch/*Stree/Kinzig* § 66 StGB Rn. 27; NK-StGB-*Böllinger/Pollähne* § 66 Rn. 84.

vorübergehenden Zustandes ist. Offen bleibt, wie generell bei jungen Menschen dieses Lebensalters ein »Hang« vorliegen bzw. festgestellt werden kann.[36]

Es muss ein Hang zur Begehung von Taten der oben beschriebenen Art vorliegen, durch die das Opfer seelisch oder körperlich schwer geschädigt oder der Gefahr einer solchen Schädigung ausgesetzt wird (siehe Ostendorf/*Ostendorf* § 7 Rn. 23). Nicht ausreichend ist, dass die Taten einen schweren wirtschaftlichen Schaden anrichten. Materiell ist erforderlich, dass von dem Heranwachsenden eine Gefahr für die Allgemeinheit ausgeht. Nicht ausreichend ist alleine eine Gefährdung einzelner Personen im psychosozialen Nahbereich, weil die Realisierung einer solchen Gefahr in besonderem Maße von konkreten situativen Aspekten und Beziehungsdynamiken geprägt ist.[37]

Die Gefährlichkeit des Verurteilten muss zum Urteilszeitpunkt mit hinreichender Sicherheit oder zumindest als wahrscheinlich festgestellt werden. Im Vergleich zu § 7 Abs. 2 Nr. 2 (»mit hoher Wahrscheinlichkeit«) ist die Prognosesicherheit herabgestuft. Im Hinblick auf die inhaltlichen Anforderungen an die Feststellung eines »Hanges« wird von der vorbehaltenen Sicherungsverwahrung nichtsdestotrotz nur eine außerordentlich kleine Gruppe schwerster Gewalttäter betroffen sein.[38]

Die Entscheidung, ob das Gericht beim Vorliegen der Voraussetzungen einen Vorbehalt ausspricht, liegt in dessen pflichtgemäßem Ermessen.[39] § 106 Abs. 3 S. 2 ist eine Kann-Vorschrift. Nach BGH NJW 2008, 3297 = ZJJ 2008, 380 ist das Gericht jedoch verpflichtet, sich mit der Anordnung des Vorbehalts in den Urteilsgründen auseinanderzusetzen, wenn die formellen Voraussetzungen des § 106 Abs. 3 S. 2 gegeben sind und das Vorliegen eines Hanges naheliegt.[40] Das Gericht muss auch in den Urteilsgründen darlegen, ob es von der Gefährlichkeit des Verurteilten überzeugt ist oder diese nur für wahrscheinlich hält (siehe auch Begründung zum Gesetzesentwurf zu § 106 Abs. 3). Diese Festlegung hat Bedeutung für die abschließende Entscheidung über den Vorbehalt.

Gem. § 106 Abs. 4 kann die vorbehaltene Sicherungsverwahrung auch bei Wiederholungstätern eines sexuellen Missbrauchs gem. § 176 StGB (Vergehen) angeordnet werden. Wiederholungstäter i. S. d. § 106 Abs. 4 Nr. 2 i. V. m. § 66 Abs. 3 StGB ist,

- wer wegen einer oder mehrerer Straftaten gem. § 176 StGB, die er vor der neuen Tat begangen hat, schon einmal zu Freiheitsstrafe von mindestens drei Jahren verurteilt worden ist und

- wenn er wegen einer oder mehrerer dieser Taten vor der neuen Tat für die Zeit von mindestens zwei Jahren Freiheitsstrafe verbüßt oder sich im Vollzug einer freiheitsentziehenden Maßregel der Besserung und Sicherung befunden hat.

- Erforderlich ist weiterhin, dass es sich bei den früheren und künftig zu erwartenden Taten um solche handelt, durch welche das Opfer seelisch oder körperlich schwer geschädigt oder einer solchen Gefahr ausgesetzt worden ist oder werden würde (§ 106 Abs. 4 Nr. 3).

---

36 Siehe *Kinzig* 2007, 162; 2008a, 39; siehe auch Rn. 286.
37 NK-StGB-*Böllinger/Pollähne* § 66 Rn. 105.
38 *Schulz* 2005, 247; D/S/S-*Sonnen* § 106 Rn. 11.
39 D/S/S-*Sonnen* § 106 Rn. 13; *Eisenberg* § 106 Rn. 26a; *Kinzig* 2008, 40.
40 Wobei in dem zugrundeliegenden Sachverhalt das Vorliegen eines Hanges nicht unbedingt nahegelegen hat, vgl. *Eisenberg* 2008, 384.

4. Rechtsfolgen bei Anwendung des Erwachsenenstrafrechts

Zur Begründung heißt es im Gesetzesentwurf (BR-Drucks. 173/12): „Dem Begehen eines sexuellen Missbrauchsdelikts im jungen Alter kann in Einzelfällen eine prognostische Bedeutung im Hinblick auf die künftige Begehung schwerer Sexual- oder Gewaltstraftaten zukommen. *Elz*, Gefährliche Sexualstraftäter – Karriereverläufe und strafrechtliche Reaktionen -, Kriminologie und Praxis, Schriftenreihe der Kriminologischen Zentralstelle e.V., Band 61, 106 ff, 126 ff, 224 f; *Jehle u.a.*, Legalbewährung nach strafrechtlichen Sanktionen – Eine bundesweite Rückfalluntersuchung 2004 bis 2007, 130 f, 201; *Elz*, Sexuell deviante Jugendliche und Heranwachsende, Kriminologie und Praxis, Band 41, 119 ff, insb. 128, 134 ff, 151 f; *Elz*, Legalbewährung und kriminelle Karrieren von Sexualstraftätern – Sexuelle Gewaltdelikte -, Kriminologie und Praxis, Band 34, 235 ff, insb. 237; *Elz*, Legalbewährung und kriminelle Karrieren von Sexualstraftätern – Sexuelle Missbrauchsdelikte -, Kriminologie und Praxis, Band 33, 257 ff, 300).

Zwar wird die deutlich überwiegende Mehrheit der wegen eines solchen Delikts im jungen Alter Verurteilten nicht wegen eines schweren Sexual- oder Gewaltdelikts erneut strafrechtlich sanktioniert, jedoch kann die besagte Indikationswirkung für sehr schwere Folgedelinquenz in Extremfällen zusammen mit weiteren Umständen in der Gesamtwürdigung die Unverzichtbarkeit eines Vorbehalts der Sicherungsverwahrung begründen."

Diese Begründung erscheint widersprüchlich: Auf der einen Seite wird ausgeführt, dass in eindeutig überwiegenden Fällen keine Gefährlichkeit indiziert wird, auf der anderen Seite muss zumindest die Wahrscheinlichkeit gem. § 106 Abs. 3 S. 2 Nr. 2, auf den in § 106 Abs. 4 verwiesen wird, zur Begehung von schweren Sexual- oder Gewaltdelikten festgestellt werden. Der Gesetzgeber verschafft sich so ein gesetzliches Alibi gegenüber – vereinzelten – späteren Opfern, die Gerichte müssen den Anforderungen an die Rückfallprognose des Verurteilten gerecht werden. Entscheidend wird auch hier das Prognosegutachten des Sachverständigen sein (siehe § 81a i. V. m. § 275a Abs. 4 S. 1 StPO).

4.3.2 Anordnungsfolgen

Gem. § 106 Abs. 5 hat das Gericht bei dem Vorbehalt der Sicherungsverwahrung gleichzeitig anzuordnen, dass bereits die Strafe in einer **sozialtherapeutischen Einrichtung** zu vollziehen ist, wenn der Verurteilte das 27. Lebensjahr noch nicht vollendet hat. Dies gilt nicht, wenn die Resozialisierung des Täters dadurch nicht besser gefördert werden kann. Diese Anordnung kann gem. § 106 Abs. 5 S. 2 auch nachträglich erfolgen, gem. S. 3 muss darüber jeweils nach sechs Monaten neu entschieden werden, solange der Vollzug in einer sozialtherapeutischen Anstalt noch nicht angeordnet oder der Gefangene noch nicht in eine sozialtherapeutische Anstalt verlegt worden ist. Damit soll die nachträgliche Anordnung der vorbehaltenen Sicherungsverwahrung möglichst vermieden werden. Darüber hinaus ist dem Verurteilten eine Betreuung, insbesondere eine sozialtherapeutische Behandlung im Freiheitsvollzug, anzubieten (§ 106 Abs. 5 S. 5 i. V. m. § 66c Abs. 2 StGB). Ebenso gilt § 67a Abs. 2–4 StGB.

Hinsichtlich der späteren Anordnung der zunächst vorbehaltenen Sicherungsverwahrung gilt § 106 Abs. 6 i. V. m. § 66a Abs. 3 S. 1 StGB. Danach ordnet das Gericht die Sicherungsverwahrung an, wenn die Gesamtwürdigung des Verurteilten, seiner Taten und seiner Entwicklung während des Strafvollzuges ergibt, dass von ihm (weiterhin) Straftaten i. S. d. § 106 Abs. 3 S. 2 Nr. 1 oder des § 106 Abs. 4 zu erwarten sind, durch welche die Opfer seelisch oder körperlich schwer geschädigt oder einer solchen Gefahr ausgesetzt werden. Es muss die schon bei Anordnung des Vorbehaltes bestehende Gefährlichkeitseinschätzung auch nach der Einwirkung durch den Strafvollzug weiter Bestand haben.

Über die Anordnung kann das Gericht nur bis zur vollständigen Vollstreckung der Freiheitsstrafe entscheiden (§ 106 Abs. 6 i. V. m. § 66a Abs. 3 S. 1 StGB). Über § 2 Abs. 2 gilt auch hier § 67c StGB.

4.4 Nachträgliche Sicherungsverwahrung

314 Gem. § 106 Abs. 7 kann die nachträgliche Sicherungsverwahrung weiterhin im Sinne eines umfassenden Schutzkonzepts (siehe BT-Drucks. 15/2887, 1; 15/2945, 2; 15/3346, 2) auch dann angeordnet werden, wenn die wegen einer Tat der in Abs. 3 S. 2 Nr. 1 bezeichneten Art angeordnete Unterbringung in einem psychiatrischen Krankenhaus nach § 67d Abs. 6 StGB für erledigt erklärt worden ist, weil der die Schuldfähigkeit ausschließende oder vermindernde Zustand, auf dem die Unterbringung beruht, im Zeitpunkt der Erledigungsentscheidung nicht bestanden hat. Als weiteres, nicht im Gesetzestext genanntes Merkmal muss eine psychische Störung beim Betroffenen hinzukommen, da die Norm und darauf beruhende Unterbringungen ansonsten nicht mit Art. 5 EMRK konform sind (siehe Rn. 289).

Daneben ist durch die Übergangsregelung in Art. 316f EGStGB weiterhin die nachträgliche Anordnung von Sicherungsverwahrung nach § 106 Abs. 5 a. F. im Anschluss an eine Freiheitsstrafe möglich, sofern der Betroffene an einer psychischen Störung leidet und aus konkreten Umständen in seiner Person oder seinem Verhalten eine hochgradige Gefahr abzuleiten ist, dass er infolge dieser Störung schwerste Gewalt- oder Sexualstraftaten begehen wird (siehe Rn. 285).

Die Entscheidung, nachträglich Sicherungsverwahrung anzuordnen bzw. dieses zu beantragen, steht im pflichtgemäßen Ermessen des Gerichts bzw der Staatsanwaltschaft.

4.5 Verfahren

315 Auch für die Entscheidungen des § 106 Abs. 1 bis 7 ist die **JGH** heranzuziehen (§ 107 i. V. m. § 38 Abs. 3 S. 1). Die Entscheidungen werden vom Gericht mit Zweidrittelmehrheit getroffen (§ 263 Abs. 1 StPO). In den Entscheidungsgründen ist sowohl die Milderung nach Abs. 1 als auch deren Ablehnung zu begründen. Besteht eine gesetzliche Milderungsmöglichkeit, so müssen die Urteilsgründe erkennen lassen, dass das Gericht diese Möglichkeit bedacht hat; ansonsten ist das Urteil rechtsfehlerhaft.

Für Verfahren und Entscheidung über die Anordnung der zunächst vorbehaltenen (Abs. 3 S. 2, Abs. 4) und der nachträglichen **Sicherungsverwahrung** (Abs. 7) verweist § 81a auf das Verfahren nach § 275a StPO und die Zuständigkeitsregelungen nach §§ 74f und 120a GVG. Danach ergeht die Entscheidung aufgrund einer Hauptverhandlung durch Urteil. Erstinstanzlich zuständig ist das Tatgericht.

Voraussetzung für eine gerichtliche Entscheidung ist ein dahin gehender Antrag durch die Staatsanwaltschaft.

Im Verfahren über die Entscheidung nach vorbehaltener Anordnung der Sicherungsverwahrung ist gem. § 275a Abs. 4 S. 1 StPO ein **Sachverständiger** beizuziehen, im Verfahren zur nachträglichen Anordnung sind zwei Sachverständige beizuziehen (Abs. 4

S. 2). Die Gutachter dürfen im Rahmen des Strafvollzugs oder des Vollzugs der Unterbringung nicht mit der Behandlung des Verurteilten befasst gewesen sein (§ 275a Abs. 4 S. 3 StPO). Es hat sich gezeigt, dass gerade die Begutachtung junger Menschen häufig mängelbehaftet ist und die besonderen Dynamiken dieser Entwicklungsabschnitte nur unzureichend berücksichtigt.[41] In qualitativer Hinsicht sind zumindest die von *Boetticher et.al.* erarbeiteten »Mindestanforderungen für Prognosegutachten« zu erfüllen.[42]

5. Justizpraxis

Anwendung von Jugend- bzw. Erwachsenenstrafrecht bei Heranwachsenden:

Jahr	Verurteilte zusammen	nach StGB	nach JGG
1954	60 567	48 069 (79,4 %)	12 498 (20,6 %)
1960	89 784	62 102 (69,2 %)	27 682 (30,8 %)
1965	61 161	38 056 (62,2 %)	23 105 (37,8 %)
1970	81 768	47 832 (58,5 %)	33 936 (41,5 %)
1975	84 599	46 418 (54,9 %)	38 181 (45,1 %)
1980	98 845	46 620 (47,2 %)	52 225 (52,8 %)
1985	90 667	34 186 (37,7 %)	56 481 (62,3 %)
1990	66 972	24 382 (36,4 %)	42 590 (63,6 %)
1995	64 887	25 824 (39,8 %)	39 063 (60,2 %)
2000	73 487	29 157 (39,7 %)	44 330 (60,3 %)
2005	77 229	28 261 (36,6 %)	48 968 (63,4 %)
2010	80 091	27 015 (33,7 %)	53 076 (66,3 %)
2015	77 474	28 521 (36,8 %)	48 953 (63,2 %)

(Quelle: Statistisches Bundesamt, Strafverfolgung (Fachserie 10 Reihe 3, Tab. 2.1); Gebiet: bis 1990 alte Länder, ab 1995 alte Länder einschl. Berlin-Ost)

Es zeigt sich, dass Heranwachsende seit den 1980er-Jahren überwiegend nach Jugendstrafrecht verurteilt werden. Nach *Heinz*[43] wird im Vergleich zu deutschen Heranwachsenden bei Nichtdeutschen häufiger das Erwachsenenstrafrecht angewendet.

---

41 *Karanedialkova-Krohn/Fegert* 2007, 290.
42 *Boetticher u. a.* 2006, 537.
43 *Heinz* 2001a, 79.

Im Einzelnen werden jedoch **deliktsspezifisch große Unterschiede** gemacht:

Anteil der nach Jugendstrafrecht im Jahre 2015 verurteilten Heranwachsenden bei einzelnen Deliktsarten:			
Deliktsarten (StGB)	Verurteilte zusammen	nach StGB	nach JGG
Mord und Totschlag (§§ 211 ff.)	48	19 (39,6 %)	29 (60,4 %)
Sexuelle Nötigung/Vergewaltigung (§ 177)	194	48 (24,7 %)	146 (75,3 %)
Raub, Erpressung und räuberischer Angriff auf Kraftfahrer (§§ 249–255, 316a)	1 801	206 (11,4 %)	1 595 (88,6 %)
Diebstahl und Unterschlagung (§§ 242–248c)	11 110	3 878 (34,9 %)	7 232 (65,1 %)
Fahrlässige Tötung ohne Straßenverkehr (§ 222)	20	11 (55,0 %)	9 (45,0 %)
Fahrlässige Tötung im Straßenverkehr (§ 222)	45	22 (48,9 %)	23 (51,1 %)
Fahrlässige Körperverletzung ohne Straßenverkehr (§ 229)	538	222 (41,3 %)	316 (58,7 %)
Fahrlässige Körperverletzung im Straßenverkehr (§ 229)	1 033	674 (65,2 %)	359 (34,8 %)

(Quelle: Statistisches Bundesamt, Strafverfolgung (Fachserie 10 Reihe 3, Tab. 2.1))

Hieraus lässt sich ableiten, dass bei schweren Delikten eher Jugendstrafrecht angewendet wird als bei leichten, dass umgekehrt Erwachsenenstrafrecht insbesondere bei Verkehrsstraftaten zur Anwendung kommt. Bedeutsam für die Anwendung von Erwachsenenstrafrecht ist der **Einsatz des Strafbefehls**, gerade im Bereich der Verkehrskriminalität.[44]

Über die unterschiedliche Anwendung nach der Deliktsstruktur hinaus zeigen sich **erhebliche regionale Unterschiede**.

---

44 Siehe auch *Heinz* 2014, 311 mit einem Vergleich von Baden-Württemberg und Nordrhein-Westfalen.

6. Kriminalpolitische Forderungen

Anwendung von Jugend- bzw. Erwachsenenstrafrecht bei Heranwachsenden im Ländervergleich 2015					
Gebiet	Verurteilte Heranwachsende insg.	nach StGB verurteilte Heranwachsende		nach JGG verurteilte Heranwachsende	
	n	n	%	N	%
alte Länder und Berlin	47 877	16 980	35,5	30 897	64,5
Baden-W.	10 798	5 279	50,0	4 011	50,0
Bayern	12 111	2 388	25,4	7 003	74,6
Berlin	1 965	723	32,4	1 179	67,6
Bremen	545	213	37,4	268	62,6
Hamburg	1 213	109	13,8	776	86,2
Hessen	4 147	693	17,9	2 534	82,1
Niedersachsen	7 297	1 794	25,0	4 053	75,0
Nordrhein-W.	16 229	4 296	29,1	7 968	70,9
Rheinland-Pf.	3 630	1 172	41,8	1 663	58,2
Saarland	849	114	16,7	544	83,3
Schleswig-H.	1 784	199	12,4	898	87,6
neue Länder	6 117	3 554	58,1	2 563	41,9
Brandenburg	1 024	571	55,8	453	44,2
Mecklenburg-Vorpommern	739	408	52,2	331	44,8
Sachsen	2 116	1 314	62,1	802	37,9
Sachsen-Anhalt	1 249	696	55,7	553	44,3
Thüringen	989	565	57,1	424	42,9
Deutschland	53 994	20 538	38,0	33 460	62,0

(Quelle: Statistisches Bundesamt, Strafverfolgung (Fachserie 10 Reihe 3), Tab. 3.2 und 4.2)

6. Kriminalpolitische Forderungen

Entgegen der „nahezu einhelligen Forderung", die Heranwachsenden generell wie Jugendliche entsprechend dem JGG zu behandeln,[45] wird seit Jahren und wiederholt insbesondere von Seiten der CDU/CSU verlangt, die Heranwachsenden generell nach dem Erwachsenenstrafrecht zu bestrafen.[46] Die Forderung ist eine „politische Ohrfeige" für

---

[45] *Böhm* 1992, 787; siehe auch 2001, 132 ff.; *Pruin* 2006, 261: „Nach kriminologischen Analysen entspricht die Möglichkeit, Heranwachsende in das JGG einzubeziehen, dem heutigen Forschungsstand noch stärker als in den 1950er Jahren"; für eine Beibehaltung des geltenden § 105 Meier/Rössner/Schöch-*Meier* § 5 Rn. 30. Für eine Anhebung der Altersgrenze auf das 24. Lebensjahr *Kieswetter* 2009, 305 ff., siehe hierzu Ostendorf/*Ostendorf* Grdl. z. §§ 105 und 106 Rn. 14.

[46] Siehe Nr. 4 der Initiative der CDU/CSU-Bundestagsfraktion gegen Gewalt und Extremismus, DVJJ-Journal 2/1993, 103; Entschließung des Bundesrates 580/97; Bayerischer Gesetzesantrag zur Erweiterung des strafrechtlichen Sanktionensystems, BR-Drucks. 449/99; Gesetzesantrag der Freistaaten Bayern und Thüringen BR-Drucks. 276/05; ebenso *Gebh/Drange* 2004a, 118 und 2004b, 259.

die jugendstrafrechtliche Praxis hinsichtlich der Anwendung des § 105; sie geht hinter den kriminologischen Forschungsstand des Jahres 1953 zurück[47] und steht im Widerspruch zur Entwicklung in Europa.[48] Auch ist der inzwischen Gesetz gewordene Kompromissvorschlag, bei Einbeziehung der Heranwachsenden in das Jugendstrafrecht die Höchststrafe für Heranwachsende bei Kapitaldelikten auf 15 Jahre anzuheben,[49] abzulehnen, da hierfür weder ein Bedarf noch die Geeignetheit für eine Rückfallvermeidung nachgewiesen sind.

Faktisch ist die Gegenreform „im Vormarsch". Mit der Einführung der vorbehaltenen und nachträglichen Sicherungsverwahrung (siehe Rn. 19, 285) wurde eine kriminalpolitische Tradition gebrochen, die über 50 Jahre Bestand hatte. Bis dahin galt, dass die Sicherungsverwahrung gegenüber dem jungen und sich noch verändernden Straftäter bis zum 21. Lebensjahr als ein „zu scharfes Schwert" darstellt, zumal die Prognose für eine Wiederholungsgefahr auf einer allzu schwankenden Grundlage beruht. Trotz vielfacher Kritik[50] wird dieser fälschlich eingeschlagene Weg weiterverfolgt.[51]

---

47 Zur Kritik siehe auch die Beiträge in DVJJ-Journal 2/1993, 105 ff. sowie in DVJJ-Journal 4/1996, 321 ff.
48 Siehe *Dünkel* 2003, 24; siehe auch Empfehlung Rec (2003) 20 des Ministerkomitees des Europarats vom 24.9.2003, Ziff. 11.
49 So bereits *Kreuzer* 1978, 17; wiederholend 2002, 2350; ebenso *Schöch* 2001, 137.
50 Siehe *Eisenberg* § 106 Rn. 13 ff.; *Laubenthal/Baier/Nestler* Rn. 441 ff.; *Schulz* 2005, 251 ff. m. w. N.
51 Siehe Gesetzesinitiative der Freistaaten Bayern und Thüringen, BR-Drucks. 27605; Koalitionsvertrag von CDU/CSU und SPD vom 11.11.2005, VIII. 2. 1; abl. *Ostendorf/Bochmann* 2007, 146.

VII. Besonderheiten der jugendstrafrechtlichen Sanktionierung

1. Verbindung von Sanktionen (§ 8)

Grundsätzlich wird mit § 8 die Möglichkeit einer Verbindung jugendstrafrechtlicher Sanktionen eröffnet, und zwar ausdrücklich für die Verbindung von Erziehungsmaßregeln mit Zuchtmitteln (Abs. 1 S. 1) sowie von Jugendstrafe mit Weisungen, Auflagen (zur Kombination im Rahmen einer „Vorbewährung" siehe Rn. 267 ff.) und mit Erziehungsbeistandschaft (Abs. 2 S. 1).

318

Abweichend vom **Grundsatz der Kombinationsmöglichkeit** ist ausdrücklich die Verbindung von Hilfe zur Erziehung nach § 12 Nr. 2 mit Jugendarrest untersagt (§ 8 Abs. 1 S. 2). Daneben ist die Kombinationsmöglichkeit von Jugendstrafe auf die ausdrücklich genannten Sanktionen eingeschränkt. Ausgeschlossen ist damit die Verbindung von Jugendstrafe mithilfe zur Erziehung nach § 12 Nr. 2, mit Jugendarrest und mit der Verwarnung. Bei einer Bewährungsaufsicht ruht eine gleichzeitig bestehende Erziehungsbeistandschaft (§ 8 Abs. 2 S. 3); d. h., dass in der Praxis eine Kombination regelmäßig ausscheidet.

Mit der Einführung des „Warnschussarrestes" wurde auch das bisherige Koppelungsverbot (siehe 6. Auflage Rn. 204) im § 8 Abs. 2 S. 2 mit einer Jugendstrafe zur Bewährung sowie einer Aussetzung der Verhängung einer Jugendstrafe gem. § 27 aufgehoben.

Die Koppelungsverbote gelten formal (siehe aber Rn. 323) nur für die gleichzeitige Verhängung von Sanktionen. Nur die Ruhensbestimmung (§ 8 Abs. 2 S. 2) geht von einer **bestehenden** Erziehungsbeistandschaft aus, so dass auch eine vorher angeordnete Erziehungsbeistandschaft während der Bewährungszeit ruht.[1]

Als eine Umgehung des Koppelungsverbots muss es gewertet werden, wenn neben einem vom Strafrichter angeordneten Jugendarrest vom Familienrichter, dem gem. § 53 die weitere Auswahl und Anordnung von Erziehungsmaßregeln überlassen wurde, Hilfe zur Erziehung nach § 12 Nr. 2 angeordnet wird.[2] Zwar steht § 8 einer selbstständigen Anordnung der Hilfe zur Erziehung nach § 12 Nr. 2 durch den Familienrichter nicht unmittelbar entgegen, wobei aber die gesetzgeberische Wertung im § 8 auch diese selbstständige Entscheidung des Familienrichters bestimmen sollte.

Entgegen einer in der Praxis häufig anzutreffenden Kombination unterschiedlicher Sanktionen ist von der zulässigen Kombinationsmöglichkeit nur **restriktiv Gebrauch zu machen**. Insbesondere lassen sich ambulante Sanktionen regelmäßig nicht mit stationären Sanktionen vereinbaren.[3] Hierfür gibt der Gesetzgeber in § 31 Abs. 3 S. 2 einen ausdrücklichen Hinweis (siehe auch § 53 S. 1). Der in die Interessen des Angeklagten einschneidende Arrest, erst recht die unbedingte Jugendstrafe, müssen sich auf die Bereitschaft des Angeklagten zur Verantwortungsübernahme, zur präventiven Mitarbeit negativ auswirken.

Die Kombinationsmöglichkeiten verführen dazu, das Verhältnismäßigkeitsprinzip (siehe Rn. 60) außer Acht zu lassen. Wie beim Freiheitsentzug der Dauer eine unter-

---

1 Ebenso *Eisenberg* § 8 Rn. 14.
2 Wie hier *Heinen* 1955, 233; siehe auch RL a. F. S. 2 zu § 8; Bedenken bei *Eisenberg* § 8 Rn. 16.
3 Ebenso Bundesarbeitsgemeinschaft für ambulante Maßnahmen nach dem Jugendrecht in: Ambulante sozialpädagogische Maßnahmen für junge Straffällige, 2. Aufl., DVJJ 14, 29; Zweite Jugendstrafrechtsreformkommission der DVJJ, 2002, DVJJ-Extra, Nr. 5, S. 64.

schiedliche Bedeutung zukommt, die Interesseneinbußen nicht linear, sondern progressiv anwachsen, so zeigt sich auch in der Kombination von ambulanten, erst recht mit stationären Sanktionen eine potenzierte Kumulation von Interesseneinbußen.

2. „Einheitsstrafe" (§ 31)

319 Auch wenn ein Jugendlicher/Heranwachsender mehrere Straftaten begangen hat, werden nur einheitlich Erziehungsmaßregeln, Zuchtmittel oder eine Jugendstrafe festgesetzt, wobei der Jugendrichter seine Sanktionsbefugnis (§ 39) nicht überschreiten darf. Für Heranwachsende gilt dies selbstverständlich nur, wenn Jugendstrafrecht zur Anwendung kommt. Ob Tatmehrheit oder Tateinheit vorliegt, muss zwar nach den Bestimmungen des allgemeinen Strafrechts festgestellt werden,[4] aber das Jugendstrafrecht kennt nur eine Sanktionierung („Einheitsstrafe"). Demzufolge sind keine Einzelstrafen „auszuwerfen" und ist keine Gesamtstrafe gem. den §§ 53, 54 StGB zu bilden.

320 Von besonderer Bedeutung in der Praxis ist § 31 Abs. 2, der – abweichend vom allgemeinen Strafrecht – die Einbeziehung früherer Entscheidungen in das neue Urteil regelt. Folgende Voraussetzungen müssen vorliegen:

a) Die frühere Entscheidung muss rechtskräftig sein. (Ein rechtskräftiges Urteil wird im Gegensatz zu § 55 StGB auch dann einbezogen, wenn die weitere Straftat nach seiner Verkündung ergangen ist.)

b) Die Maßnahmen der früheren Entscheidung dürfen noch nicht vollständig ausgeführt, verbüßt oder erledigt sein. (Beispiele: In anderer Sache läuft noch eine Bewährungsfrist; aus einem früheren Verfahren ist eine Geldbuße noch nicht bezahlt oder eine Arbeitsleistung nur unvollständig erbracht.)

Ist die frühere Sanktion erledigt, wurde die jetzt abgeurteilte Straftat aber vor der früheren Sanktionierung begangen, so kann sich diese naturgemäß nicht ausgewirkt haben. Insoweit darf die frühere Sanktionierung nicht straferschwerend für die neue – isolierte – Straffestsetzung berücksichtigt werden (allgemein zur Problematik eines Strafverschärfungsautomatismus siehe Rn. 300). Eine analoge Anwendung des Härteausgleichs bei erledigter Vorstrafe, die im Erwachsenenstrafrecht infolge der dann untersagten nachträglichen Gesamtstrafenbildung gem. § 55 StGB entwickelt worden ist,[5] scheidet aber aus, da mit diesem Härteausgleich die Strafschwere einer additiven Straffestsetzung unter maßgeblicher Berücksichtigung des Tatunrechts vermieden werden soll, im Jugendstrafrecht demgegenüber bei jeder einzelnen Sanktionierung die Individualprävention maßgebend ist.

Ist durch das frühere Urteil Jugendstrafe verhängt und die Vollstreckung nach § 21 zur Bewährung ausgesetzt worden, so bedarf es zur Einbeziehung nicht des Widerrufs der Aussetzung. Das Gleiche gilt, wenn nach § 88 die Vollstreckung des Restes einer Jugendstrafe zur Bewährung ausgesetzt worden ist. Ist in dem früheren Urteil nach § 27 die Schuld festgestellt worden, so wird durch die Einbeziehung dieses Urteils auch das ihm zugrundeliegende Verfahren erledigt. Auch für die unter Einbeziehung gebildete „neue" Sanktion gelten die Grenzen der Sanktionsbefugnis des Jugendrichters. Jedoch darf die „neue" Sanktionierung geringer ausfallen als die „alte",[6] da sich zwischenzeitlich Veränderungen in der persönlichen Konstellation des Angeklagten, in seiner fami-

---

[4] A. M. *Foth* 2014, 390.
[5] Siehe Lackner/Kühl-*Heger* § 55 StGB Rn. 3 m. w. N.
[6] BGH StV 1990, 505.

liären, beruflichen Situation ergeben haben können, die ein Abweichen von dem früheren Sanktionsmaß erforderlich machen.

Nur dann, wenn es „aus erzieherischen Gründen zweckmäßig" erscheint, kann davon abgesehen werden, schon abgeurteilte Straftaten in die neue Entscheidung einzubeziehen (§ 31 Abs. 3). Eine Einbeziehung erscheint **verpflichtend,** wenn durch eine selbstständige Sanktionierung die Höchstgrenzen für den Arrest (§ 16 Abs. 4 S. 1) oder die Jugendstrafe (§ 18 Abs. 1 S. 1, 2, § 105 Abs. 3) überschritten würden.[7] Soweit im Einzelfall eine Überschreitung aus erzieherischen Gründen für zulässig gehalten wird,[8] so ist dem die Ungeeignetheit einer solchen Sanktionierung für eine positive Individualprävention, ja ihre Schädlichkeit entgegenzuhalten.[9]

Eine „Einheitsstrafe" sollte in folgenden Fällen nicht gebildet werden: 321

a) Wenn die übrig gebliebenen Maßnahmen des früheren Urteils im Vergleich zu der Sanktion aus dem neuen Verfahren ohne Bedeutung sind; die früheren Maßnahmen können dann nach Maßgabe des § 31 Abs. 3 S. 2 für erledigt erklärt werden.

b) Wenn die neuen Taten keine selbstständige Bedeutung haben; hier ist ggf. Zustimmung zur Einstellung nach § 154 Abs. 2 StPO zu erwägen.

c) Wenn sich die neue Tat als eine auf einer ganz anderen Ebene liegende Gelegenheitstat oder als ein aus einer besonderen Situation entsprungener Rückfall darstellt. Hier kann der Ausspruch einer neuen Maßnahme angebracht sein, die neben die alte tritt, aber auf sie abgestimmt werden muss.

3. Straftaten in verschiedenen Altersstufen (§ 32)

3.1 Gleichzeitige Aburteilung

Hat der Angeklagte mehrere Straftaten begangen, die gleichzeitig abgeurteilt werden und auf die teils Jugendstrafrecht, teils allgemeines Strafrecht anzuwenden wäre, gilt einheitlich das Jugendstrafrecht, wenn das Schwergewicht bei den Straftaten liegt, die nach Jugendstrafrecht zu beurteilen wären (§ 32). Entscheidend ist nicht die Anzahl der Delikte, sondern neben dem Schweregrad auch, ob die „Tatwurzel" im Jugend- bzw. Heranwachsendenalter und damit hier hinsichtlich der Verantwortlichkeit der Schwerpunkt liegt.[10] Voraussetzung ist eine gleichzeitige Aburteilung, d. h. mehrere Straftaten müssen in einem Verfahren verurteilt werden. Eine gleichzeitige Aburteilung ist auch im Rechtsmittelverfahren möglich. 322

3.2 Nachfolgende Aburteilung

Probleme treten auf, wenn bereits eine Verurteilung nach Jugendstrafrecht oder Erwachsenenstrafrecht erfolgt ist, die Sanktionierung aber noch nicht erledigt ist und 323

---

7 Ebenso *Böhm/Feuerhelm* 2004, § 22 2. b) bb); *Nothacker* 1985a, 253 m. Fn. 850; siehe auch BGH bei *Böhm* 1981, 251 sowie BGH StV 1986, 70, wonach der erzieherische Zweck durch eine selbstständige Sanktionierung intensiver einzuwirken, nicht ausreicht; a. M. BGH NStZ 1989, 574 für Ausnahmefälle, in denen Gründe vorliegen, die unter dem Gesichtspunkt der Erziehung von ganz besonderem Gewicht sind; abl. zu dieser „Rechtsprechungswende" *M. Walter/Pieplow* 1989, 577.
8 *Dallinger/Lackner* § 31 Rn. 42; *Brunner/Dölling* § 31 Rn. 23–24c; *Brunner* 1989, 522; einschränkend *Schaffstein/Beulke/Swoboda* Rn. 285.
9 Siehe auch BGH bei *Böhm* 1981, 252; BGH StV 2016, 706.
10 Siehe Ostendorf/*Ostendorf* § 32 Rn. 12; LG Kaiserslautern ZJJ 2015, 76.

jetzt eine neue Verurteilung ansteht. Hier sind drei Fallkonstellationen zu unterscheiden:

1. Ein zur Tatzeit Heranwachsender wird zunächst zu Sanktionen des Erwachsenenstrafrechts verurteilt; später – bei erneuter Anklage – sollen in Anwendung des § 105 Abs. 1 jugendstrafrechtliche Sanktionen verhängt werden. Diese Fallkonstellation ist mit § 105 Abs. 2 gesetzlich in der Weise geregelt, dass auch die Einbeziehung der – noch nicht erledigten – Sanktionen nach dem Erwachsenenstrafrecht in die jugendstrafrechtliche Sanktionierung möglich ist.

2. Ein zur Tatzeit Heranwachsender wird zunächst nach Jugendstrafrecht verurteilt; in einem neuen Verfahren soll jetzt Erwachsenenstrafrecht zur Anwendung kommen. Es stellt sich die Frage einer einheitlichen Sanktionierung nach Jugend- oder nach Erwachsenenstrafrecht. Diese Konstellation ist gesetzgeberisch nicht geregelt und wird dementsprechend strittig behandelt. Nach der Rechtsprechung des BGH[11] ist eine einheitliche Sanktionierung nicht möglich. Aus der ausdrücklichen Regelung des § 105 Abs. 2 für die umgekehrte Abfolge ergibt sich in der Tat, dass keine planwidrige Gesetzeslücke für eine analoge Anwendung des § 32 vorliegt.[12] Der gesetzgeberische Wille gegen eine nachträgliche Vereinheitlichung ist eindeutig formuliert.[13] Möglich und angebracht erscheint demgegenüber die **Bildung einer Gesamtfreiheitsstrafe** unter der Voraussetzung des § 55 StGB.[14] Die fortwährende Behauptung, dass die Jugendstrafe und die Freiheitsstrafe „ihrem Wesen nach völlig verschiedene Strafübel sind",[15] geht sowohl am theoretischen Anspruch[16] als auch an der Realität vorbei.[17] Diese Ablehnung stimmt auch nicht mit der sonstigen Gleichsetzung von Jugend- und Freiheitsstrafe überein.

3. Der zur Tatzeit Heranwachsende soll in Anwendung des § 105 Abs. 1 nach Jugendstrafrecht behandelt werden. Er ist bereits rechtskräftig wegen Taten verurteilt, die er nach dem 21. Lebensjahr begangen hat. Es stellt sich die Frage, ob auch diese Erwachsenenstraftaten in die neue Sanktionierung einbezogen werden können. Der BGH[18] will die Grundsätze des § 32 zur Anwendung kommen lassen, obwohl er den Anwendungsbereich des § 105 Abs. 2 – zu Recht – auch auf diese Fallkonstellation erstreckt. Die Schwergewichtslösung nach § 32 erscheint aber unlogisch, da § 105 Abs. 2 nicht auf § 32, sondern allein auf § 31 Abs. 2 S. 1 sowie auf § 31 Abs. 3 verweist; zudem liegt die Grundvoraussetzung des § 32, die gleichzeitige Ab-

---

11 BGHSt 10, 100; 14, 287; BGH NJW 1978, 384; BGH bei *Holtz* MDR 1979, 281.
12 So auch BGHSt 36, 270; BGH StV 2016, 718; *Schoreit* 1989, 462; D/S/S-*Schatz* § 32 Rn. 8; NK-StGB-*Frister* § 55 Rn. 28; siehe auch die kriminalpolitische Begründung des AG Hannover bei *Böhm* 1981, 253; a. M. *Dingeldey* 1981b, 151, 152, die jedoch eine systemwidrige Regelung in eine Nichtregelung umdefiniert.
13 Siehe Stellungnahme der Bundesregierung zu den Änderungsvorschlägen eines Gesetzes zur Änderung des RJGG, BT-Drucks. 1/3264, S. 64; Schriftlicher Bericht des Ausschusses für Rechtswesen und Verfassungsrecht, BT-Drucks. 1/4437, S. 7.
14 NK-StGB-*Frister* § 55 Rn. 27; ebenso LG Braunschweig MDR 1965, 594, allerdings unter der Voraussetzung, dass die Jugendstrafe gem. § 92 Abs. 2 a. F. in einer Erwachsenenanstalt vollzogen wird; so im Grunde auch D/S/S-*Schatz* § 31 Rn. 40 sowie § 32 Rn. 15; a. M. OLG Schleswig NStZ 1987, 225 m. abl. Anm. von *Knüllig-Dingeldey*; BGHSt 36, 270; insoweit *Bringewat* 1991, 24.
15 BGHSt 14, 287; siehe bereits BGHSt 10, 103; weiterhin BGH bei *Holtz* MDR 1979, 106; BGH bei *Holtz* MDR 1979, 281; siehe demgegenüber BGHSt 29, 272, wonach im Vollzug zwischen diesen beiden Sanktionen nach der Bewertung des Gesetzgebers kein Unterschied besteht.
16 Siehe Ostendorf/*Ostendorf* Grdl. z. §§ 17–18 Rn. 3.
17 Siehe *Dingeldey* 1981a, 355; 1981b, 152, 154; *Knüllig-Dingeldey* 1987, 227; siehe auch *Brunner/Dölling* § 32 Rn. 5; OLG Koblenz GA 1954, 281.
18 BGHSt 37, 34 mit zust. Anm. von *Eisenberg* 1990, 481 sowie abl. Anm. von *Ostendorf* 1991, 185; BGH StV 1994, 603; 1998, 345; siehe auch *Arloth* 1995.

urteilung, hier nicht vor. Dem Anliegen, die Einbeziehung in jedem Einzelfall zu prüfen, kann unter Anwendung des § 31 Abs. 3 entsprochen werden. Der Unterschied zwischen der BGH-Lösung und der hier vertretenen Auffassung besteht also darin, dass bei der BGH-Lösung die Unrechtsbewertung – Schwergewicht der Straftaten – im Vordergrund steht, während hier die Sanktionsfolgen im Mittelpunkt stehen. Eine Überprüfung der früheren Straftat, begangen im Erwachsenenalter, die dementsprechend mit Erwachsenensanktionen geahndet werden musste, „ob aufgrund neuer Erkenntnisse für sie Jugendstrafrecht anwendbar ist", erscheint sachfremd und kompetenzlos. Nur der zunächst vom BGH aufgezeichnete Weg, über § 105 Abs. 2 § 31 Abs. 2 und 3 anzuwenden, führt zur richtigen Lösung mit der Folge, dass Art und Höhe der jugendstrafrechtlichen Sanktion unabhängig von den bisherigen Erwachsenenstrafen zu bestimmen sind.[19] Der dort formulierte Vorrang der einheitlichen Sanktionierung durch die Jugendstrafgerichte erscheint als primäre Zielsetzung der Konkurrenznormen des JGG, so dass diese Anwendung auch aus teleologischen Gründen angebracht ist.

4. Anrechnung der U-Haft (§§ 52, 52a)

4.1 Grundsatz der Anrechnung

Gem. den §§ 52, 52a ist – unter bestimmten Voraussetzungen – die U-Haft bei der Verurteilung zu Jugendarrest oder zu Jugendstrafe anzurechnen (zum Erwachsenenrecht siehe § 51 StGB). Die Anrechnung ist die Regel. Die Nichtanrechnung der U-Haft darf nicht als Sanktionsmittel für ein Fehlverhalten eingesetzt werden.[20] Das Abstreiten der Tat, die Wahrung von Verteidigungsrechten, selbst Fluchtvorbereitungen und Fluchtversuche dürfen nicht negativ im Hinblick auf die Prävention gewertet werden. Die Freiheitsentziehung muss „wegen der Tat" oder „aus Anlass der Tat" erlitten sein. Dieser Sachzusammenhang besteht auch dann, wenn mehrere Taten einheitlich sanktioniert werden (§ 31 Abs. 1, Abs. 2) und nur wegen einer dieser Taten Freiheit entzogen wurde.[21] Wenn ein Zusammenhang während des Verfahrens bestanden hat, hindert ein späteres Ausscheiden durch Freispruch, Einstellung oder Abtrennung nicht die „Anrechnung" (h. M.). Selbst wenn die Freiheitsentziehung bereits zum Zeitpunkt der abgeurteilten Tat beendet war, ist eine Berücksichtigung möglich. Darüber hinaus muss nicht einmal ein Verfahrensverbund, nur die Möglichkeit hierzu bestanden haben.[22] Es kommt allein darauf an, ob auf ein strafrechtliches Fehlverhalten mit Freiheitsentzug reagiert wurde, den der Verurteilte aufgrund des Sachzusammenhangs als sanktionierende Interesseneinbuße für die abgeurteilte Tat empfunden hat.[23]

324

4.2 Untersuchungshaft oder andere erlittene Freiheitsentziehung

Nicht nur die Untersuchungshaft, sondern auch jede andere Freiheitsentziehung[24] ist „anrechenbar"; die Überschriften sind insoweit nicht korrekt. Als andere Freiheitsent-

325

---

19 So auch BGH StV 1998, 345 mit der insoweit widersprüchlichen, da auf § 31 Abs. 2 gestützten Argumentation: „denn mit einer auf § 105 Abs. 2 JGG i. V. m. § 31 Abs. 2 S. 1 JGG gestützten Entscheidung verliert das einbezogene Urteil im Strafausspruch seine Wirkung".
20 BGH StV 1996, 274.
21 BGH bei *Böhm* 1984, 447.
22 Siehe Lackner/Kühl-*Heger* § 51 StGB Rn. 3 m. w. N.; so jetzt auch BGH StV 1997, 475 in ausführlicher Auseinandersetzung mit der z. T. abweichenden obergerichtlichen Auffassung.
23 Zust. BVerfG NStZ 1999, 570.
24 Siehe auch § 39 Abs. 1, 3 StVollstrO.

ziehungen gelten: Unterbringung in einem Erziehungsheim gem. den §§ 71 Abs. 2, 72 Abs. 4 sowie zur Beobachtung gem. § 73 (siehe auch RL Nr. 1 zu § 52); Unterbringung zur Beobachtung gem. § 81 StPO, auch wenn der Betroffene „als bloßer Patient" eingewiesen wird;[25] die Untersuchungszeit gem. § 81 StPO;[26] einstweilige Unterbringung gem. § 126a StPO; vorläufige Festnahmen gem. § 127 Abs. 1 und Abs. 2 StPO; Vorführungshaft gem. § 230 Abs. 2 StPO; Abschiebehaft vor Rechtskraft der Entscheidung;[27] Auslieferungs- und Zulieferungshaft gem. dem Gesetz über die internationale Rechtshilfe;[28] Festnahmen durch Nato-Angehörige gem. Art. VII Abs. 5 des Nato-Truppenstatuts;[29] Unterbringungen wegen einer psychischen Gefährdung, die durch die Tat bedingt ist.[30] Es genügt die Weisung im Rahmen eines Aussetzungsbeschlusses (hierzu § 116 StPO), sich in einer bestimmten Einrichtung aufzuhalten, da Freiheitsentziehung nicht nur durch äußere Zwangsmittel, sondern auch durch psychischen Zwang erfolgen kann.[31] Auch der vollstreckte sog. Ungehorsamsarrest ist anrechenbar.[32]

5. Kosten (§ 74)

326 Abweichend vom Erwachsenenstrafrecht (§ 465 StPO) kann bei Jugendlichen und Heranwachsenden – sofern Jugendstrafrecht gem. § 105 Abs. 1 zur Anwendung kommt (siehe § 109 Abs. 2) – davon abgesehen werden, Kosten und Auslagen dem Angeklagten aufzuerlegen. Mit der h. M.[33] ist tendenziell die Anwendung dieser Norm zu befürworten, weil

- Jugendliche/Heranwachsende in der Regel nur über ein geringes Einkommen verfügen
- die eigentliche Sanktion nicht in ihrer Wirkung behindert werden darf
- ansonsten möglicherweise ein erneuter Anstoß zur Eigentumskriminalität gegeben würde.

Zum „Verfahren gegen einen Jugendlichen" bzw. Heranwachsenden gehört auch eine eventuelle Nebenklage; deshalb kann auch von diesen Kosten befreit werden.[34]

327 Umstritten ist, ob gem. § 74 der Angeklagte auch von seinen notwendigen Auslagen, d. h. insbesondere Verteidigerkosten, freigestellt werden kann. Die Rechtsprechung lehnt dies ab.[35] Der gegenteilige Standpunkt wird überwiegend in der jugendstrafrechtlichen Literatur eingenommen.[36] Entscheidend sollte das Präventionsanliegen sein, durch eine gezielte Sanktionierung den Verurteilten von einer Straftatwiederholung abzuhalten. Die Kostenlast hat demgegenüber allein repressiven Charakter. Der BGH hat vor-

---

25 Siehe BGHSt 4, 326.
26 Umstr., wie hier SK-*Horn/Wolters* § 51 StGB Rn. 4; Lackner/Kühl-*Heger* § 51 StGB Rn. 1 m. w. N.
27 Siehe OLG Frankfurt NJW 1980, 537 m. w. N.
28 Siehe Lackner/Kühl-*Heger* § 51 StGB Rn. 1; zum Umrechnungsmaßstab siehe LG Stuttgart NStZ 1986, 362.
29 Siehe hierzu *Brunner/Dölling* §§ 52, 52a Rn. 1 und *Eisenberg* § 52 Rn. 8, jeweils m. w. N.
30 OLG Düsseldorf JMBl. NW 1990, 42.
31 Siehe BVerfG NStZ 1999, 570; BGH StV 2014, 749.
32 Ostendorf/*Schady* § 52a Rn. 1; *Schady* 2015, 786 f.
33 Siehe stellvertretend OLG Saarbrücken ZJJ 2009, 262 sowie LG Saarbrücken ZJJ 2013, 418 mit zust. Anm. von *Möller*.
34 Siehe OLG Hamm ZJJ 2008, 193.
35 BGHSt 36, 27; OLG Frankfurt GA 1994, 286; bemerkenswert aber OLG Hamm ZJJ 2014, 391 m. Anm. von *Eisenberg*.
36 Siehe *Brunner/Dölling* § 74 Rn. 7; *Schaffstein/Beulke/Swoboda* Rn. 798; Ostendorf/*Sommerfeld* § 74 Rn. 10; *Eisenberg* § 74 Rn. 15a; *Körner* 2004, 91; *Baumhöfener* 2007, 96 ff.; a. M. D/S/S-*Schatz* § 74 Rn. 28.

mals[37] richtig vermutet, dass „das Empfinden hierfür dem Verurteilten ziemlich fern liegt. Dem Verurteilten wird sich vielmehr leicht der Gedanke in den Vordergrund drängen, dass der Staat hier seine eigenen fiskalischen Interessen wahrnehmen wolle". Gerade die Anwaltskosten können den Verurteilten finanziell so schwer belasten, dass alle noch so gut gemeinten Sanktionen daneben „verpuffen".

Unabhängig von der Anwendung des § 74 sind Dolmetscher- und Übersetzungskosten gem. Nr. 1904 des Kostenverzeichnisses zu § 11 Abs. 1 GKG von den erstattungspflichtigen Auslagen ausgenommen,[38] wobei nach Art. 6 Abs. 3e EMRK die Beiziehung eines Dolmetschers ebenso „unentgeltlich" erfolgt. Dolmetscherkosten sind Justizkosten, auch im Rahmen der Haftentscheidungshilfe gem. § 72a. 328

6. Korrektur der Sanktionierung und „Ungehorsamsarrest" (§ 11 Abs. 2, 3, § 15 Abs. 3)

Weisungen gem. § 10 und Auflagen gem. § 15 können abweichend von der Bestandskraft eines Strafurteils nachträglich geändert werden bzw. von ihnen kann auch befreit werden, „wenn dies aus Gründen der Erziehung geboten ist" (§ 11 Abs. 2, § 15 Abs. 3 S. 1). Damit soll späteren Veränderungen in der Situation des Verurteilten Rechnung getragen werden. Allerdings dürfen so keine eingriffsintensiveren Maßnahmen angeordnet werden.[39] Umgekehrt können Weisungen und Auflagen auch mit Zwang, mit dem sog. Ungehorsamsarrest, durchgesetzt werden. Seine Zweckhaftigkeit ist umstritten. Der Meinungsstreit drückt sich schon in der unterschiedlichen Terminologie aus: Ungehorsams-, Zwangs-, Beuge- oder Beschlussarrest. Immer ist Voraussetzung, dass die Weisung oder Auflage schuldhaft nicht erfüllt wurde; diese Schuld ist gerade bei verstockten Jugendlichen sorgfältig zu prüfen (zur Anhörungspflicht siehe § 65 Abs. 1 S. 3). In der Praxis hat diese Arrestform eine nicht zu unterschätzende Bedeutung. Der Anteil an der Gesamtzahl der Arreste betrug im Jahr 1989 32,7 %.[40] Nach Praktikerschätzungen ist der Anteil regional unterschiedlich auf 40–70 % angestiegen.[41] Die Problematik zeigt sich schon darin, dass ursprünglich mit der Anordnung von Weisungen oder Auflagen diese freiheitsentziehende Maßnahme als nicht notwendig oder angemessen angesehen wurde. Hinzu kommt, dass die Reaktion auf die Nichterfüllung der verhängten Weisung oder Auflage zu einem Zeitpunkt erfolgt, in dem der Jugendliche/Heranwachsende die Straftat regelmäßig schon vergessen/verdrängt hat. Nach einer Untersuchung eines Arrestjahrganges in Schleswig-Holstein im Zeitraum von 1993/1994 betrug die durchschnittliche Dauer zwischen Tat und Antritt des sog. Ungehorsamsarrestes 19 Monate.[42] Der sog. Ungehorsamsarrest ist der „Rattenschwanz" der ambulanten Maßnahmen; auf ihn sollte mit Rücksicht auf die abgelaufene Zeit und zur Vermeidung von kontraerzieherischen Wirkungen möglichst verzichtet werden. § 11 Abs. 3 sieht nur die Möglichkeit der Verhängung vor; zuvor ist gem. § 11 Abs. 2 eine Änderung bzw. ein Verzicht der angeordneten Maßnahme zu prüfen (siehe auch § 15 Abs. 3). Immer sollte nach Durchführung des sog. Ungehorsamsarrestes von der Erfüllung der noch nicht erfüllten Weisung bzw. Auflage abgesehen werden. Der Verurteilte sollte in der Begründung des Beschlusses hierauf hingewiesen werden sowie 329

---

37 BGHSt 9, 366.
38 Siehe EGMR NJW 1979, 1091.
39 Näher *Ostendorf* GA 2006, 522; siehe auch Ostendorf/*Ostendorf* § 11 Rn. 4; a. M. Meier/Rössner/Schöch-*Schöch*, § 10 Rn. 26.
40 Siehe *Hinrichs* 1990, 338.
41 Siehe *Thalmann* 2012, 168; *Seidl/Holthusen/Hoops* 2013, 293.
42 Siehe *Ostendorf* 1995, 364.

auf die Möglichkeit, durch Erfüllung der Weisung oder Auflage die Vollstreckung abzuwenden. Aus rechtsdogmatischer Sicht ist der sog. Ungehorsamsarrest als **korrigierende Ersatzsanktion** zu definieren.[43] Damit darf bei einem Zusammentreffen von Urteilsarrest und späterem „Ungehorsamsarrest" wegen Nichterfüllung einer zusätzlichen Weisung oder Auflage die Höchstdauer von vier Wochen (§ 16 Abs. 4 S. 1) nicht überschritten werden.[44]

330 ▶ **FALLBEISPIEL 5: NICHTERFÜLLUNG EINER UNZULÄSSIGEN AUFLAGE**
(Pfz OLG Zweibrücken NStZ 1992, 84)

Zum Sachverhalt:

Durch Urteil der JugK ist der Bf. zu einer Jugendstrafe von 2 Jahren verurteilt worden, deren Vollstreckung zur Bewährung ausgesetzt worden ist. Mit Beschluss vom selben Tage ist die Bewährungszeit auf 3 Jahre festgesetzt, der Verurteilte für die Dauer der Bewährungszeit der Aufsicht und Leitung eines Bewährungshelfers unterstellt und ihm darüber hinaus auferlegt worden, einen Geldbetrag i. H. von 2000 DM in monatlichen Raten von 200 DM an die Landeskasse zu zahlen. Obwohl der Bf. in der Lage gewesen wäre, die Auflage zu erfüllen, zahlte er im ersten Jahr seiner Bewährung nichts. Deshalb wurde durch Beschluss vom 27.11.1989 ein Jugendarrest von 4 Wochen gegen ihn verhängt. Nachdem der Bf. hierauf Teilzahlungen erbracht hatte, beschloss die JugK am 27.3.1990, dass von der Vollstreckung des Jugendarrestes abgesehen werde, da der Verurteilte nunmehr nach Verhängung des Arrestes der Bewährungsauflage nachkomme. In der Folgezeit leistete der Bf. wiederum keine Zahlungen. Auf Antrag der StA hat die JugK mit dem jetzt angefochtenen Beschluss vom 18.12.1990 gegen den Bf. Jugendarrest von 4 Wochen verhängt, weil er gegen die ihm erteilte Zahlungsauflage schuldhaft verstoßen habe. Die sofortige Beschwerde des Verurteilten führte zur Aufhebung des Beschlusses.

Aus den Gründen:

Die dem Bf. erteilte Auflage, einen Geldbetrag i. H. von 2000 DM an die Landeskasse zu zahlen, war unzulässig. Nach § 23 I 2 JGG können dem zu einer Jugendstrafe Verurteilten im Falle der Strafaussetzung zur Bewährung auch Auflagen erteilt werden. Nach § 23 I 4 gilt § 15 JGG entsprechend. Danach kann dem Jugendlichen – für den nach Jugendstrafrecht verurteilten Heranwachsenden gelten die erwähnten Vorschriften entsprechend (§ 105 I JGG) – u. a. auferlegt werden, „einen Geldbetrag zugunsten einer gemeinnützigen Einrichtung zu zahlen". Gemeinnützig sind Einrichtungen dann, wenn durch deren Tätigkeit ausschließlich und unmittelbar die Allgemeinheit gefördert wird. Der Staat – und damit die Staatskasse/Landeskasse – ist keine solche Einrichtung (OLG Hamm MDR 1954, 245; Eisenberg JGG, 4. Aufl. (1991), § 15 Rn 14; Ostendorf JGG, 1987, § 15 Rn 16; Brunner JGG, 8. Aufl. (1986), § 15 Rn 12; Dallinger/Lackner JGG, 2. Aufl. (1965), § 15 Rn 13). Weil Lehre und Rechtsprechung einhellig den Staat nicht als gemeinnützige Einrichtung betrachten (vgl. auch OLG Köln NJW 1967, 455), ist in § 56b StGB, der die Auflagen regelt, die das Gericht bei der Aussetzung einer Freiheitsstrafe zur Bewährung im allgemeinen Strafrecht erteilen kann, ausdrücklich vorgesehen (§ 56b II Nr. 2), dass dem Verurteilten auferlegt werden kann, einen Geldbetrag zugunsten einer gemeinnützigen Einrichtung oder der Staatskasse zu zahlen (vgl. hierzu S/S-Stree, 23. Aufl. (1988), § 56b Rn 12). Dass eine entsprechende Ände-

---

43 Umstr., siehe näher Ostendorf/*Ostendorf* § 11 Rn. 8 ff m. w. N.; wie hier auch Göppinger/*Schneider* § 33 Rn. 32.
44 Wie hier LG Zweibrücken ZJJ 2012, 88; dagegen *Wohlfahrt* 2012, 392 ff.; siehe auch das anschließende Fallbeispiel OLG Zweibrücken NStZ 1992, 84.

rung im Jugendstrafrecht nicht herbeigeführt worden ist, beruht auf erzieherischen Gründen. Dem verurteilten Jugendlichen oder Heranwachsenden wird eine finanzielle Einbuße eher verständlich werden, wenn sie einer gemeinnützigen Einrichtung zugute kommt. Diese Regelung entspricht auch der im Jugendstrafrecht zulässigen Auflage, gemeinnützige Arbeiten zu erbringen (Böhm Einf. in das JugendstrafR, 2. Aufl. (1985), S. 155). Da die dem Bf. erteilte Auflage, 2000 DM an die Landeskasse zu zahlen, unzulässig war, bestand und besteht für ihn auch keine Verpflichtung, die Auflage zu erfüllen. Für die Anordnung eines Zuchtmittels wegen schuldhafter Nichterfüllung einer Bewährungsauflage war deshalb kein Raum ... Auch sonst bestehen, worauf der Senat vorsorglich hinweist, gegen den angefochtenen Beschluss erhebliche Bedenken. Gemäß § 11 III JGG, der nach § 23 I 4 JGG auch hinsichtlich der Weisungen und Auflagen im Rahmen der Aussetzung einer Jugendstrafe zur Bewährung Anwendung findet, darf der Jugendarrest die Dauer von 4 Wochen insgesamt nicht überschreiten. Dies bedeutet, dass die JugK den ihr insgesamt zur Ahndung von schuldhaften Verstößen gegen Weisungen und Auflagen in diesem Bewährungsverfahren zur Verfügung stehenden Jugendarrest durch den Beschluss vom 27. 11. 1989 bereits verbraucht hat. Denn die in § 11 III 2 JGG gemeinte „Verurteilung" ist hier das Urteil vom 3.11.1988, durch das gegen den Bf. eine Jugendstrafe von 2 Jahren verhängt und diese zur Bewährung ausgesetzt worden ist. Wegen der Verletzung der im Bewährungsbeschluss vom 3.11.1988 dem Bf. erteilten Auflagen und Weisungen durften deshalb mehr als 4 Wochen Jugendarrest nicht verhängt werden. Dass die mit Beschluss vom 7.11.1989 verhängten 4 Wochen Jugendarrest nicht vollstreckt worden sind, weil die JugK mit Beschluss vom 27.3.1990 von der Vollstreckung dieses Jugendarrestes gemäß § 11 II 3 JGG abgesehen hat, spielt dabei keine Rolle, weil durch diesen Beschluss die Verhängung des Arrestes nicht hinfällig geworden ist. § 11 III stellt auch nicht auf die Vollstreckung, sondern auf die Verhängung des Jugendarrestes ab. Demnach konnte die JugK (mit dem angefochtenen Beschluss) auch keinen weiteren Jugendarrest verhängen. Ob die JugK ihren Beschluss vom 27.3.1990, mit dem sie von der Vollstreckung des Jugendarrestes abgesehen hat, hätte abändern können, weil der Verurteilte nach Verhängung des Arrestes der Auflage nur teilweise nachgekommen ist, ist im Hinblick darauf zweifelhaft, dass es an einer gesetzlichen Ermächtigung hierzu fehlt. Im vorliegenden Fall kommt eine solche Entscheidung aber auch deshalb nicht in Betracht, weil die Vollstreckung des Jugendarrestes nach § 87 IV JGG unzulässig ist, wenn seit Eintritt der Rechtskraft 1 Jahr verstrichen ist ... ◀

Anmerkung:[45]

1. Zu Recht wird in dem Beschluss zunächst klargestellt, dass die Auflage einer Geldbußenzahlung an den Staat im Jugendstrafrecht rechtswidrig und damit für den Verurteilten unverbindlich ist. Dies gilt auch für Bewährungsauflagen gemäß § 23 Abs. 1 S. 4 JGG, da mit der Verweisung auf § 15 Abs. 1 JGG nur die Auflage erlaubt wird, einen Geldbetrag zugunsten einer gemeinnützigen Einrichtung zu zahlen. Nun versteht sich unser Staat auch als eine gemeinnützige Einrichtung; aus der ausdrücklichen alternativen Nennung bei der Geldbußenauflage gemäß § 56b Abs. 2 Nr. 2 StGB („einen Geldbetrag zugunsten einer gemeinnützigen Einrichtung oder der Staatskasse zu zahlen") folgt aber der Umkehrschluss, dass im Jugendstrafrecht der Staat nicht zum Empfänger von Geldbußen erklärt werden darf. Damit war bereits die erste Arrestanordnung wegen nicht erfolgter Zahlung rechtswidrig.

---

45 Siehe *Ostendorf* 1992b, 85.

2. Darüber hinaus hat das Gericht „erhebliche Bedenken", die im weiteren sich zu einer eindeutigen Meinung verdichten, gegen die Rechtmäßigkeit des zweiten Beschlusses über die Anordnung eines erneuten Dauerarrestes von vier Wochen, weil der Jugendarrest vier Wochen nicht überschreiten darf und diese bereits mit dem ersten Beschluss „verbraucht" waren. Das mögliche Gegenargument, tatsächlich habe der Verurteilte wegen des Absehens von der Vollstreckung des ersten Zwangsarrestes keinen Arrest verbüßt und deshalb könne die Sperrwirkung des § 11 Abs. 3 S. 2 JGG nicht eingreifen, lässt der Senat nicht gelten: Mit § 11 Abs. 3 S. 2 JGG werde bereits die Verhängung von Jugendarrest und nicht erst die Vollstreckung eingeschränkt. Diese Rechtsauffassung kann sich in der Tat auf den Wortlaut der Bestimmung stützen.[46] Sie wird mit einer rechtshistorischen Betrachtung untermauert. In den Referentenentwürfen „Erstes Gesetz zur Änderung des Jugendgerichtsgesetzes" vom 18.11.1983 sowie vom Juli 1987 war ausdrücklich vorgesehen, lediglich die Vollstreckung eines sog. Ungehorsamsarrestes auf vier Wochen zu begrenzen. Dieser Vorschlag ist aber nicht Gesetz geworden. Entscheidend ist die ratio legis. Mit dem sog. Ungehorsamsarrest wird nach umstrittener, aber richtiger Auffassung die ursprüngliche Sanktion umgestaltet, korrigiert.[47] Damit wird die ursprüngliche Sanktion hinfällig; sie gibt keine Grundlage für eine erneute Zwangsmaßnahme ab. Zusätzlich greift in diesem Fall, d. h. bei Ausschöpfung von vier Wochen Zwangsarrest, die allgemeine Begrenzung gemäß § 16 Abs. 4 S. 1 JGG ein.

3. Die angesprochene Häufung von Ungehorsamsarresten steht in einem natürlichen Zusammenhang mit der Zunahme ambulanter Sanktionen. Bei Würdigung dieser positiven Sanktionsveränderung ist aber der sog. Ungehorsamsarrest als freiheitsentziehender „Rattenschwanz der ambulanten Sanktionen" zu beachten. Mit dieser Entscheidung wird zumindest einer unheilvollen Praxis entgegengetreten: Bei Nichterfüllung von Weisungen und Auflagen sogleich den maximalen Zwangsarrest zu beschließen, um ihn dann etappenweise zu vollstrecken. Geschieht dies nicht innerhalb der Jahresfrist gemäß § 87 Abs. 4 werden oder wird – wie hier – von der Vollstreckung abgesehen, so ist eine erneute Zwangsmaßnahme selbst nach der Rechtsauffassung unzulässig, die den Zwangsarrest nicht als korrigierende Ersatzmaßnahme begreift, sondern in der Nichterfüllung der auferlegten Sanktion die Verwirklichung eines strafrechtlichen Sondertatbestandes erblickt. Abgesehen davon ist daran zu erinnern, dass eine Zwangsmaßnahme immer im Verhältnis zu dem abverlangten Verhalten stehen muss. Schon von daher ist mehr als fraglich, ob der hier zweimal angeordnete Dauerarrest von vier Wochen nicht außer Verhältnis zu der ursprünglichen Geldbußenauflage von 2000 DM steht.

---

46 Siehe bereits Ostendorf/*Ostendorf* § 11 Rn. 13.
47 Siehe Ostendorf/*Ostendorf* § 11 Rn. 8–10.

VIII. Vollstreckung

1. Zuständigkeiten

In den §§ 82–85 werden die sachliche, funktionelle und örtliche Zuständigkeit für die Vollstreckung der jugendstrafrechtlichen Sanktionen geregelt, überschrieben als „Verfassung der Vollstreckung und Zuständigkeit". Vollstreckungsleiter ist der Jugendrichter (§ 82 Abs. 1 S. 1), im Unterschied zum Erwachsenenrecht, wo die StA Strafvollstreckungsbehörde ist (§ 451 Abs. 1 StPO). Hierbei erfasst die Vollstreckung die gesamte Durchführung der angeordneten Sanktionen mit Einschluss der Einleitungs- und Beendigungsmaßnahmen, während unter Vollzug der zeitlich engere Bereich der tatsächlichen Umsetzung der Sanktion verstanden wird. Dementsprechend wird bei der Vollstreckung der Jugendstrafe zwischen dem richterlichen Strafvollstreckungsleiter und dem beamteten Strafvollzugsleiter unterschieden. Im Übrigen finden die Vorschriften der Strafvollstreckungsordnung entsprechende Anwendung.

331

2. Ziel

Ziel dieser Strafvollstreckungsvorschriften ist es, die Vollstreckung möglichst schnell und unbürokratisch sowie gleichzeitig sachkundig durchzuführen. Hierfür ist der Jugendrichter, der in den meisten Fällen auch das Erkenntnisverfahren geleitet hat, vorgesehen (§ 84): Einheit des Erkenntnis- und Vollstreckungsverfahrens. Der erkennende Richter soll auch die Vollstreckung leiten, um die Wirkung der Sanktionen selbst durchzusetzen, notfalls – soweit zulässig – zu korrigieren (siehe §§ 11 Abs. 2 und 3, 15 Abs. 3, 57 ff.). Zur Vermeidung eines Kompetenzwirrwarrs wurde die Zuständigkeit des Jugendrichters auch darüber hinaus begründet, insbesondere wurde von der Einführung eines besonderen Strafvollstreckungsgerichts abgesehen (siehe aber Rn. 356).

332

3. Durchführung

3.1 Ambulante Sanktionen

Für die Vollstreckung der ambulanten Sanktionen gibt der Gesetzgeber im § 38 Abs. 2 S. 5–8 einige Hinweise: außer im Fall der Bewährungshilfe ist die Jugendgerichtshilfe für die „Überwachung" der Weisungen und Auflagen zuständig (siehe hierzu ausführlicher Rn. 92, 93). Dies schließt allerdings die selbstständige Überwachung durch den Jugendrichter nicht aus. Ansonsten gibt es zu den §§ 82 bis 85 Richtlinien für die Vollstreckung von Weisungen und Auflagen.

333

3.2 Arrest

Die Vollstreckung des Arrestes ist in den §§ 86 und 87 angesprochen, der Vollzug selbst war wenigen Jahren nur im § 90 – marginal – geregelt. Nachdem das BVerfG 2006 festgestellt hat, dass der Vollzug der Jugendstrafe einer eigenständigen gesetzlichen Grundlage bedarf, setzte sich die Erkenntnis durch, dass dies auch für den Vollzug des Jugendarrestes gelten muss, da auch dort in Grundrechte eingegriffen wird. Im

334

Frühjahr 2017 gibt es in acht Bundesländern eine gesetzliche Regelung des Arrestvollzugs, in zwei weiteren gibt es einen Gesetzentwurf.[1]

Der Arrest kann nicht zur Bewährung ausgesetzt werden (§ 87 Abs. 1).[2] Große praktische Bedeutung hatten deshalb bisher die Jugendarrestvollzugsordnung und die Bundeswehrvollzugsordnung. Die Legitimation für die Jugendarrestvollzugsordnung ist allerdings im § 115 mit dem zweiten Gesetz zur Änderung des Jugendgerichtsgesetzes und anderer Gesetze vom 13.12.2007 (BGBl. I, 2894) wegen der neuen Zuständigkeit der Bundesländer aufgehoben. Soweit die Bundesländer von ihrer Gesetzgebungskompetenz noch nicht Gebrauch gemacht haben, gelten über § 178 StVollzG lediglich die Regeln über den unmittelbaren Zwang (§§ 94–101 StVollzG), wobei ein Schusswaffeneinsatz untersagt ist (§ 178 Abs. 3 StVollzG). Damit wird den rechtsstaatlichen Anforderungen nicht genügt, da in Grundrechte nur aufgrund eines förmlichen Gesetzes eingegriffen werden darf.[3] Immerhin wurde mit dem 2. Gesetz zur Änderung des JGG und anderer Gesetze vom 13.12.2007 der Rechtsweg jugendadäquat umgestellt (siehe hierzu Rn. 356). Ergänzend zu der JAVollzO gibt es bundeseinheitliche Richtlinien (s. die Bayerische Bekanntmachung vom 14. 5. 1979, BayJMBl. 1979, 93). Derartigen Verwaltungsvorschriften kommt aber kein rechtsverbindlicher Charakter zu. Dementsprechend unterschiedlich ist die Arrestvollzugspraxis.[4] Daher wurde schon seit längerem eine gesetzliche Grundlage für eine Reform im Sinne eines stationären sozialen Trainingskurses gefordert.[5] Wichtig ist § 87 Abs. 3, wonach der Vollstreckungsleiter aus erzieherischen Gründen unter bestimmten Voraussetzungen die Vollstreckung abkürzen oder ganz auf sie verzichten kann.[6] Gem. § 87 Abs. 4 S. 1 ist die Vollstreckung des Jugendarrestes unzulässig, wenn seit Eintritt der Rechtskraft ein Jahr verstrichen ist. Beim „Warnschussarrest" gem. § 16a darf nach Ablauf von drei Monaten seit Eintritt der Rechtskraft der Vollzug nicht mehr begonnen werden (§ 87 Abs. 4 S. 2). Weitere Vollstreckungshindernisse werden in § 87 Abs. 4 S. 3 formuliert.

3.3 Jugendstrafe

335 Zum Vollzug der Jugendstrafe siehe Rn. 340 ff. Große praktische Bedeutung hat die Zurückstellung der Strafvollstreckung bei Jugendlichen und Heranwachsenden, die wegen eines Verstoßes gegen das BtMG oder wegen Betäubungsmittelabhängigkeit zu einer Jugendstrafe von nicht mehr als 2 Jahren verurteilt wurden bzw. deren Reststrafe – nach Abzug der U-Haft gem. § 52a – 2 Jahre nicht übersteigt (siehe §§ 38, 35 Abs. 1

---

1 Der Stand der Gesetzgebung wird auf der Website der DVJJ dokumentiert [http://www.dvjj.de/themenschwerpunkte/jugendarrest]. Gesetze wurden verabschiedet in: Brandenburg – BbgJAVollzG v. 10.7.2014, GVBl. I Nr. 34; Hamburg – HmbJAVollzG v. 29.12.2014, HmbGVBl. I, S. 542; Hessen – HessJAVollzG, in Kraft am 1.9.2015, GVBl. 2015 S. 223; Mecklenburg-Vorpommern – JAVollzG M-V v. 27.5.2016, GVBl. M-V S. 302; Niedersachsen – NJAVollzG v. 17.2.2016, Nds. GVBl. 2016, 38, 75; Nordrhein-Westfalen – JAVollzG NRW v. 30.4.2013, GV. NRW 2013, S. 203; Saarland – SJAVollzG v. 20.1.2016, Amtsblatt I, S. 132; Schleswig-Holstein – JAVollzG v. 2.12.2014, GVBl. S. 356. Entwürfe liegen vor aus Baden-Württemberg und Rheinland-Pfalz.
2 Für eine Ermöglichung de lege ferenda *Domzalski* 2012, 51 ff.
3 BVerfGE 33, 1; siehe auch Rn. 340.
4 *Hinrichs* 1999, 267; siehe im Einzelnen Ostendorf/*Ostendorf* § 90 Rn. 5 ff.
5 Richtungsweisend „Mindeststandards zum Jugendarrestvollzug", ZJJ 2009, 275. Konkretisierend *Jaeger* 2010, 231 ff.; siehe auch *Wulf* 2010, 191: Diskussionsentwurf eines Jugendarrestvollzugsgesetzes. Hinsichtlich der Zuständigkeit gab es trotz der Föderalismusreform von 2006, mit der die Gesetzgebungskompetenz für den Strafvollzug auf die Bundesländer überging, beachtliche Argumente für eine Zuständigkeit des Bundes, siehe *Jaeger* 2010, 199 ff., die sich aber nicht durchgesetzt haben.
6 Siehe hierzu *Rose/Friese* 2016, 10 ff.

und Abs. 2, 36 BtMG).[7] Hierbei ist bei Berechnung des noch zu vollstreckenden Restes nicht von dem Fall einer vollständigen Verbüßung, sondern von der voraussichtlichen Dauer unter Berücksichtigung einer Reststrafenbewährung auszugehen.[8] Nach dem Gesetzeszweck reicht auch eine Einheitsstrafe gem. den §§ 31, 32 aus, ohne dass die Voraussetzungen einer Gesamtstrafenbildung nach dem Erwachsenenstrafrecht vorliegen müssen.

Die Strafrestaussetzung zur Bewährung ist gesondert und abweichend vom Erwachsenenstrafrecht in § 88 geregelt. Formelle Voraussetzung ist eine Teilverbüßung.

Mindestverbüßungsdauer für die Entlassung auf Bewährung

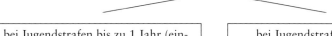

| bei Jugendstrafen bis zu 1 Jahr (einschließlich): keine* | bei Jugendstrafen über 1 Jahr: ein Drittel der Strafe* |

* Immer muss für die Entlassung vor Verbüßung von 6 Monaten ein besonders wichtiger Grund vorliegen.

Eine gem. § 52a angerechnete U-Haft gilt als Teilverbüßung,[9] ebenso sind gem. § 26 Abs. 3 S. 2 angerechnete Leistungen als verbüßte Strafe anzusehen.[10]

Materielle Voraussetzung ist eine günstige Legalprognose. Auch nach der Neuformulierung – wenn „dies im Hinblick auf die Entwicklung des Jugendlichen, auch unter Berücksichtigung des Sicherheitsinteresses der Allgemeinheit, verantwortet werden kann" – durch das Gesetz zur Bekämpfung von Sexualdelikten und anderen gefährlichen Straftaten vom 26.1.1998 ist eine Risikoprognose abzugeben. Eine Verschärfung der sachlich-rechtlichen Voraussetzungen für eine vorzeitige, bedingte Entlassung ergibt sich weder aus dem Wortlaut noch aus der Entstehungsgeschichte.[11] Ein Rückfall kann niemals mit Sicherheit ausgeschlossen werden;[12] wie bei § 21 Abs. 1 reichen „gute Gründe" aus, wobei hier dem Richter ein größerer Freiraum eingeräumt wurde. Trotzdem hat sich seit 1998 eine restriktive Entlassungspraxis entwickelt.[13]

Entgegen einer verbreiteten Meinung[14] ist auch bei einer Verurteilung zu einer Jugendstrafe wegen Schwere der Schuld allein die günstige Legalprognose maßgebend. Der Wortlaut des § 88 Abs. 1 erlaubt nicht eine doppelte Berücksichtigung, die zu einer Behinderung des Resozialisierungsziels führen könnte.[15]

§ 88 gilt für alle Jugendstrafen, auch wenn diese gem. § 89b nach den Vorschriften des Erwachsenenstrafvollzugs vollzogen wird, auch wenn die Vollstreckung gem. § 85 Abs. 6 an die Staatsanwaltschaft abgegeben wird. Gem. § 85 Abs. 6 S. 2 wird nur auf die verfahrensrechtlichen Bestimmungen der StPO und des GVG verwiesen. Die materielle Entscheidung über eine vorzeitige Entlassung richtet sich weiterhin nach Jugend-

---

7 Siehe hierzu im Überblick *Nötzelmann* 2012.
8 OLG Koblenz StV 1985, 379.
9 *Ostendorf/Rose* § 88 Rn. 2.
10 *Eisenberg* § 88 Rn. 4; *Ostendorf/Rose* § 88 Rn. 2.
11 OLG Frankfurt NStZ-RR 1999, 91; *Brunner/Dölling* § 88 Rn. 1; *Ostendorf/Rose* § 88 Rn. 6 m. w. N.
12 Siehe BVerfG NJW 1998, 2203; OLG Karlsruhe StV 2007, 13.
13 Siehe *Röthel* 2007, 159.
14 Siehe OLG Düsseldorf StV 2001, 184 für Extremfälle; *Brunner/Dölling* § 88 Rn. 8; *Streng* Rn. 535.
15 Wie hier *Hoffmann* 2002, 449; Zweite Jugendstrafrechtsreformkommission der DVJJ, 2002, DVJJ-Extra Heft, Nr. 5, S. 99; *D/S/S-Sonnen* § 88 Rn. 15.

strafrecht und nicht nach § 57 StGB, da eine ausgeurteilte Jugendstrafe und nicht eine Freiheitsstrafe zu vollstrecken ist.[16]

337 Wichtig ist es, bei Ausländern die Bestimmung des § 456a StPO zu beachten, was in der Praxis allzu selten geschieht. Hiernach kann von der Vollstreckung der Jugendstrafe oder einer Maßregel der Besserung und Sicherung abgesehen werden, »wenn der Verurteilte wegen einer anderen Tat einer ausländischen Regierung ausgeliefert oder wenn er aus dem Geltungsbereich dieses Bundesgesetzes ausgewiesen wird«. Häufig kann damit das gerade bei Ausländern für eine (Re-)Sozialisierung fragliche Strafübel vermieden werden, wenn die Ausweisung beschlossene Sache ist. Eine Motivation zur Mitarbeit im Vollzug wird damit regelmäßig genommen. Eine Rücksprache mit der Ausländerbehörde ist daher erforderlich. Zugleich können damit Haftkosten gespart werden. Allerdings darf dies nicht ein Anlass sein, die Ausweisungspraxis zu intensivieren. Soweit in verwaltungsinternen Regelungen zusätzlich auf die Erreichung des Erziehungsziels abgestellt wird, so darf dies nicht zu einer Benachteiligung von Jugendlichen/Heranwachsenden führen.[17] Wenn der ausländische Gefangene einen Antrag i. S. des § 88 stellt und diesem nicht entsprochen wird, weil eine vollziehbare Ausweisungsverfügung vorliegt, kann hierin auch eine Anregung zum Absehen der Vollstreckung gem. § 456a StPO gesehen werden.[18]

3.4 Unterbrinung in einem psychiatrischen Krankenhaus bzw. einer Entziehungsanstalt

338 Die Unterbringung in einem psychiatrischen Krankenhaus (§ 63 StGB i. V. m. § 7 Abs. 1) bzw. in einer Entziehungsanstalt (§ 64 StGB i. V. m. § 7 Abs. 1) wird nach Landesrecht vollzogen. Die Bundesländer haben insoweit z. T. eigenständige Maßregelvollzugsgesetze verabschiedet, z. T. finden sich Regelungen in den Unterbringungsgesetzen der Länder.[19] Wie für den Jugendstrafvollzug ist auch hier ein **spezieller Jugendmaßregelvollzug** geboten.

3.5 Rechtsmittel

339 Für die Rechtsmittel im Vollstreckungsverfahren ist zwischen Entscheidungen, die Justizverwaltungsakte darstellen, und richterlichen Entscheidungen zu unterscheiden. Mit Ausnahme der Entscheidungen, die gem. den §§ 86 bis 89a und 89b Abs. 2 zu treffen sind, sowie Entscheidungen der Strafvollstreckungskammer gem. den §§ 462a, 463 StPO, die der Jugendrichter gem. § 82 Abs. 1 S. 2 wahrnimmt, sind die Entscheidungen Justizverwaltungsakte. Diese sind mit dem Antrag auf gerichtliche Entscheidung durch den zuständigen Strafsenat gem. den §§ 23 ff. EGGVG angreifbar. Der Generalstaatsanwalt ist gem. § 21 Strafvollstreckungsordnung vorausgehende Beschwerdeinstanz. Gegen die richterlichen Entscheidungen ist die sofortige Beschwerde zulässig (§ 83 Abs. 3), wenn nicht etwas anderes bestimmt ist. Zum Rechtsbehelf im Vollzug des Jugendarrestes, der Jugendstrafe und der Unterbringung in einem psychiatrischen Krankenhaus oder einer Entziehungsanstalt siehe Rn. 356.

---

16 H. M., siehe die Nachweise bei Ostendorf/*Rose* § 88 Rn. 1 mit Fn. 1.
17 Ebenso *Giehring* 1992, 507.
18 So die Vollstreckungsleiter gem. Tagungsprotokoll 1997 entgegen einem Beschluss des AG Heinzberg vom 8. 4. 1997, s. DVJJ-Journal 1998, 186.
19 Nachweise zu den Gesetzen bei Ostendorf/*Ostendorf* § 7 Rn. 9.

IX. Vollzug der Jugendstrafe[1]

1. Neue Landesgesetze

Seit vielen Jahren wurde das Fehlen einer detaillierten gesetzlichen Regelung des Vollzugs der Jugendstrafe beklagt. Bis zum 1.1.2008 waren Grundlage für den Jugendstrafvollzug die §§ 91, 92 JGG, lediglich ergänzt durch Regelungen aus dem Strafvollzugsgesetz für das Arbeitsentgelt und Taschengeld (§ 176 BundesStVollzG) sowie für den unmittelbaren Zwang (§ 178 i. V. m. den §§ 94–101 BundesStVollzG). Daneben bestanden bundeseinheitliche Verwaltungsvorschriften zum Jugendstrafvollzug, die sich weitgehend an das Strafvollzugsgesetz für Erwachsene anlehnten. Schon mit der Entscheidung des BVerfG vom 14.3.1972[2] wurde festgestellt, dass in die Grundrechte von Gefangenen nur durch oder aufgrund eines Gesetzes eingegriffen werden darf. Damit wurde die bis dahin herrschende Lehre vom „Besonderen Gewaltverhältnis" ad acta gelegt. Für den Erwachsenen-Strafvollzug hat der Gesetzgeber mit dem Strafvollzugsgesetz vom 16.3.1976 reagiert. Trotz mehrerer Gesetzesentwürfe aus Wissenschaft und Praxis[3] und trotz mehrerer Vorlagebeschlüsse der Amtsgerichte Herford und Rinteln gem. Art. 100 GG, die vom BVerfG aus formalen Gründen zurückgewiesen wurden,[4] hielt dieser **verfassungswidrige Zustand** an. Erst mit der Entscheidung des BVerfG vom 31.5.2006[5] wurde der Gesetzgeber gezwungen, bis zum 1.1.2008 ein detailliertes Jugendstrafvollzugsgesetz zu verabschieden. Nach der Föderalismusreform vom Sommer 2006 mit der Herausnahme des Strafvollzuges aus den Gebieten der konkurrierenden Gesetzgebung gem. Art. 74 Abs. 1 Nr. 1 GG ist die Gesetzgebungskompetenz auf die Länder übergegangen. Die Zuständigkeit für das gerichtliche Verfahren und damit für den gerichtlichen Rechtsschutz im Jugendstrafvollzug ist beim Bundesgesetzgeber verblieben (§ 92 JGG). Damit ist eine verwirrende Gesetzeslage entstanden. Die 16 Bundesländer haben z. T. erheblich voneinander abweichende Gesetze beschlossen, obwohl neun Bundesländer sich auf einen Musterentwurf verständigt hatten. Seit 2006 hat sich das gesamte Recht des Freiheitsentzugs in der Strafrechtspflege zu einem Dauerreformprojekt entwickelt.[6] Anfang 2017 gibt es fünf reine Jugendstrafvollzugsgesetze, die immer noch auf dem Musterentwurf beruhen,[7] vier weitgehend textgleiche Gesetze, die den Vollzug von Freiheitsstrafe, Jugendstrafe und Untersuchungshaft regeln,[8] vier reine Jugendstrafvollzugsgesetze, die sich in Aufbau und Formulierung von einander und den anderen Gesetzen unterscheiden[9] sowie drei Gesetze über den Vollzug verschiedener Formen des Freiheitsentzugs, die in Aufbau und Text

340

---

1 Zum Vollzug der stationären Maßregeln der Unterbringung in einem psychiatrischen Krankenhaus sowie in einer Entziehungsanstalt siehe Rn. 279, 282.
2 BVerfGE 33,1; siehe auch BVerfGE 40, 276.
3 Siehe *Baumann* 1985; Arbeitsgemeinschaft der Leiter der Jugendstrafanstalten und der Besonderen Vollstreckungsleiter in der DVJJ, Jugendstrafvollzugsgesetz, 1988; *Kreideweiß* 1993.
4 BVerfG NJW 1994, 2750; NJW 1995, 2215; DVJJ-Journal 2002, 90; DVJJ-Journal 2002, 348.
5 BVerfGE 116, 69 = BVerfG NJW 2006, 2093 = ZJJ 2006, 193.
6 Zu den Gesetzen im Einzelnen und zur Kommentierung siehe *Ostendorf* 2016a.
7 Bremen – BremJStVollzG v. 27.3.2007, Brem. GBl. 2007, S. 233; Mecklenburg-Vorpommern – JStVollzG M-V v. 14.12.2007, GVOBl., S. 427; Saarland – SJStVollzG v. 30.10.2007, Amtsblatt, S. 2370; Sachsen – SächsJStVollzG v. 12.12.2007, SächsGVBl., S. 558; Schleswig-Holstein – JStVollzG v. 19.12.2007, GVOBl. S. 563.
8 Brandenburg – BbgJVollzG v. 24.4.2013, GVBl. I, Nr. 14; Rheinland-Pfalz – LJVollzG v. 8.5.2013, GVBl., S. 79; Sachsen-Anhalt – JVollzGB LSA v. 18.12.2015, GVBl. S. 666; Thüringen – ThürJVollzGB v. 27.2.2014, GVBl., S. 13.
9 Berlin – JStVollzG Bln v. 4.4.2016, GVBl. S. 152; Hamburg – HmbJStVollzG v. 14.7.2009, HmbGVBl. 2009, S. 257, 280; Hessen – HessJStVollzG v. 19.11.2007, GVBl. I, S. 758; Nordrhein-Westfalen – JStVollzG NRW v. 20.11.2007, GV. NRW, S. 539.

von einander und allen anderen Gesetzen abweichen.[10] Es ist aber bereits abzusehen, dass es weitere Änderungen geben wird (z. B. in Nordrhein-Westfalen).

2. Internationale Vorgaben

341 In der Entscheidung des BVerfG vom 31.5.2006 zum Erfordernis einer gesetzlichen Grundlage für den Jugendstrafvollzug wird auf die Bedeutung völkerrechtlicher Vorgaben sowie internationaler Standards ausdrücklich hingewiesen: „Auf eine den grundrechtlichen Anforderungen nicht genügende Berücksichtigung vorhandener Kenntnisse oder auf eine den grundrechtlichen Anforderungen nicht entsprechende Gewichtung der Belange der Inhaftierten kann es hindeuten, wenn völkerrechtliche Vorgaben oder internationale Standards mit Menschenrechtsbezug, wie sie in den im Rahmen der Vereinten Nationen oder von Organen des Europarates beschlossenen einschlägigen Richtlinien und Empfehlungen enthalten sind [...], nicht beachtet bzw. unterschritten werden [...]."[11] Damit wird zum einen der gesetzgeberische Gestaltungsraum eingegrenzt, zum anderen folgt hieraus für die Gesetzesanwendung, im Rahmen der Auslegung Rücksicht zu nehmen. Dies ist für internationale Vorgaben, die durch ein Bundesgesetz in innerdeutsches Gesetz umgesetzt wurden, verbindlich („Hardlaw"). Soweit es sich „nur" um Empfehlungen handelt („Softlaw"), drückt sich damit doch eine internationale Anerkennung aus, die auch für die nationale Anwendung eine richtungsweisende Bedeutung i. S. eines rechts- und sozialstaatlichen Umgangs mit jungen Strafgefangenen erlangt.

Hardlaw

Europäische Konvention zum Schutze der Menschenrechte und Grundfreiheiten (EMRK) aus dem Jahre 1950 (Bundesgesetzblatt II 1952, 685 ff; letzte Fassung vom 17.5.2002, BGBl. II 2002, 1054)

Internationaler Pakt über bürgerliche und politische Rechte aus dem Jahre 1996 (BGBl. II 1973, 1534)

Softlaw

Mindestgrundsätze der Vereinten Nationen für die Jugendgerichtsbarkeit vom 29.11.1985 (Teil 5)[12]

Regeln der Vereinten Nationen zum Schutz von Jugendlichen unter Freiheitsentzug vom 14.12.1990[13]

Empfehlung „Rec (2006) 2 on the European prison rules" vom 11.1.2006 des Ministerkomitees des Europarates[14]

Empfehlung „Rec (2008) 11 on the European Rules for juvenile offenders subject to sanctions and measures"[15]

---

10 Baden-Württemberg – JVollzGB, Buch 4, v. 10.11.2009, GBl., S. 545; Bayern – BayStVollzG v. 10.12.2007, GVBl., S. 866; Niedersachsen – NJVollzG v. 8.4.2014, Nds. GVBl., S. 106.
11 BVerfGE 116, 69, 90 f. = BVerfG NJW 2006, 2097 mit Fundstellenhinweisen.
12 Veröffentlicht in ZStW 99 (1987) 253 ff. sowie in: *Höynck/Neubacher/Schüler-Springorum* 2001, 76 ff.
13 Veröffentlicht in: *Höynck/Neubacher/Schüler-Springorum* 2001, 94.
14 Deutsche Übersetzung in *BMJ Berlin/BMJ Wien/Eidgenössisches Justiz- und Polizeidepartment Bern* 2007; siehe auch *Dünkel/Morgenstern/Zolondek* 2006, 87.
15 Deutsche Übersetzung in *BMJ Berlin/BMJ Wien/Eidgenössisches Justiz- und Polizeidepartment Bern* 2009. Zur Vereinbarkeit des deutschen Jugendstrafvollzugsrechts mit der Empfehlung siehe *Kühl* 2012.

3. Verfassungsrechtliche Vorgaben

Mit dem Strafvollzug wird in eine Vielzahl von Grundrechten der gefangenen Bürgerinnen und Bürger eingegriffen, vornehmlich natürlich in das Grundrecht auf Freiheit (Art. 2 Abs. 2 Satz 2 GG) und der Freizügigkeit gem. Art. 11 GG. Im Weiteren wird mit der Trennung von der Ehepartnerin/dem Ehepartner und der Familie in Art. 6 GG, mit der Brief- und Paketkontrolle, mit der Regelung des Telefonverkehrs in Art. 10 GG, mit der Anstaltsordnung in Art. 2 Abs. 1 und Art. 8 GG eingegriffen. Mit der Anwendung unmittelbaren Zwangs ist die körperliche Unversehrtheit gem. Art. 2 Abs. 2 Satz 1 GG betroffen. Dementsprechend wird in den Landesgesetzen entsprechend dem Zitiergebot gem. Art. 19 Abs. 1 Satz 2 GG die Einschränkung von Grundrechten benannt, allerdings begrenzt auf die Grundrechte aus Art. 2 Abs. 2 Satz 1 und 2 und Art. 10 Abs. 1 GG (s. beispielhaft § 196 BundesStVollzG).

342

Gemäß der Grundsatzentscheidung zum Jugendstrafvollzug von 2006 folgt aus Art. 1 Abs. 1 GG „den Menschen nie als bloßes Mittel zu gesellschaftlichen Zwecken, sondern stets auch selbst als Zweck – als Subjekt mit eigenen Rechten und zu berücksichtigenden eigenen Belangen – zu behandeln."[16] Diese Grundrechtsverbürgung gilt auch für gefangene Menschen. Die Beachtung der Menschenwürde ist im Alltag des Vollzugs fortwährende Verpflichtung, die konkret z. B. eine menschenunwürdige Unterbringung verbietet.[17] Eine grundrechtliche Abwehr von unverhältnismäßigen Eingriffen folgt weiterhin aus dem Grundsatz der Verhältnismäßigkeit, der aus dem Rechtsstaatsprinzip gem. Art. 20 Abs. 3 GG abgeleitet wird. Aus der Verfassung ergeben sich darüber hinaus Leistungsverpflichtungen: „Aus Art. 1 Abs. 1 GG iVm dem Sozialstaatsprinzip ist daher – und das gilt insbesondere für den Strafvollzug – die Verpflichtung des Staates herzuleiten, jenes Existenzminimum zu gewähren, das ein menschenwürdiges Dasein überhaupt erst möglich macht."[18] Über dieses Existenzminimum hinaus hat das BVerfG aus der Beachtung der Menschenwürde und dem Sozialstaatsprinzip eine staatliche Verpflichtung zu einem Resozialisierungsstrafvollzug abgeleitet: „… nach allgemeiner Auffassung wird die Resozialisierung oder Sozialisation als das herausragende Ziel namentlich des Vollzuges von Freiheitsstrafen angesehen (vgl auch BVerfGE 33, 1, 7 f.). Dem Gefangenen sollen Fähigkeiten und Willen zu verantwortlicher Lebensführung vermittelt werden, er soll lernen, sich unter den Bedingungen einer freien Gesellschaft ohne Rechtsbruch zu behaupten, ihre Chancen wahrzunehmen und ihre Risiken zu bestehen. […] Nicht nur der Straffällige muss auf die Rückkehr in die freie menschliche Gesellschaft vorbereitet werden; diese muss ihrerseits bereit sein, ihn wieder aufzunehmen.

Verfassungsrechtlich entspricht diese Forderung dem Selbstverständnis einer Gemeinschaft, die die Menschenwürde in den Mittelpunkt ihrer Wertordnung stellt und dem Sozialstaatsprinzip verpflichtet ist. Als Träger der aus der Menschenwürde folgenden und ihren Schutz gewährleistenden Grundrechte muss der verurteilte Straftäter die Chance erhalten, sich nach Verbüßung seiner Strafe wieder in die Gemeinschaft einzuordnen. Vom Täter aus gesehen erwächst dieses Interesse an der Resozialisierung aus seinem **Grundrecht aus Art. 2 Abs. 1** i. V. m. **Art. 1 GG**. Von der Gemeinschaft aus betrachtet verlangt das **Sozialstaatsprinzip** staatliche Vor- und Fürsorge für Gruppen der Gesellschaft, die aufgrund persönlicher Schwäche oder Schuld, Unfähigkeit oder gesell-

---

16 BVerfGE 116, 69, 85 f. = BVerfG NJW 2006, 2095.
17 BVerfG StV 2002, 661.
18 BVerfGE 45, 228.

schaftlicher Benachteiligung in ihrer persönlichen und sozialen Entfaltung behindert sind; dazu gehören auch die Gefangenen und Entlassenen. Nicht zuletzt dient die Resozialisierung dem Schutz der Gemeinschaft selbst: diese hat ein unmittelbares eigenes Interesse daran, dass der Täter nicht wieder rückfällig wird und erneut seine Mitbürger oder die Gemeinschaft schädigt."[19] In seiner Grundsatzentscheidung zum Jugendstrafvollzug hat das BVerfG eine sozialstaatliche Profilierung dieses Vollzugsbereichs eingefordert und Qualitätsanforderungen formuliert: „Dies betrifft insbesondere die Bereitstellung ausreichender Bildungs- und Ausbildungsmöglichkeiten, Formen der Unterbringung und Betreuung, die soziales Lernen in Gemeinschaft, aber auch den Schutz der Inhaftierten vor wechselseitiger Gewalt ermöglichen,[20] ausreichende pädagogische und therapeutische Betreuung sowie eine mit angemessenen Hilfen für die Phase nach der Entlassung (siehe BVerfGE 35, 236) verzahnte Entlassungsvorbereitung."[21] Nur mit einem solchen Resozialisierungsstrafvollzug wird der Staat gleichzeitig seiner Aufgabe gerecht, die Bürger vor Straftaten zu schützen.

4. Essentialia der Ländergesetze

4.1 Selbstständige Anstalten

343 Die Regelungen in den Gesetzen sind sehr unterschiedlich. Z. T. heißt es: „Die Jugendstrafe wird in Jugendstrafvollzugsanstalten, Teilanstalten oder in getrennten Abteilungen einer Anstalt des Erwachsenenvollzugs vollzogen".[22] In Brandenburg, Rheinland-Pfalz, Sachsen-Anhalt und Thüringen z. B. müssen jeweils gem. § 17 Abs. 1 Nr. 2 die Jugendstrafgefangenen „zumindest in getrennten Abteilungen" untergebracht werden. Noch weitergehend lassen die meisten Bundesländer aus organisatorischen Gründen zu, junge Gefangene zusammen mit erwachsenen Gefangenen unterzubringen.[23] Das **Trennungsprinzip** (siehe § 91 Abs. 1 JGG a. F.) wird noch am weitesten in den Gesetzen von Bayern und Nordrhein-Westfalen eingehalten, wonach nur für weibliche junge Gefangene eine gemeinsame Unterbringung mit erwachsenen weiblichen Gefangenen zulässig ist.[24] Eine solche gemeinsame Unterbringung von jungen und erwachsenen weiblichen Gefangenen mag in der Tat noch hinnehmbar sein, da es in Deutschland ausweislich der Strafvollzugsstatistik insgesamt weniger als 150 weibliche Jugendstrafgefangene gibt und in den meisten Bundesländern weniger als zehn – eine gemeinsame Unterbringung bei männlichen Gefangenen ist es nicht. So heißt es ausdrücklich im Art. 10 Abs. 3 des Internationalen Pakts über bürgerliche und politische Rechte: „Jugendliche Straffällige sind von Erwachsenen zu trennen und ihrem Alter und ihrer Rechtsstellung entsprechend zu behandeln."[25] Positiv ist anzumerken, dass in den meisten Gesetzen die Einrichtung einer sozialtherapeutischen Abteilung bzw. Anstalt vorgesehen ist. Insgesamt spiegeln die Gesetze hier vor allem wider, welche tatsächlichen Möglichkeiten es im Bundesland gibt.

---

19 BVerfGE 35, 235, 236.
20 Zum Problem der Gewalt unter Gefangenen unter Bedingungen der Überbelegung J. Walter 2004, 5 f.
21 BVerfG NJW 2006, 2096.
22 Siehe z. B. § 98 Abs. 1 S. 1 Sachsen, Schleswig-Holstein.
23 § 98 Abs. 1 S. 2 Bremen, § 98 Abs. 1 S. 2 Sachsen.
24 Art. 139 Abs. 2 S. 1 Bayern, § 112 Abs. 2 Nordrhein-Westfalen.
25 Siehe auch Nr. 26.3 der Mindestgrundsätze der UN für die Jugendgerichtsbarkeit.

4. Essentialia der Ländergesetze

4.2 Vollzugsziel und Aufgaben des Vollzugs

Die Vollzugszielbestimmung ist für den Strafvollzug von außerordentlicher Bedeutung. Darin drückt sich gleichsam die Vollzugsphilosophie aus. Das Vollzugsziel ist Wegweiser für Entscheidungen. Der Musterentwurf definierte das Vollzugsziel unter der Überschrift „Ziel und Aufgabe": „Der Vollzug dient dem Ziel, die Gefangenen zu befähigen, künftig in sozialer Verantwortung ein Leben ohne Straftaten zu führen. Gleichermaßen hat er die Aufgabe, die Allgemeinheit vor weiteren Straftaten zu schützen."[26] Ähnliche Formulierungen finden sich in den Gesetzen z. B. der Bundesländer Berlin, Brandenburg, Hessen, Nordrhein-Westfalen, Sachsen-Anhalt (jeweils § 2) und Niedersachsen (§ 113). Damit wird versucht, den **Konflikt zwischen Resozialisierung und Sicherheit der Allgemeinheit** mit einer Aufsplittung in Ziel und Aufgabe zu lösen. In den Gesetzen aus Hamburg und Schleswig-Holstein wird zudem festgehalten, dass zwischen Vollzugsziel und Aufgabe „kein Gegensatz" bestehe. Dieser Versuch ist misslungen, zumal zwischen dem Resozialisierungsziel und der Aufgabe, die Allgemeinheit vor weiteren Straftaten zu schützen, eine Gleichrangigkeit aufgestellt wird. Mit einer Gleichrangigkeit der beiden Ziele bzw. Aufgaben wird eine Beliebigkeit eingeführt, die sich an den jeweiligen administrativen Vorgaben orientiert, während aus verfassungsrechtlicher Sicht das Resozialisierungsziel Vorrang hat. Im Hinblick auf den Schutz der Allgemeinheit kann es zunächst einmal nur um Sicherheit während der Haftzeit gehen kann. Die Sicherheit der Bürger nach der Haftzeit wird am besten durch eine gelungene Resozialisierung gewährleistet, was z. B. in § 2 Abs. 2 des saarländischen Gesetzes aufgegriffen wird. Zum anderen wird mit einer gleichrangigen Vollzugsaufgabe, die Allgemeinheit vor weiteren Straftaten zu schützen, vernebelt, dass es gerade für einen Resozialisierungsvollzug keine absolute Sicherheit der Bürger geben kann, dass dieser notwendigerweise im Rahmen von Vollzugslockerungen sowie im Rahmen des offenen Vollzuges Risiken mit sich bringt.[27] Das BVerfG hat das „Anliegen, die Allgemeinheit vor weiteren Straftaten zu schützen",[28] nur als zusätzliche Begründung für das Resozialisierungsziel angeführt und insoweit keinen Gegensatz gesehen.[29] Diese Einwände gelten naturgemäß erst recht gegen die Regelungen, in denen der Schutz der Allgemeinheit eine Vorrangstellung erhalten hat.[30] Soweit in den Gesetzen gefordert wird, den Vollzug erzieherisch zu gestalten,[31] entspricht dies der Tradition des „Erziehungsstrafrechts".

344

Demgegenüber hatte sich das Bundesjustizministerium in seinem letzten Entwurf (Stand 7.6.2006) von einem Erziehungsziel bzw. einem Erziehungsauftrag verabschiedet. Stattdessen wird eine Förderung der Gefangenen gefordert (§ 3 Abs. 1). Dem ist zuzustimmen.[32] Fördern setzt auf vorhandene, möglicherweise versteckte Entwicklungsmöglichkeiten beim Gefangenen, will nicht allein Fehlentwicklungen beseitigen.

---

26 Siehe noch jeweils § 2 Bremen, Hamburg, Mecklenburg-Vorpommern.
27 Nach *Kamann* 2009, Rn. 110 ist der Schutz der Allgemeinheit „ein Opfer an die öffentliche Meinung".
28 BVerfG NJW 2006, 2095.
29 Ebenso Mindeststandards für den Jugendstrafvollzug ZJJ 2007, 94; *Eisenberg/Singelnstein* 2007, 185; *Köhne* 2007, 111; umfassend *Ostendorf* 2016a, § 1 Rn. 18 ff.
30 Art. 121 Bayern. Baden-Württemberg und Hamburg haben entsprechende Vorgaben zwischenzeitlich korrigiert.
31 § 1 Baden-Württemberg, Art. 121 S. 2 Bayern, jeweils § 3 Abs. 1 S. 1 Berlin, Bremen, Hamburg, Hessen, Mecklenburg-Vorpommern, Nordrhein-Westfalen, Saarland, Sachsen, Schleswig-Holstein, § 114 Abs. 1 S. 1 Niedersachsen; § 9 Brandenburg, Rheinland-Pfalz, Sachsen-Anhalt, Thüringen.
32 Ebenso *J. Walter* 2006, 95; Deutscher Richterbund in einer Stellungnahme zum Gesetzesentwurf, Juni 2004; mit Einschränkungen ebenso die DVJJ, ZJJ 2004, 209.

Immer muss Erziehung auf das Legalverhalten ausgerichtet sein (siehe § 2 Abs. 1). Demgegenüber erhält Erziehung einen selbstständigen Stellenwert, wenn zu einem „rechtschaffenden Lebenswandel" erzogen werden soll.[33] Die Ablehnung eines allgemeinen Erziehungsziels im Jugendstrafvollzug gilt insbesondere für die volljährigen Gefangenen, da weder von Seiten der Eltern noch an ihrer Stelle von Seiten des Staates ihnen gegenüber ein Erziehungsrecht besteht. Tatsächlich sind aber etwa 90 % der Gefangenen im Jugendstrafvollzug volljährig (siehe Rn. 352).

Letztlich ist entscheidend, welche Schlussfolgerungen aus dem Vollzugsziel gezogen, d. h. welche konkreten Hilfestellungen dem jungen Gefangenen für ein zukünftiges Leben ohne Straftaten gegeben werden. Hierzu gehören das Nachholen von Schulabschlüssen, berufliche Ausbildung und therapeutische Hilfen zur Bewältigung persönlicher Probleme wie Drogensucht, Aggressivität. Bei Sexualstraftätern ist eine spezielle Sexualtherapie geboten. Hierbei ist gleichzeitig zusätzlichen schädlichen Einwirkungen aus dem Strafvollzug (Prisonisierungseffekte) zu begegnen.

4.3 Mitwirkungspflicht

345 Im Unterschied zur Regelung im Bundes-Strafvollzugsgesetz (§ 4 Abs. 1) wird für den Jugendstrafvollzug übereinstimmend eine Pflicht des jungen Gefangenen aufgestellt, an seiner Resozialisierung mitzuwirken.[34] Bezeichnend für die Motivation der Gesetzesverfasser ist die Begründung im Bayerischen Gesetzesentwurf (S. 96). „Während in Art. 6 Abs. 1 an erwachsene Strafgefangene lediglich ein Appell zur Mitwirkung an der Behandlung ergeht, wird den jungen Gefangenen in Abs. 2 unmissverständlich klar gemacht, dass das Gesetz ein bloßes Absitzen der Jugendstrafe nicht duldet." Diese Unduldsamkeit gegenüber jungen Strafgefangenen wird mit erzieherischer Notwendigkeit begründet. Hinter einen solchen Verpflichtung, an der Behandlung mitzuwirken, stehen letztlich Disziplinarmaßnahmen.[35] Hiergegen bestehen erhebliche Bedenken. Mit der Inpflichtnahme des Gefangenen zur Resozialisierung wird Resozialisierung gleichsam verordnet. Der Gefangene wird zu oberflächlichen Anpassungsstrategien verleitet, die einer echten Einstellungs- und Verhaltensänderung entgegen wirken. Das Lernen von Eigenverantwortung wird damit eher erschwert. Darüber hinaus ist es aus verfassungsrechtlicher Sicht höchst bedenklich, den Gefangenen in dieser Weise in die Pflicht zu nehmen. Der Gefangene muss so an seiner eigenen Bestrafung mitwirken. Das widerspricht dem Menschenbild unserer Verfassung, der Menschenwürde. Dem Gefangenen muss es gestattet sein, die Strafe für sich abzulehnen.[36] Es gibt auch objektiv ungerechte Strafurteile. Zumindest kann man über die gerechte Strafe streiten, wie es Staatsanwaltschaft und Verteidigung tun, wie hierüber im Rechtsmittelverfahren von den Gerichten unterschiedlich entschieden wird. Wenn der Gefangene die Strafe als ungerecht, weil zu hart empfindet und er infolgedessen im Strafvollzug nicht „mitmacht", sollte dies respektiert werden, darf zumindest nicht zusätzlich geahndet werden. Der Respekt vor der Menschenwürde steht zu oberst.[37] Man darf dem Gefange-

---

33 Art. 121 Bayern; noch problematischer sind die Erziehungsziele im § 2 Abs. 2 Baden-Württemberg.
34 Siehe jeweils § 4 Bremen, Hessen, Mecklenburg-Vorpommern, Nordrhein-Westfalen, Saarland, Sachsen; § 3 Baden-Württemberg, Art. 123 Bayern, § 114 Abs. 2 Niedersachsen, § 5 Berlin, Hamburg, Schleswig-Holstein; § 6 Abs. 2 Brandenburg, Rheinland-Pfalz, Sachsen-Anhalt, Thüringen.
35 *Kamann* 2009, Rn. 113 hält Disziplinarmaßnahmen für zulässig. Dagegen überzeugend *Kühl* 2012, 97 f.
36 Ebenso *Eisenberg* 2004, 356.
37 Ebenso die Mindeststandards für den Jugendstrafvollzug ZJJ 2007, 94; abl. ebenso *G. Tondorf/B. Tondorf* 2006, 245.

nen Einzelpflichten aufbürden wie die Arbeitspflicht, wie die Hausordnung einzuhalten, eine umfassende Selbstverpflichtung zur Resozialisierung ist unzulässig. Resozialisierungsstrafvollzug heißt **Angebotsresozialisierung**. Dies verlangt Motivationsarbeit, die für Erwachsene wie für junge Gefangene gleichermaßen gefordert ist. Dieser ständigen Motivationsaufgabe steht paradoxerweise die Einrichtung eines Chancenstrafvollzugs entgegen, wenn damit in der Praxis nicht Chancen eingeräumt, sondern diese genommen werden.[38] Zudem ist in der Praxis in der Regel nicht die mangelnde Motivation der Gefangenen das Problem, sondern der Mangel an Angeboten.[39]

4.4 Elternbeteiligung

Die Elternrechte kommen bei den minderjährigen Gefangenen in den Gesetzen zu kurz. Das BVerfG hat wiederholt und mit Nachdruck die Berücksichtigung der Elternrechte im Jugendstrafverfahren eingefordert.[40] Auch wenn sehr viele Gefangene aus desolaten Elternhäusern stammen und viele Eltern nicht fähig bzw. bereit sind, sich konstruktiv in die Vollzugsarbeit einzubringen, muss hier mehr geschehen, auch deshalb, weil ein Teil der Gefangenen nach der Entlassung wieder in die Elternhäuser zurückkehrt und die Fortwirkung der Resozialisierungsmaßnahmen vom Elternverhalten stark beeinflusst wird. So ist nicht nur eine Unterrichtung,[41] sondern auch eine Mitwirkung in Form der Konsultation bei der Aufstellung des Vollzugs-/Förderplans sowie bei der Entlassungsvorbereitung geboten.[42] Es muss versucht werden, die Eltern wie auch andere Angehörige und insbesondere Lebenspartner in die Vollzugsbemühungen einzubinden. Deren Beteiligung ist ein wichtiges Resozialisierungsmittel.

346

4.5 Offener bzw. geschlossener Vollzug und Vollzugslockerungen

In den meisten Gesetzen heißt es zur Vollzugsart: „Die Gefangenen werden im geschlossenen oder offenen Vollzug untergebracht."[43] Damit wird zunächst eine Gleichrangigkeit signalisiert. Im Weiteren werden aber besondere Voraussetzungen für die Unterbringung im offenen Vollzug aufgestellt, womit praktisch ein Vorrang des geschlossenen Vollzugs postuliert wird. In den Gesetzen von Bayern und Hessen wird eine noch deutlichere Sprache gesprochen: „Die Gefangenen werden grundsätzlich im geschlossenen Vollzug untergebracht."[44] Mit dem Vorrang des geschlossenen Vollzugs wird dem nachgewiesenen besseren Resozialisierungserfolg im offenen Vollzug nicht Rechnung getragen (siehe Rn. 355). Soweit für den restriktiven Einsatz des offenen Vollzugs die jugendliche Unreife angeführt wird, so steht dem gleichsam ausgleichend die größere Beeinflussbarkeit gegenüber. Soweit der Forderung, den offenen Vollzug häufiger zu praktizieren, entgegengesetzt wird, die Gefangenen seien heute kaum noch für den offenen Vollzug geeignet, zumal die Jugendgerichte erst am Ende einer kriminellen Karriere die unbedingte Jugendstrafe verhängen würden, so ist dem entgegen zu halten, dass zumindest im Verlaufe des Vollzugs eine solche Verlagerung regelmäßig

347

---

38 Siehe § 6 Abs. 2 Niedersachsen.
39 Siehe *Kühl* 2012, 104 f.
40 Zuletzt BVerfG NJW 2003, 2004.
41 Siehe z. B. § 14 Abs. 8 Brandenburg: „auf Verlangen".
42 Siehe z. B. § 7 Abs. 4 Schleswig-Holstein.
43 Jeweils § 13 Abs. 1 Bremen, Mecklenburg-Vorpommern, Saarland, Sachsen, Schleswig-Holstein, § 11 Abs. 1 Hamburg, § 18 Abs. 1 Berlin, § 22 Abs. 1 Brandenburg, Rheinland-Pfalz, Sachsen-Anhalt, Thüringen. Ähnlich § 12 Abs. 1 Niedersachsen.
44 Art. 12 Abs. 1 Bayern, § 13 Abs. 1 Hessen, § 12 Abs. 1 Niedersachsen.

und offensiv geprüft werden muss.[45] Es macht mehr Sinn, den Übergang in die Freiheit über den offenen Vollzug zu organisieren, als die Gefangenen abrupt in die Freiheit zu entlassen. Quantitativ wird man den offenen Vollzug nicht als Regelvollzug einrichten können, qualitativ muss er aber als Vorrangsvollzug definiert werden.[46] Als Vollzugslockerungen werden sowohl nach § 11 BundesStVollzG als auch nach den neuen Gesetzen für den Jugendstrafvollzug definiert:

1. regelmäßige Beschäftigung außerhalb der Anstalt unter Aufsicht (Außenbeschäftigung),
2. regelmäßige Beschäftigung außerhalb der Anstalt ohne Aufsicht (Freigang),
3. Verlassen der Anstalt für eine bestimmte Tageszeit unter Aufsicht (Ausführung bzw. unbegleiteter Ausgang),
4. Verlassen der Anstalt für eine bestimmte Tageszeit ohne Aufsicht (Ausgang bzw. Begleitausgang).

Zusätzlich ist in den einigen Gesetzen[47] der Vollzug in freien Formen[48] als weitere Vollzugslockerung aufgeführt. Inhaltlich ist dieser Vollzug in freien Formen aber eine Abwandlung des offenen Vollzuges.[49] Im Weiteren ist der Urlaub (Jahresurlaub, Urlaub aus wichtigem Anlass, Entlassungsvorbereitungsurlaub, auch „Langzeitausgang") eine Vollzugslockerung. Soweit Vollzugslockerungen davon abhängig gemacht werden, dass der Gefangene seiner Mitwirkungspflicht nachkommt, ergibt sich hier ein Einfallstor für die Versagung von Resozialisierungsmaßnahmen: Vollzugslockerungen sind keine Vergünstigungen, sie sind Resozialisierungsmaßnahmen!

4.6 Wohngruppenvollzug und Einzelunterbringung

348 Jugendstrafgefangene sollten in Wohngruppen untergebracht werden. Derartige Wohngruppen sind für soziales Lernen und zur Vermeidung von Subkultur besonders positiv. Besondere Bedeutung des Wohngruppenvollzugs hat das BVerfG hervorgehoben.[50] Alle Gesetze sehen dementsprechend den Wohngruppenvollzug vor. Für die Praxis ist entscheidend:

1. Wer wird als ungeeignet definiert für den Wohngruppenvollzug?
2. Wie groß ist die Anzahl der Gefangenen in einer Wohngruppe?
3. Was wird der Wohngruppe an autonomer Regelung zugewiesen?
4. Wie erfolgt die Ausstattung der Wohngruppe und wie ist die Personalbetreuung?

Zur Größe wird z. B. in Hessen (in der Regel nicht mehr als acht Gefangene, § 68 Abs. 4), in Sachsen (nicht mehr als zwölf Gefangene, § 26), in Hamburg (mindestens acht, höchstens 15 Gefangene, § 20 Abs. 2) sowie in Brandenburg und Rheinland-Pfalz (jeweils „bis zu 15 Personen", § 23 Abs. 2) eine Vorgabe gemacht.

---

45 So auch § 13 Abs. 2 Hessen.
46 In diesem Sinne § 18 Abs. 3 Berlin, § 15 Abs. 4 Nordrhein-Westfalen.
47 Jeweils § 15 Abs. 1 Nr. 3 Bremen, Mecklenburg-Vorpommern, Saarland, § 46 Abs. 1 Nr. 5 Brandenburg, Thüringen, § 45 Abs. 1 Nr. 5 Rheinland-Pfalz, § 44 Abs. 1 Nr. 5 Berlin. In Hamburg (§ 15 Abs. 2, 3) ist eine „weitere Freistellung" möglich.
48 Praktiziert insbesondere in Baden-Württemberg im Projekt „Chance", sowie im Projekt „Seehaus", zur Projektbeschreibung und zum „Erfolg" siehe *Stelly* 2014, 257ff.
49 So ausdrücklich § 7 Baden-Württemberg, siehe auch § 15 Abs. 1 Nordrhein-Westfalen.
50 BVerfGE 116, 69, 88 = BVerfG NJW 2006, 2096.

4. Essentialia der Ländergesetze

Der Wohngruppenvollzug ist zu ergänzen durch die Einzelunterbringung während der Nacht. Diese Einzelunterbringung dient der Privatsphäre und dem Schutz der Gefangenen, auch wenn manche Gefangene nicht allein untergebracht werden wollen, ja Angst vor der Einzelunterbringung haben. Sexuelle Übergriffe bis hin zur Tötung von Gefangenen haben die Landesgesetzgeber wachgerüttelt. Dementsprechend ist die Einzelunterbringung in der Regel vorgesehen. Ausnahmen sollten zeitlich (drei Tage) befristet werden.

4.7 Besuchsregelung und Paketempfang

Hinsichtlich der Besuchsregelung hat das BVerfG eine konkrete Vorgabe gemacht.[51] Dementsprechend ist in allen Gesetzen die Anzahl auf mindestens vier Stunden pro Monat heraufgesetzt worden. Darüber hinaus werden in unterschiedlicher Form Langzeitbesuche für Kinder, z. T. auch für Familienangehörige zugelassen. Während hier gefangenenfreundliche und gleichzeitig resozialisierungsbegünstigende Regelungen eingeführt wurden, wird der Paketempfang restriktiv geregelt. Pakete mit Nahrungs- und Genussmitteln sollen ausgeschlossen sein.[52] Ein solcher Ausschluss ist zumindest für Eltern, Großeltern, Geschwister, Ehegatten und Lebenspartner nicht mit der kriminologischen Erkenntnis zu vereinbaren, dass die Aufrechterhaltung von sozialen Bezügen für die Resozialisierung einen außerordentlich wichtigen Faktor darstellt. Das Argument der Arbeitserleichterung „zieht" nicht, da die Pakete in jedem Fall geöffnet und kontrolliert werden müssen, mit einer Rücksendung zudem zusätzliche Arbeit anfällt. Eine pragmatische Lösung wäre es, im Rahmen des Vollzugsplans die Personen aufzuführen, von denen der Gefangene auch Pakete mit Nahrungs- und Genussmitteln erhalten darf.[53]

349

4.8 Institutionalisierung erzieherischer Maßnahmen

Hierzu wurde mit dem Entwurf der Bundesregierung zu einem Jugendstrafvollzugsgesetz (Stand 7.7.2006) ein bemerkenswerter Vorstoß unternommen, Disziplinarmaßnahmen einzugrenzen und das außerhalb des Freiheitsentzuges immer weiter ausgreifende System von Konfliktregelung und Schlichtung auf den Vollzug zu übertragen.[54] Demgegenüber werden unterhalb der Schwelle von Disziplinarmaßnahmen in den Gesetzen erzieherische Maßnahmen institutionalisiert. *J. Walter* bezeichnet sie als apokryphe Disziplinarmaßnahmen.[55] In den Ergebnissen des Arbeitskreises 1 des Deutschen Jugendgerichtstages 2007 in Freiburg heißt es dementsprechend hierzu: „Bei Konflikten sind mediative Verfahren vorrangig einzusetzen. Die Einführung einer Vorstufe zu Disziplinarmaßnahmen in Form erzieherischer Maßnahmen ist nicht empfehlenswert. Sie führt zu „apokryphen" Disziplinarmitteln, zum Verlust an Verfahrensfairness und zu einer unzulässigen Umdeutung von Rechtspositionen in Privilegien." [56]

350

---

51 BVerfGE 116, 69, 87 = BVerfG NJW 2006, 2096.
52 Art. 36 Abs. 1 S. 3 Bayern, § 26 Abs. 1 S. 3 Baden-Württemberg, § 36 Abs. 1 S. 2 Hessen, § 34 Abs. 1 S. 3 Niedersachsen, § 39 Abs. 1 S. 2 Nordrhein-Westfalen, § 43 Abs. 1 S. 2 Berlin, § 56 Abs. 1 S. 1 Bremen, Mecklenburg-Vorpommern, Saarland, Sachsen, Schleswig-Holstein, § 44 Abs. 1 S. 2 Rheinland-Pfalz, Sachsen-Anhalt, § 45 Abs. 1 S. 2 Thüringen. In Hamburg kann die Anstalt Gegenstände ausschließen, die einen unverhältnismäßigen Kontrollaufwand bedingen (§ 33 Abs. 1 S. 3), ebenfalls in Brandenburg (§ 45 Abs. 1 S. 3).
53 Siehe bereits *Ostendorf* 2008a, 17.
54 § 33 des Entwurfs; weitergehend für einen Verzicht auf Disziplinarmaßnahmen G. *Tondorf*/B. *Tondorf* 2006, 246.
55 *J. Walter* 2005, 128.
56 ZJJ 2007, 432; siehe auch *Ostendorf* 2008b, 104.

4.9 Entlassungsvorbereitung

351 Für eine gelingende Resozialisierung ist eine frühzeitige und umfassende Entlassungsvorbereitung geboten. Für den Übergang aus der Unfreiheit in die Freiheit muss eine eigenständige Stelle – Übergangsmanagement – in den jeweiligen Anstalten geschaffen werden, die in enger Kooperation mit staatlichen Stellen (Bewährungshilfe, Jugendämter, Arbeitsagenturen) sowie freien Trägern der Straffälligenhilfe die Gefangenen auf die Entlassung vorbereitet und begleitet. Diese Verpflichtung, den Übergang aus der Unfreiheit in die Freiheit vorzubereiten, wird zwar in den Gesetzen aufgestellt. Sie bleibt aber relativ unbestimmt, vor allem erstreckt sie sich nicht auf die weitere Begleitung der Gefangenen nach der Entlassung. Insoweit sind alle Gesetze verbessernd zu konkretisieren.

5. Vollzugspraxis

5.1 Gefangenenzahlen und Altersstruktur

352

Jahr	insges.	Anteil an den Strafgefangenen u. Sicherungsverwahrten aller Altersgruppen	14–17 Jahre	18–20 Jahre	21 Jahre und mehr
1970	4 759	13,2 %	724 (15,2 %)	2 888 (60,7 %)	1 138 (23,9 %)
1980	6 490	15,4 %	760 (11,7 %)	3 494 (53,8 %)	2 236 (34,5 %)
1985	6 360	13,1 %	631 (9,9 %)	3 238 (50,9 %)	2 491 (39,2 %)
1990	4 197	10,8 %	310 (7,4 %)	1 901 (45,3 %)	1 986 (47,3 %)
1995	4 980	10,7 %	545 (10,9 %)	2 354 (47,3 %)	2 081 (41,8 %)
2000	7 396	12,2 %	911 (12,3 %)	3 663 (50,0 %)	2 822 (38,2 %)
2005	7 061	11,1 %	727 (10,3 %)	3 422 (48,5 %)	2 912 (41,2 %)
2010	6 184	10,2 %	640 (10,3 %)	3 075 (49,7 %)	2 469 (39,9 %)
2015	4 397	8,4 %	439 (10,0 %)	1 944 (44,2 %)	2 014 (45,8 %)
2016	4 010	7,9 %	399 (10,0 %)	1 801 (44,9 %)	1 810 (45,1 %)

Quelle: Statistisches Bundesamt, Strafvollzug (Fachserie 10 Reihe 4.1, Tab. 2)

Die Statistik zeigt, dass im Zeitraum 1980 bis 1985 die Gefangenenzahlen ihren absoluten Höchststand hatten, danach bis zur Wiedervereinigung deutlich zurückgegangen sind. Nach der Wiedervereinigung war bis zum Jahr 2003 (7.455 Gefangene im Jugendvollzug) erneut ein deutlicher Anstieg zu verzeichnen, danach bemerkenswerte Rückgänge.

In der Altersstruktur zeigt sich, dass sich der Jugendstrafvollzug mehr und mehr zu einem Jungerwachsenenvollzug entwickelt. Mittlerweile sind weniger 10 % der Gefangenen Jugendliche. Hierbei sind zusätzlich die Gefangenen zu berücksichtigen, die gem. § 89b aus dem Jugendstrafvollzug herausgenommen werden. Am 31.3.2016 waren dies 1448 Gefangene.[57]

5.2 Geschlecht, Personenstand, Ausländeranteil

Jahr	männlich	weiblich	verheiratet	geschieden	Ausländer
1990	4 087	110	164	15	777
1995	4 815	129	170	12	1 567
2000	7 192	204	178	19	1 605
2005	6 797	264	137	10	1 297
2010	5 979	205	77	11	1 276
2015	4 258	139	41	5	1 052
2016	3 886	144	39	4	1 065

Quelle: Statistisches Bundesamt, Strafvollzug (Fachserie 10 Reihe 4.1, Tab. 2)

Wie die Jugendkriminalität ganz überwiegend männlich ist, so sind auch die Gefangenen im Jugendstrafvollzug ganz überwiegend männlichen Geschlechts. Weiterhin ergibt sich, dass der Ausländeranteil bis zur Jahrtausendwende deutlich zugenommen hat. Die Hauptproblemgruppe im Jugendstrafvollzug sowie in der U-Haft wurden lange ausländische Gefangene mit Einschluss der so genannten Spätaussiedler aufgrund fehlender und mangelnder Sprachkenntnisse, kultureller Eigenarten sowie gesellschaftlicher Ausgrenzungen und fehlender Perspektiven für die Zeit nach ihrer Entlassung.[58] Heute scheint dies jedenfalls kein quantitatives Problem mehr zu sein, da die Problemlagen und Behandlungsbedarfe bei jungen Gefangenen mit und ohne Migrationshintergrund sich nur wenig unterscheiden.[59] Trotzdem können insbesondere Sprach- und Bildungsdefizite in Einzelfällen zu erheblichen Problemen führen. Die Vielfalt im Jugendstrafvollzug kann aber auch zur Bildung von Gruppen entlang gefühlter ethnischer oder kultureller Zugehörigkeit führen.[60] Der Anteil der verheirateten bzw. geschiedenen Gefangenen ist sehr klein und verringert sich weiter, wobei zu berücksichtigen ist, dass feste Partnerschaften zunehmend ohne Trauschein eingegangen werden.

---

57 Quelle: Statistisches Bundesamt, Rechtspflege, Bestand der Gefangenen und Verwahrten in den deutschen Justizvollzugsanstalten nach ihrer Unterbringung auf Haftplätzen des geschlossenen und offenen Vollzugs jeweils zu den Stichtagen 31. März, 31. August und 30. November eines Jahres.
58 Siehe *J. Walter* 2002, 133.
59 Zumindest in Bayern: *Endres/Nolte* ZJJ 2016, 368.
60 Siehe *J. Walter* 1998, 5 ff. für junge Aussiedler. Insgesamt ist das Thema „subkulturelle Gruppen" für den Strafvollzug in Deutschland schlecht erforscht. Siehe zu Subkultur und Gewalt *Boxberg/Bögelein* 2015.

5.3 Gefangene im offenen Vollzug

354 Absolute Zahlen (jeweils am 31.3. eines Jahres):

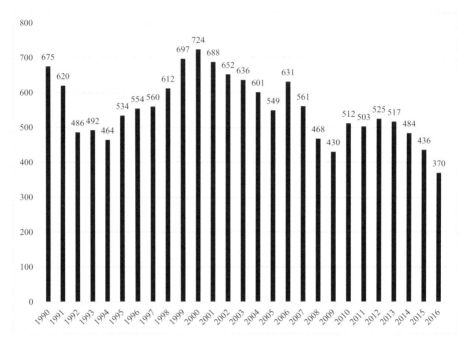

(Quelle: Statistisches Bundesamt, Strafvollzug (Fachserie 10, Reihe 4.1, Tab. 2); Gebiet: bis 1994 alte Länder, ab 1995 alte Länder einschl. Berlin-Ost)

Der prozentuale Anteil am Gesamtjugendstrafvollzug betrug im Jahre 2016 9,8 %.

5.4 Rückfälligkeit nach geschlossenem und offenem Vollzug

355 Rückfall nach geschlossenem und offenem Vollzug:[61]

		Rückfälligkeit	
		nach geschlossenem Vollzug	nach offenem Vollzug (Freigang)
Gatz	Erfolg, Misserfolg und Rückfallprognose bei Straffälligen, die eine bestimmte Jugendstrafe verbüßten, 1967, S. 30	81,9 %	73,3 %
Nolting	Freigänger im Jugendstrafvollzug, 1985, S. 147	85 %	72 %
Frankenberg	Offener Jugendstrafvollzug, Vollzugsbedingungen und Legalbewährung von Freigängern aus der Jugendstrafvollzugsanstalt Rockenberg/Hessen, 1999, S. 133	73 %	67 %

---

61 *Ostendorf* 2016a, Vorbemerkungen Rn. 32.

Nach weiteren Differenzierungen haben sich folgende Rückfallquoten ergeben:
Rückfallquote im Jugendstrafvollzug Baden-Württemberg[62]

Allgemeine Rückfallquote Geld- und Freiheitsstrafe	83 %
Allgemeine Rückfallquote nur Freiheitsstrafe	56 %
Spezielle Rückfallquoten	
beim gelockerten Vollzug	37 %
bei überwiegend geschlossenem Vollzug	63 %
bei Urlaub/Ausgang	52 %
kein Urlaub/Ausgang	64 %
bei Hauptschulabschluss im Vollzug	52 %
bei Schulbesuch ohne Abschluss	69 %
bei Berufsausbildung mit Abschluss	32 %
bei Berufsausbildung ohne Abschluss	51 %
bei Entlassung auf Bewährung	53 %
bei „Vollverbüßung"	62 %
bei intensiver Entlassungsvorbereitung	45 %
bei geringer Entlassungsvorbereitung	64 %
bei Entlassung in Arbeit	46 %
bei Entlassung ohne Arbeit	64 %

Auch wenn Verurteilte zu einer Jugendstrafe häufig eine „kriminelle Karriere" aufweisen, die Jugendstrafe insoweit den – vorläufigen – Schlusspunkt darstellt und von daher diese Verurteilten schon – mehrfache – Rückfalltäter sind, macht die hohe Rückfallquote deutlich, dass das Vollzugsziel nur für einen kleinen Teil der Gefangenen erreicht wird.[63] Eine Effizienzsteigerung kann offensichtlich mit dem offenen Vollzug erreicht werden. Allerdings ist zu berücksichtigen, dass mit der Auswahl für den offenen Vollzug auch bereits eine Gefährlichkeits- und Gefährdungsprognose erfolgt, d. h. gefährdete Rückfalltäter verbleiben tendenziell eher im geschlossenen Vollzug. Trotzdem erscheint es geboten, die Chancen für eine Legalbewährung durch Vollzugslockerungen und offenen Vollzug zu verbessern.

6. Rechtsmittel

Mit Gesetz zur Änderung des Jugendgerichtsgesetzes und anderer Gesetze vom 13.12.2007 wurden die Rechtsmittel im § 92 neu gefasst. Das BVerfG hatte den alten Rechtsweg gem. §§ 23 ff. EGGVG ausdrücklich als nicht jugendadäquat und damit nicht den Anforderungen an einen effektiven Rechtsschutz im Sinne des Art. 19 Abs. 4

356

---

62 *Dolde/Grübl* 1996, 221 ff., durchgeführt bei Jugendstrafgefangenen, die 1969 entlassen bzw. 1976/1977 inhaftiert wurden, bei einem Rückfallzeitraum von mindestens vier Jahren bei den Zugängen 1976/1977 und von elf Jahren bei den Entlassenen 1969.
63 Siehe hierzu Rn. 297.

GG genügend eingestuft.[64] Gem. § 92 Abs. 1 gilt der Rechtsbehelf – Antrag auf gerichtliche Entscheidung nach §§ 109 ff. BundesStVollzG – nicht nur im Bereich der Jugendstrafe, sondern auch beim Jugendarrest und den stationären Maßregeln der Unterbringung in einem psychiatrischen Krankenhaus sowie in einer Entziehungsanstalt. Obwohl der Jugendarrest keine Strafe darstellt und mit den stationären Maßregeln nicht vergleichbar ist, erscheint dieser einheitliche Rechtsweg sinnvoll sowohl im Interesse der betroffenen Antragsteller als auch im Hinblick auf das Erfahrungswissen der Entscheider. Im § 92 Abs. 1 werden die §§ 109 und 111–120 BundesStVollzG für entsprechend anwendbar erklärt. Eine Ausnahme gilt, wenn die Jugendstrafe gem. § 91 Abs. 1 nach den Vorschriften des Strafvollzugs für Erwachsene vollzogen wird sowie beim Vollzug der stationären Maßregeln, wenn der Jugendliche das 24. Lebensjahr vollendet hat (siehe § 92 Abs. 6). Der Antrag auf gerichtliche Entscheidung hat grundsätzlich keine aufschiebende Wirkung (§ 114 Abs. 1 BundesStVollzG). Das Gericht kann den Vollzug der angefochtenen Maßnahme jedoch unter den Voraussetzungen des § 114 Abs. 2 BundesStVollzG aussetzen. Diese Möglichkeit des Suspensiveffektes ist insbesondere im Zusammenhang mit erzieherischen Maßnahmen sowie Disziplinarmaßnahmen zu beachten. Die Ausgestaltung des Verfahrens als schriftliches Verfahren gem. § 115 BundesStVollzG wird mit § 92 Abs. 3 durchbrochen. Auch sind die Elternrechte (§ 67 Abs. 1–3 und 5) gem. § 92 Abs. 1 S. 2 zu wahren.

Weiterhin kann das Landesrecht ein Verfahren zur gütlichen Streitbeilegung vor dem Antrag auf gerichtliche Entscheidung vorsehen (§ 92 Abs. 1 S. 2, 2. Halbsatz).[65] Von dieser Möglichkeit hat bislang nur das Saarland Gebrauch gemacht (§ 87 Abs. 4 Jugendstrafvollzugsgesetz Saarland). Im Jugendstrafvollzugsgesetz Nordrhein-Westfalen ist die Ombudsperson eingeführt (§ 97 Abs. 2). Es ist zu kritisieren, dass die Landesgesetze den Appell in Nr. 77 der UN-Regel zum Schutz von Jugendlichen unter Freiheitsentzug ein unabhängiges Amt (Ombudsmann) für Beschwerden von Jugendlichen unter Freiheitsentzug zu schaffen, nicht aufgegriffen haben.[66] Während im Bereich des Erwachsenenvollzugs für den Antrag auf gerichtliche Entscheidung gem. § 110 BundesStVollzG die Strafvollstreckungskammer zuständig ist, entscheidet gem. § 92 Abs. 2 S. 1 im Jugendstrafvollzug die Jugendkammer. Gem. § 92 Abs. 4 ist innerhalb der Jugendkammer grundsätzlich der Einzelrichter zuständig. Gegen die Entscheidung der Jugendkammer ist als Rechtsmittel die Rechtsbeschwerde zum Oberlandesgericht unter besonderen Voraussetzungen zulässig (§§ 116–119 BundesStVollzG). Wichtig ist, dass gem. § 92 Abs. 5 von der Auferlegung der Kosten und Auslagen im Rahmen dieses Verfahrens gem. § 74 abgesehen werden kann. Insgesamt sind aber Zweifel angebracht, ob die Kombination aus § 92 und den Vorschriften des Bundesstrafvollzugsgesetzes über den Antrag auf gerichtliche Entscheidung jugendadäquater ist als der frühere Rechtsweg nach §§ 23 ff. EGGVG.

7. Nachhaltigkeitsforderung des BVerfG

357   Das BVerfG hat mit seiner Entscheidung vom 31.5.2006[67] nicht nur einen „neuen" Jugendstrafvollzug eingefordert, es hat auch eine Nachhaltigkeitsforderung für die Zukunft aufgestellt:

---

64 BVerfG NJW 2006, 2096; siehe hierzu *Lübbe-Wolff/Lindemann* 2007.
65 Zu hiervon unabhängigen informellen Konfliktlösungsstrategien *Kamann* 2009, Rn. 128 ff.
66 Siehe *G. Tondorf/B. Tondorf* 2006, 246; siehe auch Ostendorf/*Rose* § 92 Rn. 22.
67 BVerfGE 116, 69 = BVerfG NJW 2006, 2093.

7. Nachhaltigkeitsforderung des BVerfG

„Die Verpflichtung, der gesetzlichen Ausgestaltung des Vollzugs möglichst realitätsgerechte Annahmen und Prognosen zu Grunde zu legen, wirkt auch in die Zukunft. Mit Rücksicht auf das besonders hohe Gewicht der grundrechtlichen Belange, die durch den Jugendstrafvollzug berührt werden, ist der Gesetzgeber zur Beobachtung und nach Maßgabe der Beobachtungsergebnisse zur Nachbesserung verpflichtet (vgl. BVerfGE 88, 203 [310] = NJW 1993, 1751 = NStZ 1993, 483L). Der Gesetzgeber muss daher sich selbst und den mit der Anwendung der gesetzlichen Bestimmungen befassten Behörden die Möglichkeit sichern, aus Erfahrungen mit der jeweiligen gesetzlichen Ausgestaltung des Vollzugs und der Art und Weise, in der die gesetzlichen Vorgaben angewendet werden, und dem Vergleich mit entsprechenden Erfahrungen außerhalb des eigenen räumlichen Kompetenzbereichs zu lernen. In diesem Zusammenhang liegt vor allem die Erhebung aussagefähiger, auf Vergleichbarkeit angelegter Daten nahe, die bis hinunter auf die Ebene der einzelnen Anstalten eine Feststellung und Bewertung der Erfolge und Misserfolge des Vollzugs – insbesondere der Rückfallhäufigkeiten – sowie die gezielte Erforschung der hierfür verantwortlichen Faktoren ermöglichen. Solche Daten dienen wissenschaftlicher und politischer Erkenntnisgewinnung sowie einer öffentlichen Diskussion, die die Suche nach besten Lösungen anspornt und demokratische Verantwortung geltend zu machen erlaubt."[68]

---

[68] BVerfGE 116, 69, 91 = BVerfG NJW 2006, 2097.

Anhang 1: Definitionen

Begriff	Definition
Ziel des Jugendstrafrechts (§ 2 Abs. 1)	Das Ziel des Jugendstrafrechts ist in § 2 Abs. 1 definiert. Verkürzt ist das Jugendstrafrecht als jugend-adäquates Präventionsstrafrecht zu bezeichnen, um den jugendlichen/heranwachsenden Beschuldigten von weiteren Straftaten abzuhalten. (*Rn. 53, 54*)
Bedingte Strafmündigkeit (§ 3)	Bei Jugendlichen muss die Verantwortlichkeit im Rahmen der Schuldprüfung gem. § 3 positiv festgestellt werden. (*Rn. 31*)
Warnschussarrest (§ 16a)	Die Kombination einer Bewährungsentscheidung gem. den §§ 21, 27 mit einem Arrest wird Warnschuss- oder Einstiegsarrest genannt. Trotz erheblicher Einwände in der Fachwelt hat der Gesetzgeber mit dem Gesetz zur Erweiterung der jugendgerichtlichen Handlungsmöglichkeiten vom 7.9.2012 diese Kombination – unter eingeschränkten Anwendungsvoraussetzungen – im § 16a erlaubt. (*Rn. 208, 211*)
Ungehorsamsarrest (§§ 11 Abs. 3, 15 Abs. 3 S. 2, 3)	Wenn der Verurteilte schuldhaft Weisungen oder Auflagen nicht erfüllt, kann so genannter Ungehorsamsarrest verhängt werden. In Abweichung von der herrschenden Meinung kommt diesem Arrest Ersatzfunktion zu, entsprechend der Ersatzfreiheitsstrafe gem. § 43 StGB. (*Rn. 329, 330*)
Schädliche Neigungen (§ 17 Abs. 2, 1. Alt.)	Nach der Rechtsprechung sind schädliche Neigungen als Voraussetzung für die Anordnung einer Jugendstrafe erhebliche Charaktermängel, die ohne längere Gesamterziehung die Gefahr der Begehung weiterer Straftaten in sich bergen, die nicht nur gemeinlästig oder den Charakter von Bagatelldelikten haben. Nach der hier vertretenen Position muss eine persönlichkeitsspezifische Rückfallgefahr für erhebliche Straftaten bestehen. (*Rn. 225*)
Schwere der Schuld (§ 17 Abs. 2, 2. Alt.)	Für die Feststellung der Schwere der Schuld als weitere Voraussetzung für die Anordnung einer Jugendstrafe orientiert sich die Rechtsprechung an dem Erfolgsunrecht der Tat, wobei – begrenzend – die Jugendstrafe aus erzieherischen Gründen zum Wohl des Jugendlichen/Heranwachsenden erforderlich sein muss. Nach der hier vertretenen Position ist Voraussetzung, dass ein Verzicht auf Jugendstrafe für das Rechtsempfinden „schlechthin unverständlich" wäre. (*Rn. 228*)
Einheitsstrafe (§ 31)	In Abweichung zur Gesamtstrafenbildung im Erwachsenenstrafrecht (§§ 53, 54 StGB) wird bei Verurteilung mehrerer Straftaten gem. § 31 Abs. 1 auf eine einheitliche Sanktion erkannt. Gem. § 31 Abs. 2 werden auch unerledigte Sanktionen aus früheren Verurteilungen mit einbezogen. (*Rn. 319, 320*)
Diversion (§§ 45, 47)	Diversion bedeutet Umgehung des förmlichen Gerichtsverfahrens mit Abschluss durch ein Urteil. Zum Zwecke der Diversion hat der Gesetzgeber die Möglichkeiten der Verfahrenseinstellung erweitert (§§ 45, 47). (*Rn. 103*)

Anhang 1: Definitionen

Begriff	Definition
Vorbewährung (§§ 61-61b)	Unter Bezugnahme auf § 57 Abs. 1 S. 1, 2. Alt. wurde in der Rechtspraxis das Sanktionsinstitut „Vorbewährung" entwickelt, um mit Hilfe von Weisungen und Auflagen, z. T. mit Einsatz des Bewährungshelfers dem Verurteilten eine letzte Chance zu geben, dass die Jugendstrafe noch zur Bewährung ausgesetzt wird. Mit dem Gesetz zur Erweiterung der jugendgerichtlichen Handlungsmöglichkeiten vom 7.9.2012 wurde diese Praxis in den §§ 61-61b legalisiert. (*Rn. 267–269*)
Gleichstellung eines Heranwachsenden mit einem Jugendlichen (§ 105 Abs. 1 Nr. 1)	Nach der Rechtsprechung ist Voraussetzung, dass es sich bei dem Heranwachsenden um einen noch in der Entwicklung befindlichen, noch prägbaren Menschen handelt. Diese sich vom Wortlaut entfernende Definition lässt einen Bezug zu dem Entwicklungsstand eines Jugendlichen vermissen. Für die Anwendung des Erwachsenenstrafrechts muss somit eine Progression gegenüber 17-jährigen festgestellt werden. (*Rn. 303*)
Jugendverfehlung (§ 105 Abs. 1 Nr. 2)	Für die Feststellung einer Jugendverfehlung wird nicht auf einen Deliktstypus sondern auf jugendtypische Beweggründe (Leichtsinn, Geltungsbedürfnis, Unausgeglichenheit) abgestellt. Diese können auch bei schweren Gewalttaten vorliegen. (*Rn. 305*)

Anhang 2: Repetitorium[1]

Zur Jugendkriminalität (Einleitung)

1.	Steigt die Jugendkriminalität an oder nimmt sie ab?	Rn. 2 ff.
2.	Was ist die Tatverdächtigenbelastungsziffer?	Rn. 6
3.	Was bedeutet „Tatverdächtigenschwund"?	Rn. 7
4.	Wie lässt sich Jugendkriminalität „charakterisieren"?	Rn. 8–12
5.	Was bedeutet passageres Verhalten?	Rn. 11
6.	Was versteht man unter „Wiederholungs- und Intensivtätern"?	Rn. 14, 15

Zur Geschichte des Jugendstrafrechts (Kap. I)

7.	Von wann stammt das 1. JGG?	Rn. 16
8.	Wodurch zeichnete sich das nationalsozialistische Jugendstrafrecht aus?	Rn. 17
9.	Gab es in der DDR ein Jugendstrafrecht?	Rn. 18
10.	Was sind die wichtigsten Gesetzesänderungen im Jugendstrafrecht in der Bundesrepublik?	Rn. 19
11.	Was sind aktuelle Forderungen im Hinblick auf Veränderungen des Jugendstrafrechts?	Rn. 20

Zu den Grundlagen (Kap. II)

12.	Was bedeutet „Jugendstrafrecht"?	Rn. 22, 23
13.	Wer ist „Jugendlicher", wer ist „Heranwachsender"?	Rn. 25
14.	Welche gesetzlichen Möglichkeiten bestehen, auf Kinderdelinquenz zu reagieren?	Rn. 27, 47
15.	Welche Bedeutung haben das StGB und die StPO für die Strafverfolgung von Jugendlichen und Heranwachsenden?	Rn. 28
16.	Was versteht man unter jugendadäquater Gesetzesauslegung?	Rn. 30, 31
17.	Was bedeutet „bedingte Verantwortlichkeit"?	Rn. 33 ff.
18.	Gilt § 3 JGG auch für Heranwachsende?	Rn. 33, 47
19.	Ist § 20 StGB auch im Jugendstrafrecht zu prüfen?	Rn. 34
20.	Welche Rechtsfolgen knüpfen an die Feststellung der Nichtverantwortlichkeit gem. § 3 JGG bzw. der Schuldunfähigkeit gem. § 20 StGB? Welche Rechtsfolge hat Vorrang?	Rn. 34, 46

---

1 Die Antworten auf die Prüfungsfragen sind den angegebenen Randnummern zu entnehmen.

21.	Wie geht die Praxis mit § 3 JGG um?	Rn. 42
22.	Wie lautet das Ziel des Jugendstrafrechts?	Rn. 50 ff., 53, 54
23.	Sind generalpräventive Zielsetzungen erlaubt?	Rn. 49, 54
24.	Was bedeutet „Erziehungsstrafrecht"?	Rn. 50 ff.
25.	Was versteht man unter Kriminalprävention?	Rn. 54
26.	Gilt das „zweispurige Sanktionensystem" auch im Jugendstrafrecht?	Rn. 55
27.	Wie lauten die wichtigsten Prinzipien des Jugendstrafrechts?	Rn. 56 ff.
28.	Was versteht man unter dem „Verbot der Benachteiligung junger Menschen"?	Rn. 61
29.	Mit welchen Verfahren kann dem Beschleunigungsgebot entsprochen werden?	Rn. 64, 104, 143 ff., 150

Zu den Verfahrensbeteiligte (Kap. III)

30.	Was bedeutet „Jugendstaatsanwaltschaft"?	Rn. 68
31.	Vor welchen Gerichten kann ein Jugendlicher/Heranwachsender angeklagt werden?	Rn. 70 ff.
32.	Vor welchem örtlichen Gericht ist primär Anklage zu erheben?	Rn. 74
33.	Bei welchen Gerichten kommen Jugendschöffen zum Einsatz?	Rn. 79
34.	Gibt es im JGG eine Sonderregelung für die Strafverteidigung?	Rn. 81
35.	Welche Funktionen hat die JGH?	Rn. 84
36.	Muss die JGH vor Gericht erscheinen?	Rn. 87, 88
37.	Hat ein Jugendgerichtshelfer vor Gericht als Zeuge auszusagen?	Rn. 91
38.	Wer führt die ambulanten Sanktionen durch?	Rn. 92, 93
39.	Welche Konsequenzen ergeben sich aus § 67 JGG im Hinblick auf die Belehrung jugendlicher Beschuldigter?	Rn. 97
40.	Haben die gesetzlichen Vertreter das „letzte Wort"?	Rn. 99

Zu den Besonderheiten des Jugendstrafverfahrens (Kap. IV)

41.	Was bedeutet „Diversion"?	Rn. 103
42.	Was sind die Vor- und Nachteile?	Rn. 104, 105
43.	Kommt § 153 StPO im Jugendstrafrecht zur Anwendung?	Rn. 117, 120

Anhang 2: Repetitorium

44.	Darf ein Staatsanwalt Maßnahmen gem. § 45 Abs. 2 JGG anordnen?	Rn. 109, 110
45.	Gibt es eine Einstellung zur Bewährung?	Rn. 115
46.	Was versteht man unter Polizeidiversion?	Rn. 121
47.	Kann eine Diversionsentscheidung vom Betroffenen angefochten werden?	Rn. 124
48.	Was sind die allgemeinen und die besonderen Voraussetzungen für die Anordnung einer U-Haft bei einem Jugendlichen?	Rn. 126
49.	Was versteht man unter „apokryphen Haftgründen"?	Rn. 127
50.	Was bedeutet Haftentscheidungshilfe?	Rn. 129, 130
51.	Was ist ein „Unterbringungsbefehl"?	Rn. 132
52.	Auf welcher gesetzlichen Grundlage wird die U-Haft vollzogen?	Rn. 134 ff.
53.	Was bedeutet „vereinfachtes Jugendverfahren"?	Rn. 143 ff.
54.	Sind Strafbefehl bzw. Beschleunigtes Verfahren gegen Jugendliche bzw. Heranwachsende zulässig?	Rn. 150
55.	Darf gegen einen Jugendlichen Nebenklage erhoben werden?	Rn. 154
56.	Ist die Hauptverhandlung gegen Heranwachsende öffentlich oder nichtöffentlich?	Rn. 158
57.	Dürfen die Eltern gegen den Willen ihres Kindes ein Rechtsmittel einlegen?	Rn. 161
58.	Kann gegen eine Verurteilung mit der Anordnung eines dreiwöchigen Jugendarrests ein Rechtsmittel eingelegt werden?	Rn. 162
59.	Darf der Verurteilte gegen ein von ihm angestrengtes Berufungsurteil Revision einlegen, wenn das Strafmaß von 20 Stunden Arbeitsauflage in einen Freizeitarrest umgewandelt wurde?	Rn. 164, 168
60.	Was bedeutet „Erziehungsregister"?	Rn. 170

Zu den jugendstrafrechtlichen Sanktionen (Kap. V)

61.	Was bedeutet Subsidiaritätsprinzip?	Rn. 60, 171
62.	Dürfen gegen Jugendliche auch Maßregeln der Besserung und Sicherung angeordnet werden? Welche?	Rn. 171, 272
63.	Sind Erziehungsmaßregeln und Zuchtmittel abschließend formuliert?	Rn. 173, 193
64.	Nach welcher Norm kann eine Arbeitsmaßnahme angeordnet werden?	Rn. 182, 200

65.	Nach welcher Norm kann ein Täter-Opfer-Ausgleich durchgeführt werden?	Rn. 110, 111, 113, 185
66.	Welche Erziehungsmaßregeln/Zuchtmittel kommen am häufigsten in der Praxis zum Einsatz?	Rn. 191, 212
67.	Was bedeutet Jugendarrest, wo wird er vollzogen?	Rn. 203, 334
68.	Was versteht man unter „Ungehorsamsarrest"?	Rn. 328
69.	Wie ist der Arrest hinsichtlich seiner Eignung zur Rückfallvermeidung einzustufen?	Rn. 204, 293
70.	Wie kann man die Entscheidung gem. § 27 JGG „charakterisieren"?	Rn. 214
71.	Was versteht man unter „Einstiegs- bzw. Warnschussarrest"?	Rn. 208 ff.
72.	Was bedeuten „schädliche Neigungen" i. S. d. § 17 Abs. 2 JGG?	Rn. 225
73.	Was bedeutet „Schwere der Schuld" i. S. d. § 17 Abs. 2 JGG?	Rn. 226
74.	Wie lauten das Mindest- und das Höchstmaß der Jugendstrafe?	Rn. 233, 309
75.	Welche Bedeutung haben die allgemeinen Strafrahmen im Jugendstrafrecht?	Rn. 234
76.	Welche Erkenntnisse liegen zum Resozialisierungserfolg vor?	Rn. 239, 297
77.	Kann ein Jugendarrest zur Bewährung ausgesetzt werden?	Rn. 334
78.	Was bedeutet Jugendstrafe zur Bewährung?	Rn. 244, 245
79.	Was sind die Aufgaben des Bewährungshelfers?	Rn. 255 ff.
80.	Darf nach einer Anklageerhebung wegen einer neuen Straftat ein Bewährungswiderruf erfolgen?	Rn. 262
81.	Was bedeutet „Vorbewährung"?	Rn. 267 ff.
82.	Was ist die Führungsaufsicht?	Rn. 283
83.	Welche Form der Sicherungsverwahrung darf gegen Jugendliche bzw. gegen Heranwachsende angeordnet werden?	Rn. 171, 287 ff., 311 ff.
84.	Was sind die Einwände gegen eine Sicherungsverwahrung bei jungen Menschen?	Rn. 286
85.	Wie hoch ist die Rückfallquote nach Verbüßung von Jugendstrafe?	Rn. 296, 354

Zur strafrechtlichen Behandlung Heranwachsender (Kap. VI)

86.	Unter welchen Voraussetzungen ist ein Heranwachsender nach Jugendstrafrecht zu bestrafen?	Rn. 303 ff.
87.	Wie ist im Zweifel zu verfahren?	Rn. 308
88.	Welche Besonderheiten gelten bei der Anwendung des Erwachsenenstrafrechts?	Rn. 310 ff.
89.	Gibt es deliktspezifische Unterschiede bei der Anwendung des § 105 JGG?	Rn. 316

Zu Besonderheiten der jugendstrafrechtlichen Sanktionierung (Kap. VII)

90.	Darf ein Jugendarrest mit der Entscheidung gem. § 27 JGG gekoppelt werden?	Rn. 318
91.	Was bedeutet „Einheitsstrafe"?	Rn. 319
92.	Muss Untersuchungshaft bei Verurteilung zu einer Jugendstrafe angerechnet werden?	Rn. 324
93.	Kann von der Kostentragung für den Wahlverteidiger befreit werden?	Rn. 327
94.	Dürfen Weisungen bzw. Auflagen nach Rechtskraft des Urteils verändert werden?	Rn. 329

Zur Vollstreckung (Kap. VIII)

95.	Wer ist im Jugendstrafrecht Vollstreckungsleiter?	Rn. 331
96.	Wie lange ist die Mindestverbüßungsdauer für die Aussetzung des Strafrests der Jugendstrafe?	Rn. 336

Zum Vollzug der Jugendstrafe (Kap. IX)

97.	Warum hat das BVerfG die Altregelung zum Vollzug der Jugendstrafe für verfassungswidrig erklärt?	Rn. 340
98.	Was bedeutet das Trennungsprinzip im Jugendstrafvollzug?	Rn. 343
99.	Wie ist das Vollzugsziel zu definieren?	Rn. 344
100.	Muss der junge Strafgefangene am Vollzugsziel mitwirken?	Rn. 345
101.	Was bedeutet offener und geschlossener Vollzug?	Rn. 347
102.	Wie ist der Rechtsweg gegen Maßnahmen im Jugendstrafvollzug?	Rn. 356

Anhang 3: Anleitung für Sitzungsvertreter der Staatsanwaltschaft in der Hauptverhandlung vor dem Jugendgericht[1]

Wer als junger Staatsanwalt, insbesondere als Referendar[2] vor einem Jugendgericht auftritt, ist sich häufig unsicher. Die Unsicherheit betrifft das besondere Jugendverfahren, vor allem auch den Sanktionsantrag. Die Anleitung soll hier zur Vorbereitung und Durchführung der Sitzungsvertretung Hilfestellung bieten, in die man auch noch während der Verhandlung schauen kann. Allerdings werden nur Hinweise auf Grundstrukturen und gesetzliche Voraussetzungen bzw. Grenzen gegeben. Eine jugendkriminologische und jugendstrafrechtliche Vertiefung kann damit nicht „erspart" werden.

Das Jugendstrafverfahren ist wesentlich anders gestaltet als das allgemeine Strafverfahren. Es stellt nach Zielrichtung, Zuständigkeit und Organisation sowie Durchführung ein eigenständiges Verfahren dar.

Mittelpunkt des Jugendstrafverfahrens ist der noch in der Entwicklung stehende, junge Mensch. Jugendkriminalität ist in der Regel entwicklungsbedingt, hängt mit dem jugendlichen Alter zusammen. So gut wie alle männlichen, aber auch sehr viele weibliche Jugendliche begehen in dieser Entwicklungsphase Straftaten. Jugendkriminalität ist ubiquitär und hat Normalitätscharakter. Es ist normal, dass Jugendliche und Heranwachsende häufiger strafjustiziell auffallen als Erwachsene.

Im Zweiten Periodischen Sicherheitsbericht der Bundesregierung aus dem Jahr 2006 heißt es:

> „Delinquentes Verhalten bei jungen Menschen ist, nach gesicherten Erkenntnissen nationaler wie auch internationaler jugendkriminologischer Forschung, weit überwiegend als episodenhaftes, d.h. auf einen bestimmten Entwicklungsabschnitt beschränktes, ubiquitäres, d.h. in allen sozialen Schichten vorkommendes, und zudem im statistischen Sinne normales, d.h. bei der weit überwiegenden Mehrzahl junger Menschen auftretendes Phänomen zu bezeichnen.
>
> Jugendliche Delinquenz ist insofern nicht per se Indikator einer dahinterliegenden Störung oder eines Erziehungsdefizits. Im Prozess des Normlernens ist eine zeitweilige Normabweichung in Form von strafbaren Verhaltensweisen zu erwarten. Dies hängt mit zentralen Entwicklungsaufgaben des Jugendalters, nämlich der Herstellung sozialer Autonomie, sozialer Integration und Identitätsbildung, zusammen. Damit ist Normübertretung ein notwendiges Begleitphänomen im Prozess der Entwicklung einer individuellen und sozialen Identität. Es ist von einem Kontinuum auszugehen, an dessen einem Ende die massenhafte und gelegentliche Begehung von Straftaten durch junge Menschen steht, quasi der Pol der Normalität, und an dessen anderem Ende sich die nur selten auftretende, länger andauernde und gehäufte Begehung schwerer Straftaten befindet."[3]

Die letzte Tätergruppe der so genannten Intensivtäter ist das Problem! Das Jugendgerichtsgesetz stellt entsprechend den erheblichen Unterschieden in Entwicklung, Umwelt- und Tatgewicht eine Auswahl verschiedenster Reaktionsmittel (Erziehungsmaßregeln, Zuchtmittel, 27er-Entscheidung, Jugendstrafe, Maßregeln der Besserung und Sicherung) zur Verfügung, wobei als Maßregel der Besserung und Sicherung nur die Unterbringung in einem psychiatrischen Krankenhaus oder einer Erziehungsanstalt, die Führungsaufsicht oder – in der Praxis sehr bedeutsam – die Entziehung der Fahrer-

---

1   Veröffentlicht in ZJJ 2010, 183 ff.
2   Siehe zur Zulässigkeit Rn. 68.
3   Zweiter Periodischer Sicherheitsbericht, 2006, S. 357, 358.

laubnis angeordnet werden können (§ 7 Abs. 1 JGG). Sicherungsverwahrung kann sowohl bei Anwendung des Jugendstrafrechts (vgl. § 7 Abs. 2–4 JGG) als auch bei der Anwendung des Erwachsenenstrafrechts bei Heranwachsenden (vgl. § 106 Abs. 3 Satz 1, Abs. 4 JGG) nur nachträglich angeordnet bzw. vorbehalten werden (§ 106 Abs. 3 Satz 2 JGG). Auch das Absehen von Strafe gem. § 60 StGB sowie gem. § 29 Abs. 5 BtMG (!) kommt in Betracht. Die Einstellungsmöglichkeiten sind im Jugendstrafrecht gegenüber dem Erwachsenenstrafrecht ausgeweitet (§§ 45, 47 JGG). Bei der Auswahl der Sanktionen ist das Jugendgericht nicht an den Strafrahmen des allgemeinen Strafrechts gebunden. Das Ziel des Jugendstrafrechts hat der Gesetzgeber mit § 2 Abs. 1 JGG vorgegeben:

> § 2 JGG Ziel des Jugendstrafrechts
> (1) Die Anwendung des Jugendstrafrechts soll vor allem erneuten Straftaten eines Jugendlichen oder Heranwachsenden entgegenwirken. Um dieses Ziel zu erreichen, sind die Rechtsfolgen und unter Beachtung des elterlichen Erziehungsrechts auch das Verfahren vorrangig am Erziehungsgedanken auszurichten.

Diese Zielsetzung weicht von den Zielen des Erwachsenenstrafrechts ab, d. h. Schuldausgleich und Vergeltung (§ 46 Abs. 1 StGB) sowie Generalprävention haben im Jugendstrafrecht keine Bedeutung (zur Ausnahme bei einer Jugendstrafe wegen Schwere der Schuld siehe unten Abschnitt F I c). Entscheidend ist somit die Frage, wie reagiert werden muss, um durch positive Einflussnahmen weitere Kriminalität zu verhindern (Individualprävention). Die Beantwortung dieser Frage setzt nicht nur eine Einfühlung in die Welt der Jugendlichen/Heranwachsenden voraus, sondern fordert in gleicher Weise die Umsetzung kriminologischer Erkenntnisse. Hierzu hat die Sanktionsforschung gezeigt, dass stationäre Sanktionen (Arrest, Jugendstrafe, stationäre Maßregeln) häufig, ja in der Regel weniger Präventionserfolge versprechen als ambulante Sanktionen; allerdings kann das Sicherheitsinteresse der Gesellschaft gebieten, auf solche stationären Sanktionen nicht zu verzichten. Im Rahmen der ambulanten Sanktionen sind sozialpädagogische Angebote der Jugendgerichtshilfe wie Betreuungsweisungen, Täter-Opfer-Ausgleich, soziale Trainingskurse vorab zu bedenken. Als erstes ist immer zu prüfen, ob ein förmliches Verfahren mit Hauptverhandlung und Urteilsverkündung notwendig ist, ob nicht im Rahmen der §§ 45, 47 JGG vernünftiger und angemessener reagiert werden kann. Auch in der Hauptverhandlung ist vorab die Einstellung des Verfahrens gem. § 47 JGG zu prüfen. Um einen Eintrag in das Erziehungsregister zu vermeiden, kommt auch eine isolierte Einstellung gem. § 153 StPO in Betracht[4]. Auf die **Diversionsrichtlinien** der Bundesländer mit Ausnahme Bayerns[5] sei ausdrücklich verwiesen.

Gem. § 2 Abs. 1 S. 2 JGG kommt der Verfahrensgestaltung eine besondere Bedeutung zu. Dies erfordert eine **jugendspezifische Kommunikation** und eine **sozialkompensatorische Ansprache**, ohne sich bei den Angeklagten anzubiedern. Der jugendliche und heranwachsende Angeklagte ist in seiner Subjektrolle ernst zu nehmen, das Duzen ist regelmäßig nicht angebracht. Anwesende Eltern sind über die Beachtung ihrer formellen Rechtsposition hinaus (s. Abschnitt J VII.) mit anzusprechen.

Diese Anleitung soll insbesondere den Referendaren, die sich im ersten Ausbildungsjahr befinden, und all denjenigen, die in der Materie des Jugendstrafrechts noch ungeübt sind, Hinweise und Anregungen geben. Hierzu wurden die wichtigsten Regelungen

---

4 Umstr., siehe Rn. 117.
5 Fundstellen bei Ostendorf/*Sommerfeld/Schady* Grdl. z. §§ 45 und 47 Rn. 8.

Anhang 3: Anleitung für Sitzungsvertreter der Staatsanwaltschaft

entsprechend der Vorgehensweise der Staatsanwaltschaft zusammengestellt. Anmerkungen zu den einzelnen Regelungen sind *kursiv* gedruckt.

Hierbei wird davon ausgegangen, dass Referendare zu Ausbildungszwecken den Sitzungsdienst in der Hauptverhandlung wahrnehmen dürfen, was nicht unbestritten ist[6].

Weil das Schwergewicht der Tätigkeit des Sitzungsvertreters bei seinem Schlussvortrag (§ 258 Abs. 1 StPO) liegt, sind diesem auch die meisten Abschnitte gewidmet. Um die Übersichtlichkeit der Anleitung zu erhalten, sind im Folgenden nur diejenigen Tatfolgen dargestellt, die bei Anwendung des **Jugendstrafrechts** zum Zuge kommen können.

Der Sitzungsvertreter sollte sich vor der Hauptverhandlung aber auch mit dem dritten Abschnitt des Allgemeinen Teils des StGB (§§ 38 ff.) befassen, um darauf vorbereitet zu sein, Anträge nach dem **allgemeinen Strafrecht** stellen zu können. Die Situation tritt ein, wenn zusammen mit Jugendlichen und Heranwachsenden auch über 21 Jahre alte Personen angeklagt sind oder wenn bei Heranwachsenden das Jugendstrafrecht nicht anzuwenden ist (§ 105 JGG).

ABSCHNITT A
Anwendungsbereich des Jugendgerichtsgesetzes

Nach der Beweisaufnahme hat der Sitzungsvertreter/die Sitzungsvertreterin den Sachverhalt kurz zusammengefasst darzustellen und rechtlich zu würdigen. Wenn eine Straftat als erwiesen angesehen wird, ist als nächstes bei Jugendlichen § 3 JGG zu erörtern, bei Heranwachsenden sind Ausführungen darüber zu machen, ob Jugendstrafrecht oder allgemeines Strafrecht zur Anwendung kommt (§ 105 Abs. 1 JGG).

I. Auf einen **Jugendlichen** (= zur Tatzeit 14, aber noch nicht 18 Jahre alt) werden stets die Bestimmungen des Jugendgerichtsgesetzes angewendet.

Die strafrechtliche Verantwortlichkeit des Jugendlichen ist in jedem einzelnen Fall zu prüfen[7].

Ein Jugendlicher ist nur „strafmündig", wenn er zur Tatzeit „nach seiner sittlichen und geistigen Entwicklung reif genug ist, das Unrecht der Tat einzusehen und nach dieser Einsicht zu handeln" (§ 3 S. 1 JGG). Anders ausgedrückt: wenn ihm bewusst ist, dass er etwas Verbotenes tut und wenn er die erforderliche Widerstandsfähigkeit gegen den Anreiz der Tat aufbringen kann, ist er strafrechtlich verantwortlich. Stellt sich in der Hauptverhandlung mangelnde Reife des Jugendlichen heraus, so ist einzustellen (§ 47 Abs. 1 Nr. 3 JGG) oder freizusprechen. Bei der Entscheidung zwischen diesen Verfahrensreaktionen ist zu beachten, dass die Einstellung gem. § 47 JGG in das Erziehungsregister eingetragen wird. Immer ist darauf zu achten, dass bei der Erörterung der Verantwortlichkeit der Angeklagte nicht herabgewürdigt wird. Bei Bejahung des § 3 JGG kommt ausnahmsweise noch die Prüfung des § 20 StGB in Betracht, wenn entsprechende Hinweise für eine geistig-psychische Schuldfähigkeit vorliegen. Wenn die strafrechtliche Verantwortlichkeit sowohl gem. § 3 JGG als auch gem. § 20 StGB zu verneinen ist, kommen primär familiengerichtliche Maßnahmen in Betracht (umstr.), wobei der Jugendrichter generell nicht die Unterbringung in einem psychiatrischen Krankenhaus anordnen darf (§ 39 Abs. 2 JGG; s. auch unten Abschnitt B I.7.)

---

6 Abl. *Eisenberg* § 36 Rn. 14; nur unter Aufsicht eines Staatsanwalts *Brunner/Dölling* § 36 Rn. 3a; D/S/S-*Diemer* § 36 Rn. 7; bejahend Ostendorf/*Schady* § 36 Rn. 7.
7 OLG Hamm ZJJ 2005, 447.

II. Ein **Heranwachsender** (zur Tatzeit 18, aber noch nicht 21 Jahre alt) ist grundsätzlich „strafmündig".

Seine Verantwortlichkeit wird nicht nach § 3 JGG, sondern nach den allgemeinen Vorschriften – §§ 20, 21 StGB – beurteilt.

Begeht ein Heranwachsender eine rechtswidrige Tat, so werden die **Sanktionsvorschriften des JGG** unter den bestimmten Voraussetzungen des **§ 105 JGG** angewendet. Liegen diese Voraussetzungen nicht vor, kommt das allgemeine Strafrecht zum Zuge. Die Hauptverhandlung findet in jedem Fall vor dem Jugendgericht statt (zu den Verfahrensvorschriften im Einzelnen siehe § 109 JGG).

Anwendung der JGG-Vorschriften auf einen Heranwachsenden ist dann geboten, wenn

a) die Gesamtwürdigkeit der Persönlichkeit des Täters bei Berücksichtigung auch der Umweltbedingungen ergibt, dass er z. Zt. der Tat nach seiner sittlichen und geistigen Entwicklung noch einem Jugendlichen gleichstand, oder

b) es sich nach der Art, den Umständen oder den Beweggründen der Tat um eine Jugendverfehlung handelt (§ 105 Abs. 1 JGG).

Anm. zu a):
Folgende Reifekriterien sind zu berücksichtigen:

- *Realistische Lebensplanung (versus Leben im Augenblick)*
- *Ernsthafte (versus spielerische) Einstellung gegenüber Arbeit und Schule*
- *Realistische Alltagsbewältigung (versus Tagträumen, abenteuerliches Handeln, Hineinleben in selbstwerterhöhende Rollen)*
- *Eigenständigkeit gegenüber den Eltern (versus starkes Anlehnungsbedürfnis und Hilflosigkeit)*
- *Eigenständigkeit gegenüber peers und Partnern (versus starkes Anlehnungsbedürfnis und Hilflosigkeit)*
- *Gleichaltrige oder ältere (versus überwiegend jüngere) Freunde*
- *Bindungsfähigkeit und Problembewusstsein für Integration von Eros und Sexus (versus Labilität in den mitmenschlichen Beziehungen oder Bindungsschwäche)*
- *Konsistente, berechenbare Stimmungslage (versus jugendliche Stimmungswechsel ohne adäquaten Anlass).*

Wie bei § 3 ist die Entwicklungsreife für den Zeitpunkt der Tat zu bestimmen; damit darf nicht das Auftreten in der Hauptverhandlung Maßstab sein, entscheidend ist die „Tatzeitpersönlichkeit".

Letztlich ist eine Gesamtwürdigung aller Umstände vorzunehmen, die für und gegen eine Erwachsenenreife sprechen, wobei auch aus der Tat entsprechende Folgerungen gezogen werden können. Es ist somit nicht nur unzulässig, einen Umstand isoliert zu würdigen, sondern jeder Umstand selbst muss auch auf Hinweise in beide Richtungen untersucht werden. So kann eine feste persönliche Beziehung ein Zeichen für Erwachsenenselbstständigkeit sein; gleichzeitig kann aber eine frühe Eheschließung bzw. Partnerbindung auch ein jugendliches Streben dokumentieren, als Erwachsener zu gelten oder eigene Unsicherheiten zu überwinden, kann auch jugendlicher Protest gegen das Elternhaus sein. Auch reicht es für die Annahme des Erwachsenenstatus nicht aus, dass der Heranwachsende „nach ordnungsgemäßem Schul- und Lehrabschluss einer geregelten Arbeit nachgehe". Gerade angesichts hoher Arbeitslosigkeit kann ein solcher Lebenslauf normal sein, d. h. kein Beweis für eine besondere Reife.

Gerade bei ausländischen Heranwachsenden, die in einen Kulturkonflikt hineingeboren bzw. hineingestellt wurden, kann eine solche Reife zu verneinen sein, auch wenn gerade südländische Heranwachsende nach außen häufiger älter oder erwachsener erscheinen als gleichaltrige Deutsche.

Anm. zu b): Jede Straftat kann eine Jugendverfehlung sein, wenn sie sich nach der Art, den Umständen oder den Beweggründen als ein Verhalten offenbart, das für einen Jugendlichen charakteristisch ist. Der BGH formuliert (in einem Fall der Kfz-Entwendung allein zur Spazierfahrt unter dem Einfluss schlechter Freunde): „Eine Jugendverfehlung liegt u.a. dann vor, wenn die Tat ihrem äußeren Erscheinungsbild nach kennzeichnend für Verfehlungen ist, wie sie bei Jugendlichen oft vorkommen." Andererseits spricht nicht gegen die Einstufung als Jugendverfehlung, wenn auch Erwachsene derartige Delikte verüben[8]*.*

*Anm. zu a) und b): Bleiben nach der Beweisaufnahme Zweifel, ob Jugendstrafrecht oder allgemeines Strafrecht anzuwenden ist, ist dem **Jugendstrafrecht** wegen seiner reichen Auswahl und großen Anpassungsfähigkeit der Vorzug zu geben, zumal seine ungerechtfertigte Anwendung – im Gegensatz zum umgekehrten Fall – grundsätzlich nicht schadet*[9]*. Die Beachtung des Grundsatzes „in dubio pro reo" führt allerdings nicht zur Anwendung des Jugendstrafrechts, wenn das Verfahren eingestellt werden soll, da Einstellungen gem. den §§ 153, 153a StPO nicht in das Zentralregister eingetragen werden; wohl aber werden Einstellungen gem. den §§ 45, 47 JGG in das Erziehungsregister eingetragen.*

ABSCHNITT B
Umfang der Sanktionsbefugnis des Jugendgerichts

I. Wenn **Anklage** erhoben ist und **Jugendstrafrecht** zur Anwendung kommt, darf der Jugendrichter als Einzelrichter gem. § 39 JGG:

1. Erziehungsmaßregeln anordnen (§§ 9–12 JGG),
2. Zuchtmittel verhängen (§§ 13–16 JGG),
3. Jugendstrafe bis zu 1 Jahr – mit oder ohne Aussetzung zur Bewährung – verhängen (§§ 17, 18, 21 ff. i. V. m. § 39 Abs. 2 JGG),
4. die Entscheidung über die Verhängung einer Jugendstrafe zur Bewährung aussetzen (§§ 27–29 JGG),
5. folgende Maßregeln der Besserung und Sicherung anordnen (§§ 7, 39 Abs. 2 JGG):
    a) Unterbringung in einer Entziehungsanstalt (§§ 61 Nr. 2, 64 StGB),
    b) Führungsaufsicht (§§ 61 Nr. 4, 68 ff. StGB),
    c) Entziehung der Fahrerlaubnis (§§ 61 Nr. 5, 69, 69a StGB),
6. weitere Rechtsfolgen der Tat aussprechen, z. B. Verfall und Einziehung (§ 73 ff. StGB) und – wichtig – das Fahrverbot (§ 44 StGB).
7. Dagegen darf er **nicht** die Unterbringung in einem psychiatrischen Krankenhaus anordnen (§ 39 Abs. 2 JGG; zum Ausschluss weiterer Maßnahmen siehe § 6 JGG).

---

[8] Siehe BGHSt 8, 90; BayObLG GA 1984, 477.
[9] So BGHSt 12, 116; BGH StV 1982, 27; BGH StV 1984, 254.

Sollte Jugendstrafe von mehr als 1 Jahr in Betracht kommt, ist Verweisung an das Jugendschöffengericht zu beantragen.

Für das Jugendschöffengericht, erst recht für die Jugendkammer gibt es keine Begrenzung in der Sanktionskompetenz, d. h. es können alle nach dem JGG zulässigen Sanktionen bis zum Höchstmaß ausgesprochen werden.

II. Wenn **Anklage** erhoben ist und **allgemeines** Strafrecht zur Anwendung kommt, dürfen der Jugendrichter und das Jugendschöffengericht

1. auf Freiheitsstrafe – mit oder ohne Aussetzung zur Bewährung – bis zu 4 Jahre erkennen (§ 24 Abs. 2 GVG),
2. Geldstrafe verhängen, wobei es hier keine Begrenzung gibt.

III. Wenn Antrag auf Entscheidung im **vereinfachten** Jugendstrafverfahren gem. § 76 ff. JGG gestellt ist (nur gegen Jugendliche und nur beim Jugendrichter möglich!), darf der Jugendrichter gem. §§ 76 Satz 1, 78 Abs. 1 JGG)

1. Weisungen erteilen (§§ 10, 11 JGG),
2. Hilfe zur Erziehung in der Form der Erziehungsbeistandschaft (§ 12 Nr. 1 JGG) anordnen,
3. Zuchtmittel verhängen (§§ 13–16 JGG),
4. die 27er-Entscheidung treffen[10],
5. die Fahrerlaubnis entziehen (§§ 69, 69a StGB),
6. weitere Rechtsfolgen der Tat aussprechen: in der Praxis kommen Kfz-Fahrverbot (§ 44 StGB) und Verfall/Einziehung (§§ 73 ff. StGB) in Frage.

W i c h t i g : Jugendstrafe darf also **nicht** verhängt werden! Auch dürfen keine Hilfe zur Erziehung im Sinne des § 12 Nr. 2 JGG sowie die Unterbringung in einer Entziehungsanstalt angeordnet werden (§ 78 Abs. 1 Satz 2 JGG).

IV. Wenn Antrag auf Aburteilung im **beschleunigten** Verfahren gem. §§ 417 ff. StPO gestellt ist (nur gegen Heranwachsende zulässig, siehe §§ 79 Abs. 2, 109 Abs. 2 Satz 1 JGG) und **Jugendstrafrecht** zur Anwendung kommt, haben der Jugendrichter und das Jugendschöffengericht dieselben Befugnisse wie oben Ziff. I, 1–6, allerdings mit zwei Ausnahmen. Das Jugendgericht darf **nicht**

a) die Unterbringung in einer Entziehungsanstalt und

b) Führungsaufsicht anordnen (§ 419 Abs. 1 Satz 2, 3 StPO).

Auch darf keine Freiheitsstrafe über einem Jahr verhängt werden, Jugendstrafe bis zu 1 Jahr ist also möglich.

V. Wenn Antrag auf Aburteilung im **beschleunigten** Verfahren gem. §§ 417 ff. StPO gestellt ist und **allgemeines** Strafrecht zur Anwendung kommt, darf das Jugendgericht

1. auf Freiheitsstrafe bis zu 1 Jahr erkennen (mit oder ohne Aussetzung zur Bewährung),
2. Geldstrafe verhängen, wobei es n i c h t auf deren Höhe ankommt,
3. die Fahrerlaubnis entziehen (§ 69, 69a StGB),
4. weitere Rechtsfolgen der Tat aussprechen, nämlich wie oben Ziff. I 6.

---

10 Umstr.; siehe Rn. 146.

ABSCHNITT C
Die Erziehungsmaßregeln (§§ 9–21 JGG)

Wenn der Sitzungsvertreter zu der Auffassung gelangt ist, dass **Jugendstrafrecht** anzuwenden ist und er diese Auffassung im Plädoyer begründet hat, wird er als nächstes darzulegen haben, ob und in welchem Umfang

- Erziehungsmaßregeln (§§ 9–21 JGG),
- Zuchtmittel (§§ 13–16 JGG),
- Jugendstrafe, ggf. mit Aussetzung zur Bewährung (§§ 17–24 JGG) oder
- Aussetzung der Verhängung der Jugendstrafe (§§ 27–29 JGG) in Frage kommen.

Eine gewisse Orientierung für die Sanktionsauswahl gibt § 5 JGG. Entscheidend ist, welche Sanktionierung im Hinblick auf das angestrebte Ziel, für die Zukunft eine Straftatwiederholung zu verhindern, notwendig, geeignet und angemessen ist. Der Stellungnahme der JGH zur Sanktionierung kommt hierbei besondere Bedeutung zu. Vorab ist die Einstellung gem. § 47 JGG zu bedenken.

Obwohl der Gesetzgeber den Begriff der Erziehungsmaßregeln verwendet, handelt es sich um Strafsanktionen, die zum Teil eingriffsintensiver sein können als die so genannten „Zuchtmittel". Es geht auch nicht um eine Erziehung, sondern um jugendadäquate Reaktionen auf eine Straftat zur Verhinderung einer Wiederholung. Es gilt nicht, Erziehungsmängel im Allgemeinen auszuräumen, wobei grundsätzlich fraglich ist, ob mit strafjustiziellen Mitteln solche Erziehungsdefizite ausgeglichen werden können. Es ist daher auch hier zu fragen, ob eine Wiederholungsgefahr besteht und welche Maßnahmen getroffen werden müssen, um einer so prognostizierten Wiederholungsgefahr zu begegnen. Wegen der besonderen Eingriffsmöglichkeiten in die Privatsphäre des jungen Menschen ist gem. § 10 Abs. 1 Satz 2 JGG darauf zu achten, dass keine unzumutbaren Anforderungen gestellt werden.

I. Weisungen (§ 10 JGG)

„Gebote und Verbote, welche die Lebensführung des Jugendlichen regeln und dadurch seine Erziehung fördern und sichern sollen" (§ 10 Abs. 1 Satz 1 JGG); kein abschließender Katalog, weitere Weisungen können erteilt werden.

Die Laufzeit der Weisungen darf 2 Jahre nicht überschreiten (§ 11 Abs. 1 Satz 2 JGG)! Dies ist eine Höchstgrenze; zuvor ist das Verhältnismäßigkeitsprinzip zu beachten.

Weisungen müssen klare und eindeutige Anweisungen darstellen und kontrollierbar sein. Als Weisungen kommen insbesondere in Frage:

1. Einen bestimmten Aufenthaltsort zu nehmen, bei einer Familie oder in einem Heim zu wohnen, eine Ausbildung oder Arbeitsstelle aufzunehmen.
   Die Rechte der Erziehungsberechtigten sowie die finanziellen Auswirkungen sind zu beachten.
2. Arbeitsleistungen (in Stunden) zu erbringen: nach besonderer Weisung des Jugendamtes.
   Hier ist besonders darauf zu achten, dass die Angemessenheit gewahrt bleibt, auch bei Arbeitslosen.
3. An einem Verkehrsunterricht teilzunehmen.

4. Sich der Betreuung und Aufsicht einer bestimmten Person zu unterstellen (Betreuungsweisung) oder an einem sozialen Trainingskurs teilzunehmen.
5. Sich zu **bemühen,** einen Ausgleich mit dem Verletzten zu erreichen (Täter-Opfer-Ausgleich).

Anm. zu 4. und 5.: Diese mit dem Ersten Gesetz zur Änderung des Jugendgerichtsgesetzes eingeführten Weisungen wurden als neue ambulante Maßnahmen bezeichnet; ihnen wird allgemein eine besondere Bedeutung im Hinblick auf sinnvolles Reagieren auf jugendliche Straftaten zugemessen. Bei materiellen Schäden ist für den Täter-Opfer-Ausgleich die Höhe des Schadens möglichst zu konkretisieren. Sofern ein Täter-Opfer-Ausgleich bereits vor der Hauptverhandlung durchgeführt wurde, ist zu prüfen, wieweit das Verfahren nunmehr gem. § 47 Abs. 1 Nr. 2 JGG eingestellt werden kann (zur staatsanwaltschaftlichen Diversion nach § 45 JGG vgl. Einleitung). Gem. § 155a StPO haben StA und Gericht in jedem Stadium des Verfahrens den Täter-Opfer-Ausgleich zu prüfen und in geeigneten Fällen darauf hinzuwirken.

II. Hilfe zur Erziehung (§ 12 JGG)

Die Anwendung dieser Bestimmung hängt von dem praktischen Angebot ab. Ihre Wirkung ist tendenziell stärker als soziale Trainingskurse und Betreuungsweisungen. Diese sind deshalb vorab zu bedenken. Die Fürsorgeerziehung ist abgeschafft (!). Entgegen der so genannten Steuerungsverantwortung der Jugendhilfe gem. § 36a SGB VIII ist hier nur eine Anhörung geboten (siehe hierzu auch unten Abschnitt J VI.).

**ABSCHNITT D
Die Zuchtmittel (§§ 13–16 JGG)**

Erst dieser zweiten Sanktionsgruppe wird allgemein ein repressiver Charakter zuerkannt, ohne bereits die Wirkung einer echten Kriminalstrafe zu haben (§ 13 Abs. 3 JGG). Dieses repressive Element wird ausdrücklich in § 13 Abs. 1 Satz 1 JGG ausgesprochen, das aber im Falle der Verwarnung nur Symbolcharakter hat. Nichtsdestotrotz bleibt das Ziel aller jugendstrafrechtlichen Sanktionen maßgebend, durch Individualprävention eine Wiederholung der Tat zu verhindern. Mit den Zuchtmitteln wird lediglich auch die negative Individualprävention im Sinne der individuellen Abschreckung („Denkzettel") erlaubt, die insbesondere mit der Geldbuße und dem Arrest verwirklicht wird. Beim Antrag, einen Arrest anzuordnen, ist die hohe Rückfallquote (60-70 %) zu beachten. Diese zusätzliche Zielsetzung steht aber an zweiter Stelle, primär gilt auch hier die positive Individualprävention. Eine generalpräventive Zielsetzung ist ausgeschlossen[11]. *Auch hier ist § 47 JGG vorab zu bedenken.*

I. Verwarnung (§ 14 JGG)

Dann, wenn eine förmliche Zurechtweisung des Jugendlichen angezeigt und ausreichend ist (Nr. 1 RiJGG zu § 14), wobei bereits mit dem Ermittlungsverfahren sowie mit der Hauptverhandlung auf den Angeklagten eingewirkt wird.

II. Auflagen (§ 15 JGG)

Im Gegensatz zu Weisungen besteht hier ein abschließender Katalog, in Frage kommen deshalb nur:

---

11 H.M.; siehe Ostendorf/*Ostendorf* Grdl. z. §§ 13–16, Rn. 4.

1. Wiedergutmachung des Schadens
   Auch: Arbeitsleistungen für den Geschädigten (Nr. 1 RiJGG zu § 15) sowie immaterieller Schadensausgleich (Schmerzensgeld).
2. persönliche Entschuldigung beim Verletzten
   Nach Möglichkeit im Anschluss an die Hauptverhandlung; da eine aufoktroyierte Entschuldigung keine wahre Entschuldigung ist, sollte diese Auflage nur sehr zurückhaltend angeordnet werden.
3. Arbeitsleistungen zu erbringen
   Diese Auflage ist mit dem Ersten Änderungsgesetz zum JGG neben der Möglichkeit, eine entsprechende Weisung als Erziehungsmaßregel auszusprechen, eingeführt worden; vor dem Einsatz des Zuchtmittels ist immer zu prüfen, ob die Erziehungsmaßregel ausreichend ist.
4. Zahlung eines Geldbetrages zugunsten einer gemeinnützigen Einrichtung
   Nur, „wenn der Jugendliche eine leichte Verfehlung begangen hat und anzunehmen ist, dass er den Geldbetrag aus Mitteln zahlt, über die er selbstständig verfügen darf, oder wenn dem Jugendlichen der Gewinn, den er aus der Tat erlangt, oder das Entgelt, das er für sie erhalten hat, entzogen werden soll" (§ 15 Abs. 2 JGG). Aus erzieherischen Gründen sollte die Zahlung zugunsten einer solchen gemeinnützigen Einrichtung erfolgen, die der „Betreuung der gefährdeten oder straffälligen Jugend" dient.

A c h t u n g! Das JGG kennt keine **Geldstrafe!** Eine Geldbuße darf aber nicht höher als eine bei Anwendung des Erwachsenenstrafrechts verhängte Geldstrafe ausfallen.

III. Jugendarrest (§ 16 JGG)

Aus der Begründung zum Entwurf eines Ersten Gesetzes zur Änderung des JGG (BR-Drucks. 464/89, S. 49): „Der Arrest und seine Anordnungspraxis gehören zu den umstrittensten Themen der Jugendstrafrechtspflege. Verschiedene Vorschläge zur Verbesserung der Situation sind im Laufe der Jahre gemacht worden. Auch in jüngerer Zeit wird immer wieder eine Änderung des Jugendarrestsystems gefordert. Während Schumann in einer 1985 veröffentlichten Untersuchung (Karl F. Schumann, Jugendarrest und/oder Betreuungsweisung, 1985, Schriftenreihe der Wissenschaftlichen Einheit Kriminalpolitikforschung Universität Bremen) zu dem Ergebnis gelangt, auf den Jugendarrest müsse wegen der hohen Rückfallquote und seiner erzieherischen Unwirksamkeit völlig verzichtet werden, schlägt Eisenhardt in einem 1974 im Auftrag des Bundesministeriums der Justiz erstellten Gutachten – ergänzt durch ein im April 1988 erstelltes Gutachten – (Thilo Eisenhardt, Gutachten über kriminalpolitische und kriminalpädagogische Zweckmäßigkeit und Wirksamkeit des Jugendarrests, August 1974) eine Neuorientierung in der Ausgestaltung des Jugendarrestes vor, die insbesondere die Bedürfnisse der Arrestanten stärker berücksichtigen müsse; die vielfach anzutreffende bloße Einschließung der Jugendlichen rechtfertige die Beibehaltung des Jugendarrestes nicht. Pfeiffer (Christian Pfeiffer, Jugendarrest – für wen eigentlich, MSchrKrim. 1981, 28 ff.) weist ergänzend u. a. darauf hin, dass gerade besonders gefährdete Jugendliche zu Jugendarrest verurteilt würden, deren ohnehin negatives Selbstbild sich im Arrest weiter verschlechtere, weil eine ihren Defiziten entsprechende Betreuung und Problemaufarbeitung nicht stattfinde."

Nach § 16 JGG ist der Arrest möglich als
1. Freizeitarrest (eine Freizeit oder zwei Freizeiten)
2. Kurzarrest (zwei – vier Tage)
3. Dauerarrest (eine Woche – vier Wochen).

Trotz aller Bemühungen in den Arrestanstalten sind mit Rücksicht auf den Verhältnismäßigkeitsgrundsatz und grundsätzliche Einwände gegen einen kurzzeitigen Freiheitsentzug vor Anordnung eines Arrestes alle ambulanten Sanktionsmöglichkeiten, insbesondere die sog. neuen ambulanten Maßnahmen (siehe CI, 4, 5) auszuschöpfen. Demgegenüber hat der Gesetzgeber mit § 16a JGG den Anwendungsbereich des Arrestes ausgedehnt. Die restriktiven gesetzlichen Vorgaben sind zu beachten.

A c h t u n g ! Beim Jugendarrest gibt es **keine** Aussetzung zur Bewährung!

Die Anrechnung der Untersuchungshaft ist zu prüfen (§ 52 JGG)!

ABSCHNITT E
Aussetzung der Verhängung der Jugendstrafe (§§ 27–29 JGG)

Schuldspruch nach § 27 JGG mit einer Bewährungszeit von mindestens 1 Jahr, höchstens 2 Jahren.

Systematische Einordnung: Die Entscheidung gem. § 27 JGG ist eine eigenständige Sanktion, die zwischen den Zuchtmitteln und der Verhängung einer Jugendstrafe zur Bewährung einzuordnen ist.

Voraussetzungen:

- *Die Tatschuld muss erwiesen sein.*
- *Es müssen Hinweise auf „schädliche Neigungen" bestehen, ohne dass schon ein abschließendes Urteil gebildet werden kann.*

    Alternative, eingriffsmildernde Sanktionen als Jugendstrafe scheiden aus. Allerdings können mit der Anordnung der Bewährung Weisungen und Auflagen gemacht werden; ein Jugendarrest darf ausnahmsweise[12] als sog. Warnschussarrest angeordnet werden.

W i c h t i g : Wenn eine Schwere der Schuld gem. § 17 Abs. 2 JGG angenommen wird, scheidet diese Sanktionsart aus.

Eine Anrechnung von Untersuchungshaft ist nur im sog. Nachverfahren, wenn Jugendstrafe verhängt wird, möglich.

Wie bei der Strafaussetzung zur Bewährung gem. den §§ 21 ff. JGG kann auch hier die Betreuung durch den Bewährungshelfer auf eine kürzere Zeit als die Gesamtdauer der Bewährungszeit festgesetzt werden, was aber tunlichst unterbleiben sollte, um die Bewährung nicht zu gefährden (siehe unten Abschnitt F II.).

ABSCHNITT F
Die Jugendstrafe (§§ 17–24 JGG)

Die Jugendstrafe ist die einzige Sanktion des Jugendgerichtsgesetzes mit explizitem Strafcharakter. Dementsprechend erfolgt eine Eintragung ins Zentralregister (§ 4 Nr. 1

---

12 Siehe Rn. 208 ff.

BZRG) *und nicht nur ins Erziehungsregister. Die Problematik des Erziehungsstrafrechts im allgemeinen kulminiert in dieser schärfsten Reaktion auf Straftaten Jugendlicher und Heranwachsender, weil in der Praxis, d. h. im Jugendstrafvollzug, häufig, wenn nicht überwiegend ein solcher Anspruch nicht eingelöst werden kann. Nach verschiedenen sozialwissenschaftlichen Untersuchungen betragen die Rückfallquoten zwischen 60 und 80 %*[13]. *Das OLG Schleswig hat in einer vielbeachteten Entscheidung die Verfassungsmäßigkeit der Jugendstrafe gerade noch bejaht*[14]. *Häufig gilt, dass nur die Sicherungsinteressen der Gesellschaft auf eine gewisse Zeit mit der Verhängung einer Jugendstrafe zu befriedigen sind.*

I. Jugendstrafe von bestimmter Dauer (§§ 17, 18 JGG)

mindestens: sechs Monate

höchstens: fünf Jahre

ausnahmsweise: zehn Jahre

a) *Vorbemerkungen*

Das JGG gibt keine Möglichkeit einer Freiheitsentziehung zwischen vier Wochen (Jugendarrest) und sechs Monaten (Jugendstrafe). Das gesetzliche Mindestmaß der Jugendstrafe beruht auf der Erkenntnis, dass in einem Zeitraum von weniger als sechs Monaten eine wirksame Einwirkung auf den Verurteilten im Allgemeinen nicht möglich ist, wobei dann häufig die negativen Einflüsse die positiven Einflussnahmen überwiegen.

b) *Schädliche Neigungen*

Der Begriff der **schädlichen Neigungen** *ist mehr als problematisch. Eine Definition des BGH lautet: „Es muss sich mindestens um, sei es anlagebedingte, sei es durch unzulängliche Erziehung oder ungünstige Umwelteinflüsse bedingte, Mängel der Charakterbildung handeln, die ihn – sc. den Angeklagten – in seiner Entwicklung zu einem brauchbaren Glied der sozialen Gemeinschaft gefährdet erscheinen und namentlich befürchten lassen, dass er durch weitere Straftaten deren Ordnung stören werde"*[15]. *Jugendliche Abenteuerlust oder falsch verstandene Kameradschaft sind keine Charaktermängel. Auch die wiederholte Deliktsbegehung ist noch nicht notwendigerweise ein Beweis für solche Mängel, wenngleich hierin ein Indiz gesehen werden kann. Eine Gelegenheits- oder Konfliktskriminalität begründet selbst bei schweren Straftaten nicht die Voraussetzungen „schädliche Neigungen". Es muss somit eine* **persönlichkeitsspezifische Rückfallgefahr**, *und zwar für* **erhebliche Straftaten** *bestehen.*

c) *Schwere der Schuld*

Noch unbestimmter als der Begriff der „schädlichen Neigungen" ist die alternative Voraussetzung für eine Jugendstrafe wegen „Schwere der Schuld". In der Rechtslehre wird von einer Antinomie der Strafzwecke gesprochen[16]. *Der Gesetzgeber hat auf diese Schuldstrafe nicht verzichtet, weil ansonsten eine Freiheitsentziehung Jugendlicher bzw. Heranwachsender nicht möglich wäre, bei denen keine Aussicht auf einen Besserungserfolg besteht. Das könnte aber zu einer Beeinträchtigung des allgemeinen Rechtsbewusstseins führen. Da solche Schädigungen des Rechtsbewusst-*

---

13 Siehe *Dünkel* 1990, 421 ff.; *Jehle u. a.* 2016, 63.
14 Siehe StV 1985, 420.
15 BGH bei *Holtz* MDR 1985, 796.
16 Siehe *Bruns* 1982, 592.

seins schwer feststellbar sind und ansonsten im Jugendstrafrecht keine Berücksichtigung finden, sollte diese Voraussetzung für die Verhängung einer Jugendstrafe nur ausnahmsweise herangezogen werden.

d) Dauer der Jugendstrafe

Gem. § 18 Abs. 2 JGG ist die Jugendstrafe so zu bemessen, dass die erforderliche erzieherische Einwirkung möglich ist. Diese Formulierung darf nicht über die durch Rückfallquoten untermauerten Zweifel an der Eignung eines Erziehungsstrafvollzugs hinwegtäuschen. Zumindest kann nicht festgestellt werden, dass eine längere Jugendstrafe eine größere Aussicht auf Resozialisierung verspricht. Keineswegs darf die Höhe einer Jugendstrafe nach der Dauer von konkret angebotenen Ausbildungsgängen bemessen werden. Die Sanktionshöhe muss in einem angemessenen Verhältnis zur Straftatgröße stehen.

W i c h t i g ist:

- Die Strafrahmen des allgemeinen Strafrechts gelten nicht!
- Eine Untersuchungshaft ist bei Verhängung einer Jugendstrafe regelmäßig gem. § 52a JGG anzurechnen!
- Wenn eine Jugendstrafe über ein Jahr in Betracht kommt, ist die Verweisung an das Jugendschöffengericht zu beantragen (siehe § 39 JGG).

II. Aussetzung der Jugendstrafe zur Bewährung (§§ 21–24 JGG)

Bewährungszeit

mindestens: zwei Jahre

höchstens: drei Jahre.

Gemäß § 21 Abs. 2 JGG ist die Strafaussetzung zur Bewährung für Jugendstrafen auch von mehr als 1 bis zu 2 Jahren – unter den Voraussetzungen des § 21 Abs. 1 JGG – **für den Regelfall bindend vorgeschrieben.**

Als Begründung ist in dem Gesetzentwurf (BR-Drucks. 464/89, S. 53) ausgeführt, dass mit der obligatorischen Bewährungshilfe eine Sanktionsart zur Verfügung steht, die bei bestimmten Voraussetzungen ebenso gut oder sogar besser geeignet ist, den Jugendlichen bzw. Heranwachsenden auf den „geraden" Weg zu bringen als der Vollzug einer Jugendstrafe. Die Einschränkung „wenn nicht die Vollstreckung im Hinblick auf die Entwicklung des Jugendlichen geboten ist" erlaubt keine generalpräventiven Gesichtspunkte.

*Weiterhin ist im § 24 JGG – nicht unproblematisch – die Identität von **Bewährungszeit** und **Dauer der Bewährungshilfe** aufgegeben. In der Praxis sollten aber eher kürzere Bewährungszeiten angeordnet werden als längere Bewährungszeiten ohne eine solche Betreuung. Die Bewährungshilfe hat in der Praxis große Erfolge vorzuweisen, und zwar größere Erfolge als der Strafvollzug, obwohl sie in den letzten Jahren zunehmend schwierigere Probanden zu betreuen hatte und die große Anzahl der Probanden die Betreuung erschwert.*

III. „Vorbewährung"

Gemäß § 57 Abs. 1 Satz 1 JGG kann die Bewährung auch nachträglich, solange der Strafvollzug noch nicht begonnen hat, angeordnet werden. Hieraus hat sich in der Praxis die sog. Vorbewährung herausgebildet, um den Verurteilten bis zum Strafantritt noch eine letzte Chance zu geben. Es müsse hierzu in der Hauptverhandlung nichtüberprüfbare Informationen (z. B. „seit gestern eine Ausbildungsstelle") erfolgt sein; ansonsten ist im Interesse von Rechtsklarheit die sofortige Bewährung vorzuziehen. Der Gesetzgeber hat in den §§ 61–61b diese Praxis legalisiert.[17]

ABSCHNITT G
Verbindung von Sanktionen (§ 8 JGG)

Zulässige Verbindungen

Gem. § 8 JGG ist die Verbindung jugendstrafrechtlicher Sanktionen erlaubt, und zwar ausdrücklich für die Verbindung von Erziehungsmaßregeln mit Zuchtmitteln (Abs. 1 Satz 1) sowie von Jugendstrafe mit Weisungen, Auflagen und mit Erziehungsbeistandschaft (Abs. 2 Satz 1).

Unzulässige Verbindungen

Abweichend vom Grundsatz der Kombinationsmöglichkeit ist ausdrücklich die Verbindung von Hilfe zur Erziehung nach § 12 Nr. 2 JGG mit Jugendarrest untersagt (§ 8 Abs. 1 Satz 2 JGG). Daneben ist die Kombinationsmöglichkeit von Jugendstrafe auf die ausdrücklich genannten Sanktionen eingeschränkt.

Unzweckmäßige Verbindungen

Entgegen der theoretischen Vielfalt der Kombinationsmöglichkeiten ist hiervon in der Praxis nur restriktiv Gebrauch zu machen. Insbesondere lassen sich ambulante Sanktionen regelmäßig nicht mit stationären Sanktionen vereinbaren. Die spezielle Wirkung der einzelnen Sanktion geht häufig bei einer Kombination mit anderen Sanktionen verloren. Auch ist das Übermaßverbot zu beachten; die Verhältnismäßigkeit von Straftat und Sanktion muss auch bei einer Kombination gewahrt werden. Dies gilt insbesondere für die Anordnung eines „Warnschussarrestes" gem. § 16a JGG neben einer Jugendstrafe zur Bewährung oder der „Bewährung vor der Jugendstrafe" gem. § 27 JGG.

ABSCHNITT H
Mehrere Straftaten (§§ 31–32 JGG)

I. Auch wenn ein Jugendlicher/Heranwachsender **mehrere** Straftaten begangen hat, werden nur einheitliche Erziehungsmaßregeln, Zuchtmittel oder eine Jugendstrafe festgesetzt, wobei der Jugendrichter seine Sanktionsbefugnis (siehe oben Abschnitt B) nicht überschreiten darf. Für Heranwachsende gilt dies selbstverständlich nur, wenn Jugendstrafrecht zur Anwendung kommt.

Also w i c h t i g: Ob Tatmehrheit oder Tateinheit, ob eine natürliche Handlungseinheit oder ein Dauerdelikt vorliegt, muss zwar nach den Bestimmungen des allgemeinen Strafrechts festgestellt werden, aber das Jugendstrafrecht kennt nur **eine** Sanktionierung (Einheitsstrafe).

Demzufolge: **keine** Einzelstrafen und Gesamtstrafenbildung wie im allgemeinen Strafrecht (§§ 53, 54 StGB)!

II. Von besonderer Bedeutung in der Praxis ist § 31 Abs. 2 JGG, der – abweichend vom allgemeinen Strafrecht – die Einbeziehung früherer Entscheidungen in das neue Urteil regelt. Folgende Voraussetzungen müssen vorliegen:

a) Die frühere Entscheidung muss rechtskräftig sein.

---
[17] Siehe Rn. 267–269.

(Ein rechtskräftiges Urteil wird im Gegensatz zu § 55 StGB auch einbezogen, wenn die weitere Straftat nach seiner Verkündigung begangen ist.)

b) Die Maßnahmen der früheren Entscheidung dürfen noch nicht vollständig ausgeführt, verbüßt oder erledigt sein.

Beispiele: In anderer Sache läuft noch eine Bewährungsfrist (§§ 21, 22 JGG); aus einem früheren Verfahren ist eine Geldbuße (§ 15 Abs. 1 Nr. 4 JGG) noch nicht voll bezahlt oder eine Arbeitsleistung (§ 10 Abs. 1 Nr. 4, § 15 Abs. 1 Nr. 3 JGG) noch nicht erbracht.

M e r k e: Ist durch das frühere Urteil Jugendstrafe verhängt und die Vollstreckung nach § 21 JGG zur Bewährung ausgesetzt worden, so bedarf es zur Einbeziehung nicht des Widerrufs der Aussetzung. Das gleiche gilt, wenn nach § 88 JGG die Vollstreckung einer Jugendstrafe zur Bewährung ausgesetzt worden ist. Ist in dem früheren Urteil nach § 27 JGG lediglich die Schuld festgestellt worden (siehe oben Abschnitt E), so wird durch die Einbeziehung dieses Urteils auch das ihm zugrundeliegende Verfahren erledigt.

Auch für die unter Einbeziehung gebildete „neue" (Jugend)Strafe gelten die Grenzen der Sanktionsbefugnis des Jugendrichters! Jedoch darf die „neue" Sanktionierung geringer ausfallen als die „alte" Sanktionierung[18]. Der Antrag des Sitzungsvertreters könnte etwa so lauten:

„Ich beantrage, den Angeklagten unter Einbeziehung des Urteils des Jugendgerichts X vom … wegen der dort genannten Taten und wegen Diebstahls in drei Fällen zu einer Betreuungsweisung von sechs Monaten durch das Jugendamt X zu verurteilen. Von der Auferlegung der Kosten und notwendigen Auslagen des Angeklagten sollte gem. § 74 JGG abgesehen werden."

Nur dann, wenn es „aus erzieherischen Gründen zweckmäßig" erscheint, kann davon abgesehen werden, schon abgeurteilte Straftaten in die neue Entscheidung einzubeziehen (§ 31 Abs. 3 JGG). Eine Einheitsstrafe sollte z. B. in folgenden Fällen **nicht** gebildet werden:

a) Wenn die übrig gebliebenen Maßnahmen der früheren Urteile im Vergleich zur Reaktion des neuen Urteils ohne Bedeutung sind; die früheren Maßnahmen können dann nach Maßgabe des § 31 Abs. 3 Satz 2 JGG für erledigt erklärt werden.

b) Wenn die neuen Taten keine selbstständige Bedeutung haben; hier ist ggf. Zustimmung zur Einstellung nach § 15 Abs. 2 StPO zu erwägen.

c) Wenn sich die neue Tat als eine auf einer ganz anderen Ebene liegende Gelegenheitstat oder als ein aus einer besonderen Situation entsprungener Rückfall darstellt. Hier kann der Ausspruch einer neuen Maßnahme angebracht sein, die neben die alte tritt, aber auf sie abgestimmt werden muss.

III. Wenn ein Täter mehrere Straftaten in verschiedenen Alters- und Reifestufen begangen hat, gilt § 32 JGG.

---

18 Siehe BGH StV 1990, 505.

ABSCHNITT J
... und was man außerdem noch in der Hauptverhandlung vor dem Jugendrichter bedenken sollte

I. Nachtragsanklage

Ergeben sich weitere Straftaten des Angeklagten und liegen die Voraussetzungen des § 266 StPO vor, so ist der Sitzungsvertreter zur Erhebung der Nachtragsanklage befugt, sofern die Zuständigkeit des Jugendrichters gewahrt bleibt. Die Nachtragsanklage kann mündlich erhoben, sollte aber schriftlich niedergelegt und dem Gericht als Protokollanlage übergeben werden. Der Sitzungsbericht muss einen Vermerk über die Nachtragsanklage erhalten.

II. Nichtöffentlichkeit der Hauptverhandlung

Der Sitzungsvertreter sollte mit darauf achten, dass die Vorschriften über die Nichtöffentlichkeit der Hauptverhandlung eingehalten werden:

a) Wenn **alle** Angeklagten zur Tatzeit noch nicht 18 Jahre alt waren:

Die Verhandlung ist kraft Gesetzes nicht öffentlich; das gilt auch für die Urteilsverkündung (§ 48 Abs. 1 JGG).

Dasselbe gilt, wenn dem Angeklagten zur Last gelegt wird, **eine** Tat als Jugendlicher und die **übrigen** Taten als Heranwachsender begangen zu haben.

b) Wenn **alle** Angeklagten zur Tatzeit Heranwachsende waren:

Die Verhandlung ist grundsätzlich öffentlich; allerdings **kann** in diesem Fall die Öffentlichkeit – auch für die Urteilsverkündung – ausgeschlossen werden, „wenn dies im Interesse des Heranwachsenden geboten ist" (§ 109 Abs. 1 Satz 4 JGG).

c) Wenn Jugendliche **und** Heranwachsende bzw. Erwachsene angeklagt sind:

Die Verhandlung ist grundsätzlich öffentlich; allerdings **kann** in diesem Fall die Öffentlichkeit – auch für die Urteilsverkündung – ausgeschlossen werden, „wenn dies im Interesse der Erziehung jugendlicher Angeklagter geboten ist" (§ 48 Abs. 3 Satz 2 JGG).

d) Wenn Heranwachsende **und** Erwachsene angeklagt sind:

Wie oben unter b).

Anm. zu b) – d): Der Ausschluss der Öffentlichkeit kann auch nach allgemeinem Recht (§§ 171a ff. GVG) erfolgen. Wird er nur auf die Bestimmungen des GVG gestützt, muss § 173 Abs. 1 und 2 GVG (öffentliche Urteilsverkündung – aber mit Ausnahmemöglichkeit) beachtet werden.

III. Nichterscheinen des Angeklagten

Ist das Ausbleiben des Angeklagten nicht genügend entschuldigt, so wird der Sitzungsvertreter den Antrag stellen, seine Vorführung anzuordnen oder einen Haftbefehl zu erlassen (§ 230 Abs. 2 StPO). Im vereinfachten Jugendverfahren ist nur die Vorführung erlaubt (§ 78 Abs. 3 Satz 3 JGG).

IV. Ausbleiben eines Zeugen

Wenn festgestellt wird, dass eine ordnungsgemäße Ladung vorliegt, wird der Sitzungsvertreter beantragen:

a) Auferlegung der durch das Ausbleiben verursachten Kosten,
b) Festsetzung eines Ordnungsgeldes in bestimmter Höhe, ersatzweise Ordnungshaft,
c) ggf. zwangsweise Vorführung des Zeugen (§ 51 StPO).

Das gilt grundsätzlich auch für **geladene** und nicht erschienene Erziehungsberechtigte und gesetzliche Vertreter (siehe § 50 Abs. 2 S. 2 JGG). Da eine Maßregelung wenig dazu angetan ist, die strafgerichtliche Entscheidung zu akzeptieren, müssen mögliche Entschuldigungsgründe sorgfältig geprüft werden (§ 51 Abs. 2 StPO).

V. Vereidigung der Zeugen

Auch im Jugendstrafverfahren sind Zeugen nur ausnahmsweise zu vereidigen. Es gilt das allgemeine Recht (§§ 59, 60 StPO).

VI. Jugendgerichtshilfe (Vertreter des örtl. zuständigen Jugendamtes)

Sie ist grundsätzlich im gesamten Verfahren, also auch in der Hauptverhandlung heranzuziehen (§ 38 Abs. 3 Satz 1 JGG).

Bei Nichterscheinen in der Hauptverhandlung:

a) wenn nicht geladen (siehe § 50 Abs. 3 JGG), muss vertagt werden, sonst läge ein Verfahrensfehler vor, der die Revision begründet,
b) wenn trotz Ladung nicht erschienen:

 aa) Gericht entscheidet nach pflichtgemäßem Ermessen, ob die Anhörung zur weiteren Aufklärung erforderlich ist. Dann evtl. Vertagung. Die Kosten können dem Jugendamt nicht auferlegt werden[19].

 Vor Erteilung von Weisungen muss die Jugendgerichtshilfe gehört werden (§ 38 Abs. 3 Satz 3 JGG).

 bb) Bericht der Jugendgerichtshilfe darf nach h. M. nicht verlesen werden. In der Praxis wird aber häufig hierauf Bezug genommen, was auch nicht zu beanstanden ist.

Hinsichtlich des Sanktionsvorschlags nimmt die JGH gem. § 36a SGB VIII in der Praxis häufig die Steuerungsverantwortung für die Durchführung von ambulanten Sanktionen, insbesondere von helfend-betreuenden Maßnahmen in Anspruch. Obwohl dem die richterliche Sanktionskompetenz entgegensteht[20], sollte in der Hauptverhandlung über die gebotenen Maßnahmen eine Einigung mit der JGH angestrebt werden.

VII. Erziehungsberechtigte und gesetzliche Vertreter (§ 67 JGG)

Sie haben das Recht,

- gehört zu werden,
- Fragen zu stellen,
- Anträge zu stellen,
- zur Hauptverhandlung geladen zu werden,
- in der Hauptverhandlung anwesend zu sein;

---

19 Vgl. Ostendorf/*Schady* § 50 Rn. 13; umstr.
20 Siehe Ostendorf/*Sommerfeld* § 38 Rn. 22.

falls nicht geladen, kann die Aufklärungspflicht gem. § 244 Abs. 2 StPO verletzt sein; falls trotz Ladung nicht erschienen, siehe VI.

Ausschließung von Angehörigen, Erziehungsberechtigten und gesetzlichen Vertretern, wenn gegen ihre Anwesenheit Bedenken bestehen (§ 51 Abs. 2–4 JGG).

W i c h t i g: Das letzte Wort (§ 258 Abs. 2 StPO) steht auch den Erziehungsberechtigten und gesetzlichen Vertretern zu (BGH, Strafverteidiger 1985, S. 155).

VIII. Nebenklage und Adhäsionsverfahren

Die Nebenklage ist gegen Jugendliche nur unter den Voraussetzungen des § 80 Abs. 3 JGG zulässig, gegen Heranwachsende unter den allgemeinen Voraussetzungen (§§ 395 ff. StPO).

Das Adhäsionsverfahren ist gegen Jugendliche nicht zulässig (§ 81 JGG), gegen Heranwachsende auch bei Anwendung des Jugendstrafrechts zulässig (§ 109 Abs. 1 Satz 1 JGG).

IX. Kostentragungspflicht

Im Antrag des Sitzungsvertreters ist auch zur Kostentragungspflicht Stellung zu beziehen (§§ 464, 465, 467 StPO); hierbei ist § 74 JGG zu beachten. Mit der herrschenden Meinung ist tendenziell die Anwendung dieser Norm zu befürworten, weil

- Jugendliche/Heranwachsende (siehe § 109 Abs. 2 Satz 1 JGG) in der Regel nur über ein geringes Einkommen verfügen,
- die eigentliche Sanktion nicht in ihrer Wirkung behindert werden darf,
- ansonsten möglicherweise ein erneuter Anstoß zur Eigentumskriminalität gegeben würde.

Es ist umstritten, aber gut vertretbar, den Angeklagten auch von seinen notwendigen Auslagen, d. h. insbesondere Verteidigerkosten freizustellen. Die Rechtsprechung lehnt dies ab.

Literaturverzeichnis

Adam, H., Nicht „ausgereizte" Maßnahmen im Jugendgerichtsgesetz, in: Die jugendrichterlichen Entscheidungen – Anspruch und Wirklichkeit, DVJJ [Hg.] 12 (1981), S. 337–349

Adam, H., Anmerkungen zu Neuen Entwicklungen bei „klassischen Weisungen" in: Neue ambulante Maßnahmen nach dem Jugendgerichtsgesetz, BMJ [Hg.], Bonn 1986, S. 93–98

Adam, H./Albrecht H.-J./Pfeiffer C., Jugendrichter und Jugendstaatsanwälte in der Bundesrepublik Deutschland, Freiburg i. Br. 1986

Albrecht, H.-J., Aspekte des Maßregelvollzugs im psychiatrischen Krankenhaus, in: MschrKrim 1978, S. 104–126

Albrecht, H.-J., Ist das deutsche Jugendstrafrecht noch zeitgemäß? Gutachten D zum 64. Deutschen Juristentag, München 2002

Albrecht, P.-A., Exekutivisches Recht, in: P.-A. Albrecht [Hg.], Informalisierung des Rechts, Empirische Untersuchungen zur Handhabung und zu den Grenzen der Opportunität im Jugendstrafrecht, Berlin [u.a.] 1990, S. 1–44

Albrecht, P.-A., Jugendstrafrecht: Ein Studienbuch, 3. Aufl., München 2000

Albrecht, P.-A., Kriminologie: Eine Grundlegung zum Strafrecht, ein Studienbuch, 4. Aufl., München 2010

Albrecht, P.-A./Schüler-Springorum, H., Jugendstrafe an Vierzehn- und Fünfzehnjährigen, München 1983

Altermann, C., Medienöffentliche Vorverurteilung – strafjustizielle Folgerungen für das Erwachsenen- und für das Jugendstrafverfahren?, Berlin 2009

Amelung, K., Die Einwilligung in die Beeinträchtigung eines Grundrechtsgutes: eine Untersuchung im Grenzbereich von Grundrechts- und Strafrechtsdogmatik, Berlin 1981

Amelung, K., Anmerkung zu BayObLG: Überprüfung der Einwilligungsfähigkeit von Jugendlichen, in: NStZ 1999, S. 458–460

d'Alquen, F./Daxhammer, C./Kudlich, H., Wirksamkeit des Rechtsmittelverzichtes eines jugendlichen Angeklagten unmittelbar im Anschluss an die Urteilsverkündung?, in: StV 2006, S. 220–221

Arbeitskreis V/3 des 22. Deutschen Jugendgerichtstages, in: DVJJ-Journal 1992, S. 290–291

Arloth, F., Examensklausur Strafrecht (WF Jugendstrafrecht/Strafvollzug), in: Jura 1995, S. 34–38

Arndt, K., Kriminologische Untersuchungen zum Jugendarrest. Eine vollzugskundliche Studie und eine Untersuchung an 270 in den Jahren 1960 und 1961 aus der Jugendarrestanstalt Duderstadt entlassenen Jugendlichen und Heranwachsenden, Göttingen 1970

Asholt, M., „Wider die präventive Hilflosigkeit", in: Juristische Zeitgeschichte, Jahrbuch Bd. 9 (2007/2008), Th. Vormbaum [Hg.], S. 343–365

Axmann, A., Das junge Deutschland, Berlin 1940

Ayass, W., Gesetzgebung und Rechtsprechung, in: BewH 1984, S. 196–200

Ayass, W., Referentenentwurf zur Änderung des Jugendgerichtsgesetzes, in: BewH 1988, S. 103–109

Baier, D./Pfeiffer, C./Simonson, J./Rabold, S., Jugendliche in Deutschland als Opfer und Täter von Gewalt – Erkenntnisse einer deutschlandweiten Repräsentativbefragung, in: ZJJ 2009, S. 112–119
Bald, S., Jugendstrafe wegen schädlicher Neigungen, Würzburg 1995
Balzer, R., Der strafrechtliche Begriff der „schädlichen Neigungen": seine Bedeutung und gesetzliche Verwendung im geltenden Jugendstrafrecht, Kiel 1964
Bareinske, C., Sanktion und Legalbewährung im Jugendstrafverfahren, Freiburg i. Br. 2004
Barnikol, K., Unterstellt statt überprüft? – Das richterliche Vorgehen bei der Verantwortlichkeitsbeurteilung nach § 3 JGG, Hamburg, 2012
Bartsch, T., Sicherungsverwahrung – Recht, Vollzug, aktuelle Probleme, Baden-Baden, 2010
Bartsch, T., Die Rechtsmittel im Jugendstrafverfahren, in: ZJJ 2016, S. 112-120
Bartels, C., Das Strafbefehlsverfahren bei Heranwachsenden in Theorie und Praxis, Hamburg 2007
Baumann, J., Entwurf eines Jugendstrafvollzugsgesetzes, Heidelberg 1985
Baumann, J./Weber, U., Strafrecht: Allgemeiner Teil, ein Lehrbuch, 9. Aufl., Bielefeld 1985
Baumhöfener, J., Jugendstrafverteidiger – Eine Untersuchung im Hinblick auf § 74 JGG, Mönchengladbach 2007
Begemann, H., Zur Legitimationskrise der Jugendstrafe, Überlegungen zur Umgestaltung des Jugendstrafrechts, in: ZRP 1991, S. 44–48
Beier, A., Zulässigkeit und Modalitäten von Verständigung im Jugendstrafrecht, Baden-Baden 2014
Ben Miled, I., Das vereinfachte Jugendverfahren und das Neuköllner Modell, Baden-Baden 2017
Berckhauer, F./Hasenpusch, B., Die Berechnung von Erfolgs- und Misserfolgsquoten der Bewährungshilfe – ein Artefakt der Mathematik?, in: MschrKrim 1984, S. 176–185
Bergmann, M. C./Baier, D., Wir hier – Zukunft in Aachen, KFN-Forschungsberichte No. 126. Hannover 2015
Bernsmann, K., Zum rechtlichen Umgang mit psychisch kranken Jugendlichen, in: Grundfragen des Jugendkriminalrechts und seiner Neuregelung, BMJ [Hg.], Bonn 1992, S. 205–215
Beulke, W., Die Liberalisierung der Strafaussetzung zur Bewährung im Jugendstrafrecht, in: R. Michael/D. Solomon [Hg.], Liber Amicorum Klaus Schurig, Zum 70. Geburtstag, Berlin 2012, S. 17-32
Beulke, W., Strafprozessrecht, 13. Auflage, Heidelberg [u.a.], 2016
Beulke, W., Jugendstrafe bei lange zurückliegenden Taten gegenüber inzwischen erwachsenen Straftätern, in: Festschrift für Franz Streng, C. Safferling/G. Kett-Straub [u.a.] [Hg.], Heidelberg 2017, S. 403-416
Bex, H., Zu der Möglichkeit und zu den Grenzen der zeitweiligen Ausschließung einzelner Prozessbeteiligter und der Öffentlichkeit bei verbundenen Strafsachen aufgrund eines sachlichen Zusammenhangs für die Dauer des Jugendgerichtshilfeberichtes, in: DVJJ-Journal 1997, S. 418–422
Bezjak, G./Sommerfeld, M., Die örtliche Zuständigkeit des Ermittlungsrichters im Jugendstrafverfahren, in: ZJJ 2008, S. 251–258

Literaturverzeichnis

Bielefeld, U., Geschlossene Heime als Alternative zum Jugendstrafvollzug? Eine Auswertung von Literatur zur Heimunterbringung, in: Jugendstrafe an Vierzehn- und Fünfzehnjährigen, München 1983, S. 177–186

Bihs, A./Walkenhorst, P., Jugendarrest als Jugendbildungsstätte?, in: ZJJ 2009, S. 11–21

Bindzus, D./Musset, K.-H., Grundzüge des Jugendrechts, München 1999

Bliesener, T./Thomas, J., Wirkt Strafe, wenn sie der Tat auf dem Fuße folgt?, in: ZJJ 2012, S. 382–389

Bliesener, T./Thomas, J., Ist eine Strafverschärfung nach Rückfall sinnvoll und notwendig?, in Festschrift für Heribert Ostendorf, T. Rotsch/J. Brüning/J. Schady [Hg.], Baden-Baden 2015, S. 73-87

Block, I., Fehlerquellen im Jugendstrafprozess – eine Untersuchung der Fehlerquellen im Jugendstrafrecht anhand von Revisionsverfahren, Aachen 2005

Block, T./Kolberg, J. H., Teen Court – Viel Lärm um Nichts?, in: ZJJ 2007, S. 8–18

Blumenstein, T., Der Widerruf der Strafaussetzung zur Bewährung wegen der Begehung einer neuen Straftat nach § 56 f Abs. 1 S. 1 Nr. 1 StGB, Pfaffenheim 1995

Bochmann, C., Entwicklung eines europäischen Jugendstrafrechts, Baden-Baden 2009

Bock, M., MIVEA als Hilfe für die Interventionsplanung im Jugendstrafverfahren, in: ZJJ 2006, S. 282–290 (Heft 4)

Bock, M., Die missliche Lage der kriminalpolitischen Kriminologie, in: NK 2013, S. 326–337

Bode, K.-C., Das Wahlrechtsmittel im Strafverfahren, Frankfurt am Main 2000

Boers, K./Reinecke, J./Bentrup, C./Daniel, A./Kanz, K.-M./Schulte, P./Seddig, D./Theimann, M./Verneuer, L./Walburg, C., Vom Jugend- zum frühen Erwachsenenalter. Delinquenzverläufe und Erklärungszusammenhänge in der Verlaufsstudie „Krininalität in der modernen Stadt", in: MschrKrim 2014, S. 188–202

Boetticher, A./Kröber, H.-L./Müller-Joberner, R./Böhm, K. M./Müller-Metz, R./Wolf, T., Mindesanforderungen für Prognosegutachten, in: NStZ 2006, S. 537–544

Bohnert, J., Die Reichweite der staatsanwaltlichen Einstellung im Jugendstrafrecht, in: NJW 1980, S. 1927–1931

Bosold, C./Prasse, A./Lauterbach, O., Anti-Gewalt-Trainings im Jugendvollzug, Eine bundesweite Bestandsaufnahme, in: ZJJ 2006, S. 27–37

Bottke, W., Generalprävention und Jugendstrafrecht aus kriminologischer und dogmatischer Sicht, Berlin 1984

Boxberg, V./Bögelein, N., Junge Inhaftierte als Täter und Opfer von Gewalt – Subkulturelle Bedingungsfaktoren, in: ZJJ 2015, S. 241-247

Böhm, A., Aus der neueren Rechtsprechung zum Jugendstrafrecht, in: NStZ 1981, S. 250–253

Böhm, A., Aus der neueren Rechtsprechung zum Jugendstrafrecht, in: NStZ 1982, S. 413–416

Böhm, A., Aus der neueren Rechtsprechung zum Jugendstrafrecht, in: NStZ 1984, S. 445–448

Böhm, A., Zur Schwere der Schuld im Jugendstrafverfahren, in: StV 1985a, S. 156–158

Böhm, A., Einführung in das Jugendstrafrecht, 2. Aufl., München 1985b

Böhm, A., Aus der neueren Rechtsprechung zum Jugendstrafrecht, in: NStZ 1985c, S. 447–449

Literaturverzeichnis

Böhm, A., Ist eine Überschreitung der Höchstdauer der Jugendstrafe durch Nichteinbeziehung einer früheren Verurteilung aus erzieherischen Gründen zulässig?, in: StV 1986, S. 70–73

Böhm, A., Aus der neueren Rechtsprechung zum Jugendstrafrecht, in: NStZ 1989, S. 521-524

Böhm, A., Aus der neueren Rechtsprechung zum Jugendstrafrecht, in: NStZ 1991, S. 522-525

Böhm, A., Zur sogenannten Staatsanwaltdiversion im Jugendstrafverfahren, in: Festschrift für Günter Spendel, Berlin 1992, S. 775–787

Böhm, A., Einführung in das Jugendstrafrecht, 3. Aufl., München 1996

Böhm, A., Aus der neueren Rechtsprechung zum Jugendstrafrecht, in: NStZ-RR 1998, S. 289–293

Böhm, A., Aus der neueren Rechtsprechung zum Jugendstrafrecht, in: NStZ-RR 1999, S. 289–293

Böhm, A., Aus der neueren Rechtsprechung zum Jugendstrafrecht, in: NStZ-RR 2000, S. 321–326

Böhm, A., Aus der neueren Rechtsprechung zum Jugendstrafrecht, in: NStZ-RR 2001, S. 321-327

Böhm, A., Aus der neueren Rechtsprechung zum Jugendstrafrecht, in: NStZ 2002, S. 471-475

Böhm, A., Strafvollzug, 3. Aufl., Neuwied 2003

Böhm, A./Feuerhelm, W., Einführung in das Jugendstrafrecht, 4. Aufl., München 2004

Böttner, S., Der Rollenkonflikt der Bewährungshilfe in Theorie und Praxis, Baden-Baden 2004

Brachaus, E./Schleinecke, G./Gerlach, L./Miniers, D., Spezialisierte Bewährungshilfe für Jugendliche und Heranwachsende in Berlin, in: ZJJ 2016, S. 235-241

Bräuchle, A., Die elektronische Aufenthaltsüberwachung gefährlicher Straftäter im Rahmen der Führungsaufsicht, Tübingen 2016

Brandt, M., Zukunft ambulanter jugendstrafrechtlicher Maßnahmen vor dem Hintergrund von § 36a SGB VIII, in: NStZ 2007, S. 190–195

Brehm, S., Fragen der Weiterentwicklung des jugendkriminalrechtlichen Rechtsfolgensystems, Berlin 2009

Brettel, H., Anmerkung zu BGH, Urt. v. 12.6.2013 – 1 StR 48/13, StV 2013, 767, in: StV 2013, S. 768-771

Breymann, K., Diversion in der Kritik, in: DRiZ 1997, S. 82–84

Breymann, K., Jugendakademie – Zu den Grundlagen der Weiterbildung für Weiterbildung für Jugendrichter und Jugendstaatsanwälte, in: ZJJ 2005, S. 279–289

Breymann, K., Prävention als Risiko, in: ZRP 2006, S. 216–229

Breymann, K., Schülergerichte – für wen eigentlich?, in: ZJJ 2007, S. 4–8

Bringewat, P., Das Nebeneinander von Jugend- und Freiheitsstrafe und angemessener Härteausgleich – BGHSt 36, 270, in: JuS 1991, S. 24–28

Bringewat, P., Grundbegriffe des Strafrechts: Grundlagen, Allgemeine Verbrechenslehre, Aufbauschemata, 2. Aufl., Baden-Baden 2008

Brinks, S./Dittmann, E./Müller, H., Unbegleitete minderjährige Flüchtlinge in der Kinder- und Jugendhilfe – aktuelle Entwicklungen, in: ZJJ 2015, S. 281-285

Brocke, H., KG Berlin: Unzulässigkeit der Nebenklage im Jugendstrafverfahren bei teilweiser Tatbegehung als Jugendlicher und Heranwachsender – Opferschutz kontra Erziehungsgedanke (KG NStZ 2007, 44), in: NStZ 2007, S. 8-10

Brodkorb, D., Verfassungsrechtliche Grenzen bei der Erteilung von Erziehungsmaßregeln und Zuchtmitteln gegenüber Jugendlichen und Heranwachsenden, Frankfurt am Main 1998

Bruhn, D., Die Sicherungsverwahrung im Jugendstrafrecht, Hamburg 2010

Brune, U./Müller, S., Wohin geht der Untersuchungshaftvollzug – Ein Vergleich der (beabsichtigen) landesrechtlichen Regelungen, in: ZRP 2009, S. 143–146

Brunner, R., Anmerkung zu BGH: Zuständigkeit des Jugendrichters als Vollstreckungsleiter bei Entscheidungen über die Fortdauer der Unterbringung oder die Entlassung einer Untergebrachten, in: JR 1976a, S. 344

Brunner, R., Die Auflage der Schadenswiedergutmachung im Jugendstrafrecht, in: Zbl 1976b, S. 269–279

Brunner, R., Zulässige Gesichtspunkte für die Bemessung der Jugendstrafe, in: JR 1982, S. 432–433

Brunner, R., Bemerkungen zur Entscheidung des Bundesverfassungsgerichts vom 13. Januar 1987, in: Zbl 1987, S. 257–259

Brunner, R., Zur Überschreitung der Höchststrafe im Fall des JGG § 31 Abs 3 S 1, in: JR 1989, S. 521–523

Brunner, R., Jugendgerichtsgesetz, Kommentar, 9. Aufl., Berlin 1991 [zit.: *Brunner*]

Brunner, R./Dölling, D., Jugendgerichtsgesetz, Kommentar, 12. Aufl., Berlin 2011 [zit.: *Brunner/Dölling*]

Bruns, B., Jugendliche im Freizeitarrest, Eine empirische Untersuchung zu pädagogischem Anspruch und strafrechtlicher Wirklichkeit, Frankfurt am Main 1984

Bruns, H.-J., Die Befreiung des Strafrechts vom zivilistischen Denken, Beiträge zu einer selbständigen, spezifisch strafrechtlichen Auslegungs- und Begriffsmethodik, Berlin 1938

Bruns, H.-J., Zur Antinomie der Strafzwecke im Jugendstrafrecht, Neuorientierung der Rechtsprechung?, in: StV 1982, S. 592–595

Buchhiert, G., Einstweilige Unterbringung nach §§ 71, 72 JGG, in: MschrKrim 1969, S. 329–344

Buck, G., Hand in Hand für Bildungschancen – gemeinsam aktiv gegen Schulschwänzen, in: DRiZ 2013, S. 132–135

Buckholt, O., Die Zumessung der Jugendstrafe, Baden-Baden 2009

Bundesarbeitsgemeinschaft JGH in der DVJJ [Hg.], Jugendhilfe im Jugendstrafverfahren – Standort und Wandel/Leitfaden für die Arbeit der Jugendgerichtshilfe, Hannover 1994

Bundesministerium des Innern/Bundesministerium der Justiz [Hg.], Erster Periodischer Sicherheitsbericht, Berlin 2001

Bundesministerium des Innern/Bundesministerium der Justiz [Hg.], Zweiter Periodischer Sicherheitsbericht, Berlin 2006

Bundesministerium der Justiz und für Verbraucherschutz [Hg.], Bericht der Expertenkommission zur effektiveren und praxistauglicheren Ausgestaltung des allgemeinen Strafverfahrens und das jugendgerichtlichen Verfahrens, Berlin 2015, online [https://www.bmjv.de/SharedDocs/Downloads/DE/PDF/Abschlussbericht_Reform_StPO_Kommission.pdf?__blob=publicationFile&v=2]

Bundesministerium der Justiz Berlin/ Bundesministerium der Justiz Wien/Eidgenössisches Justiz- und Polizeidepartment Bern, Freiheitsentzug – Die Empfehlungen des Europarates, Europäische Strafvollzugsgrundsätze, Mönchengladbach 2007

Bundesministerium der Justiz Berlin/ Bundesministerium der Justiz Wien/Eidgenössisches Justiz- und Polizeidepartment Bern, Freiheitsentzug – Die Empfehlungen des Europarates zur Untersuchungshaft und zu Maßnahmen und Sanktionen gegen jugendliche Straftäter und Straftäterinnen, Mönchengladbach 2009
Burgstaller, M./Grafl, C., Fünf Jahre allgemeine Diversion, in: Festschrift für Roland Miklau, R. Moos [u.a.] [Hg.], Innsbruck 2006, S. 109–129
Burkhardt, B., Bemerkungen zu den revisionistischen Übergriffen der Hirnforschung auf das Strafrecht, 2006, S. 5, Fn. 9, abrufbar unter: http://burkhardt.uni-mannheim.de/lehrstuhlinhaber/bemerkungen/wznrw090708.pdf
Burscheidt, U., Das Verbot der Schlechterstellung Jugendlicher und Heranwachsender gegenüber Erwachsenen in vergleichbarer Verfahrenslage, Baden-Baden 2000
Busch, M./Hartmann, G./Mehlich, N., Soziale Trainingskurse im Rahmen des Jugendgerichtsgesetzes, 3. Aufl., BMJ [Hg.], Bonn 1986
Busch, T., Die deutsche Strafrechtsreform: Ein Rückblick auf die sechs Reformen des Deutschen Strafrechts (1969-1998), Baden-Baden 2005
Busch, T. P., Evidenzbasierte Entscheidungsalgorithmen zur strafrechtlichen Zuweisung gemäß § 105 JGG, in: ZJJ 2006, Heft 4, S. 264–272
Bußmann, E./Gerhardt, B.-P., Die Nachschulung alkoholauffälliger Kraftfahrer als Weisung nach dem Jugendrecht, Ein Praxisbericht aus dem Bereich des Jugendgerichts München, in: Blutalkohol 1980, S. 117–133
Bücker, C., Bewährungshilfe und ambulante Dienste, in: Und wenn es künftig weniger werden, DVJJ [Hg.] 17 (1987), S. 208–213
Caglar, O., Neue ambulante Maßnahmen in der Reform, Frankfurt am Main 2005
Clostermann, L., Bewährungsfrist vor dem Urteil im Jugendstrafverfahren, in: DJ 1938, S. 827
Cyrus, H., Laienhelfer im Strafvollzug: eine empirische Untersuchung, Weinheim 1982
Czerner, F., Vorläufige Freiheitsentziehung bei delinquenten Jugendlichen zwischen Repression und Prävention, Baden-Baden 2008
Dahle, K.-P./Harwardt, F./Schneider-Njepel, V., Inventar zur Einschätzung des Rückfallrisikos und des Betreuungs- und Behandlungsbedarfs von Straftätern. Deutsche Version des Level of Service Inventory-Revised nach Don Andrews und James Bonta (LSI-R), Göttingen 2012
Dallinger, W./Lackner, K., Jugendgerichtsgesetz: mit ergänzenden Vorschriften, 2. Aufl., München 1965 [zit.: *Dallinger/Lackner*]
Damian, H., Geheimnisschutz und Offenbarungspflichten in der Bewährungshilfe, in: BewH 1992, S. 325–358
Deichsel, W., Was Jugendrichter/innen beim Richten ausrichten und anrichten!, in: ZJJ 2004, 266-275
Dessecker, A., Suchtbehandlung als strafrechtliche Sanktion: eine empirische Untersuchung zur Anordnung und Vollstreckung der Maßregel nach § 64 StGB, Wiesbaden 1996
Dessecker, A., Das neue Recht des Vollzugs der Sicherungsverwahrung: ein erster Überblick, in: BewH 2013, 309-322
Detter, K., Zum Strafzumessungs- und Maßregelrecht, in: NStZ 2008, s. 264-273
Deutsches Institut für Jugendhilfe und Familienrecht, Jugendhilfe und Jugendgerichtsbarkeit: Die Unterschiede als Chance verstehen! Kommunikation, Kooperation und der § 36a SGB VIII, in: ZJJ 2007, S. 323-329

Literaturverzeichnis

Deutsches Jugendinstitut, Jugendgerichtshilfebarometer, München 2011
Deutscher Juristentag, Beschlüsse auf dem 64. Deutschen Juristentag, C III, Berlin 2002
Dick, M./Breymann, K., Jugendakademie: Von der Notwendigkeit und dem Scheitern eines Fortbildungskonzeptes für Jugendrichter und Jugendstaatsanwälte, in: Festschrift für Heribert Ostendorf, T. Rotsch/G. Brüning/G. Schady [Hg.], Baden-Baden 2015, S. 209-226
Diemer, H./Schatz, H./Sonnen B.-R., Jugendgerichtsgesetz: Kommentar, 7. Aufl., Heidelberg 2015 [zit.: *D/S/S-Bearbeiter*)
Dilcher, H., Die Bewährungsauflage Schadenswiedergutmachung im Verhältnis zur zivilrechtlichen Haftung, in: NJW 1956, S. 1346–1347
Dingeldey, T., Einheitsjugendstrafe trotz rechtskräftiger Erwachsenenstrafe, in: NStZ 1981a, S. 355
Dingeldey, T., Zur analogen Anwendung von § 32 JGG, in: Zbl 1981b, S. 151–155
Dirnaichner, U., Der nordamerikanische Diversionsansatz und rechtliche Grenzen seiner Rezeption im bundesdeutschen Jugendstrafrecht, Frankfurt am Main 1990
Dolde, G./Grübl, G., Jugendstrafvollzug in Baden-Württemberg – Untersuchungen zur Biographie, zum Vollzugsverlauf und zur Rückfälligkeit von ehemaligen Jugendstrafgefangenen, in: H.-J. Kerner [Hg.], Jugendstrafvollzug und Bewährung, Bonn 1996, S. 219–356
Dollinger, B., „Konrad, sprach die Frau Mama ..." Keine Chance für die Pädagogik im Jugendstrafrecht?, in: ZJJ 2010, S. 409–416
Dölling, D., Zur Strafzumessung bei hoher Jugendstrafe, in: NStZ 1998, S. 39–40
Dölling, D., Das Jugendstrafrecht an der Wende zum 21. Jahrhundert: Symposium zum 80. Geburtstag von Dr. Rudolf Brunner am 17. Juni 2000 in Heidelberg, Berlin 2001
Dölling, D., Über die Höhenbemessung bei der Freiheits- und der Jugendstrafe, in: Strafrecht, Biorecht, Rechtsphilosophie – Festschrift für Hans-Ludwig Schreiber, K. Amelung [u.a.] [Hg.], Heidelberg 2003, S. 55–62
Dölling, D./Duttge, G./Rössner, D. [Hg.], Gesamtes Strafrecht, 3. Aufl. Baden-Baden 2013 [zit.: Dölling/Duttge/Rössner-*Bearbeiter*]
Domzalski, L., Jugendarrestaussetzung zur Bewährung – Wird Potrykus Recht behalten?, in: ZJJ 2012, S. 51–57
Dörner, C., Erziehung durch Strafe, München 1991
Drenkhahn, K., Hilfe für kindliche und jugendliche Intensivtäter, in: FPR 2007, S. 24–28
Drenkhahn, K., Aktuelle Aktivitäten der EU im Jugendstrafrecht Richtlinie über Verfahrensgarantien im Strafverfahren für verdächtige und beschuldigte Kinder, in: ZJJ 2015a, S. 288-293
Drenkhahn, K., Resozialisierung und Strafrechtsreform, in: Festschrift für Heribert Ostendorf, T. Rotsch/G. Brüning/G. Schady [Hg.], Baden-Baden 2015b, S. 257-269
Drenkhahn, K., Sicherungsverwahrung nach Jugendstrafrecht – Ist nach dem Ilseher-Urteil alles klar?, in: ZJJ 2017, S. 176-180
Drenkhahn, K./Morgenstern, C., Dabei soll es uns auf den Namen nicht ankommen – Der Streit um die Sicherungsverwahrung, in: ZStW 124 [2012], S. 132-203
Drenkhahn, K./Schwan, A., Selbst schuld – die strafrechtliche Verantwortlichkeit nach § 3 Jugendgerichtsgesetz, in: Praxis der Rechtspsychologie 2014, S. 24-44

Literaturverzeichnis

Drews, N., Die Aus- und Fortbildungssituation von Jugendrichtern und Jugendstaatsanwälten in der Bundesrepublik Deutschland – Anspruch und Wirklichkeit von § 37 JGG, Aachen 2005a

Drews, N., Anspruch und Wirklichkeit von § 37 JGG, in: ZJJ 2005b, S. 409–414

van Dühren, V., Die Erziehungsmaßregeln des Jugendgerichtsgesetzes, in: Zbl 1925, S. 77–82

Dünkel, F., Situation und Reform von Jugendstrafe, Jugendstrafvollzug und anderen freiheits-entziehenden Sanktionen gegenüber jugendlichen Rechtsbrechern in der Bundesrepublik Deutschland, in: F. Dünkel/K. Meyer [Hg.], Jugendstrafe und Jugendstrafvollzug – Stationäre Maßnahmen der Jugendkriminalrechtspflege im internationalen Vergleich. Tbd. 1. Freiburg 1985, S. 45-256.

Dünkel, F., Freiheitsentzug für junge Rechtsbrecher: Situation und Reform von Jugendstrafe, Jugendstrafvollzug, Jugendarrest und Untersuchungshaft in der Bundesrepublik Deutschland und im internationalen Vergleich, Bonn 1990

Dünkel, F., Thesen zu einer Neukonzeption freiheitsentziehender Sanktionen im Jugendstrafrecht, in: Neue Kriminalpolitik 3/1992, S. 30-34.

Dünkel, F., Untersuchungshaft als Krisenmanagement? Daten und Fakten zur Praxis der Untersuchungshaft in den 90er Jahren, in: NK 4/1994, S. 20–29

Dünkel, F., Heranwachsende im Jugendstrafrecht in Deutschland und im europäischen Vergleich, in: DVJJ-Journal 2003, S. 19–27

Dünkel, F., Europäische Mindeststandards und Empfehlungen für jugendliche Straftäter als Orientierungspunkte für die Gesetzgebung und Praxis, in: Fördern, Fordern, Fallenlassen, DVJJ [Hg.], 41, Mönchengladbach 2008, S. 55–89

Dünkel, F., Die Europäischen Grundsätze für die von Sanktionen oder Maßnahmen betroffenen jugendlichen Straftäter, in: ZJJ 2011, S. 140–154

Dünkel, F., Rechtsvergleichende Aspekte des Beschleunigungsgrundsatzes im Jugendstrafverfahrensrecht, in: Festschrift für Heribert Ostendorf, T. Rotsch/G. Brüning/G. Schady [Hg.], Baden-Baden 2015, S. 271-288

Dünkel, F./Flügge, C./Lösch, M./Pörksen, A., Plädoyer für verantwortungsbewusste und rationale Reformen des strafrechtlichen Sanktionssystems und des Strafvollzugs, in: ZRP 2010, S. 175–178

Dünkel, F./Geng, B./Kirstein, W., Soziale Trainingskurse und andere neue ambulante Maßnahmen nach dem JGG in Deutschland, Bonn 1998 [zit.: Neue ambulante Maßnahmen]

Dünkel, F./Lang, S., Jugendstrafvollzug in den neuen und alten Bundesländern – Vergleich einiger statistischer Strukturdaten und aktuelle Entwicklungen in den neuen Bundesländern, in: Jugendstrafvollzug in Deutschland Grundlangen, Konzepte, Handlungsfelder, M. Bereswill/T. Höynck [Hg.], Mönchengladbach 2002, S. 20–56

Dünkel, F./Morgenstern, C./Zolondek, J., Europäische Strafvollzugsgrundsätze verabschiedet!, in: NK 2006, S. 86–89

Dünkel, F./Thiele, C./Treig, J., Rechtlicher Rahmen und praktische Umsetzung der Elektronischen Überwachung, in: F. Dünkel/ C. Thiele/ J. Treig [Hg.], Elektronische Überwachung von Straffälligen im europäischen Vergleich – Bestandsaufnahme und Perspektiven, Mönchengladbach 2017 (im Erscheinen)

DVJJ, Zweite Jugendstrafrechtsreformkommission der DVJJ, 2002

Eberitzsch, S., Jugendhilfeangebote zur Vermeidung von Untersuchungshaft, in: ZJJ 2011, S. 259–263

Literaturverzeichnis

Eberitzsch, S., Haftentscheidungshilfe – Der Beitrag der Jugendhilfe zur Untersuchungshaftvermeidung, in: ZJJ 2012, S. 296–303

Ebert, K., Beschleunigung im Jugenstrafverfahren durch örtliche Zuständigkeiten bei der Staatsanwaltschaft?, in ZJJ 2015 S. 32-38

Ehmann, C., Einrichtungen mit besonders intensiver pädagogischer Betreuung: Geschlossene Unterbringung – neu verpackt, in: ZJJ 2011, S. 290–296

Eickelkamp, R., Zur einstweiligen Unterbringung nur in Heimen – „Sozialpädagogische Erlebnisreisen", in: DVJJ-Journal 1999, S. 95–96

Eilsberger, R., Die Hauptverhandlung aus der Sicht jugendlicher und Heranwachsender Angeklagter, in: MschrKrim 1969, S. 304–313

Eisenberg, U., Bestrebungen zur Änderung des Jugendgerichtsgesetzes: Vortrag, gehalten vor der Juristischen Gesellschaft zu Berlin am 19. Oktober 1983, Berlin 1984

Eisenberg, U., Eigene Sachkunde des Gerichts; Bericht der Jugendgerichtshilfe, Anmerkung zu BGH, Urteil vom 18.04.1984 - 2 StR 103/84 (LG Bonn), in: NStZ 1985, S. 84-87

Eisenberg, U., Zur Frage der sachlichen Zuständigkeit des Jugendschöffengerichts bei der Anordnung der Unterbringung, in: NJW 1986, S. 2408–2411

Eisenberg, U., Zum Schutzbedürfnis jugendlicher Beschuldigter im Ermittlungsverfahren, in: NJW 1988, S. 1250–1251

Eisenberg, U., Die Einbeziehung einer rechtskräftigen Freiheitsstrafe in eine Einheitsjugendstrafe, in: JR 1990, S. 483–484

Eisenberg, U., Zur verfahrensrechtlichen Stellung der Jugendgerichtshilfe, in: StV 1998, S. 304-313

Eisenberg, U., Übungsblätter Klausur Strafrecht, „Bonnie und Clyde – Fortsetzung im Allgäu", in: JA 2001a, S. 153–163

Eisenberg, U., Anwendung von Jugendstrafrecht als Gegenstand einer Urteilsabsprache, in: NStZ 2001b, S. 556–557

Eisenberg, U., Zur Anwendbarkeit des Doppelverwertungsverbotes auch im Jugendstrafrecht, in: Festschrift für Peter Rieß, E. W. Hanack [u.a.] [Hg.], Berlin 2002, S. 829–844

Eisenberg, U., Zum RefE eines JStVollzG des BMJ v. 28.4.04, in: MSchrKrim 2004, S. 353–360

Eisenberg, U., Tötung in staatlich organisierter Unentrinnbarkeit, in: ZJJ 2008, S. 381-385

Eisenberg, U., Anmerkung zu dem Urteil des Bundesgerichtshofs vom 12.3.2008 – BGH – 3 StR 433/07, in: NStZ 2008a, S. 698–699

Eisenberg, U., Anm. zu LG Münster, AG Nürnberg, AG Plön und AG Döbeln, jeweils betreffend § 16a JGG, in: ZJJ 2013a, S. 328–333

Eisenberg, U., Erziehungsbedürftigkeit und –fähigkeit als Voraussetzungen der Verhängung von Jugendstrafe wegen Schwere der Schuld (§ 17 II Alt. 2 i. V. m. § 2 I 2 JGG), in: NStZ 2013b, S. 636-639

Eisenberg, U., Noch mehr im Jugendstrafverfahren (nicht auf Seiten des Beschuldigten) anwesende Erwachsene? – Die neue Regelung der Psychosozialen Prozessbegleitung, in: ZJJ 2016, S. 33-36

Eisenberg, U., Jugendgerichtsgesetz, 19. Aufl., München 2017 [zit.: *Eisenberg*]

Eisenberg, U./Forstreuter, H., Zur Verhältnismäßigkeit der Jugendstrafe zur begangenen Tat, in: JR 1999, S. 174–175

Eisenberg, U./Singelnstein, T., Zum Referentenentwurf eines Jugendstrafvollzugsgesetzes vom 19. Januar 2007, in: Kindschaftsrecht und Jugendhilfe 2007, S. 184–188

Eisenhardt, T., Die Wirkungen der kurzen Haft auf Jugendliche, Frankfurt am Main 1980

Eisenhardt, T., Gutachten über den Jugendarrest, Klosters 1989

Endres, J./Nolte, K., Ethnische und religiöse Minderheiten im Jugendstrafrecht – Unterschiede und Gemeinsamkeiten, in: ZJJ 2016, S. 368-375

Engel, E., Stellungnahme zu den schleswig-holsteinischen Richtlinien zur Förderung der Diversion bei Jugendlichen und Heranwachsenden Beschuldigten vom 24.6.1998, in: DVJJ-Journal 1998, S. 257–258

Engisch, K., Die Lehre von der Willensfreiheit in der strafrechtsphilosophischen Doktrin der Gegenwart, Berlin 1963

Englmann, R., Kriminalpädagogische Schülerprojekte in Bayern, Münster 2009

Engstler, H., Die heilerzieherische Behandlung gem. § 10 Abs. 2 Jugendgerichtsgesetz in der jugendstrafrechtlichen Praxis, eine empirische Analyse aufgrund einer bundesweit durchgeführten Erhebung bei den kommunalen Jugendämtern und den Dienststellen der Bewährungshilfe, Göttingen 1985

Ensslen, C., Mitwirkung des Jugendarrestes im jugendgerichtlichen Verfahren, in: Beiträge zum Recht der sozialen Dienste und Einrichtungen 1999, Heft 42, S. 23–52

Enzmann, D./Junger-Tas, J., Selbstberichte Jugenddelinquenz in Europa, in: ZJJ 2009, S. 119–128

Erb, V., Überlegungen zum Rechtsmittelverzicht des Angeklagten unmittelbar nach der Urteilsverkündung, in: GA 2000, S. 511-526

Esser, G., Sind die Kriterien der sittlichen Reife des § 105 JGG tatsächlich reifungsabhängig?, in: DVJJ-Journal 1999, S. 37–40

Esser, G./Fritz, A./Schmidt, M. H., Die Beurteilung der sittlichen Reife Heranwachsender im Sinne des § 105 JGG, Versuch einer Operationalisierung, in: MschrKrim 1991, S. 356–368

Fahl, C., Verbot der Schlechterstellung Jugendlicher gegenüber Erwachsenen?, in: Festschrift für Hans-Ludwig Schreiber, K. Amelung/W. Beulke [u.a] [Hg.], Heidelberg 2003, S. 63–80

Fahl, C., Der Deal im Jugendstrafverfahren und das sog. Schlechterstellungsverbot, in: NStZ 2009, S. 613–616

Feigen, J. P., Staatsanwaltliche Diversion in Theorie und Praxis, in: ZJJ 2008, S. 349–356

Feltes, T., Jugend, Konflikt und Recht, Vechta 1979

Feltes, T., Strafaussetzung zur Bewährung bei freiheitsentziehenden Strafen von mehr als einem Jahr, Argumente für eine Erweiterung von § 56 Abs. 2 StGB und § 21 Abs. 2 JGG in rechtspolitischer, rechtsdogmatischer und kriminologischer Sicht, Arbeitspapiere aus dem Institut für Kriminologie der Universität Heidelberg, Nr. 2, Heidelberg 1982

Feltes, T./Ruch, A., Polizeidiversion zwischen sachgerechter Kompetenzverteilung und Ausweitung formeller sozialer Kontrolle, in: Festschrift für Heribert Ostendorf, T. Rotsch/G. Brüning/G. Schady [Hg.], Baden-Baden 2015, S. 305-319

Feuerhelm, W./Kügler, N., Das Haus des Jugendrechts in Stuttgart/Bad Cannstadt – Ergebnisse einer Evaluation, Mainz 2003

Fiebrandt, J., Führungsaufsicht kraft Gesetzes nach vollständiger Verbüßung von Jugendstrafe, in: ZJJ 2008, S. 278–279

Literaturverzeichnis

Fischer, T., Strafgesetzbuch und Nebengesetze, 64. Aufl., München 2017
Flümann, B., Die Vorbewährung nach § 57 JGG, Freiburg i. Br. 1983
Flümann, B., Die Vorbewährung nach § 57 JGG, in: BewH 1984, S. 340–349
Foth, E., Tateinheit/Tatmehrheit in Jugendstrafsachen?, in: JR 2014, 390-391
Foth, H., Zur Schweigepflicht der freien Sozialdienste im Strafprozess, in: JR 1976, S. 7–9
Förster, F. W, Strafe und Erziehung, in: Weg und Aufgabe des Jugendstrafrechts, F. Schaffstein/O. Miehe [Hg.], Darmstadt 1968 (Original, München 1912)
Franze, K., Die Nebenklage im verbundenen Verfahren gegen Jugendliche und Heranwachsende/Erwachsene, in: StV 1996, S. 279-293
Franzen, R., Anregungen zum praktischen Umgang mit § 36a SGB VIII aus jugendrichterlicher Perspektive, in: ZJJ 2008, S. 17–20
Frehsee, D., Wiedergutmachungsauflage und Zivilrecht, NJW 1981, S. 1253–1254
Frehsee, D., Wiedergutmachung statt Strafe, in: KrimJ 1982, S. 126–136
Frehsee, D., Schadenswiedergutmachung als Instrument strafrechtlicher Sozialkontrolle: ein kriminalpolitischer Beitrag zur Suche nach alternativen Sanktionsformen, Berlin 1987
Freisler, R., Die rassebiologische Aufgabe bei der Neugestaltung des Jugendstrafrechts, in: Monatsschrift für Kriminalbiologie und Strafrechtsreform 1939, 30 (5), S. 209–214; neu abgedruckt in: DVJJ-Journal 1994, S. 75–77
Frenzel, H., Des Kaisers neue Kleider oder das Neuköllner Modell, in: ZJJ 2011, S. 70–73
Freuding, St., Das Sanktionssystem des § 106 JGG bei Schwerstverbrechen heranwachsender Täter, in: NStZ 2010, S. 251–257
Friedrich, R. E./Ulbricht, C./von Maydel, L. A., Karies und Füllungen an Weisheitszähnen als forensisch-odontologisches Hilfsmittel der Bestimmung eines chronologischen Alters über 18 Jahren, in: Archiv für Kriminologie 2003, S. 74–82
Frisch, W., Prognoseentscheidungen im Strafrecht: zur normativen Relevanz empirischen Wissens und zur Entscheidung bei Nichtwissen, Heidelberg 1983 [
Fröhling, M., Der moderne Pranger, Marburg 2014
Füllkrug, M., Der Jugendgerichtshelfer als Zeuge vor Gericht, in: BewH 1988, S. 322–327
Füllkrug, M., Führungsaufsicht bei Vollverbüßern von Jugendstrafe, in: BewH 1989, S. 145–148
Gabber, S., Das Verhältnis von § 3 JGG zu den §§ 20, 21 StGB, in: ZJJ 2007, S. 167–175
Gebauer, M., Jugendkriminalrecht – quo vadis?, in: Festschrift für Heinz Schöch, D. Dölling/B. Götting/B.-D. Meier/T. Verrel [Hg.], Berlin 2010, S. 185–208
Geerds, F., Anmerkung, in: JZ 1969, S. 341–343
Gebb, J./Drange, G., Heranwachsende im Strafrecht – Quo vaditis?, in: DRiZ 2004a, S. 118–121
Gebb, J./Drange, G., Überlegungen zur Neuordnung der strafrechtlichen Behandlung junger Volljähriger, in: ZJJ 2004b, S. 259–266
Gernbeck, U./Höffler, K./Verrel, T., Der Warnschussarrest in der Praxis – Erste Eindrücke, in: NK 2013, S. 307–316
Gernbeck, U./Hohmann-Fricke, S., Hat der Warnschussarrest Potential?, in: ZJJ 2016, S. 362-367

Literaturverzeichnis

Giffey, I./Werlich, M., Vollzug des Jugendarrests in der Anstalt Bremen-Lesum, in: Jugendarrest und/oder Betreuungsweisung, K. F. Schumann [Hg.], Bremen 1985, S. 46 f.
Giehring, H., Das Absehen von der Strafvollstreckung bei der Ausweisung und Auslieferung ausländischer Strafgefangener nach § 456a StPO, in: H. Ostendorf [Hg.], Strafverfolgung und Strafverzicht, Köln 1992, S. 469-510
Glandien, R., Anmerkung zu LG Koblenz: Bandendiebstahl durch Jugendliche, in: NStZ 1998, S. 197–198
Goeckenjan, I., Neuere Tendenzen in der Diversion, Berlin 2005
Goeckenjan, I., Jugendstrafverfahrensrechtliche Sonderbehandlung von so genannten Mehrfach- und Intensivtätern: Effizienzsteigerung oder Aktionismus?, in: ZJJ 2015, S. 26-31
Goerdeler, J., Der Bundesrat verabschiedet das Gesetz zur Weiterentwicklung der Kinder- und Jugendhilfe (KICK), in: ZJJ 2005a, S. 315–319
Goerdeler, J., Jugendgerichtshilfe durch freie Träger, in: ZJJ 2005b, S. 422–429
Göppinger, H., Der Täter in seinen sozialen Bezügen: Ergebnisse aus der Tübinger Jungtäter-Vergleichsuntersuchung, Berlin 1983
Göppinger, H., Kriminologie, M. Bock [Hg.], 6. Aufl., München 2008 [zit.: Göppinger/*Bearbeiter*]
Graebsch, C., Sicherungsverwahrung im Jugendstrafrecht, in: ZJJ 2008, S. 284–287
Graebsch, C./Burkhardt, S.-U., MIVEA – young care?, in: ZJJ 2006, S. 140–147
Graebsch, C./Burkhardt, S.-U., MIVEA – alles nur Kosmetik?, in: StV 2008, S. 327–331
Grethlein, G., Problematik des Verschlechterungsverbotes im Hinblick auf die besonderen Maßnahmen des Jugendrechts, Neuwied am Rhein [u.a.] 1963
Grethlein, G., Anmerkung zu OLG Köln, JGG § 106 (Berücksichtigung des Milderungsgedankens bei der Entscheidung über die Strafaussetzung), in: NJW 1967, S. 838–839
Grindel, A./Jehle, J.-M., Rückfälligkeit Strafentlassener nach langen Jugendstrafen in Abhängigkeit von soziobiographischen Merkmalen, in: Festschrift für Dieter Rössner, B. Bannenberg u. a. [Hg.], Baden-Baden 2015, S. 103-129
Grote C., Diversion im Jugendstrafrecht, Wiesbaden 2006
Grunewald, R., Der Individualisierungsauftrag des Jugendstrafrechts, in: NStZ 2002, S. 452–458
Grunewald, R., Die De-Individualisierung des Erziehungsgedankens im Jugendstrafrecht, Berlin 2003
Gundelach, L., Die Führungsaufsicht nach Vollverbüßung einer Jugendstrafe, Baden-Baden 2015
Gundelach, L./Nix, C., Der Eintritt der Führungsaufsicht kraft Gesetzes gemäß § 68f Abs. 1 StGB nach Vollverbüßung einer Jugendstrafe, in: ZJJ 2015, S. 148-152
Gütt, F. B., Die Bewährung bedingt verurteilter Jugendlicher und Heranwachsender, (dargestellt an Hand der Rechtsprechung der Hamburger Jugendkammer), Hamburg 1964
Hackstock, T., Generalpräventive Aspekte im österreichischen und deutschen Jugendstrafrecht: eine strafzweckorientierte Analyse jugendstrafrechtlicher Sanktionen unter besonderer Berücksichtigung der (positiven) Generalprävention, Tübingen 2002
Hagemann, O./Lummer, R., Restorative Justice – auch das Unübersetzbare braucht klare Begriffe, in: TOA-Infodienst Nr. 45 (2012), S. 28–35

Literaturverzeichnis

Halecker, D.-M., Der „Denkzettel" Fahrverbot, Baden-Baden 2009
Hanack, E.-W., Anm. zum Urteil des BGH vom 23.6.1976 – 3 StR 99/76, in: JR 1977, S. 170–171
Hartmann, A./Haas, M./Eikens, A./Kerner, H.-J., Täter-Opfer-Ausgleich in Deutschland/ Auswertung der bundesweiten Täter-Opfer-Ausgleichs-Statistik für die Jahrgänge 2011 und 2012, BMJV [Hg.], Mönchengladbach 2014
Harwardt, F./Schneider-Njepel, V., LSI-R – Level of Service Inventory-Revised, in: M. Rettenberger/F. von Franqué [Hg.], Handbuch kriminalprognostischer Verfahren, Göttingen u. a. 2013, S. 243-253
Hassemer, W., Einführung in die Grundlagen des Strafrechts, 2. Auflage, München 1990
Hauber, R., Der Beistand als Sachwalter des Jugendlichen im Strafprozess, in: Zbl 1982, S. 215–224
Hauser, H., Der Jugendrichter – Idee und Wirklichkeit, Göttingen 1980
Haustein, R./Nithammer, D., Das Berliner Büro für Diversionsberatung und -vermittlung in: Schnelle Reaktion, Dt. Jugendinstitut [Hg.], 2001, S. 83–102
Händel, K., Richterliche Weisung, eine Fahrerlaubnis zu erwerben, in: DAR 1977, S. 309–312
Hegel, G. W. F., Rechtsphilosophie, Berlin 1821
Heim, N., Jugendstrafverfahren – Psychiatrisch-psychologische Begutachtung am Beispiel von Aggressionstätern, in: StV 1988, S. 318–322
Heinen, B., Nebeneinander der Fürsorgeerziehung und Bewährungshilfe, in: BewH 1955, S. 233–237
Heinen, B., Die Gestaltung der Jugendgerichtsverhandlung im vereinfachten Verfahren, in: UJ 1957, S. 204–212
Heinz, W., Straf(rest)aussetzung, Bewährungshilfe und Rückfall, Ergebnisse und Probleme kriminologischer Dokumentenanalysen, in: BewH 1977, S. 296–314
Heinz, W., Jugendstrafrechtsreform durch die Praxis – eine Bestandsaufnahme, in: Bundesministerium der Justiz [Hg.], Jugendstrafrechtsreform durch die Praxis, Bonn 1989, S. 13–44
Heinz, W., Diversion im Jugendstrafverfahren, in: ZRP 1990, S. 7–10
Heinz, W., Neues zur Diversion im Jugendstrafverfahren, in: MschrKrim 1993, S. 355–375
Heinz, W., Sanktionspraxis im Jugendstrafrecht, Die Jugendstrafrechtspflege im Spiegel der Rechtspflegestatistiken, Ausgewählte Informationen für den Zeitraum 1955–1993, in: DVJJ-Journal 1996, S. 105–119
Heinz, W., Diversion im Jugendstrafrecht und im allgemeinen Strafrecht, in: DVJJ-Journal 1999a, S. 131–148
Heinz, W., Die Abschlussentscheidung des Staatsanwalts aus rechtstatsächlicher Sicht, in: Das Ermittlungsverhalten der Polizei und die Einstellungspraxis der Staatsanwaltschaften, C. Geisler [Hg.], Wiesbaden 1999b, S. 125–206
Heinz, W., Die jugendstrafrechtliche Sanktionierungspraxis im Ländervergleich, in: Das Jugendstrafrecht an der Wende zum 21. Jahrhundert. Symposium zum 80. Geburtstag von Rudolf Brunner, D. Dölling [Hg.], Berlin 2001a, S. 63–97
Heinz, W., Der Strafbefehl in der Rechtswirklichkeit, in: Festschrift für Müller-Dietz, G. Britz/M. Jung [u.a.] [Hg.], München 2001b, S. 271–313

Heinz, W., Zahlt sich Milde aus?, in: ZJJ 2005, S. 166–179
Heinz, W., Evaluation jugendkriminalrechtlicher Sanktionen – Eine Sekundäranalyse deutschsprachiger Untersuchungen, in: Kriminologie und wissensbasierte Kriminalpolitik, F. Lösel/D. Bender/J.-M. Jehle [Hg.] Mönchengladbach 2007, S. 495–518
Heinz, W., Die Einbeziehung der Heranwachsenden in das Jugendstrafrecht – einige rechtstatsächliche Befunde, in: Gedächtnisschrift für Michael Walter, F. Neubacher/M. Kubink [Hg.], Berlin 2014, S. 301–317
Heinz, W./Huber, M., Verzeichnis der Jugendämter bzw. Vereine/Wohlfahrtsverbände, die 1983/84 ambulante sozialpädagogische Maßnahmen für junge Straffällige (Arbeitsweisung, Betreuungsweisung, erzieherische Gruppenarbeit, Verkehrserziehungskurs, Täter-Opfer-Ausgleich) durchführten, in: Ambulante sozialpädagogische Maßnahmen für junge Straffällige, Schriftenreihe der DVJJ, DVJJ e.V. [Hg.], München 1986, Heft 14., S. 56–108
Heinz, W./Hügel, Ch., Erzieherische Maßnahmen im deutschen Jugendstrafrecht, 3. Aufl, Bonn 1987
Heisig, K., Das Ende der Geduld, Freiburg 2010
Heitlinger, C., Die Altersgrenze der Strafmündigkeit, Hamburg 2004
Heller, M. S., Das Gesetz zur Regelung der Verständigung im Strafverfahren – No big deal?, Hamburg 2012
Hellmer, J., Wiedergutmachung und Strafe, in: AcP 155 (1956), S. 527–542
Hellmer, J., Erziehung und Strafe: zugleich ein Beitrag zur jugendstrafrechtlichen Zumessungslehre, Berlin 1957
Hellmer, J., Die Strafaussetzung im Jugendstrafrecht: Versuch einer Grundlegung des Strafaussetzungsgedankens für die gerichtliche und fürsorgerische Praxis, Berlin [u.a.] 1959
Hellmer, J., Identitätsbewusstsein und Wiedergutmachungsgedanke, Zur Behandlung der Jugendkriminalität, in: JZ 1979, S. 41–48
Herberger, S., Wirksamkeit von Sanktionsandrohungen gegenüber Kindern, Jugendlichen und Heranwachsenden im Hinblick auf Normbekräftigung und normkonformes Verhalten: Analyse des möglichen Beitrags des Strafrechts zur Normbekräftigung unter Berücksichtigung von Aspekten der moralischen Entwicklung, Aachen 2000
Herrlinger, W., Landesgruppe Berlin der DVJJ: Stellungnahme zum Entwurf der Diversionsrichtlinie, in: DVJJ-Journal 1999a, S. 149–151
Herrlinger, W., Polizeidiversion in Berlin – ohne Rücksicht auf Verluste!, in: DVJJ-Journal 1999b, S. 148–149
Herz, R., Jugendstrafrecht, 2. Aufl., Köln 1987
Heßler, M., Vermeidung von Untersuchungshaft bei Jugendlichen, Mönchengladbach 2001
Hillenkamp, T., Strafrecht ohne Willensfreiheit? Eine Antwort auf die Hirnforschung, JZ 2005, 313–320
Hillenkamp, T., Wann wird der Mensch strafmündig?, in: Der mündige Mensch, G. Böhme [Hg.], Darmstadt 2009, S. 91–112
Hinrichs, G./Schütze, G., Der § 105 I JGG aus jugendpsychiatrischer Sicht, in: DVJJ-Journal 1999, S. 27–29
Hinrichs, K., Der Ungehorsamsarrest – repressive Antwort auf schwierige Fälle?, in: Mehrfach Auffällige/Mehrfach Betroffene, DVJJ [Hg.] 1990, S. 330–343

Literaturverzeichnis

Hinrichs, K., Vom Vollzug der U-Haft verschonte Heranwachsende in einer offenen Jugendarrestanstalt, DVJJ-Journal 1992, S. 133–137

Hinrichs, K., Geschichte des deutschen Strafrechts: Ein Beitrag zum Umgang Hamburgs mit straffällig gewordenen jungen Menschen, in: DVJJ-Journal 1997, S. 311–316

Hinrichs, K., Auswertung einer Befragung der Jugendarrestanstalten in der Bundesrepublik Deutschland 1999, in: DVJJ-Journal 1999, S. 267–274

Hinrichs, K./Urbahn, G., Haftvermeidung bei Heranwachsenden in der Jugendarrestanstalt Hamburg-Wandbeck, in: DVJJ-Journal 1990, S. 84–85

Hintz, S., Untersuchungshaft und Erziehung, Herbolzheim 2004

Hinz, W., Nebenklage im Verfahren gegen Jugendliche, in : JR 2007, S. 140–146

Hoffmann, B., Datenerhebung durch die Jugendgerichtshilfe, in: ZJJ 2005, S. 59–62

Hoffmann, K., Restaussetzung der Jugendstrafe und Schwere der Schuld, in: StV 2002, S. 449–452

Hofmann, S., Soziale Trainingskurse als ambulante Maßnahmen im Rahmen des Jugendstrafverfahrens, Hamburg 2014

Holthusen, B., Projekt: Polizeilich mehrfach auffällige Strafunmündige, hrsg. vom Dt. Jugendinstitut, München 2011

Holste, H., Der § 16a – Arrest, das strafrechtliche Rückwirkungsverbot und der Umgang mit fehlerhaften Urteilen, in: ZJJ 2013, S. 289–291

Horn, H. J., Apekte der prognostischen Beurteilung im Maßregelvollzug, in: H. Göppinger/R. Vossen [Hg.], Rückfallkriminalität – Führerscheinentzug (kriminologische Gegenwartsfragen 17), Stuttgart 1986, S. 47-59

Hotter, I., Untersuchungshaftvermeidung für Jugendliche und Heranwachsende in Baden-Württemberg, Freiburg i. Br. 2004

Hoefer, F., Bewährungsfrist vor dem Urteil, Berlin 1931

Hoyer, A., Eine Wiedervereinigung von Strafen und Maßregeln im Erwachsenensanktionenrecht, in: Festschrift für Heribert Ostendorf, T. Rotsch/G. Brüning/G. Schady [Hg.], Baden-Baden 2015, S. 435-450

Höft A., Diversion und Diversionsäquivalente in der französischen und deutschen Jugendgerichtsbarkeit, Münster 2003

Höynck, T./Leuschner, F., Das Jugendgerichtsbarometer, Kassel 2014

Höynck, T./Sonnen, B.-R., Jugendstrafrecht als Spielball im Prozess politischer Meinungsbildung, in: ZRP 2001, S. 245–250

Höynck, T./Neubacher, F./Schüler-Springorum, H., Internationale Menschenrechtsstandards und das Jugendkriminalrecht: Dokumente der Vereinten Nationen und des Europarates, 1. Aufl., Mönchengladbach 2001

Huff, M. W., Auskünfte der Justiz gegenüber den Medien in Jugendgerichtsverfahren, in: Festschrift für Peter Gauweiler, W.-R. Bub/V. Mehle/E. Schumann [Hg.], Baden-Baden 2009, S. 313–321

Hupfeld, J., Zur Bedeutung des Erziehungsgedankens und des richterlichen Spezialisierungsgrades in der Jugendstrafrechtspraxis, in: DVJJ-Journal 1993, S. 11–17

Huvalé, V., Die NS-Jugendschutzlager Moringen und Uckermark – Eingriff in die Geschichte, in: Zbl 1984, S. 61–67

Isola, H., Helfen statt strafen: ASJ – Thesen zur Reform des Jugendkriminalrechts, in: Recht und Politik 1979, S. 88–92

Jaeger, A., Zur Notwendigkeit und Ausgestaltung eines Jugendarrestvollzugsgesetzes, Hamburg 2010

Jäger, C., Jugend zwischen Schuld und Verantwortung, Was kann eine strafzweckorientierte Schuld- und Verantwortungslehre zum Verständnis des Jugendstrafrechts beitragen?, in: GA 2003, S. 469–481
Jakobs, M./Molketin, R., Auflage der Schadenswiedergutmachung (§ 15 Abs. 1 Nr. 1 JGG) und Zivilrecht, in: Jugendwohl 1983, S. 159–164
Jasch, M., Anregungen für das deutsche Strafverfahrensrecht aus England, in: NJW 2004, S. 1077–1080
Jehle, J. M., Entwicklung der Untersuchungshaft bei Jugendlichen und Heranwachsenden vor und nach der Wiedervereinigung, BMJ [Hg.], Bonn 1995
Jehle, J.- M./Heinz, W./Sutterer, P., Legalbewährung nach strafrechtlichen Sanktionen, hrsg. vom Bundesministerium der Justiz, Mönchengladbach 2003
Jehle, J.-M./Albrecht, H.-J./Hohmann-Fricke, S./Tetal, C., Legalbewährung nach strafrechtlichen Sanktionen, hrsg. vom Bundesministerium der Justiz und für Verbraucherschutz, Mönchengladbach 2016
Joecks, W./Miebach, K. [Hg.], Münchener Kommentar zum StGB, Band 2: §§ 38-79b StGB, 3. Aufl., München 2016 [zit.: MüKoStGB/*Bearbeiter*]
Jung, T., Die Altersermittlung im Strafverfahren, in: StV 2013, S. 51–54
Kaiser, G., Entkriminalisierende Möglichkeiten des jugendstrafrechtlichen Sanktionenrechts und ihre Ausschöpfung in der Praxis, in: NStZ 1982, S. 102–107
Kamann, U., Vollstreckung und Vollzug der Jugendstrafe, Münster 2009
Kant, I., Kritik der praktischen Vernunft, Königsberg 1788
Kant, I., Metaphysik der Sitten, Königsberg 1797
Karanedialkova-Krohn, D.,/Fegert, J.M., Prognoseverfahren und Prognosepraxis im Jugendstraf-verfahren, in: ZJJ 2007, S. 285–294
Karle, M., Entwicklungspsychologische Aspekte bei der Begutachtung von Jugendlichen und Heranwachsenden, in: Praxis der Rechtspsychologie 2003, S. 274–308
Karmrodt, K., Sicherungsverwahrung bei Verurteilungen nach Jugendstrafrecht, Berlin 2012
Kaspar, J., Generalprävention als Sanktionszweck des Jugendstrafrechts in: Festschrift für Heinz, Schöch, D. Dölling/B. Götting/ B.-D. Meier/T. Verrel (Hg.), Berlin 2010, S. 209–226
Kastenhuber, G., Berufsbegleitende Fortbildung in problemorientierter Gruppenarbeit – eine Chance für Bewährungshelfer und Probanden, in: BewH 1984, S. 53–60
Kaufmann, Arm., Die Strafaussetzung zur Bewährung und das Verbot der reformatio in peius, in: JZ 1958, S. 279–301
Kaum, M., Der Beistand im Strafprozessrecht, München 1992
Keiser, C., Grundfälle zum Jugendstrafrecht, JuS 2002, S. 981–987
Keller, U., Die Entscheidung nach § 3 JGG: eine Untersuchung der Rechtsprechungspraxis an den Amtsgerichten zweier süddeutscher Städte im Jahre 1969, Tübingen 1974
Kemme, S., Die strafprozessuale Notwendigkeit zur Hinzuziehung eines Sachverständigen bei Feststellung schädlicher Neigungen gem. § 17 Abs. 2 JGG, in: StV 2014, S. 760-766
Kempfer, J./Rössner, D., Kriminalprävention durch TOA: Ergebnisse aus der Rückfallforschung, in TOA-Infodienst Nr. 36 (2008), S. 5–10
Kerner, H-J., Strukturen von „Erfolg" und „Misserfolg" der Bewährungshilfe, Eine Analyse anhand offizieller Daten, in: BewH 1977, S. 285–295

Kerner, H.-J., § 49 – Mediation beim Täter-Opfer-Ausgleich, in: Handbuch Mediation, F. Haft/K. Gräfin von Schlieffen [Hg.], München 2002, S. 1252–1274

Kerner, H.-J., Jugendkriminalität zwischen Gelegenheitstaten und krimineller Karriere, in: Fördern, Fordern, Fallenlassen, DVJJ [Hg.], 41, Mönchengladbach 2008, S. 31–53

Kerner, H.-J./Hartmann, A., Täter-Opfer-Ausgleich in der Entwicklung/Auswertung der bundesweiten Täter-Opfer-Ausgleichsstatistik für den Zehnjahresraum 1993 bis 2002, BMJ [Hg.], Bonn 2005

Khostevan, A., Zügiges Strafverfahren bei jugendlichen Mehrfach- und Intensivtätern, Münster u. a. 2008

Kieswetter, E., Altersgrenzen im Jugendstrafrecht – Argumente für die Anhebung der Altersgrenze auf das 24. Lebensjahr, in: Strafverteidigung im Rechtsstaat, Arbeitsgemeinschaft Strafrecht des Deutschen Anwaltsvereins (Hg.), Baden-Baden 2009, S. 305–323

Kindhäuser, U., Strafprozessrecht, 3. Aufl., Baden-Baden 2013

Kindhäuser, U., Strafgesetzbuch: Lehr- und Praxiskommentar, 6. Aufl., Baden-Baden 2015

Kindhäuser, U./Neumann, U./Paeffgen, H.-U., Nomos Kommentar Strafgesetzbuch, Band 1 und Band 2, 4. Aufl., Baden-Baden 2012 [zit.: NK-StGB-*Bearbeiter*]

Kindler, H./Permien, H./Hoops, S., Geschlossene Formen der Heimunterbringung als Maßnahme der Kinder- und Jugendhilfe, in: ZJJ 2007, S. 40–48

Kinzig, J., Entwicklung, Stand und Perspektiven einer Sicherungsverwahrung für Jugendliche und Heranwachsende, in: RdJB 2007, S. 155-167

Kinzig, J., Die Legalbewährung gefährlicher Rückfalltäter, Freiburg i. Br. 2008

Kinzig, J., Die Einführung der nachträglichen Sicherungsverwahrung für Jugendliche, in: ZJJ 2008b, S. 245–250

Kirschke, B./Brune, U., Der gemeinsame Gesetzentwurf der länderübergreifenden Arbeitsgruppe zum Untersuchungshaftvollzugsgesetz, in: Forum Strafvollzug 2009, S. 18–20

Klatt, T./Ernst, S./Höynck, T. u. a., Evaluation des neu eingeführten Jugendarrestes neben zur Bewährung ausgesetzter Jugendstrafe (§ 16a JGG), in: ZJJ 2016, S. 354-362

Kleimann, T., Das Reichsjugendgerichtsgesetz vom 6.12.1943. Eine Fortführung des JGG 1923 oder Teil des NS-Strafrechts?, in: ZJJ 2013, S. 397–407

Klein, V., Rettenberger, M., SAVRY – Structured Assessment of Violence Risk in Youth, in: M. Rettenberger/F. von Franqué [Hg.], Handbuch kriminalprognostischer Verfahren, Göttingen u. a. 2013, S. 66-80

Knauer, F., Beweisverwertungsverbote im Jugendstrafverfahren, in: ZJJ 2012, S. 260–265

Knüllig-Dingeldey, B., Nachträgliche Gesamtstrafenbildung aus einer Jugendstrafe und einer nach Erwachsenenstrafrecht wegen einer vom Angeklagten als Erwachsener begangenen Tat verhängten Freiheitsstrafe?, in: NStZ 1987, S. 226–228

Koepsel, K., Jugendarrest – Eine zeitgemäße Sanktionsform des Jugendstrafrechts?. in: Festschrift für Alexander Böhm, W. Feuerhelm [u.a.] [Hg.], Berlin [u.a.] 1999, S. 619–631

Kolbe, H., Vorführung und Haftbefehl im vereinfachten Jugendverfahren zulässig?, in: MDR 1978, S. 800–802

Köhler, M., Anmerkung zu BGH: Zur Frage des bedingten Vorsatzes beim Tötungsversuch, in: JZ 1981, S. 35–37

Köhne, M., Das Ende des „gesetzlosen" Jugendstrafvollzuges, in: ZRP 2007, S. 109–112

Köhnken, G./Bliesener, T./Ostendorf, H./Barnikol, K./Marx, R./Thomas, J., Die Verantwortlichkeit jugendlicher Straftäter nach § 3 JGG, in: Achtung (für) Jugend!, DVJJ [Hg.], Mönchengladbach 2012, S. 493–511

Kölbel, R., Stärkung des Gedankens der Wiedergutmachung gegenüber Kriminalitätsopfern im Jugendstrafrecht, in: Berliner Symposium zum Jugendkriminalrecht und seiner Praxis, hrsg. vom Bundesministerium der Justiz und für Verbraucherschutz, Mönchengladbach 2017, S. 9-41

Körner, S., Die Kostentragung im Jugendstrafverfahren, Hamburg 2004

Köttgen, Ch., Kriminalpolitik auf Irrwegen, ZJJ 2003, S. 296–299

Kowalzyck, M., Geschlossene Unterbringung als eine Alternative der Untersuchungshaftvermeidung bei Jugendlichen?, DVJJ-Journal 2002, S. 300–309

Kowalzyck, M., Untersuchungshaft, Untersuchungshaftvermeidung und geschlossene Unterbringung bei Jugendlichen und Heranwachsenden in Mecklenburg-Vorpommern, Godesberg 2008

Kratzsch, D., Plädoyer für eine Revision des jugendstrafrechtlichen Subsidiaritätsprinzips und der Zuchtmittel, Zum Spannungsverhältnis zwischen Autonomie und subsidiärer Erziehung, in: Heilpädagogische Forschung, Bd. XV, Heft 3, Soest 1989, S. 155–164

Krauß, D., Das Prinzip der materiellen Wahrheit im Strafprozess, in: Festschrift für Friedrich Schaffstein, G. Grünwald [u.a.] [Hg.], Göttingen 1975, S. 411–429

Kraus, L./Rolinski, K., Rückfall nach sozialem Training auf der Grundlage offiziell registrierter Delinquenz, in: MschrKrim 1992, S. 32–40

Kräupl, G., Die permanente Reform des Jugendstrafrechts, in: Beiträge für Rechtswissenschaft – Festschrift für Walter Stree und Johannes Wessels, W. Küper [u.a.] [Hg.], Heidelberg 1993, S. 913–929

Kreideweiß, T., Die Reform des Jugendstrafvollzugs, Frankfurt a. M. 1993

Kreischer, O. R., Die Aussetzung der Verhängung der Jugendstrafe (§ 27 JGG) in ihrer praktischen Bedeutung, Heidelberg 1970

Kremer, B., Der Einfluss des Elternrechts aus Art. 6 Abs. 2, 3 GG auf die Rechtmäßigkeit der Maßnahmen des JGG, 1984

Kremerskothen, H., Arbeitsweisungen und Arbeitsauflagen im Jugendstrafrecht, Differenzierungsansätze in der Theorie und der Praxis im Rhein-Neckar-Kreis, Herbolzheim 2001

Kreuzer, A., Junge Volljährige im Kriminalrecht – aus juristisch-kriminologisch-kriminalpolitischer Sicht, in: MschrKrim 1978, S. 1–21

Kreuzer, A., Ist das deutsche Jugendstrafrecht noch zeitgemäß?, in: NJW 2002, S. 2345–2351

Kudlich, H., Besonderheiten des jugendstrafgerichtlichen Verfahrens, in: JuS 1999, S. 877–881

Kunkel, E., Behandlung alkoholauffälliger Kraftfahrer, Modell „Mainz 77", Mainz 1977

Kunkel, P.-Ch., Hat der Jugendgerichtshelfer ein Zeugnisverweigerungsrecht im Strafprozess?, in: ZJJ 2004, S. 425–428

Kunz, K.-L./Singelnstein, T., Kriminologie: eine Grundlegung, 7. Aufl., Bern 2016

Kusch, R., Plädoyer für die Abschaffung des Jugendstrafrechts, in: NStZ 2006, S. 65–70

Literaturverzeichnis

Kühl, J., Die gesetzliche Reform des Jugendstrafvollzuges in Deutschland im Licht der European Rules for Juvenile Offenders Subject to Sanctions or Measures (ERJOSSM), Mönchengladbach 2012

Kühne, H.-H., Zeugnisverweigerungsrecht im Strafprozess – neue Wege für die Anwendung von Grundrechten? – BVerfGE 33, 367, in: JuS 1973, S. 685–689

Lackner, K./Kühl, K, Strafgesetzbuch: Kommentar, 28. Aufl., München 2014 [zit.: Lackner/Kühl-*Bearbeiter*]

Lange, J., Darf und soll die Staatsanwaltschaft bei Gruppendelikten Jugendlicher in besonderen Fällen abweichend von den Gerichtsständen des § 42 JGG eine gemeinsame Anklage zum Tatortgericht erheben?, in: NStZ 1995, S. 110-111

Lange, P., Rückfälligkeit nach Jugendstrafe, eine Untersuchung anhand von Jugendlichen und Heranwachsenden, die in den Jahren 1962–1966 im Landgerichtsbezirk Göttingen zu Jugendstrafe verurteilt wurden oder gegen die eine Schuldfeststellung gemäß § 27 JGG getroffen wurde, Göttingen 1973

Lamnek, S., Spezialpräventive Wirkungen jugendrichterlicher Maßnahmen. Eine Analyse von Daten des Bundeszentralregisters, in: Jugendstrafe an Vierzehn- und Fünfzehnjährigen, Strukturen und Probleme, P.-A. Albrecht/H. Schüler-Springorum [Hg.], München 1983, S. 17–65

Laubenthal, K., Jugendgerichtshilfe im Strafverfahren, Köln 1993

Laubenthal, K., Ist das deutsche Jugendstrafrecht noch zeitgemäß?, in: JZ 2002a, S. 807–818

Laubenthal, K., Fallsammlung zur Wahlfachgruppe Kriminologie, Jugendstrafrecht und Strafvollzug, Berlin 2002b

Laubenthal, K./Baier, H./Nestler, N., Jugendstrafrecht, 3. Aufl., Berlin 2015

Laubenthal, K./Nevermann-Jaskolla, U., Die Rechte des Kindes als Zeuge im Strafverfahren, in: JA 2005, S. 294–300

Laue, C., Jugendarrest in Deutschland, in: DVJJ-Journal 1995, S. 91–96

Laue, K.A., Das vorrangige Jugendverfahren – Ein Modell zur beschleunigten Verfolgung besonders gefährlicher Jugendstraftäter, Hamburg 2011

Lederer, J., Staatsschutz versus Jugendschutz!?, in StV 2016, S. 745-753

Lembert, G., Die Beachtung des Grundsatzes der Verhältnismäßigkeit bei der Entscheidung über einen Bewährungswiderruf, in: NJW 2001, S. 3528–3530

Leipziger Kommentar, Großkommentar zum StGB, Band 3: §§ 56 bis 79b, 12. Aufl., Berlin 2008 [zit.: LK/*Bearbeiter*]

Leipziger Kommentar, Großkommentar zum StGB, Band 8, §§ 242 bis 262, 12. Aufl., Berlin 2010 [zit.: LK/*Bearbeiter*]

Lemke, M. [u.a.], Heidelberger Kommentar zur StPO, 2. Aufl., Heidelberg 1999

Lemm, C., Die strafrechtliche Verantwortlichkeit jugendlicher Rechtsbrecher, Münster 2000

Lempp, R., Gerichtliche Kinder- und Jugendpsychiatrie, Ein Lehrbuch für Ärzte, Psychologen und Juristen, Bern [u.a] 1983 [zit.: Gerichtliche Kinder- und Jugendpsychiatrie]

Lenz, T., Die Rechtsfolgensystematik im Jugendgerichtsgesetz (JGG), Berlin 2007 [zit.: Rechtsfolgensystematik]

Linke, A., Diversionstage in Nordrhein-Westfalen, Berlin 2010a

Linke, A., Diversionsrichtlinien im Jugendstrafverfahren – Bundeseinheitliche Einstellungspraxis durch Verwaltungsvorschriften der Länder?, in: NStZ 2010b, S. 609–614

Literaturverzeichnis

Lippenmeier, N./Sagebiel, F., Gruppenarbeit in der Bewährungshilfe der Bundesrepublik, in: Alternativen zur Freiheitsstrafe, F. Dünkel/G. Spieß [Hg.], Freiburg i. Br. 1983, S. 50–72
von Liszt, F., Strafrechtliche Aufsätze und Vorträge I, Berlin 1905
Lobinger, K., Kostentragung und Anordnungskompetenz im Verhältnis von Justiz und Jugendhilfe, Baden-Baden 2015
Löhr, H. E., Justizinterne Diversion unter Verzicht auf ambulante Maßnahmen, in: Neue ambulante Maßnahmen nach dem Jugendgerichtsgesetz, BMJ [Hg.], 1986, S. 130–138
Löhr, H. E., Im Zweifel weniger – Überlegungen zum Umgang mit der Kriminalität der Machtlosen, in: H. Ostendorf [Hg.], Strafverfolgung und Strafverzicht, Köln 1992, S. 579–592
Löhr-Müller, K., Diversion durch den Jugendrichter, Frankfurt am Main 2001
Lösel, F./Bliesener, T., Zur Altersgrenze strafrechtlicher Verantwortlichkeit von Jugendlichen aus psychologischer Sicht, in: DVJJ 1997, S. 387–394
Lösel, F./Bliesener, T., Aggression und Delinquenz unter Jugendlichen, Neuwied 2003
Lösel, F./Pomplun, O., Jugendhilfe statt Untersuchungshaft, Pfaffenweiler 1998
Lorbeer, F., Probleme der Aussetzung der Verhängung der Jugendstrafe nach §§ 27 ff. JGG, Hamburg 1980
Lübbe-Wolff, G./Lindemann, M., Neuere Rechtsprechung des BVerfG zum Vollzug von Straf- und Untersuchungshaft, in: NStZ 2007, S. 478–486
Lüderssen, K., Grenzen der „Sachkunde" des Gerichts (§ 244 Abs. 4 Satz 1 StPO) für die Beurteilung der inneren Tatseite bei jugendlichen Tätern, speziell mit Blick auf den bedingten Vorsatz, in: Festschrift für Hans-Ludwig Schreiber, Heidelberg 2003, S. 289–314
Lühring, F., Die Berichterstattung des Jugendgerichtshelfers und ihre Grenzen, Frankfurt am Main 1992
Mann, H., Beschleunigungspotential im Jugendstrafverfahren, Frankfurt am Main 2004
Matthes, A., YLS/CM – Youth Level of Service/Case Management Inventory, in: M. Rettenberger/F. von Franqué [Hg.], Handbuch kriminalprognostischer Verfahren, Göttingen u. a. 2013, S. 55-65
Maurach, R./Gössel, K.-H./Zipf, H., Erscheinungsformen des Verbrechens und Rechtsfolgen der Tat, Allgemeiner Teil, Teilband 2, 8. Aufl., Heidelberg 2014
Mayer, H., Strafrecht Allgemeiner Teil, Stuttgart 1953
Meier, B.-D., Zwischen Opferschutz und Wahrheitssuche, in: JZ 1991, S. 638–645
Meier, B.-D., Kriminologie, 5. Aufl., München 2016
Meier, B.-D./Rössner, D./Schöch, H., Jugendstrafrecht, 3. Aufl., München 2013 (zitiert: Meier/Rössner/Schöch-*Bearbeiter*)
Meier, B.-D./Rössner, D./Trüg, G./Wulff, R. (Hg.), Jugendgerichtsgesetz – Handkommentar, 2. Aufl., Baden-Baden 2014 (zitiert HK-JGG/*Bearbeiter*)
Meier, B.-D./Verrel, T., Der praktische Fall – Jugendstrafrecht – Prügel für die „Scheinasylanten", in: JuS 1994, S. 1039–1045
Meier, D., Richterliche Erwägungen bei der Verhängung von Jugendstrafe und deren Berücksichtigung durch Vollzug und Bewährungshilfe, Köln 1994
Meißner, T., Arbeitsleistungen – Strafe oder Jugendhilfe? Gedanken zur Neuorientierung bei der Durchführung der Weisung gem. § 10 Abs. 1 Nr. 4 JGG, in: DVJJ-Journal 1996, S. 370–372

Mergen, A., Eindrücke fürs Leben, in: Kriminalistik 1990a, S. 95-97
Mertens, B., Schnell oder gut? Die Bedeutung des Beschleunigungsgrundsatzes im Jugendstrafverfahren, Frankfurt am Main 2003
Meyer, D., Neue Entwicklungen bei „klassischen Weisungen", in: Neue ambulante Maßnahmen nach dem Jugendgerichtsgesetz, BMJ [Hg.], Bonn 1986, S. 85–92
Meyer, D., Neue ambulaten Maßnahmen nach dem Jugendgerichtsgesetz, insbesondere Betreuungsweisungen/soziale Trainingskurse/erzieherische Gruppenarbeit, in: BMJ [Hg.], Jugendstrafrechtsreform durch die Praxis, Bonn 1989, S. 203-214
Meyer, K., Grenzen der Unschuldsvermutung, in: Festschrift für Herbert Tröndle, H.-H. Jescheck/T. Vogler [Hg.], Berlin 1989, S. 61–75
Meyer, K.-P., Möglichkeiten des Absehens von Jugendstrafe und Effizienz solcher Maßnahmen, in: Zbl 1981, S. 365–377
Meyer, M. K., Jugendstrafe wegen „Schwere der Schuld", in: Zbl 1984, S. 445–454
Meyer-Höger, M., Der Jugendarrest, Baden-Baden 1998
Meyer-Odewald, U., Die Verhängung und Zumessung der Jugendstrafe gem. § 17 Absatz 2, 2. Alt. JGG im Hinblick auf das zugrunde liegende Antinomieproblem, Kirchheim 1993
Meyer-Wentrup, H.-E., Die erneute Straffälligkeit nach Jugendstrafe, Hamburg 1966
Miehe, O., Die Bedeutung der Tat im Jugendstrafrecht, Zugleich ein Beitrag zur verfassungsrechtlichen Kritik der jugendrichterlichen Zumessung, Göttingen 1964
Miehe, O., Formen der Heimerziehung als Alternative zur Untersuchungshaft, in: DVJJ [Hg.] 13 (1984), S. 242
Mitsch, W., Nebenklage im Strafverfahren gegen Jugendliche und Heranwachsende, in: GA 1998, S. 159–176
Möller, O., Führen Verstöße gegen § 67 I JGG bei polizeilichen Vernehmungen eines jugendlichen Beschuldigten zu einem Beweisverwertungsverbot?, in: NStZ 2012, S. 113–122
Möller, W./Schütz, C., Jugendrichterliche Kompetenz versus Steuerungsverantwortung des öffentlichen Jugendhilfeträgers, in: ZKJ 2007, S. 178–183
Mohr, C., Jugendliche, Heranwachsende und Erwachsene gemeinsam vor dem Strafgericht, Eine strafprozessuale Untersuchung des Verfahrens gegen Angeklagte aus verschiedenen Altersgruppen unter besonderer Berücksichtigung der Problemfelder der Erstreckung der Revision auf den Nichtrevidenten gem. § 357 StPO, der notwendigen Verteidigung und der Nebenklage, Aachen 2005
Mohr, N., Elektronische Überwachung zur Haftvermeidung im deutschen Sanktionensystem und verfassungsrechtliche Fragestellungen, in: F. Dünkel/ C. Thiele/ J. Treig [Hg.], Elektronische Überwachung von Straffälligen im europäischen Vergleich – Bestandsaufnahme und Perspektiven, Mönchengladbach 2017 (im Erscheinen)
Molketin, R., Verkehrsstraftaten Heranwachsender und § 105 Abs. 1 JGG, in: DAR 1981, 137–145
Mollenhauer, W., Zur Problematik langer Freiheitsstrafen, vollzogen an jungen Gefangenen, in: MschrKrim 1961, S. 162–167
Mollik, R., OWi-Verfahren wegen Schulverweigerung – Zwischen Anspruch, Wunsch und Wirklichkeit, in: ZJJ 2016, S. 168-174
Morgenstern, C., Krank – gestört – gefährlich: Wer fällt unter § 1 Therapieunterbringungsgesetz und Art. 5 Abs. 1 lit. e EMRK?, in: ZIS 2012, S. 974-981
Momberg, R., Der Einfluss der Jugendgerichtshilfe auf die Entscheidung des Jugendrichters: Ergebnisse aus einer empirischen Untersuchung von 276 Strafverfahrens-

akten unter besonderer Berücksichtigung von Jugendgerichtshilfebericht und Urteilsbegründung, in: MschrKrim 1982, S. 65–87

Mosbacher, A., Naturwissenschaftliche Scheingefechte um die Willensfreiheit, JR 2005, 61–62

Mrozynski, P., Krankheit – Hang – schädliche Neigungen, in: MschrKrim 1985, S. 1–18

Müller, H. E., Diversion im Jugendstrafrecht und rechtsstaatliches Verhalten, in: DRiZ 1996, S. 443–447

Müller, K. F. W., Streitfragen aus dem Rechte des Jugendstrafverfahrens, in: RdJ 1958, S. 337 ff.

Müller, K. F. W., Jugendstrafrecht und Jugendgerichtsbarkeit, 3. Aufl., Regensburg 1975

Müller-Dietz, H., Bemerkung zum „Entwurf eines Untersuchungshaftvollzugsgesetzes, vorgelegt von Jürgen Baumann", in: JZ 1982, S. 222–224

Müller-Dietz, H., Unterbringung in der Entziehungsanstalt und Verfassung, in: JR 1995; S. 353–361

Müller-Piepenkötter, R./Kubink, M., „Warn(schuss)arrest als neue Sanktion – rationale Perspektiven für eine ewige Kontroverse in: ZRP 2008, S. 176–180

Münder, J., Frankfurter Kommentar zum SGB VIII: Kinder- und Jugendhilfe, 4. Aufl., Weinheim u.a. 2003

Münder, J./Meysen, T./Trenczek, T., Frankfurter Kommentar zum SGB VIII: Kinder- und Jugendhilfe, 7. Aufl., Weinheim u.a. 2013 [zit.: Münder/*Bearbeiter*]

Naucke, W. [u.a.], „Verteidigung der Rechtsordnung": (Paragraphen 14, 23 StGB), Kritik an der Entstehung und Handhabung eines strafrechtlichen Begriffs, Berlin 1971 [zit.: Verteidigung der Rechtsordnung]

Naucke, W., Strafrecht: Eine Einführung, 10. Aufl., Neuwied 2002

Nerèe, C. v., Zur Zulässigkeit der Sicherungshaft gemäß § 112a StPO, insbesondere bei Anwendung von Jugendstrafrecht, in: StV 1993, S. 212–220

Neubacher, F., Fremdenfeindliche Brandanschläge, Eine kriminologisch-empirische Untersuchung von Tätern, Tathintergründen und gerichtlicher Verarbeitung in Jugendstrafverfahren, Schriftenreihe des Kriminologischen Seminars der Universität Bonn, Band 4, Mönchengladbach 1998

Neugebauer, M., Der Weg in das Jugendschutzlager Moringen, Mönchengladbach 1997

Nix, C., § 3 JGG – eine immer wieder neu vergessene Rechtsvorschrift, in: ZJJ 2011, S. 416–421

Nolte, C., Die Rückfälligkeit Jugendlicher und Heranwachsender nach der Verbüßung von Jugendarrest, Göttingen 1978

Nothacker, G., Zur besonderen Beschränkung der Rechtsmittel im Jugendstrafverfahren (§ 55 JGG), in: GA 1982a, S. 451–468

Nothacker, G., Das Absehen von der Verfolgung im Jugendstrafverfahren (§ 45 JGG), in: JZ 1982b, S. 57–64

Nothacker, G., „Erziehungsvorrang" und Gesetzesauslegung im Jugendgerichtsgesetz – eine systematisch-methodologische Analyse jugendstrafrechtlicher Rechtsanwendungsprinzipien, Berlin 1985a

Nothacker, G., Anwendungsprinzipien des Jugendstrafrechts – Zugleich zur Reichweite des Erziehungsvorrangs im Jugendgerichtsgesetz, in: Zbl 1985b, S. 101–112

Literaturverzeichnis

Nothacker, G., Jugendstrafrecht, 3. Aufl., Baden-Baden 2001
Nötzelmann, U., Der jugendstrafjustizielle Umgang mit jungen drogenabhängigen Straftätern in: ZJJ 2012, S. 185–189
Oetting, J., Das wahre Leben pocht zwischen den Idealtypen – Über die "Methode der idealtypisch-vergleichenden Einzelfallanalyse" (MIVEA) in der Praxis der Strafrechtspflege, in: NK 2008, S. 124–129
Ohder, C./Tausendteufel, H., Evaluation des Neuköllner Modells, in: ZJJ 2015, S. 38-42
Opp, K.-D., Soziologie im Recht, Reinbek bei Hamburg 1973
Ostendorf, H., Auf Generalprävention kann noch nicht verzichtet werden, in: ZRP 1976, S. 281-285
Ostendorf, H., Das öffentliche Klageerzwingungsverfahren – ein notwendiges Institut zur Kontrolle der Staatsanwaltschaft, in: Recht und Politik 1980, S. 200
Ostendorf, H., Bewährung ohne Freiheitsstrafe – eine Falltür im Jugendstrafrecht?, in: NJW 1981a, S. 378–383
Ostendorf, H., Die Informationsrechte der Strafverfolgungsbehörden gegenüber anderen staatlichen Behörden im Widerstreit mit deren strafrechtlichen Geheimhaltungspflichten, in: DRiZ 1981b, S. 4–11
Ostendorf, H., Das Recht zum Hungerstreik: verfassungsmäßige Absicherung und strafrechtliche Konsequenzen, Frankfurt a.M. 1983a
Ostendorf, H., Alternativen zur strafverurteilenden Konfliktserledigung, in: ZRP 1983b, S. 302–308
Ostendorf, H., Zukunft des Jugendstrafrechts, in: BMJ [Hg.], Jugendstrafrechtsreform durch die Praxis, Bonn 1989, 325–337
Ostendorf, H., Einheitliche Jugendstrafe unter Einbeziehung einer Strafe, die für eine als Erwachsener begangene Straftat ausgesprochen wurde?, in: NStZ 1991, S. 185–186
Ostendorf, H., Bewährungswiderruf bei eingestandenen, aber nicht rechtskräftig verurteilten neuen Straftaten?, in: StV 1992a, S. 288–292
Ostendorf, H., Zur Unzulässigkeit einer auf Zahlung an die Staatskasse gerichteten Auflage im Jugendstrafverfahren und zur Höchstdauer eines Jugendarrestes, in: NStZ 1992b, S. 85–86
Ostendorf, H., Reform des Jugendarrests, in: MschrKrim 1995, S. 352–365
Ostendorf, H., Die „elektronische Fessel" – Wunderwaffe im „Kampf" gegen die Kriminalität, in: ZRP 1997a, S. 473–476
Ostendorf, H., Argumente für einen Fachdienst der Jugendgerichtshilfe bzw. gegen eine Auflösung der Jugendgerichtshilfe in einem allgemeinen sozialen Dienst der Jugendhilfe, in: DVJJ-Journal 1997b, S. 242–243
Ostendorf, H., Das deutsche Erziehungsstrafrecht – zwischen Erziehung und Repression, in: StV 1998a, S. 297–303
Ostendorf, H., Abkürzung des Jugendstrafverfahrens oder „kurzer Prozess"?, in: ZfJ 1998b, S. 481–486
Ostendorf, H., Anmerkung zum Urteil vom 19.12.1997, 1 Ss 237–97 des PfzOLG Zweibrücken: Verhängung von Jugendstrafe; Verhältnismäßigkeit, in: NStZ 1999, S. 515–516
Ostendorf, H., Plädoyer für eine soziale Strafrechtspflege: Wie viel Strafe braucht die Gesellschaft?, Baden-Baden 2000

Ostendorf, H., Chancen und Risiken von Kriminalprävention, in: ZRP 2001, S. 151–154

Ostendorf, H., Weiterführung der Reform des Jugendstrafrechts, Vorschläge der 2. Jugendstrafrechtsreformkommission der DVJJ, in: StV 2002, S. 436–445

Ostendorf, H., Anmerkung zum Beschluss vom 3.12.2002–3 StR 417/02, in: StV 2003a, 389

Ostendorf, H., Neue Entwicklungen im Jugendstrafrecht, insbesondere zur Diversion oder Gegenreform durch Konsequenzverlagerungen, in: Neues in der Kriminalpolitik, E. Minthe [Hg.], Wiesbaden 2003b, S. 125–137

Ostendorf, H. [Hg.], Effizienz von Kriminalprävention – Erfahrungen im Ostseeraum, Lübeck 2004a

Ostendorf, H., Der straffällig gewordene Jugendliche aus Sicht der Justiz, in: ZJJ 2004b, S. 9–14

Ostendorf, H., Anmerkung zu dem Urteil des Bundesgerichtshofs vom 3.2.2005 – BGH – 4 StR 492/04, in: ZJJ 2005, S. 205–206

Ostendorf, H., Jugendhilfe und Justiz/Organisationsbedingungen einer Gesamtverantwortung, in: ZJJ 2006a, S. 155–163

Ostendorf, H., Härtere Bestrafung bei höheren Straferwartungen junger Menschen?, in: Festschrift für Hans-Dieter Schwind, T. Feltes [Hg.], Heidelberg 2006b, S. 383–394

Ostendorf, H., Gegen die Abschaffung des Jugendstrafrechts oder seiner Essentialia, in: NStZ 2006c, S. 320–326

Ostendorf, H., Flexibilität versus Rechtsstaatlichkeit im Jugendstrafrecht, in: GA 2006d, S. 513–527

Ostendorf, H. [Hg.], Kriminalität der Spätaussiedler – Bedrohung oder Mythos?, Baden-Baden 2007a

Ostendorf, H., „Intensivtäterbekämpfung" auf Abwegen, in: ZJJ 2007b, S. 300–301

Ostendorf, H., Jugendstrafvollzugsgesetz: Neue Gesetze – neue Perspektiven?, in: ZRP 2008a, S. 14–18

Ostendorf, H., Neue Gesetze – neue Perspektiven, in: Fördern, Fordern, Fallenlassen, DVJJ [Hg.], 41, Mönchengladbach 2008, S. 93-106

Ostendorf, H., Die hölzernen Strafzwecke – kein Raum für „emanzipative Resozialisierung" in: Das Dilemma des rechtsstaatlichen Strafrechts, W. Beulke/K. Lüderssen/A. Popp/P. Wittig (Hg.), Berlin 2009a, S. 61–78

Ostendorf, H., Zunehmende Hemmnisse einer wirkungsvollen Kooperation von Jugendhilfe und Justiz in der Rechtswirklichkeit, in: Das Jugendkriminalrecht vor neuen Herausforderungen?, Bundesministerium der Justiz [Hg.], 2009b, S. 335–344

Ostendorf, H., [Hg.], Untersuchungshaft und Abschiebehaft, Baden-Baden 2012a

Ostendorf, H., Die Rechte von tatverdächtigen Kindern und Jugendlichen sowie deren Eltern bei der polizeilichen Vernehmung, in: Festschrift für Wolfgang Heinz, E., Hilgendorf/R. Rengier [Hg.], Baden-Baden 2012b, S. 464–477

Ostendorf, H., Das Jugendstrafrecht als Vorreiter für die Verknüpfung von Zurechnung und Prävention: Für ein einheitliches Maß bei Strafen und Maßregeln, in: StV 2014, S. 766-772

Ostendorf, H., Strafprozessrecht, 2. Aufl., Baden-Baden 2015

Ostendorf, H., Jugendgerichtsgesetz, Kommentar, 10. Aufl., Baden-Baden 2016 [zit.: Ostendorf/*Bearbeiter*]

Literaturverzeichnis

Ostendorf, H., [Hg.], Jugendstrafvollzugsrecht, 3. Aufl., Baden-Baden 2016
Ostendorf, H., Der Ausschluss eines Rechtsmittels in Jugendstrafsachen gemäß § 55 Abs. 1 JGG, in: ZJJ 2016, S. 120-125
Ostendorf, H., Max und Moritz – Prototypen von Intensivstraftätern, in Festschrift für Franz Streng, C. Safferling/G. Kett-Straub [u.a.] [Hg.], Heidelberg 2017, S. 579–589
Ostendorf, H./Bochmann, C., Nachträgliche Sicherungsverwahrung bei jungen Menschen auf dem internationalen und verfassungsrechtlichen Prüfstand, in: ZRP 2007, S. 146–149
Ostendorf, H./Hinghaus, M./Kasten, A., Kriminalprävention durch das Familiengericht, in: FamRZ 2005, S. 1514-1520
Ostendorf, H./Petersen, S., Nachträgliche Sicherungsverwahrung im Jugendstrafrecht – Rechtspolitische Folgen der Entscheidung des EGMR, in: ZRP 2010, S. 245–249
Pankiewicz, K., Absprachen im Jugendstrafrecht, Münster 2008
Pankofer, S., Wundermittel geschlossene Unterbringung?, in: DVJJ-Journal 1998, S. 125–129
Papendorf, K., Erfahrungswissenschaftliche Gründe, Jugendliche nicht mehr einzusperren – Zur Rationalität der AJK- Forderungen, in: KrimJ 1982, S. 137–158
Pelster, D. M., Die nichtöffentliche Verhandlung in der Jugendgerichtsbarkeit, in: MSchrKrim 2006, S. 420–435
Permien, H., Erziehung zur Freiheit durch Freiheitsentzug?, Deutsches Jugendinstitut [Hg.], München 2010
Peterich, P., Zum sozialpädagogisch begründeten Umgang mit Jugendlichen und Heranwachsenden, die straffällig geworden sind, in: Neue ambulante Maßnahmen, DVJJ [Hg.], 2000, S. 120–144
Peters, K., Reichsjugendgerichtsgesetz vom 6. November 1943, Berlin 1944
Peters, K., Einige Bemerkungen zum Beistand des Jugendgerichtsgesetzes, in: Jugendwohl, 1956, S. 401–402
Peters, K., Grundprobleme der Kriminalpädagogik, Berlin 1960
Peters, K., Die Beurteilung der Verantwortungsreife, in: Handbuch der Psychologie, 11. Band: Forensische Psychologie, 1. Aufl., Göttingen 1967, S. 260–289
Peters, K., Strafprozess, ein Lehrbuch, 4. Aufl., Heidelberg 1985
Petersen, A., Sanktionsmaßstäbe im Jugendstrafrecht, Baden-Baden 2008
Pfeiffer, C., Weisungen nach § 10 JGG – erweiterte Möglichkeiten der Hilfe im Vorfeld der Jugendstrafe, in: BewH 1980, S. 58–63
Pfeiffer, C., Jugendarrest – für wen eigentlich? Arrestideologie und Sanktionswirklichkeit, in: MschrKrim 1981, S. 28–52
Pfeiffer, C., Kriminalprävention im Jugendgerichtsverfahren, jugendrichterliches Handeln vor dem Hintergrund des Brücke-Projekts, Köln 1983
Pfeiffer, C., Bewährungshilfe auf falschen Gleisen?, in: BewH 1984, S. 63–70
Pfeiffer, C., Die Anordnung von Untersuchungshaft gegenüber 14–15-Jährigen bzw. 14–21-Jährigen in den 93 Landgerichtsbezirken der Bundesrepublik Deutschland, veröffentlicht als Forschungsmaterialien des KFN 1988
Pfeiffer, C., Kirsten Heisigs Irrtümer, in: ZJJ 2010, S. 323–325
Pfohl, M., Gemeinnützige Arbeit als strafrechtliche Sanktion: eine rechtsvergleichende Untersuchung unter Berücksichtigung der britischen Community Service Order, Berlin 1983

Pieplow, L., Erziehung als Chiffre, in: Beiträge zur Erziehung im Jugendkriminalrecht, M. Walter [Hg.], Köln 1989, S. 5–57

Plack, A., Plädoyer für die Abschaffung des Strafrechts, München 1974

Plath, J., Das Jugendgerichtsgesetz der DDR von 1952, Hamburg 2005

Plewig, H.-J., Geschlossene Unterbringung delinquenter Kinder, in: DVJJ-Journal 2002, S. 163–166

Plewig, H.-J., „Kriminalpädagogische Schülergremien" – Die Rolle Gleichaltriger im Jugendstrafrecht aus devianzpädagogischer und kriminalpolitischer Sicht, in: ZJJ 2008, S. 237–245

Pohl-Laukamp, D., Legalitätsprinzip und Diversion, Staatsanwaltliche Ermittlungsverfahren gegen jugendliche und Heranwachsende Rechtsbrecher, in: Kriminalistik 1983, S. 131–136

Pollähne, H., Führungsaufsicht nach Vollverbüßung einer Jugendstrafe?, in: ZJJ 2008, S. 4–10

Pommerening, R., Das Selbstbild der deutschen Jugendrichter, in: MschrKrim 1982, S. 193–199

Pruin, I. R., Gereift in 53 Jahren?: Die Reformdebatte über die deutsche Heranwachsendenregelung, in: ZJJ 2006, S. 257–264

Pruin, I. R., Die Heranwachsendenregelung im deutschen Jugendstrafrecht, Mönchengladbach 2007

Pruin, I. R., Verantwortung für junge Volljährige, in: Fördern, Fordern, Fallenlassen, DVJJ [Hg.] 41, Mönchengladbach 2008, S. 306–325

Putzke, H., Beschleunigtes Verfahren bei Heranwachsenden, Holzkirchen/Oberbayern 2004

Quenzer, C., J-SOAP-II – Juvenile Sex Offender Assessment Protocol II, in: M. Rettenberger/F. von Franqué [Hg.], Handbuch kriminalprognostischer Verfahren, Göttingen u. a. 2013, S. 39-46

Quenzer, C., ERASOR – Estimate the Risk of Adolescent Sexual Offense Recidivism, in: M. Rettenberger/F. von Franqué [Hg.], Handbuch kriminalprognostischer Verfahren, Göttingen u. a. 2013, S. 47-54

Raben, F.-D., Die §§ 45–47 JGG eine Betrachtung der Anwendungspraxis und der Möglichkeiten, in: Die jugendrichterlichen Entscheidungen – Anspruch und Wirklichkeit, DVJJ [Hg.] 12, 1981, S. 190–199

Radbruch, G., Die Psychologie der Gefangenschaft, in: ZStW (32) 1911, S 339–354

Radbruch, G., Jugendgerichtsgesetz vom 16. Februar 1923 (RGBl. S. 135), in: Zbl 1923, S. 249–264

Radke, M., Befragungshindernisse aufgrund des Zeitablaufs/ Verjährungseintritt und Verfahrensüberlängen im Erwachsenen- und Jugendstrafrecht, Aachen 2000

Radtke, H., Der so genannte Warnschussarrest im Jugendstrafrecht – Verfassungsrechtliche Vorgaben und dogmatisch-systematische Einordnung, in: ZStW 121 (2009), S. 416–449

Rasch, W./Konrad, N., Forensische Psychiatrie, 3. Aufl., Stuttgart 2004

Rautenberg, E. C., Schülergerichte: Kriminalpolitischer Verhältnisblödsinn!, in: NJW 2006, S. 2749–2750

Reichenbach, P., Der Jugendermittlungsrichter, in: NStZ 2005a, S. 617–621

Reichenbach, P., Über die Zulässigkeit der Verbindung eines Schuldspruches nach § 27 JGG mit Jugendarrest, in: NStZ 2005b, S. 136–141

Literaturverzeichnis

Reichstag [Hg.], Anlagen zu den stenographischen Berichten des Reichstages, 1912/13, S. 1820

Rein, B., Geht es auch ohne JGH?, in: DVJJ-Journal 1998, S. 335-342

Riechert-Rother, S., Jugendarrest und ambulante Maßnahmen, Hamburg 2008

Rieke, A. S., Die polizeiliche und staatsanwaltliche Vernehmung Minderjähriger, Münster 2003

Riekenbrauk, K., Die Weitergabe von Daten der Jugendhilfe/Jugendgerichtshilfe (JGH) durch Jugendgerichte und ihre datenschutzrechtlichen Einschränkungen, in: ZJJ 2014 S. 361-363

Riekenbrauk, K., Psychosoziale Prozessbegleitung – ein neuer Sozialer Dienst der Justiz, in: ZJJ 2016, S. 25-33

Riesner, L./Bliesener, T./Thomas, J., Polizeiliche Mehrfach- und Intensivtäterprogramme: Befunde einer Prozessevaluation, in: ZJJ 2012, S. 40-47

Rogall, K., Wirksamkeit des Rechtsmittelverzichts eines Angeklagten bei fehlender notwendiger Verteidigung, in: StV 1998, S. 643-645

Rose, F., Die Berücksichtigung von Verfahrensverzögerungen bei der Jugendstrafe wegen schädlicher Neigungen – Zugleich Anmerkung zu BGH, Beschluss vom 5.12.2002, 3 StR 417/02, in: NStZ 2003, S. 588-591

Rose, F., Zur Anwendbarkeit des Kompensationsgebots nach Verfahrenszögerungen bei der Jugendstrafe wegen schädlicher Neigungen, Anmerkung zu BGH, Urteil vom 26.10.2006, 3 StR 326/06, in: ZJJ 2007, S. 217-219

Rose, F., Wenn die (Jugend-) Strafe der Tat nicht auf dem Fuße folgt: Die Auswirkungen von Verfahrensverzögerungen im Jugendstrafverfahren, in: NStZ 2013, S. 315-327

Rose, R./Friese, A., Das Absehen von der Vollstreckung des Jugendarrestes nach § 87 Abs. 3 JGG: Erzieherisch große Gestaltungsmöglichkeiten durch eine bislang wenig genutzte Norm, in: ZJJ 2016, S. 10-17

Rössner, D./Wulf, R., Opferbezogene Strafrechtspflege, Beiheft Nr. 3 zum Rundbrief Soziale Arbeit und Strafrecht, Deutsche Bewährungshilfe [Hg.], 2. Aufl., Bonn 1985

Roth, G., Willensfreiheit, Verantwortlichkeit und Verhaltensautonomie des Menschen aus Sicht der Hirnforschung in: Festschrift für Lampe, Berlin 2003, S. 43-63

Röthel, J. C., Vorzeitige Entlassung aus dem Jugendstrafvollzug/ Die Auswirkungen des Gesetzes zur Bekämpfung von Sexualdelikten und anderen gefährlichen Straftaten, Frankfurt am Main 2007

Rotthaus, K.-P., Unzulänglichkeiten der heutigen Regelung der Untersuchungshaft, in: NJW 1973, S. 2269-2273

Roxin, C., „Schuld" und „Verantwortlichkeit" als strafrechtliche Systemkategorien, in: Festschrift für Heinrich Henkel, Berlin 1974, S. 171-197

Roxin, C., Strafrecht Allgemeiner Teil, Band I: Grundlagen – Der Aufbau der Verbrechenslehre, 4. Auflage, München 2006

Roxin, C./Schünemann, B., Strafverfahrensrecht, 27. Aufl., München 2012

Rudolf, E., Der altersdiagnostische Sachverständigenbeweis nach § 42f SGB VIII, in: Rechtsmedizin 2016, S. 526-536

Rudolphi, H.-J./Horn, E./Samson, E./Schreiber, H.-L., Systematischer Kommentar zum Strafgesetzbuch, Bd. 1: Allgemeiner Teil, Bd. 2: §§ 38-79b, Frankfurt am Main [zit.: SK-StGB/*Bearbeiter*]

Rudolphi, H.-J. [u.a.], Systematischer Kommentar zur Strafprozessordnung und zum Gerichtsverfassungsgesetz, Frankfurt am Main ab 1986 [zit.: SK-StPO/*Bearbeiter*]

Ruß, W., Die Aneignungskomponente bei Wegnahme eines Behältnisses – Eine Würdigung der Rechtsprechung zum Handtaschendiebstahl(-raub), in: Festschrift für Gerd Pfeiffer, O.F. Freiherr von Gamm/P. Raisch/K. Tiedemann [Hg.], Köln 1988, S. 61–67

Rzepka, D., Sicherheits- statt Rechtsstaat – Überblick und Anmerkungen zu bundes- und landesrechtlichen Konzepten einer nachträglichen Sicherungsverwahrung – Teil 1, Teil 2, in: Recht und Psychiatrie 2003, S. 127–220

Sabass, V., Schülergremien in der Jugendstrafrechtspflege – ein neuer Diversionsansatz, Münster 2004

Satzger, H., Überlegungen zur Anwendbarkeit des § 357 StPO auf nach Jugendstrafrecht Verurteilte, in: Festschrift für Reinhard Böttcher, H. Schöch/R. Helgerth/D. Dölling/P. König [Hg.], Berlin 2007, S. 175–189

Satzger, H., Schluckebier, W., Widmaier, G. [Hg.], StGB Strafgesetzbuch – Kommentar, 2. Aufl. München 2014 [zit.: S/S/W/*Bearbeiter*]

Schaar, M., Drogendelinquenz im Jugendstrafverfahren – Das Drogenseminar als Möglichkeit richterlicher Weisungen gem. § 10 JGG, in: Zbl 1985, S. 118–119

Schady, J., Die Praxis des Jugendstrafrechts in der Weimarer Republik, Die Umsetzung des Jugendgerichtsgesetzes von 1923 im Spiegel der Statistiken und Akten (Kieler Rechtswissenschaftliche Abhandlungen NF 42), Baden-Baden 2003 [zit.: Jugendstrafrecht in der Weimarer Republik]

Schady, J., Die Anrechnung des sog. Ungehorsamsarrestes auf eine Jugendstrafe, in: Festschrift für Heribert Ostendorf, T. Rotsch/J. Brüning/J. Schady [Hg.], Baden-Baden 2015, S. 779-796

Schaffstein, F., Strafe und Erziehung im künftigen Jugendstrafrecht, in: Deutsches Recht 1936, S. 64 ff.

Schaffstein, F., Gesellschaft für deutsches Strafrecht, Berlin 1939

Schaffstein, F., Zur Problematik des Jugendarrests, in: ZStW 82 (1970), S. 853–895

Schaffstein, F., Jugendkriminalrecht und Jugendhilferecht, Bemerkungen zum Diskussionsentwurf eines Jugendhilferechts, in: MschrKrim 1973, S. 326–341

Schaffstein, F., Die strafrechtliche Verantwortlichkeit Heranwachsender nach Herabsetzung des Volljährigkeitsalters, in: MschrKrim 1976, S. 92–107

Schaffstein, F., Das Vereinfachte Jugendverfahren, Ziele, Gesetz und Wirklichkeit, in: MschrKrim 1978, S. 313–323

Schaffstein, F., Aufgabe und verfahrensrechtliche Stellung der Jugendgerichtshilfe, in: Festschrift für Hanns Dünnebier, E.-W. Hauck/P. Rieß/G. Wendrich [Hg.], Berlin 1982, S. 661–675

Schaffstein, F., Jugendstrafrecht: eine systematische Darstellung, 8. Aufl., Stuttgart 1983

Schaffstein, F., Zum Funktionswandel des Jugendarrests, in: Gedächtnisschrift für Hilde Kaufmann, H. J. Hirsch/G. Kaiser/H. Marquardt [Hg.], Berlin 1986, S. 393–408

Schaffstein, F., Zur Verfassungsmäßigkeit der jugendgerichtlichen Arbeitsweisung nach JGG § 10 Abs. 1 Nr. 3 und 4, in: NStZ 1987, S. 502–503

Schaffstein, F./Beulke, W./Swoboda, S., Jugendstrafrecht: eine systematische Darstellung, 15. Aufl., Stuttgart 2014 [zit.: *Schaffstein/Beulke/Swoboda*]

Schairer, M., Das „Haus des Jugendrechts" in Stuttgart, in: Gedächtnisschrift für Rolf Keller, Tübingen 2003, S. 253–269

Schall, H., Bedeutung der zivilrechtlichen Verjährungseinrede bei Anordnung der Wiedergutmachungsauflage, NJW 1977, S. 1045–1046

Schall, H., Die Sanktionsalternative der gemeinnützigen Arbeit als Surrogat der Geldstrafe, in: NStZ 1985, 104–111

Schaumann, V., Die Rechtsmittelbeschränkung des § 55 JGG, Frankfurt am Main 2001

Schatz, H., Der Beschleunigungsgrundsatz im Jugendstrafrecht, in: Festschrift für Heribert Ostendorf, T. Rotsch/J. Brüning/J. Schady [Hg.], Baden-Baden 2015, S. 797-815

Schädler, W., Den Geschädigten nicht nochmals schädigen, Anforderungen an den Täter-Opfer-Ausgleich aus der Sicht der Opferhilfe, in: ZRP 1990, S. 150–154

Schäffer, P., Jugendarrest – eine kritische Betrachtung, DVJJ-Journal 2002, S. 43–47

Scheffler, U., Zur Anwendung von StGB § 60 im Jugendstrafrecht, in: NStZ 1992, S. 491–492

Scheffler, U., Jugendstrafe, Erziehungszweck und überlange Verfahrensdauer, in: JR 2003, S. 509–511

Schellhorn, H./Fischer, L./Mann, H./Kern, C. [Hg.], SGB VIII – Kinder und Jugendhilfe – Kommentar, Neuwied 2017 [zit.: Schellhorn/Fischer/Mann/Kern-*Bearbeiter*]

Schipholt, P., Der Umgang mit einem zweischneidigen Schwert, Zu den Aufgaben der Bewährungshilfe, in: NStZ 1993, S. 470–472

Schlie, H., Aus der Praxis: Das vereinfachte Jugendverfahren „Lemgoer Modell", in: DVJJ-Journal 1999, S. 335–336

Schlüchter, E., Rückbesinnung auf den Gesetzeszweck im Jugendstrafrecht, in: Gedächtnisschrift für Hilde Kaufmann, M. J. Hirsch/G. Kaiser/H. Marquardt [Hg.], Berlin 1986, S. 409–422

Schlüchter, E., De nihilo nihil – oder – Der Erziehungsgedanke im Jugendstrafrecht, in: GA 1988, S. 106–128

Schmidhäuser, E., Strafrecht, Allgemeiner Teil: Studienbuch, 2. Aufl., Tübingen 1984

Schmidt, A., Die Personalunion des Jugend- und Familienrichters, Hamburg 2014

Schmidt, E., Einführung in die Geschichte der deutschen Strafrechtspflege, 3. Aufl., Göttingen 1965 (Nachdruck 1983)

Schneider, H.-J., Prüfe dein Wissen, Jugendstrafrecht, Wirtschaftsstrafrecht, Strafvollzug, 3. Aufl., München 1992

Schneider, R., Überlegungen zu einem Bayrischen Untersuchungshaftvollzugsgesetz in: Forum Strafvollzug 2009, S. 24–26

Schneider, U./Schneider, H.-J., Übungen in Kriminologie, Jugendstrafrecht, Strafvollzug, Berlin 1995

Schnitzerling, M., Von den Bewährungsauflagen und den Grenzen richterlicher Zuständigkeit, besonders aus Verkehrsstrafrechtlicher Sicht, in: MDR 1957, S. 201–203

Schnitzerling, M., Die Schadenswiedergutmachung im Jugendstrafrecht, in: RdJ 1959, S. 260–261

Schöch, H., Kriminalprävention durch Generalprävention?, in: Jugendgerichtsverfahren und Kriminalprävention, DVJJ [Hg.] 13 (1984), S. 273–280

Schöch, H., Göttinger Generalpräventionsforschung, in: Kriminologische Forschung in den 80er-Jahren: Projektberichte aus der Bundesrepublik Deutschland Bd. 35/1, Freiburg i. Br. 1988, S. 227–246

Schöch, H., Kriminologische und sanktionsrechtliche Aspekte der Alkoholdelinquenz im Verkehr, in: NStZ 1991, S. 11–17

Schöch, H., Ist das deutsche Jugendstrafrecht noch zeitgemäß?, in: Das Jugendstrafrecht an der Wende zum 21. Jahrhundert, D. Dölling [Hg.], Berlin 2001, S. 125–139
Schöch, H., Opferperspektive und Jugendstrafrecht, in: ZJJ 2012, S. 246–254
Schöch, H./Traulsen, M., Kriminalpädagogische Schülerprojekte in Bayern, in: Festschrift für Reinhard Böttcher, H. Schöch/R. Helgereth/D. Dölling/P. König [Hg.], Berlin 2007, S. 379–401
Schöch, H./Traulsen, M., Legalbewährung nach Schülerverfahren, in: GA 2009, S. 19–44
Schöch, H./Traulsen, M., Das kriminalpädagogische Schülerverfahren in der Bewährung in: Festschrift für Wolfgang Heinz, E. Hilgendorf/R. Rengier [Hg.], Baden-Baden 2012, S. 507–520
Schönfelder, T., Die erzieherische Wirksamkeit der Hauptverhandlung im Jugendgerichtsverfahren, in: Zeitschrift für Kinder- und Jugendpsychiatrie 1974, S. 128–140
Schönke, A./Schröder, H., Strafgesetzbuch: Kommentar, 29. Aufl., München 2014 [zit.: Sch/Sch-*Bearbeiter*]
Schöttle, A., Die Schuldfähigkeitsbegutachtung in Jugendstrafverfahren, Münster 2013
Schopenhauer, A., Sämtliche Werke, W. von Löhneysen [Hg.], Bd. I (Die Welt als Wille und Vorstellung), Bd. III (Kleinere Schriften), Nachdruck Frankfurt a.M. 1986
Schoreit, A., Zur Frage der Bildung einer Gesamtstrafe aus einer Jugendstrafe und einer Freiheitsstrafe, in: NStZ 1989, S. 461–463
Schreckling, J., Bestandsaufnahmen zur Praxis des Täter-Opfer-Ausgleichs in der Bundesrepublik Deutschland, BMJ [Hg.], Bonn 1991
Schröder, H., Drogentherapie nach den §§ 93 a JGG, 35 ff. BtMG, Trier 1986
Schüler-Springorum, H., Hauptprobleme einer gesetzlichen Regelung des Jugendstrafvollzugs, in: Festschrift für Thomas Würtenberger, R. Herren/D. Kienapfel/H. Müller-Dietz [Hg.], Berlin 1977, S. 429
Schüler-Springorum, H., Zur Verfassungsmäßigkeit der Jugendstrafe, in: NStZ 1985, S. 475–478
Schüler-Springorum, H., Kriminalpolitische Perspektiven neuer ambulanter Maßnahmen nach dem Jugendgerichtsgesetz, in: Neue ambulante Maßnahmen nach dem Jugendgerichtsgesetz, BMJ [Hg.], 1986, S. 204–214
Schüler-Springorum, H., Keine Spur von der zweiten Spur, in: Festschrift für Claus Roxin, Berlin [u.a.] 2001, S. 1021–1043
Schulz, H., Die Höchststrafe im Jugendstrafrecht (10 Jahre): Eine Analyse der Urteile von 1987–1996, Zugleich ein Beitrag zur kriminalpolitischen Forderung nach Anhebung der Höchststrafe, Aachen 2000
Schulz, H., Sicherungsverwahrung im Wandel – Entwicklung zur gegenwärtigen Rechtslage und Ausblicke unter dem Stichwort „Vorrang der Sicherheit", in: SchlHA 2005, S. 247–254
Schumann, K. F., Lassen sich generalpräventive Wirkungen der Strafrechtspflege bei Jugendlichen nachweisen?, in: Jugendgerichtsverfahren und Kriminalprävention, DVJJ 13 [1984a], S. 281–293
Schumann, K. F., Der „Einstiegsarrest" – Renaissance der kurzen Freiheitsstrafe im Jugendrecht, in: ZRP 1984b, S. 319–324
Schumann, K. F. [Hg.], Jugendarrest und/oder Betreuungsweisung, Bremen 1985
Schumann, K. F., Der Jugendarrest – (Zucht-) Mittel zu jedem Zweck?, in: Zbl 1986, S. 363–369

Schumann, K. F., Der Geburtenrückgang – eine Chance für Strukturreform der freiheitsentziehenden Maßnahmen nach dem JGG, in: DVJJ [Hg.] 17 (1987), 412

Schumann, K. F./Berlitz, C./Guth, H.-W./Kaulitzki, R., Jugendkriminalität und die Grenzen der Generalprävention, Neuwied 1987

Schumann, K. F./Döpke, S., Ist Jugendarrest durch Betreuungsweisungen ersetzbar?, in: Jugendarrest und/ oder Betreuungsweisung, Schumann [Hg.], Bremen 1985, S. 98–139

Schütze, G./Schmitz, G., Strafrechtliche Verantwortlichkeit, Strafreife und schädliche Neigungen, in: R. Lempp/G. Schütze/G. Köhnken [Hg.], Forensische Psychiatrie und Psychologie des Kindes- und Jugendalters, 2. Aufl., Darmstadt 2003, S. 147-155

Schweckendieck, H., Die Einstellung zur Bewährung nach den §§ 45, 47 JGG, in: ZRP 1988, S. 276–278

Schweckendieck, H., Zur Anwendbarkeit von § 31 II JGG in der Berufungsinstanz, in: NStZ 2005, S. 141–142

Schwegler, K., Dauerarrest als Erziehungsmittel für junge Straftäter, eine empirische Untersuchung über den Dauerarrest in der Jugendarrestanstalt Nürnberg vom 10. Februar 1997 bis 28. Mai 1997, München 1999

Schwegler, K., Erziehung durch Unrechtseinsicht?, in: KrimJ 2001, S. 116–131

Schwer, C., Die Stellung der Erziehungsberechtigten und gesetzlichen Vertreter im Jugendstrafverfahren, Hamburg 2004

Schwind, H.-D., Kriminologie, 23. Aufl., Heidelberg 2016

Seebode, M., Verbrechensverhütung durch staatliche Hilfe bei der Schuldenregulierung Straffälliger, in: ZRP 1983, S. 174–181

Seebode, M., Der Vollzug der Untersuchungshaft, Berlin 1985

Seebode, M., Wer regelt den Justizvollzug? – Vollzugsgesetze und formelles Verfassungsrecht in: Forum Strafvollzug 2009, S. 7–12

Seedorf, M., Verstöße gegen den Sozialdatenschutz unter dem Deckmantel der Kooperation?, in: ZJJ 2010, S. 405–409

Seidl, C./Holthusen, B./Hoops, S., Ungehorsam? – Arrest! Ungehorsamsarrest als vergessene Herausforderung im Jugendstrafverfahren, in: ZJJ 2013, S. 292–295

Seiler, V., Erwerb der Fahrerlaubnis auf Weisung des Strafrichters?, in: DAR 1974, S. 260–266

Sessar, K., Rolle und Behandlung des Opfers im Strafverfahren – Gegenwärtiger Stand und Überlegungen zur Reform, in: BewH 1980, S. 328–339

Sessar, K., Jugendstrafrechtliche Konsequenzen aus jugendkriminologischer Forschung: Zur Trias von Ubiquität, Nichtregistrierung und Spontanbewährung im Bereich der Jugendkriminalität, in: Die Einstellung des Strafverfahrens im Jugendrecht, M. Walter/G. Koop [Hg.], Vechta 1984, S. 26–50

Sessar, K., Über das Opfer, Eine viktiminologische Zwischenbilanz, in: Festschrift für Hans-Heinrich Jescheck, T. Vogler [u.a.] [Hg.], Berlin 1985, S. 1137–1157

Sessar, K., Zur theoretischen Absicherung von Diversion unter Zuhilfenahme von Erfahrungen aus dem Lübecker Projekt, in: Neue ambulante Maßnahmen nach dem Jugendgerichtsgesetz, BMJ [Hg.], 1986 S. 116–129

Sessar, K., Zum Problem von Aussöhnung und Sühne am Beispiel von Täter-Opfer-Ausgleich und Nebenklage im Jugendstrafverfahren, in: Resozialisierung, H. Cornel/G. Kawamura-Reindl/B. Maelicke/B.-R. Sonnen (Hg.), 3. Aufl., Baden-Baden 2009, S. 561–575

Sessar, K./Beurskens, A./Boers, K., Wiedergutmachung als Konfliktregelungsparadigma?, in: KrimJ 1986, S. 86–104
Sieverts, R., in: Kriminologie und Vollzug der Freiheitsstrafe, in: T. Würtenberger [Hg.], 1961, S. 150–172
Sieverts, R., in: Jugendkriminalität, Strafjustiz und Sozialpädagogik, in: B. Simonsohn [Hg.], 1969, S. 130
Simon, K., Der Jugendrichter im Zentrum der Jugendgerichtsbarkeit, Ein Beitrag zu Möglichkeiten und Grenzen des jugendrichterlichen Erziehungsauftrages im Hinblick auf § 37 JGG, Mönchengladbach 2003
Singer, W., in: Grenzen der Intuition: Determinismus oder Freiheit? in: Festschrift für Simon, Frankfurt 2005, S. 529–538
Smok, R., Vorläufige Anordnungen über die Erziehung nach § 71 JGG – Eine vernachlässigte Vorschrift?, Berlin 2009
Sommerfeld, M., Finanzierungsnotstand der ambulanten Maßnahmen mit der Folge vermehrten Freiheitsentzugs?, in: ZJJ 2005, S. 295–301
Sommerfeld, M., Wer steuert, wer zahlt, wer ist verantwortlich? Kooperation Jugendhilfe und Justiz, in: Fördern/Fordern/Fallenlassen, hrsg. von der DVJJ, Bd. 41, 2008, S. 195–214
Sommerfeld, M., Führungsaufsicht nach vollständiger Vollstreckung einer Einheitsstrafe, in: NStZ 2009, S. 247–251
Sommerfeld, M., Status quo der Untersuchungshaft an Jugendlichen und Heranwachsenden in der Jugendarrestanstalt, in: ZJJ 2011, S. 431–432
Sommerfeld, M., Von Eigentoren und Spielgestaltern – eine Anmerkung zu Überlegungen für ein „Drittes Gesetz zur Änderung des Jugendgerichtsgesetzes – 3. JGGÄndG (Verbesserung der Zusammenarbeit zwischen Jugendhilfe und Jugendgericht im Jugendstrafverfahren)", in: Festschrift für Heribert Ostendorf, T. Rotsch/J. Brüning/J. Schady [Hg.], Baden-Baden 2015, S. 855-871
Sommerfeld, M., Was kommt auf den deutschen Gesetzgeber, die Landesjustizverwaltungen und die Justizpraxis zu? – EU-Richtlinie über Verfahrensgarantien in Strafverfahren für Kinder, die Verdächtige oder beschuldigte Personen in Strafverfahren sind, in: Berliner Symposium zum Jugendkriminalrecht und seiner Praxis, hrsg. vom Bundesministerium der Justiz und für Verbraucherschutz, Mönchengladbach 2017, S. 63-88
Sommerfeld, S., „Vorbewährung" nach § 57 JGG in Dogmatik und Praxis, Godesberg 2007
Sonnen, B.-R., Spielgestaltung statt Eigentor, in: ZJJ 2004, S. 296–297
Sonnen, B.-R., Anmerkung zu BGH – 3 StR 214/15 – Beschluss vom 20.08.2015, in: ZJJ 2016, 77-78
Spilgies, G., Zwischenruf: Die Debatte über „Hirnforschung und Willensfreiheit" im Strafrecht ist nicht falsch inszeniert!, in: ZIS 2007, 155–161
Spieß, G., Strafaussetzung und Bewährungshilfe in der Bundesrepublik Deutschland, in: Alternativen zur Freiheitsstrafe, F. Dünkel/G. Spieß [Hg.], Freiburg i. Br. 1983, S. 23-49
Spieß, G., Der kriminalrechtliche Umgang mit jungen Mehrfachtätern, in: M. Walter [Hg.], Diversion als Leitgedanke – über den Umgang mit jungen Mehrfachauffälligen, München 1986, S. 28-52
Spieß, G., Bewährungshilfe als Alternative zum Vollzug der Jugendstrafe: Erfahrungen und Kriterien. Kriminalpädagogische Praxis (17), 1989, S. 9–17

Spiess, G., Sanktionspraxis und Rückfallstatistik, in: BewH 2012, S. 17–39

Stahlmann-Liebelt, U., Modellvorhaben vorrangiges Jugendverfahren Flensburg, Beschleunigung von Jugendverfahren durch Vereinbarung und Vernetzung, in: DVJJ-Journal 2000, S. 176–178

Stahlmann-Liebelt, U., Modellvorhaben Vorrangiges Jugendstrafverfahren in Schleswig-Holstein in: Neues in der Kriminalpolitik, E. Minthe [Hg.], 2003, S. 139–146

Steffen, W., Junge Intensivtäter – kriminologische Befunde, in: Jugendkriminalität und Reform des Jugendstrafrechts, Landesgruppe Baden-Württemberg in der DVJJ [Hg.], Heidelberg 2003, S. 7–25

Steiger, A., Strafprozessuale Ermittlungsmaßnahmen gegen Kinder, Hamburg 2014

Stelly, W., Die bessere Alternative zum geschlossenen Regelvollzug? 10 Jahre Jugendstrafvollzug in freien Formen, in: ZJJ 2014, S. 257–262

Stolp, I., Die geschichtliche Entwicklung des Jugendstrafrechts von 1923 bis heute, Baden-Baden 2015

Storz, R., Jugendstrafrechtliche Reaktionen und Legalbewährung – Ergebnisse einer Untersuchung zur erneuten justiziellen Registrierung nach formeller und informeller jugendstrafrechtlicher Sanktionierung, in: W. Heinz/R. Storz [Hg.], Diversion im Jugendstrafverfahren in der Bundesrepublik Deutschland, Bonn 1992, S. 133–221

Stöver, A./Weissbeck, W./Wendt, F., Wo steht der Maßregelvollzug in Deutschland aktuell?, in: Forensische Psychiatrie, Psychologie, Kriminologie 2008, S. 255–262

Strafrechtsausschuss der Justizministerkonferenz, Auswirkungen des § 36a SGB VIII auf die jugendstrafrechtliche Sanktionspraxis, in: ZJJ 2007, S. 439–449

Stree, W., Deliktsfolgen und Grundgesetz: Zur Verfassungsmäßigkeit der Strafen und sonstigen strafrechtlichen Maßnahmen, Tübingen 1960

Stree, W., Anmerkung zum Beschluss des OLG Zweibrücken von 22.8.1989–1Ws 371/89, Rechtmäßigkeit und Bestimmtheitserfordernis von Weisungen iSd StGB § 56c Abs. 1 S. 1, in: JR 1990, S. 122–124

Streng, F., Die Jugendstrafe wegen „schädlicher Neigungen" (§ 17 II 1. Alt JGG), Ein Beitrag zu den Grundlagen und zum System der Jugendstrafe, in: GA 1984, S. 149–166

Streng, F., Schuld, Vergeltung, Generalprävention, Eine tiefenpsychologische Rekonstruktion strafrechtlicher Zentralbegriffe, in: ZStW 92 (1980), S. 637–681

Streng, F., Der Erziehungsgedanke im Jugendstrafrecht, Überlegungen zum Ideologiecharakter und zu den Perspektiven eines multifunktionalen Systembegriffs, in: ZStW 106 (1994), S. 60 ff.

Streng, F., Erziehungsstrafe von mehr als fünf Jahren?, in: StV 1998, S. 336–340

Streng, F., Jugendstrafrecht zwischen Hilfe und Repression, in: Festschrift für N. K. Androulakis, A. Karras [u.a.] [Hg.], Athen 2003, S. 1233–1261

Streng, F., Die Wirksamkeit strafrechtlicher Sanktionen – Zur Tragfähigkeit der Austauschbarkeitsthese, in: Kriminologie und wissensbasierte Kriminalpolitik, F. Lösel/D. Bender/J.-M. Jehle [Hg.], Mönchengladbach 2007, S. 62–92

Streng, F., Ansätze zur Gewaltprävention bei Kindern und Jugendlichen, in: ZIS 2010, S. 227–235

Streng, F., Die Zukunft der Sicherungsverwahrung nach der Entscheidung des Bundesverfassungsgerichts, in: JZ 2011, S. 827–835

Streng, F., Strafrechtliche Sanktionen: Die Strafzumessung und ihre Grundlagen, 3. Aufl., Stuttgart 2012

Streng, F., Jugendstrafrecht, 4. Aufl., Heidelberg 2016 (zitiert: *Streng*)
Streng, F., Die Beurteilung der Strafmündigkeit bei jugendlichen Straftätern, in: Gedächtnisschrift für Michael Walter, F. Neubacher/M. Kubink [Hg.], Berlin 2014, S. 423–430
Swoboda, S., Die Bemessung der Jugendstrafe bei Mordtaten von Heranwachsenden – Die Reform des § 105 Abs. 3 JGG und ihre Bedeutung für den jugendstrafrechtlichen Konflikt zwischen Erziehungsgedanke und positiver Generalprävention, in: ZStW 125 (2013), S. 86–111
Swoboda, S., Die Jugendstrafe wegen schädlicher Neigungen, in: ZJJ 2016, S. 278–291
Sydow, D., Jugendstrafrechtliche Sanktionen: Beschreiten neuer Wege, in: Fragmentarisches Strafrecht, Momsen/Bloy/Rackow [Hg.], Frankfurt am Main 2003, S. 295–311
Sykes, G. M./Matza, D., Techniken der Neutralisierung, Eine Theorie der Delinquenz, in: Kriminalsoziologie, F. Sack/R. König [Hg.], Wiesbaden 1968, S. 360–371
Synowiec, P. C., Wirkung und Effizienz der ambulanten Maßnahmen des Jugendstrafrechts, Stuttgart 1998
Tamm, N.-C., Diversion und vereinfachtes Verfahren im Jugendstrafrecht – eine vergleichende Betrachtung, Hamburg 2007
Tausendteufel. H./Ohder, C., Das besonders beschleunigte vereinfachte Jugendverfahren in Berlin – Eine Evaluationsstudie des Neuköllner Modells, 2014 online [http://www.berlin.de/sen/justva/service/broschueren-und-info-materialien/] (letzter Zugriff: 27.3.2017)
Tenckhoff, J., Jugendstrafe wegen Schwere der Schuld?, in: JR 1977, S. 485–492
Tessenow, A., Jugendliche und Heranwachsende im psychiatrischen Maßregelvollzug, Frankfurt am Main 2002
Thalmann, D., Jugendarrest – Eine kritische Bestandsaufnahme in: Achtung (für) Jugend!, hrsg. von der DVJJ, Bd. 42, 2012, S. 159–171
Theißen, K., Die kriminalrechtliche Auflage der Schadenswiedergutmachung – Bestandsaufnahme und Ausblick unter besonderer Berücksichtigung des Jugendstrafrechts, in: Zbl 1984, S. 543–548
Tonndorf, G./Tondorf, B., Plädoyer für einen modernen Jugendstrafvollzug, in: ZJJ 2006, S. 241–248
Trenczek, T., Geschlossene Unterbringung, Inobhutnehmen oder Einsperren: Gutachten im Auftrag des Niedersächsischen Landesjugendamtes, Hannover 1995
Trenczek, T., Die JGH – das (un-)bekannte Wesen im Kriminalverfahren, in: DVJJ-Journal 1999, S. 151–169
Trenczek, T., Was tut die Jugendhilfe im Strafverfahren?, in: DVJJ-Journal 1999, S. 375–389
Trenczek, T., Jugendstrafrechtliche Arbeitsleistungen, in: ZJJ 2004, S. 57–63
Trenczek, T., Auszug aus dem Souterrain – 20 Jahre danach, in: RdJB 2010, S. 293–305
Ullenbruch, T., Das „Gesetz zur Einführung der nachträglichen Sicherungsverwahrung bei Verurteilungen nach Jugendstrafrecht" – ein Unding?, in: NJW 2008, S. 2609–2615
Verrel, T., Zur (Un) Wirksamkeit schneller Reaktionen auf Jugendstrafverfahren – Erkenntnisse aus der Begleitforschung zum nordrhein-westfälischen „Staatsanwalt vor/für den Ort", in: Festschrift für Wolfgang Heinz, E. Hilgendorf/R. Rengier [Hg.], Baden-Baden 2012, S. 521–530

Verrel, T./Käufl, M., „Warnschussarrest" – Kriminalpolitik wider besseres Wissen?, in: NStZ 2008, S. 177–181

Viehmann, H., Anmerkungen zum Erziehungsgedanken im Jugendstrafrecht aus rechtschaffender Sicht, in: Beiträge zur Erziehung im Jugendkriminalrecht, M. Walter [Hg.], Köln 1989, S. 111–134

Vieten-Groß, D., Die Anforderungen der Justiz an die Jugendgerichtshilfe: Kritische Betrachtungen in den Ist-Zustand und Versuch der Einordnung in die aktuelle Debatte, in: DVJJ-Journal 1997, S. 246–253

Vietze, R., Der Einstiegsarrest – eine zeitgemäße Sanktion?, Neue Sanktionsformen im deutschen Jugendstrafrecht, Berlin 2004

Villmow, B., Zur Untersuchungshaft und Untersuchungshaftvermeidung bei Jugendlichen, in: Festschrift für Hans-Dieter Schwind, T. Feltes [Hg.], Heidelberg 2006, S. 469–490

Villmow, B./Robertz, F. J., Untersuchungshaftvermeidung bei Jugendlichen, Hamburger Konzepte und Erfahrungen, Münster 2003

Villmow, B./Savinski, A.L., 14-/15-jährige Beschuldigte zwischen Jugenduntersuchungshaft und Untersuchungshaftvermeidung bzw. – abkürzung, in: ZJJ 2013, S. 388–397

Vogler, T., Die strafschärfende Verwertung strafbarer Vor- und Nachtaten bei der Strafzumessung und die Unschuldsvermutung (Art. 6 Abs. 2 EMRK), in: Festschrift für Theodor Kleinknecht, K. H. Gössel/H. Kaufmann [Hg.], München 1985, S. 429–443

Vogler, T., Zum Aussetzungswiderruf wegen einer neuen Straftat (§ 56f Abs. 1 Nr. 1 StGB), in: Festschrift für Herbert Tröndle, H.-H. Jescheck/T. Vogler [Hg.], Berlin 1989, S. 423–438

Voß, M., Anzeigemotive, Verfahrenserwartungen und die Bereitschaft von Geschädigten zur informellen Konfliktregelung, Erste Ergebnisse einer Opferbefragung in: MschrKrim 1989, S. 34–51

Walter, J., Die Situation junger Aussiedler, in: NK 1998, S. 5–9

Walter, J., Jugendvollzug in der Krise?, in: DVJJ-Journal 2002, S. 127–142

Walter, J., Zur Situation des Jugendvollzuges, in: H. Pollähne/K. Bammann/J. Feest [Hg.], Wege aus der Gesetzlosigkeit, Mönchengladbach 2004, S. 3-16

Walter, J., „Apokryphe" Disziplinarmaßnahmen im Strafvollzug, in: NK 2005, S. 130–134

Walter, J., Optimale Förderung oder was sollte Jugendstrafvollzug leisten?, in: NK 2006, S. 93–98

Walter, M., Untersuchungshaft und Erziehung bei jungen Gefangenen, in: MschrKrim 1978, S. 331–350

Walter, M., Wandlungen in der Reaktion auf Kriminalität, Zur kriminologischen, kriminalpolitischen und insbesondere dogmatischen Bedeutung von Diversion, in: ZStW 95 (1983), S. 32–68

Walter, M., Überlegungen zum kriminarechtlichen Umgang mit jungen Mehrfachauffälligen, in: M. Walter [Hg.], Diversion als Leitgedanke – über den Umgang mit jungen Mehrfachauffälligen, München 1986, S. 5-27

Walter, M., Über die Bedeutung des Erziehungsgedankens für das Jugendkriminalrecht, in: M. Walter [Hg.], Beiträge zur Erziehung im Jugendkriminalrecht, Köln u. a. 1989, S. 59-89

Walter, M., Strafaussetzung zur Bewährung, Bewährungshilfe und Führungsaufsicht, in: R. Sieverts/H. J. Schneider [Hg.], Handwörterbuch der Kriminologie, Bd. 5: Nachtrags- und Registerband, Berlin 1998 (Nachdruck 2011), S. 151-200

Walter, M., Anwendung von Jugendstrafrecht oder allgemeinem Strafrecht bei Heranwachsenden, in: NStZ 2002, S. 208–210

Walter, M., Gewaltkriminalität, 2. Aufl., Stuttgart [u.a.] 2008

Walter, M./Neubacher, F., Jugendkriminalität, 4. Aufl., Stuttgart [u.a.] 2011

Walter, M./Pieplow L., Zur Zulässigkeit eines Vorbehalts der Vollstreckbarkeitsentscheidung, insbesondere einer „Vorbewährung" gemäß § 57 Jugendgerichtsgesetz, Zugleich eine Besprechung des Beschlusses des KG vom 1.12.1986, 4 Ws 266/86 (NStZ 1988, 182), in: NStZ 1988, S. 165–170

Walter, M./Pieplow L., Zur Anwendung des Jugendstrafrechts auf Heranwachsende und zum Absehen von der Einbeziehung schon abgeurteilter Taten nach JGG § 31 Abs. 3, in: NStZ 1989, S. 576–578

Walter, M./Wilms, Y., Künftige Voraussetzungen für die Verhängung der Jugendstrafe: Was kommt nach einem Wegfall der schädlichen Neigungen?, NStZ 2007, S. 1–8

Weber, M., Die Anwendung der Jugendstrafe – rechtliche Grundlagen und gerichtliche Praxis, Frankfurt am Main [u.a.] 1990

Weber, M./Matzke, M., „Jugendvertrag" als jugendkriminalrechtlicher Verfahrensabschluss: Empfiehlt es sich, den in Dänemark entwickelten „Jugendvertrag" als jugendkriminalrechtlichen Verfahrensabschluss in die Ausbau- und Weiterentwicklungsbemühungen um den Täter-Opfer-Ausgleich in Deutschland einzubeziehen?, in: ZfJ 1996, S. 171–175

Wedler, S., Weisungen nach § 10 Abs. 1 JGG und elterliches Erziehungsrecht, Berlin 2011

Wedler, S., Die Erteilung von Weisungen nach § 10 I JGG gegen den Willen der Eltern, in: NStZ 2012, S. 293–300

Weigelt, E., Bewähren sich Bewährungsstrafen?, Göttingen 2009

Weigend, T., Fragen der Rechtsstaatlichkeit beim Täter-Opfer-Ausgleich, in: Wiedergutmachung und Strafrechtspraxis, Erfahrungen, neue Ansätze, Gesetzesvorschläge, E. Marks [u.a.] [Hg.], Bonn 1993, S. 37–69

Welzel, H., Das Deutsche Strafrecht: eine systematische Darstellung, 11. Aufl., Berlin 1969

Wellhöfer, P. R., Soziale Trainingskurse und Jugendarrest, Versuch einer vergleichenden Erfolgskontrolle, in: MschrKrim 1995, S. 42–46

Wenger, P., Steht die Aussetzung der Verhängung der Jugendstrafe nach § 27 JGG vor der Re-Naissance?, in: Zwischen Erziehung und Strafe, M. Busch/H. Müller-Dietz/H. Wetzstein [Hg.], Pfaffenweiler 1995, S. 64–92

Werner-Eschenbach, S., Jugendstrafrecht, Ein Experimentierfeld für neue Rechtsinstitute, Frankfurt am Main 2005

Werwigk-Hertneck, C./Repmann, F., Reformbedarf im Bereich des Jugendstrafrechts? In: ZRP 2003, S. 225–230

Wessels, J./Hillenkamp, T., Strafrecht Besonderer Teil 2, 39. Auflage, Heidelberg 2016

Westfälischer Arbeitskreis „Maßregelvollzug", Lockerungen im Maßregelvollzug (§ 63 StGB) – ein „kalkuliertes Risiko"?, in: NStZ 1991, S. 64–70

Westphal, K., Die Aussetzung der Jugendstrafe zur Bewährung gem. § 21 JGG, Passau 1995

Weyel, F. H., Vom Sterben der alten Jugendgerichtshilfe – Gibt es noch Rettung?, in: ZfJ 1996, S. 349–354
Wiesneth, C., Die Untersuchungshaft, Stuttgart 2010
Will, H.-D., U-Haftvermeidung in Thüringen, in: DVJJ-Journal 1999, S. 49–64
Wilsnet, E./Gareis, B., Schuld und Gewissen bei jugendlichen Rechtsbrechern, Düsseldorf 1976
Winter, F., Täter-Opfer-Ausgleich, in: Resozialisierung, H. Cornel/G. Kawamura-Reindl/B. Maelicke/B.-R. Sonnen (Hg.), 3. Aufl., Baden-Baden 2009, S. 477–498
Wohlfahrt, P., Zur Rechtsnatur des Beschlussarrestes nach § 11 Abs. 3 JGG, in: ZJJ 2012, S. 392–398
van den Woldenberg, A., Diversion im Spannungsfeld zwischen „Betreuungsjustiz" und Rechtsstaatlichkeit, Frankfurt am Main 1993
Wolf, G., Strafe und Erziehung nach dem Jugendgerichtsgesetz, Marburg 1984
von Wolffersdorff, C., Rückkehr zur geschlossenen Heimerziehung, Probelauf für eine andere Jugend- und Straffälligenhilfe?, in: NK 4/1994, S. 30–36
Wolff, J., Jugendliche vor Gericht im Dritten Reich. Nationalsozialistische Jugendstrafrechtspolitik und Justizalltag, München 1992
Wölfl, B., Die Geltung der Regelvermutung des § 69 II StGB im Jugendstrafrecht, in: NZV 1999, S. 69–71
Wulf, P., Strafprozessuale und kriminalpraktische Fragen der polizeilichen Beschuldigtenvernehmung auf der Grundlage empirischer Untersuchungen, Heidelberg 1984
Wulf, R., Einzelfall – Kriminologie in der Jugendstrafrechtspflege, in: ZJJ 2006, S. 147–155
Wulf, R., Diskussionsentwurf für ein Gesetz über stationäres soziales Training („Jugendarrestvollzugsgesetz"), in: ZJJ 2010, S. 191–195
Würtenberger, T., Zeugnisverweigerungsrecht des Sozialarbeiters im Strafprozess, in: JZ 1973, S. 780–786
Yurkow, V., Der rechtliche Umgang mit wiederholt delinquenten jungen und heranwachsenden Tätern in Deutschland und Russland unter Berücksichtigung der neusten kriminologischen Befunde, Frankfurt am Main 2013
Zapf, J.C., Opferschutz und Erziehungsgedanke im Jugendstrafverfahren, Göttingen 2012
Zender, A., Untersuchungshaft an weiblichen und männlichen Jugendlichen und Heranwachsenden, Bonn 1998
Zieger, M., Verteidigung in Jugendstrafsachen, 5 Aufl., Heidelberg 2008
Zimmermann, T., Anmerkung zu BVerfG JZ 2013, 1097 (= BVerfGE 134, 33), in: JZ 2013, S. 1108-1111
Zimmermann, T., Das neue Recht der Sicherungsverwahrung (ohne JGG), in: HRRS 2013, 164-178
Zuleeg, M., Subsidiaritätsprinzip im Jugendhilferecht?, in: RdJB 1984, S. 365–369
Zweite Jugendstrafrechtsreform-Kommission der DVJJ, in: DVJJ-Extra Nr. 5, 2002

Stichwortverzeichnis

Die Angaben verweisen auf die Randnummern des Buches.

Absehen von der Strafvollstreckung bei Ausländern 337
Absehen von Strafe 23, 171
Absprachen im Strafprozess 57
Adhäsionsverfahren 153
Altersbestimmung 26
Anti-Aggressionskurse 184
Apokryphe Haftgründe 127
Arbeitsbestimmung 26
Arbeitsentgelt in der U-Haft 139
Arbeitsleistungen 182, 200
Arbeitszwang in der U-Haft 139
Arrest 203 ff.
Ausländer 26, 82, 161, 298, 353
Ausschluss der Öffentlichkeit 58, 158
Ausschluss von Erziehungsberechtigten 98

Bagatelltaten 8, 10, 241
Bedingte Verantwortlichkeit 33
Beistand 100
Belehrungspflicht 27, 90, 96 f., 101
Berufung 160 ff.
Beschleunigtes Verfahren 150 ff.
Beschleunigungsmaxime 62 ff.
Betreuungsweisung 183
Bewährungshilfe 217, 253 ff., 269
Bewährung vor der Jugendstrafe 214 ff.
Beweisverwertungsverbot 90, 97

Datenschutz 89
Dauerarrest 207
Dauer des Jugendstrafverfahrens 65
DDR-Jugendstrafrecht 18
Deal 23, 57
Disziplinarmaßnahmen 350, 356
Diversion
 – Arten 106 ff.
 – Begriff 103
 – Polizeidiversion 121

 – Praxis 123
 – Teen Courts 122
 – Ziel 104
Dolmetscher 328
Doppelverwertung 235
Drogenabhängigkeit 184, 189
Duzen 58

„Einheitsstrafe" 319 ff.
Einsichtsfähigkeit 36
Einspurigkeit 55, 237
Einstellung zur Bewährung 115
Einstiegsarrest 221
Elektronische Fußfessel 178
Elterliches Erziehungsrecht 97, 98, 137, 138, 176, 180, 183, 346
Entlassungsvorbereitung 351
Entschuldigung 199
Entwicklungsreife 37
Erzieherische Maßnahmen im Jugendstrafvollzug 350
Erziehungsbeistandschaft 190
Erziehungsberechtigte 127, 137 ff., 176, 346
Erziehungskur 189
Erziehungsmaßregeln 173 ff.
Erziehungsregister 41, 170
Erziehungsstrafrecht 50 ff., 344
Europäisches Jugendstrafrecht 20

Fahrverbot 171, 192
Fallkonferenzen 64
Familienrichter 54, 76
Freizeitarrest 205
Führungsaufsicht 178, 283

Gebot des gesetzlichen Richters 62, 72
Gefährderansprache 15
Geldbuße 201
Gemeinsame Anklagen 71
Generalprävention 49, 54, 226 ff.

Stichwortverzeichnis

Geschichte des Jugendstrafrechts 16 ff.
Geschlossene Heime 132
Geschlossener Vollzug 347
Gesetzlicher Richter 62, 72
Gesetzliche Vertreter 96 ff., 161
Glen Mills Schools 132

Haftentscheidungshilfe 129
Handlungsfähigkeit 38
Hauptverhandlung 159
Haus des Jugendrechts 64
Heilerzieherische Behandlung 189
Heimerziehung 190, 191
Heranwachsende 25, 301
Heranwachsendenstrafrecht 301 ff.

in dubio pro reo 34, 40, 308
Intensivtäter 14, 64, 68, 127
Internationale Vorgaben 20, 341

Jugendadäquate Gesetzesauslegung 30, 31
Jugendadäquates Präventionsstrafrecht 53 ff.
Jugendgerichte
– Aufgabenbereich 76
– Besetzung 77
– Gemeinsame Anklagen 71
– Örtliche Zuständigkeit 74
– Persönlicher Anwendungsbereich 70 f.
– Qualifikation 80
– Sachliche Zuständigkeit 72
Jugendgerichtshilfe
– Aussagegenehmigung 91
– Belehrungspflicht 90
– Datenerhebung 89 ff.
– Organisation 94
– Rechte und Pflichten 86 ff.
– Rollenkonflikt 84
– Sanktionsüberwachung 92
– schriftlicher Bericht 87
– Träger 85
– Zeugnisverweigerungsrecht 91
Jugendkammer 72

Jugendkriminalität
– Episodenhaftigkeit 11, 13
– Erklärungsansätze 11
– Erscheinungsformen 8
– Intensivtäter 14
– Spontanremission 13
– Ubiquität 13
– Umfang 2
– Wiederholungstäter 14
Jugendliche 25
Jugendrichter 72
Jugendschöffen 79
Jugendschöffengericht 72, 73
Jugendschutzlager 17
Jugendschutzsache 70
Jugendspezifische Kommunikation 58
Jugendstaatsanwaltschaft 68
Jugendstrafe
– Begriff 222
– Praxis 242
– Schädliche Neigungen 225
– Schwere der Schuld 226
– Vollzug 346 ff.
– Ziel 223
Jugendstrafe zur Bewährung 244 ff.
Jugendstrafrecht
– Begriff 22
– Persönlicher Anwendungsbereich 24 ff.
– Sachlicher Anwendungsbereich 28
– Zielsetzung 48 ff.

Kinder 27
Kölner Richtlinien 82
Kooperative Sanktionierung 56, 115
Korrektur der Sanktionierung 329, 330
Kosten 326 ff., 356
Kriminalprävention 53
Kronzeugenregelung 57
Kurzarrest 206

Legalbewährung 53
Letztes Wort 99

Marburger Richtlinien 304

Stichwortverzeichnis

Maßregel der Besserung und Sicherung 272 ff.
Mitwirkungspflicht im Jugendstrafvollzug 345
MIVEA 294

Nachträgliche Sicherungsverwahrung 289, 314
Nebenklage 102, 153 ff., 158
Net-widening-Effekt 106
Neue ambulante Maßnahmen 183 ff.
Neuköllner Modell 64
Nichtöffentlichkeit 58, 158, 227
Non-intervention 106

Offener Vollzug 347, 354
Ombudsperson 356
Opferinteressen 102, 154, 155, 156, 157
Opportunitätsprinzip 104

Pflichtverteidiger 81
Polizei 67
Polizeidiversion 121
Polizeiliche Gefährderansprache 15
Presseinformation 158
Prinzipien des Jugendstrafrechts 56 ff.
– Beschleunigung 62 ff.
– Flexibilität 59
– Individualisierung 56
– Nichtschlechterstellung 61, 236
– Subsidiarität 60, 280
Privatklage 153 ff.

Rechtsmittel 160 ff., 339, 356
Resozialisierung 53, 344
Restorative justice 186
Revision 160 ff.
Richterausbildung 80
Rückfälligkeit
– bei Arrest 204, 297
– bei Bewährungsstrafe 248, 270, 297
– bei Jugendstrafe 239, 248, 297, 355
– bei neuen ambulanten Sanktionen 184, 297
Rückfallprognose 275, 292 ff.

Rückfallstatistik 297
Sachverständige 101, 307
Sanktionen 171 ff.
Sanktionspraxis 172
Sanktionsprognose 231, 296 f.
Schadenswiedergutmachung 198
Schädliche Neigungen 225
Schuldprinzip 61
Schuldunfähigkeit
– bei Jugendlichen 33 ff.
– bei Kindern 27
– gem. § 20 StGB 34
Schülergerichte 122
„Schulschwänzen" 24, 54
Schutzprinzip 61
Schwere der Schuld 226
Short-sharp-shock 204
Sicherungsverwahrung 19, 21, 171, 285 ff., 311 ff.
– Abstandsgebot 285
– EMRK-Widrigkeit 285
– Gefährlichkeitsprognose 286
– Sozialtherapeutische Einrichtung 288
– Übergangsregelungen 285
– Umsetzung des Abstandsgebots 286
– Vertrauensschutzgebot 285
Sozialer Trainingskurs 184
Sozialkompensatorische Verhandlungsführung 58
Steuerungsverantwortung der JGH 93, 191
Strafbefehl 150 ff.
Strafempfindlichkeit 61, 298, 299
Strafmakelbeseitigung 169
Strafmilderungen 234, 298
Strafrestaussetzung 336
Strafunmündigkeit 33 ff.
Strafverfolgungshindernis 27
Strafverschärfungsautomatismus 15, 241, 300
Strafverteidiger 81 ff.
Täter-Opfer-Ausgleich 83, 110, 113, 185 ff., 191

Tat-Täter-Strafrecht 29, 51, 56, 298
Tatverdächtigenbelastungsziffer 6
Teen Courts 122
Todesstrafe gegen Jugendliche 17
Transparenz 158
Trennungsprinzip im Jugendstrafvollzug 343
Übergangsrecht 314
Überlänge des Verfahrens 63, 65, 66
„Ungehorsamsarrest" 176, 264, 329, 330
Unschuldsvermutung 29, 125, 136
Unterbringung in einem psychiatrischen Krankenhaus 277 ff.
Unterbringung in einer Einrichtung über Tag und Nacht 190
Unterbringung in einer Entziehungsanstalt 281 ff.
Unterbringung zur Beobachtung 142
Untersuchungshaft
 – Anrechnung 324
 – Praxis 127
 – Vermeidung 129 ff.
 – Vollzug 134 ff.
 – Voraussetzungen 126
 – Ziel 125
Urinprobe 176, 252

Verantwortlichkeit 33 ff.
Verbindung von Sanktionen 318
Verbot der Benachteiligung junger Menschen 61
Verbot der Doppelverwertung 235
Verbundene Verfahren 71, 156
Vereinfachtes Jugendverfahren 143 ff.
Verfahrensbeteiligte 67 ff.
Verfahrenseinstellungen
 – außerhalb des JGG 116 ff.

 – nach dem JGG 103 ff.
Verfahrensverzögerungen 63, 65, 66
Verhältnismäßigkeit 60 f., 232, 272, 280, 282, 291
Verkehrsunterricht 188
Verminderte Schuldfähigkeit 35
Vernehmung von Zeugen unter 16 Jahren 58
Verschiedene Altersstufen 322 ff.
Verschlechterungsverbot 164, 168
Verständigung im Strafprozess 57
Verurteiltenziffer 7
Verwahrung 197
Vollstreckung 331 ff.
Vollzug der Jugendstrafe 340 ff.
Vollzugspraxis 352 ff.
Vorbehaltene Sicherungsverwahrung 287, 311 ff.
„Vorbewährung" 267 ff., 269
„Vorrangiges Jugendverfahren" 64, 148
Vorstrafen 225, 295
Vorverurteilung 158

„Warnschussarrest" 208 ff., 217, 221, 334
Widerruf der Strafaussetzung 261 ff.
Wiederholungstäter 14 f., 104
Willensfreiheit 43
Wohngruppenvollzug 140, 348

Zentralregister 169
Zeugnisverweigerungsrecht von Kindern 27
Ziele des Jugendstrafverfahrens 48 ff.
Zuchtmittel 193 ff.
Zweispuriges System 55